CAUSES
DES SUCCÈS ET DES REVERS

DANS

LA GUERRE DE 1870

Essai de critique de la guerre franco-allemande jusqu'à la bataille de Sedan

Par DE WOYDE

LIEUTENANT GÉNÉRAL DE L'ÉTAT-MAJOR GÉNÉRAL RUSSE

OUVRAGE TRADUIT AVEC L'AUTORISATION DE L'AUTEUR

Par le Capitaine THIRY

DU 79e RÉGIMENT D'INFANTERIE

D'après la version allemande (2e édition), revue et corrigée par le général **de Woyde**

TOME SECOND

PARIS

LIBRAIRIE MILITAIRE R. CHAPELOT ET Ce

IMPRIMEURS-ÉDITEURS

SUCCESSEURS DE L. BAUDOIN

30, Rue et Passage Dauphine, 30

—

1900

CAUSES

DES SUCCÈS ET DES REVERS

DANS

LA GUERRE DE 1870

PARIS. — IMPRIMERIE R. CHAPELOT ET C⁰, 2, RUE CHRISTINE

CAUSES
DES SUCCÈS ET DES REVERS

DANS

LA GUERRE DE 1870

Essai de critique de la guerre franco-allemande jusqu'à la bataille de Sedan

Par DE WOYDE

LIEUTENANT GÉNÉRAL DE L'ÉTAT-MAJOR GÉNÉRAL RUSSE

OUVRAGE TRADUIT AVEC L'AUTORISATION DE L'AUTEUR

Par le Capitaine THIRY

DU 79ᵉ RÉGIMENT D'INFANTERIE

D'après la version allemande (2ᵉ édition), revue et corrigée par le général **de Woyde**

TOME SECOND

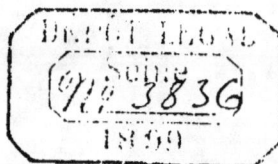

PARIS

LIBRAIRIE MILITAIRE R. CHAPELOT ET Cᵉ

IMPRIMEURS-ÉDITEURS

SUCCESSEURS DE L. BAUDOIN

30, Rue et Passage Dauphine, 30

1900

AVANT-PROPOS

DU TRADUCTEUR FRANÇAIS

Le deuxième volume de l'ouvrage magistral de M. le général russe de Woyde a été, comme le premier, soumis à l'auteur, qui a bien voulu en revoir la version allemande, pour y apporter les rectifications nécessaires, tant au point de vue des faits, mieux éclaircis depuis 1889-1890, date de la publication de l'ouvrage russe, qu'au point de vue de certaines critiques.

Qu'il me soit permis, tout d'abord, d'adresser à M. le général de Woyde mes plus respectueux remerciements pour l'extrême obligeance dont il a fait preuve à mon égard, non seulement en revoyant et en corrigeant le texte allemand, mais encore en voulant bien prendre connaissance de ma traduction.

J'ai cru devoir insérer, à la fin de l'ouvrage (chapitre X), le résumé de la doctrine de l'initiative. Ce résumé a été reconnu, par l'auteur, comme étant « conforme à son « étude de l'initiative. » (Lettre en date du 1er août 1898, qui figure en tête de la préface du tome I.)

J'ajoute encore un dernier mot à ce court avant-propos.

Dans une lettre en date du 1/13 septembre 1899, M. le général de Woyde a bien voulu m'écrire ce qui suit :

« J'attends avec la plus grande impatience votre belle
« traduction ; j'espère qu'elle sera bien accueillie par nos
« chers camarades de l'armée française. »

Je m'associe, de grand cœur, au vœu formulé par l'auteur. Puisse cette traduction, que je présente au public et à l'armée, être bien accueillie et porter ses fruits !

Puisse-t-elle contribuer à développer, à tous les degrés de la hiérarchie, l'initiative, cette qualité militaire de premier ordre, gage des grands succès à la guerre, comme en témoigne l'histoire de tous les temps.

Ce sera là, certes, ma plus belle récompense.

Nancy, le 15 octobre 1899.

THIRY.

CAUSES
DES SUCCÈS ET DES REVERS

DANS

LA GUERRE DE 1870

CHAPITRE PREMIER

Le 17 août et la bataille de Gravelotte-Saint-Privat le 18 août.

SOMMAIRE

La situation des Allemands après la bataille du 16 août; ils perdent le contact des Français; leurs dispositions pour le 18 août. — Retraite de l'armée du maréchal Bazaine sur la position de Gravelotte-Saint-Privat; description de cette position. — La situation des deux partis, le 18 août au matin. — Coup d'œil préparatoire sur la bataille. — L'incertitude des Allemands; leurs dispositions et leurs mouvements préliminaires. — Description de la bataille du 18 août. — Coup d'œil sur l'activité des chefs français. — Coup d'œil sur le commandement des Allemands en général. — L'importance de l'activité des chef en sous-ordre allemands dans la bataille du 18 août.

Les succès tactiques obtenus par les Allemands dans la bataille de Mars-la-Tour n'avaient pas pu amener une décision définitive, et les troupes allemandes se trouvaient, sur le champ de bataille, le soir du jour du combat, dans une situation qui était loin d'être enviable. L'ouvrage consacré aux opérations de la deuxième armée, discutant la possibilité d'un nouvel engagement, dans la matinée du lendemain, c'est-à-dire le 17 août, fait à ce sujet les déclarations suivantes (1) :

---

(1) Baron von der Goltz, *Les Opérations de la deuxième armée dans la campagne de 1870-1871.* Berlin, 1873, pages 102-103.

« L'état dans lequel se trouvaient les troupes qui avaient
« combattu dans la journée du 16 août commandait impérieu-
« sement de les ménager.

« Les chiffres réels des pertes que ces troupes avaient subies ne
« pouvaient pas, naturellement, à ce moment, être évalués, même
« d'une manière approximative. Toutefois, il était évident, autant
« qu'on pouvait en juger d'après les apparences, que ces pertes
« dépasseraient de beaucoup les prévisions. Or, de telles pertes
« exercent leur influence sur une armée quelconque. Tous les
« cadres avaient été fortement éprouvés, beaucoup de bataillons,
« d'escadrons et de batteries se trouvaient presque sans offi-
« ciers.

« En raison de l'étendue du champ de bataille, dont une partie
« était constituée par un terrain boisé et montagneux, les liens
« tactiques s'étaient rompus. La nuit se passa, sans doute, à
« rassembler et à mettre en ordre les troupes.

« L'épuisement des hommes et des chevaux, après un combat
« qui avait duré dix à onze heures, était extrême. Aucune fraction
« de troupes n'avait pu manger la soupe le 16. Sur le plateau, le
« manque d'eau se faisait sentir.

« Les munitions elles-mêmes firent défaut à l'infanterie et à
« l'artillerie, déjà pendant le combat ; toutefois, le commandant
« en chef avait donné immédiatement des ordres directs au com-
« mandant de l'artillerie, pour pouvoir les faire compléter pendant
« la nuit.

« Sans doute, on ne pouvait pas exiger, dans la matinée du
« lendemain, de grands efforts de la part d'hommes qui se trou-
« vaient épuisés. Il faut encore ajouter que la journée qui venait
« de s'écouler devait, forcément, être suivie d'un relâchement,
« tel qu'il s'en produit toujours à la suite de périodes de grande
« surexcitation.

« On dut, dans les dispositions qui furent prises pendant la
« nuit qui suivit le combat, se préoccuper de faire déboucher au
« moins quelques troupes fraîches, dès la pointe du jour, sur le
« plateau. »

Parmi les troupes fraîches de la deuxième armée allemande, il
n'y avait à proximité immédiate que le IX° corps, qui, le 16 au
soir, avait franchi la Moselle, en partie presque déjà dans l'obscu-

rité ; l'une de ses divisions, la 25ᵉ du grand-duché de Hesse, avait encore pris part, le soir, avec quelques bataillons, au combat dans le bois des Ognons (au sud de Gravelotte), bois en arrière duquel on avait, ensuite, rassemblé toute la division (1). Dans l'autre division (Wrangel), un régiment d'infanterie, sous le colonel de Schœning, s'était, ainsi que nous l'avons déjà dit, engagé à l'aile droite du IIIᵉ corps ; le reste de cette division campait à environ 10 kilomètres du champ de bataille (2), tandis que l'artillerie de corps s'était encore un peu plus rapprochée du théâtre de la lutte.

Après le IXᵉ corps, c'était le XIIᵉ corps (royal saxon) qui se trouvait le plus rapproché du champ de bataille. Ses deux divisions d'infanterie étaient arrivées, le 15, en partie seulement à une heure avancée de la nuit, jusqu'à Nomeny, d'où, le 16 au matin, elles prirent, sans avoir mangé la soupe, la direction de Pont-à-Mousson. Malgré les deux ponts dont on disposait sur ce point, il se produisit de trop grands arrêts, par suite de la rencontre de nombreuses voitures de troupes et d'état-major, de telle sorte que la 24ᵉ division, qui se trouvait en arrière, ne put cantonner dans cette localité et ses environs qu'à 6 heures du soir. La division qui se trouvait en tête, dépassant Pont-à-Mousson, atteignit Regniéville-en-Haye (sur la route de Thiaucourt). En arrière d'elle, bivouaqua l'artillerie de corps.

La division de cavalerie saxonne, qui, en exécution de l'ordre de l'armée pour le 16, précédait son corps, atteignit, à 2 heures de l'après-midi, Nonsard, et poussa ses avant-postes en avant, vers la Meuse, qui se trouvait à courte distance (3).

La distance exacte entre Pont-à-Mousson et le champ de bataille

---

(1) L'infanterie de la division dans le bois des Chevaux, dans la plaine de Geai et en avant de cette plaine.

(2) A Onville et à Arnaville.

(3) D'après des renseignements exacts, l'exécution du passage de la division de cavalerie saxonne (16 escadrons) par le pont en pierre de la Moselle dura une heure vingt minutes, celui de la 23ᵉ division d'infanterie par le pont militaire, deux heures et demie, y compris l'arrêt qui se produisit, par suite des avaries causées à ce pont. Le passage de l'artillerie de corps par le pont en pierre exigea deux heures. La 24ᵉ division utilisa les deux ponts pour son passage ; une partie de cette division demeura sur la rive droite de la Moselle. Les trains effectuèrent leur passage tardivement dans la soirée, et, en partie, dans la nuit. (*Opérations de la deuxième armée.*)

est d'environ 20 kilomètres ; mais, comme il n'était pas possible d'utiliser le chemin le plus rapproché qui allait sur Gorze et se trouvait complètement encombré de troupes du Xe corps, de trains et de voitures d'ambulance, on fut obligé de prescrire au XIIe corps de faire un détour par Thiaucourt sur Tronville.

La division de cavalerie de la garde, qui était partie, le 16, de Dieulouard, atteignit, encore dans la matinée, Apremont, plaça ses avant-postes vers la Meuse, et se relia à droite avec la division de cavalerie saxonne. Les autres fractions de la garde se portèrent en avant, dans cette journée, jusque dans les environs de Beaumont, à moitié chemin entre la Moselle et la Meuse.

La position qu'occupaient la garde et le XIIe corps, dans la nuit du 16 au 17, se trouvait ainsi être telle, qu'on pouvait compter sur l'apparition de ces deux corps, à Mars-la-Tour, dans le courant de la journée du 17, mais en partie seulement, et à une heure avancée. Grâce à leur esprit de prévoyance, les chefs en sous-ordre allemands devancèrent encore une fois, dans cette circonstance, les prescriptions de l'autorité supérieure.

Le capitaine de Klenck, de la division de cavalerie saxonne, qui avait reçu l'ordre de chercher, avec son escadron, à établir la liaison avec la 5e division de cavalerie, avait été témoin oculaire des combats engagés par le Xe corps, et il transmettait, après 10 heures du soir, à la 23e division, à Regniéville-en-Haye, une note du général commandant ce corps, général de Voigts-Rhetz. Cette note était ainsi conçue :

« Il est à désirer que, demain, dès la pointe du jour, tout ce « qui est disponible fasse son apparition à Tronville, au cas où « le prince Frédéric-Charles ne prendrait pas d'autres dispo- « sitions. »

Le commandant de la 23e division, prince Georges de Saxe, fit donner l'alarme à ses troupes, immédiatement après avoir reçu cette communication, et les mit en marche sur Thiaucourt, tandis qu'il informait de cet incident son propre général commandant, et celui du corps de la garde, qui se trouvait immédiatement à proximité (1).

Sur ces entrefaites, la nouvelle de la bataille était parvenue

_____

(1) Ouvrage du grand état-major prussien, 1re partie, tome I, page 629. — *Opérations de la deuxième armée*, page 106.

également, encore avant minuit, au corps de la garde, ce qui détermina son général commandant, prince Auguste de Wurtemberg, à surseoir à la marche en avant vers la Meuse, qui lui avait été prescrite pour le jour suivant (17), et, en attendant des ordres complémentaires, à rassembler son corps dans la direction du nord. Il en résulta que les ordres ultérieurs trouvèrent également la garde toute prête à marcher.

En ce qui concerne les autres corps de la deuxième armée allemande, qui se trouvaient encore plus éloignés, le IVᵉ corps, qui se portait, au sud de la garde, par Marbache, au delà de la Moselle, arriva, le 16, avec son avant-garde, jusque dans les environs de Toul, et exécuta, dans cette journée, sans succès, contre cette place, un coup de main, qui lui causa une perte de 200 hommes.

Enfin, le IIᵉ corps se trouvait encore sur la rive droite de la Moselle, à une distance de toute une journée de marche de Pont-à-Mousson.

Dans ces circonstances, il paraissait tout à fait nécessaire, en vue de renforcer le plus possible les fractions de la deuxième armée qui se trouvaient directement opposées à l'armée de Bazaine, de rapprocher les VIIᵉ et VIIIᵉ corps, de la première armée, qui, à ce moment, étaient arrivés derrière le IXᵉ corps. La demi-division Barnekow, du VIIIᵉ corps, qui se trouvait sur le champ de bataille, avait, ainsi que nous l'avons déjà dit, sur l'ordre spontané de son général commandant, pris déjà, à l'aile droite du IIIᵉ corps, la part la plus active à la bataille du 16 août. L'autre brigade de cette division n'était pas encore de retour de Thionville.

Le général de Steinmetz avait, le 16, pendant la marche, reçu, du général commandant le VIIIᵉ corps, général de Goeben, un rapport succinct, relatif aux événements qui se passaient sur la rive gauche de la Moselle et à l'intention qu'avait ce dernier d'appuyer les troupes engagées au combat. En vue d'accélérer le passage de la Moselle, le général de Steinmetz avait alors fait sortir les équipages de ponts de campagne des colonnes de marche, pour les porter vers la Moselle.

Dans la nuit du 16 au 17, à 1 heure, le général de Goeben adressa, de Lorry, un rapport détaillé sur la bataille. Il fit ressortir que la brigade Rex, par suite du combat pénible qu'elle avait soutenu, serait, le lendemain matin, à peine capable de marcher, et il fit savoir qu'il avait l'intention de faire marcher, dès la pointe du jour, sur Arry, la 15e division et l'artillerie de corps, tandis que, de sa personne, il prendrait les devants, pour agir, ensuite, suivant les circonstances.

Le grand quartier général avait reçu, le 16, déjà avant de quitter Herny, la première nouvelle de la bataille. A son arrivée à Pont-à-Mousson, le général de Moltke trouva une lettre du chef d'état-major de la deuxième armée, général de Stiehle. Par cette lettre, ce dernier l'informait que la bataille était commencée, et, se conformant aux vues qui régnaient, alors, au quartier général de la deuxième armée, sur la manière d'envisager la situation militaire, il partait de cette hypothèse, que l'on n'avait devant soi qu'une partie de l'armée française, déjà engagée dans la retraite, fraction qu'on pourrait, disait-il, rejeter vers le nord avec les trois corps de l'aile droite (le IIIe, le IXe et le Xe), « tandis que « l'aile gauche de l'armée continuerait sa marche en avant, vers « la ligne de la Meuse ».

Le général de Moltke ne partageait pas, cependant, tout à fait les vues du prince Frédéric-Charles. Déjà, précédemment, il s'était, ainsi que nous l'avons dit, préoccupé d'accélérer la marche en avant du IXe corps sur Mars-la-Tour, et il savait que ce corps était arrivé à proximité suffisante de ce point. Il donna donc, également, au XIIe corps (royal saxon), qui avait atteint, le 16, les environs de Pont-à-Mousson, l'ordre de marcher, le 17, à 3 heures du matin, par Thiaucourt, sur Mars-la-Tour, et de pousser en avant sa cavalerie vers la route Metz—Verdun.

Un officier d'état-major avait été, également, encore détaché, le 16, vers le général de Steinmetz, pour lui porter l'ordre verbal du roi, qui prescrivait « de tenir prêts », le 17, de bonne heure, le VIIe et le VIIIe corps, « à proximité des passages de Corny « et d'Arry, pour franchir la Moselle immédiatement après le « IXe corps ». Les trains devaient rester, jusqu'à nouvel ordre, sur la rive droite de la Moselle. Cet ordre fut encore suivi d'une lettre explicative du général de Moltke, dans laquelle « se trouvait « exprimée la pensée de couper de ses communications vers le « nord l'ennemi qu'on avait attaqué dans la journée du 16 ».

Dans le cours de la nuit, on construisit à Corny, abstraction faite du pont suspendu qui existait déjà sur ce point, trois ponts militaires (ponts de chevalets et ponts de pontons), tandis que le général de Goeben en faisait établir un nouveau à Arry, à côté du pont militaire du IIIe corps.

Le général de Steinmetz ordonna à la 1re division de cavalerie et au VIIe corps de se tenir prêts, le 17 au matin, à passer la Moselle à Corny, au VIIIe corps d'être prêt à la franchir à Arry; quant à la 3e division de cavalerie, elle devait, pour couvrir les points de passage et les trains vers Metz, prendre position entre Pouilly et Marly. Sur ces entrefaites, pendant la nuit, un officier d'état-major avait fait tous ses efforts pour débarrasser les routes, encombrées par les trains du IXe corps, opération qui dura également jusqu'au matin.

Le 17 août, à 4 heures du matin, le général de Steinmetz reçut, à Coin-sur-Seille, les directives suivantes, expédiées par le grand quartier général, à 2 heures du matin, de Pont-à-Mousson :

« Le IIIe et le Xe corps se sont maintenus, hier, sur leurs posi-
« tions. Mais il est absolument nécessaire de leur porter secours,
« autant que possible dès la pointe du jour.

« Les corps de la deuxième armée qui se trouvent en arrière
« ont de plus grandes distances à parcourir que la première
« armée. Il est donc ordonné à cette dernière de se mettre immé-
« diatement en marche, en utilisant tous les ponts disponibles
« (ainsi qu'il a déjà été ordonné dans les prévisions antérieures).

« Sa Majesté se rendra aussitôt à Gorze, où les rapports qui lui
« seront adressés l'attendront. »

A 8 h. 30, le commandant en chef de la première armée reçut une lettre plus détaillée du général de Moltke, expédiée de la hauteur de Flavigny, et ainsi conçue :

« L'ennemi est en retraite, la plus grande partie sur Metz, mais
« il commande encore Rezonville et Gravelotte. Le VIIe corps
« dépassera Corny et marchera, par Ars-sur-Moselle, sur Grave-
« lotte ; le bois de Vaux, sur le flanc droit, sera occupé. Le
« VIIIe corps marchera sur Rezonville, en laissant Gorze à sa
« gauche. On rendra compte quand les têtes de colonnes com-
« menceront le passage. On admet que l'armée sera prête à midi. »

Sur ces entrefaites, le commandant en chef de la deuxième armée allemande, directement intéressé, avait pris, de son côté, ses dispositions, en vue de rapprocher le plus possible des forces importantes pour le jour suivant. Les ordres qu'il expédia de Gorze, à 11 heures du soir, prescrivaient, en ce qui concernait le IX⁰ corps d'armée, à la 25⁰ division, de suivre la 18⁰ (Wrangel), et à tout le corps, de se rassembler, le 17 au matin, sur le plateau à 4 kilomètres au nord-ouest de Gorze, et d'y attendre des ordres ultérieurs.

Le XII⁰ corps reçut l'ordre de se porter, avant le lever du soleil, en passant par Thiaucourt, sur Mars-la-Tour, où il devait prendre place, en formation de rassemblement, derrière le X⁰ corps.

Quant à la garde, elle reçut également l'ordre de se mettre en marche sur Mars-la-Tour, où elle devait s'établir, en formation de rassemblement, derrière le XII⁰ corps. Seule, la cavalerie de la garde devait, conformément aux ordres antérieurs, continuer sa marche en avant vers la Meuse.

Ces trois corps reçurent l'ordre de se faire suivre de leurs colonnes de munitions, en laissant, par contre, les trains en arrière.

Le II⁰ corps devait atteindre Pont-à-Mousson et pousser en avant ses troupes avancées dans la direction du pont de Saint-Mihiel, sur la Meuse. Le IV⁰ corps devait conserver la direction sur Toul, qui lui avait été assignée (1) (probablement, parce qu'en raison de son éloignement, ce corps ne pouvait pas arriver assez vite à faire sa jonction avec les autres corps de la deuxième armée).

Dans le cours de la journée du 16 août, le prince Frédéric-Charles avait encore été avisé des vues qui régnaient au grand quartier général sur la manière d'envisager la situation militaire, par la lettre suivante, expédiée de Pont-à-Mousson, à 8 h. 1/4 du soir :

« D'après l'opinion qui règne ici, pour décider du sort de la « campagne, il faut rejeter vers le nord le gros des forces de l'en- « nemi, qui se replie de Metz. Plus nombreuses ont été les forces « opposées, aujourd'hui, au III⁰ corps, plus sera grand le succès, « demain, puisqu'on peut opposer, dans cette journée, à ces « mêmes forces, les X⁰, III⁰, VIII⁰, VII⁰ corps, et aussi le XII⁰ « corps.

---

(1) *Opérations de la deuxième armée*, pages 104-105.

« Les corps non intéressés de la deuxième armée peuvent faire
« halte dès aujourd'hui. Il ne paraît plus aussi urgent d'atteindre
« rapidement la Meuse ; toutefois, la prise de Toul aurait une
« grande importance (1). »

En comparant les dispositions prises par le commandant en
chef de la deuxième armée avec celles du grand quartier général,
on arrive au résultat suivant : d'une part, elles étaient en parfaite
concordance ; d'autre part, en se plaçant au point de vue d'un
rassemblement de troupes, aussi fort que possible, sur le champ
de bataille du jour précédent, elles se complétaient réciproquement. Le grand quartier général avait pris ses dispositions pour
rapprocher, non seulement le XIIe corps, mais encore deux corps
de la première armée, et il avait assigné à la cavalerie du XIIe
corps la direction qui conduisait sur la route la plus rapprochée,
allant de Metz à Verdun ; le prince Frédéric-Charles résolut de
porter, également, en avant le corps de la garde, sur lequel le
général de Moltke ne comptait pas probablement.

En partie, déjà dans la nuit du 16 au 17 août, en partie dans la
matinée de ce dernier jour, à la première heure, les troupes allemandes commencèrent leurs mouvements, conformément aux
ordres que nous avons reproduits précédemment.

A partir de 6 heures du matin, les fractions de la première
armée qui se trouvaient en arrière franchirent la Moselle.

L'avant-garde du VIIe corps se heurta, dans le bois de Vaux et
dans le bois des Ognons, aux Français, et atteignit, après un
combat insignifiant, la lisière nord de ces bois, au sud de Gravelotte, localité qui fut évacuée, à 3 heures de l'après-midi, par les
Français. Sur les hauteurs à l'est de ce village, on apercevait, à
ce moment, de grands camps français, dans lesquels régnait une
vive animation ; çà et là, on pouvait distinguer clairement des
épaulements de batteries, nouvellement construits.

Le général de Steinmetz, qui reconnut, personnellement, la position des Français, ordonna d'éviter toute rencontre ultérieure avec

---

(1) *Opérations de la deuxième armée*, page 108.

l'adversaire, et renvoya même en arrière une batterie, qui avait été poussée en avant par le général de Woyna, pour canonner un camp de cavalerie française, qui paraissait avoir été établi avec une assez grande insouciance. Le général de Steinmetz se conforma, en cette occasion, à une communication du grand quartier général, l'informant que le commandement suprême de l'armée n'avait plus l'intention de prendre l'offensive dans cette journée, et qu'il y avait lieu, au contraire, de différer l'attaque jusqu'au jour suivant.

La garde et le XIIᵉ corps arrivèrent, peu de temps après midi, dans les environs de Puxieux et de Mars-la-Tour. Le général commandant ce dernier corps, prince royal de Saxe, avait donné à sa cavalerie l'ordre très judicieux de ne pas se contenter de barrer la route la plus rapprochée, allant de Metz à Verdun (par Mars-la-Tour), mais de se porter en avant, jusqu'à la deuxième de ces routes (passant par Étain).

Sur ces entrefaites, le maréchal Bazaine, ayant l'intention de résister à l'armée allemande sur une position qu'il considérait comme « inexpugnable », et qui était formée par les hauteurs situées à l'ouest de Metz, face à l'ouest, avait replié sur cette position son aile droite, tandis qu'il se maintenait encore, provisoirement, avec l'aile gauche, à Gravelotte.

Les mouvements des Français commencèrent le 17 au matin, sous les yeux des Allemands : on les distinguait parfaitement de la hauteur de Flavigny, sur laquelle le prince Frédéric-Charles se trouvait, depuis le lever du soleil, et où parut également le roi Guillaume lui-même, vers 6 heures du matin.

Néanmoins, il régnait encore une incertitude absolue sur le but de ces mouvements de l'adversaire, qui disparurent peu à peu à la vue des Allemands. Les patrouilles qui avaient été envoyées en avant par les corps de l'aile gauche du front des Allemands ne procurèrent que des renseignements incertains ; ces renseignements tendaient plutôt à renforcer l'hypothèse que les Français se retireraient dans la direction de l'ouest et du nord-ouest, alors qu'en réalité ils se repliaient vers l'est et le nord-est (1).

_____

(1) Les Allemands peuvent avoir été, en partie, induits en erreur par la marche de deux divisions du corps Ladmirault sur Doncourt, où ces divisions voulurent reprendre leurs sacs, qu'elles avaient laissés en arrière, dans la soirée du jour précédent.

S'en tenant toujours à l'idée préconçue qu'il avait adoptée, savoir que la défaite essuyée par les Français dans la bataille du jour précédent devait avoir eu pour conséquence de leur faire accélérer d'autant plus leur retraite dans la direction de l'ouest, le prince Frédéric-Charles admettait comme possible que cette retraite eût déjà commencé dans la nuit, et qu'ensuite le reste du gros de l'armée française eût suivi également le mouvement; seule, une assez faible fraction de cette armée avait dû, à son avis, se rapprocher de Metz (1). Il persista dans cette erreur pendant une grande partie de la journée (17 août); mais, sur ces entrefaites, la cavalerie de la deuxième armée avait perdu complètement le contact des Français.

C'est ainsi qu'il arriva que les Allemands ne surent pas conserver, le 17, le contact de l'armée française, qui, cependant, avait encore été visible à tous les yeux dans la matinée de ce jour. L'ouvrage du grand état-major prussien cherche à expliquer cette particularité étrange, en faisant ressortir que, pendant la première moitié de la journée, le commandant en chef de la deuxième armée s'était contenté uniquement de prendre des mesures défensives. Le manque de renseignements sur les mouvements de l'adversaire fut cause que les dispositions prises par la deuxième armée, pour le jour suivant, furent influencées plutôt par l'idée (fausse) que l'on se faisait de la situation, que par la situation elle-même, telle qu'elle se présentait en réalité. Les Allemands n'étaient pas même encore parvenus à élucider la question de savoir si, dans la journée du 16 août, ils avaient eu affaire à toute l'armée du maréchal Bazaine, ou simplement à une fraction quelque peu importante de cette armée, restée en arrière. Mais, sur ces entrefaites, la division de cavalerie saxonne, qui s'était portée rapidement en avant, avait traversé la route du sud, allant de Metz à Verdun (en un point situé à 12 kilomètres, seulement, environ, à l'ouest de Mars-la-Tour), et elle avait atteint déjà, à 9 heures du matin, à Saint-Jean-les-Buzy, la route du nord conduisant de Metz à Verdun. A partir de ce moment, les Allemands devaient savoir que les Français n'avaient pas pris, pour exécuter leur retraite sur Verdun, les deux routes désignées ci-dessus, et qu'il ne leur restait plus, à cet

---

(1) *Opérations de la deuxième armée*, pages 110-115.

effet, que les chemins qui passaient plus au nord, en décrivant un arc de cercle. En conséquence, il y avait presque lieu de conclure que, le 16, toute l'armée de Bazaine avait conservé les emplacements qu'elle occupait, puisque, jusqu'à ce moment, cette armée n'avait eu nullement besoin d'utiliser des chemins détournés incommodes, au lieu d'employer les routes directes allant sur Verdun, dont elle disposait. On ne sait pas si les Allemands sont arrivés à cette conclusion. Le rapport faisant connaître que la division de cavalerie saxonne avait atteint la route Metz — Doncourt — Verdun ne parvint au général commandant le XIIe corps qu'à 1 heure de l'après-midi ; mais il m'a été impossible, au moyen des renseignements que j'ai pu me procurer, d'arriver à savoir si ce rapport est parvenu au commandant en chef de la deuxième armée. Ce qu'il y a de certain, c'est qu'au moment où le commandant en chef de cette armée donna ses ordres pour le 18, il n'avait pas reçu de renseignements à ce sujet (1).

La perte du contact de l'armée française, le 17 août, qui produisit, dans le commandement suprême de l'armée allemande, de l'incertitude et de l'hésitation, mérite de faire l'objet de quelques considérations. Ces considérations nous amènent à conclure inévitablement que la journée de Mars-la-Tour, que les Allemands considèrent, avec raison, comme une « journée glorieuse » pour leur cavalerie, en n'envisageant la question qu'à un seul point de vue, appartient, en réalité, à l'époque où la belle cavalerie allemande fut employée d'une manière peu judicieuse, et même, pour bien dire, contraire à tous les principes.

Dans un autre passage de cette étude, nous avons déjà fait suffisamment ressortir que, d'une part, les chefs d'armée allemands ne surent pas, en général, utiliser leur nombreuse cavalerie, pour éclairer, en temps opportun, la situation sur les derrières de Metz, et que, d'autre part, la division de cavalerie Rheinbaben, qui s'était portée en avant, le 15, dans cette direction, négligea de s'acquitter de sa mission essentielle, envisagée au point de vue de l'activité tactique qu'elle devait déployer ; car, d'une part, elle ne reconnut pas tous les chemins par lesquels les Français pouvaient exécuter leur retraite, en partant de Metz, et,

_____

(1) *Opérations de la deuxième armée*, pages 114-115.

d'autre part, elle n'arriva pas à découvrir qu'elle se trouvait, ici, en présence d'une partie très importante de l'armée du maréchal Bazaine (trois corps).

Le combat sanglant du 16, lui-même, dans lequel tombèrent 1500 braves cavaliers allemands, ne fournit pas encore au commandement suprême des Allemands des renseignements aussi complets que ceux qu'une reconnaissance de cavalerie, intelligemment exécutée, aurait pu lui procurer (1).

En présence de ces résultats insuffisants, on se demande involontairement dans quel but la cavalerie allemande a dépensé, à proprement parler, ses forces et versé son sang dans la journée de Mars-la-Tour, qui fut incontestablement glorieuse pour elle. Une réponse à cette question, pour être complète, exigerait des recherches qui dépassent de beaucoup le cadre de la tâche que nous nous sommes imposée dans cette étude. Néanmoins, en laissant de côté toute espèce de légende, et en s'en tenant simplement aux faits, on peut se convaincre, sans difficulté, que, par exemple, la marche en avant qui fut exécutée, à deux reprises différentes, par la 6e division de cavalerie prussienne, dans la bataille de Mars-la-Tour, a été, tout au moins, complètement inutile, et que l'attaque de la brigade Brédow, qui était réellement hardie, a fourni simplement à la division de cavalerie française Forton l'occasion de réparer les fautes qu'elle avait commises dans la matinée.

Mais, en admettant même que toutes les attaques sanglantes exécutées par la cavalerie allemande dans la journée du 16 août fussent réellement nécessaires, et que les sacrifices pénibles qu'on exigea d'elle, dans ce cas, lui fussent imposés, d'une manière inévitable, par la situation critique du combat, — on ne doit pas oublier, cependant, que cette situation était précisément la conséquence des fautes du commandement suprême, et que la cava-

---

(1) En réalité, les Allemands ne savaient pas encore, même le 17 août au matin, qu'ils avaient devant eux toute l'armée de Bazaine. Leurs écrivains historiques passent, en général, ce point sous silence. Mais les *Opérations de la deuxième armée* mentionnent que, le 17, les Allemands ont simplement eu connaissance qu'ils avaient eu affaire, dans la journée du 16, au 2e et au 6e corps français, à la garde et à des divisions de cavalerie indépendantes. Il faut en conclure que les Allemands ont absolument ignoré qu'ils avaient eu en face d'eux deux autres corps français (le 3e et le 4e), forts de 7 divisions, et que ces deux corps avaient pris part à la bataille.

lerie allemande, dans cette bataille, dut expier les erreurs imputables à ses chefs, qui n'avaient pas su l'employer convenablement, ou avaient négligé de lui inculquer, en général, d'une manière suffisante, le sentiment de ses *obligations les plus importantes*, qui consistent, notamment, à *éclairer la situation du côté de l'ennemi*. Comme exemple à l'appui de ce que nous venons de dire, il y a lieu de faire ressortir la manière d'opérer de l'escadron de dragons de la garde dans la journée du 16. Cet escadron, qui se trouvait déjà, dans cette journée, sur la deuxième route (celle du nord) allant à Verdun par Doncourt, quitta rapidement cette direction, pour prendre part au grand combat de cavalerie qui se déroulait sur la partie ouest du champ de bataille, et, grâce à la charge qu'il exécuta sur les derrières des Français, joua un rôle des plus importants dans ce combat. Peut-être, cependant, ce brave escadron aurait-il rendu un meilleur service aux siens, si, au lieu de quitter la route d'Étain (bien que ce fût pour prendre part au combat), il avait reconnu également celle des routes de Metz à Verdun, passant par Briey, qui se trouvait le plus au nord ; il aurait pu ainsi signaler, en temps opportun, que la retraite des Français ne s'exécutait pas par ces deux routes.

Toutes ces considérations prouvent qu'on peut affirmer, avec quelque certitude, que si la cavalerie allemande avait été employée judicieusement à une reconnaissance stratégique, elle aurait, sûrement, éclairé, en temps opportun, et en éprouvant des pertes relativement insignifiantes, la véritable situation à l'ouest de Metz. De cette manière, les Allemands n'auraient pas eu besoin de tant tâtonner, et, ils n'auraient pas été, notamment, obligés, et cela, exclusivement, par suite du manque de renseignements suffisants, de livrer des batailles sanglantes et téméraires, ainsi que ce fut le cas à Mars-la-Tour, le 16, et à Gravelotte, le 18 août.

Si, abandonnant cette discussion, nous en revenons à la situation militaire qui se présentait à la date du 17, nous sommes obligés d'admettre l'évidence du fait suivant : grâce à l'esprit de résolution et à l'énergie des Allemands, et, il faut bien le dire aussi, à la valeur des chefs, ainsi qu'à celle des troupes, dans le courant de cette journée, peu de temps après midi, cinq corps d'armée tout frais se trouvaient déjà en ligne, à côté du IIIe et du Xe corps, ou ils étaient en train de se rapprocher. Ces corps étaient les suivants : la garde prussienne, le XIIe (royal saxon), le VIIe, le VIIIe, et le IXe corps ; parmi ces cinq corps, seuls, les deux derniers avaient pris part, dans une certaine mesure, c'est-à-dire avec une brigade, au combat du jour précédent. A ces corps il faut ajouter deux divisions de cavalerie toutes fraîches, la 1re et la 12e (royale saxonne).

Les chefs allemands pouvaient maintenant respirer librement : les instants les plus dangereux et les plus critiques étaient passés, et le moment approchait où les Français allaient être punis de toutes leurs fautes et de leurs négligences impardonnables.

Au grand quartier général (qui s'était trouvé, ainsi que nous l'avons dit, à Flavigny), on souleva la question de savoir s'il convenait d'engager une offensive immédiate, encore le 17, pour compléter la défaite des Français, qui battaient en retraite ; mais le prince Frédéric-Charles et quelques généraux commandants, qui se trouvaient présents, émirent un avis opposé ; ils firent, notamment, ressortir que les troupes fraîches qui venaient d'arriver avaient déjà exécuté des marches forcées, et qu'en outre, pour atteindre l'adversaire, il fallait encore exécuter une marche en avant ; qu'enfin le combat ne pourrait commencer que tardivement dans l'après-midi, et, « dans ces conditions, pourrait, il « est vrai, se terminer par une victoire, mais, néanmoins, n'amè- « nerait qu'un résultat à moitié décisif. Le soir, disaient-ils, « mettra fin à l'action prématurément, et rendra, indubitablement, « toute poursuite impossible ». C'est pour ces motifs qu'on consi- déra comme plus logique de tout terminer, le 18, d'un seul coup. Le prince Frédéric-Charles admettait qu'il parviendrait à joindre, sans difficulté, l'armée française, obligée d'exécuter, par des chemins détournés, sa retraite avec de grandes masses, « dont « l'aptitude à la marche n'avait pas encore été mise à l'épreuve « jusque-là ». Dans le cas, disait-il, « où la bataille se livrerait le « 18 août, il était possible, également, au IIe corps d'y prendre « encore part ».

Après avoir fait agréer ses propositions par le roi, le prince Frédéric-Charles expédia, sur le champ de bataille de Vionville, à 1 heure de l'après-midi, un ordre de l'armée ainsi conçu (1) :

_____

(1) *Opérations de la deuxième armée*, page 116.

« L'ennemi paraît se retirer, en partie vers le nord-ouest, en
« partie sur Metz.

« La deuxième armée, ainsi que le VIIe et le VIIIe corps, se
« mettront, demain, à la recherche de l'ennemi, qui se replie
« dans la direction du nord, et le battront. »

En outre, des emplacements de bivouacs furent assignés aux
corps d'armée pour la nuit. En première ligne, devaient camper
les IXe, IIIe et XIIe corps ; en deuxième ligne, le Xe corps et la
garde.

Le IIe corps devait rompre, en partant de Pont-à-Mousson,
à 4 heures du matin, marcher, par Onville, sur Buxières, se masser
au nord de cette localité, et manger la soupe.

De concert avec ces dispositions du prince Frédéric-Charles, le
grand quartier général expédia à la première et à la deuxième
armée, à 2 heures de l'après-midi, l'ordre suivant (1) :

« Demain, 18, à 5 heures du matin, la deuxième armée rompra
« en échelons, par la gauche, pour s'avancer entre l'Yron et le
« ravin de Gorze (direction générale entre Ville-sur-Yron et
« Rezonville). Le VIIIe corps appuiera ce mouvement à l'aile
« droite de la deuxième armée. Le VIIe corps aura pour première
« mission de couvrir la marche de la deuxième armée contre
« toute tentative venant du côté de Metz. Les instructions ulté-
« rieures de Sa Majesté le roi dépendront des dispositions prises
« par l'adversaire. Les communications adressées au roi devront
« être dirigées, au début, sur la hauteur au sud de Flavigny. »

Le commandant en chef de la première armée allemande, général de Steinmetz, qui se trouvait encore, depuis le matin, directement opposé aux Français, et était resté, avec son VIIe corps,
en contact immédiat avec eux, estimait que, malgré l'appui pos-
sible du VIIIe corps, rassemblé à Gorze, la situation du VIIe corps
n'était pas sans danger. Pour diviser les forces et l'attention
des Français, le général de Steinmetz envoya, après 9 heures
du matin, au général commandant le 1er corps (qui avait été
laissé en arrière, pour observer la place de Metz et pour couvrir

---

(1) Ouvrage du grand état-major prussien, 1re partie, tome II, pages 611
et 642.

les communications des Allemands sur la rive droite de la Moselle), l'ordre de faire une démonstration, encore dans cette journée, vers Metz.

Le général de Manteuffel rendit compte de l'exécution de cet ordre, dans la soirée, dans les termes suivants :

« Metz a été canonné, jusqu'à une distance de 4,000 à 5,000 pas, « par toute l'artillerie du corps d'armée. Vers 5 heures, le feu « paraissait s'être déclaré en différents endroits. A 5 h. 30, on « pouvait apercevoir de la poussière sur la route qui part de Metz « et suit la rive gauche de la Moselle ; autant qu'on pouvait en « juger, c'étaient des colonnes en retraite. Comme le but de ma « mission avait été rempli dans la mesure du possible, j'ai « ordonné de cesser le feu à 6 h. 15 et de faire replier le corps « d'armée sur ses bivouacs de Laquenexy et de la gare de « Courcelles. »

De l'ordre du grand quartier général pour le 18, que nous avons reproduit plus haut, le général de Steinmetz avait conclu que le VIIe corps devait former le pivot du mouvement exécuté par les forces allemandes, et que le grand quartier général, de son côté, avait gardé à sa disposition le VIIIe corps, auquel il avait donné pour instructions de se joindre au mouvement de la deuxième armée, en formant échelon vers la droite. En conséquence, le général de Steinmetz donna au VIIe corps l'ordre de se tenir prêt au combat, le 18, dès 5 heures du matin, et de se maintenir sur ses positions jusqu'à la dernière extrémité ; mais, en même temps, il envoya un rapport, dans lequel il cherchait à faire ressortir la situation dangereuse de ce corps d'armée. Il y a lieu d'admettre, en réalité, qu'il exprimait, en même temps, le désir d'avoir de nouveau à sa disposition le VIIIe corps, en vue de s'en servir, comme réserve, pour le VIIe corps, et qu'il faisait ressortir, en outre, que son armée se trouvait ainsi « disloquée ». Le 18 août au matin, à la première heure, il reçut la réponse suivante :

« Le VIIe corps observera tout d'abord une attitude défensive. « La liaison avec le VIIIe corps ne peut être établie qu'en avant. « Dans le cas où il arriverait que l'armée ennemie se jette dans « Metz, nous exécuterons une conversion à droite. La première « armée sera soutenue directement, en cas de nécessité, par la « deuxième ligne de la deuxième armée. »

On ajoutait encore qu'aucune modification n'était apportée aux emplacements respectifs des corps de la première armée.

En conséquence, le général de Steinmetz fit parvenir au général de Manteuffel, le 18 août, à 7 heures du matin, un ordre lui faisant connaître que le VIIe corps devait former le pivot du mouvement en avant des forces allemandes ; que ce corps aurait, selon toute prévision, à supporter le premier choc de l'adversaire, et que, par suite, il aurait besoin d'être appuyé par les troupes de la rive droite de la Moselle. Dans ce but, le général de Manteuffel devait pousser en avant une brigade d'infanterie, avec quelques batteries, dans la direction de Vaux, pour enfiler le chemin (situé sur la rive gauche de la Moselle) par lequel l'ennemi pouvait se porter à l'attaque. Le commandant de la 1re division de cavalerie, qui se trouvait encore, à ce moment, sur la rive droite de la Moselle, reçut pour instructions, dans le cas où un combat viendrait à s'engager, de suivre, personnellement, le cours de la bataille, et d'intervenir suivant les circonstances, en utilisant, à cet effet, de préférence, la route qui va d'Ars à Rezonville par Gorze.

Dans la bataille du 16, l'armée du maréchal Bazaine s'était maintenue sur ses positions, dans les conditions où elle les avait occupées au milieu de cette journée, et elle avait repoussé toutes les attaques ultérieures dirigées par les Allemands contre ces positions. Mais ce résultat heureux, si on l'envisage, du moins, au point de vue d'une résistance purement passive, ne répondait nullement aux nécessités de la situation stratégique des Français, dont tous les efforts tendaient à effectuer leur retraite derrière la Meuse.

L'adversaire occupait toujours leur route de retraite du sud et se trouvait à proximité immédiate de la plus rapprochée, qui passait plus au nord, de telle sorte que, pour exécuter leur retraite sur Verdun, ils ne disposaient plus que du chemin détourné passant tout à fait au nord, par Briey. Or une retraite exécutée dans de telles circonstances, en longeant le territoire neutre, qui se trouvait à proximité, était absolument impossible, sous peine de s'exposer au danger d'éprouver une catastrophe.

La mission stratégique qui résultait, naturellement, pour les Français, de la situation militaire consistait à se débarrasser, d'un

seul coup porté avec résolution, des fractions de l'adversaire qui
se trouvaient le plus à proximité, et, par suite, étaient les plus
menaçantes; mais cette mission, qui avait pour but d'assurer
leur retraite dans des conditions plus sûres, demeurait toujours
sans solution.

La bataille du 16 août n'avait pas fait avancer d'un pas les
affaires des Français, et le maréchal Bazaine voyait s'ouvrir,
maintenant, devant lui, la question décisive de savoir s'il devait
reprendre la lutte, le 17, en se portant à l'attaque de l'adversaire,
ou si, du moins, il devait se maintenir sur les positions qu'il avait
occupées jusque-là. Le maréchal résolut ces deux questions par
la négative, en se basant, à cet effet, sur des circonstances très
difficiles à apprécier. En réalité, parmi les troupes placées sous
ses ordres, seules, deux divisions (Metman, du 3e corps, et Loren-
cez, du 4e corps) n'avaient pas pris part à la bataille du 16; par
contre, il était à prévoir que les Allemands, qu'on n'avait pas
réussi à battre, entreraient en ligne, le jour suivant, avec des
forces beaucoup plus considérables. En outre, la position que les
Français occupaient à la fin de la bataille du 16, envisagée en
elle-même, ne se prêtait pas à la continuation de la lutte, et, en
outre, elle pouvait être tournée par les deux ailes. Enfin, il était
nécessaire de compléter les munitions d'artillerie et d'infanterie,
dont il avait été fait une forte consommation.

Tenant compte de toutes ces considérations, le maréchal
Bazaine prit, cette fois, la meilleure résolution : celle de se replier
sur une autre position, plus favorable, et, à son avis, « impre-
« nable ». C'est sur cette position, si l'on en croit ses propres
paroles, qu'il avait l'intention d'opposer aux Allemands la plus
vigoureuse résistance. Il avait, dans ce but, recherché une position sur la ligne de hauteurs, orientée, d'une manière générale,
vers le nord (avec des pentes douces vers l'ouest), qui s'étend
entre la Moselle, en amont de Metz, et le ruisseau de l'Orne,
affluent de la Moselle. Autant que l'on peut en juger, d'après les
renseignements que l'on possède à ce sujet, le maréchal avait
l'intention de donner, au début, à son aile droite une extension
beaucoup moindre que celle qu'elle eut, en réalité, par la suite.

Si l'on considère la position telle qu'en fin de compte elle a été
occupée et défendue par les Français, on voit que l'aile gauche
s'appuyait à la rivière de la Moselle, à Sainte-Ruffine et Rozé-

rieulles, à environ 6 kilomètres en amont de Metz ; l'aile droite se rapprochait de l'Orne à Saint-Privat-la-Montagne et Roncourt ; comme poste avancé, on avait occupé, en avant de l'aile droite de la position, le village de Sainte-Marie-aux-Chênes, qui se trouve à une distance d'environ 2 kilomètres du ruisseau de l'Orne. Le front de cette position (d'environ 12 kilomètres d'étendue) était dirigé vers l'ouest (avec une légère inflexion vers le sud-ouest), de telle sorte que les Français, dans le cas d'une défaite, n'avaient d'autre ressource — que de se replier derrière les forts de Metz. Mais cette circonstance n'avait, provisoirement, qu'une importance secondaire, car, de toute façon, étant donnée la situation, la marche ultérieure vers la Meuse menaçait d'amener une catastrophe, et, par suite, était impossible. En revanche, Bazaine pouvait, en prenant la résolution d'engager la bataille, espérer encore un succès, et, dans le cas d'un insuccès, il lui restait la possibilité de se maintenir dans Metz. La vérité stricte, c'est qu'à ce moment, il ne lui restait plus d'autre moyen de salut.

Dans la nuit du 17, le maréchal Bazaine donna les ordres suivants :

« La grande consommation qui a été faite de munitions d'in-
« fanterie et d'artillerie dans cette journée, ainsi que le manque
« de vivres pour plusieurs jours, nous empêchent de continuer la
« marche qui avait été tracée. Nous allons donc nous reporter sur
« le plateau de Plappeville. Le 2ᵉ corps occupera la position entre
« le Point-du-Jour et Rozérieulles ; le 3ᵉ, à sa droite, à hauteur de
« Chatel-Saint-Germain ; le 4ᵉ, prolongeant le 3ᵉ jusqu'à Monti-
« gny-la-Grange ; le 6ᵉ, à Vernéville. La division de cavalerie du
« Barail suivra le 6ᵉ corps ; la division de cavalerie Forton ira
« s'établir en arrière du 2ᵉ corps ; la garde, à Lessy et Plappe-
« ville, où sera le quartier général. Le mouvement devra com-
« mencer le 17, à 4 heures du matin, et sera couvert par la divi-
« sion Metman, qui tiendra la position de Gravelotte, et ira
« ensuite rallier le 3ᵉ corps (1). »

Dans le cours de la journée du 17, les troupes françaises occupèrent les positions qui leur avaient été assignées ; seul, le 6ᵉ corps

---

(1) Frossard, *Rapport sur les opérations du 2ᵉ corps*, etc. Paris, 1871, page 100.

(Canrobert), au lieu d'occuper Vernéville, en avant de la position du 4e corps, se porta à l'aile droite de ce dernier, vers Saint-Privat.

La manière dont fut accordée au 6e corps l'autorisation de changer de position mérite, en se plaçant au point de vue des considérations envisagées dans cette étude, d'être particulièrement signalée. Le maréchal Bazaine, dans son ouvrage (1), représente ce changement de position uniquement comme une concession faite par lui au maréchal Canrobert; en même temps, il ajoute que « ce fut une faute, qui permit à l'ennemi d'exécuter son « grand mouvement tournant, le 18 août ».

Involontairement, on se demande comment Bazaine, qui prêche sans cesse la subordination absolue, aveugle, des chefs en sous-ordre à la volonté et aux instructions du supérieur, put permettre un changement de position, illogique, à son avis, et poussa, en même temps, l'esprit de conciliation jusqu'à ajouter, dans la lettre par laquelle il notifiait à Canrobert la décision l'autorisant à reporter son corps d'armée en arrière, à Saint-Privat, « qu'en « prescrivant d'occuper Vernéville, il n'avait eu en vue qu'une « occupation temporaire, ayant pour but de couvrir la retraite du « corps Ladmirault, qui se trouvait encore à Doncourt (2) ».

Remarquons, en passant, qu'en réalité, c'était la nouvelle position occupée par le corps Canrobert à Saint-Privat (et non celle de Vernéville) qui, en prolongeant l'aile droite de la position de défense des Français, garantissait cette aile, de la manière la plus efficace, contre un mouvement tournant; ce dernier mouvement eût été, d'ailleurs, tout à fait impossible (du moins dans le courant de la journée du 18 août), si l'on avait étendu encore davantage l'aile droite française, et si on l'avait même appuyée à l'Orne.

Le maréchal Bazaine se plaint, en outre, de ce que l'ordre qu'il avait donné de fortifier les nouvelles positions n'a pas été, tant s'en faut, exécuté, quelques-uns de ses chefs en sous-ordre « ayant « donné, dit-il, comme prétexte qu'ils manquaient d'outils pour

---

(1) Bazaine, *Épisodes de la guerre de* 1870, etc. Madrid, 1883, pages 96-98.
(2) Les divisions Grenier et de Cissey, du corps Ladmirault, avaient, le 16, dans leur marche en avant vers le champ de bataille, déposé leurs sacs à Doncourt, et durent, par suite, le 17, diriger leur marche sur cette localité, au lieu de gagner leurs nouvelles positions par le chemin le plus court.

« travaux de campagne, tandis que d'autres considéraient comme
« tout à fait inutile de construire des retranchements ». A cette
occasion, on se rappelle, entre autres choses, que les troupes du
génie et le parc du génie du 6ᵉ corps français étaient également
restés en arrière, en même temps que la partie des troupes de ce
corps d'armée, dont nous avons déjà parlé précédemment, qui
avait été laissée à Châlons.

Les Allemands (qui avaient, sans doute, un certain intérêt à
grossir les difficultés qu'ils avaient rencontrées) font mention de
retranchements exécutés sur tous les points, contre lesquels
furent dirigées les attaques pendant la journée du 18 août. Il
ressort, cependant, d'une description allemande de la bataille du
18 août, envisagée au point de vue de l'artillerie, que, seules,
l'aile gauche et une partie du centre de la position française de
défense avaient été renforcées comme il convenait (1).

Le commandant du 2ᵉ corps français, général Frossard, rapporte qu'il avait fait renforcer la position de son corps et s'était
servi de retranchements et des abris du sol, pour couvrir ses
troupes ; aussi attribue-t-il à ces mesures les pertes peu importantes que son corps d'armée éprouva dans la bataille du 18 août.
Frossard parle aussi de retranchements exécutés par le 3ᵉ corps
Le Bœuf (2). Derrécagaix, enfin, déclare que, sur le point le plus
dangereux de toute la position, à Saint-Privat, on avait à peine
élevé quelques tranchées-abris.

La position des Français, dont le front avait une étendue
d'environ 12 kilomètres, fut occupée de la manière suivante :

A l'aile gauche, se trouvait le 2ᵉ corps, Frossard (2 divisions 1/2
d'infanterie), appuyé à la Moselle, à Sainte-Ruffine, Rozérieulles
et Bellevue (Point-du-Jour).

A sa droite, le 3ᵉ corps, Le Bœuf (4 divisions d'infanterie),
ayant comme points d'appui les fermes de Moscou, Leipzick et

---

(1) Hoffbauer, *L'Artillerie allemande dans les batailles de Metz*, 3ᵉ partie.
pages 20-21.

(2) Le général Frossard était lui-même un officier du génie ; son corps d'armée
se trouvait rassemblé au camp de Châlons, immédiatement avant la déclaration
de la guerre, et c'est, peut-être, à cause de cela, que ce dernier était mieux préparé
que les autres, au point de vue en question. D'une étude faite par un officier du
génie français (*Trois mois à l'armée de Metz*, par un officier du génie ; 2ᵉ édition, Bruxelles, 1871, pages 88-90), il résulte que le 3ᵉ corps français n'entreprit de travaux de fortification que le jour même de la bataille (18 août).

la Folie, et occupant fortement le bois des Genivaux, situé en avant de ces trois points.

Plus loin, le 4e corps, Ladmirault (3 divisions d'infanterie), à Montigny-la-Grange et Amanvillers.

Enfin, le 6e corps, Canrobert (3 divisions 1/4), à Saint-Privat et Roncourt.

Comme réserve, la garde impériale se tenait en arrière de l'aile gauche, au fort Plappeville, où se trouvait le quartier général du maréchal Bazaine.

Une description détaillée de la position française dépasserait les limites de la tâche que nous nous sommes assignée. En conséquence, nous rappellerons simplement que la forme des pentes qui partaient de la ligne de hauteurs occupée par les Français offrait un champ de tir avantageux et libre, même sur les emplacements qui se trouvaient à proximité immédiate des bois, et que les fermes qui dominaient le terrain situé en avant, ainsi que les autres points d'appui, avec leurs bâtiments en pierre et les murs qui les entouraient, renforçaient encore la position. La forme du terrain permettait aux troupes de prendre leur formation à couvert. A l'aile gauche, se trouvait le ravin de Chatel, qui entravait la liberté des mouvements des réserves qu'on pouvait avoir à diriger sur la position qu'occupait cette aile ; toutefois, cette dernière trouvait encore un appui particulier dans le fort Saint-Quentin, situé à proximité, en arrière d'elle. Le point le plus faible était l'aile droite, car elle se trouvait exposée à être enveloppée. Un point particulièrement faible (d'après le témoignage de Derrécagaix) était l'extrême droite du corps Canrobert, à Roncourt, car elle n'offrait, par elle-même, aucun appui pour une résistance ferme ; bien plus, par suite de la proximité de groupes d'arbres et de dépressions de terrain, qui offraient un couvert à l'adversaire, elle favorisait un mouvement tournant, de la part de ce dernier (1).

—————

Les deux armées belligérantes passèrent la nuit qui précéda la

—————

(1) Ces renseignements, ainsi que d'autres, particulièrement en ce qui concerne le combat soutenu par le corps Canrobert, sont empruntés à Derrécagaix (*La Guerre moderne*, 2e partie, pages 94-120). Quelques autres communications, d'ailleurs insuffisantes, au sujet de la bataille du 18 août, se trouvent dans Frossard, pages 102 à 116.

journée du 18 août, en face l'une de l'autre, dans une situation qui offrait un caractère assez étrange : leurs ailes — c'est-à-dire l'aile droite allemande et l'aile gauche française — se trouvaient en contact direct l'une avec l'autre, tandis que les lignes que formait leur front faisaient presque entre elles un angle droit, car le front des Français était établi face à l'ouest, et celui des Allemands se trouvait dirigé face au nord.

Le dispositif adopté par les deux armées montre, d'une manière encore plus frappante, que les Allemands ne se doutaient pas de la proximité de l'armée française ; ils l'avaient perdue de vue le jour précédent, le 17. Cette faute une fois commise, les patrouilles qu'ils avaient envoyées en avant n'avaient pu les renseigner sur le véritable état des choses, ni dans la journée, ni même dans la nuit suivante, bien que les Français eussent, pour ainsi dire, poussé « la complaisance » jusqu'à faire replier toute leur cavalerie derrière l'infanterie, ce qui eut pour résultat de découvrir complètement le front de leur position. Il y a lieu, également, de rappeler ici que le mouvement exécuté par les troupes françaises, pour occuper leur nouvelle position, mouvement qui n'avait commencé que le 17 au matin, à la pointe du jour, s'était fait entièrement sous les yeux de l'armée allemande, établie en face des Français.

Quoi qu'il en soit, il suffit de savoir que les Allemands se trouvaient encore, le 18 au matin, sans nouvelles de l'ennemi. Cependant le temps s'écoulait, et il fallait agir. Mais, pour passer à l'action, on ne pouvait, provisoirement, s'appuyer que sur l'opinion qu'en haut lieu on se faisait de la situation ; cette opinion s'était traduite par les dispositions prises le jour précédent (le 17) ; une modification des vues adoptées au grand quartier général demeurait réservée, jusqu'à plus amples renseignements sur la situation.

Contrairement à ce qui avait eu lieu dans les batailles précédentes de cette campagne, qui furent gagnées grâce aux dispositions prises par les chefs en sous-ordre (en raison de l'absence ou de l'arrivée trop tardive des chefs supérieurs), du côté des Allemands, le grand quartier général et les commandants en chef de deux armées se trouvaient, en cette circonstance, sur les lieux. Il en résulta que la présence du commandement suprême se fit sentir presque à l'excès, par des dispositions simultanées qui, parfois, ne se trouvaient pas en concordance parfaite les unes avec les autres, et, de plus, étaient prises, tantôt au nom du roi Guillaume, en sa qualité de chef suprême, et tantôt par le commandant en chef, qui avait sous ses ordres immédiats la plus grande partie des forces allemandes présentes sur les lieux, c'est-à-dire le prince Frédéric-Charles, et, enfin, par le général de Steinmetz. En outre, il ne faut pas oublier que, par suite du manque de renseignements sur les emplacements occupés par l'adversaire et sur la formation qu'il avait prise, les mesures adoptées ne pouvaient pas concorder d'une manière absolue, mais devaient, au contraire, envisager différents cas possibles. Il en résulta que les chefs en sous-ordre virent s'ouvrir devant eux, jusqu'à la réception de nouveaux ordres venant d'en haut, au fur et à mesure que la véritable situation se dessina, un vaste champ d'action pour leur initiative.

L'esprit d'initiative des chefs en sous-ordre allemands se manifesta dans la journée de Gravelotte, comme précédemment, et même dans des proportions encore plus fortes; car, dans cette bataille, ils prirent, il est vrai, de leur propre initiative, des mesures très judicieuses, mais, d'autre part, leur excès d'ardeur les amena à engager un combat prématuré, qui coûta, d'ailleurs, aux Allemands beaucoup de sacrifices inutiles. Malgré cela, grâce à la réunion des efforts de tous, la pensée qui servit de base aux mouvements des Allemands, dans la journée du 18, parvint à être exécutée complètement : l'ennemi, enveloppé par son aile droite, fut battu.

Ainsi que nous l'avons fait, lors de la description des batailles précédentes, jetons également, au préalable, dans le cas présent, un coup d'œil rapide sur la bataille du 18.

A l'extrême droite allemande, le VII⁰ corps se trouvait immédiatement en contact avec l'ennemi; comme il observa, dès la première heure, une stricte défensive, et que l'ennemi, de son côté, n'attaqua pas, ce corps demeura sur ce point, au début, au repos.

Sur ces entrefaites, la marche en avant de quatre corps d'armée allemands, le XII⁰, la garde, le IX⁰ et le VIII⁰ corps, formés par échelons, l'aile gauche en avant, avait commencé dans la direction du nord, et elle continuait à s'exécuter; en arrière de ces corps, venaient, en deuxième ligne, le X⁰ et le III⁰ corps; le II⁰, venant de Pont-à-Mousson, se trouvait en marche sur les derrières.

Le seul renseignement certain que les Allemands possédaient, c'est que l'aile gauche de la position française s'appuyait à la Moselle; quant à l'aile droite, ils supposaient qu'elle s'étendait jusqu'à Amanvillers. Ils résolurent donc d'employer les corps de l'aile droite, les VIIe, VIIIe et IXe corps, à maintenir les Français de front, et d'envelopper l'aile droite ennemie avec la garde.

Mais ce mouvement enveloppant dégénéra en une attaque de front contre la position française, car cette dernière s'étendait au delà du point que les Allemands avaient supposé être l'extrémité de la ligne de défense des Français.

C'est ainsi que la position ennemie fut attaquée de front par quatre corps d'armée allemands, les VIIe, VIIIe, IXe corps et la garde. Ces trois derniers corps s'engagèrent précipitamment au combat et obtinrent aussi peu de succès que le IIe corps, lorsque, à une heure encore assez tardive, il se porta en avant, pour appuyer le VIIIe corps. Seuls, le mouvement tournant du XIIe corps et la prise d'assaut de Saint-Privat décidèrent, au déclin du jour, du succès de la bataille en faveur des armes allemandes.

Le corps Canrobert, qui formait l'aile droite française, fut battu, et, dans la nuit, et, en partie aussi seulement dans la matinée du 19, les Français évacuèrent les autres parties de leur position et se replièrent sur Metz.

————

Nous passons maintenant, tout en restant dans les limites du cadre que comporte cette étude, à une description plus détaillée de la manière d'opérer des Allemands dans la journée du 18 août, en commençant par la première armée allemande.

Cette armée, malgré la proximité de l'ennemi, avait passé tranquillement la nuit. Le lendemain, à la première heure, elle engagea des tirailleries et des escarmouches insignifiantes. A 6 heures du matin, le VIIe corps adressait le rapport suivant :

« L'ennemi occupe encore, en général, ses positions d'hier. De « fortes batteries et des masses d'infanterie se voient au Point- « du-Jour et à la ferme Saint-Hubert. Les camps français de la « ferme de Moscou et de Leipsick sont toujours debout; il y règne « une grande animation, on entend les tambours, les clairons, la « musique. »

Le VIII⁰ corps adressait, à 8 heures du matin, un rapport mandant que « le corps d'armée s'était avancé, vers 6 heures, de Gorze
« sur Rezonville, avec son avant-garde dans la direction de Vil-
« lers-aux-Bois, et se reliait à l'aile gauche du IX⁰ corps. Aucun
« renseignement nouveau n'était arrivé de la gauche. On n'avait
« pas entendu de coups de feu. Dans ces conditions, le corps allait
« prendre, provisoirement, position à Rezonville, prêt à se porter
« soit à gauche, soit à droite (1) ».

Le chef d'état-major de la première armée, général de Sperling, s'était rendu, vers 10 heures, auprès du roi, à Flavigny, et
rapportait, à 11 h. 30, l'ordre qui prescrivait « à la première
« armée de ne pas attaquer avant que la deuxième armée, qui se
« trouvait à sa gauche, ne se fût engagée au combat ».

A ce moment, la deuxième armée se trouvait déjà complètement en mouvement. Le matin, à la première heure, elle avait
reçu, du IX⁰ corps, un rapport écrit à 4 h. 30 du matin, mandant
ce qui suit : « Gravelotte n'est plus occupé, aujourd'hui matin,
« par les Français ».

Pour assurer l'exécution des ordres donnés le jour précédent, le
prince Frédéric-Charles avait fait son apparition, à 5 heures du
matin, au bivouac des Saxons, à Mars-la-Tour; c'est là qu'il avait
fait connaître verbalement sa manière d'envisager la situation et
avait donné, en conséquence, ses instructions aux généraux commandant respectivement le XII⁰ corps (royal saxon), la garde et
le X⁰ corps, qui se trouvaient présents sur les lieux. Une demi-
heure plus tard, le prince s'entendait également, à Vionville, avec
les généraux commandant les deux autres corps de son armée, le
III⁰ et le IX⁰.

Les instructions verbales du commandant en chef de la
deuxième armée contenaient ce qui suit (2) :

« La deuxième armée continuera aujourd'hui son mouvement
« en avant. Sa mission est toujours de couper l'adversaire de
« Verdun et de Châlons et de le battre, partout où elle le trou-
« vera.

---

(1) Ouvrage du grand état-major prussien, 1ʳᵉ partie, tome II, pages 652,
653 et 654.

(2) *Opérations de la deuxième armée*, page 120. — Ouvrage du grand état-
major prussien, 1ʳᵉ partie, tome II, pages 654-655.

« A cet effet, le XIIe corps formera l'extrême gauche, ayant en
« arrière et à droite la garde, suivie elle-même, en arrière et à
« droite, du IXe corps (à 6 heures du matin).

« Le XIIe corps se dirigera sur Jarny, la garde sur Doncourt;
« le IXe corps, passant entre Vionville et Rezonville, se portera en
« avant, en laissant Saint-Marcel immédiatement sur sa gauche.

« En deuxième ligne suivront, prenant leur direction sur les
« intervalles : à droite le IIIe corps, à gauche le Xe corps. En
« outre, la 6e division de cavalerie recevra ses ordres du général
« commandant le IIIe corps; la 5e division de cavalerie, du géné-
« ral commandant le Xe corps.

« L'artillerie de corps du IIIe corps demeurera à la disposition
« du commandant de la deuxième armée, comme réserve géné-
« rale d'artillerie.

« A droite et à côté de la deuxième armée s'avancent les deux
« corps de la première armée, savoir : le VIIIe corps, à droite et
« en arrière du IXe corps, le VIIe, plus à droite, vers Metz.

« Les trains resteront sur les points où ils ont passé la nuit,
« ceux du IXe corps entre Vionville et Rezonville, où ils trouve-
« ront de l'eau.

« La marche en avant devra s'exécuter, non pas en longues
« colonnes de marche, mais par divisions massées, l'artillerie de
« corps entre les deux divisions de chaque corps d'armée. Pour le
« moment, il ne s'agit que d'une marche en avant, de 8 kilo-
« mètres à peine, pour occuper la route nord de Verdun.

« Après-midi, il y aura repos. »

Le prince ajoutait encore que « l'armée devait se porter en
« avant, en ordre serré, formant une forte masse de bataille, sous
« une direction unique, toujours prête à converser à droite ou à
« gauche, suivant que l'ennemi se montrerait dans l'une ou
« l'autre direction ».

Le prince Frédéric-Charles, lui-même, avait l'intention, au
début, d'accompagner la marche du IIIe corps.

Au moment de l'exécution de ces ordres, un croisement entre
les routes de marche du XIIe corps et de la garde, à Mars-la-Tour,
était inévitable, car ce dernier corps, dont les bivouacs avaient
été supposés être à Mars-la-Tour, à droite du corps saxon, se
trouvait, en réalité, à gauche de ce corps, à Hannonville; ...

c'était là une conséquence des ordres que le corps avait reçus en double du prince Frédéric-Charles et du grand quartier général. Mais le commandant en chef de la deuxième armée était d'avis que les missions exigeant une grande indépendance, qu'il y avait lieu de prévoir à l'extrême gauche, devaient incomber au XIIe corps, et il admettait que ce dernier réussirait à laisser encore, en temps opportun, la route libre pour la garde (1).

Il rendit compte de ces dispositions au grand quartier général. Il faut remarquer, au préalable, que le projet du prince Frédéric-Charles de faire marcher les troupes, non pas en colonnes de marche, mais par divisions massées, ne put s'exécuter qu'en partie, en raison du terrain.

La manière d'envisager la situation militaire, qui ressortait des dispositions prises par le prince, était basée (ainsi qu'on l'avoue dans *les Opérations de la deuxième armée*) sur les renseignements incertains du jour précédent, et le prince partait toujours, même à ce moment, de l'hypothèse que les Français se trouvaient engagés dans une retraite rapide vers la Meuse, et ne pourraient être atteints qu'en avant du front de marche de la deuxième armée, ou sur son flanc gauche (2).

Nous avons ainsi suffisamment démontré que les patrouilles envoyées par les Allemands, encore pendant la nuit, n'avaient procuré aucun renseignement exact. D'ailleurs, on pouvait, parfaitement, dès la pointe du jour, reconnaître, avec la lunette d'approche, des hauteurs de Flavigny, que jusqu'à la ligne Saint-Marcel—Doncourt, le pays était évacué par l'ennemi.

Le premier rapport envoyé par l'aile droite, c'est-à-dire par les avant-postes qui se trouvaient en face de Gravelotte, corroborait, d'accord en cela avec l'avis du prince, l'hypothèse que l'armée française se trouvait dans la direction du nord-ouest; le rapport était ainsi conçu :

« Je me suis rapproché jusqu'à 400 pas du camp ennemi. L'en-
« nemi n'a pas pris de mesures de sécurité; sa force est d'environ
« 6 à 8 divisions d'infanterie. L'artillerie s'est repliée presque en
« totalité, autant qu'on peut le reconnaître; la cavalerie comprend

---

(1) Ouvrage du grand état-major prussien, 1re partie, tome II, page 655.
(2) *Opérations de la deuxième armée*, pages 120-122.

« 1 à 2 régiments portant des uniformes rouges. L'ensemble pro-
« duit l'impression d'une retraite rapide vers Metz ; par exemple,
« actuellement, il y a, à l'est de Gravelotte, à peu près encore 6
« à 8,000 hommes d'infanterie.

> « Le 18 août 1870, 4 h. 50 du matin. »

En outre, la 18e division envoyait le rapport suivant :

« 1º Gravelotte encore aujourd'hui matin non occupé.

« 2º Dans le camp, la générale a été battue, au dire du piquet
« de dragons, qui prétend avoir remarqué également des mouve-
« ments de l'ennemi vers le nord-ouest.

« 3º Dans le bois au nord de Rezonville, des patrouilles d'in-
« fanterie ennemie sont signalées par les deux compagnies qui se
« trouvent à Rezonville.

> « Le 18 août 1870, 5 h. 30 du matin. »

Ces renseignements confirmèrent le commandant en chef de la
deuxième armée dans l'opinion préconçue qu'il s'était faite de la
situation, savoir que le gros des forces françaises se trouvait en
retraite dans la direction de la Meuse, et que les troupes ennemies,
qu'on apercevait encore à l'est de Gravelotte, disparaîtraient
bientôt.

Il importe de bien remarquer que le commandant en chef de
la deuxième armée cherchait, contrairement au sens évident du
rapport, dans lequel il était question de 6 à 8 divisions, à ne prendre
ces divisions que pour des demi-bataillons (1). C'est ainsi qu'en

---

(1) Dans la langue allemande, il n'existe qu'un seul mot pour désigner la
division, dans les deux acceptions différentes que comporte ce terme (la division,
considérée comme la réunion de corps de troupes importants des trois armes, et
la division, envisagée comme l'ancienne désignation relative au demi-bataillon).
Dans l'ouvrage intitulé *Les Opérations de la deuxième armée*, il est dit (selon
toute probabilité, en conformité du cours de pensées du commandant en chef de
cette armée) : « En tout cas, on entendait, ici, désigner par là des demi-
« bataillons français ». Toutefois, il est difficile d'admettre que l'auteur du
rapport en question ait voulu donner à son expression cette dernière significa-
tion. La preuve en est que le terme « division », employé dans le sens de « demi-
bataillon », ne se trouve en aucun passage, ni dans l'ouvrage du grand état-
major prussien, ni dans les *Opérations de la deuxième armée*; en revanche, il est
plus d'une fois question de demi-bataillons. La fin du rapport, dans lequel il
est dit que « à l'est de Gravelotte se trouvent à peu près encore 6 à 8,000
« hommes d'infanterie », indiquait, cependant, clairement que l'on entendait

s'en tenant avec ténacité à une opinion préconçue, on peut aller très loin.

Sur ces entrefaites, au grand quartier général, on était arrivé à adopter l'opinion opposée, savoir que le « gros des forces de l'en- « nemi s'était replié sur Metz, et qu'il y avait lieu de supposer « que son aile droite se trouvait à peu près à Amanvillers ». L'ex- tension donnée à l'aile gauche, d'après le projet initial, ne parais- sait plus répondre aux nécessités de la situation modifiée. Pour mettre le commandant en chef de la deuxième armée au courant de la manière dont le grand quartier général appréciait les évé- nements, le lieutenant-colonel de Verdy lui fut envoyé, avec la mission de lui faire connaître que « si la route du nord allant sur « Verdun se trouvait évacuée par l'ennemi, il y avait lieu de ne « pas faire appuyer trop à gauche le XIIᵉ corps et la garde. Dans « le cas où l'opinion admise » (par le grand quartier général), (savoir que l'armée française avait pris position entre la Moselle et Amanvillers), « viendrait à être confirmée, il était prescrit à la « première armée d'attaquer l'ennemi de front, au IXᵉ corps « d'envelopper son aile droite, à la garde de former réserve. Les « autres corps devaient, tout d'abord, demeurer stationnaires (1) ».

Le prince Frédéric-Charles, qui, d'ailleurs, désirait donner un peu de repos à ses troupes, expédia immédiatement les ordres nécessaires à cet effet; en ce qui concerne le IXᵉ corps, il fallut encore prendre des dispositions spéciales, qui furent ainsi con- çues :

« Vionville, 8 h. 35 du matin, le 18 août 1870.

« Le IXᵉ corps fera halte, dès que le gros de son infanterie sera « arrivé à la ferme de Caulre, au nord-est de Saint-Marcel, pous- « sera des têtes de colonnes de cavalerie vers Leipsick et Saint- « Privat-la-Montagne, et se reliera avec la garde, qui fera halte à « Doncourt. Tous les rapports fournis par la cavalerie envoyée à « l'ouest me seront adressés, ainsi qu'au général de Moltke.

« Signé : Frédéric-Charles (2). »

désigner dans le rapport des masses de troupes, et non de petites fractions de ces masses.

(1) Ouvrage du grand état-major prussien, 1ʳᵉ partie, tome II, pages 658- 659. — Opérations de la deuxième armée, pages 125-126.

(2) Ouvrage du grand état-major prussien, 1ʳᵉ partie, tome II, page 658. — Opérations de la deuxième armée, pages 125-126.

La garde devait faire halte à Doncourt, le XII° corps à Jarny (ce dernier corps avait déjà pris position à hauteur de cette localité et en avait également rendu compte); le X° corps à Bruville, dès qu'il aurait atteint cette localité; le III° corps ne s'était pas encore mis en marche. Il fut rendu compte de toutes ces dispositions à Sa Majesté le roi.

Au reste, le prince, en dépit des indications qui lui avaient été fournies par le lieutenant-colonel de Verdy, persistait dans son opinion, savoir que la plus grande partie de l'armée française, tout au moins, se trouvait en pleine retraite vers la Meuse. Son opinion avait été corroborée par le rapport suivant, entièrement faux, provenant de la cavalerie du XII° corps, rapport qui lui fut expédié à 8 h. 50 du matin de Labry (au nord de Jarny) :

« A l'ouest de Valleroy, de l'artillerie ennemie paraît être en « position; on aperçoit aussi des colonnes à l'ouest de Valleroy et « au nord de Doncourt. »

Bien qu'à ce moment, il fût informé par le XII° corps que le rapport en question était faux et que Valleroy n'était pas occupé par l'ennemi, le prince Frédéric-Charles n'en persista pas moins dans son opinion arrêtée et admit la possibilité que les troupes françaises, qu'on avait aperçues auparavant, s'étaient repliées sur ces entrefaites (1).

Il importe de bien remarquer que le prince, dans son ordre au IX° corps, mentionné plus haut, ne fait pas la moindre allusion au cas possible où l'adversaire occuperait une position prenant de flanc la marche de ce corps, éventualité que le lieutenant-colonel de Verdy avait dû, cependant, faire entrevoir au prince. Cette négligence, jointe à la reconnaissance assez défectueuse qui avait eu lieu sur le flanc droit du IX° corps (2), a été cause que l'ordre envoyé, immédiatement après, par le prince, à ce corps, l'invitant à « se porter en avant dans la direction de l'est », lui parvint tout à fait à l'improviste, alors qu'il était en train de faire la soupe et de

---

(1) *Opérations de la deuxième armée*, page 127.
(2) Ce corps rendit compte, de la ferme de Caulre, que ses patrouilles, qui s'étaient portées dans la direction du nord et du nord-est, n'avaient rencontré nulle part l'ennemi, alors que les Français se trouvaient, à ce moment, en position, à une distance d'au plus 5 kilomètres, environ, de la ferme de Caulre, point sur lequel se dirigeait le IX° corps dans sa marche.

vaquer à d'autres occupations du service intérieur, qui avaient entraîné plusieurs hommes assez loin.

En citant toutes ces particularités, nous avons simplement pour but de prouver quelle incertitude il existe dans les rapports, quelle diversité on trouve dans les opinions, et combien il y a de points douteux dans la grande guerre, notamment lorsqu'on se trouve à de grandes distances, et qu'il s'agit, comme ici, quand il est impossible d'opérer autrement, de donner, à tout moment, du point d'où l'on dirige les opérations, des ordres absolument fermes.

Il était évident, dans le cas présent, que les vues du général de Moltke se rapprochaient beaucoup plus de la vérité que celles du prince Frédéric-Charles; toutefois, les arguments du premier de ces deux chefs n'étaient pas suffisamment concluants pour le second, et le prince aurait pu, de fait, recevoir encore, à chaque instant, des éclaircissements réels, qui pouvaient se trouver directement en contradiction avec l'hypothèse admise par le général de Moltke.

On peut remarquer qu'il existait déjà, depuis le 15 août, une divergence fondamentale dans la manière dont ce général et le prince Frédéric-Charles envisageaient la situation. Le prince, partant toujours de l'hypothèse que les Français n'avaient d'autre parti à prendre que de se replier, le plus rapidement possible, derrière la Meuse, avait la conviction qu'ils se trouvaient déjà en pleine retraite, ou, tout au moins, qu'ils avaient commencé à se replier. Le général de Moltke, dans sa manière d'envisager la situation réelle, se rapprochait beaucoup plus de la vérité, lorsqu'il se basait sur des circonstances isolées, pour en tirer des indications sur la situation, et lorsque aussi, peut-être, il se laissait guider par ce sentiment indéfinissable, grâce auquel le véritable chef d'armée soupçonne, ou, plus exactement, « prévoit la « vérité », en se basant sur certains indices, alors même qu'ils sont encore incertains. En obéissant à un sentiment de cette nature, on peut, il est vrai, donner des ordres, mais on ne peut convaincre les intéressés. Le général de Moltke ne prit pas sur lui de donner un ordre (au nom du roi, naturellement). Il ne pouvait guère, il est vrai, donner des ordres impératifs, dans des circonstances aussi peu claires, et en tenant compte des relations de service habituelles qui existaient dans l'armée allemande, et cela dans une affaire où, en définitive, il s'agissait de régler des détails relatifs à la manière d'opérer de la deuxième armée, quelque importants que pussent être, d'ailleurs, ces détails, en cette circonstance. A cet effet, il aurait fallu que le général de Moltke possédât, lui-même, une conviction réelle et absolue, ce qui n'était pas le cas, en réalité.

Déjà, vers 9 h. 30 du matin, il avait, de la hauteur de Flavigny, probablement en contradiction partielle avec ses vues antérieures, adressé au commandant en chef de la deuxième armée la communication suivante :

« Combat de tirailleurs insignifiant à l'aile droite du VIIe corps.
« Les troupes que l'on aperçoit sur la hauteur, vers Metz, semblent
« se diriger vers le nord, c'est-à-dire, peut-être, sur Briey. L'appui
« que le IIIe corps est en mesure de porter à la première armée,
« de Vionville et de Saint-Marcel, paraît devoir suffire aux exi-
« gences de la situation (1). »

Malgré cela, le grand quartier général avait, sur ces entrefaites, reçu le compte rendu d'un officier d'état-major (2), qu'on avait détaché auprès du commandant en chef de la première armée, pour observer, en personne, les événements et réunir des renseignements, ainsi que le rapport du chef d'état-major de la première armée, général de Sperling, qui était arrivé, à 10 heures du matin, au grand quartier général, pour y prendre des ordres ; — c'est en se basant, dès lors, sur ces dernières indications, que le haut commandement se confirmait bientôt, une fois de plus, dans l'opinion qu'il s'était faite, primitivement, de la situation (opinion qui avait subi des oscillations partielles). Dans ces circonstances, les nouvelles instructions suivantes furent adressées, à 10 h. 30, à la deuxième armée :

« D'après les divers renseignements recueillis, tout fait sup-
« poser que l'ennemi veut se maintenir entre le Point-du-Jour et
« Montigny-la-Grange. Quatre bataillons français ont pénétré
« dans le bois des Genivaux. Sa Majesté estime qu'il convient de
« porter le XIIe corps et la garde dans la direction de Batilly, de

---

(1) *Opérations de la deuxième armée*, page 128.
(2) Major de Holloben.

« manière à joindre l'adversaire à Sainte-Marie-aux-Chênes, s'il
« se retire sur Briey, ou à l'aborder par Amanvillers, s'il reste
« sur les hauteurs. L'attaque aurait lieu simultanément, savoir :
« pour la première armée, par le bois de Vaux et Gravelotte, pour
« le IXᵉ corps, contre le bois des Genivaux et Vernéville, pour
« l'aile gauche de la deuxième armée, par le nord. »

En ce qui concerne la première armée, il lui était prescrit de
n'entamer l'action que quand, à sa gauche, la deuxième armée
aurait gagné du terrain et serait en mesure de s'engager aussi.
Muni de ces instructions, le général de Sperling retournait,
un peu après 11 heures, au quartier général de la première
armée (1).

C'est à peu près à ce moment que le commandant en chef de la
deuxième armée commença, également, à envisager la situation
sous un jour nouveau, en même temps qu'il acquit la conviction
que des forces françaises importantes se trouvaient sur le flanc
droit de l'armée en marche. On admettait que le front de la position française ne s'étendait que jusqu'à la Folie. C'est en se plaçant à ce point de vue, que le prince Frédéric-Charles donna, vers
10 heures, c'est-à-dire avant la réception des instructions du grand
quartier général, dont nous venons de parler, les ordres suivants,
signés de sa main propre :

« Au IXᵉ corps (10 heures du matin).

« Le corps se mettra en marche dans la direction de Vernéville
« et de la Folie. Dans le cas où l'ennemi y aurait sa droite, il
« entamera l'action, en déployant d'abord une nombreuse artil-
« lerie. »

« Au corps de la garde (10 h. 15 du matin).

« La garde continuera sa marche, par Doncourt, jusqu'à Ver-
« néville et se formera sur ce point, pour servir de soutien au
« IXᵉ corps, qui se porte sur la Folie, contre l'aile droite ennemie.
« Il est à désirer qu'on éclaire à gauche sur Amanvillers et Saint-
« Privat-la-Montagne, et qu'on envoie rapidement des rapports. »

Le XIIᵉ corps reçut communication de ces ordres et fut invité à

---

(1) Ouvrage du grand état-major prussien, 1ʳᵉ partie, tome II, page 663.

s'arrêter, jusqu'à nouvel ordre, à Jarny, parce qu'en raison du manque d'espace, il n'y avait aucune nécessité d'employer également ce corps contre la Folie, et qu'il était désirable de maintenir le corps d'armée disponible, « en prévision du cas où il serait « encore nécessaire de faire des détachements quelconques dans « la direction du nord ou du nord-ouest (1) ».

Le mouvement en avant de la deuxième armée, qui avait été arrêté, en partie, à Mars-la-Tour, parce que la garde devait laisser passer le XIIe corps, ne s'exécuta pas, en général, aussi rapidement qu'on l'avait supposé tout d'abord, de telle sorte que, vers 10 heures du matin, les corps des armées allemandes se trouvaient sur les points suivants :

En première ligne :

Le XIIe corps à Jarny ;
La garde en marche sur Doncourt ;
Le IXe corps à la ferme de Caulre, ses avant-postes vers Vernéville ;
Le VIIIe corps à Gravelotte ;
Le VIIe corps sur sa position, dans le bois de Vaux.

En deuxième ligne :

Le Xe corps à Mars-la-Tour—Tronville ;
Le IIIe corps et la 6e division de cavalerie à Vionville ;
Le IIe corps en marche d'approche de Pont-à-Mousson sur Buxières.

La marche de l'armée allemande, qui s'exécutait par échelons, l'aile gauche en avant, se trouvait ainsi, à ce moment, déjà nettement dessinée. La ligne Mars-la-Tour—Gravelotte, qui formait la base du mouvement en avant, présente une longueur d'environ 10 kilomètres; l'échelon le plus avancé, le XIIe corps, avait déjà dépassé, à ce moment, cette ligne de 5 à 6 kilomètres.

Ce n'est qu'après avoir donné les ordres dont nous avons parlé, que le prince Frédéric-Charles reçut, du grand quartier général, les instructions qui réglaient l'attaque de la position française. Il résulte, tout d'abord, de la comparaison de ces deux ordres, que

---

(1) Ces dispositions sont empruntées aux *Opérations de la deuxième armée*, pages 130-132.

le général de Moltke admettait que l'aile droite française se trouvait à Montigny-la-Grange, et non à 2 kilomètres plus au sud, à
Leipzick, ainsi que l'avait fait le prince, lorsqu'il avait assigné au
IXᵉ corps, comme direction de marche, la ferme de la Folie, située
entre ces deux derniers points. En outre, le général de Moltke
prescrivait au XIIᵉ corps et à la garde de se diriger sur Batilly,
c'est-à-dire beaucoup plus au nord, tandis que le prince avait déjà
mis en marche la garde sur Vernéville.

Bien que le prince Frédéric-Charles eût reçu déjà, à ce moment,
un rapport lui faisant connaître que les Français occupaient
également Saint-Privat-la-Montagne, c'est-à-dire un point qui se
trouvait à une distance encore assez grande au nord de la Folie,
il n'attacha pas, néanmoins, une grande importance à ce rapport,
parce qu'il ne contenait aucune indication sur la force de l'ennemi
en ce point, et il ne jugea pas nécessaire de modifier l'ordre qui
prescrivait à la garde de marcher sur Vernéville.

A 11 h. 30, il fit encore suivre ses dispositions précédentes des
ordres complémentaires suivants (1) :

« Il est ordonné au XIIᵉ corps de se porter sur Sainte-Marie-
« aux-Chênes, de se couvrir, par de la cavalerie, vers Briey et
« Conflans, et de jeter, autant que possible, des troupes à cheval
« jusque dans la vallée de la Moselle, pour couper la voie ferrée
« et la ligne télégraphique de Thionville.

« Les VIIᵉ, VIIIᵉ et IXᵉ corps, ainsi que la garde, attaqueront
« dans deux heures, l'ennemi, qui se trouve en position sur les
« hauteurs de Leipzick au bois de Vaux, le dos à Metz.

« Ils seront soutenus, en seconde ligne, par le IIIᵉ et le Xᵉ corps,
« ainsi que par le IIᵉ. »

La garde reçut l'ordre suivant :

« L'ennemi paraît être en bataille sur la ligne de hauteurs qui
« s'étend du bois de Vaux au delà de Leipzick. La garde hâtera
« son mouvement par Vernéville et le prolongera jusqu'à Aman-
« villers, d'où elle prononcera une vigoureuse attaque envelop-
« pante contre la droite ennemie.

---

(1) Ouvrage du grand état-major prussien, 1ʳᵉ partie, tome II (supplément XXIII), page 181.

« Le IXe corps attaquera, en même temps, dans la direction
« de la Folie.

« La garde peut également utiliser le chemin qui passe par
« Habonville (au nord de Vernéville). Le XIIe corps se porte sur
« Sainte-Marie. »

Le IXe corps reçut les instructions suivantes :

« La garde reçoit, en ce moment, l'ordre de se porter, par Ver-
« néville, sur Amanvillers, et de là, s'il y a lieu, contre la droite
« ennemie. Dans le cas où la ligne de bataille de l'adversaire se
« prolongerait au nord, au delà du front du IXe corps, ce dernier
« attendrait, pour s'engager sérieusement, que la garde entre en
« ligne par Amanvillers. Les troupes auront, probablement, encore
« le temps de faire le café. »

Des instructions dans le même sens furent adressées, égale-
ment, à midi, au IIIe et au Xe corps; ces deux corps reçurent
communication de l'attaque projetée ; le IIIe corps devait se
rassembler à Vernéville, le Xe à Saint-Ail (au nord de Vernéville,
non loin de Sainte-Marie-aux-Chênes).

Enfin le IIe corps reçut l'ordre suivant :

« Le IIe corps se portera de Buxières sur Rezonville, pour y
« servir de réserve à l'aile droite.

« Il est temps de faire la soupe; il n'est pas nécessaire de se
« hâter beaucoup d'entrer en ligne à Rezonville. La cavalerie
« saxonne assure la sécurité dans la direction de Verdun. »

Avant que les dernières instructions données à midi fussent
parvenues à destination, le IXe corps avait déjà, conformément à
l'ordre précédent, expédié à 10 heures, engagé un combat qui
devait avoir une très grande importance, au point de vue du cours
général de la bataille, et allait faire sentir son action d'une
manière préjudiciable aux Allemands.

L'ordre du prince, dont nous avons parlé, prescrivait clairement
au IXe corps, « dans le cas où l'ennemi aurait sa droite à la Folie,
« d'entamer le combat, en se bornant, tout d'abord, à déployer

« une nombreuse artillerie ». Mais le général commandant le
IXe corps, au lieu de procéder, au début, avec la circonspection
et la prévoyance nécessaires, s'engagea, au contraire, avec hâte
et avec précipitation.

Les deux divisions du IXe corps reçurent l'ordre de cesser de
faire la soupe et de se porter immédiatement en avant; de plus,
la 18e division d'infanterie devait passer à droite, la 25e à gauche
de Vernéville. Le commandant de l'avant-garde, général de Blumenthal, fut invité « à occuper la Folie et le bois qui se trouvait
« en avant de cette localité », c'est-à-dire, tout simplement, une
partie de la position même de l'ennemi.

Le général commandant le corps d'armée, général de Manstein,
s'était porté sur une hauteur, près de Vernéville, et il remarquait,
de ce point, en arrière du ravin du ruisseau de la Mance, un grand
camp français, établi sur les hauteurs de Montigny-la-Grange et
d'Amanvillers. Le général de Manstein prit, en conséquence, la
résolution de tirer parti de l'insouciance des Français, en les
attaquant immédiatement, quoique leur aile droite s'étendît, d'une
manière évidente, bien au delà de la Folie. En exécution de cette
décision, le commandant de l'artillerie, général de Puttkamer,
reçut l'ordre de se porter immédiatement, au trot, avec l'artillerie
de la 18e division, ainsi que l'artillerie de corps, sur la hauteur
au nord-est de Vernéville, pour canonner, à une distance efficace,
le camp ennemi, et entamer très vigoureusement le combat. Pour
couvrir l'aile gauche, on affecta, provisoirement, à l'artillerie deux
escadrons de dragons, qui devaient être suivis, dans le même but,
par de l'infanterie.

Une action engagée aussi rapidement et aussi énergiquement
ne répondait pas du tout au plan d'attaque du commandant en
chef de l'armée, et cela encore d'autant moins qu'on venait de
s'apercevoir, à ce moment, que l'aile droite ennemie s'étendait
beaucoup plus au nord qu'on ne l'avait supposé jusque-là; ajoutons à cela qu'on n'avait nullement préparé l'attaque du IXe corps.
Il est très probable qu'on avait négligé de faire la reconnaissance
préalable du terrain. En outre, les servants de l'artillerie avaient
été, pendant la halte, envoyés en corvée de bois et d'eau, et les
chevaux à l'abreuvoir, etc. Le départ précipité de l'artillerie,
qui allait engager le combat, fut cause que le service des pièces
dut être assuré, en toute hâte, par des hommes de complément,

provenant de la réserve; les batteries s'engagèrent alors, isolément, l'une après l'autre, au fur et à mesure qu'elle se trouvèrent prêtes.

Enfin dix batteries du IXe corps, formées par échelons, suivant la configuration du terrain, ayant leur aile gauche fortement avancée, occupaient l'emplacement de tir qui leur avait été assigné, d'une manière générale, sur une ligne de hauteurs qui s'étendait dans la direction de la position de l'adversaire; à gauche de cette ligne, se trouvaient de petits bois, faisant partie du bois de la Cusse, qui n'étaient pas encore occupés par les troupes allemandes. A 11 h. 3/4, le premier coup de canon fut tiré par la batterie arrivée la première, qui formait l'échelon placé le plus en arrière. La ligne d'artillerie allemande, qui, tout d'abord, canonna la division française Montaudon, et, ensuite, la division de Cissey, essuya immédiatement, non seulement de front et de flanc, mais encore sur ses derrières, un violent feu d'artillerie, de mitrailleuses et de mousqueterie, et subit des pertes extraordinaires. Les deux escadrons qui avaient pris position, pour couvrir l'aile gauche, et offraient aux projectiles ennemis une cible avantageuse, furent ramenés plus en arrière. La batterie allemande, qui formait l'échelon le plus avancé, perdit, en peu de temps, les trois quarts de ses hommes et tous ses chevaux, surtout par suite du tir des mitrailleuses, qui dirigeaient leur feu, à une distance de 900 pas, contre la batterie; de plus, un bataillon de chasseurs à pied français, qui, jusque-là, avait été dissimulé par le terrain, apparut tout à coup à proximité de la batterie et se jeta sur elle. Une seule pièce réussit à se sauver, en faisant déployer aux trois chevaux, déjà blessés, qui lui restaient encore, leurs dernières forces; une autre pièce, tirée par quatre chevaux, recula même jusqu'au bois, en avant duquel les chevaux, traversés par les projectiles des chasseurs français, succombèrent. Ces derniers dirigèrent alors leur feu sur la batterie allemande qui suivait immédiatement la précédente (une batterie à cheval). Cette dernière subit des pertes effroyables et se voit obligée, après avoir abandonné un avant-train, de battre en retraite en toute hâte.

A ce moment, arrivait, également, du côté des Allemands, de l'infanterie, qui protégea alors la retraite des autres batteries. Il advint, en cette circonstance, que ces dernières durent se défendre, par un tir à mitraille, exécuté à une distance de 400 pas, contre les Français, qui les serraient de très près.

Comme la mise en batterie de l'artillerie du IXe corps ne s'était pas faite de concert avec l'entrée en ligne, en temps opportun, de l'infanterie, les subdivisions de cette dernière arme, qui s'étaient, en quelque sorte, engagées accidentellement, ne réussirent plus, malgré tout leur dévouement, à préserver leur artillerie d'une défaite; le bataillon de fusiliers du 85e régiment d'infanterie, par exemple, qui cherchait à donner de l'air à la batterie qui se trouvait à l'extrême gauche, en exécutant une contre-attaque, perdit, en vingt minutes, plus de la moitié de ses hommes.

L'artillerie prussienne amena peu à peu ses avant-trains et se replia, en commençant par les échelons de gauche les plus avancés, derrière le bois de la Cusse, pour se rétablir; seules, trois batteries des échelons qui se trouvaient en arrière, protégées, à ce moment, par l'infanterie, restèrent en position. Les pertes de l'artillerie allemande étaient considérables; pour ramener les pièces en arrière, on ne put utiliser, à maintes reprises, que des chevaux blessés; quelques-uns durent même être remplacés par des chevaux empruntés aux batteries de réserve; plusieurs avant-trains demeurèrent sur place. La plus grande partie, et de beaucoup, des pertes qu'éprouva l'artillerie du IXe corps, le 18 août, doit être principalement attribuée à cette phase de la bataille, dans laquelle, entre autres, une batterie à cheval isolée, dont nous avons déjà parlé, perdit 102 chevaux, parmi lesquels il n'y en eut que 6 qui purent se rétablir dans la suite.

C'est ainsi que finit, vers 2 h. 30 de l'après-midi, l'attaque par surprise exécutée par l'artillerie du IXe corps contre les Français « insouciants » (1).

Pendant cette lutte d'artillerie, les troupes de la division Wrangel, qui se tenaient, en général, plus à droite, avaient occupé quelques points avancés de la position française, savoir : la ferme de Chantrenne, située à proximité du saillant nord du bois des Genivaux, au sud-est de Vernéville, dans la vallée du ruisseau de la Mance (rive gauche), et la ferme de Champenois, cette

_____

(1) Les particularités qui se rapportent au combat livré par l'artillerie du IXe corps sont empruntées à l'ouvrage de Hoffbauer, *L'Artillerie allemande dans les batailles sous Metz*, 3e partie, pages 32-39.

dernière située en avant du front de la position d'artillerie du
IX⁰ corps, dont nous avons déjà parlé. Deux bataillons se
déployèrent encore plus à droite.

Sur ces entrefaites, la (25ᵉ) division du grand-duché de Hesse,
appartenant au IXᵉ corps, après avoir détaché la brigade de cavalerie hessoise sur Habonville, pour couvrir son flanc gauche,
s'était également portée en avant, par Anoux-la-Grange, à
gauche de la division Wrangel; elle se rassembla, en formation
préparatoire de combat, au nord du bois de la Cusse, où elle
devait attendre l'arrivée de la garde, pour se porter ensuite en
avant, de concert avec ce dernier corps, contre le flanc droit de
l'ennemi.

Mais, en arrivant sur la hauteur d'Anoux-la-Grange, les Hessois s'étaient déjà trouvés en butte à un violent feu d'artillerie,
dirigé aussi bien contre leur front, par les troupes qui occupaient
la position d'Amanvillers, que contre leur flanc, par les défenseurs
de Saint-Privat. L'artillerie hessoise se porta sans retard en avant.
Bientôt elle s'engagea au combat, à l'est d'Habonville, des deux
côtés de la tranchée formée, en ce point, par la voie ferrée, pendant que l'infanterie s'emparait des parcelles importantes du bois
de la Cusse, situé en face d'Amanvillers; elle facilitait ainsi l'approche de cette dernière localité et servait de point d'appui à l'aile
gauche du IXᵉ corps. Les Hessois se maintinrent, d'une manière
inébranlable, dans les petits bois, assez clairsemés, dont nous
venons de parler, sous le feu le plus violent et contre toutes les
attaques des Français, jusqu'à l'entrée en ligne de la garde, dont
il sera question plus en détail ci-dessous.

Le IX⁰ corps prussien, qui avait dirigé son attaque contre le
centre de la position française, ne fit, en général, aucun progrès
important jusqu'à la fin de la journée; toutefois,— grâce à l'appui
de l'artillerie du IIIᵉ corps (vers 4 heures de l'après-midi), qui
renforça les batteries du IXᵉ corps, fortement éprouvées, et les
releva en partie, — il réussit à rétablir, dans les environs de
Champenois, sa grande ligne d'artillerie à l'effectif de 12 batteries (1).

_____

(1) Les batteries du IIIᵉ corps, qui avaient beaucoup souffert dans la bataille
du 16, ne pouvaient atteler, en partie, leurs pièces qu'avec quatre chevaux,
bien qu'on eût tenté, autant que possible, de les compléter en chevaux requis
des habitants.

La marche rapide en avant, projetée, et, en partie déjà, commencée par le IIIe corps, pour appuyer l'attaque du IXe corps contre la Folie, ne put être exécutée, parce que les troupes du premier de ces deux corps, sous l'influence d'une attaque des Français, furent repoussées latéralement contre le bois des Genivaux. En revanche, des subdivisions de l'aile gauche du IXe corps, appuyées par la 3e brigade d'infanterie de la garde, entreprirent, encore assez tard dans la soirée (au prix de pertes sensibles), une attaque directe sur Amanvillers, à un moment où le corps Ladmirault, par suite de la retraite du 6e corps français, était déjà sur le point d'évacuer cette localité.

L'entrée en ligne prématurée du IXe corps au combat exerça une influence prépondérante sur les opérations du VIIIe corps, de la première armée, qui se trouvait à sa droite, dans les environs de Gravelotte, tandis qu'à gauche du IXe corps, on n'était pas encore arrivé, pour le moment, à prendre le contact des Français.

Considérons maintenant l'activité déployée par la première armée allemande. Ainsi que nous l'avons déjà dit, si l'on s'en rapporte aux assertions de l'ouvrage du grand état-major prussien, le chef d'état-major de cette armée, qui s'était rendu au grand quartier général, sur la hauteur de Flavigny, avait été congédié, à 11 h. 30 du matin, muni d'instructions qui prescrivaient « à la première armée de n'entamer l'action que quand la « deuxième armée aurait gagné du terrain et serait en mesure de « s'engager aussi ». Ces instructions concordaient avec celles qui concernaient la deuxième armée, instructions qu'on avait fait connaître au général de Sperling, et qui prescrivaient « au « IXe corps de diriger son attaque contre le bois des Genivaux et « Vernéville, à la garde et au XIIe corps d'entrer en action « encore plus à gauche, pour barrer la route de Briey à l'ennemi, « ou pour attaquer sa droite en l'enveloppant ». — Tout ceci avec l'ordre précis que les attaques devraient toutes avoir lieu simultanément.

Il ressort, en outre, de l'ouvrage intitulé : *Les Opérations de la première armée* (1) que ces instructions furent communiquées au général commandant le VIIIe corps, général de Goeben, après

---

(1) Von Schell, *Les Opérations de la première armée, sous le général de Steinmetz*. Berlin, 1872, page 146.

avoir été complétées par des prescriptions qui ordonnaient au VIIIᵉ corps « de s'avancer à cheval sur la chaussée de Gravelotte, « pour se porter à l'attaque de la position située à l'est de cette « localité, dès que le IXᵉ corps, dirigé sur Vernéville, s'engage-« rait au combat ».

Il est facile de reconnaître que cet ordre, donné au général de Goeben, ne concorde pas complètement avec les instructions que le commandant en chef de la première armée avait reçues (si l'on doit s'en rapporter aux deux ouvrages que nous venons de citer). D'après les instructions du grand quartier général, la première armée (c'est-à-dire, dans ce cas, le VIIIᵉ corps) ne devait entamer l'action que quand la deuxième armée « aurait gagné du terrain « et serait en mesure de s'engager aussi ». Il était donc question, ici, de toute la deuxième armée, ou, du moins, de toute la première ligne de cette armée, tandis que l'ordre donné au général de Goeben lui prescrivait de ne se porter à l'attaque que lorsque le corps de la deuxième armée qui se trouvait à proximité immédiate de lui, c'est-à-dire le IXᵉ, « s'engagerait au combat ».

En passant à l'exécution, le général de Goeben simplifia encore davantage la tâche qui lui était confiée; il donna l'ordre de prendre l'offensive et de préparer l'attaque, en faisant entrer en ligne presque toute l'artillerie de son corps, lorsqu'il entendit, vers midi, un feu d'artillerie et de mousqueterie, qui venait de la direction de Vernéville. Au même moment, en exécution d'un ordre personnel du général de Steinmetz, l'artillerie de la division Kameke, du VIIᵉ corps, se joignit à l'artillerie du VIIIᵉ corps.

Sur ces entrefaites, le grand quartier général venait d'être seulement, à ce moment, c'est-à-dire lorsqu'il entendit la canonnade du IXᵉ corps, amené, évidemment, à se rendre compte que les instructions données à la première armée ne l'avaient, peut-être, pas encore suffisamment renseignée; c'est pour ce motif que le général de Moltke envoya au général de Steinmetz, à midi, de la hauteur de Flavigny, la lettre suivante (1) :

« Le combat que l'on entend, en ce moment, n'est qu'un enga-« gement partiel, qui se livre en avant de Vernéville; il n'exige

---

(1) *Opérations de la première armée*, page 116. — Ouvrage du grand état-major prussien, 1ʳᵉ partie, tome II, page 668.

« pas que la première armée s'engage tout entière. Elle évitera
« de montrer des forces considérables et se bornera, le cas
« échéant, à faire agir son artillerie, pour préparer l'attaque
« ultérieure. »

Cependant, cet ordre arriva trop tard ; les troupes du VIIIe corps,
sous la protection du feu de plus de 100 pièces, avaient déjà commencé à se porter en avant contre la position des Français. Le
général de Goeben pensa qu'il n'était plus possible de les replier ;
il estimait qu'il était mieux en mesure de se rendre compte de la
situation réelle du combat que le grand quartier général lui-
même. Il savait déjà que le IXe corps était engagé dans un combat des plus sérieux, et c'était pour ce motif qu'il ne voulait pas
laisser ce corps sans un appui quelconque, même indirect. Le
général de Steinmetz déclara approuver cette manière de voir, et
c'est pour cette raison que, seul, le VIIe corps fut, provisoirement,
maintenu encore en arrière (1)

Les troupes du VIIIe corps, qui se portaient à l'attaque, s'engagèrent, tout d'abord, au combat contre les subdivisions françaises
qui occupaient une position avancée dans le bois des Genivaux,
sur la rive droite du ruisseau de la Mance, tandis que la position
principale de l'adversaire se trouvait sur les hauteurs de la rive
gauche de ce ruisseau. Après une résistance opiniâtre, le bois fut
pris par les Prussiens. Ce bois servit alors à assurer la liaison du
VIIIe corps avec le IXe, qui s'était emparé, à ce moment, de la
ferme de Chantrenne, sur la lisière nord du bois des Genivaux.
Enfin, vers 3 heures, les troupes du VIIIe corps réussirent, après
un combat sanglant, préparé par le feu de 126 pièces, à s'emparer
de la ferme de Saint-Hubert, qui se trouvait située sur les pentes
de la rive gauche du ruisseau de la Mance, et avait été défendue,
comme avant-ligne, par les troupes du corps Frossard.

Toutes les tentatives d'attaque contre la position principale des
Français, qui s'appuyait, de ce côté, aux fermes de Moscou et du
Point-du-Jour, situées au sommet du plateau que formait la ligne
de hauteurs de la défense, directement en face de Saint-Hubert,
furent condamnées à l'insuccès ; les Allemands furent repoussés,
chaque fois, avec de grandes pertes, par les troupes du corps Le

_____

(1) Hoffbauer, 3e partie, pages 65-68.

Bœuf (à Moscou) et de la division Vergé, du corps Frossard, à
Bellevue (Point-du-Jour) (1).

Pour n'être pas obligé d'en revenir, encore une fois, à la description des opérations de la moitié de droite du front allemand
(VIIe, VIIIe et IXe corps), qui n'a exercé aucune influence directe
sur l'issue finale de la bataille du 18, nous allons examiner, au
préalable, les principales péripéties des combats qui se livrèrent
sur cette partie du champ de bataille, jusqu'à la fin de la journée.

Après la prise de la ferme de Saint-Hubert par le VIIIe corps
prussien, les batteries françaises avaient bientôt suspendu leur
feu. Les Français avaient l'habitude d'employer assez souvent ce
procédé, pour se dérober au duel engagé avec l'artillerie allemande, qui disposait de la supériorité du nombre et de l'efficacité
du tir, et pour ménager leurs forces, en vue de s'opposer à l'attaque de l'infanterie ennemie. Comme le cas s'était déjà produit
en d'autres circonstances, le silence des pièces françaises induisit,
également, en cette occasion, les Allemands en erreur; le général
de Steinmetz, notamment, en conclut que les Français étaient
ébranlés et se préparaient à battre en retraite.

« Pour compléter la victoire », ce général fit avancer l'artillerie
de corps du VIIe corps au delà du ruisseau de la Mance, sur Saint-
Hubert, en même temps qu'il portait en avant, également sur ce
point, la 1re division de cavalerie « pour l'avoir sous la main ». Le
VIIe corps reçut l'ordre de se porter alors en avant, avec son infanterie, « pour engager une vigoureuse offensive contre la position
« du Point-du-Jour », tandis que la brigade Goltz, du même corps,
qui, jusque-là, avait été maintenue, comme réserve d'armée, à
Ars-sur-Moselle, et avait couvert les points de passage du corps
au delà de cette rivière, était mise en marche sur Vaux. Ces dernières dispositions, prises par le général de Steinmetz, prouvent
que, regardant la victoire déjà comme assurée, il ne jugeait plus
nécessaire d'avoir une réserve, et croyait n'avoir plus à se préoccuper d'assurer la protection immédiate du passage de la Moselle.
D'ailleurs, le passage se trouvait couvert, d'une manière indirecte,
sur la rive droite, par une brigade du 1er corps, qui, ainsi que
nous l'avons déjà dit, avait été rapprochée de la Moselle, sur
l'ordre du général de Steinmetz.

---

(1) *Opérations de la première armée*, pages 116-121.

Sur ces entrefaites, le général de Goeben, après la prise de Saint-Hubert, avait, dans l'intention d'attaquer la ferme de Moscou, fait avancer sur Saint-Hubert la brigade Gneisenau de la (16e) division Barnekow (1). Le général comte Gneisenau détacha deux bataillons, pour appuyer la 15e division, qui se trouvait dans une situation particulièrement difficile ; il porta en avant le reste (quatre bataillons) à l'attaque de Moscou, mais fut repoussé avec de grandes pertes.

Le chemin que l'artillerie du VIIe corps et la 1re division de cavalerie utilisèrent, pour se porter en avant, conduisait, par la grande route, au delà du défilé de Gravelotte, dont la longueur est de plus d'un kilomètre ; ce défilé est formé, au début, par le village de Gravelotte, puis par une chaussée élevée, et, plus loin, par une profonde tranchée. La marche en avant des troupes allemandes par le défilé s'exécuta, au début, dans des conditions défavorables. L'artillerie et la cavalerie se barrèrent réciproquement le chemin, en se croisant sur la route et en se mélangeant. Deux régiments de hussards de la cavalerie divisionnaire, sans avoir reçu d'ordres à cet effet, se précipitèrent simultanément, en toute hâte, dans le défilé. Le feu des Français, qui avait cessé momentanément, recommença aussitôt avec vivacité ; leurs mitrailleuses balayaient, dans toute sa longueur, le défilé de Gravelotte. Une pièce, dont les attelages étaient détruits, barre la route, sur laquelle hommes et chevaux tombent sous le feu des mitrailleuses françaises ; il se produit, dans le défilé, un encombrement et un désarroi horribles. Quelques-unes des batteries qu'on avait fait venir cèdent au sentiment de désespoir qui les pousse à chercher à s'échapper par les côtés du défilé, et prennent position à côté des batteries qui se trouvent déjà exposées au feu en deçà (à l'ouest) du défilé ; d'autres, qui ne peuvent plus trouver de place pour elles, sont obligées de se replier en arrière ; enfin trois batteries, qui sont arrivées les premières, se frayent bravement un passage, malgré toutes les difficultés, dans la direction de Saint-Hubert, et prennent position. Deux de ces batteries perdent bientôt une grande quantité d'hommes et de chevaux ; les chevaux blessés

---

(1) Cette brigade avait entrepris le coup de main sur Thionville, coup de main qui avait échoué, et venait de se réunir, de nouveau (le 18), à sa division.

s'enfuient au galop, entraînant leurs avant-trains. Au bout de quelques instants, il ne reste presque plus personne pour servir les pièces; quant à les ramener en arrière, il paraît également impossible d'y songer. Ce n'est qu'après de grands efforts, grâce à la coopération personnelle de quelques officiers, restés debout, qu'on réussit, enfin, à traîner en arrière une partie des pièces; les autres doivent être abandonnées sur place. Il n'y a qu'une seule batterie (Gnügge), qui, se trouvant à peu près couverte par un mur en pierre peu élevé, et, masquée, en partie, par le terrain, puisse se maintenir en position, malgré de grandes pertes, et entretenir le feu, à une distance de 800 à 1000 pas, contre les lignes de tirailleurs françaises; elle met le feu à la ferme de Moscou, occupée par les Français, et reste en action jusqu'à la fin de la bataille.

Sur ces entrefaites, le régiment le plus avancé de la 1re division de cavalerie se déploie à droite des batteries dont nous venons de parler, arrive à se trouver, sur ce point, sous le feu de l'infanterie française, et se replie, bientôt après, avec toute la division, en arrière de Gravelotte. A ce moment, un grand nombre de chevaux s'emportent avec leurs cavaliers (d'après les assertions des ouvrages historiques allemands), et se précipitent au galop dans le défilé, répandant l'effroi et le désarroi au milieu des voitures de toute nature accumulées sur ce point.

L'infanterie allemande, qui avait trouvé, dans le ravin profond du ruisseau de la Mance, un couvert et une place de rassemblement, en arrière de la ferme de Saint-Hubert, après avoir été renforcée par les troupes fraîches de la brigade Gneisenau, se porta de nouveau en avant, peu de temps après l'entrée en ligne des batteries allemandes sur ce point, pour appuyer ces dernières et s'emparer de la position française de Moscou. Mais, chaque fois, ses attaques furent repoussées par le feu et les contre-attaques des troupes du corps Le Bœuf.

Tous ces incidents obligèrent le général commandant le VIIIe corps à engager également au combat, vers 6 heures de l'après-midi, sa réserve, la brigade Rex. Une partie du VIIe corps (Zastrow) se trouvait, également, déjà engagée au combat contre la position défendue bravement par les Français, bien que, d'après le projet général d'attaque, ce corps n'eût, à proprement parler, qu'un rôle défensif. Une partie de l'artillerie du VIIe corps, qui n'avait pu trouver en avant (en raison du terrain boisé) aucune position de batterie convenable, avait déjà fait sa jonction, peu de temps après le commencement du combat, à l'aile droite de la grande ligne d'artillerie du VIIIᵉ corps, à Gravelotte.

A 5 heures de l'après-midi, 6 batteries du VIIᵉ corps se trouvaient en position au sud de Gravelotte; à leur droite, depuis 3 heures, une brigade d'infanterie du général de Zastrow s'était formée en réserve.

Deux bataillons de cette brigade furent portés en avant, à droite des batteries, pour appuyer l'aile gauche de la brigade Goltz, qui, à ce moment, se portait d'Ars-sur-Moselle sur Vaux et Jussy. L'artillerie de la 4ᵉ brigade d'infanterie (avec le 1ᵉʳ escadron et la 1ʳᵉ batterie), du Iᵉʳ corps, qui avait été poussée jusqu'à la Moselle, appuya également la marche en avant de la brigade Goltz, par ses feux, exécutés de la rive droite de la Moselle. Le général von der Goltz repoussa les tirailleurs de la brigade Lapasset sur la position principale occupée par l'ennemi, et, regardant sa mission comme terminée, se rendant compte, en outre, des difficultés que présentait une marche en avant ultérieure, continua le combat de pied ferme (1).

Quant à l'offensive vigoureuse, que le VIIᵉ corps devait, conformément aux ordres du général de Steinmetz, engager contre le Point-du-Jour, c'est là une opération qui, à proprement parler, n'a pas été du tout exécutée, circonstance que les écrivains historiques allemands ont laissée dans l'ombre. Il faut admettre que les chefs supérieurs de la première armée allemande, en présence de la résistance énergique qui leur fut opposée, contre toute attente, par les Français, ne voulurent pas engager leurs dernières réserves, et qu'ils s'attendaient bien plutôt à être appuyés, notamment par le IIᵉ corps.

Le IIᵉ corps, sous le général de Fransecky, avait passé la nuit du 18 août à Pont-à-Mousson et aux environs de cette ville. D'après les dispositions prévues pour la journée du 18, le corps devait partir à 4 heures du matin, marcher sur Buxières, faire la soupe sur ce point, et attendre des ordres ultérieurs.

_____

(1) *Opérations de la première armée*, pages 117-125. — Hoffbauer, 3ᵉ partie, pages 104-119.

Afin de pouvoir atteindre le plus tôt possible le terrain qui allait être le théâtre de combats imminents, le général de Fransecky avait obtenu, lui-même, du grand quartier général, l'autorisation de pouvoir commencer sa marche de meilleure heure, à 2 heures du matin. La 4e division, qui se trouvait encore en arrière, au sud de Pont-à-Mousson, avait même été obligée, dans ce but, de partir avant minuit. A 11 heures du matin, la 3e division, qui se trouvait en tête, atteignit Buxières, mais elle ne put, faute d'eau, arriver à faire la soupe; la 4e division resta plus en arrière, à Onville; l'artillerie de corps entre les deux divisions.

A 1 heure de l'après-midi, le général de Fransecky reçut, du prince Frédéric-Charles, l'ordre de se porter sur Rezonville, pour former la réserve de l'aile droite. Il dirigea sur ce point la 3e division par la grande route, tandis qu'il prescrivait aux autres troupes du corps d'utiliser des chemins latéraux plus courts. A 4 heures, le IIe corps commença à se former à Rezonville. A 5 heures, le général de Steinmetz fit parvenir au corps une demande en vue de réclamer son appui; toutefois, le général de Fransecky se refusa à y faire droit, en faisant ressortir que le corps, formant la réserve générale, ne pouvait entrer en ligne sans l'ordre de Sa Majesté (1).

L'ouvrage du grand état-major prussien évite de se prononcer sur ces incidents, et dit simplement (2) que le IIe corps reçut, du commandant en chef de l'armée, l'ordre de se porter sur Rezonville, pour former la réserve de la première armée. Mais cette assertion est en contradiction complète avec le texte de l'ordre donné par le commandant en chef de la deuxième armée, ordre mentionné dans les *Opérations de la deuxième armée* (3), et ainsi conçu :
« Le IIe corps marchera de Buxières sur Rezonville, pour « former la réserve de l'aile droite ». D'après cet ordre, le « IIe corps formait, non pas la réserve « de la première armée », mais bien celle de « l'aile droite » de toute la position allemande; étant donnée la situation, cette distinction présentait, il faut en convenir, une importance considérable. Dans le cas, en effet, où le IIe corps eût formé la réserve de la première armée, il devait

(1) *Opérations de la première armée*, page 123.
(2) Ouvrage du grand état-major prussien, 1re partie, tome II, page 774.
(3) *Opérations de la deuxième armée*, page 137.

obéir aux ordres du général de Steinmetz, tandis que, considéré comme réserve de l'aile droite, il n'avait d'ordres à recevoir que du grand quartier général, du moins tant qu'un chef spécial n'aurait pas été désigné pour commander cette aile.

Si j'insiste sur ces divergences, c'est simplement pour montrer combien il est important et indispensable, à la guerre, de prendre, en connaissance de cause, des dispositions simples et claires, de tenir toujours compte de l'organisation normale des troupes, connue de tous, et de ne pas s'en écarter, non plus, en donnant des ordres. D'autre part, les ordres doivent être rédigés en termes très clairs ; car ce qui se conçoit bien s'énonce clairement.

Au premier coup d'œil, il semblerait que, dans le cas présent, on avait fait tout ce qui était nécessaire, pour rapprocher, en temps opportun, le II⁰ corps ; on estimait, dès lors, que ce dernier corps pouvait et même devait former, en réalité, la réserve qu'on se proposait d'affecter précisément à la première armée ; car, pour appuyer le (IX⁰) corps de la deuxième armée, qui se trouvait le plus rapproché, on avait déjà mis en marche le III⁰ corps sur Vernéville. Mais cette dernière circonstance était inconnue du général de Fransecky ; il ne pouvait pas même savoir où, dans quelle direction, et dans quel ordre, les corps allemands s'étaient engagés dans la bataille ; il ne savait pas davantage où commençait et où finissait l'aile gauche ou l'aile droite de toute la ligne de bataille ; il n'était pas plus fixé, également, sur l'emplacement « du centre » de cette ligne ; il en résulte qu'en déclinant la demande du commandant en chef de la première armée, le général de Fransecky paraissait être tout à fait dans son droit.

Tout ce malentendu provenait uniquement de ce qu'en rédigeant l'ordre dont nous venons de parler, on avait, probablement, considéré « l'aile droite » et la « première armée » comme une seule et même chose ; cependant il eût été bien préférable, du moment que l'on avait à choisir entre deux désignations, d'adopter, de préférence, celle qui correspondait à l'organisation effective et normale de l'armée ; or la répartition de cette dernière « en ailes » n'était pas prévue. D'autre part, il faut convenir que le général de Fransecky, qui avait rapidement pris les devants de son corps, pour se porter sur le champ de bataille, aurait pu, dans l'espace de plus de trois heures, se renseigner suffisamment sur la situation, pour arriver à savoir, lui-même, sur quel point et à quel moment ses troupes devaient entrer en ligne.

Le malentendu dont nous venons de parler fut, d'ailleurs, bientôt dissipé par un ordre direct de Sa Majesté le roi, qui se trouvait, précisément, à proximité.

Le roi Guillaume avait, au début, pris position, avec le grand quartier général, sur la hauteur de Flavigny, qu'il quitta vers 1 heure de l'après-midi, pour se rendre à Rezonville; de ce point, on apercevait déjà la marche des colonnes du IIe corps, qui se rapprochaient, et le général de Fransecky rendait compte, personnellement, à Sa Majesté que ses troupes seraient bientôt en mesure d'entrer en ligne.

Après 3 heures, le roi se porta plus en avant (jusqu'à un point situé au nord-ouest de Gravelotte), pour être plus à proximité du champ de bataille de la première armée. De ce point arrivaient, précisément, des nouvelles très favorables : on apprenait, notamment, que le bois des Genivaux et la ferme Saint-Hubert venaient d'être occupés, que l'artillerie française avait été réduite au silence, et que l'artillerie et la cavalerie prussiennes se portaient au delà du défilé de Gravelotte. « Il en résulta que l'on crut « pouvoir déjà obtenir, contre toute attente, au moyen de l'aile « droite, le résultat décisif qu'au début de la bataille on cher- « chait à atteindre au moyen de l'aile gauche allemande ». Mais, bientôt après, vers 4 h. 30, le général de Steinmetz rendit compte que « le combat » (sur les hauteurs) « au delà du bois de Vaux et « du bois des Genivaux donnait lieu à des péripéties diverses, « qui en rendaient l'issue incertaine, et qu'il était nécessaire « d'attaquer vigoureusement l'aile droite ennemie (1); il enten- dait par là, probablement, l'aile droite des troupes françaises qui se trouvaient directement opposées à la première armée.

C'est en se plaçant au point de vue d'une pareille attaque, que le général de Steinmetz avait, peu de temps après, à 5 heures, adressé au IIe corps la demande de secours dont nous avons déjà parlé. A la suite de la réponse négative du général commandant ce dernier corps, le général de Steinmetz détacha le chef d'état-major de son armée, colonel comte Wartensleben, auprès de

---

(1) Ouvrage du grand état-major prussien, 1re partie, tome II, page 787.

Sa Majesté, pour l'éclairer sur la situation. C'est à la suite de cette démarche, qu'un ordre, donné par Sa Majesté, à 5 h. 30 de l'après-midi, mit le IIe corps à la disposition du commandant en chef de la première armée, et dirigea ce corps sur Gravelotte (1).

Vers 7 heures du soir, la tête du IIe corps atteignit Gravelotte ; seules, deux batteries de ce corps purent encore prendre position sur la ligne d'artillerie de la première armée. Le jour touchait à sa fin. Les nouvelles qui parvenaient de l'aile gauche allemande étaient, il est vrai, assez favorables, mais, sur ce point, on paraissait être encore loin, pour le moment, de pouvoir compter sur une victoire complète. Sur ces entrefaites, le feu des Français, en face de Gravelotte, fut encore une fois suspendu, ce que les Allemands interprétèrent de nouveau, — pour la deuxième fois, sur le même point, dans la journée de cette bataille, — comme une preuve que l'adversaire était fortement ébranlé. C'est sous cette impression, que le roi Guillaume donna au général de Steinmetz l'ordre de mettre en mouvement toutes les forces dont il disposait contre les hauteurs du Point-du-Jour ; le IIe corps, dont la division la plus avancée (la 3e) se formait déjà, en ce moment, à Gravelotte, devait appuyer l'attaque.

Mais, avant que les Allemands eussent pris les dispositions nécessaires pour assurer l'exécution de cet ordre, l'adversaire se réveilla tout à coup. Ses batteries rouvrirent le feu ; de fortes lignes de tirailleurs françaises surgirent des hauteurs, et poussèrent devant elles les fractions de troupes allemandes qui se trouvaient dispersées ; il arriva même que la moitié des pièces de la vaillante batterie Gnügge, qui se maintenait toujours à Saint-Hubert, se trouva entraînée dans ce mouvement de retraite, désordonné et irrésistible, que les écrivains historiques allemands ont comparé à une avalanche. La terreur s'empara alors des milliers de soldats, pour la plupart légèrement blessés, qui se trouvaient séparés de leurs compagnies et cherchaient un abri dans le ravin du ruisseau de la Mance. Ils refluèrent, en masses serrées, dans le défilé de Gravelotte, vers lequel, en outre, à ce moment, plusieurs avant-trains, sans chefs, se repliaient à toute vitesse. La panique

---

(1) Ouvrage du grand état-major prussien, 1re partie, tome II, page 798.

que causèrent ces isolés se répercuta très loin en arrière, jusqu'à Rezonville. Mais la garnison de Saint-Hubert ne s'était pas laissé entraîner par le torrent qui refluait en arrière; trois pièces de la batterie Gnügge réussirent même à se maintenir sur ce point, avec un avant-train sans attelage (1).

Après quelques minutes d'une tension extrême, pendant lesquelles ils s'étaient attendus à voir la victoire se confirmer, les Allemands ressentirent, dès lors, un sentiment amer de désenchantement et de doute. Les états-majors, qui se trouvaient en observation à Gravelotte, purent éprouver l'impression que tout était déjà perdu au delà (sur la rive gauche) du ruisseau de la Mance.

Sur ces entrefaites survint le crépuscule. Le général de Moltke s'était rendu, avec son état-major, dans le défilé de Gravelotte, où les généraux de Steinmetz et de Fransecky étaient en train de donner des ordres. Ce dernier regardait comme indispensable de porter, sans retard, les troupes dont il disposait, par le plus court chemin, au delà du défilé. Stimulés par la présence de leurs chefs supérieurs, les bataillons se précipitèrent dans le défilé, au bruit des tambours et au son des clairons. De nombreux blessés et isolés empêchaient de déboucher du défilé, dans lequel se précipitèrent les troupes du général de Fransecky, bataillon par bataillon, régiment par régiment; elles augmentèrent ainsi la poussée et le désarroi inévitable, au delà du défilé, à un point tel que les subdivisions de troupes allemandes, en raison de l'obscurité qui était survenue, tirèrent même, à maintes reprises, les unes sur les autres. Le général de Moltke reconnut qu'au delà du défilé le nombre des troupes engagées était assez considérable, et qu'en raison de l'obscurité qui régnait, il n'était plus possible de compter sur un succès. Il voulut arrêter les régiments qui se précipitaient en avant, mais ses efforts furent vains : l'infanterie du IIe corps, obéissant à l'ardeur qui la poussait à aller de l'avant, s'élançait, d'une manière irrésistible, au delà et sur les côtés du défilé (2).

Le moment le plus critique était passé pour les Allemands. Le

---

(1) *Opérations de la première armée*, page 128. — Hoffbauer, 3ᵉ partie, pages 122-123.

(2) Hoffbauer, 3ᵉ partie, page 130.

général de Goeben avait réussi à relever par de nouvelles troupes et à renforcer la garnison de Saint-Hubert. Une attaque des plus sérieuses, engagée par les Français contre cette ferme, derrière laquelle la brigade Rex, encore intacte, avait pris position, ne réussit pas. En revanche, les Français tenaient tout le terrain découvert sous un feu d'une telle violence, que toutes les tentatives d'attaque exécutées par les troupes allemandes contre leur position principale échouèrent complètement. Les Allemands ne gagnèrent du terrain qu'après le coucher du soleil.

Le soleil avait disparu ; des ombres de plus en plus épaisses s'étendirent sur les pentes, enveloppées de nuages de poudre, qui conduisaient à la position des Français. Bientôt il ne fut plus possible de distinguer la position des deux partis que par les éclairs produits par les coups de fusil. Le feu, qui, tantôt, s'éteignait, et, tantôt, reprenait avec une nouvelle violence, ne cessa définitivement qu'après 10 heures du soir.

Lorsque la nuit fut survenue, d'épaisses masses de troupes allemandes campaient, l'arme au bras, sur les pentes qui menaient à la position ennemie, en contact immédiat avec les Français, qui se maintenaient encore, d'une manière ferme et menaçante, sur ce point. Mais le sort de la journée avait été déjà définitivement décidé en faveur des armes allemandes, sur la partie opposée du champ de bataille, grâce à la garde et surtout au XIIe corps.

Nous passons maintenant à l'activité déployée par la garde et le XIIe corps (royal saxon), auxquels, vers 11 h. 30 du matin, le prince Frédéric-Charles avait adressé les ordres dont nous avons déjà parlé, ordres qui prescrivaient au premier de ces corps de marcher sur Vernéville, tout en le laissant libre de choisir une direction plus au nord, sur Habonville, car ces deux directions lui permettaient d'appuyer le IXe corps. Au moment même où cet ordre était expédié, c'est-à-dire à 11 h. 30 du matin, le général qui commandait la garde, prince Auguste de Wurtemberg, adressait, de Doncourt, le rapport suivant :

« D'après un rapport de la cavalerie envoyée en avant, rapport
« expédié de la hauteur de Batilly, à 10 h. 50 du matin, des
« hommes, qui viennent d'arriver de Sainte-Marie, apportent la
« nouvelle qu'il y a sur ce point de l'infanterie française, mais,
« avant tout, qu'il existe beaucoup de troupes françaises à Saint-

« Privat-la-Montagne. En conséquence, la garde va continuer
« immédiatement sa marche, en partant de Doncourt, conformé-
« ment à l'ordre reçu ; toutefois, le général commandant estime
« qu'en raison des circonstances, il y a lieu, jusqu'à nouvel ordre,
« de marcher, non pas sur Vernéville, mais sur Habonville. »

L'ordre du prince de Wurtemberg, reproduit ici, était le premier dans lequel on admettait la possibilité d'envelopper l'aile
droite française, en portant la garde en avant, dans la direction
de Vernéville. En prenant, à ce moment, de sa propre initiative,
sa direction plus au nord, sur Habonville, la garde se conformait
beaucoup mieux aux nécessités de la situation. D'ailleurs, le
général commandant la garde, en vue de fournir au IXe corps
l'appui que le général de Manstein lui avait demandé, avait dirigé
la division de Pape de ce côté.

Sur ces entrefaites, le général de Manstein s'était rencontré
avec le général de Pape, et le premier de ces deux généraux avait
déclaré qu'il n'avait pas besoin d'être appuyé directement, qu'en
conséquence, il priait simplement le général de Pape de le soutenir indirectement, en attaquant Saint-Privat ; c'est pour ce motif
que, seule, la 3e brigade d'infanterie de la garde fut laissée,
comme réserve, au IXe corps.

Le général commandant le XIIe corps, qui, ainsi que nous
l'avons déjà dit, était arrivé à Jarny, prit, tout à fait de sa propre
initiative, des mesures qui, allant au-devant des dispositions
adoptées par le commandant en chef de la deuxième armée,
se trouvaient, toutefois, complètement d'accord avec ces dernières.

Le prince royal de Saxe savait que la garde avait déjà atteint
Doncourt, et il avait été informé, par ses patrouilles de cavalerie,
qu'il n'y avait aucun ennemi dans la direction du nord, mais que
des subdivisions françaises s'étaient fait voir dans la direction du
nord-est, aux environs de Coinville et de Batilly (la première de
ces localités située sur l'Orne, au nord-ouest de Sainte-Marie-aux-
Chênes, la dernière au sud-ouest de ce village) ; en conséquence,
le prince résolut de continuer sa marche en avant vers le nord-
est, dans la direction générale de Sainte-Marie-aux-Chênes. Dans
ce but, il adressa aux troupes de son corps d'armée, à 11 h. 30,
l'ordre suivant :

« L'avant-garde de la 23ᵉ division se dirigera, par les deux
« rives de l'Orne, sur Valleroy et Moineville. La 23ᵉ division por-
« tera la 45ᵉ brigade sur Tichémont et occupera le bois de Ponty ;
« la 46ᵉ brigade demeure à Jarny, à la disposition du comman-
« dant de corps. La 24ᵉ division marchera sur Sainte-Marie-aux-
« Chênes, par le château de Moncel, Jouaville et Batilly. L'artille-
« rie de corps gagnera Giraumont-en-Jarnisy (1). »

Ce mouvement commença à midi. La division de cavalerie
saxonne, qui, sur ces entrefaites, avait atteint Puxe, reçut également l'ordre de se diriger sur le bois de Ponty, et de faire éclairer
par un régiment le terrain plus à gauche, sur Valleroy. Cet ordre
parvint à la division, alors qu'elle marchait déjà au canon ; comme
un régiment de uhlans avait été laissé en arrière, à l'ouest de
Puxe, pour observer les routes menant à Étain et à Briey, un
deuxième régiment de uhlans fut encore détaché, pour éclairer le
terrain sur le flanc, dans la direction de Briey.

Cette direction de marche, que les Saxons avaient prise de leur
propre initiative, se trouvait être, en général, tout à fait d'accord
avec les dispositions adoptées par le prince Frédéric-Charles, dispositions dont, jusque-là, le général commandant le corps saxon
n'avait pas encore reçu communication. Ce dernier reçut, pendant
sa marche, le rapport d'un officier d'état-major qu'il avait envoyé
en reconnaissance ; il lui faisait connaître « qu'à midi, le village
« de Sainte-Marie-aux-Chênes avait été trouvé inoccupé par les
« Français ; qu'en revanche, on avait reconnu la présence de
« l'ennemi, établi en grandes masses, avec une nombreuse artil-
« lerie, sur les hauteurs de Saint-Privat-la-Montagne et de Ron-
« court, qui s'avancent en forme de glacis, de telle sorte qu'une
« attaque de front, dirigée contre ces hauteurs, devait entraîner
« de grands sacrifices ».

Le prince royal de Saxe se porta alors, de sa personne, rapidement en avant, pour jeter un coup d'œil d'ensemble sur la position des Français, et il apprit, sur ces entrefaites, que les Français avaient occupé Sainte-Marie après midi. Le prince royal
résolut d'envelopper le flanc droit de l'ennemi, et, à 2 heures, il
donna à la 23ᵉ division l'ordre de rapprocher d'elle la 46ᵉ brigade,

---

(1) Ouvrage du grand état-major prussien, 1ʳᵉ partie, tome II, page 669.

qui avait été laissée en arrière à Jarny, et de se mettre en marche par Coinville et les petits bois situés à l'est d'Auboué, pour, de là, se porter en avant contre Roncourt, c'est-à-dire sur le flanc et les derrières de la position française de Saint-Privat. La 24e division reçut l'ordre de suivre, avec la 47e brigade, en contournant Batilly, le ravin qui se dirige de ce point vers Sainte-Marie, et, dès qu'elle se serait suffisamment rapprochée, d'attaquer cette localité, mais de laisser en arrière, momentanément, la 48e brigade, à Batilly, à la disposition du général commandant.

Sur ces entrefaites, le commandant de la 23e division, prince Georges de Saxe, apprenant que les Français occupaient fortement Saint-Privat et Roncourt, avait déjà, de sa propre initiative, même avant l'arrivée de ces ordres du général commandant, pris la résolution de se porter en avant, avec sa division, sur Sainte-Marie; mais, comme une de ses brigades se trouvait encore à Jarny, l'autre au bois de Ponty, le prince commença le mouvement avec le régiment de cette dernière qui se trouvait en tête, et l'artillerie divisionnaire, et il atteignit, vers 2 h. 30, Batilly. Au même moment, parut, venant de la vallée de l'Orne, sur le plateau de Moineville, le détachement du général de Craushaar, qui, au début, formait l'avant-garde du XIIe corps, mise en marche sur Valleroy, et avait marché au canon.

C'est ainsi qu'à ce moment, parurent devant Sainte-Marie les têtes des trois colonnes saxonnes; elles se dirigèrent concentriquement, en venant de l'ouest, vers ce point, et ouvrirent, à 3 heures, avec 13 batteries (1), le feu contre cette localité. En même temps, Sainte-Marie fut attaquée par des fractions de la garde prussienne, venant de la direction du sud, c'est-à-dire de Saint-Ail.

Sur ces entrefaites, le prince Frédéric-Charles avait été avisé qu'on apercevait à Saint-Privat des forces françaises importantes, et que des subdivisions françaises se portaient de ce point sur Sainte-Marie. Le prince se rendit, tout d'abord, à Vernéville, puis sur la hauteur d'Habonville, d'où il put reconnaître clairement que la position française s'étendait jusqu'à Saint-Privat.

C'est sur ce point, à Habonville, que le prince Frédéric-Charles

---

(1) Schubert, *La Participation du XIIe corps (royal saxon) à la bataille de Gravelotte-Saint-Privat*, etc. Berlin, 1872, pages 4 et 7.

reçut, à 1 h. 45 de l'après-midi, du grand quartier général, des instructions écrites, ainsi conçues (1) :

« Le IXᵉ corps se trouve déjà engagé dans un combat d'artille-
« rie en avant du bois Doseuillons. L'attaque générale et à fond
« ne doit avoir lieu sur toute la ligne que quand on sera en
« mesure de lancer des forces imposantes sur Amanvillers. »

Ces instructions ne répondaient pas, évidemment, à la situation du combat, telle qu'elle s'était déjà révélée au prince, car l'aile des Français s'étendait bien au delà d'Amanvillers. En outre, bien que le projet, fondé en principe, qui consistait à attendre, pour engager l'attaque décisive contre le front des Français, qu'une pointe vigoureuse contre leur flanc droit fût préparée, bien que ce projet, dis-je, fût par lui-même tout à fait logique, et eût été déjà communiqué, de bonne heure, aux troupes, il avait déjà été, cependant, en réalité, entravé, par suite de l'attaque prématurée du IXᵉ corps, suivie de celle du VIIIᵉ.

Revenons, encore une fois, à la garde.

Les têtes de colonnes de ce corps atteignirent, vers 1 heure de l'après-midi, Habonville. Le corps reçut l'ordre « de mener le « combat simplement avec son artillerie, et de n'engager l'infan- « terie que quand le XIIᵉ corps pourrait entrer réellement en « action (2) ».

Mais, avant que cet ordre ne lui parvînt, le général comman- dant la garde s'était porté en avant, avait reconnu la forte position de l'ennemi, qui s'étendait jusqu'à Saint-Privat, et pris la résolu- tion de s'engager au combat, avec tout son corps, à la gauche du IXᵉ, et de préparer, par le feu de son artillerie, l'attaque de Saint- Privat, que le général commandant ce dernier corps lui avait désigné comme un objectif qu'il était désirable d'atteindre (3).

Ces mesures concordaient, parfaitement, avec les intentions du prince Frédéric-Charles. Ce dernier, dans un entretien personnel avec le général commandant la garde, lui réitérait l'ordre « de « n'engager l'infanterie qu'au moment où le XIIᵉ corps, alors en

(1) Ouvrage du grand état-major prussien. 1ʳᵉ partie, tome II, page 710.
(2) Opérations de la deuxième armée, pages 140-141.
(3) Ouvrage du grand état-major prussien, 1ʳᵉ partie, tome II, page 710.

« marche sur Sainte-Marie et Moineville, entrerait réellement en
« ligne. »

Entre 2 et 3 heures de l'après-midi, la situation générale, du
côté des Allemands, était la suivante :

A l'aile droite, se trouvaient les VIIe, VIIIe et IXe corps, le premier de ces corps dans une position d'attente, comme précédem-
ment, les deux derniers déjà engagés au combat.

La garde se rassemblait à Habonville et Saint-Ail (au nord
d'Habonville, à moitié chemin entre cette localité et Sainte-Marie).
L'artillerie de corps de la garde appuyait son aile gauche à Saint-
Ail, et dirigeait déjà un feu efficace contre la position française
de Saint-Privat.

Le prince Frédéric-Charles reçut, du XIIe corps, vers 3 h. 30
de l'après-midi, de Batilly, le nouveau rapport suivant, écrit à
2 h. 30 :

« Le corps saxon se porte, avec la 24e division, sur Sainte-Marie-
« aux-Chênes, tandis que la 23e division déborde l'aile droite
« française par Coinville et les bois situés entre ce village et
« Roncourt (1). »

A ce moment, on apercevait déjà, au nord de Batilly, la marche
en avant des colonnes saxonnes.

Au même moment, le IIe corps, désigné « pour appuyer l'aile
« droite », et qui se trouvait en deuxième ligne, se portait en
avant, par Buxières et Onville, sur Rezonville.

Le IIIe corps arrivait à Vernéville (comme réserve du IXe corps).

Le Xe corps, désigné pour former la réserve de l'aile gauche,
prit position à Batilly.

Le premier objectif d'attaque assigné à l'aile gauche allemande
était, à ce moment, Sainte-Marie, localité qui venait d'être occupée
(sur l'ordre du maréchal Canrobert) par 2 bataillons 1/2 du
94e régiment, de la division Lafont de Villiers, comme point
avancé, situé en avant de la position de Saint-Privat. Avec ce
régiment, qui mit en ligne moins de 1500 hommes, se trouvait
également le commandant de la brigade, général Colin.

Sainte-Marie fut alors canonnée, du côté du sud, par deux

---

(1) Ouvrage du grand état-major prussien, 1re partie, tome II, page 710.

batteries de l'artillerie de la garde prussienne, tandis que, du côté
de l'ouest, l'artillerie saxonne coopérait vigoureusement à l'action
par son feu. L'attaque, ainsi préparée par le feu de 90 pièces, eut
lieu ensuite, après entente préalable entre le général de Pape et
le commandant de la 24e division saxonne, général de Nehroff,
qui accompagnait sa brigade d'infanterie la plus avancée (la 47e).
Les Français venaient seulement d'arriver à Sainte-Marie, et
n'avaient pas encore pu organiser cette localité défensivement.
Après avoir causé à l'assaillant des pertes assez considérables,
comme le manque de munitions se faisait sentir, ils évacuèrent le
village et l'abandonnèrent aux Allemands. Cet incident eut lieu à
à 3 h. 30 de l'après-midi. La retraite des Français s'exécuta sous
la protection de 3 compagnies, qui firent halte à 1000 pas, environ, à l'est de Sainte-Marie, et opposèrent une vigoureuse résistance aux subdivisions allemandes qui les poursuivaient. La 47e
brigade saxonne perdit, à ce moment, 800 hommes. Deux bataillons, qui s'étaient portés en avant de Saint-Privat, recueillirent les
Français en retraite, qui se replièrent sur Roncourt, sans éprouver
des pertes considérables, pour aller se reformer dans un ravin
qui leur servit de couvert.

Après la prise de Sainte-Marie, l'activité des Allemands, à l'aile
gauche de la ligne de bataille, se limita, en attendant que le
mouvement tournant des Saxons fût terminé, au feu de l'artillerie
de la garde et de l'artillerie saxonne. La première de ces deux
artilleries canonna l'artillerie du corps Canrobert, qui s'était mise
en batterie à Saint-Privat ; la dernière avait déjà pris comme but
de tir particulier la position française de Roncourt, et préparait,
de cette manière, le mouvement enveloppant contre l'aile droite
française.

Le maréchal Canrobert ne pouvait opposer à la nombreuse
artillerie allemande que 48 pièces de son 6e corps et 12 pièces
d'artillerie à cheval de la division du Barail. En outre, le manque
de munitions se faisait sentir. Bientôt le feu des pièces allemandes, qui prit le dessus sur l'artillerie française, obligea cette dernière à se replier ; seules, deux batteries de 12 se maintenaient
encore sur leur position, à Saint-Privat.

A ce moment, il était près de 5 heures. Le mouvement tournant
des Saxons paraissait tarder à se produire. On commençait à
douter qu'ils pussent réussir à achever leur mouvement envelop-

pant et à exécuter l'attaque encore assez à temps, c'est-à-dire avant l'arrivée de l'obscurité. Du côté du IXᵉ corps, le combat restait absolument stationnaire ; sur ce point, on avait déjà dû engager au combat l'artillerie du IIIᵉ corps et mettre définitivement à la disposition du général commandant le IXᵉ corps, général de Manstein, la brigade d'infanterie de la garde qui avait été laissée en arrière, à Habonville. Quant à l'infanterie du IIIᵉ corps, on ne paraissait pas y compter dans cette journée, en raison des grandes pertes qu'elle avait subies dans la bataille du 16, et du relâchement des liens tactiques, qui en avait été la conséquence.

C'est ainsi que se posa la question suivante : étant données les circonstances, était-il possible, d'une manière générale, de mener le combat à bonne fin, c'est-à-dire de battre encore, dans cette journée, les Français avec l'aile gauche allemande, ou bien était-il préférable d'attendre encore que le mouvement tournant des Saxons eût produit tout son effet, ou, enfin, ne valait-il pas mieux porter, déjà à ce moment, la garde en avant, pour exécuter une attaque décisive sur Saint-Privat? Dans son impatience, le général commandant la garde avait soulevé cette dernière question, et l'avait résolue, également, dans un sens affirmatif.

Quant à la question de savoir si l'attaque se trouvait suffisamment préparée, il est notoire qu'elle ne fut pas davantage soumise à un examen tant soit peu sérieux, ni résolue après mûre réflexion. Le silence momentané des batteries françaises de Saint-Privat amena le commandant de la garde à prendre la résolution définitive de ne pas différer plus longtemps l'attaque. Ce silence trompa les chefs allemands devant Saint-Privat, tout comme il avait induit en erreur le général de Steinmetz, sur la partie opposée du champ de bataille.

Le prince Auguste de Wurtemberg qui, de sa personne, se trouvait à proximité d'Habonville (à l'extrême droite de son corps d'armée), résolut d'attaquer immédiatement Saint-Privat avec toute l'infanterie disponible de la garde (défalcation faite de la brigade d'infanterie mise à la disposition du général de Manstein); en prenant cette décision, il comptait, ainsi qu'il est mentionné dans *les Opérations de la deuxième armée*, que l'influence du XIIᵉ corps se ferait sentir au cours de l'attaque exécutée par la garde.

Après avoir obtenu, à cet effet, l'assentiment du prince Frédéric-Charles, le général commandant la garde donna à la 4e brigade d'infanterie de la garde, commandée par le général de Budritzki, qui se trouvait à Saint-Ail, l'ordre de se porter sur Jérusalem (groupe de maisons annexe, situé directement au sud de Saint-Privat), tandis que lui-même se rendait à Sainte-Marie, auprès de la 1re division d'infanterie de la garde. Le commandant de cette dernière division, général de Pape, qui avait observé de plus près le développement du combat sur cette partie du champ de bataille, fit remarquer au général commandant que les colonnes saxonnes chargées du mouvement tournant n'étaient pas encore en vue, et qu'une attaque directe contre le fort point d'appui de Saint-Privat, si elle n'était pas d'abord préparée par l'artillerie, aurait bien peu de chances de succès (1).

La remarque du général de Pape était parfaitement juste, car, jusque-là, l'artillerie de la garde avait principalement canonné l'artillerie ennemie, et n'avait, d'une manière générale, tenu sous son feu que l'ensemble de la position de l'adversaire qui lui était opposée, tandis que l'artillerie saxonne, après l'occupation de Sainte-Marie, préparait l'attaque de Roncourt (au nord de Saint-Privat), pour faciliter la marche en avant de ses colonnes, chargées du mouvement tournant. Toutefois, comme, à ce moment, le mouvement de la brigade Budritzki était déjà commencé, et paraissait devoir amener un résultat favorable, on s'en tint à l'ordre donné à la première division d'infanterie de la garde.

En exécution de cet ordre, le général de Pape mit alors en marche la 1re brigade d'infanterie de la garde, qui se trouvait au sud-ouest de Sainte-Marie, et lui assigna comme point de direction un groupe de maisons, visible de loin, et situé à la lisière sud-ouest de Saint-Privat ; le 2e régiment de la garde, de la 2e brigade d'infanterie de la garde, reçut l'ordre de suivre, en réserve, la première brigade, à une distance de 600 pas.

L'attaque de la garde sur Saint-Privat, qui se fit d'une manière évidemment précipitée, et sans avoir été suffisamment préparée par le feu de l'artillerie, fut, en outre, exécutée avec une cohésion insuffisante, et, il faut bien le dire, sans avoir été précédée de la

---

(1) Ouvrage du grand état-major prussien, 1re partie, tome II, page 821.

reconnaissance indispensable dans ce cas, et sans qu'il eût été tenu suffisamment compte de la nature du terrain. La brigade Budritzki se déploya plus tôt que la 1re brigade de la garde, et occupa tout l'espace compris entre Saint-Ail et Sainte-Marie, de telle sorte qu'elle arriva à se trouver devant le front de la 1re brigade, commandée par le général de Kessel, qui, à ce moment, se déployait au sud de Sainte-Marie. Il en résulta que cette dernière brigade fut obligée, en passant près de Sainte-Marie, d'exécuter, sous le feu de l'ennemi, une marche de flanc vers la gauche, dans la région qui se trouvait au nord de Sainte-Marie, et de défiler devant le front de la grande ligne d'artillerie saxonne. Ce dernier mouvement fut cause que la brigade Kessel masqua, momentanément, les batteries saxonnes, et s'engagea au combat beaucoup plus tard que la brigade Budritzki.

Sur ces entrefaites, les brigades Sonnay, Gibon (1) et le Roy de Dais, du corps Canrobert, s'étaient préparées à recevoir l'ennemi. A peine les troupes prussiennes firent-elles leur apparition, qu'elles se virent, instantanément, soumises au feu le plus violent de l'adversaire; deux brigades d'infanterie de la garde éprouvèrent, dans un délai très court, des pertes terribles; malgré les sacrifices extraordinaires que ce feu leur causa, elles réussirent simplement à repousser les lignes de tirailleurs françaises, qui occupaient très fortement la crête avancée des hauteurs de Saint-Privat, et à trouver une protection passable en arrière des pentes de cette crête. Il s'engagea alors un combat par le feu, à une distance de 600 à 800 pas. Mais les Français ne songeaient nullement à abandonner leur position principale; bien plus, ils dirigeaient, à ce moment, une contre-attaque contre l'aile droite de la ligne de combat de la garde prussienne, qui se trouvait ébranlée, et ne se maintenait plus qu'avec peine sur sa position.

Les Prussiens occupaient une hauteur qui s'avançait en pointe, au sud-ouest de Saint-Privat, à une distance d'environ 1000 à 1300 pas de cette localité, et qui leur offrait une protection, dans la formation où ils se trouvaient pour le moment. S'ils avaient perdu cette hauteur, toute la garde prussienne aurait été, infailliblement, mise en fuite sous le feu de l'adversaire, et rendue com-

---

(1) Le colonel Gibon commandait, en remplacement du général Marguenat, tombé le 16 août, la 1re brigade de la 4e division (Levassor-Sorval).

plètement incapable d'entrer de nouveau en ligne dans cette journée (1). C'est en cet instant critique, que le capitaine Vogel de Falkenstein rassembla les restes de 4 compagnies et accueillit par un feu rapide les colonnes françaises qui marchaient sur lui. L'artillerie prussienne, de son côté, se signalait par son ardeur et son activité. Depuis le commencement de l'attaque, elle avait interrompu le feu qu'elle exécutait d'abord contre les positions d'Amanvillers, et elle avait appuyé la marche en avant de la garde sur Saint-Privat. A ce moment, l'artillerie de la garde dirigeait son feu sur l'adversaire qui se rapprochait; en même temps, une partie de ses batteries, accompagnant la marche en avant de l'infanterie, prenait position plus en avant.

A l'instant décisif que nous venons de décrire, l'un des commandants de batterie, le capitaine de Prittwitz, se porta, de sa propre initiative, au galop, avec sa batterie, directement sur la hauteur menacée ; seules, trois pièces réussirent, tout d'abord, à entrer en action, sous une grêle violente de balles, et à lancer leurs obus, à une distance d'au plus 500 pas, et même simplement de 300 pas, contre les colonnes françaises qui se portaient à l'assaut. Ces dernières subirent de graves pertes et se replièrent. Le commandant de l'artillerie de la garde, prince de Hohenlohe, rassembla sur ce point, peu à peu, 30 pièces ; elles y trouvèrent une position avantageuse, d'où elles purent prendre de flanc Amanvillers et tenir sous leur feu une partie considérable de la position ennemie, établie sur les derrières de Saint-Privat ; elles furent ainsi en mesure, grâce à leur feu, de barrer la route aux renforts français, tirés de la réserve générale de l'armée, qui se rapprochaient.

Les Français ne pouvaient pas laisser, sans les attaquer, les pièces prussiennes sur une pareille position. Ces pièces, qui n'avaient, à ce moment, sur leur flanc, que des fractions insignifiantes d'infanterie, furent attaquées par deux régiments d'infanterie française de la division de Cissey du (4e) corps Ladmirault, qui s'étaient portés en avant, en partant des environs d'Amanvillers. Malgré les pertes terribles qu'ils subissaient, ces deux régiments parcoururent, sous le feu des pièces de l'ennemi, bravement et en ordre, une distance d'environ 1000 pas (en se rapprochant des

---

(1) Ouvrage du grand état-major prussien, 1re partie, tome II, page 825.

pièces prussiennes, depuis la distance de 1900 pas jusqu'à 900 pas); mais, en fin de compte, elles ne purent pas se maintenir plus longtemps sur leur position, et se replièrent, dans un désordre complet, sur Amanvillers. Ce résultat était dû, purement et simplement, au feu de l'artillerie prussienne (1).

Un fait très frappant est le suivant : tandis que les Français exécutaient, en partant d'Amanvillers, c'est-à-dire à une distance trop grande, sous le feu de l'adversaire, une attaque contre l'aile droite de la garde prussienne, il ne leur vint pas à l'idée d'entreprendre, sous la protection du mouvement enveloppant exécuté par leur aile gauche, une contre-attaque résolue, droit devant eux, et à proximité immédiate de Saint-Privat, en prenant comme objectif la longue ligne mince formée par la garde. En exécutant cette contre-attaque, les Français auraient rejeté, sans grande difficulté, l'adversaire sur Sainte-Marie, ainsi qu'en convient, d'ailleurs, l'ouvrage du grand état-major prussien lui-même (2).

Le reste de l'artillerie de la garde prussienne se rapprocha, aussitôt après, jusqu'à une distance de 1000 pas de Saint-Privat, et ouvrit le feu. Bientôt cette localité, ainsi que Jérusalem, fut mise en feu par les obus (3). C'est ainsi qu'on ne parvint à exécuter qu'après l'attaque de Saint-Privat, l'opération qui aurait dû, logiquement, la précéder (savoir, la préparation par l'artillerie).

Toutefois, le dévouement extrême dont fit preuve la garde prussienne n'aurait pas pu amener, lui-même, le dénouement que désiraient les Allemands. Par bonheur, à ce moment, enfin, le mouvement tournant des Saxons était terminé, et, vers 6 heures du soir, ils passaient à l'attaque décisive.

Examinons donc l'activité déployée par le corps saxon.

Après la prise de Sainte-Marie, l'artillerie de corps saxonne s'était, ainsi que nous l'avons déjà dit, déployée, avec l'artillerie de la 24ᵉ division, à gauche (au nord) de cette localité, et avait pris sous son feu la position française de Roncourt, pour faciliter le mouvement tournant de la 23ᵉ division et l'attaque de cette

---

(1) Quelques particularités sont empruntées à l'étude du prince de Hohenlohe, *Lettres militaires : lettres sur l'artillerie*, pages 75 à 80. (Traduction Ieglé.)

(2) Ouvrage du grand état-major prussien, 1ʳᵉ partie, tome II, page 873.

(3) Ouvrage du grand état-major prussien, 1ʳᵉ partie, tome II, pages 821-835. — Hoffbauer, 3ᵉ partie, pages 134-140.

dernière localité, qui, en réalité, formait le point d'appui de l'extrême droite des Français.

Cependant, le mouvement tournant de la 23ᵉ division était loin de progresser comme on le désirait. Le commandant de cette division, prince Georges de Saxe, avait reçu, vers 2 h. 15, l'ordre dont nous avons parlé plus haut, qui lui prescrivait d'exécuter un mouvement tournant par Coinville, pour se porter dans la direction des bois d'Auboué ; il venait d'atteindre, alors, avec son avant-garde, Batilly. A ce moment, les autres fractions de sa division se trouvaient encore en arrière, de telle sorte que la 46ᵉ brigade d'infanterie, qui marchait en arrière, se trouvait encore à une distance de plus de 4 kilomètres de Coinville. La communication des ordres exigea également un certain temps. En outre, une partie de l'avant-garde du général de Craushaar avait, cette fois, évidemment sans aucune nécessité, pris part à l'attaque de Sainte-Marie, et s'était engagée dans un combat dont il fallait, tout d'abord, la retirer (1).

Les troupes avancées de la 23ᵉ division atteignirent, d'ailleurs, les environs d'Auboué, encore assez à temps pour devancer les Français dans l'occupation des petits bois qui s'étendent d'Auboué à Roncourt ; en revanche, le rassemblement de la division ne s'exécuta qu'avec lenteur, sous la protection de ces petits bois, dans une dépression de terrain près d'Auboué. En raison de ces difficultés, le prince royal de Saxe se décida, en vue d'accélérer le mouvement tournant, à ne pas attendre l'entrée en ligne de la 46ᵉ brigade d'infanterie, et préféra renforcer les fractions de la 23ᵉ division qui se trouvaient sur place, c'est-à-dire la 45ᵉ brigade d'infanterie, au moyen de la 48ᵉ brigade (de la 24ᵉ division), qui avait été laissée à sa disposition, en arrière, à Batilly, ainsi qu'au moyen de toute la cavalerie dont il disposait. Le prince Georges reçut l'ordre qui le concernait, à 4 h. 30; immédiatement après, arriva, également, la 48ᵉ brigade, sous le colonel de Schulz.

Le prince Georges prit les dispositions suivantes :

« Le colonel de Schulz, ayant avec lui la 48ᵉ brigade, renforcée

---

(1) La 45ᵉ brigade se composait de 3 régiments d'infanterie, dont l'un était affecté à l'avant-garde, commandée par le général de Craushaar ; cette avant-garde se transforma en flanc-garde, après la conversion que le corps exécuta, pour se porter dans la direction de Jarny, sur Sainte-Marie.

« du 1er régiment de cavalerie et de trois batteries de la 1re Ab-
« theilung montée, continuera, par la vallée de l'Orne, jusqu'à
« hauteur de Jœuf et de Montois, puis se portera de ce dernier
« point sur Roncourt.

« Le général de Craushaar, avec la 45e brigade d'infanterie,
« fera évacuer complètement le bois et marchera sur Roncourt,
« par l'ouest, dès que le colonel de Schulz s'engagera au nord.

« La disposition de la 46e brigade reste provisoirement réser-
« vée (1). »

Une heure, à peine, après avoir reçu cet ordre, le colonel de
Schulz atteignit, avec son aile droite, les Français, et gravit le
plateau situé en avant du village de Montois, que les Français
avaient déjà évacué. L'attaque de Roncourt, qui fut exécutée de
deux côtés, d'une manière concentrique, avait déjà été préparée,
précédemment, par le feu de dix batteries saxonnes, qui s'étaient
portées en avant, en partant de Sainte-Marie, immédiatement
après l'attaque de la garde sur Saint-Privat, et canonnaient Roncourt à une distance de 1200 pas. Les Français n'avaient, de ce
côté (à leur extrême droite), au début, que le 9e régiment de
ligne (le seul (2) de la division Bisson), qui avait occupé aussi
Montois et Roncourt.

Dès que le maréchal Canrobert se fut aperçu du mouvement
tournant des Saxons, il renforça son aile droite par la brigade
Péchot de la division Tixier. Mais cette brigade ne parut sur les
lieux qu'au moment où Montois était déjà pris et occupé fortement
par les Saxons. Les Français se préparèrent alors à défendre la
position de Roncourt et se maintinrent sur cette position, sous le
feu dévastateur de l'artillerie saxonne. Enfin le général Péchot, se
voyant tourné par sa droite, évacua le village de Roncourt, qui
fut occupé par les Saxons à 7 h. 30 du soir, et, d'après les écrivains allemands, à 6 h. 30.

La brigade Péchot se replia sur la forêt de Jaumont et occupa
fortement les carrières de Jaumont. C'est de cette manière que se
replia l'aile droite française, tandis que le front des Français
n'avait été enfoncé sur aucun point.

---

(1) Ouvrage du grand état-major prussien, 1re partie, tome II, page 734.
(2) Les autres régiments de cette division, du 6e corps, n'avaient pas pu
atteindre Metz.

Le jour touchait à sa fin. Le prince Frédéric-Charles crut que le moment était arrivé d'engager toutes ses réserves, et non seulement de battre l'ennemi à Saint-Privat, mais encore d'enfoncer son centre à Amanvillers. C'est dans ce but, que le prince céda, à 7 heures, à la demande réitérée du général commandant le IX⁰ corps, et qu'il l'autorisa à se porter à l'attaque avec toutes les forces dont il disposait encore. La 3ᵉ brigade d'infanterie de la garde, qui, jusque-là, avait formé la réserve du IXᵉ corps, fut également engagée au combat.

Au même moment, le prince Frédéric-Charles prescrivit au général commandant le Xᵉ corps, général de Voigts-Rhetz, « de « se porter en avant, d'après sa propre inspiration », en ajoutant, toutefois, « que le parti qui lui paraissait le meilleur à prendre « consistait à engager une division du Xᵉ corps entre la garde et « le XIIᵉ corps et à faire avancer alors l'autre division, comme « réserve, derrière le IXᵉ corps ». Mais la 20ᵉ division avait déjà devancé ces dispositions, en se portant, de sa propre initiative, de Saint-Ail sur Saint-Privat.

Le prince prescrivit également au général commandant le IIᵉ corps, général de Fransecky, « d'entrer rapidement en action, « en s'en rapportant à son propre coup d'œil, et d'en rendre « compte au roi (1) ». Les événements qui se passaient à l'aile droite de la ligne de bataille allemande avaient, sur ces entrefaites, ainsi que nous l'avons dit en temps et lieu, déjà devancé également cet ordre.

A ce moment, c'est sur Saint-Privat que se dirigeaient tous les efforts des Saxons et des régiments de la garde prussienne, qui se maintenaient toujours, avec opiniâtreté, sur leur position peu enviable, accrochés aux pentes situées en avant de Saint-Privat. Déjà, auparavant (pendant la marche en avant des troupes du général de Craushaar, au nord de Saint-Privat, dans la direction de Roncourt), le commandant de la 1ʳᵉ division d'infanterie de la garde, général de Pape, qui couvrait les Saxons, placés à sa gauche, leur avait envoyé un officier, pour les mettre au courant de la situation du combat à Saint-Privat, et pour les engager à attaquer. En conséquence, les troupes de la 45ᵉ brigade, en partie sur

---

(1) *Opérations de la deuxième armée*, page 152.

l'ordre du général de Craushaar, en partie de leur propre initiative, avaient commencé leur marche en avant sur Roncourt, et coopéraient au mouvement qui avait pour but d'envelopper Saint-Privat par le nord ; en même temps, de concert avec l'aile gauche de la garde, qui se reportait de nouveau en avant, elles repoussaient quelque peu les lignes de tirailleurs françaises avancées. Mais cette attaque improvisée fut de courte durée. Les Saxons éprouvèrent de grandes pertes et ne parvinrent à s'approcher, que jusqu'à une distance d'environ 300 pas, de la partie nord de Saint-Privat, occupée par les Français. La solution de la question n'était pas encore mûre.

Enfin le général de Pape fit avancer le dernier régiment de sa division. Les Saxons se portèrent de nouveau à l'attaque de Saint-Privat ; leur artillerie se rapprocha jusqu'à une distance d'environ 1400 pas de cette localité. L'artillerie du X⁰ corps s'était intercalée dans l'intervalle qui séparait les batteries de la garde de celles du corps saxon. En outre, le général commandant le X⁰ corps porta également en avant, contre Saint-Privat, sa 20⁰ division, qui se trouvait en tête du corps d'armée, mais qui, cependant, ne put réussir à entrer en ligne. L'attaque décisive, dirigée contre Saint-Privat, avait ainsi été préparée par le feu de 186 pièces allemandes, qui enserraient cette localité, en formant un arc de cercle étroit, allant des environs d'Habonville jusqu'à Roncourt. Pendant l'attaque proprement dite, 24 pièces de la 20⁰ division étaient encore entrées en ligne, et avaient porté la grande ligne d'artillerie allemande à l'effectif de 210 pièces (1). Sous le feu terrible de cette masse d'artillerie, dont l'action se faisait sentir à des distances très courtes, les murs en pierre des bâtiments de Saint-Privat chancelèrent et tombèrent ; au milieu des débris, on voyait s'élever les flammes.

Sous l'impression du succès manifeste de l'artillerie, les deux commandants de corps, le prince Auguste de Wurtemberg et le prince royal de Saxe, résolurent de donner, à 7 h. 30 du soir, les ordres destinés à assurer la prise d'assaut du village de Saint-Privat, qui était en feu. Mais les troupes qui enveloppaient Saint-Privat avaient déjà devancé ces ordres ; elles se portèrent simul-

---

(1) Hoffbauer, 3⁰ partie, page 210.

tanément à l'assaut, — en partie sur l'ordre direct des généraux présents sur les lieux, en partie de leur propre initiative, et en suivant l'exemple des autres, — et elles pénétrèrent, de différents côtés, dans le village. Au moment où le soleil se couchait, vers 8 heures du soir, les Allemands se trouvaient, enfin, après une lutte opiniâtre et sanglante, en possession des débris de Saint-Privat ; en outre, 2,000 prisonniers non blessés étaient tombés entre leurs mains. Immédiatement après l'assaut, il arriva, à maintes reprises, que des batteries allemandes isolées tirèrent, par suite de l'obscurité qui était survenue, sur leurs propres troupes.

Le corps Canrobert, qui avait combattu à l'aile droite de la ligne de bataille française, battit alors en retraite, en toute hâte. Sa retraite, exécutée, en partie, en désordre, fut protégée par la brigade d'infanterie Péchot, qui avait pris position, avec quelques batteries, sur la lisière de la forêt de Jaumont et dans les carrières de Jaumont, ainsi que par la division de cavalerie du Barail et la réserve d'artillerie de l'armée française, qui s'était portée sur ce point.

Sur ces entrefaites, l'artillerie allemande s'était déjà portée en avant, en partie déjà pendant l'assaut de Saint-Privat, en partie après l'occupation de cette localité, ou un peu plus tard. De cette manière, une ligne épaisse, continue, formée par 228 pièces allemandes, s'était déployée des deux côtés de Saint-Privat, et dirigeait, d'une part, son feu contre l'artillerie française, qui protégeait la retraite du corps Canrobert, et, d'autre part, contre l'aile droite du corps Ladmirault (1). Ce corps, après quelques contre-attaques isolées et hardies, exécutées par ses troupes, — contre-attaques pendant lesquelles quelques batteries allemandes, qui s'étaient trop aventurées, coururent le risque d'être prises, — se vit obligé de replier son aile droite, mais il se maintint, avec opiniâtreté, à Montigny-la-Grange, qui formait le point d'appui de son aile gauche.

Au moment, précisément, où le corps Ladmirault commençait son mouvement de retraite, une partie de la (25e) division du grand-duché de Hesse, appuyée par la 3e brigade d'infanterie de

---

(1) Hoffbauer, 3e partie, page 211.

la garde prussienne, se porta en avant à l'attaque, dans la direction d'Amanvillers et au nord de Montigny. Cette division se heurta encore à une vigoureuse résistance des Français qui battaient en retraite, au point qu'on en vint, de part et d'autre, au corps à corps. Amanvillers restait inoccupé. Les Français se maintinrent sur le point de Montigny-la-Grange, qui dominait cette localité, et sur celles de leurs positions qui s'étendaient à gauche de ce point jusqu'à la Moselle, c'est-à-dire sur la plus grande partie de la ligne de bataille qu'ils occupaient au début. C'est ainsi que se termina la bataille sanglante du 18 août, qui est désignée par les Allemands sous le nom de bataille de Gravelotte-Saint-Privat.

En partie, déjà dans le cours de la nuit, en partie, dans la matinée du 19 août, les Français évacuèrent, sur l'ordre du maréchal Bazaine, leurs positions précédentes et se rapprochèrent de Metz.

Le maréchal français n'avait pas réussi, dans cette bataille défensive, à battre les forces allemandes, qui lui avaient coupé la retraite. Il ne lui restait plus, alors, d'autre alternative que de se laisser investir dans Metz, et de se maintenir dans cette place, aussi longtemps que ses moyens de subsistance le lui permettraient, ou bien encore de se frayer un chemin, en livrant une nouvelle bataille offensive décisive, dans des conditions qui devaient être incomparablement moins favorables pour lui que celles qui s'étaient présentées dans la bataille du 18, et, tout particulièrement, dans celle du 16 août.

Les Allemands avaient acheté chèrement leur victoire : ils perdirent un peu plus de 20,000 hommes et près de 1900 chevaux, ces derniers appartenant, presque tous, à l'artillerie. Ils se virent enlever quelques pièces et n'eurent, à leur actif, d'autres trophées que des prisonniers. Les Français évaluent leurs pertes, dans la journée du 18 août, à un peu moins de 13,000 hommes, dont 6 généraux (1).

L'attitude observée et les dispositions prises par le maréchal Bazaine, dans la journée du 18 août, furent provoquées par la

----

(1) Bazaine, *Épisodes de la guerre*, etc., page 106.

même manière de voir et les mêmes craintes qui, jointes à une complète passivité, avaient déjà eu pour résultat l'insuccès éprouvé par l'armée française dans la journée de Mars-la-Tour.

Les mêmes causes produisirent, quoique, d'ailleurs, dans des circonstances différentes, les mêmes effets. A Mars-la-Tour, le 16 août, les Français laissèrent échapper une victoire, incontestablement certaine ; dans la bataille de Gravelotte-Saint-Privat, ils ne surent pas, tant s'en faut, tirer parti des fautes de leur adversaire, grâce auxquelles, en dépit de sa grande supériorité numérique, ils avaient, pour le moins, des chances réelles de le repousser, le 18 août, sur toute la ligne.

Dans la journée du 18, comme dans celle du 16, Bazaine n'avait qu'une appréhension, celle de se voir coupé de Metz. C'est sous l'influence de cette crainte, qu'il perdit même la confiance qu'il avait dans la force de sa position ; et, cependant, cette position était belle, en réalité, et Bazaine la considérait, lui-même, comme « imprenable ». Le maréchal Bazaine fut dominé, pendant la journée de Gravelotte, le 18, par la crainte de voir les Allemands percer cette position, qu'il jugeait « imprenable », précisément en son point le plus fort et le moins dangereux, savoir à son aile gauche, qui s'appuyait à la Moselle ; cependant, en réalité, le terrain offrait, de ce côté, de grands avantages ; en outre, la position était, ici, renforcée par des retranchements, et, par-dessus tout, immédiatement en arrière d'elle, se trouvaient les forts Saint-Quentin et Plappeville. C'est sous l'impression de cette inquiétude, que le maréchal avait placé toutes ses réserves, c'est-à-dire la garde et la réserve d'artillerie, en arrière de ces deux forts, et que, de sa personne, il n'avait pas quitté cette région, pendant un seul instant de la journée.

Le passage de la 1re division de cavalerie prussienne sur la rive gauche de la Moselle, à Ars, et de la brigade Gneisenau, du VIIIe corps, à Novéant, qui fut exécuté dans la matinée du 18 août, et avait été remarqué par les postes d'observation établis au fort Saint-Quentin, avait confirmé le maréchal dans la conviction que les Allemands avaient l'intention d'attaquer son aile gauche. Se laissant guider, déjà au début de la journée, par ces considérations, et, de plus, influencé, également, par les événements qui se déroulaient de ce côté, sous ses yeux, le maréchal Bazaine se tint, pendant toute la bataille, aux environs de Plappeville et de Saint-Quentin, de manière à être plus à proximité de son aile gauche ; il en résulta, évidemment, qu'il se préoccupa beaucoup moins de son aile droite, et parut même se familiariser, déjà de bonne heure, avec la pensée que l'adversaire pouvait envelopper cette dernière aile. Déjà le maréchal avait eu, précédemment, l'idée de faire exécuter, de ce côté de sa position, à son armée, ou du moins à l'aile (droite), un mouvement rétrograde.

Le 18 au matin, le maréchal Bazaine écrivait au maréchal Canrobert (1) :

« Metz, le 18 août, 10 heures du matin.

« Le maréchal Le Bœuf m'informe que des forces ennemies, qui « paraissent considérables, semblent marcher vers lui ; mais, à « l'instant où je vous écris, il m'envoie l'extrait ci-joint du rap- « port de ses reconnaissances. Quoi qu'il en soit, *installez-vous le* « *plus solidement possible sur vos positions;* reliez-vous avec la « droite du 4ᵉ corps ; que les troupes soient campées sur deux « lignes et sur un front le plus restreint possible. Vous ferez éga- « lement bien de faire reconnaître les routes, qui, de Marange, « viennent déboucher sur votre extrême-droite. Je prescris au « général Ladmirault d'en faire autant par rapport au village de « Norroy-le-Veneur. Si, par hasard, l'ennemi, se prolongeant sur « notre front, semblait vouloir attaquer sérieusement Saint- « Privat-la-Montagne, prenez toutes les dispositions de défense « nécessaires pour y tenir et permettre à l'aile droite de faire un « changement de front, afin d'occuper les positions en arrière, si « c'était nécessaire, *positions qu'on est en train de reconnaître.* « Je ne voudrais pas y être forcé par l'ennemi, et, si ce mou- « vement s'exécute, ce ne sera que pour rendre les ravitaillements « plus faciles, donner une plus grande quantité d'eau aux ani- « maux, et permettre aux hommes de se laver, ainsi que leur « linge, etc. »

Comme conclusion, il ajoute encore :

« Je pense que votre commandant d'artillerie a reçu les muni- « tions nécessaires pour compléter vos parcs et caissons (2). »

---

(1) Bazaine, *Épisodes de la guerre de* 1870, pages 102 et 103.
(2) Bazaine, *Épisodes*, etc., pages 102-103. Les munitions n'ont pas été complétées.

Il résulte clairement de cette lettre que Bazaine prévoyait que son aile droite pouvait être tournée; mais il ne songea pas à la renforcer, ni à s'assurer la possibilité de remporter la victoire sur cette partie du champ de bataille; bien plus, il s'était, pour ainsi dire, accommodé de la nécessité de livrer un combat de front, c'est-à-dire d'être obligé de battre en retraite. En général, Bazaine se préoccupait beaucoup plus de son aile gauche, où, dès le commencement de la bataille, il avait appelé la division de voltigeurs de la garde, dont une brigade devait servir à appuyer le corps Le Bœuf, tandis que l'autre prenait position en arrière du corps Frossard.

Ce n'est que vers 3 heures de l'après-midi, que Bazaine (ainsi qu'il le déclare dans son ouvrage) mit en marche, vers son aile droite, la division de grenadiers de la garde, sous les ordres de son commandant de corps, le général Bourbaki, en lui donnant l'ordre vague « de se mettre en communication avec les généraux Lad- « mirault et Canrobert (1) ».

Comme nous manquons de données, tant soit peu précises, à ce sujet, il est difficile de dire dans quel but le maréchal avait donné cet ordre et comment il fut exécuté; mais il suffit de constater que la tête de colonne de la division de grenadiers de la garde, qui s'était mise en marche à 3 heures de l'après-midi, ne parut qu'à la tombée de la nuit aux débouchés de la forêt qui faisait face à Saint-Privat, et qu'elle dut se frayer alors un chemin à travers les masses de troupes du 6ª corps, qui se trouvaient déjà en retraite, — alors qu'on pouvait parcourir, en deux heures environ, toute la route, jusqu'à proximité immédiate de Saint-Privat.

On conçoit parfaitement que le caractère indéterminé de l'ordre donné par le maréchal Bazaine au général Bourbaki ait pu avoir pour conséquence une attitude hésitante de ce dernier. Et, par le fait, que signifie donc l'expression : « se mettre en communica- « tion » ? Il est du devoir de toutes les fractions de troupes, qui se trouvent à proximité les unes des autres, de chercher, toujours et partout, « à se mettre en communication » entre elles. Mais, ici, il s'agissait, évidemment, de toute autre chose, notamment de décider où et quand la garde impériale, mise en marche pour ren-

---

(1) Bazaine, *Épisodes de la guerre*, etc., page 104.

forcer l'aile droite de l'armée française, pourrait s'engager au combat avec les plus grandes chances de succès. Un résultat décisif de cette nature ne pouvait être obtenu que sur *un seul* point. Mais, comme Bazaine lui-même se trouvait loin du théâtre de l'action et ne possédait aucun renseignement exact sur la situation du combat, il aurait dû immédiatement conférer à une autre personne, désignée spécialement, les pleins pouvoirs nécessaires à cet effet. Au lieu de cela, Bazaine donna, ainsi qu'il le déclare lui-même, au général Bourbaki, l'ordre « de se mettre en commu- « nication avec les généraux Ladmirault et Canrobert ».

Nous constatons, une fois de plus, en cette circonstance, que le commandement suprême des Français ne se rendait nullement compte de la nécessité d'une organisation hiérarchique clairement déterminée et normalement constituée. Il faut avouer que si l'on s'en tient aux termes de l'ordre donné au général Bourbaki, personne, à proprement parler, n'avait le droit de disposer de la division de la garde, bien qu'elle fût à proximité immédiate. D'une part, cette division n'avait été mise, ni à la disposition du maréchal Canrobert, ni à la disposition du général Ladmirault, et, d'autre part, — le général Bourbaki perdait également le droit d'agir d'après sa propre inspiration, du moment que ses décisions devaient dépendre « de sa liaison » avec les deux commandants de corps que nous avons nommés plus haut.

Dans le cas particulier, étant donné que Bazaine lui-même avait prévu le cas possible où son aile droite serait enveloppée, le parti le plus simple à adopter consistait à mettre la division de grenadiers de la garde à la disposition immédiate du maréchal Canrobert. Sur ce point, elle pouvait être utilisée, pour parer au mouvement tournant exécuté contre l'aile droite du 6e corps, ou, tout au moins, pour appuyer le corps Ladmirault, en exécutant une contre-attaque contre le flanc gauche allemand, — dans le cas, peu vraisemblable — où, par exemple, les efforts principaux des Allemands auraient été dirigés contre le front de ce corps d'armée.

Mais, en admettant même que le maréchal Bazaine, à 3 heures de l'après-midi, ne crût pas encore le moment venu de porter sa dernière réserve vers l'extrême droite de sa ligne de bataille, il pouvait, tout au moins, donner au général Bourbaki des ordres analogues à ceux que, dans cette journée, le prince Frédéric-

Charles adressa aux généraux commandant les corps qui se trouvaient en deuxième ligne (le IIe et le Xe) : on sait que les ordres du prince prescrivaient, d'une manière générale, aux généraux commandants, après s'être rendu compte de la marche du combat, de prendre leurs *résolutions en toute initiative*, notamment en ce qui concernait la direction de marche à assigner respectivement à leurs troupes. Si le général Bourbaki avait reçu un ordre de cette nature, il n'aurait plus eu d'autre parti à prendre que de se porter immédiatement en avant, de sa personne, jusqu'à l'arrivée de sa division, de se rendre compte de la situation et de la marche du combat, et de prendre ensuite, définitivement, sa décision.

Il est très probable que si la division de la garde française était entrée en ligne, en temps opportun, à Saint-Privat, quand même ce n'aurait été qu'après le premier assaut donné par les régiments de la garde prussienne, elle aurait parfaitement pu repousser ces derniers, du moins au moment où ils s'étaient accrochés au terrain, à proximité de Saint-Privat. D'ailleurs, les propres forces de Canrobert auraient également suffi à cet effet. L'ouvrage du grand état-major prussien, non seulement admet la possibilité d'une telle éventualité, mais encore, en l'envisageant, il exprime son étonnement de ce que les Français aient laissé passer, dans ce cas, l'occasion qui s'offrait à eux de rejeter complètement sur Sainte-Marie la garde prussienne (1). Si les régiments de la garde prussienne, qui se maintenaient sur leur position en face de Saint-Privat, et se trouvaient déjà, d'ailleurs, fort en désordre, avaient été repoussés et obligés de battre en retraite sous le feu des Français, ils se seraient vus, dès lors, dans l'impossibilité absolue de recommencer une nouvelle attaque dans cette journée. D'autre part, si les Français avaient été renforcés, sur leur position de Saint-Privat, par une division de la garde, ils auraient, selon toute probabilité, repoussé l'attaque ultérieure des Saxons et se seraient ainsi maintenus sur toute l'étendue de leur position.

En envisageant les hypothèses ci-dessus, nous n'avons pas, le moins du monde, l'intention d'entreprendre une discussion sans utilité pratique, basée, en particulier, sur des événements qui, en réalité, ne se sont pas produits ; nous voulons simplement montrer

---

(1) Ouvrage du grand état-major prussien, 1re partie, tome II, page 834.

combien il est important, à la guerre, de se rendre un compte exact et net de la situation et de donner des ordres qui, tout en étant très précis, laissent, cependant, une latitude suffisante pour permettre aux chefs en sous-ordre de faire preuve *d'activité* et *d'initiative*.

Mais c'est précisément le manque d'esprit « d'initiative », qui constituait le point le plus faible des chefs en sous-ordre français de cette époque. On n'exigeait pas d'eux qu'ils fissent acte d'initiative; bien plus, on entravait, on réprimait et on blâmait tout acte spontané de leur part, alors même qu'il s'était produit d'une manière accidentelle et tout à fait inévitable, ainsi que nous l'avons déjà fait ressortir à maintes reprises. Pour ne pas revenir sur les exemples que nous avons déjà cités, qu'il nous suffise de rappeler que, même à l'occasion de la bataille du 18 août, le maréchal Bazaine ne manqua pas de reprocher au maréchal Canrobert d'avoir occupé Sainte-Marie-aux-Chênes, comme poste avancé, bien que, cependant, la défense de ce village par les Français ait eu pour effet de causer des pertes considérables aux Allemands, de forcer l'adversaire à dévoiler ses projets aux Français et de reculer le moment de l'attaque de Saint-Privat.

Le maréchal Bazaine pouvait, j'en conviens, considérer comme illogique l'occupation et la défense de Sainte-Marie, et émettre, dans son ouvrage, sur ces mesures, un jugement qui constituait un blâme (car les opinions sont libres). Cependant, il n'en est pas moins étrange de le voir déclarer, précisément, que le maréchal Canrobert, en agissant ainsi, avait contrevenu « aux instructions » qui lui avaient été données (1). Il résulte de cette manière de voir que le commandant de corps, qui se trouve sur les lieux, ne dispose pas même du droit d'occuper et de défendre la partie de la position qui lui a été assignée, d'après l'opinion personnelle qu'il s'est faite, sur place, au sujet de la situation, et qu'il doit attendre, au contraire, des instructions entrant dans les détails, de la part de celui qui ne peut pas même embrasser, d'un seul coup d'œil, les circonstances les plus immédiates.

La conséquence fatale d'une telle manière de voir, de la part des chefs supérieurs, c'est-à-dire la passivité de leurs chefs en sous-ordre, se manifesta, d'ailleurs, également, dans le cas pré-

---

(1) Bazaine, *Épisodes de la guerre de* 1870, page 103.

sent, chez le maréchal Canrobert. Non seulement il négligea de culbuter les régiments de la garde prussienne, qui se maintenaient en avant de Saint-Privat, bien qu'il eût à sa disposition, à cet effet, les mêmes moyens qui lui servirent à protéger sa retraite, après la perte de Saint-Privat, mais encore il se décida, déjà immédiatement après la perte de Sainte-Marie, à évacuer Roncourt et à replier en arrière son aile droite (1).

Tandis que Bazaine se refuse à laisser même la moindre initiative à ses généraux et s'occupe de détails infimes, en assignant, notamment, la place à occuper par les batteries qui, le 18, entrèrent en action contre l'attaque du général von der Goltz, il perd complètement de vue ses obligations comme commandant en chef. Il paraît, notamment, considérer son aile droite comme un point peu important. Il reproche, il est vrai, au maréchal Canrobert de ne pas avoir fortifié sa position ; mais, de son côté, il ne veille pas à ce que le corps Canrobert soit pourvu des outils de campagne, tirés du parc d'armée, qui lui sont nécessaires ; et, cependant, il n'ignore pas que le parc du 6ᵉ corps est resté en arrière à Châlons (2).

Enfin le maréchal Canrobert dut également supporter les conséquences des fautes antérieures, commises pendant la période du commandement de l'empereur Napoléon, qui avait autorisé la dislocation du parc d'artillerie de l'armée. Par suite du manque de munitions, l'artillerie du corps Canrobert ne disposa, dans la journée du 18 août, que de 100 coups par pièce (3), de telle sorte qu'après la première canonnade un peu vive, on dut bientôt limiter le feu, pour ménager les munitions, en vue du moment décisif ; jusque-là, chaque pièce ne tira qu'un coup tous les quarts d'heure (4).

Sans entrer davantage dans des particularités et des recherches

---

(1) Dans ce but, une partie de l'artillerie du 6ᵉ corps, sous le lieutenant-colonel Montluisant (probablement avec l'assentiment préalable du maréchal Canrobert), prit une nouvelle position pour recueillir les troupes en retraite. (Hoffbauer, 3ᵉ partie, pages 176-177.)

(2) Il va de soi que le maréchal Canrobert avait, avant tout, lui-même, le devoir de se préoccuper de cette question.

(3) C'est ainsi que chaque batterie ne tira que 600 coups, tandis que, par exemple, des batteries allemandes isolées tirèrent plus de 1000 coups dans la bataille de Mars-la-Tour.

(4) Hoffbauer, 3ᵉ partie, page 178.

infructueuses, en vue d'établir les responsabilités, il suffit de faire ressortir le fait incontestable suivant : c'est que la clef de la position française, qui était, en même temps, son point le plus faible, dans la bataille du 18 août, c'est-à-dire Saint-Privat, n'a été ni appuyée par des réserves, ni fortifiée, ni défendue par un feu d'artillerie suffisamment puissant. Toutes ces défectuosités, l'armée française doit les attribuer à la maladresse des chefs qu'elle avait à cette époque.

Dans la bataille de Gravelotte-Saint-Privat, l'attaque des Allemands, malgré leur supériorité numérique (1), pouvait être presque repoussée par les forces françaises, en dépit de leur infériorité numérique ; les chefs français étaient, tout au moins, parfaitement en mesure d'obtenir ce résultat. La cause de ce fait provient de ce que les Allemands, au début, se trouvaient insuffisamment orientés, et s'engagèrent, par conséquent, dans la bataille, non pas d'après un plan d'ensemble, plus ou moins exactement approfondi, mais, en quelque sorte, à tâtons, sans savoir où il fallait chercher et attendre l'ennemi. Cependant les Allemands se trouvaient, à la date du 18, déjà depuis cinq jours, en contact immédiat avec l'armée du maréchal Bazaine, et ils avaient passé la plus grande partie du 17 et la nuit du 18 août, pour ainsi dire nez à nez avec les Français, puisque leur aile droite était en contact absolu avec l'aile gauche de la nouvelle position occupée par l'armée française.

---

(1) D'après le cahier 11 des monographies publiées par le grand état-major prussien, les forces totales suivantes se trouvaient en présence, à la bataille de Gravelotte-Saint-Privat :

Allemands.	*Français.*
166,400 fusils, 21,200 sabres, 732 pièces.	99,500 fusils, 13,300 sabres, 520 pièces (y compris 66 mitrailleuses).

Parmi ces forces, les suivantes prirent part à l'attaque décisive :

Allemands.	*Français.*
109,200 fusils, ... sabres, 628 pièces.	83,500 fusils, 550 sabres, 398 pièces (y compris 54 mitrailleuses).

La cause de cette particularité étrange est toujours la même, elle provient de ce que la cavalerie n'avait exécuté que des reconnaissances insuffisantes. En ce qui concerne la période qui précéda le 16 août, nous avons déjà, précédemment, discuté suffisamment cette question. Pendant la période que nous décrivons ici, c'est-à-dire le 17 et le 18 août, le même fait se reproduisit, bien que les Allemands, d'après l'estimation de l'ouvrage du grand état-major prussien, eussent sur les lieux plus de 24,000 cavaliers, dont 20,000 environ se trouvaient déjà, le 17, à leur disposition (1).

Il était évident que les forces françaises considérables qui, dans la journée du 16, s'étaient heurtées à celles des Allemands et avaient fourni à ces derniers une preuve bien évidente de leur présence, pouvaient, le 17 et le 18 août, se trouver, soit simplement à Metz, soit en retraite de cette place d'armes vers la Meuse, soit, enfin (pour une fraction de l'armée de Bazaine), dans ces deux situations à la fois. Pour arriver à éclairer la situation du côté des Français, les Allemands devaient, dès lors, porter leurs efforts dans deux directions : tout d'abord, vers le nord, sur le chemin que les Français pouvaient utiliser dans leur retraite vers la Meuse, et, ensuite, dans la direction de l'est, vers Metz. De plus, au lieu de faire une reconnaissance complète de toute la région située au nord, ou même en procédant à cette reconnaissance, on avait la possibilité d'occuper simplement, par des détachements de cavalerie, jusqu'à une certaine distance de Metz, les principaux chemins par lesquels les Français pouvaient exécuter leur retraite vers la Meuse. Les Allemands auraient dû déjà entreprendre cette tâche, ainsi que nous l'avons démontré, dès le commencement du mouvement tournant exécuté autour de Metz, et, à plus forte raison, naturellement, au moment dont nous parlons. Par le fait, ils ont bien fait, en quelque sorte, une tentative de cette nature, en détachant, notamment, en avant la division de cavalerie saxonne.

Nous avons déjà fait ressortir que le grand quartier général avait prescrit encore, le 16 au soir, à la division de cavalerie

---

(1) Ouvrage du grand état-major prussien, 1re partie, tome II, page 206 à 208 des suppléments.

saxonne de se porter sur la route Metz—Verdun. Le général commandant le XIIe corps avait donné à la division l'ordre très judicieux de s'avancer jusqu'à la deuxième route, celle du nord, allant de Metz à Verdun (par Doncourt).

En exécution de cet ordre, la division de cavalerie saxonne avait, dès les premières heures de la matinée du 17 août, franchi la route qui va de Metz à Verdun par Mars-la-Tour, et avait déjà fait son apparition, à 9 heures du matin, à Parfondrupt, sur la deuxième route, située plus au nord, allant sur Verdun (par Doncourt et Étain) ; elle avait même ainsi pu établir, d'une manière précise, que l'armée française n'était pas en retraite par ces deux routes. Peu de temps après, le commandant de la division reçut, de ses patrouilles, un rapport lui faisant connaître que, même au delà d'Étain (à l'ouest de Parfondrupt), on n'apercevait aucune troupe française en retraite. En outre, comme la troisième des routes allant de Metz à Verdun, c'est-à-dire celle qui est située le plus au nord, passe par Étain, on pouvait déjà, à ce moment, c'est-à-dire dans la matinée du 17 août, en conclure facilement que l'armée française n'avait pas encore atteint cette dernière localité, en exécutant sa retraite sur Verdun. Enfin, si l'on veut bien considérer que celui des chemins, situé le plus au nord, que l'on pouvait, en général, utiliser pour la retraite, et qui relie Metz à Montmédy et Sedan, en décrivant un arc de cercle, le long de la frontière belge, passe par Briey, localité distante d'environ 16 kilomètres, seulement, de l'aile gauche allemande, qui se trouvait à Mars-la-Tour, on est obligé, dès lors, de reconnaître que les Allemands pouvaient parfaitement, dès le 17 août, arriver à savoir que l'armée française n'avait pas encore paru, non plus, dans cette localité, et que, par conséquent, *elle devait se trouver toujours à Metz, à proximité immédiate de l'armée allemande.*

Cette dernière circonstance, c'est-à-dire la présence de forces ennemies considérables, ou, plus exactement, de toute l'armée française sur une position comprise entre la Moselle et l'Orne, aurait dû, d'ailleurs, être découverte par les Allemands, déjà dans le courant de la journée du 17 août, s'ils avaient conservé le contact de l'adversaire, car les Français commencèrent leur retraite, dès les premières heures de la matinée de ce jour, de

telle sorte que le corps Frossard, par exemple, occupait sa nouvelle position, déjà vers 10 heures du matin; il est vrai que le
chemin suivi par ce corps, eu égard aux distances que les autres
corps durent parcourir, était un peu plus court; mais, pour exécuter ce mouvement, les Français, suivant leur habitude, avaient
replié leur cavalerie, et, par suite, n'avaient fait aucune tentative
pour masquer leur front (1).

Malgré cela, la cavalerie allemande n'avait fait aucune découverte essentielle dans le courant de la journée du 17 août, et elle
avait même complètement perdu de vue les masses de l'armée
française, que, dans la matinée du 17, le roi Guillaume et les
autres commandants d'armée allemands, qui se trouvaient déjà
rassemblés, depuis 6 heures du matin, sur la hauteur de Flavigny,
avaient aperçues distinctement. Les patrouilles de la cavalerie
allemande, poussées en avant, dans la nuit du 17 au 18, ne com-
blèrent pas davantage cette lacune. Enfin, dans la matinée du 18,
la cavalerie qui précédait les corps allemands, dans leur marche
vers le nord, commença à envoyer des rapports peu clairs, et
même complètement faux.

Il y a lieu de remarquer qu'aucune reconnaissance d'ensemble,
systématique, ne fut entreprise dans la direction de Metz, ni le 17,
ni le 18 août, et que même aucun ordre ne fut donné, à cet effet,
par le commandement supérieur; et, cependant, cette ville, située
à proximité immédiate, présentait déjà, en tant que place forte,
une très grande importance. En outre, les Allemands savaient,
d'une manière positive, que, peu de temps auparavant, toute
l'armée française avait séjourné sur ce point; on pouvait donc
s'attendre à y trouver, soit l'armée française elle-même, soit,
tout au moins, des traces de son séjour.

Il n'y a pas le moindre doute que des reconnaissances rationnelles et systématiques, entreprises par la cavalerie et l'artillerie,
même encore le 17 au soir (2), auraient établi, d'une manière
précise, qu'il n'existait pas de troupes françaises dans la région
située plus au nord, et auraient découvert, dans toute son étendue,

---

(1) Frossard, page 103.
(2) Jusque-là, la cavalerie allemande, qui avait été fort éprouvée le jour
précédent, avait eu suffisamment de temps pour se reposer et se refaire.

la position que l'ennemi occupait en avant de Metz. C'est ainsi que les choses auraient dû se passer, si les Allemands avaient su tirer parti de leur nombreuse cavalerie. Mais, en réalité, il arriva que la présence, à proximité immédiate, de toute l'armée française, prête à la résistance, le 18 août, produisit presque, sur les Allemands, l'effet d'une surprise complète. Ils s'apprêtaient à poursuivre l'adversaire et à « recueillir les fruits de la victoire », et ne s'attendaient nullement à être obligés de conquérir encore cette victoire, en livrant une nouvelle et aussi sanglante bataille. Il en résulte que si l'on examine l'activité déployée par l'armée allemande, le 18 août, on voit qu'elle est caractérisée par l'insuffisance de cohésion, le manque d'unité de direction et l'absence de sang-froid ; en revanche, on constate que, dans cette journée, les chefs en sous-ordre agissent, à maintes reprises, avec une promptitude excessive, — pour ne pas dire avec précipitation.

Toutes ces circonstances offraient aux Français beaucoup de chances de succès et augmentaient les risques et le danger que couraient les Allemands ; ces derniers n'avaient pas, d'ailleurs, réussi, réellement, à atteindre le but principal qu'ils se proposaient, but qui consistait à rejeter l'armée française vers la frontière belge neutre (1). Il est vrai que les risques et les dangers sont l'élément dans lequel se meut nécessairement la guerre, mais le rôle du général en chef consiste, précisément, à réduire au strict minimum les influences nuisibles de ces éléments. Les Allemands avaient en main tous les moyens nécessaires, pour ne rien abandonner aux caprices du hasard ; mais ils ne surent pas les utiliser.

En admettant que les chefs d'armée allemands n'ont pas été à la hauteur de circonstances critiques qui se présentaient à ce moment, et qu'ils n'ont ni reconnu, ni compris la situation militaire générale, que nous avons exposée plus haut, on risquerait, tout au moins, de porter un jugement téméraire. Au contraire, cette situation a été caractérisée, d'une manière claire et frappante, par le général de Moltke, le 16 août au soir, à un moment

---

(1) Dans le chapitre suivant, cette question sera discutée d'une manière plus détaillée.

où le fracas de la bataille de Mars-la-Tour, si sanglante et si périlleuse pour les Allemands, n'avait pas encore pris fin.

Dans la lettre (déjà mentionnée), rédigée à Pont-à-Mousson, le 16, à 8 h. 15 du soir, et adressée au prince Frédéric-Charles, le général de Moltke disait, précisément, que le moment était arrivé où le sort de la campagne pouvait se décider, et que le résultat serait d'autant plus considérable, que le IIIe corps aurait eu à combattre des forces ennemies plus nombreuses. Cette lettre prouve qu'il se rendait parfaitement compte de l'importance prépondérante des événements qui se déroulaient.

De plus, on sait que les prévisions du commandement suprême des Allemands s'étendaient si loin, qu'il avait examiné, en temps opportun, même déjà avant la guerre, toutes les circonstances, d'une manière si approfondie et si précise, qu'à maintes reprises, près de Metz, il indiqua, d'avance, à ses patrouilles, les points qui permettaient de jeter un coup d'œil d'ensemble étendu sur le terrain (1). Il ne reste donc en suspens, je le répète, que la question de savoir comment il se fit que ce même commandement suprême de l'armée, au moment décisif, malgré les moyens qui se trouvaient à sa disposition, est demeuré complètement sans nouvelles de l'adversaire.

Pour comprendre ce phénomène, il faut se rappeler que le commandant en chef de la deuxième armée allemande se trouvait encore, le 17 août, sous l'impression de la lutte, pénible et périlleuse, qui avait eu lieu le jour précédent, et qu'à son avis, le combat pouvait recommencer à chaque instant et amener un résultat décisif, avant qu'il eût reçu les troupes de soutien qui lui étaient nécessaires. Le souci d'assurer sa propre sécurité était donc, en cette circonstance, le but immédiat à atteindre ; cela paraissait être, en tout cas, le résultat essentiel à obtenir pour le moment. C'est ainsi que le commandant en chef de la deuxième armée, se laissant influencer par la situation du moment, incontestablement très grave, perdit de vue l'avenir le plus immédiat et les intérêts généraux des armées allemandes, qui, cependant, présentaient une importance de premier ordre. C'est ainsi, du moins, que les écrivains historiques allemands présentent la question,

---

(1) Ces assertions se trouvent dans les *Opérations de la deuxième armée.*

envisagée dans son essence, sans employer, toutefois, les mêmes termes que nous.

Quoi qu'il en soit, il semble que, du moment où le commandant en chef de la deuxième armée allemande, obéissant, en cela, à la faiblesse générale de l'homme, subit, involontairement, l'impression du moment, et détourna son attention des grandes vues d'ensemble, pour la diriger sur des particularités de détail urgentes, le commandement suprême avait, dès lors, l'obligation absolue d'embrasser, d'un coup d'œil général, les événements qui se déroulaient et de ne pas perdre de vue l'ensemble des opérations. Le grand quartier général pouvait, ainsi qu'il résulte d'une discussion précédente, s'être déjà suffisamment convaincu que ni le commandant en chef de la première armée, ni même celui de la deuxième armée n'avaient su utiliser, en temps opportun, leur cavalerie, pour éclairer à fond le mouvement enveloppant projeté. La bataille sanglante du 16 août, qui, envisagée au point de vue des Allemands, présentait un caractère·des plus téméraires, fut une conséquence de la faute que nous venons de signaler. C'est pour ce motif que la direction suprême de l'armée allemande, qui se trouvait, dans la matinée du 17 août, depuis 6 heures du matin, sur le champ de bataille où s'était déroulée la lutte de la journée précédente, avait l'obligation de prendre en main, elle-même, et cela d'une manière très énergique, la sauvegarde des intérêts de l'ensemble de l'armée. Tout en laissant aux chefs en sous-ordre, ou même aux commandants d'armée, la part d'initiative qui leur revenait, le haut commandement allemand ne devait pas perdre de vue les obligations personnelles qui lui incombaient à ce dernier point de vue.

›A la guerre, qui présente un caractère complètement et exclusivement pratique, les règles ou les principes ne doivent, en aucune façon, être l'objet « d'une vénération absolue ». Dans ce cas, partout et toujours, ce sont les circonstances immédiates qui servent de loi. C'est ainsi que, dans le cas présent, les Allemands auraient dû, — coûte que coûte, — arriver à se procurer des renseignements sur l'armée française. Il en résultait que la mission du commandement suprême des Allemands consistait, essentiellement, à poursuivre directement ce but, en envisageant la situation d'une manière ferme et résolue. Mais cette mission n'a pas été remplie comme il convenait, et le soldat, aussi bien que l'officier allemand, durent, une fois de plus, dans la journée de Gravelotte, tout comme dans la journée sanglante de Mars-la-Tour, expier cruellement les fautes de ceux qui recueillirent, néanmoins, toute la gloire du succès.

Les principaux cas où les chefs en sous-ordre allemands firent acte d'initiative, pendant la courte période envisagée dans ce chapitre, furent les suivants :

Le général commandant le X⁰ corps prussien, général de Voigts-Rhetz, présent sur le champ de bataille du 16 août, transmit, dans la soirée de cette journée, au chef d'un escadron qui fut détaché par la division de cavalerie saxonne, pour chercher à assurer la liaison du corps avec les troupes qui se trouvaient plus à droite, une note, dans laquelle il exprimait le désir de voir toutes les forces disponibles se rassembler à Tronville, le 17, à la pointe du jour. Cette note parvint, tout d'abord, à 10 heures du soir, à Regniéville (entre Pont-à-Mousson et Thiaucourt) à la 23⁰ division d'infanterie, qui se trouvait en tête du corps d'armée saxon. Le commandant de la division, prince Georges de Saxe, fit donner immédiatement l'alarme, pendant la nuit, à sa division, pour arriver en temps opportun, et marcha sur Tronville, point sur lequel il devança les ordres qui lui étaient adressés, aussi bien par le prince Frédéric-Charles, qu'aussitôt après, par le grand quartier général.

Lorsque le général commandant le corps d'armée saxon, prince royal Albert, eut reçu les instructions qui lui prescrivaient de porter en avant, le 17, sa division de cavalerie vers la route Metz—Verdun, il donna à cette dernière l'ordre d'intercepter, non seulement la route située à proximité immédiate, mais encore la deuxième, qui se trouvait plus au nord. La division de cavalerie saxonne, de son côté, offrit, déjà le 16, pendant la bataille, ses services aux fractions de l'armée qui se trouvaient engagées dans la lutte. Il faut admettre qu'à l'état-major de cette division, tout était déjà préparé, dans cette journée, en prévision d'ordres ou de renseignements ultérieurs, pour suspendre la marche en avant vers l'ouest, dans la direction de la Meuse, et pour marcher vers le nord. Ce qui est, du moins, tout à fait certain, c'est que la division atteignit, le 17, non seulement la route de Metz à Verdun, qui se trouvait le plus à proximité d'elle, mais encore, dès 9 heures du matin, la route située plus au nord, conformément à l'ordre formel qu'elle avait reçu du prince royal de Saxe.

Lorsque le prince Georges de Saxe, ainsi que nous venons de le dire, mit ses troupes en marche, pour appuyer le X⁰ corps, il ne s'était pas contenté seulement d'informer de sa décision son général commandant, il avait encore communiqué le contenu de son rapport à la garde prussienne, qui se trouvait à proximité immédiate de lui.

Le général commandant ce dernier corps, prince Auguste de Wurtemberg, après avoir entendu la canonnade, qui retentissait au loin, avait encore prescrit, dans la journée, que le corps ne continuerait pas, le jour suivant, le 17, sa marche en avant vers la Meuse, mais se rassemblerait, en prévision d'ordres ultérieurs du haut commandement, dans la direction du nord (c'est-à-dire dans la direction du champ de bataille). Le prince Auguste ne pouvait pas encore prendre, de sa propre initiative, le 16, la résolution de marcher au canon, vers le nord, car il ne savait pas si son corps ne serait pas destiné à couper la retraite aux Français, qui, de leur côté, pouvaient être en train de continuer leur marche vers l'ouest. Le prince n'avait absolument aucun renseignement sur la marche de la bataille; c'est pourquoi il se borna, provisoirement, à envoyer dans la direction de la canonnade deux officiers, qui ne revinrent qu'assez tard dans la nuit, en rapportant des renseignements au sujet du combat qu'ils avaient observé (1). Lorsqu'ensuite l'ordre de se mettre en marche sur Mars-la-Tour fut réellement donné, la garde était prête à exécuter ce mouvement, et fit déjà, vers 1 heure de l'après-midi, son apparition, à proximité du champ de bataille de la journée précédente.

L'ordre du grand quartier général, qui prescrivait aux VII⁰ et VIII⁰ corps d'accélérer, le 17, le passage de la Moselle, et d'accourir au secours de la deuxième armée, avait été déjà, également, devancé par les chefs en sous-ordre qui se trouvaient le plus à proximité. Il résulte, clairement, de la description de la bataille du 16, que, parmi les troupes du VIII⁰ corps, seule, la

_____

(1) Prince Kraft de Hohenlohe-Ingelfingen, *Lettres sur la stratégie*, tome I.

brigade Rex de la division Barnekow avait pris part à cette
bataille ; le général commandant ce corps d'armée, général de
Goeben, avait alors pris l'initiative de donner à toutes les fractions de troupes placées sous son commandement l'ordre de franchir la Moselle le 17.

Dans le même but, le commandant en chef de la première
armée, général de Steinmetz, sans attendre les ordres du grand
quartier général, avait encore prescrit, le 16, de rétablir les passages de Corny et d'Arry, et d'assurer, au moyen du plus grand
nombre possible de ponts, le transport rapide des troupes sur
l'autre rive de la Moselle.

Mais, si, d'une part, nous avons à constater l'intelligence et
l'esprit d'initiative dont firent preuve les chefs en sous-ordre allemands, dans ces circonstances et dans d'autres (que nous avons
indiquées précédemment), nous sommes obligés d'avouer, d'autre
part, qu'on rencontre chez eux, dans cette période, le jour de la
bataille de Gravelotte, pour la première fois, il est vrai, dans cette
campagne, une certaine ardeur superflue à s'engager au combat :
c'est là, probablement, un indice de l'ardeur égoïste qui les inci-
tait à chercher à se signaler et les entraînait à agir avec précipitation, — pour ne pas dire en toute indépendance. Cette manière
de procéder prouve absolument que les Allemands estimaient peu
leur adversaire ; or, la vaillante armée française ne méritait pas
du tout d'être jugée aussi sévèrement.

Je vais, maintenant, aborder plus en détail la discussion des cas
en question, où l'activité des chefs en sous-ordre allemands se
traduisit d'une manière négative.

La bataille du 18 août fut préparée, du côté des Allemands, par
le IXe corps, qui avait reçu, à 10 heures du matin, l'ordre de marcher, par Vernéville, sur La Folie, et, « dans le cas où l'ennemi
« appuierait sa droite en ce point, d'entamer l'action, en déployant,
« tout d'abord, une nombreuse artillerie ».

On ne peut pas dire que cet ordre éclairait complètement le
général commandant le IXe corps, général de Manstein, sur l'intention réelle du commandant en chef d'envelopper la droite de
l'ennemi, qu'à ce moment, encore, on supposait être appuyée à La
Folie. Peut-être le prince Frédéric-Charles avait-il l'intention de
se rendre bientôt, de sa personne, sur ce point, pour prendre
ensuite, d'après les circonstances, les mesures ultérieures qu'il

avait en vue. Mais il importe, également, de ne pas perdre de vue qu'un ordre, expédié, une heure et demie auparavant, au général de Manstein, lui prescrivait « de pousser en avant des pointes de « cavalerie vers Leipzick et Saint-Privat » ; il en résultait que le prince était en droit de supposer que le général de Manstein prendrait ses dispositions, pour se renseigner déjà, personnellement, d'une manière plus exacte, au sujet de la situation immédiate, c'est-à-dire pour déterminer jusqu'à quel point s'étendait réellement la position française.

De plus, l'ordre du prince faisait remarquer qu'il y avait lieu de se borner, provisoirement, à entamer simplement une action préparatoire, très prudente, notamment en ouvrant un feu d'artillerie, dans le cas « où l'ennemi appuierait sa droite à La Folie ». Il est évident que la prudence s'imposait encore davantage, dans le cas où le front de l'ennemi, et, par suite, également, les forces dont il disposait, auraient une extension plus grande que celle qu'on avait supposée.

Mais le général de Manstein, qui n'avait, probablement, pas fait reconnaître, en temps opportun, la formation prise par l'adversaire, et ne s'était nullement préparé à une lutte immédiate (1), fit, en cette occasion, un usage bien inopportun de son droit d'initiative, lorsqu'au lieu de se contenter d'engager simplement une canonnade, destinée, pour ainsi dire, à éclairer la situation, il résolut d'engager immédiatement le combat, en faisant entrer en ligne, à l'improviste, son artillerie contre le camp français. Les Français se trouvaient, cette fois, en éveil, et ils répondirent à l'attaque par surprise de l'artillerie allemande, par une contre-attaque inopinée de leur infanterie, qui maltraita beaucoup les braves batteries du IX⁰ corps.

Nous rencontrons donc, ici, un exemple d'une manifestation inopportune de l'esprit d'initiative, de la part d'un chef en sous-ordre. La marche en avant de l'artillerie du IX⁰ corps, le 18 août, ressemblait également à la manière d'opérer des batteries de la 5⁰ division de cavalerie, dont l'entrée en ligne avait, dans les mêmes conditions, servi de prélude à la bataille de Mars-la-Tour.

_____

(1) Nous avons déjà fait remarquer, précédemment, que les servants d'artillerie avaient été envoyés, en partie, en corvée, assez loin, pour se procurer les denrées nécessaires au bivouac.

Cependant il convient de remarquer que la cavalerie du général de Rheinbaben exécuta, dans cette journée, une reconnaissance offensive, et qu'en ouvrant un feu d'artillerie, à une distance répondant au but qu'elle se proposait, elle avait simplement en vue d'arriver à éclairer la situation. De plus, la marche en avant par surprise de l'artillerie n'avait pas été préméditée dans ce dernier cas ; elle se produisit comme une improvisation heureuse, résultant, par le fait, de la situation, et remplit parfaitement le but que se proposait la cavalerie. Par contre, l'entrée en ligne de l'artillerie du IX⁰ corps, au début de la journée du 18 août, ne répondait pas du tout à la mission qui lui incombait essentiellement, et, en outre, envisagée au point de vue de l'exécution, elle se produisit dans des conditions qui dénotaient un manque absolu de préparation et de mûre réflexion. Dans le but de remporter un succès partiel, et, peut-être aussi, d'arriver, par là, à se signaler, l'artillerie contrevint, en cette circonstance, aux ordres donnés, en ne tenant pas compte des intérêts communs et des différentes missions qui incombaient à l'ensemble de l'armée.

La mission assignée à l'armée exigeait que le IX⁰ corps s'en tînt, provisoirement, à un combat traînant, c'est-à-dire se bornât simplement à engager une lutte d'artillerie, à des distances répondant au but poursuivi, et, en tout cas, en évitant de trop se rapprocher de l'ennemi. L'attaque de l'artillerie, se produisant à courte distance, et à l'improviste, telle, enfin, que le général commandant l'avait conçue, ne remplissait nullement le but qui lui était assigné, et, de plus, elle ne procura aux Allemands aucun avantage particulier. En admettant que les Français eussent l'intention de ne pas se maintenir sur leur position, ils auraient pu simplement se dérober à l'attaque par surprise de l'artillerie du IX⁰ corps, en se repliant sur les forts de Metz ; dans le cas contraire, il devait en résulter, bel et bien, ce qui se produisit, d'ailleurs, en réalité, une défaite pour l'artillerie allemande.

A cette occasion, il y a lieu de rappeler que, dans la journée de Mars-la-Tour, le III⁰ corps, qui se trouvait épuisé, par suite d'une lutte inégale, ne fut pas secouru, en temps opportun, par les troupes du IX⁰ corps, parce que le général commandant ce corps avait défendu à ses subordonnés d'effectuer un déplacement de troupes quelconque, dans cette journée, sans son autorisation spéciale. C'est ainsi que l'attitude du général commandant le

IX⁰ corps présente quelque ressemblance avec celle du maréchal Bazaine, notamment en ce que, d'une part, il entravait l'initiative intelligente de ses chefs en sous-ordre par des prescriptions (ou des interdictions) qui avaient un caractère impératif absolu, et que, d'autre part, il négligeait les obligations immédiates qui lui incombaient personnellement. Il entrava, en effet, l'initiative de ses subordonnés, en leur interdisant, ainsi que nous l'avons dit, de faire aucun mouvement de troupes, le 16 août; quant à ses obligations personnelles, il y manqua, par le fait qu'il négligea de faire éclairer à fond le terrain, pendant la marche en avant que son corps d'armée exécuta, le 18, en se portant de Rezonville vers le nord, ainsi que pendant la halte à la ferme de Caulre, bien que le commandant en chef de l'armée eût rappelé, précisément, dans son ordre, qu'il était nécessaire d'éclairer le terrain, dans la direction de Leipzick—Saint-Privat.

Peu de temps après l'entrée en ligne du IX⁰ corps, le VIII⁰ s'engagea de même, prématurément, au combat, en exécution d'un ordre qui lui avait été transmis d'une manière inexacte. D'après les instructions du grand quartier général, le VIII⁰ corps devait se borner simplement à engager un combat traînant ; au lieu de cela, ce corps se laissa immédiatement entraîner dans un combat violent, qui l'obligea, encore avant la fin de la journée, à engager ses dernières réserves. De même, les troupes du VII⁰ corps, auxquelles incombait la mission de couvrir immédiatement les ponts de la Moselle et de protéger le flanc droit de l'armée allemande, furent engagées, peu à peu, au combat par le général de Steinmetz.

C'est ainsi que la bataille prit, à l'aile droite allemande (IX⁰, VIII⁰ et VII⁰ corps), dès les débuts, une étendue et un caractère qui ne répondaient nullement aux vues et aux ordres du grand quartier général, et amena, dans la suite, le II⁰ corps à prendre part à l'action, d'une manière précipitée, et sans aucune préparation.

Le général commandant ce corps d'armée, général de Franseeky, se trouvait déjà, depuis 1 heure de l'après-midi, à Rezonville (à une distance d'environ 3 kilomètres de Gravelotte), mais il ne s'était pas, évidemment, rendu compte, personnellement, de la situation et de la nature des lieux, et n'avait pas suivi le cours général de la bataille. L'ordre de se porter « en avant, par Grave-

« lotte », lui parvint donc, alors qu'il n'y était nullement préparé, ce qui fut cause que les bataillons de son corps furent portés en avant, directement à travers le défilé de Gravelotte, qui se trouvait déjà, d'ailleurs, complètement encombré. Il en résulta qu'il se produisit, à l'intérieur et au delà de ce défilé, de l'encombrement, du désarroi et des pertes sensibles, qui furent causées, non seulement par le feu de l'adversaire, mais encore par le feu des troupes allemandes elles-mêmes.

L'ouvrage du grand état-major prussien se console, en faisant ressortir que l'attaque impétueuse des troupes, à l'aile droite, en causant des soucis au maréchal Bazaine, et en l'amenant à engager une partie de ses réserves, a eu pour résultat de faciliter le succès remporté par l'aile gauche allemande. Mais il faut bien remarquer que, pour se consoler aussi facilement, il faut posséder une assez forte dose d'optimisme.

Tout d'abord, il faut convenir que l'action énergique engagée, dès les débuts, à l'aile droite était en contradiction directe avec les vues et les ordres du grand quartier général. Pour être autorisé à approuver cette manière d'agir, il faudrait, avant tout, prouver ou, du moins, convenir que le grand quartier général « s'est trompé ». Cependant l'ouvrage du grand état-major prussien ne procède pas ainsi et se trouve même dans l'impossibilité de le faire, car les vues de la direction suprême des armées allemandes se trouvaient, en cette circonstance, parfaitement conformes aux nécessités de la situation.

De plus, il ne faut pas oublier que les chefs allemands qui opéraient à l'aile droite de la ligne de bataille n'ont songé, en aucune façon, à faciliter la tâche des corps de l'aile gauche allemande. Chacun d'eux poursuivit l'exécution de ses propres projets, et chercha à atteindre les buts qu'il s'était proposés. Le général de Manstein songea à tirer parti de l'insouciance dont les Français paraissaient faire preuve. Le général de Goeben s'engagea au combat, parce qu'il n'avait pas reçu, du général de Steinmetz, un ordre tout à fait conforme à la situation. Le général de Steinmetz, lui-même, engagea, prématurément, au combat les dernières troupes dont il disposait, pour recueillir les fruits de la victoire qu'il croyait remporter, alors que rien n'indiquait, à ce moment, qu'il y avait lieu de se hâter.

Enfin, en admettant même que toutes ces opérations, locales et étroitement limitées aient contribué, réellement, quoique seulement d'une manière indirecte, à la victoire finale, on est obligé de convenir que ce ne fut là qu'une conséquence purement accidentelle, qu'on n'avait nullement examinée, ni même simplement envisagée auparavant. Cependant un commandement intelligent doit, précisément, viser à restreindre, autant que possible, la part faite au hasard et à agrandir, en même temps, les limites dans lesquelles les chefs doivent agir, en parfaite connaissance de cause.

En revanche, c'est sous un jour beaucoup plus favorable que se présente l'activité déployée, au début, à l'aile gauche allemande, par la garde et le XIIᵉ corps (royal saxon).

Il résulte de la description du cours de la bataille, que le général commandant la garde, après avoir reçu l'ordre de se mettre en marche, de Doncourt sur Vernéville, ne fit avancer sur ce point que l'une de ses divisions ; quant à l'autre, il lui assigna une direction plus au nord, menant sur Habonville. Il se basait, à cet effet, sur les renseignements qui lui étaient parvenus, et qui faisaient connaître que le front de la position française s'étendait beaucoup au delà (plus au nord) du point que la direction suprême des Allemands avait supposé, au début, être le point extrême de droite des Français. De cette manière, on devançait l'ordre ultérieur du prince Frédéric-Charles, qui prescrivait de rassembler tout le corps à Habonville.

C'est de cette façon, également, que procéda le général commandant le XIIᵉ corps, lorsque, malgré l'ordre qui lui prescrivait de faire halte à Jarny, se basant sur l'opinion qu'il s'était faite, lui-même, de la situation, il continua la marche sur Sainte-Marie, où l'appela, également, en réalité, un ordre ultérieur du prince Frédéric-Charles. De plus, le général commandant le corps d'armée saxon n'avait dirigé sur Sainte-Marie qu'une partie de ses forces ; quant au reste, il le destinait à envelopper l'aile droite française ; ce dernier mouvement, — que le prince royal de Saxe entreprit de sa propre initiative, et qu'il mena tout à fait à bonne fin, malgré les retards et les difficultés sur lesquels nous avons déjà insisté en temps opportun, — procura la victoire aux Allemands.

Pour se rendre compte de la grande importance que présente la manière d'opérer de ces deux corps, qui firent preuve d'une grande initiative, rappelons qu'au début, ils avaient reçu, ainsi que toute l'armée allemande, l'ordre de se diriger, d'une manière générale, vers le nord. La nécessité de modifier cette direction, pour appuyer vers l'est, ne fut pas reconnue immédiatement, mais seulement peu à peu. Il en résulta que les instructions données par le prince Frédéric-Charles ne purent également se modifier qu'au fur et à mesure de la marche des événements.

Il est un fait certain, c'est que la transmission des ordres donnés par le commandement suprême de l'armée, que les dispositions prises par les commandants de corps, en exécution de ces ordres, et, enfin, que les mouvements préparatoires effectués par les troupes, jusqu'au commencement de l'exécution proprement dite, exigent, parfois, un temps assez considérable, et, en tout cas, beaucoup plus long qu'on ne le suppose généralement. Dans le cas présent, l'initiative dont firent preuve, à ce moment, les deux généraux commandants, dans l'exécution du mouvement enveloppant général, eut pour résultat de leur faire gagner un temps considérable ; cette manière d'opérer exerça une influence décisive sur l'issue favorable de toute la bataille en faveur des Allemands, en ce sens qu'ils purent envelopper et battre, encore avant la fin du jour, l'aile droite française.

Enfin, il ne faut pas oublier que le mouvement ayant pour but d'envelopper l'aile droite française, qui fut entrepris et exécuté par les Saxons, doit être attribué à l'initiative, absolument personnelle, de leur prince royal.

Ce que les chefs allemands ont fait, en cette circonstance, paraît tout à fait simple et ordinaire, et, en réalité, cette manière d'agir est toute naturelle, dans une armée dont les chefs sont parfaitement à hauteur de leur situation et savent utiliser, comme chefs en sous-ordre, le droit qui leur est attribué de faire acte d'initiative et de prendre des résolutions personnelles. Mais si ces deux corps d'armée allemands avaient eu à leur tête d'autres chefs, et, pour ne pas chercher bien loin, s'ils avaient été commandés par des chefs semblables aux généraux français qui leur étaient opposés, il est certain, en tout cas, que la marche en avant du XII⁰ corps saxon, partant de Jarny, n'aurait commencé qu'en vertu d'un ordre supérieur (et non en exécution de la résolution personnelle de son chef), et que, par suite, elle aurait subi un retard très considérable. Le mouvement tournant n'aurait même pas pu avoir lieu, car il n'avait pas été ordonné d'une manière formelle. Cependant, si l'exécution définitive du mouvement tournant, soit pour ces raisons, soit pour d'autres, avait été retardé, ne fût-ce même que de deux ou trois heures, il aurait fallu, en raison de l'obscurité survenue, y renoncer, c'est-à-dire abandonner la victoire à l'adversaire.

Les événements de cette campagne prouvent que les chefs français ont eu le talent d'arriver avec un retard de bien plus de trois heures. Pour n'en citer qu'un seul exemple, se rapportant aux événements récents, il suffit de rappeler ce qui suit : Deux jours avant la bataille en question, le 16 août, le 3ᵉ corps français, sous le maréchal Le Bœuf, se trouvait, dès les premières heures de la matinée, au bivouac, entre Vernéville et la ferme de Caulre, à une distance d'environ 4 kilomètres de Rezonville et de Vionville (points sur lesquels le 2ᵉ corps Frossard avait, dès 9 heures du matin, résisté à l'assaut énergique que lui livrèrent les Prussiens), et à environ 8 kilomètres de Mars-la-Tour ; le corps Le Bœuf pouvait donc très bien, en se portant au delà de cette dernière localité, envelopper l'aile gauche ennemie. Néanmoins, d'une part, ce corps négligea de secourir, en temps opportun, le corps Frossard, tandis que, d'autre part, il ne fit aucune tentative, en vue d'arriver à envelopper l'adversaire, malgré l'ordre que le maréchal Bazaine, ainsi qu'il le rapporte dans son histoire de la campagne, avait donné, personnellement, aux troupes de Le Bœuf, en vue de l'exécution de ce mouvement.

Sans nous livrer à des recherches plus approfondies au sujet de cette dernière question, et sans vouloir désigner les personnalités auxquelles incombe la responsabilité de cette négligence, il nous suffit de faire ressortir que le corps Le Bœuf était parfaitement en mesure de prendre, dans le plus bref délai, la part la plus décisive à la bataille, et qu'il a négligé de le faire. Les faits parlent, en cette circonstance, déjà suffisamment par eux-mêmes. C'est tout à fait de la même manière, que se comporta, ainsi que nous l'avons déjà vu, dans cette même journée de Mars-la-Tour, le commandant du 4ᵉ corps français. Malgré les moyens très suffisants qu'il avait à sa disposition, il n'entreprit rien pour envelopper l'aile gauche allemande, qui se trouvait battue, et arriver à l'écraser ; bien plus, il se contenta d'observer une défensive passive.

Mise en parallèle avec cette inaction funeste des Français, l'activité spontanée et fructueuse des chefs en sous-ordre allemands ressort d'une manière d'autant plus éclatante. La présente étude doit, pour remplir la tâche que je me suis assignée, se limiter à l'examen critique des opérations, particulièrement de celles qui furent exécutées par les chefs supérieurs, dont l'activité présenta, manifestement, une importance considérable et décisive. Mais, en réalité, les Allemands sont redevables de leur succès définitif, *pour une part incalculable, à l'esprit d'initiative* dont firent preuve, dans toutes les occasions, les chefs en sous-ordre, y compris ceux du grade le moins élevé, aussi bien sur le champ de bataille que partout ailleurs. La somme de travail spontané et fructueux qui en résulta peut, en quelque sorte, être assimilée aux efforts réunis des colonies de mollusques qui, en formant des îles, émergent des flots de l'Océan. Le prince de Hohenlohe, dont nous avons déjà parlé, cite une preuve de ce travail, qui se rapporte précisément à la partie de la campagne dont nous faisons ici l'étude critique (1).

La garde prussienne était arrivée, le 4 août, à Kaiserslautern, où, dans la même journée, les premières colonnes de munitions appartenant à ce corps (trois colonnes de munitions d'artillerie du 1er échelon) furent débarquées. Ces colonnes suivirent immédiatement leur corps, par des routes qui se trouvaient complètement encombrées de troupes et de trains (car trois corps d'armée marchaient sur une seule et même route), et il arriva souvent que l'échelon ne parvînt à se porter en avant que pendant la nuit.

Sur ces entrefaites, le commandant de toutes les colonnes de munitions de la garde, le major de Heineccius, était resté en arrière, en Prusse, avec les six autres colonnes de munitions, qui furent débarquées en même temps que lui, le 8 août, à Mayence. Sur ce point, personne n'était en mesure de le renseigner sur l'emplacement de la garde, qui, d'ailleurs, changeait tous les jours de cantonnements. Bref, le major de Heineccius marcha résolument en avant, jusqu'à ce qu'il eût trouvé la trace de son corps. Grâce aux marches forcées qu'il exécuta, il put parvenir, le 16 août, à entrer, avec le 2e échelon (six colonnes), en liaison immédiate avec son corps d'armée.

(1) *Lettres sur l'artillerie* (traduction Iœglé), pages 200 à 204.

Lorsque la garde dut marcher, le 17, contre toute attente, dans la direction du nord, les deux échelons des colonnes de munitions reçurent, du commandant de l'artillerie du corps d'armée, prince de Hohenlohe, l'ordre de marcher sur Sponville (1er échelon) et sur Thiaucourt (2e échelon).

Dans la matinée du 18 août, le major de Heineccius se présenta, pour demander des ordres, et ordonna ensuite au 1er échelon des colonnes de munitions de suivre, au début, le corps d'armée sur Doncourt, et le rapprocha, immédiatement après, de la ligne de bataille. L'artillerie de la garde se trouvait déjà chaudement engagée et n'avait pas ménagé ses munitions, lorsque le commandant de l'artillerie de la deuxième armée, général de Colomier, se porta vers l'artillerie de la garde et informa le prince de Holenlohe qu'il avait déjà disposé du 1er échelon des colonnes de munitions de la garde et l'avait affecté au IIIe et au Xe corps, qui avaient consommé toutes leurs munitions dans la bataille du 16 (il pouvait être, à ce moment, environ 3 heures de l'après-midi). Il en résultait que l'artillerie de la garde se trouvait privée du renfort de munitions sur lequel elle comptait précédemment. Bien que, sur ces entrefaites, on eût envoyé chercher les colonnes du 2e échelon, il n'était rien moins que certain que ces colonnes pourraient arriver, en temps opportun, sur le champ de bataille.

Il était déjà tard ; les colonnes se trouvaient à une distance de 30 kilomètres et avaient déjà exécuté, dans cette journée, une marche de 23 kilomètres. Ici encore, les chefs en sous-ordre, faisant preuve d'esprit de résolution, avaient déjà devancé l'ordre en question. Deux colonnes de munitions du 2e échelon avaient continué leur marche en avant, grâce à l'initiative personnelle de leurs chefs, lorsqu'elles entendirent la canonnade. Après s'être frayé un chemin à travers les routes qui se trouvaient extrêmement encombrées, elles réussirent encore à atteindre, dans la soirée, le champ de bataille. C'est ainsi qu'elles purent, en cette circonstance, sans perdre de temps, diriger immédiatement leurs caissons de munitions sur les batteries, qui, de cette manière, se trouvèrent réapprovisionnées en munitions, déjà dans le cours de la nuit.

Le jour suivant, toutes les colonnes de munitions d'artillerie, au nombre de cinq, se reportèrent en arrière, pour se réapprovisionner ; elles avaient, auparavant, complètement vidé leurs caissons et pourvu, en outre, au remplacement de quatre chefs de batterie de l'artillerie de la garde, qui étaient tombés dans la bataille ; elles avaient enfin cédé à ces batteries 200 chevaux, provenant de leurs attelages.

Le prince de Hohenlohe déclare, en outre, que ces colonnes suivirent de nouveau leur corps d'armée, après avoir exécuté les plus grandes marches forcées, et arrivèrent à le rejoindre, précisément la veille de la bataille de Sedan ; cette bataille rendit nécessaire un nouveau réapprovisionnement, à la suite duquel les colonnes parvinrent, encore une fois, à se réunir à leur corps d'armée devant Paris (1).

Quel contraste frappant nous offre cette manière d'opérer, infatigable, réfléchie et spontanée, que nous venons de décrire, mise en parallèle avec l'indifférence et l'inaction des Français ? Les négligences commises, à ce point de vue, par ces derniers furent cause, notamment, que, le 18 août, le corps Canrobert, directement opposé à la garde, souffrit du manque de munitions.

L'exemple que nous venons de citer prouve, entre autres choses, une fois de plus, qu'une initiative réfléchie, maintenue dans de justes limites, et s'exerçant d'une manière constante, ne peut, en aucun cas, être remplacée par une initiative se manifestant dans des circonstances isolées, quand même elle serait favorisée par le succès. Dans le cas dont nous venons de parler, par exemple, les deux colonnes de munitions n'auraient pas pu atteindre leur corps d'armée dans la soirée du 18, même en faisant preuve du plus grand esprit d'initiative, si le major de Heineccius avait perdu un temps précieux à attendre des ordres à Mayence, et, réciproquement, — ce major, même en faisant acte d'initiative, n'aurait pas réussi, dans le cas présent, à amener le résultat désirable, si les chefs des deux colonnes de munitions n'avaient pas marché, le 18 août, de leur propre initiative, au canon.

Je vais examiner maintenant, d'une manière plus approfondie, l'activité déployée par les chefs allemands qui opéraient à l'aile gauche.

Ce qu'il y a de remarquable, c'est l'esprit de camaraderie, et la tendance à concourir au but commun, dont firent preuve, ici, les

_____

(1) Hohenlohe, *Lettres sur l'artillerie*, pages 207-208.

différents chefs. Il résulte de la description de la bataille que l'attaque exécutée, avec ensemble, contre Sainte-Marie eut lieu après entente réciproque entre le commandant de la 1re division de la garde, général de Pape, et le commandant de la 24e division d'infanterie saxonne, général de Nehrhoff.

De leur côté, les Saxons, sur la demande du général de Pape, appuyèrent également la garde prussienne, au moment où elle venait d'être couchée à terre, à quelques centaines de pas en avant de Saint-Privat, et se trouvait dans la situation la plus critique.

D'ailleurs, sur cette partie du champ de bataille, située au nord, les Allemands commirent également des fautes et des négligences, qui ne peuvent pas, toutes, être attribuées à des accidents inévitables à la guerre, et que je vais actuellement examiner au point de vue critique.

Le prince royal de Saxe rendit compte, à 2 h. 30 de l'après-midi, au prince Frédéric-Charles, qu'il allait se porter, avec la 24e division d'infanterie, sur Sainte-Marie, et envelopper l'aile droite française, avec la 23e division, en passant par Coinville. Mais, en réalité, sur ces entrefaites, des fractions de la 23e division d'infanterie, — notamment l'avant-garde, sous le général de Craushaar, et le gros, sous le prince Georges de Saxe, — s'étaient écartées de la direction de marche qui leur avait été assignée, et s'étaient portées en avant, dans la région d'où le feu d'artillerie se faisait entendre, c'est-à-dire directement contre le front de la position de Sainte-Marie. Il faut convenir qu'en cette circonstance, il y eut l'une des deux fautes suivantes de commise : ou les chefs en question n'avaient pas été suffisamment renseignés par leur général commandant sur l'importance que présentait le mouvement tournant dont l'exécution leur incombait, ou ces deux chefs, ne se rendant pas compte de la situation générale, appliquèrent, en cette occasion, d'une manière fort inopportune, la règle courante qui prescrit de marcher au canon. Cette dernière faute s'explique d'autant moins qu'à supposer même que, d'une manière générale, le concours de la 23e division fût nécessaire à Sainte-Marie, elle devait, en tout cas, intervenir, de préférence, sur le flanc de la garnison française qui occupait ce village, et non devant le front de la position.

La manière d'opérer de la 23e division, outre qu'elle ne répon-

dait pas très bien au but poursuivi, eut encore l'inconvénient
d'entraîner un retard assez considérable (1) dans l'exécution du
mouvement enveloppant général (contre la position principale des
Français) ; pour arriver à terminer ce mouvement, le général
commandant fut obligé, en fin de compte, sans attendre que la
division fût rassemblée, d'engager au combat sa dernière réserve,
une brigade de la 24e division. Les différentes descriptions allemandes des événements de cette guerre (2) mentionnent, il est
vrai, en racontant cette bataille, les faits que nous venons de
citer, ou, pour parler plus exactement, y font allusion ; mais, néanmoins, au lieu de contribuer à les éclaircir, elles font tous leurs
efforts pour les passer, autant que possible, sous silence. Seul, un
ouvrage, qui traite de l'activité déployée par l'artillerie allemande
dans les combats du 18 août, s'exprime à peu près clairement au
sujet de cet incident (3).

De même, l'assaut prématuré, exécuté par les régiments de la
garde prussienne contre Saint-Privat, nous présente le type d'une
manière d'opérer au combat, qui est très fertile en enseignements,
et digne d'une étude des plus approfondies.

Autant qu'on peut s'en rapporter aux descriptions de la bataille,
le général commandant la garde, prince Auguste de Wurtemberg,
se trouvait, dès les débuts du combat engagé par la garde, et
après l'occupation de Sainte-Marie, à l'extrême droite de son
corps, à proximité d'Habonville, auprès du prince Frédéric-
Charles. Il en résulta que le prince de Wurtemberg put à peine se
rendre compte de l'activité déployée par toutes ses batteries, et
n'eut, probablement, aucune connaissance de l'entrée en ligne
de l'artillerie saxonne, qui s'était mise en batterie au nord de
Sainte-Marie. Sur ces entrefaites, l'activité de toute l'artillerie de
la garde prussienne était dirigée principalement contre l'artillerie

---

(1) Un écrivain allemand prétend que ce n'est pas à la conversion exécutée
par la ligne avancée de la 23e division, pour se porter dans la direction de la
canonnade, qu'il faut attribuer la cause du retard dont il est question ici ; ce
retard eut pour cause la nécessité qui s'imposait de rapprocher du point de
rassemblement du corps d'armée, qui se trouvait à Auboué, la 46e brigade,
laissée en arrière, brigade qui venait de Jarny, et la 48e, qui venait de Batilly.

(2) Ouvrage du grand état-major, les *Opérations de la deuxième armée* et la
monographie publiée par Schubert, qui traitent de la participation des Saxons
à la bataille de Saint-Privat.

(3) Hoffbauer, 3e partie, pages 86 et 196.

de l'adversaire, et aussi contre son infanterie ; en revanche, on
n'avait pas encore commencé à canonner le village de Saint-
Privat, en vue de préparer l'attaque de ce point d'appui principal
de la position ennemie, ainsi que le reconnaît, notamment, le
général prince de Hohenlohe, qui commandait, à cette époque,
l'artillerie de la garde prussienne (1).

Pour les raisons que nous avons indiquées plus haut, le prince
Auguste de Wurtemberg avait donné, vers 5 heures, l'ordre d'attaquer immédiatement Saint-Privat, sans attendre que le mouvement tournant des Saxons eût produit toute son efficacité. Le
prince Frédéric-Charles pouvait consentir à cette attaque, parce
qu'il supposait que le général commandant la garde l'avait déjà
préparée comme il convenait. Mais ce dernier, qui ne se trouvait,
probablement, renseigné que d'une manière incomplète sur la
véritable situation du combat, procéda à l'exécution immédiate
de l'attaque, avant d'avoir pu parvenir, à vrai dire, même au dernier instant, à se mettre au courant de la situation qui se présentait à ce moment.

Il résulte de la description de la bataille, que le prince ordonna
à la 4e brigade d'infanterie de la garde, qui se trouvait à l'aile
droite de la garde, à Saint-Ail, de se porter en avant, directement,
à l'attaque, et qu'à ce moment, seulement, il se rendit, de sa personne, à Sainte-Marie, auprès de sa 1re division. En outre, le
prince ne tint, en cette circonstance, aucun compte de l'avis émis
par le commandant de la division, général de Pape : ce dernier
eut beau lui faire observer que le moment n'était pas encore venu
de prendre l'offensive, le prince n'en ordonna pas moins l'attaque
immédiate.

Cette attaque prématurée, quoique exécutée avec la plus grande
bravoure, coûta très cher aux Prussiens, et ce n'est que grâce à
l'inaction des Français, que le premier insuccès de la garde n'entraîna pas pour elle une défaite complète, qui, de son côté, aurait,
très probablement, changé, d'une manière décisive, le résultat
des combats engagés dans la journée du 18 août.

Si l'on recherche les causes réelles de cet insuccès, on reconnaîtra, sans difficulté, qu'il résulta, uniquement et exclusivement,

(1) Hohenlohe, *Lettres sur l'artillerie* (4e), pages 75-76.

de ce que le général commandant la garde, qui dirigeait l'attaque, ne s'était pas acquitté convenablement des obligations qui lui incombaient directement, et qui lui faisaient un devoir de surveiller avec attention la marche du combat, en se tenant auprès de son propre corps d'armée et du corps voisin, le corps saxon. Ainsi qu'il arrive, presque toujours, dans des cas pareils, après avoir négligé de remplir les obligations qui lui incombaient directement, il ne voulut pas, ensuite, se rendre à l'avis d'un de ses chefs en sous-ordre, le commandant de la 1re division de la garde, qui avait suivi la marche du combat à Sainte-Marie, et connaissait la véritable situation qui se présentait à ce moment, beaucoup mieux que le prince lui-même. Nous avons vu un fait à peu près analogue se produire du côté des Français. Dans les deux cas, on voit également le chef supérieur négliger de s'acquitter de ses propres obligations, tout en ne tenant pas compte des vues et des projets de ses chefs en sous-ordre. Tout comme cela avait eu lieu du côté des Français, les dispositions prises, dans le cas présent, ne répondaient pas aux nécessités de la situation, et eurent, dès lors, pour résultat, ainsi qu'on le conçoit aisément, d'amener des événements qui étaient, également, loin d'être désirables.

Il faut, d'ailleurs, convenir que l'attaque prématurée entreprise par les régiments de la garde prussienne, ainsi que la marche en avant, de même nature, exécutée par le général de Steinmetz, procédaient, en principe, d'un sentiment parfaitement exact et de la pensée qu'il fallait mener à bonne fin la lutte commencée, triompher à tout prix, et, surtout, remporter la victoire, avant la fin de cette journée. Nous avons donc affaire, en cette circonstance, à un excès de zèle superflu, mais, au fond, conforme aux principes, excès de zèle qui tend à pousser les chefs en avant. Cette impulsion, qui entraînait les chefs allemands au combat, ainsi que leur manière d'opérer hardie, qui en était la conséquence, étaient basées, d'une manière générale, sur la conscience que ces chefs avaient de leur supériorité numérique, et, aussi, il faut bien le dire, de leur valeur personnelle, qui s'était déjà révélée par leurs succès précédents. Ces considérations peuvent servir à excuser, sinon à justifier la conduite des chefs allemands en cette circonstance.

C'est, très probablement, en obéissant au même sentiment, que le IXe corps s'engagea précipitamment, au début de la bataille. De plus, on ne peut s'empêcher de rendre au général commandant ce corps, général de Manstein, la justice qui lui est due, pour avoir, confiant en la valeur de ses troupes, supporté virilement les premiers insuccès qu'il éprouva, et avoir même repoussé l'appui immédiat que lui offrait la garde ; à cette occasion, il fit observer, avec juste raison, à ce dernier corps, qu'il pourrait lui être beaucoup plus utile, quoique d'une manière indirecte, en se portant vigoureusement à l'attaque de Saint-Privat.

Grâce à la tendance particulière à tous les chefs allemands, qui les portait à poursuivre jusqu'à la décision tout combat une fois engagé, ces derniers arrivèrent, également, à reconnaître, le 18 août, quel était le point le plus faible et le plus vulnérable de la position ennemie. Cette fois, après s'être porté rapidement, de sa personne, au moment décisif, vers Roncourt, pour diriger sa colonne extrême de gauche, chargée du mouvement tournant, le prince royal de Saxe, porta le coup qui décida du résultat final de la bataille.

Il y a lieu, enfin, de faire remarquer encore, particulièrement, quelques dispositions isolées du prince Frédéric-Charles, qui, au moment où la bataille était en plein cours d'exécution, et où le résultat décisif était encore en suspens, se préoccupait déjà d'utiliser, le mieux possible, la victoire sur laquelle il comptait.

Immédiatement après avoir reçu le rapport qui lui annonçait l'occupation du village de Sainte-Marie, à 3 h. 15 de l'après-midi, le prince écrivit, d'Habonville, ce qui suit au prince royal de Saxe :

« Je me permets de faire remarquer à votre Altesse Royale que « l'unique communication avec Paris, dont dispose l'armée fran- « çaise engagée au combat, se trouve dans la vallée de la Moselle, « sur la rive gauche.

« Il en résulte qu'au point de vue du résultat décisif de la cam- « pagne, il est de la plus grande importance que votre Altesse « Royale envoie en avant sa cavalerie, aussi vite que possible, « pour détruire complètement le télégraphe et la voie ferrée « Metz—Thionville, et, si c'est possible, pour occuper la vallée « de la Moselle. »

De plus, le prince écrivit encore, avant l'occupation de Saint-

Privat, à 6 h. 40 du soir, au prince royal de Saxe, en ces termes :

« Malgré des contre-attaques isolées exécutées par l'infanterie « ennemie, la bataille paraît gagnée. Il est de la plus grande « importance, malgré la grande fatigue de l'infanterie, de pousser, « encore aujourd'hui, du moins avec une brigade d'infanterie du « XIIe corps, jusqu'à Woippy, pour intercepter sûrement, sur ce « point, la voie ferrée et le télégraphe. »

Enfin, dans son ordre de l'armée, expédié après la fin de la bataille, vers 8 heures du soir, le prince ajoutait la phrase suivante :

« Le XIIe corps est, encore une fois, avisé de l'importance que « présente l'occupation du point de Woippy. »

C'est par ces dispositions et ces avertissements persistants, que se révèlent le regard clair et perçant, ainsi que la volonté de fer du véritable général en chef.

Faut-il mettre encore en parallèle le prince Frédéric-Charles et le maréchal Bazaine ?

Le 18 août, aussi bien que dans la journée de Mars-la-Tour, Bazaine était vaincu, avant d'avoir engagé la bataille : il ne pouvait pas remporter la victoire, parce qu'il ne possédait ni la volonté réelle, ni l'impulsion inflexible nécessaires à cet effet.

CHAPITRE II

La situation militaire à Metz après la bataille de Gravelotte-Saint-Privat et les projets ultérieurs du commandement suprême des Allemands.

SOMMAIRE

Situation de l'armée du maréchal Bazaine. — Coup d'œil sur l'activité des Allemands sous Metz. Leurs actes ne représentent aucune opération dirigée avec ensemble et prévue à l'avance ; ils n'atteignirent pas leur but principal et ne purent se résoudre à attaquer encore une fois Bazaine. — Nouveaux projets et nouvelles dispositions du commandement suprême des Allemands.

Le 18 août au soir, l'aile droite du maréchal Bazaine avait été, ainsi que nous l'avons déjà dit dans le chapitre précédent, repoussée de la position de Saint-Privat, et s'était repliée en arrière. En revanche, les Français, appuyés par une partie de la garde impériale et par les fractions de l'aile droite qui faisaient encore bonne contenance, se maintinrent sur la lisière de la forêt de Jaumont, et formèrent, de cette manière, un nouveau front de combat, qui se reliait, à Montigny-la-Grange, à la position principale, occupée, au début, par leur armée. En outre, les Français conservaient entre leurs mains la plus grande moitié de leur ligne de bataille du début, celle de gauche. Néanmoins, le maréchal Bazaine, en raison du désordre dans lequel se trouvaient les troupes de l'aile droite, et aussi du manque de munitions d'artillerie, expédia, encore dans la soirée du 18, un ordre qui prescrivit à toute l'armée de se replier sur une nouvelle position, plus rapprochée de Metz (1).

L'évacuation de la position occupée jusque-là et l'occupation de la nouvelle position eurent lieu dans le courant de la journée

---

(1) Bazaine, *Épisodes de la guerre de* 1870, pages 106-107.

du 19, sans être troublées, le moins du monde, par les troupes allemandes.

Les troupes avancées du nouveau front français occupèrent, à l'aile gauche, Sainte-Ruffine sur la Moselle, en avant de Metz ; leur ligne s'étendait en avant des forts Saint-Quentin et Plappeville, vers le village de Woippy, point à partir duquel elle se repliait un peu dans la direction de la Moselle, en aval de Metz, et du fort Saint-Julien, situé sur la rive droite.

Les quatre corps français de la ligne de bataille s'établirent sur la nouvelle position, dans l'ordre où ils avaient déjà occupé la position précédente. La garde continua à camper à Plappeville. L'activité des Français eut pour but de fortifier leurs nouvelles positions et d'assurer le réapprovisionnement des troupes.

Il résulte des rapports des commandants de corps au maréchal Bazaine (1), en date du 20 et du 21 août, que les troupes avaient été complètement réapprovisionnées en munitions et en vivres, et qu'elles se trouvaient, au dire de ces commandants de corps, complètement prêtes à entreprendre de nouvelles opérations. Seul, le général Frossard faisait ressortir, en toute franchise, avec une certaine réserve apparente, que le moral des troupes de son corps se trouvait fortement ébranlé. Ces troupes avaient perdu, dès le 6 août, leurs effets de campement et de bivouac, et, en outre, leurs ustensiles de cuisine. Ces derniers ustensiles, dont on avait, sur ces entrefaites, remplacé les plus indispensables, quoique d'une manière incomplète, furent de nouveau perdus, le 16 août, à la suite de la panique qui, d'après les déclarations de Frossard (2), avait été causée par la retraite désordonnée de la division de cavalerie Forton. Trois brigades du 4e corps avaient également perdu leurs tentes et leurs couvertures de campement. Malgré cela, l'armée du maréchal Bazaine se trouva, bientôt, reconstituée, en général, dans de bonnes conditions ; ses effectifs se recomplétaient par la rentrée des convalescents, renvoyés par les hôpitaux de Metz ; mais le manque d'organisation, qui remontait à la période pendant laquelle l'empereur Napoléon avait exercé le commandement, paraissait devoir compromettre le sort ultérieur de cette armée.

_____

(1) Bazaine, *Épisodes*, etc., pages 153-156.
(2) Frossard, page 153.

La place de Metz se trouvait insuffisamment approvisionnée en vivres ; ses ouvrages de fortification étaient loin d'être terminés et quelques-uns n'étaient pas armés ; les approvisionnements de munitions, à part ceux dont disposaient les batteries, n'existaient pas. La question des vivres ne venait, d'ailleurs, provisoirement, qu'en seconde ligne, car l'armée française n'avait pas encore renoncé à quitter Metz. Les autres défectuosités d'organisation avaient une bien plus grande importance, à cause de leur influence immédiate sur les opérations, savoir, notamment, la mise en état incomplète des ouvrages de fortification de la place et la non-existence d'une réserve de projectiles d'artillerie (1).

Autant, du moins, qu'on peut s'en rapporter aux plans et aux déclarations du gouverneur de la place, général Coffinières, que Bazaine reproduit dans son ouvrage, Metz possédait, à cette époque, en tout, quatre forts, dont ceux qui se trouvaient sur la rive droite de la Moselle, les forts Queuleu et Saint-Julien, étaient ouverts à la gorge. Un cinquième fort, celui de Saint-Privat (entre Seille et Moselle), se trouvait seulement en construction, de telle sorte qu'il avait été même franchi, avant le 20 août, par les patrouilles allemandes. Sur la rive gauche de la Moselle, se trouvaient deux forts fermés à la gorge, les forts Saint-Quentin et Plappeville ; situés l'un à côté de l'autre, ces deux ouvrages renforçaient, d'une manière considérable, le secteur de gauche de la position française, sur la rive gauche de la Moselle. Mais ils ne se trouvaient pas même encore complètement armés, ou, du moins, ne l'étaient qu'incomplètement, de telle sorte que, le 18 août, on fut obligé de les pourvoir de pièces tirées de la réserve d'artillerie de l'armée.

Dans le secteur de droite du front français, sur la ligne, longue d'environ 6 kilomètres, qui allait de Plappeville, par Woippy, jusqu'à la Moselle, il ne se trouvait pas un seul fort.

La bataille de Gravelotte-Saint-Privat marque la fin des mou-

---

(1) Il résulte de l'ouvrage de Bazaine que la confection des projectiles néces-saires pour les pièces d'artillerie, à Metz, parut, d'ailleurs, dans la suite, être suffisante pour pourvoir à tous les besoins.

vements de l'armée sous Metz, mouvements qui avaient commencé par la bataille du 14 août.

Dans cette période, courte, il est vrai, mais, néanmoins, fertile en événements d'une importance capitale, les deux adversaires s'étaient mesurés, dans trois batailles consécutives, le 14, le 16 et le 18 août.

Les Français, qui étaient en train de battre en retraite derrière la Moselle, avaient, en premier lieu, été arrêtés, sur la rive droite, par le combat du 14, et, deux jours plus tard, de nouveau à Mars-la-Tour, cette fois déjà sur la rive gauche de la Moselle ; en même temps, ils se voyaient coupés de leur ligne de retraite la plus courte sur Verdun et Châlons. Enfin, le 18 août, les Français, battus en rase campagne, avaient été complètement coupés de leurs communications, et obligés de chercher une protection derrière les ouvrages de fortification de la place de Metz, qu'ils devaient, dix semaines plus tard, livrer aux vainqueurs, avec toute leur armée.

La progression des succès obtenus par les Allemands et des insuccès éprouvés par les Français se révèle, déjà, par la direction du front des deux armées dans les batailles dont nous venons de parler. A Colombey-Nouilly, le 14 août, les Français faisaient encore face à l'est, et avaient leurs lignes de communication directement derrière eux, c'est-à-dire dans la dirction la plus naturelle. Dans la journée de Mars-la-Tour, la ligne de retraite de l'armée française se trouvait déjà dans le prolongement de son aile droite, et l'une des deux routes, qui était, en même temps, la plus importante de celles qui leur avaient été assignées pour la retraite, fut, déjà, directement interceptée par les Allemands. Enfin, le 18 août, les deux partis se battirent avec un front renversé, les Français faisant face à l'ouest, les Allemands faisant face à l'est : c'était là une situation qui ne pouvait que favoriser le parti le plus fort, c'est-à-dire les Allemands.

Sans doute, « si l'on s'en rapporte aux apparences », les opérations militaires engagées par les Allemands se déroulèrent, en offrant tous les caractères d'une opération stratégique visant un but unique, bien combinée, et rationnellement exécutée, qui fut couronnée par un succès complet et mérité. Tel est l'aspect que présentent ces opérations, si on les examine d'une manière superficielle ; mais les choses furent loin de se passer ainsi, dans la réalité.

Les Allemands rejetèrent le maréchal Bazaine sur Metz, grâce
à une série de succès partiels, qui, il est vrai, s'enchaînèrent en
réalité, mais n'offrirent pas le caractère d'une opération préparée
mûrement à l'avance, exécutée avec ensemble, et dirigée vers
un but unique. Après la bataille de Spicheren, les première et
deuxième armées allemandes avaient, réellement, le devoir de
franchir la barrière formée par la rivière de la Moselle, qui se
trouvait à proximité. En exécutant le passage de la rivière en
aval, c'est-à-dire au nord de Metz, les deux armées en question
se heurtaient contre le front étroit et fort Metz-Thionville, et, de
plus, s'éloignaient de l'armée du prince royal de Prusse; il en
résulte que la nécessité d'envelopper Metz par le sud s'imposait,
pour ainsi dire, d'elle-même. Quant à envelopper l'armée française, en même temps que la place, c'était là une opération à
laquelle on ne songeait pas encore, à cette époque. Il résulte clairement, au contraire, des dispositions en date du 13 août, dont
nous avons parlé précédemment (1), que la cavalerie avait reçu,
pour la journée du 14, l'ordre d'inquiéter la retraite probable des
Français de Metz à Verdun.

La bataille du 14 août, qui permit aux Allemands de préparer
leur mouvement enveloppant, n'était pas prévue, en principe,
par le commandement suprême des Allemands. Elle se présente,
d'après l'expression propre de l'ouvrage du grand état-major
prussien, sous la forme caractéristique « d'une attaque impro-
« visée, résultant d'un sentiment logique », attaque qui fut exécutée par les chefs en sous-ordre, les généraux de Manteuffel et
von der Goltz. Après la bataille du 14, le commandement suprême
des Allemands avait simplement envisagé la possibilité d'atteindre
les Français, pendant leur retraite ultérieure de Metz, sur l'une ou
l'autre rive de la Meuse, de manière à les battre ou à les repousser
vers le nord; c'est ce qui résulte clairement des instructions du
grand quartier général, mentionnées précédemment, et des dispositions prises par le commandant en chef de la deuxième armée
allemande pour le 16 août (2). Il en résulte, naturellement, que la
bataille de Mars-la-Tour, livrée le 16, qui eut pour conséquence
d'arrêter définitivement les Français dans leur retraite, ne doit

(1) Voir tome I, chapitre VIII.
(2) Voir tome I, chapitre X.

pas, non plus, être attribuée aux combinaisons de la direction suprême des Allemands ; bien plus, cette bataille surprit le haut commandement allemand, de la manière la plus complète. Ce n'est que dans la soirée de cette journée, que le général de Moltke, dans la lettre qu'il écrivit au prince Frédéric-Charles, lettre dont nous avons parlé, émit, pour la première fois, l'idée qu'il était déjà possible, à ce moment, de contraindre l'armée française à s'arrêter immédiatement à l'ouest de Metz et de la rejeter vers la frontière belge.

Enfin, les circonstances mêmes dans lesquelles les Allemands remportèrent, le 18 août, la victoire, à Gravelotte, leur occasionnèrent une nouvelle surprise. Ils avaient compté rejeter l'armée de Bazaine contre la frontière neutre, — où elle devait trouver sa perte, — et en finir ainsi, définitivement, avec elle ; au lieu de cela, ils n'avaient réussi qu'à la rejeter sur les forts de Metz, en arrière desquels l'armée française pouvait rester, tout au moins pendant la période la plus rapprochée, complètement à l'abri du danger, et tout à fait hors d'atteinte.

Il résulte de ces considérations que nous découvrons bien, ici, une série d'opérations militaires, qui se succédèrent rapidement et furent couronnées par le succès, mais nous n'y trouvons pas la moindre trace d'une opération d'ensemble, bien combinée, qui poursuit, en connaissance de cause, un but définitif, nettement déterminé.

Il ne faut pas, en outre, négliger de mentionner que la chaîne, si brillante en apparence, formée par la série des opérations qui permirent à l'armée allemande d'envelopper l'adversaire, aurait pu, étant donnée la situation militaire qui se présentait à la date du 16 août, être rompue et brisée complètement par une défaite, et que cette défaite aurait eu des conséquences très fâcheuses pour cette armée.

Les Allemands doivent le succès final qui couronna leurs opérations, d'une part, — je ne dirai pas aux fautes isolées, mais, pour parler plus exactement, — aux qualités fondamentales négatives des chefs de l'armée de Napoléon, et, d'autre part, à l'idée dominante, extrêmement judicieuse, qui servit de base aux opérations combinées par le commandement suprême des Allemands ; cette idée, il la mit à exécution, en employant toutes ses forces réunies, en agissant, partout et toujours, avec la plus

extrême énergie, et aussi, dans la plupart des cas, avec un sentiment tout à fait logique de la situation. Cette pensée dominante
trouva son expression dans la mission assignée à l'armée allemande, qui consistait à « rechercher le gros des forces de l'adver-
« saire », à le battre et « à le couper de ses communications avec
« Paris, en le rejetant vers le nord, c'est-à-dire vers le territoire
« neutre (1) ».

---

(1) On voit ainsi, en dépit des versions émises par les écrivains historiques,
se confirmer, d'une manière générale, l'opinion que nous avons déjà formulée,
dans la préface du premier volume de cette étude, au sujet de la question de
savoir si l'enveloppement de l'armée du maréchal Bazaine par les Allemands
doit être citée comme étant le modèle « d'un but élevé, clairement déterminé,
« et dont l'exécution fut poursuivie avec la dernière énergie ». L'objectif principal à atteindre, qui consistait à envelopper et à tourner le gros des forces de
l'adversaire, dans le but de le couper de Paris et de le rejeter vers la frontière neutre, a été, en effet, poursuivi avec persistance par les Allemands, dès
le commencement de la campagne, ainsi que les faits suivants le prouvent.
On avait, pour le 9 août, formé le projet d'occuper de front, avec les première
et deuxième armées, la ligne de la Sarre (car on supposait que la principale
armée française avait pris position immédiatement en arrière de cette ligne),
pendant que la troisième armée se porterait contre le flanc droit des Français.
(Tome I, chapitre III.) Le 11 août, à un moment où il semblait que les Français se disposaient à résister encore en avant de Metz, les Allemands résolurent
d'occuper de front l'adversaire, avec la première armée, et de porter la deuxième
à l'attaque du flanc droit de l'ennemi. (Tome I, chapitre VIII.) Dans le cours
ultérieur de la campagne, après la bataille du 14 août, les Allemands
(deuxième armée) accélérèrent le passage de la Moselle, pour arrêter l'ennemi,
et cela en vue d'arriver à atteindre le but proposé, c'est-à-dire de rejeter l'adversaire vers la frontière neutre. Les Allemands poursuivirent encore, essentiellement, le même but, le 18 août, avant le commencement de la grande lutte
qui se déroula dans cette journée. Il en résulte que, dans cette circonstance, on
voit les Allemands chercher à atteindre partout « un but élevé, clairement
« déterminé » (il s'agissait, tout simplement, d'anéantir toute l'armée ennemie), et en poursuivre l'exécution avec une remarquable ténacité et avec la
plus extrême énergie. Je n'entends nullement affirmer par là que les Allemands avaient, avant de se mettre en campagne, formé le *projet* de rejeter
l'armée française vers la frontière neutre. Le mémoire de Moltke (en date de
l'année 1868) indique simplement, comme but général à atteindre, qu'il s'agit
« de rechercher le gros des forces de l'ennemi et de le battre ». Toutefois, étant
donné que toutes les opérations, jusqu'à Sedan, se déroulèrent à proximité de la
frontière nord de la France, on conçoit que l'idée de rejeter les Français dans
cette direction était naturelle, et répondait pleinement aux nécessités de la situation du moment. Si ce but, qu'avait en vue le commandement suprême de
l'armée allemande, ne fut, momentanément, atteint qu'à demi par les batailles
du 16 et du 18 (par le fait que l'ennemi fut coupé de sa ligne de retraite, mais
non anéanti), cela provient de ce que, du côté des Allemands, les opérations
ultérieures n'avaient pas été préparées, en temps opportun, par une reconnaissance, que la cavalerie aurait dû exécuter sur les derrières de Metz, et que, par

Mais ce but ne fut pas, ainsi que nous l'avons déjà dit, complètement atteint par les chefs d'armée allemands. L'armée de Bazaine, quoique vaincue, n'était, pourtant pas, à beaucoup près, aussi battue que l'avait souhaité le général de Moltke. Après avoir infligé, en cinq jours, à l'armée allemande, des pertes qui s'élevaient à environ 40,000 hommes, elle se trouvait, à ce moment, quoique, à vrai dire, affaiblie numériquement, toujours bien concentrée et menaçante, sur les derrières des Allemands ; elle était, dès lors, capable de les obliger à lui livrer une nouvelle bataille et de leur imposer, par suite, de nouveaux sacrifices. Mais les Allemands ne se laissèrent pas entraîner dans cette voie. Ils ne se considéraient, probablement, pas comme assez forts pour s'engager, encore une fois, corps à corps, avec l'adversaire, en lui livrant une bataille offensive ; ils prirent, en conséquence, immédiatement, la résolution de se tenir, dans une position d'attente, à une grande distance de l'armée française. Les Allemands ne se décidèrent même pas à occuper le fort Saint-Privat (au sud de Metz, entre Seille et Moselle), qui était encore en voie de construction, à ce moment, et avait été, momentanément, foulé et trouvé inoccupé par leurs patrouilles.

Les écrivains historiques allemands éludent complètement cette question. Ils mentionnent que les Français s'étaient retirés derrière les forts de Metz situés sur la rive gauche de la Moselle, et admettent que, par ce fait, tout était dit. Mais, en réalité, les Français ne s'étaient pas du tout repliés derrière les deux seuls forts qui existaient sur la rive gauche de la Moselle, — Saint-Quentin et Plappeville ; — bien plus, ils occupaient, non seulement des points avancés, qui étaient situés jusqu'à 2 kilomètres en avant de ces forts, mais encore toute la position, longue de 6 kilomètres, marquée par les points de Lorry, Woippy, Thury, qui s'étendait depuis le fort Plappeville jusqu'à la Moselle. Les Alle-

---

suite, on ne parvint pas à se rendre compte clairement de la situation sur la rive gauche de la Moselle. Cette dernière circonstance confirme également cette autre pensée, exprimée dans l'avant-propos du premier volume, savoir que, contrairement à l'hypothèse généralement admise, le commandement suprême de l'armée allemande n'a pas été sans commettre, parfois, des fautes, et que les Allemands furent redevables de leurs succès étonnants à d'autres causes que celles qu'ils invoquent, et surtout à l'esprit d'initiative dont firent preuve leurs chefs en sous-ordre.

mands n'ont pas du tout songé, un seul instant, à attaquer cette nouvelle position occupée par l'armée française, bien qu'à ce moment, ils fussent convaincus que cette armée se trouvait être beaucoup plus faible qu'elle ne l'était en réalité (1).

La vérité est que les corps d'armée allemands étaient, probablement, assez ébranlés par les combats pénibles, quoique couronnés par le succès, qu'ils venaient de livrer ; la meilleure preuve en est fournie par les scènes qui se produisirent à Gravelotte, dans la soirée du 18 août. Nous n'avons pas à discuter, avec les écrivains historiques allemands, la question de savoir si la panique qui se produisit sur ce point, à deux reprises différentes, — panique qui se répercuta à une grande distance en arrière, s'est également communiquée aux troupes engagées de front. Il nous suffit de faire ressortir que, de l'aveu même des Allemands, il se trouvait déjà, en arrière de leurs lignes de combat, plusieurs milliers de soldats, non blessés, qui avaient abandonné les fractions de troupes auxquelles ils appartenaient et se trouvaient être des victimes de la panique.

D'autre part, les chefs allemands, eux-mêmes, avaient également renoncé, en général, après la bataille de Gravelotte, au désir de recommencer d'autres attaques de front, et même de passer à l'offensive, ainsi que cela résulte très clairement de l'ouvrage intitulé *Les Opérations de la deuxième armée* (2). Une nouvelle preuve, quoique indirecte, à l'appui de cette assertion, nous est fournie par un ordre du roi Guillaume, en date du 21 août, qui contenait, entre autres choses, ce qui suit : « L'attaque « d'une position ennemie doit, tout d'abord, être préparée, d'une « manière suffisante, par l'artillerie et un feu de tirailleurs bien « ajusté, et, dans les rares cas où il ne sera pas possible d'enve- « lopper ou d'attaquer de flanc l'ennemi, et où, par suite, il sera « nécessaire d'engager une attaque de front, en terrain découvert, « il y aura lieu..... de s'en tenir à la formation des colonnes de « compagnie et des demi-bataillons ». De plus, cet ordre recommande d'utiliser, le plus habilement possible, le terrain et de préparer à fond l'attaque (3).

---

(1) *Opérations de la deuxième armée*, page 165.
(2) *Opérations de la deuxième armée*, pages 174-175.
(3) De Hahnke, *Les Opérations de la troisième armée*, 1re partie, jusqu'à la capitulation de Sedan. Berlin, 1873, pages 90-91.

Nous laisserons de côté, ici, la question de savoir s'il n'eût pas été préférable, pour les Allemands, de suivre pied à pied les Français et de chercher à les vaincre, le 19, ou, du moins, le 20 août, au plus tard, dans un nouveau combat, de manière à s'emparer du terrain situé sur la rive gauche de la Moselle (terrain qui domine complètement l'intérieur de la place). Il y a lieu, cependant, de remarquer que le 6ᵉ et le 4ᵉ corps français, dans les premiers moments qui suivirent la retraite qu'ils venaient d'exécuter, de nuit, après le combat acharné auquel ils avaient pris part, ne pouvaient se trouver, en aucune façon, en bon ordre, car ils avaient à défendre, précisément, la partie la plus faible du front français, c'est-à-dire la bande de terrain, d'une étendue de 6 kilomètres, qui est comprise entre le fort Plappeville et la Moselle. Si les Français avaient perdu cette dernière position, le sort de la place de Metz et de l'armée du maréchal Bazaine aurait été fixé immédiatement ; au lieu d'adopter ce dernier parti, les Allemands ajournèrent, à ce moment, la décision à intervenir, à une époque indéterminée.

Il est permis de supposer, sans commettre d'erreur, que ces circonstances n'ont pas échappé à l'attention du commandement suprême de l'armée allemande ; mais les Allemands ne se sentaient pas, ainsi que nous l'avons déjà dit plus haut, assez forts pour engager, encore une fois, une lutte corps à corps avec les Français, en vue de leur arracher leurs nouvelles positions (1).

Il n'en est pas moins vrai que le commandement suprême de l'armée allemande, pouvait difficilement, pour le moment, c'est-à-dire le 19 août, se déclarer très satisfait des résultats obtenus, surtout si on les met en parallèle avec le projet qu'il avait formé

---

(1) Le 18 août, les Allemands avaient, pendant les attaques qu'ils avaient livrées, et qui, en partie, étaient tout à fait injustifiées, amené en ligne presque toute leur artillerie ; comme infanterie, seules, une division du Xᵉ corps et les deux divisions du IIIᵉ corps étaient demeurées intactes ; toutefois, ces deux divisions avaient, deux jours auparavant, à Mars-la-Tour, subi de très grandes pertes, et n'avaient pas encore pu se réorganiser complètement. Il suffit simplement de faire ressortir que le IIIᵉ corps, seul, perdit, le 16 août, 310 officiers. En outre, les troupes allemandes se trouvaient fatiguées par les marches ininterrompues qu'elles avaient exécutées, et dont quelques-unes avaient entraîné, pour elles, de très grands efforts. On comprend, dès lors, qu'après le résultat décisif, mais pénible, obtenu pendant la bataille de Gravelotte, il était nécessaire de les ménager, pour le moment ; mais, en revanche, il pouvait arriver, plus tard, que les Français, de leur côté, se fussent de nouveau rétablis.

de battre l'armée de Bazaine et de la rejeter vers la frontière neutre.

Le maréchal Bazaine, de son côté, avait encore moins de raisons de se déclarer satisfait, lui qui se trouvait brusquement coupé de ses communications, et rejeté sous les murs d'une place inachevée, qui n'était pourvue que d'une manière très insuffisante des approvisionnements strictement nécessaires. C'était, pourtant, de la quantité de vivres existant à Metz qu'allaient dépendre les mouvements ultérieurs des Français, et, pour chacun des deux partis belligérants, le résultat final, plus ou moins heureux ou malheureux, des opérations engagées.

Sans vouloir entrer dans des considérations étendues sur ce qui aurait pu arriver, mais n'arriva pas en réalité, remarquons, cependant, en passant, que, dans le cas où la place de Metz aurait été suffisamment approvisionnée en vivres, le maréchal Mac-Mahon n'aurait eu aucune raison de débloquer Bazaine, et de s'engager dans l'entreprise téméraire, qui se termina par la catastrophe de Sedan. D'autre part, si le maréchal Bazaine n'avait pas été obligé, par suite du manque de vivres, de se rendre prématurément, le prince Frédéric-Charles n'aurait pas pu faire son apparition, en temps opportun, sur la Loire, pour triompher des nouvelles levées nationales, auxquelles la France procéda, dans la suite, avec une surprenante rapidité et avec une ampleur pleine de menaces pour l'ennemi.

Quoi qu'il en soit, on peut bien admettre, sans commettre d'erreur, que le 19 août, ni le commandant en chef français, ni la direction suprême de l'armée allemande n'allaient déjà aussi loin dans leurs prévisions. Les Français n'avaient pas encore, pour le moment, renoncé à l'espoir de quitter Metz, et les Allemands étaient bien obligés de se contenter, bon gré mal gré, du résultat qu'ils avaient obtenu, jusque-là, par le seul fait qu'ils avaient réussi à séparer les armées françaises.

Il faut rendre au commandement suprême de l'armée allemande pleine justice, pour avoir pris avec rapidité et mené à bonne fin les résolutions qui répondaient, d'après sa manière de voir, à la nouvelle situation militaire. Ces résolutions attestaient, d'une

part, qu'il embrassait d'un coup d'œil clair les circonstances, et,
d'autre part, que, du côté des Allemands, toutes les forces étaient,
en réalité, subordonnées à une seule pensée et à une seule volonté,
et qu'elles furent dirigées conformément aux exigences de la
situation stratégique du moment, sans tenir compte de toutes les
considérations accessoires, n'ayant aucun caractère militaire,
ainsi que cela se passait du côté des Français.

Dès que, dans la journée qui suivit la bataille de Gravelotte, le
grand quartier général se fut rendu compte que les Français
commençaient à évacuer la partie de leur position de la veille, sur
laquelle ils se maintenaient encore, dans la soirée précédente, il
expédia, à 11 heures du matin, à Rezonville, l'ordre suivant (1) :

« A la suite des succès de ces derniers jours, il est devenu à la
« fois nécessaire et possible de donner aux troupes le repos dont
« elles ont besoin et de faire arriver des renforts, pour réparer
« leurs pertes. Il importe aussi que, dans la continuation du
« mouvement sur Paris, les armées s'avancent à la même hau-
« teur, afin de pouvoir se mesurer, en forces suffisantes, avec les
« troupes de nouvelle formation, en voie de concentration à
« Châlons.

« D'autre part, il faut encore prévoir le cas où l'armée fran-
« çaise rejetée sous Metz viendrait à tenter de se faire jour vers
« l'ouest. Six corps d'armée seront donc conservés sur la rive
« gauche de la Moselle, où, établis sur la ligne de hauteurs
« enlevée hier, ils pourront s'opposer à toute entreprise de cette
« nature. Un corps d'armée et la division de réserve resteront sur
« la rive droite, et devront, si cela devient nécessaire, éviter de
« s'engager avec un assaillant numériquement supérieur.

« Sa Majesté le roi affecte au blocus, outre la première armée
« et la 3ᵉ division de réserve, les IIᵉ, IIIᵉ, IXᵉ et Xᵉ corps.

« Sa Majesté le roi confie à son Altesse royale le prince Fré-
« déric-Charles le commandement de toutes les troupes chargées
« d'assurer le blocus de la principale armée française, et décide,
« en outre, que la garde, les IVᵉ et XIIᵉ corps, ainsi que les 5ᵉ et
« 6ᵉ divisions de cavalerie, passeront sous les ordres de son

---

(1) Ouvrage du grand état-major prussien, 1ʳᵉ partie, tome II, pages 885-886.

« Altesse le prince royal de Saxe, pour y demeurer jusqu'à ce que
« que les circonstances permettent de revenir à la répartition
« primitive en trois armées. L'état-major de Son Altesse le prince
« royal de Saxe sera immédiatement constitué.

« La chaîne de hauteurs destinée à former la position défensive
« sera retranchée ; les troupes pourront, d'ailleurs, se cantonner
« en arrière, jusqu'à l'Orne. Les trois corps provisoirement déta-
« chés de la deuxième armée prendront des cantonnements au
« delà de l'Orne et de l'Yron.

« La troisième armée fait halte, momentanément, sur la Meuse.

« Le quartier général de Sa Majesté reste, provisoirement, à
« Pont-à-Mousson, où le IIe corps laissera un bataillon (1).

« Signé : de Moltke. »

Ainsi qu'on le voit, cet ordre se borne à envisager les buts
immédiats les plus pratiques, c'est-à-dire le rassemblement de
forces suffisantes, pour combattre la nouvelle armée française, en
voie de formation à Châlons. En ce qui concerne l'armée du
maréchal Bazaine, le général de Moltke se contente d'empêcher
sa retraite vers l'ouest. Il ne songeait pas à lui faire mettre bas
les armes directement à Metz. L'ordre donné aux troupes qui
occupaient la rive droite de la Moselle « d'éviter toute rencontre
« avec les Français, au cas où ils seraient numériquement
« supérieurs », avait pour effet de laisser, en quelque sorte, à
ces derniers la liberté d'utiliser tous les chemins situés sur la
rive droite, c'est-à-dire à l'est de la Moselle, car le maréchal
Bazaine, qui se trouvait en possession des ponts de la rivière,
pouvait, sans difficulté, en très peu de temps, jeter sur la rive
droite des forces considérables, pour les opposer aux 44 bataillons
prussiens qui s'y trouvaient, — savoir : 26 bataillons du Ier corps
et 18 de la division Kummer.

Le commandement suprême de l'armée allemande comptait,

---

(1) L'utilité de la nouvelle répartition des forces allemandes et des nouvelles
missions qui lui étaient assignées sera discutée plus loin, au chapitre VI, quand
nous exposerons les considérations relatives aux résultats de la campagne menée
par les troisième et quatrième armées allemandes, après la bataille de Beaumont.

évidemment, que l'armée de Bazaine, en essayant de se faire jour sur la rive droite de la Moselle, arriverait ainsi à s'éloigner de l'armée de Châlons. Mais, à ce moment, le but immédiat et le plus important à atteindre consistait à battre séparément cette dernière armée; pour tout le reste, on s'en remettait au temps, et, en particulier, en ce qui concernait le cours des événements à Metz, à l'habileté du prince Frédéric-Charles.

CHAPITRE III

L'investissement de la place de Metz par les Allemands, et la bataille de Noisseville, le 31 août et le 1er septembre.

SOMMAIRE

Les projets et les dispositions du commandant en chef de l'armée allemande d'investissement, prince Frédéric-Charles. — Situation de l'armée du maréchal Bazaine et sortie exécutée par cette armée le 26 août; conseil de guerre caractéristique, tenu par les chefs français au château de Grimont; retraite des Français. — Mesures opposées par les Allemands à la sortie exécutée par les Français, le 26 août. — Situation de l'armée d'investissement jusqu'au 31 août. — Nouveaux projets d'attaque de Bazaine. — Le champ de bataille de Noisseville et le dispositif adopté par les Allemands sur ce champ de bataille. — L'attaque exécutée par les Français et la bataille du 31 août. — La bataille du 1er septembre. — Conséquences de la bataille de Noisseville : la reddition imminente de l'armée française, ainsi que de la place de Metz.— Appréciation des principales dispositions prises par l'armée d'investissement; la pensée du général de Moltke n'est pas exécutée, et tous les avantages sont abandonnés aux Français. — Les chefs en sous-ordre allemands pendant la bataille de Noisseville. — Les chefs français pendant cette même bataille. — Caractère particulier que présentait la situation stratégique, au moment de la bataille de Noisseville; les deux partis agissent contrairement à leurs intérêts; le vainqueur recule, de presque deux mois entiers, la date à laquelle l'adversaire devait succomber.

Le commandant en chef de l'armée allemande d'investissement devant Metz, prince Frédéric-Charles, était pénétré d'avance de l'idée de ne pas laisser échapper de ses mains l'armée de Bazaine et de la repousser, au contraire, sur Metz, toutes les fois qu'elle essayerait de se faire jour.

Les dispositions du prince furent basées sur les considérations suivantes (1) :

1º Les troupes d'investissement sur la rive droite de la Moselle doivent être réparties de manière à pouvoir s'opposer, en temps

---

(1) *Opérations de la deuxième armée*, page 166.

opportun, sur une position choisie à l'avance, à toute tentative de l'ennemi pour se faire jour sur cette rive, dans la direction de Thionville. Elles doivent pouvoir compter sur la coopération des troupes d'investissement établies sur la rive gauche, qui agiraient vigoureusement dans le flanc gauche de l'ennemi.

2º Pour parer à une sortie de l'ennemi, également sur la rive droite de la Moselle, dans la direction de Rémilly, où se trouve le magasin principal de l'armée, et qui forme le point terminus de ses communications avec l'Allemagne, le Iᵉʳ corps devra choisir une position, où il puisse être appuyé immédiatement, des deux côtés, par les autres corps d'investissement qui se trouvent le plus à proximité de lui.

3º Dans le cas où l'ennemi réunirait toutes ses forces contre les troupes d'investissement de la rive droite, pour tenter un mouvement excentrique, dans une autre direction que celle prévue ci-dessus, ces troupes devront se dérober au choc.

4º Si l'ennemi cherche à percer par la vallée de la Moselle, en amont de Metz, c'est-à-dire dans la direction de Pont-à-Mousson, il devra donner contre le VIIᵉ corps. A cet effet, celui-ci prendra, dans la vallée, des positions retranchées, à cheval sur la rivière, et reliées par un pont bien couvert, et s'y maintiendra, jusqu'à ce qu'il soit soutenu des deux côtés.

5º Toute tentative exécutée par l'armée ennemie, pour se faire jour directement vers l'ouest, doit être arrêtée sur la ligne même d'investissement, rendue infranchissable par une accumulation d'abatis, de tranchées et d'ouvrages, et défendue, tout d'abord, par les troupes de première ligne, soutenues par les corps cantonnés en arrière, comme réserve.

En outre, le Xᵉ corps était chargé de construire un pont sur la Moselle, en aval de Metz, à peu près à hauteur d'Hauconcourt ; ce corps recevait l'ordre d'appuyer, en cas de besoin, les corps voisins, des deux côtés, et de préparer, d'avance, une position qui pût permettre de résister aux Français, dans le cas où ils tenteraient de se faire jour, par la vallée de la rive gauche de la Moselle, sur Thionville. Enfin toutes les troupes étaient invitées à construire des retranchements solides, et recevaient encore d'autres instructions (relatives à l'établissement de postes d'observation, etc.).

Ces dispositions préparatoires furent prises, dans le sens que nous venons d'indiquer, par le prince, dès le 19 août, et mises à exécution, en partie déjà dans la même journée, en partie dans les deux journées suivantes ; en conséquence, les troupes allemandes prenaient la formation suivante autour de Metz (1).

Sur la rive droite de la Moselle, se trouvaient, sous le commandement direct du général de Manteuffel, les fractions suivantes de la première armée allemande :

La division Kummer, qui venait d'arriver, et se trouvait encore intacte (18 bataillons, 16 escadrons, 36 pièces), occupait, à l'aile droite, le secteur Malroy—Charly, appuyant son flanc droit à la Moselle, en aval de Metz ;

Le Ier corps occupait, avec la 1re division d'infanterie, la ligne Failly—Servigny, son gros à Vrémy, avec l'artillerie de corps à Sainte-Barbe, et la 2e division d'infanterie à Laquenexy ;

La 3e division de cavalerie occupait la région qui s'étendait de Laquenexy à Frescaty, c'est-à-dire le secteur compris entre la 2e division d'infanterie et la position du VIIe corps.

Dans cette formation, les troupes allemandes qui occupaient la rive droite de la Moselle couvraient les points suivants : la division Kummer, de concert avec la 1re division d'infanterie, surveillait les routes allant dans la direction du nord, vers Thionville ; la 2e division d'infanterie gardait le point de Rémilly, où se trouvait le magasin principal de l'armée. L'espace qui s'étendait entre ces deux divisions, et présentait une longueur d'environ 7 kilomètres, était, probablement, surveillé par la cavalerie ; enfin l'espace vide compris entre la 2e division d'infanterie et les troupes du VIIe corps était occupé par la 3e division de cavalerie.

Dans les environs d'Ars-sur-Moselle, en amont de Metz, sur les deux rives de la Moselle, se trouvait le VIIe corps (Zastrow) ;

A sa gauche, se reliait le VIIIe corps (Goeben), s'étendant depuis un point situé à l'est de Gravelotte jusqu'à Moscou ;

A la gauche de ce dernier, le IIe corps (Fransecky) jusqu'à Norroy-le-Veneur ;

Enfin, à côté de ce dernier, le Xe corps (Voigts-Rhetz) occupait, avec ses troupes avancées, la ligne qui s'étendait, en avant de Norroy-Les Petites-Tapes, jusqu'à la Moselle, tandis que la position principale était préparée sur la ligne Fèves—Amelange. Le pont d'Hauconcourt était terminé le 21 au soir.

---

(1) *Opérations de la deuxième armée,* page 169.

Des deux corps désignés pour former la réserve, le IIIe (Alvensleben) prit position à la ferme de Caulre, derrière le VIIIe corps ; le IXe (Manstein) à Saint-Ail et Sainte-Marie, derrière le IIe corps.

Enfin la 1re division de cavalerie (Hartmann) se trouvait à Rezonville.

C'est ainsi que, dès le troisième jour qui suivit la bataille de Gravelotte, l'investissement de l'armée de Bazaine fut un fait accompli.

C'est à ce moment, seulement, que furent, enfin, envoyées des patrouilles, pour assurer la surveillance rigoureuse des chemins allant vers le nord, par lesquels les Français auraient pu exécuter leur retraite de Metz. Ces patrouilles rendirent compte que toutes les traces de l'adversaire, qu'on observait, conduisaient du champ de bataille vers Metz, et qu'on ne rencontrait, dans la direction du nord, aucune trace de l'ennemi (1). C'est ainsi qu'il fut établi, définitivement, que toute l'armée française, qui était entrée en action sous Metz, se trouvait, à ce moment, rejetée sous les murs de cette place.

Nous n'avons pas besoin de répéter que les Allemands avaient en main tous les moyens nécessaires, pour entreprendre, déjà longtemps auparavant, ces reconnaissances, notamment lorsqu'ils furent arrivés à proximité de Metz ; ils se seraient ainsi épargné bien des sacrifices inutiles et des dangers très graves, qui furent conjurés, non seulement grâce à leurs propres dispositions, mais encore, — et cela pour une forte part, — grâce à l'incapacité des chefs français.

Les trois corps qui avaient été détachés de la deuxième armée allemande, et placés sous les ordres du prince royal de Saxe, furent mis en marche vers l'ouest, dès le 23 août, pour coopérer à de nouvelles entreprises, de concert avec la troisième armée, commandée par le prince royal de Prusse.

Ces mouvements de l'armée feront l'objet du chapitre suivant ; nous devons, pour en finir, donner ici, tout d'abord, une courte description des événements ultérieurs qui se produisirent sous Metz, jusqu'à la bataille de Noisseville.

---

(1) *Opérations de la deuxième armée*, page 173.

Le commandant en chef de l'armée allemande d'investissement estimait que l'armée ennemie pouvait, après s'être rétablie au bout de quelques jours, se trouver de nouveau en mesure de tenter de se faire jour à travers la ligne d'investissement. La présence de presque toute l'armée française sur la rive gauche de la Moselle paraissait indiquer que cette tentative de sortie aurait lieu sur cette rive. On estimait qu'elle se ferait, probablement, vers le nord, sur Thionville, point à partir duquel les Français pouvaient se faire jour, avec toutes les forces dont ils disposaient, ou, au moins, avec une partie d'entre elles, en longeant leur frontière du nord, et en se dirigeant sur Mézières et Sedan. La voie ferrée Thionville—Mézières, sur laquelle se trouvaient les places de Thionville, Montmédy et Sedan, facilitait, en effet, dans une certaine mesure, une marche des Français dans cette direction, et le groupement des camps français à Metz, qui était plus serré, précisément dans la direction du nord, contribuait à confirmer les hypothèses envisagées par le commandement allemand.

En conséquence, les Allemands exécutèrent, le 23 août, un mouvement de troupes sur la rive gauche de la Moselle : le VIIIe corps s'étendit davantage vers la gauche ; d'autre part, le IIe et le Xe corps se rapprochèrent un peu et occupèrent plus solidement les chemins allant sur Thionville. C'est à la même époque, que les deux corps de réserve, le IIIe et le IXe, ainsi que la 1re division de cavalerie, furent également reportés plus à gauche. Tous ces déplacements de troupes avaient pour but de renforcer, autant que possible, la partie de la ligne d'investissement que le maréchal Bazaine était obligé de percer, dans le cas où il aurait eu l'intention de s'ouvrir un chemin, sur la rive gauche de la Moselle, vers Thionville.

Sur les points les plus élevés qui se trouvaient situés autour de la place, on organisa, spécialement pour les besoins de l'état-major de l'armée d'investissement, six postes principaux d'observation, ayant un caractère permanent. Les corps établirent également des postes d'observation semblables, pour leur service particulier. De ces points, on apercevait tout le dispositif des Français derrière leurs ouvrages de fortification, de telle sorte qu'aucune marche exécutée pendant la journée, aucune modification survenue dans l'assiette des campements des Français, ne pouvait échapper à l'attention des observateurs allemands. Le quartier général du prince fut relié, par des lignes télégraphiques, avec ceux des commandants de corps.

Des détachements de cavalerie furent envoyés pour détruire, à Thionville, les voies ferrées, dont l'une allait sur Mézières, Châlons et Paris, et dont l'autre traversait la frontière, pour se diriger sur Luxembourg. Une brigade de cavalerie de la division Kummer, appuyée par un détachement d'infanterie de landwehr, qui venait d'arriver du centre de l'Allemagne, commença l'investissement de Thionville.

Le 24 août, le grand quartier général fit savoir que l'empereur Napoléon se trouvait avec une armée à Reims, et que, d'après les renseignements que l'on avait reçus, on comptait, à Metz, sur le secours de cette armée. Le grand quartier général insistait, en même temps, sur l'importance de premier ordre que présentait la destruction de la voie ferrée partant de Thionville, pour se diriger, en longeant la frontière du nord, vers le centre de la France. La destruction de cette ligne ferrée, dans sa partie occidentale, avait été confiée à l'armée du prince royal de Saxe. Bien que le prince Frédéric-Charles eût déjà fait procéder à la destruction de cette voie ferrée, au moyen de sa cavalerie, il dirigea, cependant, un régiment de cavalerie, avec un détachement de pionniers, sur Longuyon (à moitié chemin entre Thionville et Sedan), pour détruire quelques ponts sur le chemin de fer, dans les environs de ce point, et pour faire sauter, autant que possible, le tunnel qui se trouvait de ce côté. En même temps, le régiment recevait l'ordre de rassembler, dans cette région de la frontière, des renseignements sur l'ennemi (1).

Immédiatement après, le commandant en chef de l'armée d'in-

---

(1) Il nous semble qu'en se plaçant au point de vue de l'attaque, il faut traiter, en général, avec une grande prudence, la question de la destruction de celles des voies ferrées qui se trouvent, il est vrai, momentanément, dans les mains de l'adversaire, mais peuvent, également, être, par la suite, utiles à l'agresseur. Dans ce cas, la destruction d'une voie ferrée doit être envisagée simplement en se plaçant au point de vue du but immédiat que l'on poursuit, c'est-à-dire en vue d'intercepter les transports par voie ferrée de l'adversaire. A cet effet, il est bien plus avantageux d'interrompre la circulation sur la voie ferrée, au moyen d'une série de destructions partielles, sur divers points, que de la détruire radicalement sur un point, ce qui peut entraîner, pour les opérations ultérieures, des conséquences fâcheuses; c'est pourquoi les destructions projetées par les Allemands, particulièrement celle du tunnel, se justifient difficilement.

vestissement reçut, du grand quartier général, un renseignement qui confirmait la communication précédente et lui faisait connaître que l'armée française de Châlons avait quitté cette localité. Dans la même journée, on remarquait également un mouvement dans les camps français à Metz.

Le 26 août, dès les premières heures de la matinée, différents postes d'observation allemands rendirent compte qu'il régnait une grande animation dans les camps français de la rive gauche de la Moselle; les camps qui se trouvaient situés sur cette rive étaient levés; les troupes se formaient en colonnes de marche, pour se porter sur l'autre rive. Bientôt après, de grandes masses de troupes françaises de toutes armes se rassemblèrent dans les environs du fort Saint-Julien (sur la rive droite de la Moselle, en aval de Metz).

Dans le rapport qu'il adressa à l'Empereur, dans la journée qui suivit la bataille de Gravelotte, le maréchal Bazaine avait allégué, entre autres choses, que les troupes se trouvaient épuisées par les batailles consécutives qu'elles venaient de livrer, et qu'elles avaient besoin de deux ou trois jours de repos, pour remettre en ordre leur matériel; plus loin, il ajoutait : « Je compte toujours « prendre la direction du nord, et me rabattre ensuite, par Mont- « médy, sur la route de Sainte-Menehould à Châlons, si elle n'est « pas fortement occupée; dans l'autre cas, je continuerai sur « Sedan et Mézières, pour gagner Châlons (1). »

C'est, probablement, pour donner suite à ses projets, que le maréchal transporta, le 26, des forces importantes sur la rive droite de la Moselle, comme s'il eût voulu percer la ligne d'investissement allemande, qui, en réalité, se trouvait être faible de ce côté. Mais, au dernier moment, un conseil de guerre, formé par les chefs supérieurs français, et qui se rassembla presque sous le feu de l'ennemi, donna aux événements une autre tournure.

Il résulte des déclarations du général Coffinières, qui commandait, à cette époque, la place de Metz, que cet officier général s'était rendu, de concert avec le commandant de l'artillerie de

---

(1) Bazaine, *Épisodes*, etc., page 107.

l'armée, général Soleille, dans la matinée du 26 août, auprès du
maréchal, pour l'engager à différer la tentative de percée, qu'il
projetait d'exécuter, jusqu'à ce qu'on eût reçu des renseignements
précis au sujet de l'emplacement exact de l'armée de Mac-Mahon.
Cette armée, d'après les bruits qui circulaient, — bruits dont on
ignorait l'origine, — devait être en train de se rapprocher, pour
venir débloquer l'armée de Bazaine. Le maréchal écouta les généraux et leur répondit : « Il est possible que vous ayez raison,
« mais tant pis : mon mouvement est prêt, je vais l'exécuter. »
Les troupes se mirent, en effet, en mouvement, mais le maréchal
donna, cependant, l'ordre de convoquer les chefs principaux de
l'armée, pour assister à un conseil de guerre, au château de Grimont, situé au nord du fort Saint-Julien (1). Le conseil de guerre
commença à 2 heures de l'après-midi. Le maréchal ouvrit la
séance, en exposant la situation militaire, et donna ensuite la
parole au commandant de l'artillerie, général Soleille (2).

Le général Soleille s'exprima, en substance, de la manière suivante : il compara la situation qui existait à ce moment avec celle
de l'armée française en 1814, lorsque l'empereur Napoléon Ier,
après avoir réuni les garnisons des places du Nord, se jeta sur les
communications des alliés, dans la prévision que ces derniers, en
se heurtant contre les travaux de défense qu'il avait ordonné
d'exécuter autour de Paris, seraient obligés de s'arrêter; mais
Paris n'était pas fortifié, et le plan de l'Empereur ne put être réalisé. Aujourd'hui, disait-il, les circonstances sont tout autres :
Paris est une place forte. La présence d'une armée française à
Metz, menaçant les communications de l'adversaire, doit singu-
lièrement inquiéter l'ennemi. Metz est, non seulement une place
de guerre, mais encore la capitale de la Lorraine. En admettant
le cas où la France serait obligée, après une série de défaites, de
conclure la paix, la possession effective de Metz lui assurerait,
probablement, celle de la Lorraine. Il ne faut pas se dissimuler,
en outre, que l'armée n'a de munitions d'artillerie que pour une
bataille. En admettant même que l'armée française réussisse à
percer, les Allemands s'acharneraient après elle, « comme une
« meute de chiens après un cerf ».

---

(1) Bazaine, *Épisodes*, etc., page 159.
(2) Bazaine, *Épisodes*, etc., pages 163-164.

En restant, au contraire, avec toutes ses forces, à Metz, l'armée pouvait, disait-il, changer en désastre un mouvement rétrograde de l'armée allemande, qui était parfaitement possible. Mais l'armée ne devait pas, pour cela, rester complètement inactive à Metz. Elle pouvait faire de fréquentes pointes sur le périmètre de la ligne d'investissement des Allemands, qui n'avait pas moins de 50 kilomètres, bouleverser les travaux de l'adversaire, couper ses convois et intercepter ses lignes de communication.

Après le général Soleille, le gouverneur de la place, général Coffinières, prit la parole et déclara que les ouvrages de fortification, dans leur état actuel, n'étaient pas en mesure de supporter une attaque régulière, pendant plus de quatorze jours; c'est pourquoi l'armée devait rentrer sous Metz, et, à son avis (à lui, Coffinières), occuper les lignes de défense.

Tous les autres chefs français, en particulier les commandants de corps, les maréchaux Canrobert et Le Bœuf, et les généraux Frossard, Bourbaki et Ladmirault, partagèrent, en général, l'avis du général Soleille, savoir qu'il fallait rester à Metz.

La pensée de tenter de se faire jour parut être complètement abandonnée. Seul, le maréchal Canrobert revint à cette pensée, en insistant sur l'impossibilité, dans le cas d'une retraite, d'emmener les trains, et sur la nécessité de les laisser, dans ce cas, en arrière, à Metz. Le maréchal Canrobert se prononça également pour une défensive active.

Le général Frossard émit l'avis que l'armée du Rhin, par suite des défaites qu'elle avait éprouvées, était bien plus propre à la défensive qu'à l'offensive. Si l'on se met en marche à l'aventure, disait-il, on ne pourra plus compter sur elle, après un premier combat, fût-il même heureux. Comme contre-partie, le général Frossard exposait que, dans le cas où l'ennemi se mettrait en retraite, les troupes françaises changeraient, sans conteste, en un désastre complet, un mouvement rétrograde de sa part.

Le maréchal Le Bœuf, après avoir, en termes diffus, essayé, avec peu de succès, de justifier sa conduite antérieure, comme chef d'état-major de l'Empereur, émit l'avis que conserver l'armée intacte était le meilleur service que l'on pouvait rendre à la France ; « mais, » ajoutait-il : « Comment le faire sans « vivres ? »

On agita également, dans ce conseil de guerre, la question de la cavalerie : l'armée, disait-on, a énormément de cavalerie, mais cette arme donne peu de résultats ; elle va même devenir une gène pour la place, vu le peu de ressources dont on dispose en fourrages. La valeur personnelle des chefs de la cavalerie fut également discutée.

Enfin, on décida de former des compagnies de partisans, qui devaient agir conjointement avec la cavalerie, et être utilisées contre les avant-postes, les convois et les lignes de communication de l'ennemi (1).

Quant à la question du manque de vivres, légèrement effleurée par le maréchal Le Bœuf, elle ne fut abordée par aucun des membres du conseil de guerre.

Il faut admettre que les chefs français considéraient, à ce moment, dans leur for intérieur, la guerre comme déjà compromise et même comme terminée. C'est pourquoi ils attendaient leur délivrance de négociations en vue de la paix, et non pas du cours général des opérations, du moins de celles qui leur incombaient. Quant aux défaites et aux catastrophes, qui, d'après l'avis de certains généraux, devaient menacer l'armée allemande, dans le cas d'une retraite, ce n'était, malheureusement, que des phrases, au nombre desquelles il faut également compter la discussion des attaques qu'on devait entreprendre contre les convois et les communications des Allemands. Ces discussions, qui n'avaient pas même pris la forme concrète de propositions précises, ne présentaient, en réalité, que le caractère de « pieux désirs », ainsi qu'on le dit en allemand (2). En principe, cette pensée était exacte et parfaitement exécutable. Les circonstances, elles-mêmes, non seulement engageaient les Français à l'exécuter réellement, mais encore leur en faisaient tout simplement une obligation absolue. Ainsi que nous l'avons dit, le conseil de guerre avait envisagé rapidement la question des effectifs excessifs de la cavalerie, qui, disait-on, ne pouvaient qu'aggraver la situation de la place. Pouvait-on, d'autre part, adopter une solution plus simple que celle qui consistait à réunir entre elles, au point de vue de

---

(1) Bazaine, *Épisodes*, etc., pages 164-167 : copie résumée des délibérations du conseil de guerre du 26 août, faite par l'aide de camp du maréchal Bazaine.

(2) Il s'agit ici, bien entendu, des faits, et non des personnalités.

l'exécution, les deux idées spécifiées dans la copie des délibérations du conseil de guerre du 26 août ? Voulait-on occuper les Allemands, en exécutant une grande sortie, ou, tout au moins, des entreprises qui en eussent les apparences ? Dans ce cas, il ne pouvait être difficile de détacher de la place quelques milliers des cavaliers qu'on trouvaient superflus ; ces derniers auraient pu prendre facilement une avance de deux ou trois jours et causer beaucoup de dégâts sur les lignes de communication des Allemands, avant que l'adversaire n'eût réussi à s'en apercevoir et à prendre des mesures pour s'y opposer.

Il n'y a pas le moindre doute qu'une sortie de cette nature, entreprise par la cavalerie française, en rase campagne, aurait procuré à l'armée les plus grands avantages immédiats ; il fallait, pour cela, qu'elle s'avançât en masse, ou par petits détachements, opérant de concert avec les francs-tireurs, qui se trouvaient alors en voie de formation (1).

Quoi qu'il en soit, la conséquence immédiate du conseil de guerre tenu à Grimont fut que l'armée française se mit en retraite, encore dans la même journée, le 26 août ; toutefois, le 2e et le 3e corps furent maintenus en arrière, sur la rive droite de la Moselle, où ils occupèrent une position que leur assigna le général Coffinières.

Toute l'opération exécutée dans cette journée se borna à une escarmouche insignifiante.

———————

La marche en avant des Français, dans la matinée du 26 août, paraissait, tout d'abord, menacer les positions de la division Kummer et de la 1re division d'infanterie du Ier corps, qui était reliée à cette division. Le général de Manteuffel, sous les ordres duquel, ainsi que nous l'avons dit, avaient été placées toutes les troupes qui se trouvaient sur la rive droite de la Moselle, résolut,

———————

(1) Le matériel de la cavalerie française était bon. Armée, en grande partie, de carabines Chassepot, elle était parfaitement apte à la petite guerre. A Wœrth et à Sedan, elle fit preuve d'une vaillante bravoure, et, partout où l'on a su l'employer, elle a, plus d'une fois, surpris l'adversaire : c'est ainsi qu'elle dispersa la patrouille du comte Zeppelin, un détachement envoyé en reconnaissance à Pont-à-Mousson, et un escadron de uhlans, à Mars-la-Tour, le 15 août.

en conséquence, de rapprocher de sa 1re division une brigade de
sa 2e division, tout en maintenant, du reste, l'investissement sur
toute la ligne.

Le rassemblement de l'armée française à Saint-Julien, qu'on
apercevait de la rive opposée, semblait indiquer que cette armée
allait tenter de se faire jour sur la rive droite de la Moselle, et
même, très probablement, dans la direction du nord. Au fur et à
mesure que la situation parvint à s'éclaircir de ce côté, les chefs
allemands, qui commandaient les troupes de la rive gauche de la
Moselle, prirent, chacun pour leur compte, suivant leur habitude,
les mesures qui leur incombaient, sans demander, ou même sans
attendre des ordres.

Le général commandant le Xe corps, qui se trouvait le plus
rapproché de la rivière, à l'aile gauche de la ligne d'investisse-.
ment de la rive gauche de la Moselle, général de Voigts-Rhetz,
concentra son corps à proximité de la rivière, et en fit passer une
grande partie sur l'autre rive, à Argancy.

Le général de Manstein, commandant le IXe corps, qui formait,
en deuxième ligne, la réserve de l'aile gauche, dirigea l'une de ses
divisions vers le pont d'Hauconcourt sur la Moselle, et la fit suivre
de l'autre, qu'il porta sur Marange.

De cette manière, deux corps d'armée allemands se trouvaient
prêts à appuyer l'aile droite des troupes qui se trouvaient sur la
rive gauche de la Moselle.

Au même moment, le IIe corps se portait en avant, pour occuper
les ouvrages fortifiés de la ligne d'investissement. Le IIIe corps,
qui se trouvait le deuxième en réserve, se tint prêt à marcher, en
rassemblant ses troupes par divisions, et en réunissant son artillerie de corps.

Le prince Frédéric-Charles prescrivit de tenir prête une brigade
d'infanterie du VIIIe corps, renforcée par de l'artillerie, pour
occuper la ligne d'investissement, sur toute l'étendue du secteur
assigné au IIe corps, en prévision du cas où ce corps d'armée
devrait être, également, transporté sur l'autre rive de la Moselle.
En même temps, le prince adressait au général de Manteuffel la
communication suivante :

« Le général de Kummer rend compte, à 1 h. 30 de l'après-
« midi, que l'ennemi a allumé des feux de bivouac dans le bois

« de Grimont, et qu'en même temps un léger combat de tirailleurs
« est engagé, d'une manière continue, depuis quatre heures.

« Les forces de l'ennemi doivent comprendre plusieurs corps.

« Comme je suppose que votre Excellence se trouve sur la
« position Failly—Servigny, se reliant, par la station centre de
« renseignements Malroy—Charly, avec le général de Kummer,
« je ne puis pas, avant que la situation ne se soit dessinée
« davantage, donner du tout d'instructions ultérieures.

« En cas d'attaque de l'ennemi, nous nous maintiendrons,
« partout, sur la position d'investissement que nous avons pré-
« parée. Le combat sur la rive droite de la Moselle sera, en cas
« de besoin, appuyé par le X⁰ corps, et, aussitôt après, par le
« IX⁰ corps.

« Il n'y a pas lieu, pour le moment, de prendre d'autres dis-
« positions (1). »

Cependant, malgré toutes ces mesures, la situation des troupes
allemandes, sur la rive droite de la Moselle, serait devenue très
critique, dans le cas où les Français auraient passé résolument à
l'attaque. Les troupes de la division Kummer et les fractions du
Iᵉʳ corps, qui se trouvaient les plus rapprochées, pouvaient déjà
être repoussées, avant que des renforts suffisants, venant de
l'autre rive, eussent réussi à entrer en ligne. En général, on ne
pouvait pas compter sur les troupes établies sur la rive gauche,
en amont de la place, en particulier sur le VIIᵉ corps, qui se trouvait le plus rapproché. Pour atteindre, en effet, le point où leur
entrée en ligne pouvait devenir nécessaire, elles avaient encore à
parcourir, après avoir franchi la rivière, un grand trajet, équi-
valent à une journée de marche, qui les obligeait à contourner,
par derrière, la ligne d'investissement de la rive droite ; en outre,
elles pouvaient être facilement arrêtées, dans leur marche, par
des attaques accessoires ou simulées, exécutées par les Français.
D'autre part, en ce qui concerne les forces allemandes qui se
trouvaient sur la rive gauche, en aval de la place, elles n'avaient
à leur disposition que deux ponts, qui ne se trouvaient qu'à une
distance de 6 à 8 kilomètres des lignes françaises ; il pouvait

---

(1) *Opérations de la deuxième armée,* page 191.

arriver, dans le cas où les événements tourneraient à l'avantage
des Français, que le passage des ponts, pour gagner la rive droite
de la Moselle, fût bientôt entravé par ces derniers. Il y avait donc
lieu, tout au moins, de prévoir le cas où l'armée de Bazaine tenterait de se faire jour, sur la rive droite de la Moselle, vers Thionville ; aussi cette dernière éventualité avait-elle été prise en considération par le commandant en chef de l'armée allemande
d'investissement.

En prévision du cas éventuel où l'armée française, ou, du
moins, une fraction considérable de cette armée, réussirait à se
faire jour dans la direction indiquée ci-dessus, le IIIᵉ corps avait
reçu l'ordre de se tenir prêt à marcher sur Thionville, et « d'em-
« pêcher », en déployant toutes ses forces, « l'ennemi de débou-
« cher de cette place, dans le cas où il prendrait, soit la direc-
« tion de Luxembourg, soit celle de Longuyon (à l'ouest) (1) ».

Du reste, le mouvement offensif commencé par les Français,
dans la matinée, fut, ainsi que nous l'avons déjà dit, rapidement
terminé ; leurs troupes firent halte, de nouveau, et s'établirent au
bivouac.

A 7 h. 30 du soir, le général de Manteuffel adressa au général
de Steinmetz un rapport qui contenait, entre autres choses, ce qui
suit :

« L'ennemi a poussé en avant sa ligne d'avant-postes, de
« Colombey sur Noisseville, par Montoy ; il sera, autant que pos-
« possible, repoussé, aujourd'hui soir, de Colombey et de Noisse-
« ville. »

———————

Quoique la journée du 26 août se fût passée d'une manière
favorable pour les Allemands, en ce sens que les Français
n'avaient pas attaqué, il était, néanmoins, impossible de prévoir
ce qui arriverait le jour suivant. Le danger n'était pas encore
conjuré, à la date du 27. Les troupes allemandes n'avaient pas
encore pu fortifier suffisamment leurs lignes. L'incertitude qu'elles
éprouvaient s'accrut encore, dans la matinée de cette journée,
par le fait que le temps pluvieux, qui était survenu, rendait impos-

———————

(1) *Opérations de la deuxième armée*, page 190.

sible toute observation. En outre, l'armée d'investissement fut
considérablement affaiblie, d'une manière tout à fait inattendue,
par un ordre du grand quartier général. Il arriva, notamment, le
27, du grand quartier général, une communication (datée du 26, à
midi), faisant connaître que le maréchal Mac-Mahon, selon toute
vraisemblance, se portait en avant, en partant de Châlons, dans
la direction du nord, probablement dans le but d'envelopper l'aile
droite des armées allemandes qui marchaient vers l'ouest. Les
Français, disait-on, paraissaient avoir l'intention de passer à
l'offensive, dans la direction de Metz, pour débloquer l'armée de
Bazaine. Le grand quartier général faisait savoir, en outre, que
les trois corps d'armée du prince royal de Saxe, ainsi que les deux
corps bavarois de la troisième armée, avaient été mis en marche,
dès le 26, dans la direction de la région de Damvillers (au nord-
ouest de Verdun, sur la rive droite de la Meuse), pour barrer la
route à l'armée du maréchal Mac-Mahon. En ce qui concernait la
deuxième armée, le grand quartier général ajoutait ce qui suit :

« Sa Majesté ordonne que deux corps d'armée seront détachés
« de l'armée d'investissement, et dirigés de manière à atteindre,
« d'une manière certaine, le 28, également, la région de Dam-
« villers — Mangiennes. Le commandant en chef est invité à
« prendre les dispositions nécessaires, en se résignant, au besoin,
« à interrompre, momentanément, l'investissement sur la rive
« droite de la Moselle, pour empêcher, en tout cas, l'ennemi de
« se faire jour vers l'ouest. »

En exécution de cet ordre, les IIe et IIIe corps furent désignés
pour renforcer l'armée du prince royal de Saxe ; comme la dis-
tance qui les séparait de la région Damvillers — Mangiennes com-
portait environ 50 kilomètres, on se décida à porter, dans cette
direction, ces deux corps, dès le 27, et on expédia, à 9 heures du
matin, l'ordre suivant :

« 1º Le IIIe corps se portera immédiatement au delà de Con-
« flans ; il devra, encore aujourd'hui, atteindre Étain, avec la
« plus grande partie de ses forces, et marchera, demain, sur Dam-
« villers ;
« 2º Le IIe corps fera relever immédiatement ses troupes de
« première ligne par la brigade du VIIIe corps bivouaquée à

« Amanvillers, se portera ensuite au delà de Briey, par la route
« de Mainville, et réglera sa marche de telle sorte que sa tête de
« colonne atteigne, encore aujourd'hui, Mainville. Demain, 28, le
« corps se portera au delà de Vaudoncourt, et devra atteindre la
« région de Mangiennes. »

On ajoutait encore que les deux corps ne devraient pas se
laisser arrêter dans l'exécution de cet ordre, quand même une
bataille s'engagerait, le 27, près de Metz (1).

Défalcation faite de ces deux corps, qu'on lui avait enlevés,
l'armée allemande d'investissement devant Metz comptait encore,
en nombre ronds, 112,000 fusils, 13,000 chevaux et 478 pièces.

Le maréchal Bazaine, pour arriver à se faire jour de vive force,
pouvait disposer de forces presque aussi considérables, et les
porter à l'attaque d'une partie quelconque du front des Allemands,
à sa convenance (ou, du moins, engager ces forces au combat,
quoiqu'en partie pour exécuter une attaque simulée ou secondaire). Les Allemands, au contraire, dans tous les cas possibles,
ne pouvaient opposer aux Français, sur chaque rive, et dans
chaque secteur de leur ligne d'investissement, très étendue, qu'une
partie des forces dont ils disposaient. Néanmoins, le prince Frédéric-Charles n'avait pas l'intention de profiter de l'autorisation
qui lui était donnée de faire cesser, en cas de nécessité, l'investissement sur la rive droite de la Moselle. L'ordre (en date du 27)
qu'il avait expédié, à 9 h. 30 du matin, indiquait bien plutôt qu'il
était décidé à opposer une résistance directe à toute tentative de
l'armée française ayant pour but de se faire jour sur cette rive ;
cet ordre prescrivait, à cet effet, ce qui suit :

« Le général de Manteuffel se maintiendra sur ses positions de
« la rive droite de la Moselle, qui barrent le plus court chemin
« menant de Metz à Thionville.

« Le X⁰ corps restera dans la vallée de la Moselle, et se tiendra
« prêt, en laissant de faibles forces sur sa position, vers Metz, à
« appuyer énergiquement, avec la plus grande partie de ses forces
« (rassemblées, dès le 26, dans la vallée de la Moselle), la divi-
« sion Kummer (qui formait l'aile droite des troupes du général

(1) *Opérations de la deuxième armée*, pages 194-195.

« de Manteuffel), dans le cas où l'ennemi attaquerait cette divi-
« sion.

« Le IXᵉ corps se tiendra prêt à marcher, sur mon ordre, dans
« la même direction, pour appuyer les troupes engagées. »

Pour renforcer la 2ᵉ division du Iᵉʳ corps, désignée pour protéger les approvisionnements et les magasins allemands à Rémilly,
le VIIᵉ corps devait mettre en marche, sur Laquenexy, une brigade
d'infanterie, renforcée par de l'artillerie.

Sur la ligne d'investissement de la rive gauche de la Moselle,
le VIIIᵉ corps reçut une extension beaucoup plus grande.

La journée du 27 août, qui avait été pluvieuse, s'était passée,
cependant, tranquillement, et, quoique la pluie rendît l'observation difficile, on pouvait, néanmoins, se rendre compte, en général, que les Français battaient en retraite, et que, par suite, ils
avaient renoncé à l'entreprise projetée le 26.

Le 28, à 3 heures du matin, le commandant en chef de l'armée
d'investissement reçut, du général de Moltke, le télégramme suivant :

« Erize-la-Petite, le 27 août, 12 h. 15 après-midi.

« D'après les renseignements qui viennent de nous parvenir,
« une grande partie des forces ennemies se trouvait encore, hier
« au soir (c'est-à-dire le 26), à Vouziers. Le mouvement de
« troupes prescrit à Votre Altesse Royale ne doit pas, jusqu'à
« nouvel ordre, être exécuté (1). »

A la suite de ce renseignement, les IIᵉ et IIIᵉ corps reçurent
l'ordre de rester sur les points qu'ils avaient atteints le 27. Vers
midi, arriva un nouveau télégramme du général de Moltke, faisant connaître que des forces suffisantes étaient réunies contre
l'armée du maréchal Mac-Mahon, et que, par suite, on n'avait plus
besoin des corps de la deuxième armée.

En raison de l'heure avancée de la journée et du mauvais
temps, le prince Frédéric-Charles préféra renoncer à rapprocher,
encore dans cette journée, les corps d'armée détachés. En se plaçant au point de vue de la situation militaire générale, il arriva,
en outre, à la conclusion (exprimée déjà, en partie, dans les
ordres du 26) qu'il serait utile de posséder, en arrière de la ligne

---

(1) *Opérations de la deuxième armée*, page 198.

d'investissement de la rive gauche de la Moselle, une forte réserve mobile, qu'on pourrait employer suivant les circonstances.

En réalité, il n'était pas difficile de se rendre compte que, dans le cas d'une attaque exécutée, par les Français, sur la rive droite de la Moselle, on pouvait mettre en mouvement, pour appuyer les troupes allemandes qui se trouvaient sur cette rive, le IXe et le Xe corps, en aval de Metz, le VIIe ou une partie du VIIIe corps, en amont de cette place, et que chacun de ces groupes se trouverait séparé de l'autre par une forte journée de marche. Les troupes allemandes n'étaient donc pas en mesure de résister à une attaque des Français, au cas où elle serait exécutée avec résolution, et d'une manière plus ou moins soudaine, contre une partie de la ligne d'investissement située à droite de la Moselle.

C'est pour ces motifs que le prince avait l'intention, dans le cas où l'ennemi aurait réussi à se faire jour avec succès, de s'accrocher à l'adversaire, avec toutes les troupes propres au combat dont il disposait sur la rive droite de la Moselle, et de lui barrer la route, avec la réserve mobile, formée par le IIe et le IIIe corps et la 1re division de cavalerie.

C'est en se basant sur ces considérations (toujours, bien entendu, dans l'hypothèse que la direction la plus vraisemblable dans laquelle l'ennemi pouvait se faire jour se trouvait vers le nord), que le prince décida que les deux corps dont nous venons de parler prendraient position à Briey et Conflans ; dans ces conditions, au cas où l'armée française tenterait de se faire jour, sur la rive droite de la Moselle, vers le nord, ces corps se trouvaient assez rapprochés, pour interdire à l'adversaire le passage sur la rive gauche, à Fontoy, à l'ouest de Thionville, et, d'autre part, ils étaient sous la main du commandant en chef, au cas où l'ennemi prendrait l'offensive, directement vers l'ouest.

Les journées des 28, 29 et 30 août se passèrent tranquillement pour l'armée d'investissement devant Metz. Les renseignements envoyés par le grand quartier général et les rapports adressés par les détachements de cavalerie qu'on avait envoyés en avant, sur la route Thionville—Sedan, et au sud de cette route, signalaient la présence de forces ennemies dans la direction du nord-ouest, et mentionnaient le bruit, qui courait chez les habitants, que l'armée de Mac-Mahon se rapprochait, pour débloquer celle de Bazaine.

En vue d'appuyer les détachements de cavalerie dont nous

venons de parler, pour arriver, en outre, à mieux éclairer la
situation, et, enfin, aussi pour retarder, le plus possible, tout
mouvement en avant de l'ennemi, qui viendrait à se produire de
ce côté, on dirigea, dans la matinée du 31 août, sur Aumetz, entre
Thionville et Longuyon, un détachement formé de 3 bataillons,
1 escadron et 1 batterie ; le régiment de hussards de Zieten, qui
se trouvait déjà dans cette région, lui fut adjoint. Ce détachement,
ainsi qu'un bataillon du IXe corps, qui avait été envoyé de ce
côté, en vue d'assurer la liaison avec le détachement d'investissement devant Thionville, commençaient à se mettre en mouvement, quand déjà une vive fusillade indiqua que l'armée du maréchal Bazaine prenait de nouveau l'offensive.

Dans le conseil de guerre tenu par les chefs français, le
26 août, au château de Grimont, on avait résolu, ainsi que nous
l'avons déjà dit, de rester provisoirement à Metz, c'est-à-dire de
renoncer à la tentative de percée qu'avait préparée, à ce moment,
le maréchal Bazaine. Le conseil de guerre s'était contenté de ce
résultat négatif, et n'avait établi qu'un seul fait, c'est qu'on manquait de munitions d'artillerie pour des opérations plus étendues.
Le conseil de guerre n'avait pas porté ses vues plus loin.

C'est ainsi que, malgré les phrases, plus ou moins ronflantes et
demi-savantes, qui avaient été échangées dans ce conseil de
guerre, ce dernier n'avait abouti, en substance, qu'à conclure à la
nécessité d'une attitude passive, pour un temps indéterminé. Mais,
comme, d'ailleurs, la passivité était une qualité caractéristique,
inhérente aux chefs français de cette époque, elle ne pouvait, alors
qu'on l'érigeait en principe, et qu'on l'élevait à la hauteur d'un
système, avoir pour conséquence que de condamner l'armée, à
Metz, à une complète apathie. Il faut admettre, ainsi que nous
l'avons déjà dit, que les chefs français qui se trouvaient à Metz (du
moins en temps qu'ils s'occupaient, en général, de l'avenir) considéraient déjà, à cette époque, la guerre comme terminée, et attendaient, purement et simplement, leur délivrance de négociations
entreprises en vue de la paix. Cependant, les nouvelles que le
maréchal Bazaine avait reçues du dehors l'obligèrent à faire de
nouveaux efforts.

Le commandant de la place de Thionville, colonel Turnier, envoya au maréchal, le 27, par un espion, la dépêche suivante :

« Général Ducrot commande corps Mac-Mahon. Il doit se trou-
« ver, aujourd'hui, 27, à Stenay, gauche de l'armée ; général
« Douay à la droite, sur la Meuse. Tenez-vous prêt à marcher au
« premier coup de canon. »

Ce renseignement, que Bazaine reçut le 29, fut, le jour suivant, confirmé, d'une manière générale, par une dépêche du maréchal Mac-Mahon (transmise également par un espion), ainsi conçue :

« Reçu votre dépêche du 19 (à Reims) ; me porte dans la direc-
« tion de Montmédy ; serai, après-demain, sur l'Aisne, où j'agirai
« suivant les circonstances, pour vous venir en aide (1). »

Partant de l'hypothèse que l'armée de Mac-Mahon se trouvait déjà suffisamment rapprochée, le maréchal Bazaine prit la résolution de passer immédiatement, le jour suivant, sur la rive droite de la Moselle, et de chercher à faire sa jonction, par Thion-ville, avec l'armée de Mac-Mahon.

Cette résolution du maréchal eut pour résultat la bataille de Noisseville, qui dura deux jours, le 31 août et le 1er septembre.

Le terrain sur lequel se déroula la bataille de Noisseville était presque le même que celui sur lequel avait eu lieu, également, la bataille du 14 août ; seulement le théâtre de l'action s'étendait, dans le cas présent, beaucoup plus au nord-ouest, vers la Moselle, qu'il rencontrait en aval de Metz. Cette fois, les rôles étaient ren-versés : aux Français incombait l'attaque, aux Allemands la défense.

Après s'être résolus à se porter en avant, sur Thionville, sur la rive droite de la Moselle, les Français devaient, avant tout, battre les troupes allemandes qui leur barraient le chemin sur ce point, et, en outre, gagner suffisamment d'espace, pour pouvoir exé-cuter leur marche sur Thionville, sur un front assez étendu. Pour

---

(1) Bazaine, *Épisodes*, etc., page 168.

atteindre ces deux buts, le maréchal Bazaine était obligé de prendre possession du plateau de Sainte-Barbe, qui dominait toute la région environnante, car, en avant de ce plateau, se trouvait la position principale occupée par les troupes du général de Manteuffel, tandis qu'en arrière du plateau, courait la route qui menait dans la direction du nord, vers Thionville.

Du plateau de Sainte-Barbe descendent, vers la Moselle, en forme de rampes, des chaînes de collines, séparées, de leur côté, par le ruisseau de Vallières, qui débouche dans la Moselle, entre Metz et le fort Saint-Julien.

L'accès immédiat de Metz à Sainte-Barbe (entre le fort Saint-Julien et le ruisseau de Vallières) était barré par la position fortifiée, occupée par la 1re division prussienne, qui se trouvait sur la rive droite du ruisseau de Vallières, sur la ligne Servigny—Poixe—Failly. Faisant un angle droit avec cette ligne de défense, la position de la division Kummer s'étendait jusqu'à la Moselle, en embrassant les points fortifiés de Rupigny, Malroy et le village de Charly, situé plus en arrière. Le dispositif adopté par cette division prenait de flanc tout mouvement d'attaque exécuté directement sur Sainte-Barbe, et formait, de concert avec les positions de la 1re division, une ligne de défense commune, solidement fortifiée, quoique un peu étendue, qui allait de Malroy à Servigny. L'aile gauche de cette ligne de défense, qui se trouvait, d'ailleurs, en l'air, était couverte par la ligne, un peu avancée et fortifiée, qui était marquée par les points de Noisseville, la Brasserie, Montoy (cette dernière localité sur la rive gauche du ruisseau de Vallières).

Cette ligne de défense (Malroy—Servigny—Montoy), très resserrée, fortifiée, et assez solidement occupée pour fournir une première résistance, ne barrait, cependant, que la plus faible partie, celle du nord, du demi-cercle d'investissement de l'est (comprenant la rive droite de la Moselle), tandis qu'elle laissait libre la plus grande partie, celle du sud, de ce demi-cercle, qui était occupée plutôt en apparence qu'en réalité.

Le détachement le plus fort qui se trouvait à proximité immédiate et à gauche des positions occupées par ces troupes, c'est-à-dire une brigade de la 2e division, était à Laquenexy et à Courcelles, à une distance de près de 6 kilomètres de Montoy, localité qui formait le point d'appui de gauche de la position principale occupée par les troupes placées sous les ordres du général de Manteuffel ; cette brigade avait pour mission spéciale de protéger les approvisionnements de Rémilly, et occupait, avec ses troupes avancées, quelques points fortifiés ; en arrière d'elle, l'autre brigade de la 2e division d'infanterie se trouvait, en réserve, à Courcelles.

Le point faible de la position principale du général de Manteuffel était donc son aile gauche, qui pouvait être facilement enveloppée par une attaque de l'adversaire se produisant exactement dans la direction de l'est. Une entreprise de cette nature devait être, naturellement, facilitée considérablement par une concentration de l'armée française, exécutée, à l'improviste, sur la rive droite de la Moselle. L'entreprise du 26 août, qui avait avorté, dès ses débuts, pouvait donc, en quelque sorte, avoir son utilité, comme exercice destiné à habituer l'armée à se concentrer en temps opportun. En outre, une opération de cette nature se trouvait, à cette époque, facilitée par ce fait que deux corps français, le 2e et le 3e, se trouvaient déjà sur la rive droite de la Moselle. On avait donc moins de troupes à transporter au delà de la rivière qu'à la date du 26, et on avait largement le temps, en prenant des dispositions habiles, et en préparant matériellement l'opération, d'assurer l'exécution du passage, dans les conditions les plus satisfaisantes.

L'opération du passage de la Moselle, par les troupes françaises, le 31 août, n'avait été, néanmoins, ni étudiée, ni préparée d'une manière suffisante, et elle ne s'exécuta pas du tout avec l'ordre nécessaire. Cette opération commença à 6 heures du matin, sur trois ponts. Tout d'abord, le 4e corps traversa la rivière ; il fut suivi du 6e corps, de la garde, de l'artillerie de réserve, et, enfin, de la division de cavalerie de réserve Desvaux, de nouvelle formation. Il y a lieu, cependant, de signaler ici que les trois ponts en question n'aboutissaient, sur la rive droite, qu'à un seul chemin praticable et à un autre, inutilisable pour les voitures ; il en résulta des arrêts considérables dans le mouvement en avant des troupes, et des croisements de colonnes. Le mouvement fut, dans son ensemble, considérablement retardé.

Le 4e et le 6e corps n'effectuaient qu'à 2 heures de l'après-midi leur passage sur l'autre rive ; les troupes qui suivaient ces deux corps avaient terminé le passage de la rivière, et leur déploiement sur l'autre rive, vers 5 heures de l'après-midi ; la réserve d'artillerie et la cavalerie — encore plus tard. Sur ces entrefaites, le 2e et le 3e corps, dont les positions se trouvaient, ainsi que nous l'avons dit, sur la rive droite de la Moselle, avaient déjà pris, sans encombre, à 9 heures du matin, la formation provisoire qui leur avait été prescrite. Ils repoussèrent les avant-postes allemands et commencèrent ensuite à faire la soupe, en attendant que les troupes de la rive gauche se fussent rapprochées.

Les forces françaises exécutèrent leur déploiement, sur la rive droite de la Moselle, de la manière suivante :

A l'aile gauche, en avant du fort Saint-Julien, le 6e corps prit position entre la Moselle et la route allant sur Avancy (au nord de Sainte-Barbe), faisant face, en général, au nord, c'est-à-dire à la division allemande Kummer.

A côté de lui, et à sa droite, se trouvait le 4e corps, Ladmirault, qui s'étendait jusqu'au ruisseau de Vallières, ayant sa droite à Nouilly, son front dirigé face à l'est, c'est-à-dire vers la position Failly—Servigny.

Se reliant à ce dernier corps, le 3e corps, Le Bœuf, avec trois divisions d'infanterie, s'étendait jusqu'à la route de Sarrebruck, faisant face à la partie des positions allemandes qui allait de Noisseville à Montoy.

En arrière de l'aile droite du 3e corps, à Bellecroix, sur la route de Sarrebruck, se trouvait le 2e corps, Frossard. La brigade Lapasset (1), adjointe à ce corps d'armée, occupait, depuis le matin, Colombey, et couvrait ainsi le flanc droit du 3e corps.

La division Castagny, du 3e corps, qui (2) était destinée (dans le cas où l'armée aurait réussi à se faire jour) à rester en arrière, à Metz, avait pris position au fort Queuleu, pour couvrir le flanc droit de l'armée.

Comme réserve générale, les corps suivants étaient restés en arrière : la garde impériale, près du fort Saint-Julien, et, sur ce

_____

(1) Voir tome I, chapitre x.
(2) Outre la division Laveaucoupet, du 2e corps, déjà destinée, précédemment, à former la garnison de Metz.

point, également, la réserve d'artillerie de l'armée; enfin, dans l'île du cimetière, la réserve de cavalerie.

De cette manière, une grande partie des forces françaises, soit huit divisions d'infanterie, avec la réserve d'artillerie, se trouvaient concentrées dans un secteur étroit (entre la Moselle et le ruisseau de Vallières), que les positions allemandes fortifiées entouraient au nord et à l'est. Les autres troupes françaises, les corps Le Bœuf et Frossard, se trouvaient, également, établis sur le front, en face des positions de l'adversaire, et, seule, la brigade Lapasset, était prête à envelopper l'aile gauche de la position principale du général de Manteuffel.

Entre midi et 1 heure, les chefs de l'armée française furent convoqués à Grimont. Le maréchal Bazaine leur lut, au préalable, une dépêche de l'Empereur (elle était, à proprement parler, du maréchal Mac-Mahon); il leur fit ressortir la gravité de la situation et donna ensuite l'ordre suivant :

« Le 3e corps cherchera à aborder la position de Sainte-Barbe « par sa gauche (château de Cheuby), et prendra position à la « cote 317 du bois de Cheuby, et à Avancy (cote 270).

« Le 4e corps abordera la position de Sainte-Barbe, par sa « droite (Villers-l'Orme, Failly et Vrémy), et fera son possible « pour aller prendre position à Sanry-les-Vigy (cote 241 et 243).

« Le 6e corps abordera les positions au delà de Chieulles, « Charly et Malroy, et se portera jusqu'à Antilly (cote 193-198), « où il prendra position, appuyant sa gauche à Argancy (cote « 186).

« Le 2e corps suivra la marche du 3e, en veillant sur la droite « de ce dernier, et sera placé sous les ordres du maréchal Le « Bœuf.

« La garde restera en réserve (1). »

D'après les indications du maréchal Bazaine, l'attaque devait commencer simultanément, et exactement à 2 heures de l'après-midi. Une salve de quinze coups de canon, tirée à Grimont, devait servir de signal; ces pièces avaient été amenées, avec de grandes difficultés, du fort Saint-Julien, et mises en position en ce point,

_____

(1) Bazaine, *Épisodes*, page 168.

sur l'ordre du maréchal lui-même, pour battre les pentes de la position de Sainte-Barbe.

Les Allemands avaient déjà, le 30 août, remarqué qu'il régnait sur les positions françaises une animation plus grande que d'habitude, et que des subdivisions françaises se portaient en avant, probablement pour exécuter des reconnaissances. Dans la matinée du 31, un brouillard épais s'étendit sur les environs de Metz et couvrit, jusqu'à 8 heures du matin, les mouvements exécutés, au début, par les Français en marche; néanmoins, bientôt les postes d'observation allemands commencèrent à envoyer des rapports, qui s'accordaient à dire qu'il régnait dans tous les camps français une vive animation, et, aussitôt après, que les tentes disparaissaient sur la rive gauche de la Moselle, et qu'il se formait des colonnes de marche, qui se portaient vers la rive droite. En même temps, on put reconnaître, à la lunette d'approche, que : « les « avant-trains des pièces et les caissons de munitions étaient « aménagés pour transporter du fourrage et les bagages, proba- « blement en vue d'une opération d'assez longue durée ».

Le général de Manteuffel adressa, à 8 h. 10 du matin, le rapport suivant :

« Beaucoup de mouvement du côté de l'ennemi; de fortes « colonnes couvrent la route de Metz à Bellecroix. Dix-huit pièces « s'aperçoivent derrière Bellecroix; une dizaine d'escadrons mar- « chent sur Sainte-Barbe, entre Vantoux et la route Metz—Poixe. « Les troupes ont pris les armes (1). »

A 9 h. 20, le général de Manteuffel adressait le rapport complémentaire suivant :

« L'ennemi paraît déployer toute son armée entre les routes « Metz—Sarrelouis et Metz—Poixe. Le Ier corps est en position. »

Le mouvement d'attaque projeté, à la date du 26, par le maréchal Bazaine, mais qui n'avait pas été mis à exécution, avait également servi d'exercice aux Allemands, qui surent, à ce moment, en tirer un meilleur parti que les Français.

Ainsi qu'il l'avait fait dans la journée du 26 août, le Xe corps

(1) Ouvrage du grand état-major prussien, 1re partie, tome II, page 1352.

prussien se mit en marche, sans attendre des ordres ultérieurs, dans la direction de l'emplacement du pont, pour se tenir prêt à passer sur la rive droite de la Moselle; en outre, il se contenta d'occuper ses positions de la rive gauche avec de faibles forces.

Le général commandant le IXe corps avait déjà reçu, à 8 h. 30, l'ordre de rassembler l'une de ses divisions à Pierrevillers, l'autre, avec l'artillerie de corps, à Roncourt.

Une heure plus tard, lorsque le prince Frédéric-Charles n'eut plus aucun doute sur la gravité de la situation, il expédia encore l'ordre suivant :

« 1º Le IIe corps se concentrera entre Auboué et Briey et se « tiendra prêt à partir. La question de savoir s'il se dirigera sur « Fontoy ou Saint-Privat fera l'objet d'ordres ultérieurs.

« 2º Le IIIe corps se mettra immédiatement en marche sur « Saint-Privat (1). »

Il résulte de cet ordre que le prince avait l'intention d'employer le IIe corps, suivant les circonstances, à barrer la route Thionville—Sedan, à Fontoy, ou de le mettre en marche sur Saint-Privat, c'est-à-dire plus à proximité du rayon d'action de la place. Le IIIe corps pouvait également, en partant de Saint-Privat, renforcer, de la même manière, la ligne d'investissement sur la rive gauche de la Moselle, ou se porter en avant, pour soutenir immédiatement les troupes du général de Manteuffel sur la rive droite, ou, enfin, suivre le IIe corps sur Fontoy; dans ces conditions, au cas où l'adversaire aurait réussi à se faire jour sur la rive droite de la Moselle, en aval de la rivière, le IIe corps était en mesure de l'empêcher de passer la Moselle à Thionville.

Après avoir pris ces dispositions, le prince se rendit, à 10 h. 15 du matin, sur la hauteur du Horimont, près de Fèves. Ce point est situé sur la rive gauche de la Moselle, qui va très en montant, et se trouvait presque dans le prolongement de l'aile droite de la position du général de Manteuffel, que l'on apercevait sur l'autre rive. De ce point, on embrassait l'ensemble de la région environ-

---

(1) Les rapports du général de Manteuffel, dont nous venons de parler, et l'ordre ci-dessus du prince Frédéric-Charles se trouvent dans les *Opérations de la deuxième armée*, pages 205-206.

nante ; vers l'est, on reconnaissait très distinctement les positions allemandes ; vers le sud, on pouvait, de ce point, suivre exactement la marche des Français au delà des ponts de la Moselle et leur déploiement sur la rive droite. Il y a lieu de mentionner que, de son point d'observation, le prince pouvait apercevoir également l'aile droite de l'adversaire, formée dès corps Le Bœuf et Frossard, et, à une distance plus éloignée en arrière, la partie de la position du Ier corps prussien à Noisseville, qui était attaquée par l'ennemi.

Pendant la matinée, les Français s'abstinrent d'exécuter d'autres mouvements d'attaque, en attendant que leur armée eût terminé son déploiement ; ils se contentèrent, à leur extrême droite, d'occuper Colombey et la Grange-aux-Bois, après avoir repoussé de ces points les troupes avancées de la 2e division prussienne, qui, ainsi que nous l'avons déjà dit, avait été désignée pour couvrir les approvisionnements de l'armée, constitués plus en arrière, à Rémilly. A leur extrême gauche, au contraire, ils échangèrent simplement, avec l'appui du fort Saint-Julien, quelques coups de canon avec les troupes allemandes.

Le commandant de la 2e division d'infanterie prussienne, général de Pritzelwitz, considérait qu'il était nécessaire, avant tout, dans le cas présent, que le général de Manteuffel pût se maintenir sur ses positions ; en conséquence, il ne craignit pas d'affaiblir son propre détachement, en envoyant au secours de la 1re division sa 3e brigade d'infanterie (5 bataillons et 2 batteries) (1), à laquelle se réunit encore le 1er régiment de dragons. Ces troupes se formèrent, vers midi, comme échelon de retraite, en arrière de la ligne Noisseville—La Brasserie, c'est-à-dire en arrière de l'aile gauche de la position de combat des Allemands dans la région de Retonfey. Les autres chefs allemands se signalèrent également par leur zèle.

En exécution d'un ordre du général de Steinmetz, le commandant de la 3e division de cavalerie, qui occupait la ligne d'inves-

---

(1) Il résulte d'autres indications que cette brigade se porta, par Puche, à l'aile gauche de la 1re division, sur l'ordre formel du général de Manteuffel. Il semble que ces deux allégations contiennent, chacune, une part de vérité, puisque le général de Pritzelwitz avait déjà devancé, de sa propre initiative, l'ordre du général de Manteuffel.

tissement, entre le VIIe corps et la 2e division d'infanterie, général comte Goeben, après avoir laissé simplement deux escadrons aux avant-postes, s'était mis en marche avec 3 régiments 1/2 et une batterie à cheval, et avait fait son apparition, peu de temps après midi, à Puche, où il put ainsi relier entre elles les troupes des généraux de Manteuffel et de Pritzelwitz.

Le général de Woyna, commandant la 28e brigade du VIIe corps, qui (déjà à la suite du mouvement offensif des Français, le 26 août), avait été poussée en avant sur la rive droite de la Moselle, vers Pouilly sur la Seille, après avoir laissé seulement en arrière 7 compagnies sur sa position d'avant-postes, se porta, avec le reste de ses troupes, 4 bataillons 1/2, 1 escadron et 2 batteries, vers la gare de Courcelles, et se mit, sur ce point, à la disposition du général de Pritzelwitz.

Sur ces entrefaites, les Français se contentèrent du faible succès qu'ils avaient remporté à leur aile droite, succès dont nous avons parlé, et commencèrent à faire la soupe. Quelque temps après, les troupes allemandes imitèrent leur exemple.

Les mouvements de marche exécutés par les Français avaient amené le général de Manteuffel à envisager l'éventualité d'une attaque possible de l'ennemi contre la position occupée par sa 1re division. Pour parer à cette attaque, l'artillerie de cette division fut renforcée par 6 batteries de l'artillerie de corps ; les 10 batteries occupèrent une position préparatoire, en arrière des positions qui leur étaient assignées pour le combat. Considérant que l'adversaire se renforçait d'une manière continue, le général de Manteuffel mit en marche, dans l'après-midi, sur Sainte-Barbe, la 3e division de landwehr (sous le général de Senden), pour servir de réserve à la 1re division d'infanterie (1), et, en vue de renforcer son aile droite, fit avancer la 25e division, du IXe corps, qui avait déjà franchi la Moselle.

Le prince Frédéric-Charles lui-même partait de l'hypothèse qu'en raison de l'heure déjà avancée de la journée, l'adversaire n'avait plus, probablement, l'intention de commencer le combat dans cette journée, et, en vue de ménager ses troupes, il pres-

---

(1) La division Kummer était formée de la 3e division de landwehr (12 bataillons) et d'une brigade d'infanterie de ligne (6 bataillons).

crivit, entre 1 heure et 2 heures, de leur faire manger la soupe et de faire replier une partie d'entre elles sur leurs bivouacs.

Cependant, à 4 heures, le repos général fut interrompu, tout à coup, par des coups de canon tirés du fort Saint-Julien, en guise de signal, et provenant directement de la batterie de 15 pièces, qui avait été mise en position par le maréchal Bazaine. En même temps, les Français commencèrent à s'avancer contre l'aile gauche de la 1re division d'infanterie prussienne. Le corps Le Bœuf commença l'attaque avec 3 divisions ; il était appuyé par la division Fauvart-Bastoul, du 2e corps. En première ligne s'avançaient : la division Metman, au nord du ravin du ruisseau de Vallières, la division Montaudon, au sud de ce ravin ; elles étaient suivies par les divisions Aymard et Fauvart-Bastoul.

Les troupes allemandes, qui étaient encore occupées, en grande partie, à faire la soupe, furent tout à fait surprises de ce déploiement soudain d'activité, de la part de l'adversaire, mais elles reprirent vite leur sang-froid. Des subdivisions de la 1re brigade d'infanterie (appartenant à la 1re division) occupèrent, sous la direction du général de Bentheim, les localités suivantes, qu'elles avaient à défendre : Failly, Poixe, Servigny, Noisseville et La Brasserie ; en arrière d'elles, la 2e brigade d'infanterie prit position, comme troupe de soutien, sur les derrières de Servigny, après avoir détaché sur Vrémy (derrière Failly) deux bataillons, pour servir de réserve à l'aile droite. L'artillerie prussienne occupa peu à peu les positions qui, en raison du terrain, avaient été choisies pour elle, à une distance de 800 à 1000 pas en avant de la ligne de défense de l'infanterie. Dans cette formation, les batteries prussiennes couraient un plus grand danger, mais elles disposaient d'un meilleur champ de tir. Leur aile gauche, qui se trouvait plus exposée à l'attaque des Français, fut couverte par deux compagnies, portées, plus tard, au nombre de quatre, qui s'étaient embusquées dans les vignes, au sud-ouest de Servigny ; leur droite était protégée par une compagnie, qui occupait des tranchées-abris au nord de Poixe, et par un escadron de dragons.

Grâce à l'efficacité du feu de ces dix batteries prussiennes, l'artillerie des Français commença à être réduite au silence et le mouvement offensif de leurs masses d'infanterie fut également arrêté. Seules, les lignes de tirailleurs françaises, qui trouvaient une protection dans les vallées secondaires des cours d'eau, conti-

nuèrent à s'avancer, d'une manière irrésistible, et couvrirent bientôt d'une grêle de projectiles d'infanterie les batteries prussiennes,
particulièrement l'aile gauche de la ligne d'artillerie.

Le commandant de la 3e brigade d'infanterie prussienne, général de Mémerty, qui (ainsi que nous l'avons dit) était arrivé à
Retonfey, avait remarqué que de fortes masses de troupes françaises s'avançaient contre l'aile gauche de la 1re division. Dans le
but de s'opposer à ce mouvement enveloppant, il quitta, à 5 heures
de l'après-midi, la position d'attente qu'il occupait, pour se porter
sur la ligne de combat, en exécutant une marche de flanc en
arrière de l'aile gauche de la 1re division, et, après avoir fait
prendre position à son artillerie, il fit avancer le 44e régiment
d'infanterie sur Montoy, pour prolonger l'aile gauche de la 1re division ; en même temps, il appuyait la garnison de Noisseville
par un bataillon.

La division française Montaudon, qui marchait contre la ligne
Noisseville—La Brasserie, remarqua qu'une partie du détachement
Mémerty se portait dans la direction de Montoy, et, pour assurer
la sécurité de son flanc droit, elle détacha sur ce point une brigade, qui fut suivie, également, par la division Fauvart-Bastoul,
du 2e corps. L'autre brigade de la division Montaudon, sous le
général Clinchant, prit part au combat, par son feu, en s'engageant
en face de Noisseville et de La Brasserie ; peu de temps après
5 heures, elle exécuta avec succès une attaque enveloppante sur
La Brasserie, et, quelques instants avant 6 heures, les Français
occupèrent également le village de Noisseville, qui avait été évacué
par les Prussiens.

Sur ces entrefaites, le 44e régiment d'infanterie prussienne, qui
avait été dirigé, par le général de Mémerty, sur Montoy, avait
trouvé cette localité déjà occupée par les Français, l'avait attaquée, et, après un violent combat, avait dû se replier sur Flanville. Les deux batteries montées affectées au détachement
Mémerty, et une batterie à cheval (de la 3e division de cavalerie),
qui s'était portée rapidement à son secours, appuyèrent hardiment
et résolument leur infanterie, aussi bien pendant l'attaque que
pendant la retraite.

Une tentative de l'autre brigade (la 4e) de la 2e division d'infanterie prussienne, ayant pour but de donner de l'air au détachement Mémerty, grâce à une pointe exécutée contre le flanc droit

des Français, échoua également. Repoussés par des forces françaises supérieures en nombre, les Prussiens perdirent Coincy, qui
fut pris par les dragons de la division Clérembault (1), après un
combat à pied, ainsi que le château d'Aubigny, et ils se replièrent
jusqu'à la ligne Marsilly—Ars, Laquenexy et Mercy-le-Haut, sur
laquelle ils se maintinrent. Vers 7 heures du soir, le combat se
termina, ou, plus exactement, fut rompu sur ce point.

Déjà, au moment où l'obscurité arrivait, vers 9 heures du soir,
le général de Mémerty remarqua que le combat reprenait à Servigny (il sera parlé plus loin de ce combat), et, dans le but d'appuyer les troupes engagées sur ce point, il entreprit une attaque
contre La Brasserie, occupée par les Français, et contre le village
de Noisseville, qui était également en leur possession ; le général
de Mémerty réussit à s'emparer, momentanément, de la dernière de
ces localités. Cependant, peu de temps après, ses troupes durent
évacuer ce village, sous la poussée des Français, et abandonner
également à l'adversaire le village de Flanville, situé en face de
Montoy. Le détachement Mémerty se rassembla ensuite au château
de Gras, en arrière de Servigny. Dès que le combat fut terminé,
le général de Mémerty, estimant qu'il était possible que l'adversaire eût battu en retraite, dirigea, encore une fois, en pleine
obscurité, sur Noisseville, un bataillon qui trouva, toutefois, cette
localité fortement occupée par l'ennemi.

J'arrive maintenant au corps français Ladmirault, qui s'était
engagé au combat, à gauche du corps Le Bœuf.

Le corps Ladmirault, qui se dirigeait contre les positions prussiennes de Failly—Poixe—Servigny, ne commença son attaque
que lorsque la ligne La Brasserie—Noisseville fut occupée par le
corps Le Bœuf, et qu'il considéra comme possible d'envelopper
l'aile gauche prussienne, à Servigny. L'activité des Français se
dirigea, sur ce point, tout d'abord, contre la grande ligne formée
par l'artillerie prussienne, qui, ainsi que nous l'avons déjà dit,
s'était mise en batterie en avant de la position occupée par son
infanterie.

D'épaisses lignes de tirailleurs françaises criblent de projectiles

---

(1) D'après les déclarations de Bonie (Bonie, *Campagne de 1870*). *La Cavalerie française*, Paris, 1871, pages 94-96.

les batteries prussiennes. L'artillerie française les canonne sur
leur flanc gauche, qui, au même moment, est enveloppé par les
fractions de la division Metman. L'infanterie, qui avait pris position pour couvrir ce flanc, est repoussée, et les batteries arrivent
à se trouver dans une situation très dangereuse ; elles com-
mencent alors à se replier par leur gauche. Tout en éprouvant de
grandes pertes, et en étant obligées, plusieurs fois, de riposter,
par un tir à mitraille, aux tirailleurs ennemis qui les talonnent, les
batteries prussiennes se replient, malgré tout, sans perdre de
pièces, sur la ligne de défense fortifiée et occupée par leur infanterie.

Les attaques exécutées par la division française de Cissey
contre le front de la position, à Servigny, quoique menées
avec une certaine résolution, mais sans accord avec l'attaque
de flanc de la division Metman, n'eurent aucun succès ; les Français, qui, à différentes reprises, avaient pénétré dans l'enceinte
de ce village, solidement fortifié, furent toujours repoussés,
mais ils se maintinrent à proximité, en avant du village, au
cimetière.

Une partie des batteries prussiennes qui s'étaient repliées avait
exécuté un changement de front vers le sud ; elles tenaient alors
sous leur feu les chemins d'accès de Noisseville, et empêchaient
ainsi les Français d'exécuter une attaque enveloppante ultérieure,
en partant de cette direction, attaque qui aurait pu devenir dangereuse pour les troupes prussiennes. Enfin, grâce à une contre-
attaque hardie, exécutée, au delà de Servigny, par une partie de
leurs réserves, les Prussiens repoussèrent les Français : ces derniers évacuèrent alors le cimetière, dont ils s'étaient emparés, et
qui se trouvait situé à l'issue ouest de ce village.

Pour faciliter l'attaque du corps Ladmirault sur Poixe—Servigny, le maréchal Bazaine avait, sur ces entrefaites, donné au
corps Canrobert l'ordre de s'emparer de Failly (au nord de Poixe).
L'exécution de cette attaque fut confiée à la division Tixier, qui
s'avança, à 7 h. 30 du soir, contre Failly. Cependant, le bataillon
prussien qui défendait ce village réussit à s'y maintenir ; on fit
avancer, pour l'appuyer, 2 bataillons de la 3° division de landwehr. Les Français se maintinrent énergiquement en position, à
proximité, en avant de ce village. Le maréchal Bazaine se trouvait, de sa personne, en cet endroit, sur la ligne avancée de ses

troupes. Dans son ouvrage (1), le maréchal déclare, probablement
par suite d'un malentendu, que Failly fut pris. On avait, sans
doute, confondu l'enlèvement des tranchées-abris et des abatis
qui protégeaient cette localité, avec l'occupation du village lui-
même, qui resta, même pendant la nuit, entre les mains des
Prussiens.

L'obscurité était arrivée ; le fracas de la bataille cessa de se
faire entendre ; le combat parut terminé. L'artillerie prussienne
abandonna la ligne Poixe—Servigny, pour se replier sur ses
bivouacs ; l'infanterie avait besoin, également, de repos, après ce
combat violent. Le service des avant-postes pour la nuit n'avait,
probablement, pas encore été assuré, du côté des Prussiens, tout
au moins à Servigny. A ce moment, la division française Aymard,
du 3e corps, à laquelle le maréchal Le Bœuf, à la suite de l'insuccès de la division de Cissey, avait fait prendre position en face
de Servigny, se porta sur la ligne de combat.

Les colonnes françaises se portèrent en avant, en silence, directement sur Servigny ; la garnison de ce village fut complètement
surprise, et, après une violente mêlée, repoussée du village. Seule,
une compagnie prussienne, qui n'avait pas été aperçue par l'adversaire, réussit à se maintenir dans les vignes, entourées de
murs, qui se trouvaient à la sortie sud du village.

Ce coup de main eut lieu vers 9 heures du soir, probablement
sans qu'il fût tiré un seul coup de fusil (2), et d'une manière si
soudaine, que les troupes prussiennes bivouaquées à l'extrémité
de ce village n'avaient pas du tout remarqué, au début, cet incident. Mais, dès qu'ils s'en aperçurent, les différents chefs prussiens prirent immédiatement, sans hésiter longtemps, les dispositions nécessaires pour reprendre Servigny aux Français. C'est
dans ce sens que les deux commandants de brigade de la 1re division prussienne, les généraux de Gayl et de Falkenstein, ainsi que
les commandants de bataillon d'Elpons et de Hüllessem, prirent
simultanément leurs dispositions, bien que chacun d'eux opérât
complètement pour son propre compte.

L'attaque fut exécutée, de plusieurs côtés, par un nombre relati-

_____

(1) *Épisodes de la guerre,* etc.
(2) Les ouvrages allemands font ressortir que les troupes prussiennes qui se
trouvaient sur ce point ont tiré les unes sur les autres.

vement faible de compagnies prussiennes (d'après l'ouvrage du grand état-major prussien, leur nombre s'élevait à 12); elle fut appuyée, au moment voulu, par le feu soudain de la compagnie embusquée dans les vignes, et aboutit à un succès brillant. Le 44e régiment français donna le signal de la retraite. Les Français furent repoussés de Servigny et ne purent même pas se maintenir dans le cimetière; du reste, le général Aymard réussit à arrêter ses troupes, à une distance assez faible, et à les remettre de nouveau en ordre, en arrière du versant le plus rapproché. Cette opération fut terminée à 10 heures du soir.

Le dispositif adopté par les deux partis sur le champ de bataille, dans la nuit du 31 août au 1er septembre et dans la matinée de ce dernier jour, envisagé d'une manière générale, était le suivant :

La brigade d'infanterie de ligne appartenant à la division Kummer formait, comme précédemment, près de la Moselle, l'aile droite de la position prussienne. En arrière d'elle, et, en partie, plus à gauche (pour assurer la liaison avec la 1re division prussienne), se trouvait la (25e) division du grand-duché de Hesse, appartenant au IXe corps. Le reste de ce corps franchit, pendant la nuit, la Moselle, et fut rassemblé, le 1er septembre, à 4 heures du matin, à Antilly, en arrière de la division hessoise.

La 1re brigade de la 1re division prussienne, renforcée par des subdivisions de la 2e brigade d'infanterie, ainsi que de la 5e brigade de landwehr, appartenant à la division Kummer, occupait, comme précédemment, la position Failly—Poixe—Servigny. La réserve de ce secteur de la position prussienne (la 2e brigade d'infanterie, la 6e brigade de landwehr, l'artillerie de corps du Ier corps et une brigade de cavalerie de réserve) se trouvait plus en arrière, à Vrémy et Sainte-Barbe.

Le flanc gauche (extérieur) de ce dispositif était couvert par le détachement Mémerty, qui se trouvait à gauche et au sud de Sainte-Barbe, sur la route Metz—Sarrelouis, à Petit-Marais, et à hauteur du château de Gras; ce détachement avait également poussé en avant des subdivisions, dans la région qui se trouvait à gauche et en avant de Retonfey, localité en arrière de laquelle bivouaquait la 3e division de cavalerie.

Le détachement Mémerty ne constituait, à proprement parler, qu'un groupe de liaison très faible, entre les forces principales du général de Manteuffel et le détachement du général de Pritzelwitz (formé de la 4e brigade d'infanterie, appuyée par la 28e brigade du VIIe corps), qui se trouvait sur la position fortifiée de Laquenexy, à une distance de 5 à 6 kilomètres du gros des forces du général de Manteuffel.

Tout le reste de l'espace qui s'étendait à gauche, jusqu'à la Moselle, se trouvait, à proprement parler, simplement observé par un faible détachement de cavalerie, et quelques compagnies d'infanterie en petit nombre, qui occupaient trois à quatre points.

Les Français, bien qu'ayant commencé très tard le combat, avaient pénétré, le 31 août, en forme de coin, dans cette position, extraordinairement étendue (22 kilomètres), qu'occupaient les troupes prussiennes, entre le détachement Pritzelwitz, qui couvrait la tête de ligne de la voie ferrée, où se trouvaient les approvisionnements de l'armée d'investissement, et la position principale du général de Manteuffel ; ils avaient ainsi préparé l'enveloppement de cette dernière position.

L'armée française occupait, dans la nuit du 31 août au 1er septembre, en général, les positions suivantes :

Le front de l'armée formait un angle obtus, dont le sommet était dirigé vers le village de Failly, occupé par les Prussiens.

Le côté gauche de cet angle, qui était de faible dimension, s'étendait, en faisant face au nord (c'est-à-dire à Thionville), depuis le sommet de l'angle, vers la gauche, jusqu'à la Moselle ; sur ce point, se trouvait le 6e corps, sous le maréchal Canrobert.

Sur la face du front français la plus longue, dirigée vers le nord-est, se trouvaient le 4e et le 3e corps, qui s'étendaient jusque vers Noisseville et La Brasserie.

Comme échelon avancé, à Montoy et Flanville, pénétrant, comme un coin, dans la position prussienne, la division Fauvart-Bastoul, du 2e corps, se reliait, à droite, avec une brigade de la division Metman, du 3e corps.

En arrière du 3e corps, se trouvait le reste du 2e corps, dont la brigade Lapasset avait été poussée à droite, en avant de ce corps, et faisait face à Laquenexy, c'est-à-dire au détachement prussien Pritzelwitz, qui couvrait les magasins de Rémilly.

Enfin la division Castagny, qui se trouvait séparée du 3ᵉ corps, était encore plus à droite, au fort Queuleu, probablement pour protéger le flanc droit et les derrières de l'armée française. La liaison entre cette division et la brigade Lapasset était assurée par la division de cavalerie Valabrègue, ainsi que par un bataillon à la Grange-aux-Bois.

La réserve de l'armée française (la garde impériale, la cavalerie de réserve, sous le général Desveaux, et la réserve d'artillerie) se trouvaient en arrière du 6ᵉ et du 4ᵉ corps, au fort Saint-Julien.

Abstraction faite de l'occupation de la ligne Noisseville — château d'Aubigny, les Français s'étaient également portés en avant, partout, sur la moitié de droite de leur front de combat, qui s'étendait entre Noisseville et la Moselle, et ils se trouvaient, pendant la nuit, placés vis-à-vis de l'adversaire, à une distance de moins d'un kilomètre, occupant solidement, avec leurs troupes avancées, les pentes situées directement en avant de la position fortifiée Failly—Servigny.

Le général de Manteuffel, qui avait également résolu de se maintenir, le jour suivant, à tout prix, sur ses positions, était inquiet, d'une part, pour son flanc gauche, à Servigny (flanc qui paraissait particulièrement menacé par le point de Noisseville, occupé par les Français), tandis que, d'autre part, il redoutait, probablement, que l'adversaire ne cherchât à se faire jour en aval de la Moselle. C'est pourquoi il ordonna au général de Bentheim de reprendre, le 1ᵉʳ septembre, avec sa (1ʳᵉ) division, Noisseville aux Français ; à cet effet, la brigade Mémerty devait, autant que possible, agir de concert avec lui. Le général de Manteuffel employa les troupes du IXᵉ corps de la manière suivante : il se contenta de porter en avant, jusqu'à Sainte-Barbe, la 25ᵉ division, avec l'artillerie de corps (comme réserve du secteur Failly-Servigny), et fit prendre position, à la 18ᵉ division, sur la Moselle, en arrière de son extrême droite.

Le maréchal Bazaine avait adressé, pour le 1ᵉʳ septembre, l'ordre suivant aux commandants de corps d'armée :

« Dans la mesure des préparatifs que l'adversaire, qui se trouve « devant nous, peut avoir fait, il y a lieu de continuer le mouve-

« ment commencé hier ; il s'agit, en même temps, de s'emparer
« de Sainte-Barbe et de faciliter notre marche sur Bettlainville.
« En cas d'insuccès, nous nous maintiendrons sur nos propres
« positions, nous les fortifierons et nous nous replierons, dans la
« soirée, sous la protection des forts Saint-Julien et Queuleu.
« Faites-moi savoir, par l'officier chargé de vous remettre cet
« ordre, ce qui se passe devant votre front (1). »

Le maréchal Bazaine déclare dans son ouvrage : « qu'il était
« résolu à prendre vigoureusement l'offensive, et qu'il avait fait
« préparer une attaque, qui devait avoir lieu avec la garde et la
« cavalerie de réserve, sur le point le plus favorable, pour enlever
« les batteries légères de l'adversaire, et relever le moral de l'in-
« fanterie, qui ne faisait pas preuve de son dévouement habituel ».
Les hommes commençaient déjà, notamment, à prendre la fuite,
d'une manière continue, sans autorisation, dans la direction des
camps et même de la ville (2).

L'attaque prussienne dirigée sur Noisseville fut préparée par le
feu de 24 pièces de la 1re division d'infanterie, feu qui dura une
heure ; elle fut exécutée, peu de temps avant 7 heures du matin,
sans attendre l'entrée en ligne du détachement Mémerty, par plusieurs bataillons de la 2e brigade d'infanterie. Le feu préparatoire
de l'artillerie, exécuté par les Prussiens, eut, tout d'abord, pour
conséquence de retarder l'attaque et de les priver des avantages
de la surprise, que pouvait leur procurer une pointe exécutée
brusquement, sous la protection du brouillard épais qui couvrait
le champ de bataille dans la matinée ; d'autre part, ils employèrent
un trop petit nombre de pièces pour préparer une attaque régulière. Il faut encore ajouter que la force de l'infanterie qu'ils
engagèrent à l'attaque n'était pas suffisante.

Il en résulta que l'attaque dirigée sur Noisseville fut repoussée.
Les subdivisions de troupes prussiennes qui avaient pénétré dans
cette localité en furent de nouveau chassées, après un combat
opiniâtre, par une contre-attaque vigoureuse des Français. Le

---

(1) Ouvrage du grand état-major prussien, 1re partie, tome II, pages 1403 à
1408.
(2) Le maréchal Bazaine déclare également, à l'occasion de la bataille du
16 août, que les troupes françaises laissaient fort à désirer, probablement dans
l'intention de masquer le manque de résolution personnelle dont il fit preuve.

capitaine de Hinüber et le lieutenant Gortzitza reformèrent en bataillons les faibles subdivisions qui se trouvaient rejetées dans le fond de la vallée, et les reportèrent hardiment à l'attaque, mais, cette fois encore, sans succès. Les bataillons prussiens ainsi repoussés se rassemblèrent dans la vallée, à Servigny.

Sur ces entrefaites, le général de Mémerty était devenu lui-même inquiet, par suite de la présence « de fortes masses enne- « mies » en avant de son flanc gauche, à Montoy et Flanville. Le général fit prendre, tout d'abord, position, contre cet ennemi, aux vingt-quatre pièces qui se trouvaient alors à sa disposition (1), et se porta ensuite en avant, sur Noisseville, avec dix compagnies, appartenant aux trois bataillons et demi qui se trouvaient, en tout, sur les lieux, tandis qu'il poussait le reste contre Flanville.

A ce moment, la dernière tentative d'attaque des troupes de la 2e brigade contre Noisseville avait déjà échoué ; les subdivisions de la brigade Mémerty, après une attaque exécutée sans succès, engagèrent un feu de mousqueterie et se replièrent ensuite à peu près dans la direction de Retonfey.

Toutes ces particularités sont mentionnées, quoique simplement d'une manière fugitive, précisément pour montrer avec quels moyens insignifiants, en dépit des dispositions prises par le haut commandement, dispositions qui ne répondaient pas toujours complètement au but, les chefs prussiens en sous-ordre réussirent, grâce à leur manière d'opérer, hardie, vigoureuse et prudente, à causer des inquiétudes aux chefs de l'aile droite de l'armée française.

Les chefs français, qui inclinaient toujours vers une attitude passive, renoncèrent, même en dépit des échecs éprouvés par l'adversaire, dans ses attaques sur Noisseville, à tenter toute attaque ultérieure. D'autre part, les Français avaient à souffrir, au centre de leur ligne de bataille, du feu meurtrier de 114 pièces prussiennes, qui avaient pris position, entre Failly et Retonfey, pour préparer l'attaque décisive ; ils étaient obligés d'attendre, en tout cas, les résultats obtenus à leur aile droite ; par suite, c'est en raison de l'attitude passive observée par cette dernière aile, que la bataille pouvait être déjà considérée comme perdue pour

---

(1) Le général de Manteuffel avait, dans la matinée du 1er septembre, encore renforcé la 3e brigade par deux batteries à cheval de l'artillerie de corps.

les Français. Il suffisait simplement d'un faible choc, pour transformer la défaite de l'armée française en une retraite générale. Ce
choc fut produit par « l'apparition » d'un détachement formé, en
tout et pour tout, de quatre bataillons prussiens de la brigade
Woyna ; c'est cet incident que je vais examiner, maintenant, plus
en détail.

Le commandant de la 2e division d'infanterie prussienne,
général de Pritzelwitz, qui occupait la position de Laquenexy
(pour couvrir la tête de ligne et les approvisionnements de
l'armée), avait encore à sa disposition, outre sa propre brigade,
c'est-à-dire la 4e, la 28e brigade, sous le général de Woyna, qui,
ainsi que nous l'avons dit plus haut, était accourue à son secours
dans la soirée précédente.

Les mouvements exécutés par les Français, dans la journée
précédente, avaient permis au général de Pritzelwitz de discerner
clairement le véritable but d'attaque qu'ils poursuivaient ; en
conséquence, comme il supposait que la brigade de sa division
qui se trouvait sur les lieux suffirait pleinement à assurer la
sécurité de la voie ferrée, il donna, à ce moment, au général de
Woyna l'ordre d'exécuter une pointe dans la direction du nord,
par Ogy et Puche, pour intervenir ensuite, suivant les circonstances, dans le combat que livrait la 1re division.

A 6 heures du matin, le général de Woyna s'était mis en
marche, avec 4 bataillons, 1 escadron et 2 batteries, en partant de
la gare de Courcelles, à proximité de laquelle ses troupes avaient
bivouaqué. A son arrivée à Ogy, apprenant, par le rapport d'une
de ses patrouilles de cavalerie, que Flanville était fortement
occupé par l'ennemi, il résolut de se porter à l'attaque de ce
village. Ses deux batteries dirigèrent donc leur feu sur Flanville,
localité contre laquelle un bataillon de la 3e brigade d'infanterie
(Mémerty) se trouvait également, à ce moment, engagé au
combat.

Le feu efficace des batteries et l'attaque menaçante exécutée
par les subdivisions d'infanterie prussiennes, qui, en réalité,
n'avaient qu'un faible effectif, amenèrent la garnison de ce village, appartenant à la division Bastoul, à évacuer Flanville, qui
se trouvait en feu ; le village fut occupé, à 9 heures du matin, par
les Prussiens, qui, une heure plus tard, s'emparèrent également
de Coincy (au sud de Montoy). La division Bastoul, qui commen-

çait à plier, se porta, cependant, peu de temps après, encore une fois à l'attaque, mais, au bout de quelques instants, elle se mit définitivement en retraite. A 10 heures du matin, le combat avait complètement cessé sur cette partie du champ de bataille.

La retraite de la division Bastoul servit également, au 3e corps, de motif, ou, plutôt, de prétexte, pour se replier. A 9 h. 45 du matin, le maréchal Le Bœuf adressa au maréchal Bazaine le rapport suivant :

« La division Bastoul, du 2e corps, ayant, contrairement à mon « ordre, commencé la retraite depuis plus d'une heure, mon flanc « droit se trouve complètement découvert. Le feu et les colonnes « d'attaque de l'adversaire m'enveloppent de front et de flanc. Je « me suis maintenu jusqu'à la dernière extrémité, mais je me « vois, à présent, obligé de battre en retraite. »

Le mouvement de retraite du corps Le Bœuf entraîna celui de toute la ligne de combat française, qui se trouvait déjà, vers midi, en pleine retraite.

Les autres opérations du combat, aussi bien celles du secteur sud que celles des autres secteurs du champ de bataille, ne présentèrent qu'une importance passagère, et n'eurent aucune influence sur l'issue de la bataille. Il y a lieu de mentionner, ici, celles d'entre elles qui offrent le plus d'intérêt.

Le général de Woyna, qui, après l'occupation de Flanville, se trouvait, avec ses troupes, sur la grande route Metz—Sarrebruck, reçut, en ce point, du général de Manteuffel, l'ordre de se rapprocher de Noisseville, pour coopérer à l'attaque de cette localité, attaque qui était imminente. Mais ce général, tenant compte de la dernière tentative d'attaque de la division française Bastoul, dont nous avons parlé, rendit compte au général de Manteuffel qu'il croyait pouvoir appuyer, avec plus d'efficacité, l'attaque projetée contre Noisseville, en demeurant sur sa position actuelle, pour couvrir le flanc gauche des troupes qui se portaient à l'attaque ; le général de Manteuffel approuva cette décision.

A l'aile gauche française, le 6e corps tenta, plusieurs fois, d'enlever Failly, et s'empara également du village de Rupigny ; mais il fut obligé, en fin de compte, de céder devant la contre-attaque exécutée par la brigade de ligne de la division Kummer, et une partie de la 18e division, du IXe corps prussien.

Pour la nuit, l'armée française, qui s'était repliée, reprit ses emplacements de bivouacs antérieurs.

Il nous reste encore à revenir sur un point, c'est que les dispositions du prince Frédéric-Charles pour le 1er septembre cadraient bien avec l'intention qu'il avait eue, jusque-là, d'empêcher, autant que possible, les Français de se faire jour en quittant Metz. C'est en partant de ce point de vue, qu'il avait donné, aux Xe et VIIe corps, l'ordre de franchir la Moselle en aval et en amont de Metz. Dans le cas où les Français auraient réussi, néanmoins, à se faire jour dans la direction de Thionville, le prince avait, d'une part, l'intention de leur interdire le passage sur la rive gauche de la Moselle, à Thionville (c'est dans ce but que le IIe et le IIIe corps se tenaient prêts à agir) ; mais, d'autre part, il comptait s'accrocher à eux, sur la rive droite, avec toutes les forces disponibles, et propres au combat, qu'il possédait de ce côté ; de plus, on pouvait compter sur l'appui du XIIIe corps, sous le grand-duc de Mecklembourg, qui arrivait nouvellement sur le théâtre de la guerre, venant de Sarrebruck. Les troupes les plus avancées de ce corps atteignirent, dès le 1er septembre, peu de temps après midi, le champ de bataille. Tout le reste du corps bivouaquait sur la Nied française, c'est-à-dire à proximité tout à fait immédiate du théâtre de l'action.

La bataille de Metz, qui dura deux jours, le 31 août et le 1er septembre, fut désignée, par les Allemands, sous le nom de bataille de Noisseville.

Les Français avaient rassemblé, dans la première journée de la bataille, toute leur armée de campagne sur la rive droite de la Moselle, à l'exception de la division Laveaucoupet, qui avait déjà appartenu, précédemment, à la garnison de la place, et de 10 bataillons et 8 escadrons, qui, au moment où l'armée s'était portée vers la rive droite de la Moselle, avaient été laissés en arrière, pour occuper les fortifications de la rive gauche. En tout, les forces de l'armée française concentrées sur la rive droite de la Moselle pouvaient s'élever à plus de 100,000 hommes environ ; toute l'armée réunie disposait de 528 pièces de campagne et de 96 mitrailleuses (1).

---

(1) D'après l'évaluation qui figure au cahier 11 des monographies publiées

Du côté des Allemands, on ne pouvait opposer, tout d'abord, sur toute la ligne d'investissement de la rive droite de la Moselle, que le Ier corps, la division Kummer, la 28e brigade d'infanterie et la 3e division de cavalerie, c'est-à-dire, d'après les indications de l'ouvrage du grand état-major prussien, environ 36,000 fusils, 4,800 chevaux et 138 pièces. A ce nombre s'ajoutèrent, dans la soirée du 31, la 25e division, et, dans la matinée du 1er septembre, la 18e division, avec l'artillerie de corps du IXe corps. Enfin, dans cette journée, la plus grande partie du Xe corps était également arrivée, vers midi, de telle sorte que l'effectif des troupes allemandes qui se trouvaient, à ce moment, sur la rive droite de la Moselle s'élevait, en tout, à 70,000 hommes d'infanterie et à 290 pièces.

Les pertes des deux partis étaient insignifiantes, en comparaison

---

par le grand état-major prussien (page 688), l'effectif de l'armée de campagne que les Français se proposaient de mettre en ligne, en vue de l'attaque, s'élevait à :

84,300 fusils, 11,300 sabres, 528 pièces, y compris 72 mitrailleuses.

Dans cette évaluation figure la division Castagny, du 3e corps, qui, dans l'hypothèse où la trouée projetée réussirait, devait constituer la garnison de la place, mais qui, en réalité, se trouva disponible, sur le théâtre de l'action, pendant la bataille.

Les Allemands avaient à leur disposition, si l'on s'en rapporte à l'ouvrage cité plus haut (page 684), les forces suivantes :

Le 31 août : 43,300 fusils, 5,350 sabres, 172 pièces.

Le 1er septembre : 70,500 fusils, 7,200 sabres, 308 pièces.

Parmi ces troupes, les forces suivantes prirent part, respectivement, à l'attaque décisive (cahier 11 des monographies publiées par le grand état-major prussien, page 692) :

Allemands.	*Français.*
Le 31 août :	
18,100 fusils.	36,300 fusils.
500 sabres.	300 sabres.
108 pièces.	240 pièces.
	y compris 36 mitrailleuses.
Le 1er septembre :	
28,200 fusils.	41,600 fusils.
... sabres.	... sabres.
170 pièces.	282 pièces.
	y compris 48 mitrailleuses.

des résultats importants de la bataille : les Allemands perdirent 3,000 hommes, les Français 3,400, parmi lesquels 4 généraux.

La sortie de l'armée française de Metz, qui se termina par la bataille de deux jours livrée à Noisseville, fut la seule tentative un peu sérieuse qu'entreprit le maréchal Bazaine, pour se faire jour à travers la ligne d'investissement allemande. Du reste, le caractère sérieux de cette tentative résulte plutôt du contenu des ordres donnés, au début, par le maréchal et de la masse des forces qu'il mit en mouvement, que de l'exécution proprement dite, qui présente un caractère très terne, surtout si l'on considère les pertes insignifiantes qui amenèrent l'armée française à battre en retraite.

Jusqu'à l'époque de la capitulation de la place de Metz, ainsi que de toute l'armée, capitulation qui eut lieu le 29 octobre, aucune tentative ultérieure de percée n'a eu lieu, bien que des attaques partielles aient été exécutées, avec succès, contre différents secteurs de la ligne d'investissement allemande. Lorsque les approvisionnements de vivres furent épuisés, les Français rendirent la place, à la suite de négociations pour ainsi dire politiques et militaires, 10 semaines, exactement, après le commencement de l'investissement, et déposèrent même les armes, au nombre de 173,000 hommes (1).

Ce sort déplorable, qu'éprouva l'armée française, fut, en réalité, décidé par la perte de la bataille de Noisseville. Toute nouvelle tentative de percée aurait, inévitablement, eu lieu dans des circonstances de plus en plus défavorables pour les Français ; car, d'une part, les retranchements de la ligne d'investissement allemande acquéraient une force de plus en plus grande, par suite de nouveaux travaux, qui en augmentèrent la valeur ; et, d'autre part, les moyens qui se trouvaient à la disposition des Français, particulièrement les ressources en chevaux, diminuaient de plus en plus, et l'état moral de leurs troupes se déprimait tous les jours.

L'activité déployée par les deux partis, dans l'espace de temps

---

(1) Toutefois, dans ce nombre sont compris, également, environ 2,000 malades et blessés, les hommes qui ne se trouvaient pas engagés de front, et, probablement aussi, la gendarmerie, les chasseurs forestiers et les douaniers.

qui s'écoula entre la bataille de Noisseville et le moment où l'armée française déposa les armes, n'offre, au point de vue des questions qui font l'objet des discussions de cette étude, rien de particulièrement intéressant. De plus, ces événements, en raison de l'époque où ils eurent lieu, dépassent les limites de la période de la guerre franco-allemande dont nous faisons l'examen critique dans cet ouvrage. J'arrive donc, sans m'arrêter à la description des faits de guerre ultérieurs qui se produisirent à Metz, immédiatement à l'examen des conséquences qu'ils entraînèrent.

L'armée française, battue dans les batailles sous Metz, et rejetée dans cette place, immobilisait toujours, sur ce point, des forces de l'armée allemande, victorieuse, qui dépassaient son propre effectif. Chaque journée employée à la résistance, à Metz, constituait donc, incontestablement, un gain certain, pour la défense de la France, en général. Mais, d'autre part, en se plaçant au point de vue des approvisionnements de vivres, qui étaient limités, chaque jour rapprochait davantage l'armée de Bazaine de la catastrophe inévitable, et diminuait sa puissance offensive, par suite du manque de fourrage pour les chevaux; ces derniers perdaient leurs forces et diminuaient tous les jours en nombre, en partie par suite de l'investissement, en partie, aussi, parce qu'ils durent servir à assurer la nourriture des hommes. A ces inconvénients s'ajoutaient encore l'insuffisance numérique des approvisionnements de projectiles destinés à l'artillerie de campagne, et l'état inachevé dans lequel se trouvaient la ligne de défense avancée des forts et les fortifications de Metz. Telles sont toutes les circonstances que le commandement suprême de l'armée française dut faire entrer en ligne de compte, dans l'appréciation de sa situation, après la bataille de Gravelotte, et dans l'élaboration de ses projets pour l'avenir.

Le maréchal Bazaine avait à supporter, à cette époque, la responsabilité de deux devoirs qui se trouvaient, en partie, inséparablement unis, savoir : en premier lieu, l'obligation de conserver l'armée, pour la défense ultérieure de la France, et, en second lieu, la nécessité de prolonger, le plus longtemps, possible la résistance de Metz, capitale de la Lorraine. Si l'on se place simplement au point de vue de la question des subsistances, il est évident que la résistance de cette place devait être d'autant plus longue que l'armée française l'évacuerait plus tôt. Par le fait, le maréchal

Bazaine transporta, dès le 26 août, sur la rive droite de la Moselle, en vue de se faire jour à travers la ligne d'investissement prussienne, son armée, qui, dans l'intervalle, s'était reconstituée et se trouvait, de nouveau, en mesure de livrer bataille. Mais, immédiatement avant de mettre à exécution sa résolution, le maréchal reçut, probablement pour la première fois, communication de deux renseignements essentiels : il fut avisé, notamment, d'une part, par le commandant de la place, que les ouvrages de fortification de Metz étaient inachevés, et que la nécessité s'imposait de leur procurer, tout au moins encore pour quelque temps, l'appui de l'armée ; et il fut informé, d'autre part, par le commandant de l'artillerie, général Soleille, que les approvisionnements de munitions destinés à l'artillerie de campagne étaient insuffisants pour des opérations de longue durée. D'un autre côté, il semble que les généraux Coffinières et Soleille n'ont eu, également, connaissance de l'offensive projetée pour l'armée française que d'une manière accessoire, et seulement au moment où les opérations allaient déjà commencer.

Ces circonstances dénotent les relations, tout à fait irrégulières et indéterminées, qui existaient entre les différents organes de la direction de l'armée ; ces derniers auraient dû, cependant, agir, en tout, avec une concordance et une unanimité complètes. Mais ce genre de relations répondait complètement à l'esprit qui régnait, à ce moment, dans les sphères du commandement suprême de l'armée française ; le maréchal Bazaine allègue, du moins, dans une autre occasion, que, par suite du manque de discrétion des chefs français, il a dû tenir rigoureusement secrets, jusqu'au moment de l'exécution, tous les plans d'opérations et tous les projets qu'il avait en vue. Il est clair qu'avec un tel système, il était complètement impossible d'assurer logiquement la préparation des opérations, dans l'ensemble comme dans le détail.

Dans le cas présent, le secret fut gardé, jusqu'à la dernière extrémité. Cependant, il arriva, en réalité, que, de même que le maréchal Bazaine conserva le silence, vis-à-vis de ses auxiliaires immédiats, relativement à l'opération qu'il avait projetée pour le 26, de même, d'autre part, on garda, vis-à-vis de lui, jusqu'au moment où s'imposait l'obligation de prendre une résolution définitive quelconque, le secret sur des questions qui auraient dû parvenir, en temps opportun, à sa connaissance (notamment au sujet de l'insuffisance de munitions et de la préparation incomplète des ouvrages de fortification de Metz).

De plus, l'exécution du passage de la rivière, par les grandes masses de l'armée, dans les conditions où il s'accomplit, le 26, de la rive gauche à la rive droite de la Moselle (peut-être aussi parce qu'on voulait garder le secret à ce sujet), non seulement ne fut pas préparée, comme il convenait, mais ne fut pas même étudiée à fond. En général, les chefs en sous-ordre français, contrairement à ce qui se passait du côté des Allemands, n'étaient jamais avisés des projets de leur commandant en chef. Il en résultait qu'ils n'étaient pas en mesure d'agir d'après leur propre initiative, quand même ils auraient voulu ou su le faire. Le maréchal Bazaine se plaint, plus d'une fois, du manque d'initiative de ses commandants de corps (notamment en ce qui concerne les cas particuliers dont la solution fut abandonnée, trop tard, à leur décision) (1). Mais, pouvait-il en être autrement, étant donné le système de centralisation, bien connu, qui régnait chez les Français, système dont l'esprit avait pénétré, également, à un degré très élevé, dans le domaine de la direction des opérations militaires?

Le résultat du conseil de guerre tenu à Grimont, le 26 août, montre qu'en réalité tous les chefs français inclinaient vers l'idée de rester à Metz. Il était évident qu'ils considéraient la guerre comme terminée, et attendaient leur salut, bien plus de négociations en vue de la paix, que d'opérations de guerre entreprises pour les débloquer, ou, tout au moins, d'une entreprise personnelle, exécutée avec résolution. En présence d'une telle manière de voir, on se demande, involontairement, si elle était justifiée par les circonstances qui se présentaient à ce moment, ou si elle n'était qu'une émanation des qualités inhérentes aux chefs français.

Les circonstances dans lesquelles l'armée du maréchal Bazaine se voyait placée, par suite de la bataille de Gravelotte, ont déjà été, précédemment, caractérisées, en partie; il fallait, en outre, tenir compte, dans une certaine mesure, de l'état inachevé dans lequel se trouvaient les ouvrages fortifiés de Metz, en prévision du

---

(1) Bazaine, *Épisodes*, etc., page 187.

cas où leur défense devrait être assurée sans avoir recours à l'armée. Le général Coffinières s'était placé à ce point de vue, lorsqu'il avait émis l'avis que la place de Metz, privée de l'appui de l'armée, ne pourrait pas tenir « plus de quatorze jours ». En prenant cette déclaration, sinon au pied de la lettre, du moins comme approchant de la vérité, on en arrive aux conclusions suivantes : en premier lieu, le départ de l'armée française de Metz aurait eu pour conséquence de rendre immédiatement disponible une partie de l'armée du prince Frédéric-Charles (car, pour investir et assiéger cette place, dans le cas où elle n'aurait plus été défendue par l'armée de Bazaine, les Allemands n'avaient besoin que de forces beaucoup moindres) ; en second lieu, ce départ, en rapprochant l'époque de la chute de la place, aurait permis aux Allemands d'employer également le reste de cette armée à d'autres opérations.

La situation aurait pris un tout autre caractère, si Bazaine était resté, provisoirement, à Metz, et avait mis à profit le temps et les travailleurs dont il disposait, pour laisser la place dans un état de défense convenable, lorsqu'il jugerait le moment venu de la quitter. Dans ces conditions, le départ de l'armée aurait eu pour conséquence d'accroître la durée de la puissance de résistance de la place ; car, par suite de la diminution, dans la proportion d'au moins 100,000, du nombre des rationnaires journaliers, les approvisionnements de vivres auraient suffi aux besoins d'une période beaucoup plus longue.

Il est vrai que le départ de l'armée française aurait rendu disponible une partie de l'armée allemande d'investissement ayant un effectif à peu près égal à celui des Français, ou, tout au moins, se rapprochant de cet effectif. Mais l'armée française, redevenant disponible, après sa sortie de Metz, aurait pu servir de noyau, pour encadrer de nouvelles unités, que la France pouvait mettre sur pied, et qu'en réalité elle a formées également dans la suite. Au lieu de cela, la mise à exécution effective d'un plan d'opérations qui enchaînait, d'une manière inséparable, jusqu'à la fin, le sort de l'armée à celui de la place a eu pour conséquence le résultat le plus déplorable : la ruine de l'armée et la perte de la place.

L'esprit de passivité des chefs français de cette époque, qui était passé chez eux, pour ainsi dire, à l'état de seconde nature,

et qui les portait à rester à Metz, trouva le prétexte qu'il désirait,
et, en même temps, un aliment dans certaines considérations
politiques. C'est un fait notoire, que le maréchal Bazaine nour-
rissait la pensée de rétablir, par la force des armes, en France,
au moyen de son armée, et de concert avec les Allemands, l'empire, qui était tombé après la bataille de Sedan.

Nous ne voulons pas discuter, ici, la question de savoir si, d'une
manière générale, le maréchal Bazaine était en mesure d'arriver
à se faire jour, encore au dernier moment, ou, tout au moins, à
une époque assez rapprochée de celle où eut lieu la capitulation.
Il y a lieu de faire simplement remarquer, ici, en passant, qu'à
mesure que le temps s'écoulait, les difficultés croissaient toujours
en intensité, pour l'armée française (par suite du renforcement de
la ligne d'investissement allemande), tandis que l'aptitude de
cette armée à entreprendre des opérations offensives déclinait,
au fur et à mesure que l'effectif des chevaux diminuait. C'est
pourquoi, en fin de compte, une percée n'aurait pu, à ce moment,
être exécutée que par les troupes à pied, dont, en tout cas,
une partie aurait, peut-être, pu se sauver, mais seulement par
petits paquets. Il n'y a pas le moindre doute que cette dernière
sortie était préférable, au point de vue matériel et moral, à la
capitulation de l'armée, ainsi que de la place.

De toutes ces considérations il résulte qu'il eût été préférable,
pour l'armée française, de ne rester à Metz que le moins longtemps possible, et, tout au plus, pendant le temps nécessaire pour
rétablir l'ordre, pourvoir l'armée de tout ce qui lui était indispensable, et, en même temps, renforcer les ouvrages de fortification,
dans la limite strictement nécessaire. Les Français auraient dû,
aussitôt après, chercher à se faire jour, les armes à la main, à
travers l'armée d'investissement. L'expression « se faire jour les
« armes à la main » est employée, ici, comme une expression d'un
usage plus courant, et, pour ainsi dire, plus facile à comprendre,
en général. C'est ainsi que les uns ont reproché au maréchal
Bazaine de ne pas s'être fait jour à travers l'armée d'investissement, tandis que les autres cherchaient à démontrer qu'il ne pouvait pas arriver à percer cette ligne ; à vrai dire, il semble que,
d'un côté comme de l'autre, on n'ait envisagé, dans le cas présent, qu'une opération d'ensemble de courte durée. Mais, en réalité, il faut entendre, par l'idée que représente l'expression « se

« faire jour les armes à la main », non seulement une percée exécutée, de front, à travers une partie de la ligne ennemie d'investissement, mais encore, et surtout, toute une série d'opérations et
d'attaques simultanées, précédant et suivant la percée exécutée.

Un bataillon, un régiment, et, à la rigueur, une division, peuvent arriver à « se faire jour les armes à la main », au sens propre
du terme, c'est-à-dire à s'ouvrir simplement un chemin à travers
l'ennemi ; mais il ne saurait être nullement question d'entreprendre une opération de cette nature, avec une armée entière,
dont les colonnes de marche (même en utilisant plusieurs routes)
présentent une profondeur de plusieurs lieues. Il s'agit, ici, de
savoir s'il y a même la moindre possibilité de mettre en marche
de pareilles colonnes, en présence de l'adversaire, et de les faire
défiler sous ses yeux, pendant des heures entières, et, peut-être
même, pendant toute une journée. Il est facile de concevoir que
cette opération n'est pas exécutable, même dans le cas où l'adversaire n'aurait établi aucun obstacle sur son front. La raison en est
qu'avant que les troupes qui exécutent la percée aient pu déboucher, du terrain investi, sur les routes qui se présentent devant
elles, l'armée d'investissement réussira à concentrer toutes ses
forces, ou, du moins, une grande partie d'entre elles, contre les
flancs des colonnes de marche ennemies. C'est pour ce motif
que l'expression généralement employée « se faire jour les armes
« à la main », en tant qu'elle s'applique à une armée considérable, investie par l'adversaire, ne définit pas, essentiellement,
l'opération qu'elle représente, mais sert simplement à la désigner.
D'une manière générale, pour qu'une expression de cette nature
puisse être appliquée à une grande armée, il est nécessaire que,
non seulement cette armée « se fasse jour les armes à la main »,
mais qu'elle « batte, purement et simplement, l'adversaire ». Une
grande armée ne se sauve pas par la fuite, mais elle se fraye un
chemin, en combattant et en remportant la victoire, ou, plus exactement, toute une série de victoires, car on ne s'en tiendra pas,
dans la plupart des cas, à une simple attaque, concentrée sur un
point, ni à un coup unique porté à l'adversaire.

Il résulte de cette discussion que Bazaine pouvait, tout au plus,
réussir à remporter, tout d'abord, d'une manière quelconque, un
grand succès tactique, mais simplement sur une partie des forces
ennemies. La première rencontre victorieuse aurait, naturelle-

ment, créé une situation tout à fait nouvelle pour ce dernier, et incomparablement beaucoup plus favorable pour les Français. Cette rencontre, à supposer (la question est envisagée, ici, au point de vue théorique) qu'elle eût été suivie d'un mouvement ultérieur, dirigé par les Français, avec plus ou moins d'habileté, et couronné d'un succès plus ou moins complet, devait, fatalement, avoir pour conséquence de modifier complètement la situation respective des deux partis, et, dès lors, de contraindre, peut-être, à la retraite, non pas les Français, mais bien les Allemands (1).

Il s'agit de savoir maintenant si le maréchal Bazaine pouvait espérer battre son adversaire, ou, du moins, remporter, au début, un succès important, qui aurait pu ensuite lui servir de point de départ pour des opérations ultérieures. La réponse à cette question sera affirmative, car les dispositions spéciales du commandant en chef de l'armée allemande d'investissement, qui, dans leur essence, étaient complètement opposées aux instructions du général de Moltke, offraient, encore une fois, dans le cas présent, aux Français, les plus grandes chances de succès, du moins lors de la première rencontre importante qui eut lieu sur la rive droite de la Moselle.

———

L'ordre, en date du 19 août, expédié par le grand quartier général de Sa Majesté le roi Guillaume, ordre que nous avons déjà cité précédemment, contenait, entre autres dispositions, les suivantes : « Considérant, en outre, que l'armée française rejetée « sur Metz pourrait risquer la tentative de se faire jour, les armes « à la main, dans la direction de l'ouest, Sa Majesté estime qu'il y « a lieu de laisser, sur la rive gauche de la Moselle, six corps « d'armée, pour s'opposer, sur la ligne de hauteurs conquise hier, « à cette marche en avant de l'adversaire. On laissera, sur la rive « droite, un corps d'armée et la division de réserve, qui, dans le

———

(1) Les Allemands ne pouvaient pas être obligés à la retraite, simplement par suite d'une défaite tactique, mais, par exemple, en raison des difficultés de subsistance, qui auraient pu résulter de la destruction, tout à fait possible, par l'adversaire, de leurs approvisionnements accumulés à Rémilly. Une interruption de leurs lignes de communication, pour un laps de temps plus ou moins long, pouvait amener le même résultat, etc.

« cas d'une attaque ennemie supérieure en nombre, se replieront, « s'il est nécessaire ».

Le général de Moltke, en rédigeant cet ordre, n'avait pas, probablement, envisagé le but pratique le plus immédiat, qui consistait à empêcher une réunion de l'armée de Bazaine avec l'armée de Châlons, réunion contre laquelle se dirigeaient les mouvements d'attaque ultérieurs des Allemands. C'est au prince Frédéric-Charles qu'incombait la tâche de résoudre, à l'avenir, le problème qui consistait à tenir en échec l'armée de Bazaine ; toutefois, fidèle, en cela, à l'observation, peut-être un peu trop rigoureuse, du principe de « l'initiative des chefs en sous-ordre », envisagé dans son essence, le haut commandement des Allemands n'avait donné, au prince, pour remplir sa mission, ni instructions précises, ni prescriptions formelles.

Du reste, l'ordre que nous avons cité indiquait, en peu de mots, tout un système d'opérations, complètement logique, à suivre à l'égard de l'armée de Bazaine. Le procédé était très simple : les chemins qui conduisaient sur la rive gauche de la Moselle se trouvaient complètement barrés aux Français. Dans le cas où le maréchal eût projeté sérieusement d'exécuter une attaque, il pouvait quitter Metz librement, mais seulement en se portant à droite (à l'est) de la Moselle. Il était, évidemment, de l'intérêt des Allemands que l'armée française quittât son camp retranché, dans lequel il ne leur était pas possible de l'atteindre. Une fois hors de portée de la place de Metz, et sur la rive droite de la Moselle, l'armée française pouvait, tôt ou tard, être rejointe par les forces de l'armée allemande, et se trouver obligée d'accepter une bataille à front renversé, c'est-à-dire ayant ses derrières appuyés à la frontière. La défaite des Français, qui était à prévoir, devait alors se transformer, pour eux, en une complète catastrophe. Ayant ce but définitif devant les yeux, le général de Moltke voulait, d'une part, laisser à l'armée ennemie la faculté de sortir librement de la place, sur la rive droite de la Moselle ; mais, d'autre part, il n'entendait pas exposer les troupes prussiennes qui se trouvaient de ce côté au danger de subir une défaite partielle, car il avait l'intention de les ménager, en vue des opérations d'ensemble, ultérieures, qu'il comptait engager contre l'armée ennemie, dès qu'elle se serait mise en retraite, à l'est de la Moselle.

Une marche en retraite de cette armée, sur la rive droite de la

Moselle, vers le nord, dans la direction de Thionville, tout à fait à proximité de la frontière neutre, était particulièrement avantageuse aux Allemands, car l'armée devait arriver à se trouver, sur ce point, précisément dans la situation dans laquelle le général de Moltke désirait la voir.

Il n'est pas douteux qu'en exécutant une marche de flanc, par Thionville, le long de la frontière, en présence de l'armée intacte du prince Frédéric-Charles, l'armée du maréchal Bazaine s'exposait à subir une défaite décisive, et, par suite, risquait d'être annihilée complètement (en passant sur le territoire neutre). En tout cas, quand même de faibles ou même de fortes subdivisions françaises auraient réussi à échapper à la catastrophe générale, il n'en est pas moins vrai que, d'un seul coup, toute l'armée allemande serait devenue disponible ; dès lors, rien ne s'opposait plus à ce que cette dernière armée fût utilisée pour d'autres opérations (1). Cependant, toutes les dispositions prises par le commandant en chef de l'armée allemande d'investissement visaient directement à obtenir un résultat exactement opposé.

Le prince Frédéric-Charles partit, tout d'abord, de l'idée qu'il était indispensable de barrer à l'armée de Bazaine les routes qui menaient dans la direction du nord, sur Thionville, non seulement sur la rive gauche, mais encore sur la rive droite de la Moselle, et de l'empêcher, d'une manière générale, de sortir de Metz. Dans ce but, le prince prit ses dispositions de telle sorte, que, d'une part, celles de ses troupes qui se trouvaient sur la rive droite devaient barrer les routes allant sur Thionville et se maintenir énergiquement sur leurs positions, tandis que, d'autre part, les troupes de la rive gauche avaient l'ordre de se porter, en toute hâte, immédiatement à leur secours. En outre, non content d'avoir pris ces mesures, le prince, envisageant le cas possible où les Français tenteraient de se faire jour dans la direction de Thionville (sur la rive droite de la Moselle), tint encore prête une réserve mobile, formée de deux corps d'armée intacts et d'une division de cava-

---

(1) Devant Metz se trouvaient 7 corps d'armée allemands, et la division Kummer (cette dernière comprenant 18 bataillons, 10 escadrons, 48 pièces), de telle sorte qu'en défalquant les troupes nécessaires pour continuer l'investissement de Metz, 4 corps d'armée, au moins, pouvaient devenir disponibles pour d'autres opérations.

lerie. Ces troupes avaient pour mission, conformément au plan du prince, de barrer à l'armée de Bazaine le passage sur la rive gauche de la Moselle, à Thionville.

L'armée française ne pouvait, évidemment, arriver à se faire jour, vers Thionville, au cas où les troupes prussiennes lui opposeraient une résistance énergique, sur la rive droite de la Moselle, qu'après avoir infligé une défaite complète à ces dernières. C'est pourquoi il semble que les Allemands auraient dû, de préférence, employer la réserve mobile dont nous venons de parler, sur la rive droite de la Moselle, en vue d'empêcher les troupes qui se trouvaient de ce côté d'être battues, et de contraindre directement l'armée française à rester à Metz. Mais, admettons même, — en nous plaçant au point de vue envisagé par le commandement allemand, — que cette réserve (considérée, en tout cas, comme nécessaire sur la rive gauche, jusqu'à ce que la situation se fût éclaircie) n'eût pas été en mesure de se porter, encore le jour de la bataille, avant la décision, au secours des troupes engagées au combat sur l'autre rive de la rivière (par exemple, en raison du manque de ponts et de routes nécessaires pour effectuer, rapidement et en temps opportun, le passage de la Moselle) ; ce serait là simplement une nouvelle preuve que tout le plan d'opérations du prince, qui allait à l'encontre des instructions du général de Moltke, était illogique, et ne se trouvait nullement approprié aux exigences de la situation.

La meilleure preuve à l'appui de notre assertion résulte des circonstances et du cours de la bataille de deux jours, qui eut lieu le 31 août et le 1er septembre. L'ouvrage du grand état-major prussien, dans les considérations qu'il émet relativement à cette victoire des Allemands, constate, avec une certaine satisfaction personnelle, que, pendant toute la première journée de la bataille, c'est-à-dire le 31 août, les Allemands ne purent opposer à l'armée française, sur la rive droite de la Moselle, que 36,000 hommes d'infanterie, à peine 5,000 cavaliers, et 138 pièces. Ces troupes se trouvaient, de plus, séparées les unes des autres, sur le vaste demi-cercle que formait la ligne d'investissement. La plus grande partie, dont l'effectif se montait à 3 divisions d'infanterie normales (3 brigades de la division Kummer et 3 brigades du 1er corps), occupait la position qui s'étendait de la Moselle jusqu'à Montoy, sur un front de 7 kilomètres, tandis que les deux autres brigades (l'une appartenant à la 2e division d'infanterie, et l'autre au VIIe corps) avaient à remplir une mission assez délicate, qui consistait à protéger la voie ferrée et les chemins d'accès menant aux magasins de Rémilly, et devaient, en outre, surveiller tout l'espace qui s'étendait à gauche, depuis Montoy, au moins, jusqu'à la Seille; en admettant même que le service de sécurité, dans le secteur, de 5 kilomètres de largeur, compris entre la Seille et la Moselle, fût assuré par d'autres subdivisions du VIIe corps, les deux brigades en question n'en avaient pas moins, dès lors, à garder un front de 10 kilomètres. Ces forces allemandes, relativement faibles et réparties sur un front étendu, contre lesquelles les Français disposaient de tous les avantages de la surprise et d'une concentration étroite, ne furent, en réalité, renforcées qu'assez tard, dans la soirée du 31 août, par une seule division, la 25e (du grand-duché de Hesse), c'est-à-dire par 9,000 hommes d'infanterie, à peine, un peu plus de 1000 cavaliers, et 36 pièces (1).

Il faut admettre qu'eu égard à l'attitude irrésolue observée, au début, par les Français (jusqu'au soir du premier jour de la bataille), le commandant en chef de l'armée allemande ne fit pas preuve, non plus, d'une diligence extraordinaire, pour transporter de grandes masses sur la rive droite de la Moselle. Mais, même le jour suivant, lorsqu'il y avait, indubitablement, péril en la demeure (dans le cas, notamment, où l'adversaire, qui disposait incontestablement de la supériorité numérique, se serait porté résolument à l'attaque), les troupes allemandes engagées au combat sur la rive droite de la Moselle ne furent renforcées, jusqu'à midi, que par une seule division, la 18e.

Les Français avaient déjà, sûrement, connaissance, avant la bataille, du moins dans les grandes lignes, du dispositif et de la répartition des forces allemandes. Comme, depuis le 26 août, 6 divisions 1/2 d'infanterie françaises (du 2e et du 3e corps) se trouvaient sur la rive droite de la Moselle, on pouvait donc, déjà, dès les premières heures de la matinée du 31, lancer en avant la plus grande partie de ces troupes, en tout 5 divisions, soit pour arriver, en les poussant entre la 1re et la 2e division d'infanterie

---

(1) Ouvrage du grand état-major prussien, 1re partie, tome II, pages 1403.

prussienne, à séparer l'une de l'autre ces deux divisions, soit pour
exécuter une attaque ayant pour but d'envelopper la 1re division
d'infanterie prussienne. Pour effectuer ce mouvement d'attaque,
qui devait décider de l'issue de toute la bataille, le commandement suprême des Français n'avait pas besoin d'attendre que les
réserves fussent rassemblées et que les autres positions fussent
occupées par les troupes qui, venant de la rive gauche, se portaient sur le champ de bataille. Toute cette opération pouvait déjà
être exécutée, pendant que ces dernières troupes opéraient leur
mouvement, sans compter qu'il eût été possible de faire franchir
la rivière, auparavant, déjà dans la nuit, à une partie des forces
françaises qui se trouvaient sur la rive gauche de la Moselle.

Il n'y a pas le moindre doute que les troupes du Ier corps prussien n'auraient pas pu résister longtemps, le 31 août, à une
attaque énergique des Français, dont la marche d'approche fut,
en outre, favorisée par le brouillard du matin; et, d'autre part,
l'opiniâtreté avec laquelle les troupes prussiennes cherchèrent,
en cette circonstance, à se maintenir sur leurs positions devait
avoir, précisément, pour résultat, de leur faire éprouver une
défaite complète, dans laquelle se seraient trouvées aussi, infailliblement, enveloppées les autres forces allemandes qui passèrent,
en aval de Metz, sur la rive droite de la Moselle. Cette défaite
aurait donc atteint, tout au moins, la 1re division, la division
Kummer, la division hessoise, et, probablement aussi, la 28e brigade d'infanterie, qui, de même qu'une partie de la 2e division,
ne pouvait pas se dispenser de porter secours, en partant de
Laquenexy, aux troupes allemandes engagées au combat. Il était
donc possible d'infliger, encore le 31 août, une grave défaite à
l'armée d'investissement, dont l'effectif total s'élevait à 7 corps
d'armée 3/4 (la division Kummer représentant un effectif équiva-
lant aux trois quarts d'un corps d'armée), ou, tout au moins, à
2 corps d'armée 1/2, et, peut-être, encore davantage (dans le cas,
également, où le reste du IXe corps aurait été transporté au delà
de la Moselle).

Une telle victoire, remportée par l'armée française, était parfaitement possible, et, quand même elle ne lui aurait procuré qu'un
succès partiel provisoire, elle aurait créé une situation tout à fait
nouvelle, qui n'aurait ressemblé, en aucune façon, à la situation
précédente. D'une part, étant donnée la tournure que prirent les

événements ultérieurs, — il est un fait acquis, sans conteste, c'est
que les Allemands ne pouvaient songer, tout d'abord, à maintenir
l'investissement complet de Metz, sur les deux rives de la Moselle.
D'autre part, leurs magasins de Rémilly (établis à une distance
d'une petite journée de marche des lignes françaises, dans la
direction du sud-est) couraient de grands dangers et auraient pu,
à peine, être sauvés, si les Français avaient tenté sérieusement
de s'en emparer. Enfin, cette victoire aurait permis à la place de
Metz d'entrer librement, quoique seulement d'une manière passagère, en communication avec le pays ; cette place se serait ainsi
trouvée en mesure de compléter ses approvisionnements, et, considération qui avait été, auparavant, perdue de vue, elle aurait
pu éloigner de ses murs la population superflue.

En ce qui concerne l'armée de campagne placée sous les ordres
du maréchal Bazaine, après une victoire, remportée sur les Allemands, sur la rive droite de la Moselle, elle aurait, tout au moins,
recouvré sa liberté complète d'opérations, et aurait vu tous les
avantages de l'initiative passer de son côté. Elle pouvait tirer
profit, pour elle-même, des approvisionnements allemands de
Rémilly, et, en détruisant l'excédent de ces approvisionnements,
placer l'armée du prince Frédéric-Charles dans la situation la plus
désagréable. Dans le cas où, ensuite, le maréchal Bazaine se fût
dirigé, avec son armée, vers le sud, il pouvait intercepter, pour
ainsi dire en passant, les lignes de communications et d'étapes de
la troisième armée allemande. L'ouvrage du grand état-major
prussien s'exprime, au sujet de cette question, de la manière
suivante :

« Au sud de Metz, les difficultés étaient beaucoup moins
« grandes. Dans le cas d'un effort dirigé de ce côté, l'adversaire
« y aurait trouvé, de même qu'au nord-est, un long espace pour
« se déployer sur les deux rives de la Seille, par les trois routes
« de Solgne, Nomeny et Cheminot. Supposons la masse principale
« de l'armée du Rhin débouchant inopinément, autant que pos-
« sible, sur ces trois routes, tandis qu'un corps détaché se serait
« dirigé à gauche, contre Courcelles-sur-Nied, et qu'un autre, sou-
« tenu par les canons de la place, aurait pris position vers Fres-
« caty, face à Ars et à Jouy, pour mettre obstacle au passage de
« la Moselle par les VIIe et VIIIe corps ; il est assez probable, eu

« égard à la façon dont étaient alors réparties les forces de l'ar-
« mée de blocus, que la tentative eût réussi, même sans entraîner
« une lutte trop pénible. De toute manière, les chefs de l'armée
« française eussent été obligés de renoncer à emmener leurs con
« vois, et, de ce côté aussi, ils auraient dû s'attendre à voir tôt
« ou tard leurs flancs et leurs derrières menacés par les corps de
« l'armée d'investissement lancés à leur poursuite. Mais il restait
« toujours au maréchal Bazaine la perspective de trouver les
« routes libres, au moins devant lui (1), de couper pour quelque
« temps les communications faiblement gardées des Allemands, et
« d'arriver, fût-ce même au prix de difficultés assez sérieuses
« pour subsister, à gagner le midi avec une grande partie de son
« armée (2). »

Le prince de Hohenlohe raconte qu'après la guerre, une réunion
assez importante d'officiers allemands s'est exercée, pendant tout
un hiver, à représenter l'investissement de Metz, de la manière la
plus détaillée, dans des séances de *Kriegsspiel*, en prenant comme
base les circonstances réelles, que l'on connaissait déjà complètement à cette époque. La sortie que devait exécuter l'armée
française, dans le but de se faire jour à travers la ligne d'investissement, avait été fixée, en même temps, pour cet exercice, à la
date du 25 août, dans la direction du sud. Tous les joueurs furent
d'avis que les Français « avaient les plus grandes chances » de
réussir à se faire jour dans ces conditions (3).

Les déclarations des autorités allemandes que j'ai citées, confirment, en général, mes critiques; je tiens seulement à insister,
encore une fois, d'une manière spéciale, sur l'opinion que j'ai
émise, savoir que, du moment que les Français avaient l'intention
de se faire jour, les armes à la main, à travers la ligne d'investissement des Allemands, ils ne pouvaient pas éviter une bataille,
mais étaient obligés, au contraire, d'infliger, tout d'abord, une

---

(1) Tout au plus pouvait-il rencontrer devant lui une partie du corps de
siège de Strasbourg (Ouvrage du grand état-major prussien, 1re partie, tome II,
page 1407).

(2) Ouvrage du grand état-major prussien, 1re partie, tome II, pages 1406-
1407).

(3) Hohenlohe, *Lettres sur la stratégie*, tome II, page 7.

défaite complète aux troupes allemandes sur la rive droite de la Moselle.

Il paraît donc suffisamment prouvé, grâce aux arguments que nous avons produits, que si le maréchal Bazaine, lors du mouvement qu'il exécuta, en vue de rompre la ligne d'investissement, avait débuté par une victoire complète, victoire qu'il pouvait parfaitement remporter sur la rive droite de la Moselle, il aurait pu, non seulement se faire jour « avec une grande partie de son « armée » (ce que la relation officielle allemande admet parfaitement), mais encore avec toute son armée, et aurait amené l'adversaire à se trouver, par suite de la destruction de ses magasins et de l'interruption de ses communications, dans la situation la plus grave.

Telles auraient été les conséquences des dispositions prises par le commandant en chef de l'armée allemande d'investissement, si le commandement suprême des Français avait été à la hauteur de sa tâche. Mais, cette fois encore, les Allemands, abstraction faite des fautes de l'adversaire, se trouvèrent préservés d'un tel désastre par l'énergie et l'esprit de résolution de leurs chefs en sous-ordre, la ténacité de leur infanterie et l'attitude brillante de leur artillerie.

J'arrive maintenant à l'examen critique des circonstances dans lesquelles les chefs en sous-ordre allemands se signalèrent par une activité remarquable.

Lorsque le commandant de la 2e division d'infanterie, général de Pritzelwitz, qui était chargé de couvrir la voie ferrée de Sarrebruck et les magasins de Rémilly, remarqua, dans la matinée du 31 août, les fortes masses ennemies, qui, évidemment dans l'intention de se faire jour, se rassemblaient en face de la 1re division d'infanterie, il fit porter en avant, sans retard, sa 3e brigade (Mémerty), pour appuyer la 1re division, et rendit compte de cette décision au général de Woyna, qui se trouvait le plus rapproché de lui, à sa gauche, sur la Seille, avec la 28e brigade d'infanterie.

Ce dernier laissa simplement en place les avant-postes et marcha, avec le reste de ses troupes, sur Courcelles, où il se mit à la disposition du général de Pritzelwitz.

Arrivé à Retonfey, le général de Mémerty remarqua, dans la première journée de la bataille, que les troupes françaises se portaient en avant, dans le but d'envelopper l'aile gauche de la 1re division, en arrière de laquelle il se trouvait, lui-même, à une distance de 2 kilomètres. Sans attendre d'ordres, il prit, de son côté, les mesures nécessaires pour s'opposer à ce mouvement; il se porta hardiment en avant contre les Français, et, bien qu'il ait été battu et repoussé après un combat opiniâtre, il fit preuve, néanmoins, d'une grande énergie. Lorsqu'il s'aperçut, dans la suite, que le combat engagé, dans la soirée, par la 1re division (à Servigny) croissait de nouveau en intensité, le général de Mémerty entreprit encore une attaque contre Noisseville, et, quoique cette attaque n'ait pas pu réussir, en raison de la faiblesse de l'assaillant, il n'en est pas moins vrai que le général, en s'engageant hardiment, avait atteint son but : il troubla probablement l'adversaire et arrêta la marche d'une division et demie française, qui devait envelopper l'aile gauche de la position du général de Manteuffel.

Il résulte de la description du combat de nuit de Servigny que les différents chefs prussiens en sous-ordre prirent, absolument de leur propre initiative, avec une unanimité complète et en déployant la plus grande énergie, les dispositions nécessaires pour reconquérir ce point, qui présentait une importance si grande pour les deux partis.

Le général de Pritzelwitz se distingua par une initiative aussi grande, ainsi que par une appréciation aussi exacte de la situation générale, lorsque, dès la première heure du second jour de la bataille, sans tenir compte des forces qui lui étaient directement opposées, il détacha la brigade Woyna, en vue d'appuyer l'aile gauche de la 1re division; il estimait, en effet, avec juste raison, que c'était sur ce point que devait se décider la bataille.

En cette nouvelle occasion, le général de Woyna ne se contenta pas simplement d'exécuter l'ordre qui lui était donné, mais, avant d'atteindre le point qui lui était assigné, il exécuta une conversion vers la gauche contre l'ennemi, et contribua, dans une large mesure, par son apparition et son entrée en ligne (surtout grâce à son artillerie), à amener la retraite définitive de l'aile droite française, et, par suite, également, de toute la ligne de bataille ennemie. Lorsqu'ensuite il reçut, du général de Manteuffel, l'ordre d'appuyer directement l'attaque de Noisseville, le général de Woyna fit ressortir l'importance toute particulière que présentait la position qu'il occupait, à ce moment, à Flanville et à Saint-Agnan, position qui lui permettait de couvrir le flanc gauche de la 1re division et des troupes qu'elle avait lancées à l'attaque de Noisseville; il reçut, dès lors, l'autorisation de demeurer, jusqu'à nouvel ordre, sur les points qu'il occupait à ce moment.

Il y a lieu, également, de rendre pleine justice au général de Manteuffel, pour la résolution hardie qu'il prit de rejeter l'adversaire du village de Noisseville, dont ce dernier s'était emparé dans la soirée du jour précédent, bien que, ainsi que nous l'avons déjà dit, l'exécution ne répondit pas à l'importance de la tâche que le général s'était assignée en cette circonstance.

Pour résumer tout ce que nous venons de dire, il y a lieu de faire ressortir que la défensive-offensive, qui caractérisa les opérations engagées par les forces allemandes, inférieures en nombre, eut pour effet de paralyser complètement l'adversaire, qui disposait, cependant, des avantages de l'initiative (du moins au début), de la supériorité numérique, et dont les forces se trouvaient plus concentrées. Tous ces résultats furent obtenus grâce à la valeur personnelle des chefs en sous-ordre allemands.

En ce qui concerne les chefs français, d'une manière générale, ils firent preuve du manque d'esprit de résolution qui leur était habituel dans cette guerre et d'une légèreté, pour ainsi dire, coupable, non seulement en prenant, d'une manière générale, la résolution de rester à Metz, ce qui devait entraîner la chute de cette place et la perte de toute leur armée, mais encore, en particulier, pendant la bataille de Noisseville.

Au moment où, avant la guerre, le maréchal Le Bœuf, qui, à cette époque, était ministre de la guerre en France, déclarait publiquement et officiellement que la France était « archi-prête à « la guerre et qu'il ne manquait pas même un seul bouton de « guêtre », les fortifications de Metz se trouvaient dans un état tout à fait insuffisant. Bien plus: au début de la guerre, et même après la bataille de Spicheren, on constate que cette question, ainsi que celle qui avait pour but de pourvoir la place des approvisionnements de toute sorte qui lui étaient nécessaires, n'avaient absolument pas avancé d'un pas.

Ce déficit existant dans les approvisionnements, ainsi que l'insuffisance de munitions pour les pièces de campagne, Bazaine les avait, il est vrai, reçus comme héritage du commandement de l'empereur Napoléon et du maréchal Le Bœuf; mais il demeure personnellement responsable des fautes et des négligences suivantes:

1° Le choix tout à fait défectueux de la direction dans laquelle il voulait se faire jour (sur Thionville), choix qui devait avoir pour effet, au cas où l'armée allemande d'investissement opérerait convenablement, d'entraîner immédiatement la destruction complète de l'armée française du Rhin;

2° Le manque de réglementation du passage de la Moselle, le 31 août, au moyen d'ordres appropriés à la situation, réglementation dont il négligea de s'occuper, malgré les expériences amères qui avaient eu lieu, lors du passage du 14 et du 15 août, et en dépit de la répétition de ce passage, effectuée le 26;

3° La concentration permanente de la plus grande partie de l'armée, pendant la bataille de Noisseville, à l'aile gauche, dans l'angle compris entre la Moselle et la position de l'adversaire, alors que, cependant, le coup principal devait être porté par l'aile droite, qui l'avait déjà préparé par son mouvement enveloppant, exécuté contre l'aile gauche de la position du général de Manteuffel;

4° Le manque d'unité de direction, qui se fit jour dans la bataille, et dont la responsabilité incombe au maréchal Bazaine; ce dernier, d'ailleurs, négligea, d'une part, de prendre des dispositions de détail, là où elles présentaient une importance prépondérante (notamment pour assurer le passage de la rivière), et, — d'autre part, il se perdit dans les détails, en mettant, par exemple, lui-même, en position une batterie de 15 pièces de forteresse à Villers-l'Orme, ou en galopant au centre de la ligne de combat, à Poixe, alors que les événements décisifs se passaient à l'aile droite, où la présence du maréchal aurait été bien plus nécessaire, étant donné qu'il avait résolu d'entrer dans des dispositions de détail.

Les chefs de l'armée qui, par leur grade, se trouvaient les plus rapprochés de Bazaine, ne le cédèrent en rien au commandant en chef français, en ce qui concerne les dispositions qu'ils prirent et l'attitude qu'ils observèrent.

D'après le témoignage d'un officier du génie, qui prit part, avec le 3e corps, aux batailles de Gravelotte et de Noisseville, le maréchal Le Bœuf chercha, principalement, à se faire ressortir par sa bravoure, incontestablement brillante, mais, cependant, tout à fait inutile, tandis qu'il négligea, tout au moins, d'assurer la direction du combat. Cela était si évident que le vieux général Changarnier, qui, le 31 août, assistait comme spectateur au combat, auprès du 3e corps, perdit patience, et, de sa propre autorité, donna à la brigade Clinchant l'ordre de s'emparer de Noisseville.

Arrivant à la description des événements qu'il observa le 1er septembre, le même officier du génie raconte, notamment, ce qui suit, au sujet de sa rencontre avec le général Frossard, qui commandait le 2e corps français (1) :

« A proximité immédiate de la ferme Bellecroix, nous fîmes
« une singulière rencontre. Le général Frossard s'approcha à
« pied et s'enquit auprès de notre général (qui commandait le
« génie du 3e corps) du motif de ce mouvement de retraite. Le
« général lui répondit que nous (le 3e corps) étions forcés de
« battre en retraite, parce que le corps qui devait couvrir notre
« flanc droit se trouvait en retraite depuis le matin. Il s'agissait,
« précisément ici, du 2e corps. Comment le général Frossard
« pouvait-il se trouver sur ce point en un pareil moment ? Pour-
« quoi étions-nous même simplement obligés de le renseigner sur
« ce qui se passait dans son corps d'armée ? Personne d'entre
« nous n'a pu arriver à comprendre ce mystère. »

La présence du général Frossard à Bellecroix s'explique, en ce sens que la réserve de son corps se trouvait sur ce point : soit presque toute la division Vergé et la réserve d'artillerie. Mais, néanmoins, la question suivante se présente involontairement: un général prussien se serait-il arrêté sur ce point (c'est-à-dire en arrière de la ligne de bataille), s'il s'était trouvé à la place de Frossard ? Aurait-il, également, demandé aux officiers qui passaient ce que faisaient ses troupes ? Oui, je le répète, une singularité de cette nature était-elle seulement possible, d'une manière

---

(1) *Trois mois à l'armée de Metz*, etc., page 139. Le moment qu'il décrit coïncide avec le commencement de la retraite des Français.

générale, dans l'armée prussienne, comme ce fut, cependant, en réalité, le cas, ici, du côté des Français? Le fait brutal prouve que ce commandant de corps français ne savait pas ce qu'étaient devenues ses troupes engagées au combat. Bien qu'il eût sous la main une réserve relativement forte, il persévéra dans son inaction et fut cause que sa ligne de combat fut obligée de battre en retraite, en présence de l'activité hardie, déployée par 4 bataillons seulement, sous le général de Woyna, dans un combat qui, cependant, au fond, présentait un caractère plutôt démonstratif (1). Ces incidents prouvent, d'ailleurs, que le maréchal Le Bœuf, sous les ordres duquel le général Frossard se trouvait placé par l'ordre de l'armée, ne fit également rien, pour réparer les négligences commises par ce dernier.

Ces particularités (inaction et passivité) ne paraissent pas isolées dans leur genre. Bien plus, elles se renouvellent, dans cette guerre, d'une manière continue, du côté des Français. Les chefs français, qui n'étaient pas habitués à faire acte d'initiative, reculaient, toujours et partout, devant l'activité hardie et spontanée des chefs allemands. C'est ainsi que, dans la bataille que nous venons de discuter, toute la division française Castagny resta, sans rendre aucun service, à Grigy, probablement pour couvrir le flanc droit de son armée, et s'en tint, sur ce point, à une inaction complète, bien qu'elle n'eût en face d'elle que les avant-postes de la brigade prussienne Woyna, qui, de son côté, s'était portée sur le point où devait être obtenu le résultat décisif. Sans aucun doute, on pourrait objecter que ni le général Frossard, ni le général Castagny, n'ont reçu d'ordres. Mais le général de Woyna avait-il attendu « des ordres », le 31 août, pour se porter au secours de la division Pritzelwitz ? Est-ce que, le jour suivant, le général de Pritzelwitz, lui-même, attendit « des ordres », pour porter en avant la brigade Woyna, en vue de couvrir le flanc gauche de la position du général de Manteuffel? Non ! ces deux chefs agirent de leur propre initiative, sous leur responsabilité personnelle, avec un calme absolu et une conviction complète,

---

(1) Ce qui prouve qu'il ne s'agissait ici, provisoirement, que d'une attaque simulée, ce sont les pertes minimes éprouvées par la brigade Woyna : En tout, et pour tout, 27 hommes (Ouvrage du grand état-major prussien, 1re partie, tome II, page 354 des suppléments).

parce que tous deux surent apprécier logiquement la situation du
combat, envisagée dans son ensemble, et furent persuadés que
leur entrée en ligne, spontanée, commandée par la situation, et
effectuée dans l'intérêt de l'ensemble, serait appréciée comme elle
le méritait et non blâmée.

Il ne fallait pas compter trouver, chez les chefs français, cette
façon d'envisager les situations, ni cette manière de procéder,
dans l'exécution, soit qu'il s'agît d'opérations importantes, soit
même d'opérations accessoires ; aussi étaient-ils condamnés à ne
jamais remporter de succès réels. Les exemples suivants, empruntés à la bataille de Noisseville, caractérisent bien leur manière
d'opérer.

Lorsque le général Clinchant se fut emparé de Noisseville, dans
la première journée de la bataille, il refusa de fournir à un officier du génie les travailleurs dont il avait besoin, pour mettre
Noisseville en état de défense. L'officier s'adressa alors au commandant du génie du corps d'armée, en le priant de mettre à sa
disposition une compagnie de la réserve du génie. Le commandant des troupes du génie, qui était un général de division,
repoussa également cette demande, « sous prétexte qu'il ne pou-
« vait pas disposer de la compagnie du génie sans l'autorisation
« du maréchal Le Bœuf ». Or ce dernier s'était déjà livré au
repos.

Un incident analogue se produisit à Servigny, dans la soirée du
même jour. Après la prise de ce village par les Français, un capitaine, qui se trouvait inactif, avec sa batterie, plus en arrière,
apprit par des blessés que les Prussiens, dans leur retraite, avaient
laissé sur place 18 pièces, à proximité de Servigny. Le capitaine
demanda l'autorisation d'enlever ces pièces, avec ses attelages, ou,
tout au moins, de les mettre hors de service. Le commandant du
groupe d'artillerie, auquel appartenait la batterie du capitaine, ne
se crut pas, cependant, autorisé à approuver la demande de cet
officier, sans le consentement de son supérieur direct, qui, précisément, ne se trouvait pas là à ce moment. Les pièces restèrent
donc entre les mains des Prussiens, qui, dans la même nuit,
reprirent Servigny aux Français (1).

---

(1) Ces deux exemples sont empruntés à l'étude intitulée *Trois mois à l'armée
de Metz,* pages 128-134. Les ouvrages allemands ne font nullement mention des

Cependant, tout en faisant ressortir les fautes nombreuses commises par les chefs français, il ne faut pas perdre de vue que ces derniers ne trouvaient plus, dans leurs troupes, l'appui qu'elles leur avaient fourni autrefois ; c'est ainsi, par exemple, que la surprise de nuit de Servigny, qui fut hardiment et logiquement combinée, et exécutée avec un grand succès par la division française Aymard, dégénéra en une panique, produite par la contre-attaque qu'exécutèrent 12 compagnies prussiennes. D'autre part, pour être juste, il faut convenir que si le soldat français avait perdu toute confiance dans ses chefs, c'est que, malheureusement, il faisait preuve simplement, dans ce cas, de sa rectitude de jugement habituelle.

Il est vrai que, dans la bataille de Noisseville, quatre braves généraux français tombèrent à la tête de leurs troupes ; mais les sous-officiers, ainsi que les soldats français, n'avaient pas besoin qu'on leur offrît des modèles de bravoure ; ce qu'ils demandaient, c'était d'être commandés d'une manière plus judicieuse, qui leur inspirât confiance, — et c'est précisément ce genre de commandement qui leur fit défaut.

Comme conclusion, remarquons encore que les circonstances dans lesquelles se livra la bataille de Noisseville fournissent 'exemple, très instructif et très rare, d'une manière de procéder tout à fait inexacte de part et d'autre. Les deux partis agirent, pour ainsi dire, contrairement aux nécessités de la situation stratégique, à leur propre désavantage et à l'avantage de l'adversaire.

Abandonnant la place qui lui procurait un asile sûr, le maréchal Bazaine chercha à atteindre Thionville, comme s'il voulait se livrer lui-même aux mains des Allemands ; il pouvait, tout au plus, arriver ainsi, même dans le cas le plus favorable, à se trouver pris, avec ses colonnes de marche, entre l'armée du prince

------

pièces laissées en arrière à Servigny. Mais, quand même le renseignement qui fut donné au capitaine français n'aurait pas été exact, il n'en est pas moins vrai que la manière d'opérer de son supérieur direct, dans cette circonstance, était tout à fait conforme à l'esprit qui régnait, à cette époque, parmi les chefs français.

Frédéric-Charles, supérieure en nombre, et la frontière neutre (1). Or, non seulement le commandant en chef de l'armée allemande d'investissement ne chercha pas à punir le maréchal de cette faute grossière, en employant tous les moyens dont il disposait, mais encore il lui fournit l'occasion de remporter une victoire réelle, et relativement facile, sur les forces allemandes, inférieures en nombre, qui se trouvaient opposées à l'armée française, sur la rive droite de la Moselle. En opérant de cette manière, non seulement le prince allait à l'encontre des intérêts stratégiques des Allemands, mais il contrevenait encore, complètement, à l'esprit des instructions qu'il avait reçues du haut commandement. Il est absolument impossible de justifier cette manière d'opérer (de la part du commandant en chef de l'armée d'investissement), en invoquant comme raison que le prince craignait que le maréchal Bazaine, après avoir exécuté sa retraite, en partant de Metz, le 31 août, pût réussir à faire sa jonction avec l'armée de Mac-Mahon, ou, du moins, entrer en communication avec elle. En effet, dès le 27 août, le quartier général de l'armée d'investissement avait reçu l'autorisation de rappeler à lui les deux corps qui avaient été mis en marche dans la direction de Damvillers, pour appuyer la quatrième armée allemande, dont la mission consistait à barrer la route à l'armée de Mac-Mahon. Il résultait, cependant, de cette autorisation, que la possibilité d'une marche en avant de l'armée de Mac-Mahon au delà de la Meuse se trouvait déjà complètement écartée, ce dont le commandant en chef de l'armée d'investissement avait également été avisé.

Quoi qu'il en soit, il est un fait établi d'une manière irréfragable, c'est que l'armée du Rhin, qui se trouvait rejetée de nou-

---

(1) Comparé à l'effectif assez considérable de l'armée française à Metz, effectif qui, au début de l'investissement, atteignit probablement 200,000 hommes (au moment de la reddition, l'armée comptait encore 173,000 hommes), l'effectif des troupes mobiles qui prirent part à la sortie du 31 août était, cependant, beaucoup moindre. Parmi ces troupes, la division d'infanterie Castagny devait encore rester en arrière à Metz. Le maréchal Bazaine aurait donc pu diriger sur Thionville 100,000 hommes environ. Mais comme, d'autre part, on peut évaluer les forces totales de l'armée d'investissement à 200,000 hommes, les Allemands, qui disposaient encore, à ce moment, du XIII° corps, sous le grand-duc de Mecklembourg (qui devait arriver à Metz, le 2 septembre), se trouvaient, évidemment, en mesure de s'opposer à la marche de l'armée de Bazaine avec une supériorité numérique incontestable.

veau par les Allemands dans la place de Metz, arrêta encore, devant les remparts de cette ville, pendant une période de presque deux mois, toutes les forces du prince Frédéric-Charles. La reddition de cette armée ne fut provoquée que par le manque de vivres, c'est-à-dire par un accident sur l'intervention duquel les Allemands ne devaient pas compter, à l'avance, avec certitude. Et, cependant, les Allemands n'avaient qu'à laisser passer devant eux l'armée de Bazaine, sans entraver sa marche sur Thionville, pour arriver, dans la journée suivante, au plus tard, à en finir d'un seul coup avec cette armée, presque au moment même où les autres forces de l'Empereur étaient anéanties à Sedan.

En partant d'une base fausse, pour apprécier la situation stratégique, les Allemands virent, dès lors, la victoire qu'ils avaient remportée à Noisseville tourner, en fin de compte, à leur désavantage.

CHAPITRE IV

La marche en avant de la troisième et de la quatrième armée allemandes contre l'armée de Châlons, et le combat de Nouart, le 29 août.

SOMMAIRE

Mouvements des troisième et quatrième armées allemandes jusqu'au **26 août**. — « L'armée française de Châlons », de nouvelle formation, est placée sous le commandement du maréchal Mac-Mahon ; le maréchal est forcé, contrairement à sa conviction personnelle, de se porter en avant, pour débloquer l'armée de Bazaine. Marches de l'armée de Châlons jusqu'au **26 août**. — Le commandement suprême de l'armée allemande devine le projet des Français et se dispose à barrer la route à l'armée de Mac-Mahon. — Marches exécutées par cette dernière armée jusqu'au **28 août**. — Marches de l'armée allemande jusqu'à ce moment. Occupation des passages de la Meuse par les Allemands. — Le maréchal Mac-Mahon se décide à battre en retraite, mais il modifie ses dispositions, sur les instances « venues de Paris ». — Dispositions prises par le commandement de l'armée allemande pour le **29 août**, et mouvements exécutés par la troisième armée dans cette journée. — La manière de voir, et l'activité du commandant en chef de la quatrième armée allemande, le **29 août**, ne sont pas en concordance avec les ordres du grand quartier général. Combat de Nouart. — Examen critique de la manière d'opérer défectueuse du commandant en chef de la quatrième armée et jugement émis par l'ouvrage du grand état-major prussien, pour excuser (selon son habitude) cette manière de procéder.

Ainsi que nous l'avons dit précédemment, l'armée du prince royal de Prusse avait atteint le cours de la Moselle, presque en même temps que l'armée du prince Frédéric-Charles, c'est-à-dire le 16 et le 17 août.

Au quartier général du prince royal, à Lunéville, on manquait de renseignements précis au sujet des emplacements occupés par l'armée du maréchal Mac-Mahon ; cependant, on avait appris, de différents côtés, qu'un corps de troupes important de l'adversaire se rassemblait à Châlons. On croyait également, au quartier général du prince, que les masses de l'armée française qui avaient été opposées à la première et à la deuxième armée se trouvaient en retraite sur ce point. Envisageant la possibilité d'une rencontre avec l'ennemi, le prince royal prescrivit, le 16 août, que la marche en avant de la troisième armée s'exécuterait, dorénavant, en trois colonnes, sur un front dont l'étendue n'était, en tout, que de 23 kilomètres, et qu'en outre, deux corps suivraient en seconde ligne. Les subdivisions de la 4e division de cavalerie se portèrent en avant du front de l'armée, à une distance de un ou deux jours de marche ; la 2e division de cavalerie se trouvait sur le flanc gauche de la marche générale en avant. C'est dans cet ordre de marche que la troisième armée atteignit, le 19, la Meuse, avec son aile droite, à Lay-Saint-Remy (sur la grande route Nancy—Châlons), et, avec son aile gauche, à Sauvigny. Le prince royal, lui-même, se rendit, le 20 août, auprès du roi Guillaume, à Pont-à-Mousson, où il reçut des instructions plus étendues.

Le groupe d'armées allemandes désigné pour continuer la marche en avant, après la victoire de Gravelotte, se composait des armées du prince royal de Prusse et du prince royal de Saxe (1). L'armée de ce dernier, formée de trois corps d'armée, se rassembla, avec deux corps, le XIIe (royal-saxon) et la garde prussienne, à Doncourt et Étain, pour entreprendre la marche en avant sur Verdun, après avoir porté en avant de son front la 3e division de cavalerie. A une certaine distance à gauche de ces corps, à Commercy sur la Meuse, se trouvait le IVe corps, qui avait été affecté à l'armée, ayant une partie de la division de la cavalerie de la garde en avant de son front ; ce corps servait à assurer la liaison entre la quatrième armée et la troisième.

Le front des deux armées avait, à ce moment, une étendue d'environ 90 kilomètres. En raison de la grande distance à laquelle se trouvait l'ennemi, il paraissait encore possible d'admettre, provisoirement, un front aussi étendu pour les deux armées. L'idée qui devait servir de base aux opérations était la suivante : l'armée du prince royal de Saxe devait, par sa marche en avant, protéger directement l'investissement de Metz et s'opposer à tout mouvement en avant que pourraient tenter les Fran-

---

(1) L'armée du prince royal de Saxe a reçu différentes désignations dans les ouvrages historiques allemands : tantôt elle s'appelle quatrième armée, tantôt armée de la Meuse, tantôt, simplement, armée du prince royal de Saxe. Nous lui donnerons ici le nom de quatrième armée.

çais, en ligne directe, pour délivrer l'armée de Bazaine ; la troisième armée, de son côté, devait, en même temps, menacer le flanc de l'adversaire.

Partant de cette manière de voir, et se proposant, comme but général, d'envelopper le flanc droit de l'armée de Châlons, le grand quartier général prescrivit encore, le 21, que la troisième armée se porterait à une distance d'une journée de marche en avant de la quatrième armée. D'après l'estimation du grand quartier général, les deux armées pouvaient, dans la période comprise entre le 23 et le 26 août, s'être portées suffisamment en avant, pour permettre à leurs avant-gardes d'atteindre la ligne Sainte-Menehould (sur la grande route Metz—Verdun—Châlons) — Vitry (sur la route Nancy—Châlons), — sur un front d'une étendue de 53 kilomètres ; la troisième armée devait, en même temps, se rapprocher davantage dans la direction du nord.

Les deux armées se mirent en marche ; la cavalerie de la quatrième armée atteignit, le 23, la Meuse, et une patrouille de cavalerie de la troisième armée arriva déjà dans les environs de Châlons, où elle apprit par les habitants qu'il n'y avait encore, au camp de Châlons, que 7,000 hommes de la garde mobile.

Sur l'invitation du général de Moltke, la 4e division de cavalerie fut, le jour suivant, poussée en avant, par la troisième armée, au delà de la Marne, dans la direction générale de Châlons. On trouva cette ville complètement évacuée par les troupes françaises, et on remarqua, en même temps, tous les indices qui dénotaient un départ précipité, ainsi que des provisions et des ustensiles de guerre de toute sorte, qui avaient été laissés en arrière.

En outre, on apprit, dans cette journée, que l'empereur Napoléon se trouvait, avec l'armée, à Reims (au nord-ouest de Châlons). Pour empêcher cette armée de se relier, par Thionville, avec celle qui se trouvait à Metz, le grand quartier général prescrivit à la cavalerie de la quatrième armée d'intercepter la voie ferrée Reims—Thionville.

Le 24 août, eut lieu un échange de vues, en commun, entre les officiers du grand quartier général et le commandant en chef de la troisième armée. Dans cette réunion, le quartier-maître général, général de Podbielski, émit, tout d'abord, l'idée « qu'une « marche des Français, partant de Reims, pour débloquer Bazaine,

« en dépit des considérations militaires qui paraissaient s'y oppo-
« ser, n'était cependant pas invraisemblable, par suite de raisons
« politiques ». Cependant, comme, à ce moment, on ne possédait
encore aucune indication précise qui confirmât cette hypothèse, on
se décida à poursuivre la marche en avant, conformément aux
ordres antérieurs (vers la ligne Sainte-Menehould—Vitry). Mais
les corps de la troisième armée reçurent l'ordre d'atteindre, dès
le 25, les points que, d'après les prescriptions antérieures, ils ne
devaient occuper que le 26 août, c'est-à-dire la ligne Saint-Mard
sur le Mont—Vitry ; cette prescription fut également exécutée.

La cavalerie qui précédait la troisième armée, c'est-à-dire la
4e division de cavalerie, la brigade de cavalerie wurtembergeoise
et la brigade de uhlans bavaroise, se porta en avant, sur un large
front, dans la direction générale de Reims. Le gros de la 4e division de cavalerie prit possession de la petite place de Vitry, qui
capitula, et se porta ensuite en avant, vers Châlons et le camp de
Châlons ; ce dernier point fut également occupé. Un détachement,
fort de deux escadrons de dragons, qui avait été envoyé en avant,
s'avança jusqu'à proximité de Reims et bivouaqua, pendant la
nuit, à 4 kilomètres en avant de cette ville.

La 2e division de cavalerie, qui éclairait la région située à
gauche de la direction de marche de la troisième armée, atteignit,
dans cette journée, Chavanges, à 23 kilomètres au sud de
Vitry.

Les corps de la quatrième armée arrivèrent, dans la même
journée (25 août), jusqu'à la ligne Dombasle (sur la route Metz—
Verdun—Reims), —Triaucourt—Laheycourt et constituèrent ainsi
un échelon de retraite pour le front de la troisième armée.

La 6e division de cavalerie, qui se trouvait en avant du front de
la quatrième armée, poussa en avant ses avant-postes sur la
rivière d'Yèvre (à hauteur de Vitry), après avoir, chemin faisant,
fait prisonnier un bataillon français de mobiles, en ne perdant, de
son côté, que 6 hommes.

La 5e division de cavalerie, qui marchait en avant et à droite
de la 6e, atteignit, avec son gros, Sainte-Menehould. Le régiment
de hussards n° 17, que cette division avait détaché pour détruire
la voie ferrée Reims—Sedan—Thionville, était arrivé, dans cette
journée, jusque dans les environs de Stenay, et, pendant la nuit,
il mit le feu au pont en bois de Lamouilly (un peu à l'ouest de

Montmédy), situé sur la portion de la voie ferrée qui lui était assignée.

La division de cavalerie de la garde et la division de cavalerie saxonne avaient, provisoirement, suivi, en seconde ligne, respectivement, la 6e et la 5e division.

C'est dans cette formation que se trouvaient les deux armées, lorsqu'arrivèrent, du grand quartier général, de nouveaux ordres, qui allaient servir de prélude à une décision tout à fait inattendue.

Depuis le milieu du mois d'août, on avait rassemblé au camp de Châlons de nouvelles forces françaises, qui, provisoirement, n'entraient pas dans la composition de l'armée française d'opérations, appelée « armée du Rhin ». Sur ce point s'étaient repliées les troupes de Mac-Mahon, battues à Wœrth, et les corps que le maréchal avait entraînés dans sa retraite, savoir : le 5e, sous le général de Failly, et le 7e, sous le général Félix Douay ; ces corps s'étaient réunis, en ce point, au 12e corps, nouvellement formé au camp de Châlons. Mais ces masses de troupes, qui furent portées bientôt à un effectif de 140,000 hommes, et, aussitôt après, à l'effectif de 150,000, ne possédaient pas encore la solidité intime qui leur était nécessaire, ni toute la cohésion désirable.

Le 1er corps, battu à Wœrth, de concert avec une division du 7e corps, avait, — sinon pris la fuite, — du moins battu en retraite dans le plus grand désordre. Ces troupes avaient perdu leurs ustensiles de campement et de bivouac et avaient souffert de la faim. Beaucoup d'hommes étaient restés en arrière ; d'autres s'étaient dispersés, pour se livrer à la maraude. A leur arrivée à Châlons, les troupes s'étaient trouvées réduites à la moitié, à peine, de leur effectif, et l'on dut les compléter, à la hâte, au moyen d'hommes provenant de la réserve.

Le 5e corps (de Failly) avait une composition un peu meilleure. Mais, quoique la situation matérielle de ses troupes fût moins mauvaise, leur état moral était, néanmoins, presque encore plus déplorable. Les troupes de ce corps avaient complètement perdu toute confiance dans leurs chefs ; elles avaient dû sentir que, dans la journée du 6 août, où elles se trouvaient placées entre deux champs de bataille, elles n'avaient porté secours, d'aucun côté, aux troupes voisines, engagées au combat. Sans avoir tenté le sort des armes, sans avoir éprouvé une seule défaite, le 5e corps s'était trouvé, néanmoins, entraîné dans la retraite désordonnée du corps de Mac-Mahon.

En ce qui concerne le 7e corps (Douay), une division de ce corps avait été, ainsi qu'on le sait, battue à Wœrth ; quant aux deux autres divisions, par suite des marches et des contremarches insensées qu'elles avaient exécutées en Alsace, par suite, également, d'un long trajet en chemin de fer, qui n'était nullement protégé, et pendant lequel les troupes durent éprouver de grandes incommodités et de grandes privations, ces deux dernières divisions, je le répète, étaient arrivées à un degré de mécontentement tel, qu'il faillit même provoquer, dans la division Liébert, les plus sérieux désordres.

Enfin, le 12e corps (3 divisions d'infanterie) contenait, il est vrai, quelques fractions de troupes de marche (2 régiments et 1 bataillon de chasseurs), mais aussi une division, composée des meilleurs régiments d'infanterie de marine, à laquelle il ne manquait que la préparation nécessaire pour exécuter des marches continues (1).

L'état dans lequel se trouvaient les forces françaises rassemblées à Châlons exigeait, en général, du temps, de manière à permettre aux troupes de se ressaisir et de s'approvisionner de

---

(1) L'armée de Châlons avait la composition suivante :

	Bataillons.	Escadrons.	Pièces.	Mitrailleuses.
1er corps (Ducrot).............	56	24	96	24
5e corps (de Failly)	32	16	72	18
7e corps (Douay).............	38	12	72	18
12e corps (Lebrun)	40	24	150	18
1re division de cavalerie de réserve (Margueritte)........	»	20	6	»
2e division de cavalerie de réserve (Bonnemains)	»	16	6	6
En tout	166	112	402	84

Le 1er corps possédait quatre divisions d'infanterie, les autres n'en possédaient que trois. Chaque corps avait, en outre, sa propre division de cavalerie (Ouvrage du grand état-major prussien, 1re partie, tome II, pages 225-226-227 des suppléments). (D'après le cahier 12 des monographies publiées par le grand état-major prussien, l'armée comptait, le 29 août, en tout : 164 bataillons 1/2, 116 escadrons, 378 pièces, 90 mitrailleuses.)

tout ce qui leur était nécessaire. Mais les événements n'attendaient pas.

La situation intérieure de la France faisait éprouver, en ce moment, des craintes à son gouvernement; elle était précaire et exerçait son influence sur la liberté des résolutions à prendre, au point de vue purement militaire. Les esprits étaient surexcités. Sans posséder l'intelligence nécessaire à cet effet, à Paris, les députés, du haut de la tribune, et les critiques sans vocation, dans les journaux, s'arrogeaient le droit de porter un jugement sur la situation militaire qui se présentait à ce moment; ils recommandaient d'adopter les mesures qu'ils jugeaient propres à sauver le pays, et poussaient à leur exécution. Les adhérents des différents partis antidynastiques déployaient une activité fiévreuse. Des chefs de partis ambitieux, connus ou inconnus, faisaient déjà, en imagination, le partage de l'héritage du second empire, qui chancelait, tandis que, derrière eux, étaient aux aguets des masses de personnalités présomptueuses, qui aspiraient avidement à s'emparer du pouvoir et à jouir des bénéfices qu'il procure. En un mot : de même que, depuis l'année sanglante de 1793, on aspirait toujours à un état de choses nouveau, de même, à cette époque, l'esprit de discorde et de trahison planait également, encore une fois, sur la France, au moment de la crise et du danger commun (1).

L'empereur Napoléon III était (d'après le témoignage du général de Wimpffen) également oublié. Quelques fonctionnaires et quelques personnes imitaient la Chambre des députés, et se considéraient déjà comme autorisés à agir en toute omnipotence. A l'appui de cette assertion, il suffit de citer ce qui suit. Ce même général de Wimpffen, qui était appelé d'Algérie, pour prendre le commandement du 5e corps, au moment de son passage dans le département de l'Aisne, où il était né, considérait comme possible et légitime d'adresser aux habitants de ce département une proclamation, par laquelle il les invitait à prendre les armes contre les Allemands. Mais, à ce qu'il affirme, le maire de la ville de

(1) Il ressort de l'ouvrage du grand état-major prussien (1re partie, tome II, pages 240 et 241 des suppléments) qu'un habitant indigne de Nouart, qui se donnait « comme républicain rouge », a fourni aux avant-postes allemands, par trahison, des renseignements sur l'effectif et la formation de l'armée de Mac-Mahon.

Rethel se refusa à faire prendre les armes aux habitants (bien que cela eût été nécessaire, ne fût-ce que pour se défendre contre les maraudeurs), et publia une proclamation, qui invitait les habitants « à bien accueillir l'ennemi ». Un autre maire, celui de Signy-l'Abbaye, avait, en vue de protéger les habitants contre les maraudeurs et les patrouilles prussiennes, formé, à la même époque, une troupe composée de braconniers, qui, par suite d'une méprise, accueillit par ses feux (1) le général de Wimpffen lui-même.

L'esprit d'anarchie, qui faisait irruption de tous côtés, s'emparait déjà, également, des forces militaires de la France. Les troupes avaient perdu toute confiance en leurs chefs. Les bataillons de la garde mobile rassemblés au camp de Châlons firent preuve d'insubordination et tentèrent de se révolter; dans leurs rangs retentissait déjà le cri de : « Vive la République! »

La situation personnelle de l'empereur Napoléon, qui était arrivé de Metz au camp de Châlons, était très peu digne d'envie et peu claire; il avait transmis le commandement de l'armée au maréchal Bazaine, mais il ne rentrait pas à Paris, où « une régence » établie par lui, sous la présidence de l'impératrice Eugénie, dirigeait le gouvernement de la France.

Tandis que les adversaires de l'empire de Napoléon songeaient à le renverser, ses amis et ses partisans, surtout le prince Napoléon, étaient d'avis que Louis-Napoléon devait abdiquer, pour sauver la dynastie.

C'est dans de telles circonstances qu'une sorte de conseil de guerre se réunit au camp de Châlons, le 17 août, pour décider que les quatre corps, qui, pour le moment, étaient encore en voie de concentration sur ce point, formeraient, sous les ordres du maréchal Mac-Mahon, une armée, qui serait subordonnée au maréchal Bazaine, en sa qualité de commandant en chef de l'armée du Rhin. Le général Lebrun reçut le commandement du 12e corps, en remplacement du général Trochu, qui fut nommé, sur sa demande, gouverneur de la place de Paris. Pendant qu'il se rendait à son nouveau poste, le général Trochu profita de l'occasion, pour emmener, avec lui, à Paris, 18 bataillons de garde mobile, provenant du camp de Châlons (2).

_____

(1) Wimpffen, *Sedan*, Paris, 1871, pages 125-130.
(2) Le général Trochu s'était déjà signalé, précédemment, par son opposition

On ne possédait, à Châlons, aucun renseignement précis sur la situation de l'armée du maréchal Bazaine ; on la supposait en retraite sur Verdun. Ce n'est que dans la soirée du 18 août, que l'Empereur reçut, au sujet de la bataille du 16, un rapport télégraphique provisoire de Bazaine, qui fut rédigé dans la même journée, à 11 heures du soir, à Gravelotte, et se trouvait à peu près conçu en ces termes :

« Ce matin, l'adversaire a attaqué la tête de nos campements à « Rezonville.

« Le combat a duré depuis ce matin jusqu'à 8 heures du soir. « Cette bataille a été acharnée ; nous sommes restés sur nos posi- « tions, après avoir éprouvé des pertes sensibles. La difficulté « aujourd'hui gît principalement dans la diminution de nos parcs « de réserve, et nous aurions peine à supporter une journée « comme celle d'aujourd'hui avec ce qui nous reste dans nos « caissons. D'un autre côté, les vivres sont aussi rares que les « munitions, et je suis obligé de me reporter sur la route de « Vigneulles à Lessy, pour me ravitailler. Les blessés ont été éva- « cués sur Metz. Il est probable, selon les nouvelles que j'aurai « de la concentration des armées des princes, que je me verrai « obligé de prendre la route de Verdun par le nord (1). »

Lorsque le maréchal Mac-Mahon prit le commandement de l'armée de Châlons, qui se trouvait, en même temps, placée sous le commandement suprême du maréchal Bazaine, il s'adressa, de son côté, à ce dernier, en le priant de lui donner les instructions nécessaires ; il reçut comme réponse que « le maréchal Bazaine « était trop éloigné pour pouvoir lui donner des prescriptions en « vue des opérations ; qu'il pourrait, de plus, commettre facile- « ment des erreurs, et que, par suite, il laissait au maréchal « Mac-Mahon le soin d'agir tout à fait d'après sa propre inspira- « tion ».

L'ouvrage de Bazaine mentionne encore deux dépêches se rap-

---

aux procédés de l'administration française de cette époque. Il s'était déjà fait connaître, notamment, comme auteur d'un ouvrage, dans lequel il critiquait sans réserve les institutions militaires de la France. Les faits ont, évidemment, donné raison au général.

(1) Bazaine, *Épisodes*, etc., page 91.

portant à cette époque, qui furent échangées entre Mac-Mahon et Bazaine. Le maréchal Mac-Mahon télégraphia, notamment, le 18 août, à 3 h. 35 de l'après-midi, de Châlons :

« Si, comme je le crois, vous êtes forcé de battre en retraite « très prochainement, je ne sais, à la distance où je me trouve « de vous, comment vous venir en aide, sans découvrir Paris. Si « vous en jugez autrement, faites-le-moi savoir. »

Le maréchal Bazaine ne reçut pas, à ce qu'on croit, cette dépêche avant le 20 août; il avait, sur ces entrefaites, dans la journée précédente, télégraphié à Mac-Mahon :

« J'ai dû prendre position près de Metz, pour donner du repos « aux soldats, et les ravitailler en vivres et en munitions. L'en- « nemi grossit toujours autour de nous; je suivrai donc, très « probablement, pour vous rejoindre, la ligne des places du nord. « Je vous préviendrai de ma·marche, si je puis, toutefois, l'en- « treprendre sans compromettre l'armée. »

On n'a pas pu savoir si et quand le maréchal Mac-Mahon a reçu cette dépêche. En tout cas, il ne l'avait pas encore entre les mains à la date du 22 août. Le maréchal se trouvait dans une situation pénible : d'une part, il devait couvrir Paris, qui pouvait, du reste, servir de point d'appui avantageux à son armée; d'autre part, il devait porter secours à l'armée de Bazaine.

Le ministre de la guerre, général Montauban, comte de Palikao, exigeait que Mac-Mahon, en tout cas, tendît la main à Bazaine; ce à quoi le maréchal répondit, à la date du 20, de Châlons :

« Les renseignements que j'ai reçus paraissent indiquer que la « formation prise par les trois armées ennemies est telle qu'elles « barrent au maréchal Bazaine les routes de Briey, Verdun et « Saint-Mihiel. Bien que je sois prêt à marcher demain, cepen- « dant, comme je ne connais pas la direction de retraite suivie « par Bazaine, je pense rester au camp jusqu'à ce que je sois fixé « sur la direction qu'il a prise, soit vers le nord, soit vers le sud. »

Le jour suivant, pour échapper à la troisième armée, qui mar- chait dans la direction de Châlons, le maréchal appuya vers le nord-ouest, en portant son armée sur Reims. De ce point, il pouvait, suivant les circonstances, soit exécuter encore sa retraite sur Paris, soit se diriger sur Metz.

Dans la soirée de cette journée (21 août), l'Empereur fit appeler le maréchal; il avait avec lui le président du conseil des ministres, Rouher, qui venait d'arriver exprès de Paris. Ce dernier s'efforça de persuader au maréchal qu'il fallait porter secours à l'armée de Bazaine. Le maréchal répondit que « Bazaine était « entouré, à Metz, par une armée qu'on pouvait évaluer à « 200,000 hommes, que le prince royal de Saxe se trouvait à « Verdun avec 80,000 hommes, et qu'enfin le prince royal de « Prusse menaçait ses derrières avec 150,000 hommes ». Dans de pareilles conditions, le maréchal ne voulait pas s'exposer à une attaque de l'armée du prince royal de Prusse. Il désirait éviter une catastrophe, et conserver à la France ses derniers moyens de défense, c'est-à-dire l'armée, qui comprenait alors 120,000 hommes, mais pouvait être portée, avec le temps, à 200,000 ou 300,000 hommes. Le maréchal conclut, en déclarant qu'il marcherait « non pas sur Metz, mais sur Paris ». L'Empereur ne fit aucune objection, et Rouher repartit vers la capitale, emportant une proclamation de l'Empereur, dans laquelle se trouvaient exposées les raisons qui obligeaient l'armée à battre en retraite sur Paris.

Mais, le jour suivant, le 22 août, Rouher télégraphiait :

« En présence des renseignements reçus du maréchal Bazaine, « le conseil des ministres est unanime à penser qu'il faut, plus « que jamais, opérer vigoureusement. Les résolutions adoptées « hier doivent être abandonnées. »

Le ministre de la guerre écrivit, de son côté, dans le même sens à l'Empereur. D'une manière générale, il exprimait l'idée que, dans le cas où l'on ne se porterait pas au secours de Bazaine, « la révolution éclaterait à Paris ».

L'empereur Napoléon n'approuva pas le plan du comte de Palikao, probablement parce qu'il le jugeait téméraire. Il aurait préféré battre en retraite sur Paris, pour couvrir la capitale avec l'armée. Mais c'est précisément ce que ne voulait pas le comte de Palikao, pas plus que la majorité des bonapartistes influents, qui insistaient pour que l'armée de Châlons se portât au secours de l'armée de Bazaine (1).

_____

(1) Wimpffen, *Sedan*, pages 119-122.

D'ailleurs, le maréchal Mac-Mahon tenait toujours ferme, et prenait déjà ses dispositions pour battre en retraite sur Paris, lorsqu'on lui remit un rapport adressé par Bazaine à l'Empereur, en date du 19 août, au sujet de la bataille du 18, rapport dont la conclusion était la suivante :

« Je compte toujours prendre la direction du nord, et me « rabattre, par Montmédy, sur la route de Sainte-Menehould à « Châlons, si elle n'est pas fortement occupée. Dans le cas con- « traire, je marcherai sur Sedan et même sur Mézières, pour « gagner Châlons. »

Se basant sur ce rapport, le maréchal Mac-Mahon admit que le maréchal Bazaine était déjà, probablement, en route, et qu'on pourrait lui donner la main aux environs de Montmédy ; il résolut donc de se mettre en marche, le jour suivant, le 23 août, dans cette direction (1).

L'exécution de la nouvelle résolution prise par Mac-Mahon, qui devait entraîner, dix jours plus tard, l'armée française dans la catastrophe de Sedan, ne commença pas sous des auspices très favorables. Dès la première marche, le 23, le manque de vivres se fit déjà sentir, et obligea le maréchal à appuyer latéralement, à gauche, sur Rethel (sur la voie ferrée), pour compléter ses provisions. Ce mouvement, la nécessité de compléter les approvisionnements de toute nature, quelques irrégularités isolées, et, enfin, le manque d'aptitude à la marche, qui se faisait sentir, particulièrement, dans des fractions du 12e corps, causèrent une perte de temps assez considérable et ralentirent la marche en avant; il en résulta que, dans la nuit du 25 au 26 août, le 12e corps français se trouvait encore à Rethel, avec le quartier général de l'armée, tandis que les trois autres corps, qui se trouvaient plus à droite, n'étaient arrivés qu'à une très faible distance en avant du 12e corps.

La formation prise par les deux partis belligérants présentait, à ce moment (dans la nuit du 25 au 26), un tableau très remarquable. Les fronts des deux armées étaient alors arrivés presque à la même hauteur, celui de l'armée allemande faisant face à

---

(1) Déposition du maréchal Mac-Mahon devant la commission d'enquête parlementaire. Bazaine, *Épisodes*, page 134.

l'ouest, celui de l'armée française faisant face au nord-est. Les
flancs intérieurs des armées ennemies étaient séparés par une
distance de 30 à 35 kilomètres. Chaque armée marchait, pour
ainsi dire, dans le bleu, comme si chacune d'elles avait cherché
à éviter l'autre. En réalité, ce désir n'existait que pour les Français ; mais les Allemands se préparaient déjà à s'engager dans
une nouvelle direction de marche, pour barrer la route à l'armée
de Mac-Mahon.

Dans la soirée du 24 août, c'est-à-dire du jour où le général de
Podbielski avait émis l'avis que la marche en avant de l'armée
de Châlons avait, probablement, pour but de débloquer l'armée
du maréchal Bazaine, le grand quartier général recevait encore,
à Bar-le-Duc, des renseignements plus complets, qui confirmaient
l'appréciation très juste du général de Podbielski.

Les reconnaissances exécutées, le 23, par la 4ᵉ division de
cavalerie, firent connaître que les Français avaient évacué les
environs de Châlons. Grâce à l'indiscrétion d'un journal français,
qui fut intercepté, on apprit que l'armée du maréchal Mac-
Mahon, forte de 150,000 hommes, se trouvait à Reims. Enfin, un
télégramme reçu de Paris, en passant par Londres (probablement
d'un espion), daté du 23 au soir, mandait ce qui suit : « Armée
« de Mac-Mahon rassemblée à Reims. Empereur et prince avec
« l'armée. Mac-Mahon cherche à se réunir à Bazaine ».

Ces renseignements concordaient, en substance, avec une lettre
venant de Metz, qu'on avait déjà interceptée précédemment, et
dans laquelle un officier français écrivait qu'on comptait, à Metz,
avec assurance, sur le secours de Mac-Mahon. On n'avait pas, au
début, attaché une grande importance à cette lettre, car le chemin direct de Metz était barré par les Allemands, et il était peu
vraisemblable que cette armée eût fait choix d'un chemin de
détour dans la direction du nord, à cause des nombreux dangers
qu'il offrait. En raison de la concordance complète que présentaient toutes les communications que nous venons de citer, on se
décida, alors, non pas à suspendre, même provisoirement, la
marche sur Paris, mais à ne plus perdre de vue le cas possible où
l'armée de Châlons se serait portée en avant, ainsi que l'indiquaient les rapports.

C'est en se basant sur ces considérations, que, le 25, le grand
quartier général expédiait, de Bar-le-Duc, l'ordre suivant (1) :

« Tous les renseignements recueillis s'accordent à constater
« que l'ennemi a évacué Châlons et s'est replié sur Reims.

« Conformément aux ordres de Sa Majesté le roi, la troisième
« armée et l'armée du prince royal de Saxe continueront, demain,
« dans la direction du nord-ouest, pour suivre ce mouvement de
« l'adversaire.

« Les corps du prince royal de Saxe viendront : le XIIᵉ à Vienne
« (avant-garde à Autry et Servon); la garde, à Sainte-Menehould
« (avant-garde à Vienne-la-Ville et vers Berzieux); le IVᵉ, à Vil-
« lers-en-Argonne (avant-garde vers Dommartin). La cavalerie se
« portera au loin, pour éclairer sur le front et sur la droite, et
« s'attachera surtout à atteindre Vouziers et Buzancy.

« La troisième armée gagnera, avec ses têtes de colonnes, la
« ligne Givry-en-Argonne—Changy (au nord-est de Vitry), qu'elle
« aura à faire observer (2).

« A moins qu'on ne reçoive des renseignements tout particu-
« liers, les troupes auront repos le 27. On pourra, s'il y a lieu,
« mettre cette journée à profit, pour faire serrer les convois et
« pour aligner les vivres, afin d'être en mesure, à la reprise du
« mouvement, de traverser, sans difficulté, les parties stériles de
« la Champagne.

« Le quartier général de Sa Majesté se transportera, demain, à
« Sainte-Menehould. Jusqu'à 11 heures du matin, les rapports
« devront être adressés à Bar-le-Duc.

Par suite de cet ordre, l'aile droite de la ligne générale de
marche des deux armées allemandes n'était que faiblement
inclinée vers le nord, tandis que son front se trouvait poussé
considérablement à droite ; il en résultait que toutes les masses
de l'armée se rapprochaient de la direction du nord, sans, cependant, abandonner complètement la marche vers l'ouest, jusqu'à
ce que la situation fût éclaircie d'une manière plus complète.

---

(1) *Opérations de la troisième armée*, page 101. — Ouvrage du grand état-
major prussien, 1ʳᵉ partie, tome II, pages 931-932.
(2) La petite place de Vitry s'était déjà rendue, à ce moment, à la cavalerie
allemande.

Le grand quartier général se transporta également à 35 kilomètres dans la direction du nord. La cavalerie de la quatrième armée, qui avait reçu l'ordre de se diriger sur Vouziers et Buzancy, était obligée de croiser, dans sa marche, la route allant de Reims à Metz (par Montmédy) ; il en résulta qu'elle atteignit ainsi directement la ligne de marche du 7e corps, formant l'aile droite française, qui se trouvait à proximité, et avait bivouaqué à Vouziers.

Sur ces entrefaites, on avait reçu encore, pendant la journée du 25 août, différents renseignements fournis par les journaux, en partie par voie télégraphique ; ces renseignements faisaient connaître que la population française insistait passionnément sur la nécessité de porter secours à l'armée de Bazaine. Les discours prononcés au Corps législatif français s'accordaient à dire que ce serait « une honte » pour le peuple français, si Bazaine n'était pas secouru. Un télégramme, expédié de Londres, communiqua un article extrait du journal parisien, le *Temps*, en date du 23, faisant connaître « que Mac-Mahon avait pris soudain la résolu-« tion de se porter au secours de Bazaine, et que toute l'armée de « Châlons avait déjà quitté les environs de Reims ».

Le commandement suprême de l'armée allemande conclut de tous ces renseignements, qu'en réalité, les considérations politiques pouvaient avoir pris, chez l'adversaire, le dessus sur les considérations militaires. On estimait que, dans le cas où les projets de l'ennemi, dont on avait connaissance, seraient effectivement mis à exécution, l'armée du maréchal Mac-Mahon pouvait avoir atteint déjà les environs de Vouziers ; il en résultait que la reconnaissance prescrite dans la direction de Vouziers et de Buzancy présentait une importance décisive.

D'autre part, on s'était rendu compte, au grand quartier général, qu'en raison de l'éloignement considérable de la plus grande partie de la troisième armée, il n'était pas probable qu'on pût s'opposer à la marche du maréchal Mac-Mahon, encore sur la rive gauche de la Meuse, avec des forces supérieures en nombre, dans le cas, du moins, où les Français auraient continué, sans hésitation, à se porter en avant. Dans ces conditions, le maréchal de Moltke conçut un projet, qui, envisageant ce dernier cas, à vrai dire le plus défavorable, avait pour but de barrer, à peu près vers le 28 août, la route à l'armée de Mac-Mahon, avec cinq corps d'armée, forts de 150,000 hommes, et d'arriver à le joindre encore sur la rive droite de la Meuse, dans les environs de Damvillers. Il comptait, en outre, sur les trois corps du prince royal de Saxe et sur deux corps de l'armée d'investissement de Metz (1).

En conséquence, sans attendre le résultat de la reconnaissance de cavalerie dirigée sur Vouziers et Buzancy, le grand quartier général expédia, de Bar-le-Duc, encore le 25, à 11 heures du soir, à la quatrième armée, l'ordre complémentaire suivant, pour la journée du 26 (2) :

« D'après une nouvelle parvenue à l'instant, il ne serait pas
« impossible que le maréchal Mac-Mahon eût résolu de faire une
« tentative pour dégager le gros de l'armée ennemie bloquée
« sous Metz. S'il en était ainsi, il aurait quitté Reims depuis le
« 23 août; ses têtes de colonnes pourraient donc se trouver
« aujourd'hui à Vouziers. Il y aurait lieu, dans ce cas, de res-
« serrer vers l'aile droite l'armée de Son Altesse le prince royal
« de Saxe, en dirigeant le XIIe corps sur Varennes et en rappro-
« chant la garde et le IVe corps de la route Verdun—Varennes.
« Le Ier et le IIe corps bavarois suivraient aussi, dans cette direc-
« tion, le cas échéant.

« Toutefois, l'exécution de ce mouvement demeure subordonnée
« aux renseignements que Son Altesse le prince royal de Saxe
« doit posséder déjà, et dont il serait trop long d'attendre l'ar-
« rivée au grand quartier général.

« La garde et le IVe corps ont été avisés de surseoir au mouve-
« ment qui leur avait été prescrit, aujourd'hui, pour la matinée de
« demain, de manger de bonne heure et d'attendre de nouveaux
« ordres avant de se mettre en marche. »

Une copie de cet ordre fut également adressée au commandant en chef de la troisième armée, copie dans laquelle on ajoutait que les deux corps bavarois avaient reçu directement l'ordre de faire halte provisoirement, et de manger la soupe; que « les Ve, VIe « et XIe corps auraient à continuer le mouvement de concen- « tration vers l'avant, prescrit par l'ordre de l'armée », et « qu'on

---

(1) Ouvrage du grand état-major prussien, 1re partie, tome II, page 933.
(2) Ouvrage du grand état-major prussien, 1re partie, tome II, page 238. (Supplément XXXIV.)

« se réservait de les rapprocher, immédiatement après, de Sainte-
« Menehould ».

Le prince royal de Prusse considéra, comme un fait accompli,
l'hypothèse qui tendait à admettre que l'armée de Châlons s'était
mise en marche pour débloquer Bazaine. C'est en partant de ce
point de vue, que, dans la matinée du 26, la 4e division de cavalerie, qui se trouvait devant le front de la troisième armée, reçut
l'ordre de prendre la direction de Vouziers, et que la 2e division de
cavalerie, qui, jusque-là, avait accompagné l'armée, sur son flanc
gauche, fut invitée à marcher sur Châlons.

La masse principale de la troisième armée devait, dans la même
journée (26 août), en exécution des ordres de la journée précédente, se resserrer vers le nord, et se trouver ainsi rassemblée sur
un petit espace, de manière à pouvoir, en cas de besoin, continuer
le mouvement sur Paris, ou suivre dans la direction du nord. Le
prince royal opinait pour une marche immédiate dans cette dernière direction. C'est pourquoi il se rendit, dans cette journée, avec
son chef d'état-major, le général de Blumenthal, auprès du roi, et
sollicita l'autorisation de suspendre, déjà à ce moment, la marche
sur Paris, et de se diriger, avec toute la troisième armée, vers le
nord. Le roi laissa au prince royal toute liberté d'agir suivant sa
propre inspiration, en se maintenant dans les limites de l'ordre
qui lui avait été expédié le 26, à midi. Cet ordre était ainsi
conçu :

« D'après les renseignements parvenus, il est probable que
« l'armée du maréchal Mac-Mahon se concentre à Vouziers.

« Sa Majesté ordonne ce qui suit :

« L'armée commandée par Son Altesse Royale le prince royal
« de Saxe et les Ier et IIe corps de l'armée bavaroise se mettront
« immédiatement en marche dans cette direction.

« Le XIIe corps et les 5e et 6e divisions de cavalerie sont déjà
« en mouvement.

« La garde marchera sur Dombasle ; un bataillon du XIIe corps
« restera, à Clermont, pour protéger le grand quartier général.

« Le IVe corps se portera sur Fleury.

« Le Ier corps de l'armée royale bavaroise marchera sur Érize-
« la-Petite ; le IIe corps de l'armée royale bavaroise, sur Triau-
« court.

« Toutes les troupes se mettront en mouvement immédiate-
« ment après avoir mangé la soupe ; elles seront approvisionnées
« pour trois jours et laisseront en arrière, aujourd'hui, les trains
« qui ne leur sont pas immédiatement nécessaires, en prenant les
« mesures de sécurité habituelles.

« Le grand quartier général de Sa Majesté le roi se portera,
« aujourd'hui, dans l'après-midi, à Clermont.

« Signé : de Moltke. »

« Copie du présent ordre de l'armée a été portée à la connais-
« sance du commandant en chef royal de la troisième armée, avec
« la remarque que les deux corps d'armée bavarois ont reçu, du
« grand quartier général, un ordre direct. »

Enfin, ces ordres furent complétés encore par un télégramme
adressé au prince Frédéric-Charles, lui prescrivant de désigner
deux corps de l'armée d'investissement, et de leur donner l'ordre
d'atteindre, encore le 28, les environs de Damvillers et de Mangiennes (1).

Considérant que la troisième armée se trouvait encore, le 26, à
une distance de 75 kilomètres de Vouziers, et que les Français,
en apprenant qu'ils étaient en présence des forces allemandes,
pourraient accélérer leur marche sur Metz, le prince royal de
Prusse crut, de son côté, devoir éviter toute perte de temps et se
rapprocher immédiatement, aussi près que possible, de la quatrième armée, pour enlever au maréchal Mac-Mahon toute espé-
rance de livrer bataille à cette dernière armée, dans des conditions favorables pour lui. « Il pouvait, il est vrai, arriver que l'on
« s'aperçût, le 27 ou le 28, que l'on s'était trompé sur les projets de
« l'ennemi » (c'était, du moins, l'avis constant du prince) ; « néan-
« moins, même dans cette hypothèse, les marches exécutées, à
« tort, dans la direction de Paris et de Reims ne pouvaient jamais
« présenter autant d'inconvénients qu'un retard quelconque
« apporté à l'exécution du mouvement entrepris contre Mac-
« Mahon », dans le cas, notamment, où ce dernier marcherait
effectivement sur Metz.

---

(1) *Opérations de la troisième armée*, page 108.

Les lettres de soldats français qu'on avait interceptées dans cette journée s'accordaient également à dire, d'une manière unanime, que l'armée de Mac-Mahon marchait de Reims sur Verdun.

C'est pour tous ces motifs que le prince royal expédia, le 26, à 4 heures de l'après-midi, de Révigny-aux-Vaches, l'ordre qui prescrivait également aux autres corps de la troisième armée (le Ve avec la division de campagne wurtembergeoise, le VIe et le XIe) de se porter, le 27, dans la direction du nord.

Sur ces entrefaites, les patrouilles et les détachements envoyés en reconnaissance par la cavalerie allemande avaient établi nettement que les environs de Reims étaient complètement évacués par les Français, et que, seule, cette ville elle-même se trouvait encore occupée ; au dire des habitants, l'armée française s'était repliée dans la direction du nord. De plus, on avait vu, à Vouziers et au delà de cette localité, des forces françaises importantes au repos et en mouvement, dont le nombre était évalué, par les habitants, au chiffre de 140,000 hommes ; on avait appris, de même, qu'on attendait, sur ce point, dans deux jours, le maréchal Mac-Mahon, qui se trouvait, pour le moment, à Attigny. Enfin, on avait encore établi, d'une manière certaine, qu'il y avait à Grand-Pré (défilé situé dans la vallée de l'Aisne, sur la route Vouziers—Varenne—Verdun) un détachement français de toutes armes, et que Dun (passage de la Meuse situé sur la route Vouziers—Verdun) n'était pas occupé par les Français.

De tous ces renseignements, seuls, les deux derniers arrivèrent en temps opportun, c'est-à-dire encore dans le courant de la journée du 26 août, au grand quartier général. Toutefois, les renseignements qui étaient parvenus à la connaissance du commandement suprême de l'armée allemande paraissaient être tout à fait suffisants, pour servir de base aux résolutions, entièrement nouvelles qu'il y avait lieu de prendre. D'une part, la présence de troupes françaises à Grand-Pré confirmait l'hypothèse d'après laquelle l'armée du maréchal Mac-Mahon, engagée dans une marche vers l'est, se trouvait au nord de cette localité ; d'autre part, on croyait pouvoir conclure de ce que Dun n'était pas occupé par l'ennemi, que ce dernier n'avait pas encore atteint la Meuse ; on résolut, en conséquence, de devancer l'adversaire sur la Meuse. Dans ce but, le XIIe corps reçut, pour le 27, l'ordre de franchir la rivière et d'occuper les passages de Dun et de Stenay,

qui sont situés tous deux au nord de Verdun, sur les routes allant
vers Damvillers. La garde et le IVe corps devaient continuer leur
mouvement vers le nord.

Cet ordre fut remis (à 11 heures du soir) au chef d'état-major
de la quatrième armée, général de Schlotheim, en personne; il
était accompagné d'une instruction qui prescrivait à la cavalerie
de se porter sur le flanc droit de l'ennemi. Les deux corps bavarois reçurent directement l'ordre de continuer la marche en avant,
vers le nord, jusqu'à Nixéville et Dombasle (c'est-à-dire jusqu'à la
ligne qui fut évacuée, dans cette journée, par les corps de l'armée
du prince royal de Saxe).

Le commandant en chef de la troisième armée fut informé de
toutes ces dispositions et invité « à continuer, avec les autres
« corps, le mouvement sur Sainte-Menehould ».

Les 5e et 6e divisions de cavalerie avaient été mises en marche
sur Vouziers.

L'armée du maréchal Mac-Mahon se trouvait, dans la nuit du
25 au 26 août, répartie de la manière suivante :

A l'aile droite, à Vouziers (sur le chemin le plus court allant de
Châlons à Sedan, sur lequel s'embranche, à Vouziers, la route
Buzancy—Nouart—Stenay—Montmédy—Thionville), le 7e corps
(Félix Douay), qui avait poussé en avant, pour couvrir son flanc
droit, un régiment de hussards au débouché du défilé de Grand-
Pré (sur la route Vouziers—Varennes).

En outre, le long de l'Aisne se trouvaient les autres corps : le
1er (Ducrot), à Attigny; le 5e (de Failly), à Amagne ; en arrière de
ce dernier corps, le 12e (Lebrun), à Rethel (sur la voie ferrée
Châlons—Mézières—Thionville).

En avant du front de l'armée française se trouvait la 1re division de cavalerie de réserve (Margueritte), au Chesne (sur la route
de Stenay), tandis que la 2e division de cavalerie de réserve
(Bonnemains) se trouvait à Rethel, derrière l'extrême gauche de
l'armée, c'est-à-dire, en quelque sorte intentionnellement, aussi
éloignée que possible de l'ennemi.

Les Allemands, de leur côté, avaient exécuté, peu à peu, un
changement de front vers le nord, en prenant, comme direction,
l'aile droite française, contre laquelle ils avaient mis en mouve-

ment, à ce moment, 3 divisions de cavalerie (la division royale saxonne, les 5e et 6e divisions), soit, en tout, 72 escadrons. En revanche, sur les 112 escadrons qu'elle possédait, l'armée française ne pouvait opposer, du côté de son aile droite menacée, dans toutes les éventualités possibles, que les 12 escadrons du corps Douay.

Le 26, l'armée française exécuta, dans sa marche en avant, une conversion à droite, dont le pivot était formé par le 7e corps, qui avait poussé des détachements des trois armes en avant de son front, vers Buzancy, et sur son flanc droit, vers Grand-Pré : autant qu'on peut le savoir, ces détachements comprenaient, en tout, 6 bataillons de la brigade Bordas, avec une batterie et quelques escadrons. Ces détachements, qui avaient pour mission de couvrir le 7e corps français et de le préserver d'alertes inutiles, lui rendirent, cependant, un mauvais service.

Le général Bordas, qui se trouvait présent à Grand-Pré, ramena, dès l'apparition d'un seul régiment de dragons allemand, ses troupes en arrière, dans la forêt, « qui était impraticable » ; de son côté, le détachement de troupes qui se trouvait à Buzancy se mit en retraite sur Vouziers. En outre, lorsqu'à ce moment le régiment de lanciers français qui avait été poussé en avant au sud de Vouziers vit apparaître un escadron de dragons allemand, il rendit compte « qu'un fort détachement de uhlans » se portait en avant; le général Douay crut, dès lors, que toute une armée s'avançait contre son corps d'armée.

Sans réfléchir davantage, ce général chercha donc à Vouziers une position défensive, que les troupes commencèrent à fortifier en toute hâte. Pour faciliter la retraite du détachement du général Bordas, l'autre brigade de la même division fut envoyée au-devant de lui. Les trains du 7e corps furent reportés en arrière sur Rethel.

Sur ces entrefaites, le général Bordas avait appris qu'il n'avait en face de lui que de la cavalerie, et avait réoccupé Grand-Pré ; mais le commandant de la division, général Dumont, avait, néanmoins, donné l'ordre d'évacuer Grand-Pré et commencé ensuite à se mettre en retraite, vers le matin, avec toute la division, sur Vouziers. Le rapport le plus récent du général Bordas (rendant compte de la réoccupation de Grand-Pré) n'était pas parvenu à Vouziers, et le 7e corps avait, dans l'attente de l'attaque d'un adversaire qui n'existait que dans son imagination, passé toute la nuit, sous une pluie torrentielle, sur sa position de défense. Le général Douay avait également rendu compte au maréchal Mac-Mahon que Grand-Pré était occupé par les Allemands et qu'il s'attendait, à tout instant, à une attaque de la part de ces derniers (1).

Après avoir reçu ce renseignement, le maréchal Mac-Mahon considéra comme téméraire de continuer sa marche de flanc dans la direction du nord-est, et se décida à faire exécuter à son armée une conversion de front vers le sud-est, c'est-à-dire dans la direction de l'ennemi et de la ligne Vouziers—Buzancy.

Dans ce but, le 7e corps devait rester, le 27, à Vouziers; le 5e devait se mettre en marche, en conversant à droite sur Buzancy (à environ 20 kilomètres au nord-est de Vouziers). En arrière de ces corps, qui se trouvaient en première ligne, devaient marcher, le 1er corps derrière le 7e, le 12e derrière le 5e.

La division de cavalerie Margueritte, qui, jusque-là, avait marché en avant du front de l'armée française, exécuta également un changement de front à droite, et se porta vers Beaumont, sur le flanc gauche du nouveau front de son armée. Seule, la division de cavalerie Bonnemains demeura encore en arrière (à Attigny), à la droite du 1er corps.

Sur ces entrefaites, on reconnut, le jour suivant, le 27, que Grand-Pré n'était pas occupé par l'ennemi, et que l'armée allemande, à l'exception de la cavalerie, ne se trouvait pas du tout encore aussi près. C'est pourquoi le maréchal Mac-Mahon fit reprendre la direction de marche antérieure vers le nord-est. Mais les corps français ne reçurent l'ordre relatif à ce dernier mouvement qu'au moment où ils avaient déjà presque atteint les buts de marche qui leur étaient assignés par l'ordre du jour précédent. La tête de colonne du corps de Failly était déjà arrivée jusqu'à Buzancy, localité où s'engagea même un combat de cavalerie entre des fractions de la division de cavalerie saxonne et le régiment d'avant-garde de la division de cavalerie Brahaut, appartenant au corps de Failly.

C'est ainsi que la journée du 27 août produisit une nouvelle perte d'un temps si précieux, par suite du changement de front,

---

(1) Ouvrage du grand état-major prussien, 1re partie, tome II, page 942.

tout à fait inutile, exécuté par l'armée contre un ennemi imaginaire. Sur ces entrefaites, les Allemands se rapprochaient, d'une
manière ininterrompue, du but qu'ils avaient en vue.

A la date du 27 août au soir, le XII⁰ corps (royal saxon) avait
franchi la Meuse, occupé les principaux points de passage importants de Dun et de Stenay, et détruit le passage de Sassey, sur la
Meuse (entre Dun et Stenay). C'est ainsi que ce corps avait déjà,
le 27 au soir, barré à l'armée de Mac-Mahon les routes les plus
courtes qui menaient vers l'est. Deux corps de l'armée d'investissement, venant de Metz, se trouvaient en marche pour appuyer le
XII⁰ corps; on les avait rapprochés de ce dernier corps, en prévision du cas où, l'adversaire venant à accélérer sa marche, il
serait impossible de faire renforcer, en temps opportun, par les
Bavarois, la quatrième armée. Les autres fractions de l'armée
allemande paraissaient être prêtes à appuyer la défense de la ligne
de la Meuse, au moyen d'une attaque dirigée contre le flanc (droit)
de l'ennemi sur la rive gauche de la rivière. Ces fractions de l'armée formaient, momentanément, deux groupes importants, dis-
posés en échelons. L'échelon avancé, qui se trouvait à proximité
des Saxons, comprenait un groupe de quatre corps d'armée,
savoir : la garde à Montfaucon, le IV⁰ corps à Froméréville, et, en
arrière, en deuxième ligne, le Iᵉʳ corps bavarois à Nixéville et le
II⁰ corps bavarois à Dombasle. L'échelon de gauche, placé en
arrière, comprenait les trois autres corps de la troisième armée
allemande, qui se portaient en avant, vers le nord, formant, pour
ainsi dire, une seule forte colonne. Le V⁰ corps, qui se trouvait
en tête de colonne, atteignit Sainte-Menehould et arriva ainsi sur
la même ligne que les corps bavarois.

La cavalerie de l'armée du prince royal de Saxe s'était portée
en avant, le 27, dans la direction du nord-ouest, dans l'ordre suivant : au centre, la 5⁰ division de cavalerie, qui s'avança jusqu'à
la ligne Buzancy—Grand-Pré; à sa droite, la division de cavalerie
saxonne, qui atteignit Nouart. En arrière de ces deux divisions,
marchait, en seconde ligne, la division de cavalerie de la garde,
dans la direction générale de Buzancy. La 6⁰ division de cavalerie, qui marchait à gauche et en avant de la 5⁰, arriva, avec ses

têtes de colonnes, jusque dans les environs de Vouziers. A partir
de cet instant, aucun mouvement des Français ne pouvait plus
échapper à la chaîne continue formée par la cavalerie, qui occupait, à ce moment, sur un front de 40 à 50 kilomètres, tout le
terrain sur lequel devaient s'exécuter les mouvements de l'ennemi.

Parmi les deux divisions de cavalerie de la troisième armée, la
4e se trouvait à l'aile gauche, à environ 30 kilomètres sur le flanc
de l'infanterie, et à peu près à la même distance au sud de Vouziers, à hauteur du front avancé de son armée, à Suippes. A environ 40 kilomètres en arrière de la 4e division de cavalerie, suivait
la 2e division de cavalerie, qui avait pour mission d'éclairer le
terrain sur le flanc gauche de l'armée.

Sur ces entrefaites, le grand quartier général, se basant sur les
renseignements qu'il venait encore de recevoir, le 26, de la cavalerie allemande, avait acquis, à la date du 27, la conviction que
l'armée française, partant de la ligne Reims—Rethel, poursuivait
sa marche dans la direction générale du nord-est, en partie sur
Buzancy, en partie plus au nord, sur Beaumont; toutefois, il
estimait que cette armée avait rencontré, probablement le 27,
des difficultés, et s'était arrêtée, et qu'en tout cas, les Français ne
pouvaient pas encore avoir atteint la Meuse, puisque les passages
de Dun et de Stenay, qui se trouvaient sur cette rivière, avaient
été occupés, dans cette journée, par le corps d'armée saxon.

A la suite de tous ces renseignements, on admit qu'il était possible d'atteindre encore l'adversaire sur la rive gauche de la
Meuse. Dans ces circonstances, il paraissait superflu de rassembler cinq corps d'armée à Danvillers, dans l'intention de
barrer la route aux Français sur la rive droite de la Meuse. C'est
en partant de ce point de vue, que l'ordre fut donné de faire
rétrograder les deux corps qui étaient venus de Metz pour
appuyer le XIIe corps, et de les remettre à la disposition du commandant en chef de l'armée d'investissement ; quant aux troupes
des troisième et quatrième armées (à l'exception des Saxons, qui
occupaient les passages de la Meuse), elles recevaient l'ordre de
continuer leur marche en avant, vers le nord.

Dans la soirée du 27, les événements avaient déjà pris une tournure telle, que l'armée de Mac-Mahon ne se trouvait plus en mesure de continuer à marcher sur Metz, comme le maréchal en avait l'intention, sans se heurter à des forces allemandes considérablement supérieures en nombre : ces dernières devaient, en partie du moins, même sans projet spécial ou sans difficulté, simplement d'après le cours naturel des choses, arriver à tomber sur les derrières des Français, dans le cas où ils persisteraient à continuer de marcher vers l'est.

C'est ainsi que le moment critique, décisif, était arrivé pour le maréchal Mac-Mahon : il s'agissait, pour lui, de renoncer à la pensée de débloquer Bazaine et de songer uniquement à assurer sa propre sécurité. C'est, d'ailleurs, ainsi que le maréchal, lui-même, envisagea sa situation, surtout lorsqu'il eut reçu un renseignement, digne de foi, lui faisant connaître que le maréchal Bazaine n'avait pas encore quitté Metz à la date du 26.

Considérant que ce dernier, en tout cas, était encore loin, et, qu'en outre les forces allemandes se trouvaient à proximité, le maréchal Mac-Mahon résolut de commencer la retraite, le jour suivant, le 28, et fit part de son projet au ministre de la guerre, par la dépêche suivante (1) :

« La première et la deuxième armée, plus de 200,000 hommes,
« bloquent Metz, principalement sur la rive gauche de la Moselle.
« Une force évaluée à 50,000 hommes serait établie sur la rive
« droite de la Meuse, pour gêner notre marche sur Metz. Des ren-
« seignements annoncent que l'armée du prince royal de Prusse
« se dirige aujourd'hui sur les Ardennes avec 150,000 hommes ;
« elle serait déjà à Ardeni (?). Je suis au Chesne-Populeux avec
« plus de 100,000 hommes. Depuis le 19, je n'ai aucune nouvelle
« de Bazaine (2). Si je me porte à sa rencontre, je serai attaqué
« par une partie de la première et de la deuxième armée ; je
« risque, en même temps, d'être assailli par l'armée du prince

---

(1) Ces données, ainsi que les suivantes, se trouvent dans l'ouvrage de Bazaine (*Épisodes*, etc., pages 134-135).

(2) Il s'agit ici de renseignements « directs », provenant de Bazaine, car Mac-Mahon avait été informé qu'à la date du 26 août, l'armée du Rhin ne s'était pas encore fait jour.

« royal de Prusse, qui peut me couper toute ligne de retraite. Je
« me rapproche demain de Mézières, d'où je continuerai ma
« retraite, selon les événements, dans la direction de l'ouest. »

C'est dans ce sens que les troupes reçurent, pour le 28, des
ordres qui, cependant, à la suite des instances pressantes du
ministre de la guerre, furent de nouveau modifiés. Ce dernier
répondit au maréchal Mac-Mahon :

« Si vous abandonnez Bazaine, la révolution est dans Paris et
« vous serez attaqué, vous-même, par toutes les forces de l'en-
« nemi. Paris se gardera contre l'extérieur ; les fortifications sont
« terminées.

« Il me paraît urgent que vous puissiez parvenir rapidement à
« faire votre jonction avec Bazaine. Ce n'est pas le prince royal
« de Prusse qui est à Châlons, mais un des frères du roi, avec un
« fort détachement de cavalerie (1). Je vous ai télégraphié, ce
« matin, deux renseignements, qui indiquent que le prince royal
« de Prusse, sentant le danger auquel votre marche tournante
« expose, non seulement l'armée qui bloque Bazaine, mais encore
« la sienne propre, a changé de direction et marche vers le nord.
« Vous avez trente-six heures d'avance sur lui, peut-être même
« quarante-huit heures.

« Vous n'avez devant vous qu'une partie des forces qui bloquent
« Metz, et qui, vous voyant marcher de Châlons sur Metz, se sont
« étendues jusqu'à l'Argonne. Votre mouvement sur Reims les a
« trompées, comme le prince royal de Prusse lui-même.

« Ici, tout le monde sent la nécessité de dégager Bazaine, et
« l'anxiété avec laquelle on vous suit est extrême. »

Cette dépêche, que le maréchal reçut le 28, à 2 heures du
matin, le fit déjà chanceler dans sa résolution ; une dépêche ultérieure, qui arriva deux heures plus tard, le décida définitivement
à modifier ses projets et ses dispositions. Cette dépêche était ainsi
conçue :

« Au nom du Conseil des ministres et du Conseil privé, je vous

---

(1) Prince Albrecht de Prusse, commandant la 4e division de cavalerie.

« demande de secourir Bazaine, en profitant des trente-six heures
« d'avance que vous avez sur le prince royal de Prusse.

« Je fais partir le corps Vinoy sur Mézières (1).

Le maréchal Mac-Mahon reprit alors, par modification aux dispositions déjà adoptées pour le 28, la direction antérieure de l'est,
et mit en marche les corps de son armée sur Stenay. Mais, sur ces
entrefaites, les trains s'étaient déjà mis en marche, en exécution
des ordres du jour précédent, dans la direction de l'ouest. Le
contre-ordre entraîna un désarroi, qui eut pour conséquence de
retarder, encore une fois, la marche en avant (2).

Le maréchal Mac-Mahon, lui-même, évalue à « deux journées
« complètes » la perte de temps (depuis le départ de Reims) qui
résulta du détour fait par Rethel, et d'autres retards dont nous
avons déjà parlé.

L'armée française se porta donc, le 28 août, dans la direction
générale de l'est. Le 5e corps, formant la colonne de droite, marcha
jusqu'à Bois-des-Dames (à une distance d'à peine 10 kilomètres
du pont de Stenay sur la Meuse); il fut suivi par le 7e corps,
qui formait échelon en arrière. Les troupes marchèrent sous la
pluie et atteignirent (dans la nuit du 29, et même, seulement, en
partie, dans la matinée de ce dernier jour) leurs buts de marche ;
elles étaient épuisées, se trouvaient dans des dispositions désas-
treuses et avaient éprouvé de grandes pertes, par suite des maraudeurs. En raison des retards dont nous venons de parler, ainsi que
de quelques alertes partielles, et des modifications qu'on avait
apportées à la direction de marche, par suite de l'apparition de la
cavalerie allemande et de quelques rencontres insignifiantes avec
elle, les corps français ne faisaient, en général, que peu de chemin
en avant.

La colonne de gauche était formée, tout d'abord, par le 12e corps,
qui atteignit Stonne, et poussa en avant sa cavalerie jusqu'à
Beaumont, environ à 10 kilomètres de Stenay. En arrière de lui
se trouvait le 1er corps.

Les deux divisions de cavalerie de réserve françaises n'avaient,
probablement, reçu aucun ordre, et ne surent pas chercher, elles-

---

(1) Le corps Vinoy, formé à Paris, n'était pas encore affecté à l'armée de
Mac-Mahon. Bazaine, *Épisodes*, page 136.

(2) Bazaine, *Épisodes*, pages 134-137.

mêmes, la place qui leur convenait, ainsi qu'un champ d'action
pour leur activité. Parmi elles, la 1re division se plaça, à ce moment, à hauteur de l'aile gauche (intérieure) du 5e corps, tandis
que la 2e s'avança, comme précédemment, en seconde ligne, entre
le 12e et le 1er corps. Le flanc droit de l'armée française, qui,
cependant, se trouvait directement menacé par l'adversaire, ne
fut protégé que d'une manière tout à fait insuffisante par la cavalerie.

Pendant la journée du 28 août, le XIIe corps (royal-saxon) continua à occuper les passages de la Meuse, sur la ligne Dun—
Stenay. Un détachement envoyé par ce corps d'armée procéda,
le 28, après une tentative infructueuse, qui avait eu lieu dans la
journée précédente, à la destruction de la voie ferrée Sedan—
Thionville, à Chauvancy.

Les autres fractions des deux armées allemandes se portèrent,
en général, pour la plus grande partie, vers le nord, tandis que la
garde, qui précédait les autres corps à l'aile droite, atteignit déjà
les environs immédiats de Dun. A une petite journée de marche
en arrière de la garde, marchait le 4e corps ; à gauche de ce dernier, s'avançaient, sur une seule ligne, le Ier et le IIe corps bavarois, ainsi que le Ve corps ; en arrière d'eux, suivaient, presque à
la même hauteur, le VIe et le XIe corps.

Quant à la cavalerie allemande qui accompagnait les Français
dans leur marche, elle se replia, à l'aile droite, sur une position,
qui, comparée à celle qu'elle occupait le 27, se trouvait située un
peu en arrière ; en outre, elle (la division de cavalerie saxonne)
évacuait de nouveau Nouart. Mais, en revanche, à l'aile gauche,
qui se trouvait très avancée, la 6e division de cavalerie s'était
déjà portée un peu au delà de Vouziers, localité où avait séjourné,
le jour précédent, le 7e corps français. Immédiatement en arrière
d'elle, suivait, formée par échelons, la 4e division de cavalerie. La
2e division de cavalerie, qui marchait en avant et sur le flanc
gauche de la troisième armée, atteignit le but de marche assigné,
précédemment, à la 4e division.

L'armée française, qui se trouvait engagée dans la marche en
avant, laissait, ainsi que nous l'avons déjà dit, complètement à
découvert celui de ses flancs qui était opposé aux Allemands. Il

était donc très facile à la cavalerie allemande, dont la ligne avancée était alors formée par la division de cavalerie de la garde prussienne, de jeter un coup d'œil sur la zone de marche de l'armée ennemie ; il en résulta, dès lors, quelques escarmouches.

Les rapports de la cavalerie allemande, en date du 28 août, se contredisaient en partie (par suite des modifications que les Français avaient, dans cette journée, apportées à la direction de marche). D'après les uns, les Français continuaient leur marche en avant vers l'est ; d'après les autres, ils avaient commencé la retraite dans la direction de l'ouest. Il y a, en cette circonstance, à ce qu'il semble, des raisons de supposer que la division de cavalerie, qui se trouvait à l'aile droite allemande, c'est-à-dire la division saxonne, n'a pas tout à fait rempli, comme il convenait, les missions qui lui incombaient par suite du cours des événements.

Déjà, dans la journée précédente, le XIIe corps avait été informé que les Français se trouvaient à une faible distance du pont de Stenay, point que les Allemands devaient tenir à tout prix, pour interdire à l'armée de Mac-Mahon le passage sur l'autre rive de la Meuse. En vue d'éclaircir cette question importante, la division de cavalerie saxonne avait reçu l'ordre de se porter en avant, vers Nouart (sur la route Vouziers—Stenay), localité qui avait été également occupée, dans la soirée, par des fractions de cette division. Mais il y avait encore un autre chemin, plus au nord, qui menait à Stenay par Beaumont. Il semble donc que la division de cavalerie saxonne aurait dû, également, surveiller ce chemin et, en général, toute la région qui comprenait les voies d'accès venant de l'ouest et se dirigeant sur Stenay. En d'autres termes : la division aurait dû, à partir de Nouart, s'étendre davantage vers le nord, en avant du front de marche des Français. S'il en avait été ainsi, la marche de la deuxième colonne française, qui se dirigeait plus au nord, par Beaumont, sur Stenay, n'aurait pas pu, également, échapper à la surveillance de la cavalerie saxonne. Mais, au lieu de s'étendre dans la direction du nord, la division, dès qu'elle se vit à proximité du 7e corps français, se replia directement vers le sud et perdit ainsi de vue l'adversaire.

Abstraction faite de cette erreur, les renseignements obtenus, le 28 août, par la cavalerie allemande, établissaient que les environs de Vouziers, et, en général, des bords de l'Aisne, qui, jusque-là, se trouvaient occupés par les Français, étaient évacués par eux, et que des masses importantes françaises se trouvaient sur la route qui va de Vouziers à Stenay. Or, ce dernier point et la partie du cours de la Meuse qui en est voisine se trouvaient toujours occupés et observés par le corps d'armée saxon (en avant duquel, jusqu'à ce moment, aucun ennemi ne s'était encore montré sur la Meuse); le grand quartier général en conclut, dès lors, que l'armée du maréchal Mac-Mahon se trouvait, probablement, au nord du nouveau front des armées allemandes, dans l'espace compris entre les rivières de l'Aisne et de la Meuse ; dans ces conditions, « on « avait les plus grandes chances d'atteindre encore l'adversaire « sur la rive gauche de la Meuse ». En conséquence, le 28 août, à 11 heures du soir, l'ordre suivant était expédié (par le grand quartier général) de Clermont :

« L'apparition de l'infanterie ennemie à Buzancy (20 kilo-« mètres de Stenay) indique que l'ennemi veut tenter de déblo-« quer Metz. Il est à supposer qu'à cet effet, un ou deux corps « suivent la route Vouziers — Buzancy — Stenay, tandis que le « reste de l'armée défile plus au nord, par Beaumont. Afin de ne « pas provoquer l'offensive des Français avant une concentration « suffisante de nos propres forces, Son Altesse le prince royal de « Saxe appréciera s'il convient de réunir d'urgence le XII⁰ corps, « la garde et le IV⁰ corps, tout d'abord dans une position défen-« sive, à peu près sur la ligne Landres — Aincreville. La brigade « détachée (1) continuera à surveiller la ligne Dun — Stenay.

« Les deux corps bavarois rompront à 5 heures du matin. Le Iᵉʳ « corps » (bavarois), « qui reçoit l'ordre directement d'ici, se « portera par Fléville sur Sommerance, où il devra arriver à « 10 heures du matin. Le II⁰ corps » (bavarois) « marchera par « Binarville, Chatel et Cornay, sur Saint-Juvin. Le V⁰ corps vien-« dra par Bouconville, Montcheutin, Senuc et Grand-Pré.

« On s'abstiendra, jusqu'à nouvel ordre, de continuer le mou-« vement offensif vers la route Vouziers — Buzancy — Stenay ; « [mais il demeure entendu, cependant, que l'armée de la Meuse « l'occuperait promptement, si elle n'avait devant elle que des « forces ennemies insignifiantes].

---

(1) Il s'agit ici de la 67⁰ brigade, qui avait été détachée à Stenay (Voir l'ou-vrage du grand état-major prussien, 1ʳᵉ partie, tome II, pages 964-965). (*Anno-tation du traducteur français.*)

« Quant aux deux autres corps de la troisième armée, leur
« marche sera réglée de telle sorte qu'en cas de nécessité, ils
« puissent être en mesure de concourir, le 30, au dénouement.

« Sa Majesté le roi se rendra, à 9 heures, tout d'abord à
« Varennes (1). »

Comme l'activité déployée par la quatrième armée allemande,
le 29 août, mérite une mention spéciale, pour n'être pas obligé,
plus tard, d'interrompre notre récit, remarquons ici, au préalable,
que les troupes de la troisième armée, malgré le mauvais temps,
atteignirent, dans la soirée, les buts de marche qui leur étaient
assignés. Les deux corps d'armée bavarois n'arrivèrent à Sommerance et Cornay (localités distantes de 4 à 6 kilomètres l'une de
l'autre) qu'en pleine obscurité. A gauche de ces corps, à Grand-
Pré, se trouvait le Ve corps, avec la division de campagne wurtembergeoise ; encore plus à gauche, à Monthois, le XIe corps.
Les corps de la troisième armée bivouaquaient, dès lors, presque à
la même hauteur, sur un front de 20 kilomètres environ. Seul, le
VIe corps, auquel on avait assigné comme but de marche Varennes
(en arrière des corps bavarois), avait reçu, chemin faisant, du
grand quartier général, l'ordre de se porter sur Vienne (derrière
le Ve corps).

Parmi les divisions de cavalerie indépendantes, la 2e continuait
à éclairer le terrain sur le flanc gauche de la zone de marche de
la troisième armée, tandis que trois divisions de cavalerie, au
complet l'une et l'autre, se portèrent en avant du corps de l'aile
gauche, le XIe, savoir : en avant, la 5^a division de cavalerie (à
Attigny), et, immédiatement en arrière, la 6e division de cavalerie
(à Vrizy, en avant de Vouziers) ; ces deux divisions s'étaient
écartées de leur armée (la quatrième) ; en arrière de la 6e division
de cavalerie suivait la 4e, appartenant à la troisième armée ; cette
dernière division atteignit Vouziers le 29.

Il sera question, un peu plus loin, des renseignements recueillis
par ces divisions et des rapports qu'elles envoyèrent. Remarquons

---

(1) *Opérations de la troisième armée*, page 121. — Dans la correspondance
militaire de de Moltke la phrase qui se trouve entre crochets [ ] ne figure pas
à cette place, mais elle a été ajoutée, comme entrefilet spécial, à l'ordre ci-dessus,
avec une légère modification dans la rédaction.

simplement ici, en passant, qu'on ne voit pas bien si la nombreuse cavalerie allemande, rassemblée sur un si petit espace, se trouvait placée sous les ordres d'un chef commun, dont elle aurait eu, cependant, bien besoin. Peut-être aussi les faits donnent-ils la solution de cette question, en montrant que la cavalerie n'a pas, à proprement parler, obtenu de grands résultats ; il ne lui était, pourtant, pas difficile d'exécuter des reconnaissances isolées, en raison de l'inertie presque illimitée dont fit preuve la cavalerie de l'adversaire, qui, notamment, tint sa division de cavalerie de Bonnemains à une grande distance en arrière, pour la dérober aux Allemands.

J'arrive maintenant à l'activité déployée par la quatrième armée allemande pendant la journée du 29 août.

Par suite des faux rapports de la cavalerie, arrivés le 28, faisant connaître « que l'ennemi se repliait vers l'ouest », c'est-à-dire se mettait en retraite, le prince royal de Saxe avait donné, à la division de cavalerie de la garde, l'ordre d'éclairer le terrain, le 29, au delà de Bar, dans la direction générale du Chesne (sur ce point se trouvait, précisément le 28, le quartier général du maréchal Mac-Mahon). La division de cavalerie saxonne devait suivre la division de cavalerie de la garde ; quant à la garde, elle devait faire prendre position, à 7 heures du matin, à une avant-garde à Rémonville. A la réception de l'ordre expédié par le grand quartier général, ordre que nous avons déjà rapporté, le prince royal de Saxe donna les instructions suivantes :

« L'avant-garde que la garde a portée à Rémonville y restera,
« pour servir d'appui aux reconnaissances que la cavalerie de ce
« corps doit exécuter sur Bar ; le gros du corps d'armée demeu-
« rera en position de garde-à-vous à Bantheville.
« Le XIIe corps se hâtera de passer la Meuse à Dun, et prendra
« position entre Cléry-le-Grand et Aincreville ; la 12e division de
« cavalerie, couverte par une avant-garde (1) jetée vers Villers
« devant Dun, éclairera dans la direction de Nouart. Comme il

---

(1) Il faut entendre ici, évidemment, un soutien d'infanterie, destiné à recueillir la cavalerie, en cas de nécessité.

« suffit de surveiller la Meuse, entre Dun et Stenay, la 48e bri-
« gade pourra aussi rallier, le long de la rivière. Le IVe corps
« viendra provisoirement jusqu'au nord de Nantillois. Les com-
« mandants de corps d'armée se trouveront réunis, à 8 heures
« du matin, sur la hauteur au sud d'Aincreville (1). »

Les rapports verbaux que firent les généraux commandants,
lors du rassemblement qui eut lieu dans la matinée du 29, contenaient, outre les renseignements relatifs à la marche de leurs
propres troupes, les suivants :

1º La division de cavalerie de la garde, qui marchait en avant
et à gauche de la 12e saxonne, et dont les troupes avancées se
trouvaient à Buzancy (sur la route directe de Vouziers à Stenay)
n'avait pas rencontré, dans les premières heures de la matinée,
l'ennemi aux abords immédiats de ce point, à Bar et à Harricourt :
des patrouilles d'officiers avaient été dirigées sur Sommauthe (sur
le chemin de Beaumont), et Germont (sur le chemin de Vouziers),
mais leurs rapports n'étaient pas encore arrivés ;

2º La 12e division de cavalerie saxonne, qui opérait plus à
droite, « n'avait pas pu », pendant la nuit, « s'avancer au delà
« de la forêt de Dieulet (au sud de Beaumont) », et elle avait reçu
l'ordre « de se porter de nouveau en avant, vers Nouart » (sur la
route Vouziers—Stenay).

Il y a lieu de remarquer que deux corps français, le 7e et le 5e,
avaient campé à une distance de 6 à 8 kilomètres, au plus, de
Buzancy, localité où bivouaquaient les détachements les plus
avancés de la division de cavalerie de la garde. Ces derniers détachements avaient, il est vrai, dans la journée précédente, aperçu
de fortes masses ennemies, et en avaient rendu compte, mais ils
avaient, probablement, perdu, plus tard, le contact de ces masses,
et ne l'avaient pas encore repris dans la matinée du 29.

A la suite de ces communications, le prince royal de Saxe
reconnut la nécessité de reprendre, en avant de l'aile gauche, le

---

(2) Voir l'ouvrage du grand état-major prussien, 1re partie, tome II, page
966. — On ne peut s'empêcher de remarquer que, d'après ces instructions, le
XIIe corps devait se borner simplement à surveiller le secteur de la Meuse situé
dans les environs de Stenay, secteur qu'il avait lui-même occupé jusque-là. Ces
instructions ne sont pas d'accord avec l'ordre du grand quartier général, qui
prescrivait de laisser en arrière, sur ce point, une brigade d'infanterie.

contact de l'adversaire, qui avait été perdu par la cavalerie de la
garde, et de se renseigner sur la véritable situation à Beaumont,
localité qui est située sur la deuxième route, celle du nord, allant
de Vouziers à Stenay (par Le Chesne). C'est en partant de ce
point de vue, que les deux divisions de cavalerie dont nous avons
parlé reçurent l'ordre de se porter en avant, jusqu'à la route Le
Chesne—Stenay, la division de cavalerie de la garde, dans la direction générale de Boult-aux-Bois et d'Authe, la division saxonne,
au delà de Nouart et d'Oches. En outre, en prévision du cas possible où la division de cavalerie saxonne rencontrerait, pendant sa
route, de la résistance, la division de cavalerie de la garde reçut
l'ordre d'éclairer également le terrain, vers la droite, dans la
direction de Beaumont, bien que cette localité se trouvât sur la
ligne de marche directe de la division de cavalerie saxonne.

Enfin, le prince royal considéra qu'il était nécessaire de faire
avancer également l'infanterie jusqu'à la route de marche la plus
courte dont les Français disposaient pour aller de Vouziers à
Stenay, et ordonna, en conséquence, à la garde de se porter sur
Buzancy et Thénorgues, et au XIIe corps de se diriger sur Nouart
(à 7 kilomètres à l'est de Buzancy).

Le IVe corps reçut l'ordre de se porter sur Rémonville et Bayon-
ville, à 7 ou 10 kilomètres des buts de marche assignés aux deux
autres corps. C'est ainsi que les corps de l'armée du prince royal
de Saxe devaient se grouper, en vue de se soutenir réciproquement ; en même temps, cette armée devait pousser sa cavalerie à
environ 15 kilomètres au delà de ses nouvelles positions.

Après avoir expédié ces ordres, le prince royal fit ressortir,
« d'une manière formelle, que tous ces mouvements avaient sim-
« plement pour but de se renseigner sur la situation de l'adver-
« saire, l'intention du commandant en chef étant de ne pas enga-
« ger l'offensive proprement dite avant le lendemain ».

Ces explications paraissent être données par le prince, pour
ainsi dire en vue de tranquilliser sa propre conscience, car le
commandant en chef de la quatrième armée allemande ne pouvait
pas se défendre de l'impression qu'il éprouvait d'avoir dépassé les
instructions qui lui avaient été données, en dirigeant immédiatement, même avant d'être suffisamment éclairé sur la situation,
deux corps d'armée sur la route Buzancy—Stenay. Par le fait, une
marche en avant, jusqu'à la route Buzancy—Stenay, n'était justi-

fiée que dans le cas où la quatrième armée n'aurait en face d'elle
« que des forces ennemies inférieures en nombre ». Or on ne
savait, provisoirement, qu'une seule chose, c'est que la cavalerie
de la quatrième armée n'avait pas pu encore éclairer, dans cette
journée, même les environs immédiats situés au nord de la route
en question, et que, dans la journée précédente, on avait observé,
à une distance assez faible, des forces ennemies considérables. Il
n'y avait donc aucune raison de croire que les Français n'avaient
à opposer à la quatrième armée « que des forces inférieures en
« nombre ».

Le quartier général français avait reçu à Stonne, dans la soirée
du 28 août, un renseignement lui faisant connaître que Stenay
était occupé par un détachement de troupes saxonnes, fort de
15,000 hommes, tandis qu'en réalité, ce point fut évacué, dans la
matinée suivante, par les Saxons, qui ne laissèrent en place, à
proximité de cette localité, que 2 escadrons.

Comme l'armée française n'emmenait aucun équipage de ponts
et que les têtes de colonnes des troupes allemandes avaient déjà
atteint la route la plus courte reliant Vouziers à Stenay, le maréchal Mac-Mahon résolut, par modification à ses dispositions antérieures, aux termes desquelles l'armée devait marcher, le 29, sur
Stenay, d'appuyer dans la direction du nord, et de franchir la
Meuse, en aval de Stenay, à Mouzon et Rémilly (1).

La colonne de gauche de l'armée française (12e et 1er corps),
exécuta les marches qui lui avaient été prescrites pour le 29 ; le
12e corps, qui formait le premier échelon de cette colonne, passa
sur la rive droite de la Meuse, à Mouzon, et poussa en avant, sur
la route de Stenay, la division de cavalerie Margueritte. Le
1er corps, qui, dans sa route, avait éprouvé quelque retard, par
suite d'un croisement avec des convois, arriva, le 29, jusqu'à
Raucourt, localité distante de plus de 8 kilomètres du pont de
Mouzon sur la Meuse. La division de cavalerie Bonnemains resta
entre ces deux corps.

La colonne française de droite, formée du 5e et du 7e corps, ne
put parvenir, sur ces entrefaites, à atteindre les buts de marche

_____

(1) Autant qu'on peut le savoir, les corps qui se trouvaient en tête des deux
fortes colonnes, le 12e et le 5e, devaient effectuer leur passage à Mouzon ; les
corps qui marchaient en arrière, le 7e et le 1er, devaient passer à Rémilly.

qui lui avaient été assignés par le maréchal Mac-Mahon pour le 29. Le 7e corps, qui marchait en seconde ligne, accompagné par la cavalerie allemande, et qui, par suite de faux renseignements, avait été induit en erreur sur la proximité immédiate de l'adversaire, perdit inutilement du temps et ne parvint, dans cette journée (29), que jusqu'à Oches, c'est-à-dire à une distance d'encore 6 à 8 kilomètres du point de La Besace (dans la direction de Mouzon), localité près de laquelle ce corps avait reçu l'ordre de camper. En ce qui concerne le 5e corps, l'officier d'état-major chargé de remettre au général de Failly l'ordre (relatif à la modification apportée à la marche sur Stenay), avait été fait prisonnier par la division de cavalerie de la garde prussienne. Il en résulta que le général, se conformant à l'ordre qu'il avait reçu précédemment, se porta en deux colonnes sur Beaufort et Beauclair (ces deux localités sont situées à proximité de la Meuse, sur la route de Stenay), points sur lesquels il devait attendre l'ordre de se porter à l'attaque de Stenay. Pendant cette marche, il eut une rencontre avec l'avant-garde saxonne, à Nouart.

En tête de la colonne de droite du corps de Failly, formée de la division Lespart, marchait la division de cavalerie Brahaut, avec une batterie à cheval, se dirigeant par Champy sur Beauclair. Vers midi, les deux régiments les plus avancés de la division Brahaut atteignirent les environs de Nouart, et se heurtèrent, sur ce point, à l'avant-garde du XIIe corps, qui était formée de la 46e brigade d'infanterie, de 4 escadrons et de 2 batteries.

En raison de l'apparition des troupes allemandes, qui interceptaient sa route, en la menaçant directement de flanc, le général de Failly suspendit sa marche sur Beauclair et fit prendre position à la division Lespart, face au sud, vers Nouart.

Le général commandant le XIIe corps, prince Georges de Saxe, en vue de reconnaître la force de l'adversaire, fit porter en avant un régiment contre la position française. Il en résulta un combat, pendant lequel les Saxons acquirent la conviction qu'ils avaient affaire à un détachement de troupes important.

Sur ces entrefaites, le prince Georges avait été informé que des forces françaises assez importantes se montraient sur son flanc droit, à Beauclair. C'est, en partie, pour ce motif, et, en partie, également, parce qu'il ne considérait plus comme nécessaire de continuer l'attaque, puisque le but qu'il poursuivait, c'est-à-dire la reconnaissance de l'adversaire, paraissait atteint, qu'il donna, après 3 heures de l'après-midi, l'ordre de suspendre l'attaque, bien qu'à ce moment, le reste du corps se fût déjà également rapproché.

Le combat de Nouart coûta aux Saxons environ 370 hommes. Les forces montrées par l'adversaire furent évaluées au moins à une division d'infanterie, avec 5 batteries, 1 à 2 batteries de mitrailleuses et 2 régiments de cavalerie (1).

Les environs de Beauclair et de Beaufort (un peu au nord de Beauclair), furent trouvés, d'ailleurs, complètement inoccupés par l'ennemi. L'ouvrage du grand état-major prussien admet que la tête de la colonne de gauche du corps de Failly pouvait bien être arrivée jusqu'à Beaufort, mais qu'en raison de nouveaux ordres, elle avait déjà abandonné de nouveau cette localité.

En réalité, le général de Failly avait reçu, sur ces entrefaites, l'ordre réitéré du maréchal Mac-Mahon; il prescrivit, en conséquence, de laisser vis-à-vis de Nouart une forte arrière-garde, prit la direction de Beaumont, localité qui lui était assignée comme but de marche par l'ordre du maréchal, et atteignit cette ville pendant la nuit. L'arrière-garde du corps de Failly, laissée en arrière à Nouart, quitta sa position à 8 heures du soir; mais, par suite de l'obscurité et du mauvais état du chemin, elle n'arriva à Beaumont qu'à 4 heures du matin, après avoir parcouru, en huit heures, seulement 10 kilomètres.

La garde prussienne, sous le commandement du prince Auguste de Wurtemberg, dont je vais, maintenant, examiner les opérations, atteignit, vers midi, les buts de marche qui lui étaient assignés pour le 29, Buzancy et Thénorgues; l'avant-garde de la 1re division d'infanterie de la garde occupa Bar et Harricourt, en avant de Buzancy.

Tandis que le gros de l'infanterie de la garde était encore en marche, la cavalerie avait découvert, à Boult-aux-Bois, le camp du 7e corps français (qui marchait avec la colonne de droite de l'armée française, en arrière du corps de Failly). Ce corps (Douay) se mit alors en marche et passa, à une distance d'à

_____

(1) Ouvrage du grand état-major prussien, 1re partie, tome II, page 978 et suppléments, pages 239-244.

peine 4 kilomètres, à proximité de l'avant-garde de la garde prussienne. En même temps, entre 1 heure et 2 heures de l'après-midi, on entendit la canonnade dans la direction des environs de Nouart.

Le général commandant la garde prussienne se demanda s'il devait attaquer la colonne de marche ennemie, qui passait à proximité de lui, ou s'il devait se porter au secours des frères d'armes allemands engagés au combat (à en juger, du moins, par la canonnade qui se faisait entendre dans la direction de Nouart). Pour lever ses doutes, le prince Auguste de Wurtemberg demanda des ordres au prince royal de Saxe, qui se trouvait à proximité de lui, et il reçut la réponse suivante : « Il s'agit, pour aujourd'hui, « uniquement de se maintenir sur les positions de Bar et de « Buzancy; quant à la cavalerie, elle aura simplement pour mis- « sion de ne pas perdre le contact de l'ennemi, même dans le cas « où ce dernier se replierait. Je n'ai pas non plus l'intention « d'engager la garde au combat, à Nouart, du moins tant que « l'affaire ne prendra pas une plus grande extension ».

Conformément à ces instructions, la garde ne quitta pas la position d'observation qu'elle occupait (1), et l'extension donnée au combat se limita, dans cette journée, au combat des Saxons à Nouart, combat dont nous avons déjà parlé.

———

Si l'on veut maintenant porter un jugement sur l'opération du 29 août, il faut, tout d'abord, faire ressortir que les troupes avancées du prince royal de Saxe arrivèrent au contact immédiat de deux corps français et s'engagèrent même, en partie, au com-bat, à un moment où les autres masses de l'armée allemande se trouvaient encore éloignées et ne pouvaient plus, même dans cette journée, entrer en ligne avec des forces suffisantes. De plus, une rencontre prématurée avec un adversaire « supérieur en nombre » ne répondait pas aux prévisions du grand quartier général. Il est vrai que l'ordre donné par ce dernier pour le 29 avait « laissé au « prince royal de Saxe la faculté », soit de rassembler son armée

———

(1) La division de cavalerie de la garde bivouaquait à Harricourt.

sur une position défensive entre Landres et Aincreville, soit
d'étendre l'offensive jusqu'à la route Vouziers—Buzancy—Stenay,
dans le cas où l'armée « n'aurait en face d'elle que des forces
« ennemies inférieures en nombre (1) ». Mais le commandant en
chef de la quatrième armée n'avait pas été éclairé suffisamment,
sur ce dernier point, par les rapports de ses généraux commandants, ni dans le courant de la journée du 28, ni même dans la
matinée du 29. Le prince royal avait, il est vrai, prescrit à deux
divisions de cavalerie, la division saxonne et la division de cavalerie de la garde, d'exécuter des reconnaissances étendues; mais
il avait devancé le résultat de ces reconnaissances, en portant
immédiatement en avant, dans la matinée, deux corps d'armée
vers la route Vouziers—Buzancy—Stenay, qui lui était indiquée.
En outre, on reconnut que les buts de marche assignés à ces
corps, Nouart, Buzancy et Thénorgues, ne se trouvaient qu'à une
distance de 3 à 6 kilomètres des emplacements de bivouac de
deux corps français.

Il est vrai que le prince royal, en donnant ses ordres, fit ressortir, d'une manière formelle, que « tous ces mouvements avaient
« simplement pour but de se renseigner sur la situation de l'ad-
« versaire » ; mais cela ne modifie en rien la question, envisagée
en elle-même. Quelque nom que donnât à ce mouvement le commandant en chef de la quatrième armée allemande, il n'en constituait pas moins « une opération offensive », dont l'exécution
pouvait entraîner parfaitement une rencontre avec des forces
inconnues, et peut-être supérieures en nombre, de l'adversaire :
c'est ce résultat que les instructions du grand quartier général,
envisagées dans leur esprit, prescrivaient d'éviter à tout prix.

En prenant comme base les ordres qu'avait reçus le commandant en chef de la quatrième armée, on ne pouvait admettre la
possibilité d'une marche en avant que dans le cas où l'on aurait

---

(1) Dans l'ordre du grand quartier général, en date du 28 août, 11 heures
du soir, figure, ainsi qu'on le sait, un passage qui se rapporte à cette dernière
éventualité et concerne « l'armée de la Meuse » ; ce passage, qui a été ajouté
à la main par le général de Moltke lui-même, est conçu, littéralement, ainsi
qu'il suit : « Il demeure bien entendu que l'armée de la Meuse se porterait
« immédiatement en avant, pour occuper, tout d'abord, la route de Buzancy,
« au cas où elle n'aurait devant elle que des forces ennemies insignifiantes ».
(*Correspondance militaire du général de Moltke*, 1870-71, 1re série, page 261.)

acquis la conviction qu'on n'avait en face de soi que des forces ennemies inférieures en nombre. C'est pourquoi il fallait, avant tout, attendre les résultats de la reconnaissance exécutée par la cavalerie indépendante ; toutefois, il n'y avait pas lieu de subordonner exclusivement une marche en avant de toute l'armée aux renseignements fournis par cette reconnaissance. En d'autres termes : la quatrième armée ne devait se porter en avant, le 29, jusqu'à la route Nouart—Buzancy, que dans le cas où l'on aurait acquis la conviction complète qu'il n'existait pas, à proximité, de forces ennemies considérables. En réalité, la quatrième armée, en se portant en avant, courait donc le danger de se heurter à deux corps français complets, qu'on pouvait reconnaître à l'œil, et en arrière desquels (qui pouvait le savoir !) les autres corps pouvaient également faire encore leur apparition.

Une rencontre de quelque importance entre la quatrième armée et l'ennemi, le 29 août, eût été, en tout cas, désavantageuse au point de vue des opérations allemandes, et cela pour les raisons suivantes :

En premier lieu, bien qu'envisagées dans leur ensemble, les masses de l'armée allemande, qui, à ce moment, se rapprochaient, possédassent la supériorité numérique par rapport à l'armée de Mac-Mahon, il faut bien admettre, néanmoins, que les troupes du prince royal de Saxe auraient pu éprouver, dans cette journée, une défaite partielle. Le commandement suprême de l'armée allemande ne devait, en tout cas, désirer, en aucune façon, un pareil résultat. Cependant, le prince de Hohenlohe, lui-même, admet parfaitement qu'il était possible aux Français de remporter, le 29, un succès partiel sur la garde et le XIIe corps (1). D'autre part, un succès (en admettant même qu'il fût possible), remporté par le prince royal sur une partie de l'armée française, aurait sûrement eu pour conséquence de permettre encore, à ce moment, à la plus grande partie de l'armée de Châlons de se sauver, grâce à une retraite accélérée, car la troisième armée allemande se trouvait encore fort en arrière et n'était pas en mesure de couper la retraite à l'armée française.

Il est vrai qu'il existe un proverbe connu, qui dit : « qu'une

---

(1) Hohenlohe, *Lettres sur la stratégie*, tome II.

« victoire sert toujours à quelque chose » ; ce dicton est même, je
crois, attribué à Napoléon Ier ; mais, en réalité, seules, doivent
être considérées comme avantageuses les victoires qui sont remportées à la suite d'une bataille « présentant un caractère straté-
« gique ». Sans chercher bien loin des exemples à l'appui de cette
assertion, il suffit de se reporter au chapitre précédent, dans
lequel nous avons démontré, d'une manière plus que suffisante,
que la victoire de Noisseville fut, en réalité, désavantageuse pour
les Allemands, en ce sens qu'elle recula la perte de l'armée de
Bazaine de près de deux mois.

Dans le cas présent, l'idée dominante, qui réglait l'activité
déployée par les deux armées allemandes dans leurs opérations,
en présence de l'armée de Mac-Mahon, consistait à tirer parti de
la marche de flanc exécutée par cette armée, le long de la frontière du nord de la France (ainsi que de son éloignement de Metz),
pour l'attaquer avec des forces supérieures en nombre et la rejeter
au delà de la frontière neutre, ce qui l'aurait obligée alors à
déposer les armes. Mais, pour mettre à exécution cette pensée, il
était absolument nécessaire de différer encore, momentanément,
l'attaque : car la troisième armée se trouvait toujours à une distance telle, en arrière de la quatrième, qu'il était impossible de
compter qu'elle pourrait appuyer cette dernière, le 29, même
simplement avec une partie de ses troupes.

Bref, en exécutant sa marche de flanc, le long de la frontière,
étant données les circonstances qui se présentaient à ce moment,
le maréchal Mac-Mahon commit une faute grossière ; aussi les
Allemands ne devaient-ils pas entraver sa marche, avant d'avoir
réuni des forces suffisantes pour porter à l'armée ennemie un
coup réellement fatal. C'est ainsi, également, que le grand quartier général paraissait envisager la situation, et c'est dans ce sens
qu'il avait donné ses ordres pour le 29 août.

Si la quatrième armée, se conformant à la pensée fondamentale
qui avait inspiré ces ordres, était restée, le 29, sur la position de
Landres—Aincreville, qui lui avait été assignée, les trois corps
prussiens, qui formaient la ligne avancée de la troisième armée,
seraient déjà arrivés à se trouver, dans la nuit du 29 au 30, à la
même hauteur que la quatrième armée ; d'autre part, on pouvait
rapprocher de cette dernière armée, en les maintenant en arrière,
les deux corps bavarois jusqu'à une distance qui leur permît de

lui fournir un appui immédiat. Partant de la ligne Monthois (XIe corps) —Grand-Pré (Ve corps et division de campagne wurtembergeoise) —Landres—Aincreville (quatrième armée, avec les deux corps bavarois, et, en outre, le VIe corps comme réserve), l'armée allemande aurait pu alors passer à l'attaque, le 30, sur un front très concentré, avec un fort échelonnement en profondeur.

Dans ces conditions, si les Français persistaient à marcher vers l'est, le 29 (comme cela eut lieu en réalité), ils ne faisaient, en cela, ainsi que nous l'avons déjà dit, qu'accentuer leur faute. Mais les Allemands devaient bien se garder, en attaquant prématurément l'adversaire, de lui faire comprendre la faute qu'il commettait. Si, au contraire, les Français hésitaient et se mettaient d'eux-mêmes en retraite, le 29, on pouvait, néanmoins, toujours essayer de les devancer et de les couper de Paris, mais seulement avec l'aile gauche du front général allemand, c'est-à-dire avec la troisième armée, et non avec la quatrième, qui formait l'aile droite. C'est pourquoi, même dans ce cas, cette dernière armée n'avait absolument aucune raison, le 29, de se porter hâtivement en avant.

Il faut encore signaler le détail suivant : lorsque le prince Auguste de Wurtemberg aperçut, devant lui, les colonnes de marche de l'adversaire et entendit, vers sa droite, la canonnade engagée à Nouart, il prit les ordres du prince royal de Saxe, qui se trouvait à proximité, et en reçut une réponse parfaitement judicieuse, qui l'invitait à s'abstenir de tout engagement. Déjà les explications jointes à ces instructions avaient pour but d'informer la garde — « qu'il s'agissait uniquement pour elle de se « maintenir sur les positions de Bar et de Buzancy », et que l'on n'avait pas l'intention d'engager ce corps au combat, à Nouart, « du moins tant que la lutte ne prendrait pas une plus grande « extension » ; — ces indications prouvent bien que, dans le cas où les Français se seraient portés à l'attaque, le 29, le combat aurait certainement pris une grande extension ; or, c'était là une éventualité que les Allemands avaient tout intérêt à éviter.

Et, cependant, c'est un résultat de cette nature, qui n'aurait été contrebalancé par aucun autre avantage, que risquait d'amener la quatrième armée, en se portant en avant, le 29, contrairement aux nécessités de la situation stratégique et aux ordres qu'elle avait reçus. C'est pourquoi il ne faut chercher les véritables causes de ce mouvement que dans le désir que l'on avait de joindre plus rapidement l'ennemi; ce désir est, en maintes circonstances, certainement très avouable; toutefois, dans le cas présent, il se trouvait en contradiction, non seulement avec les ordres reçus, mais encore avec les nécessités les plus essentielles de la situation stratégique du moment.

Quoi qu'il en soit, il faut reconnaître que les chefs allemands de la quatrième armée s'efforcèrent de parer, dans la mesure de leurs forces, grâce à leurs dispositions ultérieures, aux dangers que présentait la situation, par suite de la faute que l'on avait commise, en se portant prématurément vers la ligne Nouart—Buzancy; c'est là une vérité que les faits suivants vont démontrer.

Le général commandant le XIIᵉ corps rompit, en temps opportun, le combat de Nouart. Le général commandant la garde, prince Auguste de Wurtemberg, se refusa à tenter d'attaquer la colonne du corps Douay, qui défilait devant lui. D'autre part, le commandant en chef lui-même s'efforça, avec zèle, autant, du moins, que cela était encore, à ce moment, en son pouvoir, d'empêcher toute rencontre ultérieure. Dans cette circonstance, il fut secondé par l'inertie habituelle des chefs français, qui essayaient, en quelque sorte, de se glisser vers Metz, et ne songeaient pas, cependant, à s'ouvrir la route, en livrant bataille et en remportant la victoire (1).

Après cette discussion (qui, je l'espère, est concluante), il est intéressant de prendre l'avis de l'ouvrage du grand état-major prussien. Tandis qu'il rapporte les dispositions prises par le prince royal de Saxe dans la matinée du 29, il reste, comme toujours, fidèle au principe qu'il s'est imposé d'accorder son approbation à tout acte d'initiative et d'énergie de la part des chefs en sous-ordre, quand même ces actes ne seraient pas complètement justifiés.

Envisageant les résolutions et les dispositions que prit le prince royal de Saxe, dans la matinée du 29 août, après avoir entendu les rapports que lui firent les généraux commandants, en per-

---

(1) Il s'agit, ici, d'ailleurs, de la manière de voir des chefs français, en général, et non pas de la situation spéciale qui se présentait le 29.

sonne, l'ouvrage du grand état-major prussien s'exprime de la manière suivante :

« A la suite de ces communications, le prince royal de Saxe
« exposa qu'il convenait d'abord de reprendre plus directement le
« contact, un peu affaibli en avant de l'aile gauche (1), et, sur-
« tout, de se renseigner exactement sur la véritable situation à
« Beaumont. Il devenait nécessaire, à cet effet, d'amener l'armée
« de la Meuse jusqu'à la route de Buzancy à Stenay ; mais cela
« ne pouvait contrarier les vues du grand état-major général,
« puisque, dans les circonstances présentes, on n'avait plus à
« craindre que ce mouvement provoquât une bataille prématu-
« rée (2). »

La présence de deux corps français en face des troupes allemandes et le combat de Nouart jettent un jour très vif sur l'essai
de justification tenté, ici, sans succès, par la relation officielle
allemande. Non seulement l'armée du prince royal de Saxe pouvait, le 29 août, se trouver entraînée, prématurément, dans une
bataille (contrairement aux assertions de l'ouvrage du grand état-
major prussien), mais elle fut, en réalité, engagée au combat à
Nouart. L'action une fois commencée, la question d'y mettre fin
dépendait, non seulement des Allemands, mais encore des Français. Nous avons vu que, le 29, 6 divisions d'infanterie françaises
(du 5e et du 7e corps) firent soudain leur apparition directement
en avant du front et sous les yeux des troupes allemandes. Il n'en
résulta, il est vrai, que le combat de Nouart. Mais examinons les
ordres que le prince royal de Saxe avait donnés au général qui
commandait la garde : on sait que ces ordres lui prescrivaient
« de se maintenir sur ses positions de Bar et de Buzancy » et de
s'engager au combat livré par le XIIe corps, à Nouart, dans le cas
où ce combat « prendrait une plus grande extension ». Eh bien !
ces ordres ne prouvent-ils pas clairement qu'au cas où les Français se seraient portés à l'attaque, les deux corps d'armée allemands auraient été inévitablement entraînés dans une lutte dont
l'issue, ainsi que nous l'avons déjà dit, devait être, en tout cas,
désavantageuse pour le haut commandement allemand ? Et,

_____

(1) De la quatrième armée.
(2) Ouvrage du grand état-major prussien, 1re partie, tome II, page 967.

cependant, l'ouvrage du grand état-major prussien entend justifier
« quand même » cette manière d'opérer (ainsi que nous l'avons
déjà vu le faire, une première fois, lorsqu'il apprécie les opérations des généraux de Steinmetz et de Kameke, opérations qui
eurent pour résultat d'amener la bataille prématurée de Spiche-
ren-Forbach). Que faut-il en conclure? C'est que l'ouvrage du
grand état-major prussien veut prouver par là, tout simplement,
que le commandement suprême de l'armée allemande est convaincu de la vérité suivante : *dans l'immense majorité des cas, une
initiative hardie, de la part des chefs en sous-ordre, aura des conséquences avantageuses;* aussi le haut commandement est-il toujours prêt à encourager des actes de cette nature, quand même le
résultat en serait peu avantageux.

Il ne faut pas perdre de vue que, dans cette circonstance,
comme dans beaucoup d'autres, si les dispositions prises ne
répondaient pas aux nécessités de la situation, il faut l'attribuer
surtout aux reconnaissances incomplètes effectuées par la cavalerie; dans le cas présent, en particulier, la cavalerie saxonne
commit la faute de se dérober à l'étreinte de l'adversaire dans la
direction du sud, au lieu de rester devant le front de marche de
l'ennemi.

CHAPITRE V

Les dispositions prises par les deux partis pour le 30, et la bataille de Beaumont, le 30 août.

SOMMAIRE

Projets et dispositions du commandement allemand pour le 30 août. — Projets et dispositions du commandement français pour le 30 août. — Surprise des Français par les Allemands et bataille de Beaumont. — Coup d'œil sur l'activité déployée par les chefs allemands. — Coup d'œil sur l'activité déployée par les chefs français. — Inconvénients provenant de ce qu'on avait négligé d'affecter, d'une manière permanente, de la cavalerie aux divisions d'infanterie.

Pour prendre ses dispositions relatives à la journée du 30 août, le grand quartier général allemand, qui s'était transporté, le 29, à Grand-Pré, put utiliser des renseignements très précieux, consistant en papiers qui avaient été trouvés sur un officier d'état-major français, fait prisonnier le 29, et contenaient des indications sur les emplacements où les quatre corps français avaient passé la nuit du 28 au 29, ainsi que sur les buts de marche que devaient atteindre, le 29, le 5e et le 7e corps (1).

De plus, il disposait des rapports de deux officiers supérieurs d'état-major, dont l'un, du grand quartier général, s'était rendu à Nouart, auprès du XIIe corps, tandis que l'autre avait reconnu le terrain dans la direction de Buzancy, et plus au nord (2). Ces officiers étaient revenus au grand quartier général entre 8 et 9 heures du soir. L'un avait rendu compte (auparavant, par écrit) que « Bois-des-Dames, Champy et Beauclair étaient oc- « cupés » (par les Français). Il avait complété ce rapport, en fai-

---

(1) Ouvrage du grand état-major prussien, 1re partie, tome II, page 983 et *Opérations de la troisième armée*, page 125.
(2) Ouvrage du grand état-major prussien, 1re partie, tome II, page 982.

sant connaître verbalement « que la présence de deux corps fran-
« çais à Saint-Pierremont et à Bois-des-Dames paraissait se
« confirmer, et qu'à Beaumont, aussi, se trouvaient des troupes
« ennemies ». L'autre officier d'état-major avait également aperçu
des troupes ennemies à Saint-Pierremont (1).

A ce moment, dans la soirée du 29, le 7e corps français se trouvait, en réalité, un peu au nord de Saint-Pierremont, et à Beaumont se trouvait le 5e ; ce dernier corps avait laissé en arrière, à
Bois-des-Dames, une brigade, qui évacua cette position dans la
nuit suivante et se réunit de nouveau à son corps.

Les rapports des divisions de cavalerie ne parvinrent, en raison
de leur éloignement, qu'en petit nombre et assez tard, au grand
quartier général ; quelques-uns n'arrivèrent que dans la nuit, ou
dans le courant de la journée suivante. Jusqu'alors, on avait reçu,
le 29, à 4 h. 30 de l'après-midi, un rapport de la 6e division de
cavalerie faisant connaître qu'elle avait occupé Voncq (sur la route
qui va de Rethel à Stenay et Mouzon, par le Chesne, en continuant
par Stonne), sur les derrières de l'armée française, qu'au Chesne
on apercevait des masses de troupes avec de nombreux convois,
et que l'ennemi occupait encore Boult-aux-Bois, Belleville et
Quatre-Champs. Il fallait, dès lors, en conclure que la 6e division
de cavalerie s'était déjà portée, à ce moment, sur les derrières des
deux fortes colonnes françaises et s'était heurtée à ceux de leurs
échelons qui étaient en arrière, savoir: au 1er et au 7e corps, qui,
d'ailleurs, s'étaient déjà portés, jusqu'au soir, plus en avant, dans
la direction de la Meuse (le rapport fut expédié dans la matinée).

« L'ensemble de ces nouvelles » (ainsi s'exprime l'ouvrage du
grand état-major prussien) « donnait au grand quartier général
« la certitude que l'armée de Châlons marchait dans la direction
« du nord-est. De plus, pour le moment, le gros de ses forces
« semblait se trouver entre le Chesne et Beaumont, tandis que
« de grosses arrière-gardes étaient encore plus au sud. Ces con-
« sidérations déterminèrent Sa Majesté à porter le lendemain les
« deux armées allemandes vers cette ligne, de manière à attaquer
« l'ennemi, avant qu'il eût atteint la Meuse (2). »

---

(1) Ces deux officiers étaient les lieutenants-colonels de Brandenstein et de
Bronsart.

(2) Ouvrage du grand état-major prussien, 1re partie. tome II, page 982.

Dans ce but, le 29 août, à 11 heures du soir, l'ordre suivant était expédié (1) :

« Tous les renseignements parvenus s'accordent à dire que « l'armée ennemie se trouvera, demain matin, avec le gros de « ses forces, entre le Chesne et Beaumont, éventuellement au « sud de cette ligne. »

« Sa Majesté le roi ordonne d'attaquer l'ennemi. »

« A droite, l'armée de Son Altesse Royale le prince royal de « Saxe franchira, à 10 heures du matin, la ligne Beauclair—Fossé, « dans la direction de Beaumont. Elle aura à sa disposition les « routes situées à l'est de la grande route Buzancy—Beaumont. « La garde, qui sera tout d'abord en réserve, devra avoir dégagé « cette route pour 8 heures du matin.

« La troisième armée rompra de bonne heure, pour se diriger, « avec son aile droite, par Buzancy, sur Beaumont, et se tiendra « prête à appuyer, avec deux corps d'armée, l'attaque de Son « Altesse Royale le prince royal de Saxe, tandis que les autres « corps prendront, de préférence, tout d'abord leur direction sur « le Chesne.

« Un bataillon de la troisième armée occupera Grand-Pré (où « se trouvera le grand quartier général).

« Sa Majesté se rendra, à 10 heures du matin, d'ici à Buzancy. »

                              « Signé : de Moltke. »

Il résulte des citations que nous avons faites, que le commandement suprême de l'armée allemande n'avait pas tenu compte de deux circonstances : en premier lieu, du cas possible où une grande partie de l'armée française se trouverait au nord de la ligne le Chesne—Beaumont ; en second lieu, des marches qui avaient pu être exécutées dans le courant de la journée du 29 (car les renseignements qu'il avait reçus dataient de la matinée), et, enfin, des marches que l'adversaire pouvait encore avoir entreprises dans la matinée du 30. Il est impossible d'expliquer cette inconséquence apparente, si ce n'est en admettant que les Allemands étaient convaincus que le dernier moment était arrivé alors

---

(1) Opérations de la troisième armée, page 124.

pour les Français, où, après avoir encore hésité, ils allaient se
voir obligés de renoncer à continuer leur marche vers l'est. C'est
pourquoi les dispositions prises par les Allemands pour le 30 août
indiquent bien plutôt la tendance qu'ils avaient de couper la
retraite à l'armée française (en dirigeant l'aile gauche de la troisième armée sur le Chesne) que celle de lui barrer les routes qui
menaient vers Metz. Cela se conçoit parfaitement, d'autant mieux
qu'en raison de la proximité immédiate de cinq corps de l'aile
droite allemande, rassemblés sur un petit espace (appartenant à
la quatrième armée et aux deux corps bavarois), l'armée du
maréchal Mac-Mahon avait cessé de constituer un danger pour
l'armée allemande d'investissement de Metz.

Passons maintenant aux projets formés et aux dispositions prises
par les troisième et quatrième armées allemandes, en commençant
par cette dernière.

La marche en avant exécutée par la quatrième armée, le
29 août, marche que rien ne justifiait, et qui se trouvait en contradiction avec les ordres venus d'en haut, avait, tout d'abord,
contribué plutôt à obscurcir qu'à éclaircir la situation. Le combat
de Nouart n'avait pas été mené à bonne fin par les Allemands, et,
par suite, n'avait, bien entendu, fourni aucun renseignement certain sur la force de l'ennemi. En réalité, les Saxons n'avaient eu
affaire, à Nouart, qu'à une partie du 5e corps français, qui occupa,
jusqu'à la tombée de la nuit, le terrain situé au nord de Nouart.
La force de ces troupes fut estimée par les Allemands au-dessus
de sa valeur numérique, parce que la cavalerie n'avait pas,
jusque-là, suffisamment suivi les mouvements des Français sur
ce secteur du théâtre de la guerre, et, enfin, parce qu'elle n'avait
pas pu, également, se porter plus en avant, dans la région située
au nord de Nouart.

Les détachements de cavalerie de la quatrième armée, qui
avaient été laissés en arrière, dans les environs de Stenay, pour
observer la ligne de la Meuse, vinrent, sur ces entrefaites, au
secours de leur commandant en chef, en l'informant que Beaumont était occupé par l'ennemi, et qu'une partie de l'armée
française avait déjà franchi la Meuse et poussé en avant des
troupes jusqu'à Inor (sur la rive droite de la Meuse, entre Stenay
et Mouzon'. Ces troupes étaient des détachements de la division
de cavalerie Margueritte.

Le commandant en chef de la quatrième armée allemande conclut de ce renseignement, que l'adversaire avait l'intention, le jour suivant, de rassembler toute son armée sur la rive droite de la Meuse, mais qu'en se portant rapidement en avant, il pourrait réussir à joindre encore une partie des troupes ennemies sur la rive gauche de la rivière. En outre, dans le courant de la nuit du 30, les avant-postes saxons remarquèrent que l'ennemi évacuait sa position au nord de Nouart, et, d'autre part, sur ces entrefaites, on fut encore informé que Stenay était toujours gardé par un bataillon saxon (1) et que la forêt de Dieulet, située au nord de Nouart, n'était pas occupée par l'ennemi; dans ces conditions, il était parfaitement clair, pour le commandant en chef de la quatrième armée, que l'ennemi s'était replié dans la direction du nord. Bien qu'on n'eût reçu encore aucun renseignement au sujet des emplacements occupés par le (7e) corps français, qu'on avait aperçu à Oches, il paraissait, cependant, vraisemblable, en tout cas, que les Français s'arrêteraient, tout d'abord, à Beaumont, pour protéger le passage de l'armée au delà de la Meuse. C'est cette partie de l'armée ennemie que le prince royal de Saxe voulait arriver à joindre et qu'il cherchait à battre.

Les intentions du commandant en chef de la quatrième armée, relatives aux opérations à exécuter dans la journée du 30, concordaient donc, essentiellement, avec les instructions reçues, pendant la nuit, du grand quartier général (et que nous avons rapportées plus haut). En exécution de ces instructions, les XIIe et IVe corps, le premier de ces corps à droite du IVe, devaient se porter en quatre colonnes (par divisions) sur Beaumont, tandis que la garde devait, provisoirement, se concentrer à Nouart, et avait, en outre, l'ordre de dégager, avant 8 heures du matin, la route Buzancy—Beaumont, affectée à la troisième armée.

Sur le terrain boisé que l'on avait à parcourir, en marchant sur Beaumont, il était impossible d'assurer la liaison entre les colonnes isolées. C'est pourquoi il fut prescrit aux colonnes, dès qu'elles auraient atteint le débouché opposé de la forêt, « de pré-

---

(1) Les renseignements au sujet de la concentration des troupes saxonnes restées à Stenay, le 29 août, ne sont pas très clairs : tantôt, il est question, simplement, de cavalerie; tantôt, on parle, tout à coup, d'un bataillon. Il est probable qu'il s'est produit, sur ce point, quelques modifications dans le courant de la journée.

« parer, simplement, jusqu'à nouvel ordre, l'attaque par l'artil-
« rie », et de ne pas s'avancer plus loin, de manière à éviter d'en
venir aux mains avec un ennemi supérieur en nombre, mais, au
contraire, « d'attendre l'entrée en ligne des colonnes voisines »,
et de passer alors, simultanément, à l'attaque. On avait également
tenu compte de la coopération de la troisième armée, qui devait
prendre l'ennemi de flanc (1).

Telles étaient les dispositions qu'avait prises la quatrième armée
allemande.

L'ordre du grand quartier général pour le 30, que nous avons
déjà cité, tenant compte de l'offensive générale et de l'attaque
éventuelle dirigée contre la ligne le Chesne—Beaumont, avait
indiqué à la troisième armée deux buts à atteindre : en premier lieu, elle devait appuyer la quatrième armée, en dirigeant
deux corps sur Beaumont, et, en second lieu, elle devait se porter
dans la direction du Chesne. La distance comprise entre les
points extrêmes du front ainsi assigné à la troisième armée
(le Chesne et Beaumont) est d'environ 25 kilomètres. L'armée
avait à sa disposition 5 corps d'armée 1/2, parmi lesquels
les 2 corps bavarois furent mis en marche sur Beaumont, et
2 corps 1/2 (le VIe, le XIe et la division de campagne wurtembergeoise) furent dirigés sur le Chesne (2). Le V^o corps, qui
demeurait encore disponible, devait, tout d'abord, marcher sur
Saint-Pierremont (7 kilomètres de Stonne), localité qui se trouve
située sur la route le Chesne—Beaumont, à une distance de
15 kilomètres de la première de ces deux localités et de 10 kilomètres de la dernière ; à partir de Saint-Pierremont, il devait,
conformément à l'ordre, « s'engager au combat suivant les cir-
« constances ».

Deux des quatre divisions de cavalerie dont pouvait disposer la
troisième armée, la 5e et la 6e (3), furent poussées en avant, à 8
ou 10 kilomètres à l'ouest du Chesne, en quelque sorte, sur le

---

(1) Ouvrage du grand état-major prussien, 1re partie, tome II, pages 984-985.
(2) De ces deux corps d'armée et demi, le VIe, qui était resté en arrière des
autres, avait reçu, en raison de la situation, comme but de marche, le 30, Vouziers, localité distante de plus de 15 kilomètres du Chesne.
(3) La 5e et la 6e division de cavalerie, affectées à l'armée du prince royal de
Saxe, avaient été rattachées, par un ordre du grand quartier général en date
du 27 août, à la troisième armée « pour les jours suivants ».

flanc du front que l'on supposait occupé par l'ennemi (le Chesne—
Beaumont) ; quant à la 2ᵉ division de cavalerie, elle devait marcher en arrière de la division de campagne wurtembergeoise ;
enfin, la 4ᵉ division de cavalerie devait suivre les corps bavarois.

Dans la nuit du 29 au 30 août, l'armée du maréchal Mac-Mahon
se trouvait, ainsi que nous l'avons déjà dit, répartie de la manière
suivante : l'échelon le plus avancé de la colonne de gauche (le
12ᵉ corps) avait déjà franchi la Meuse à Mouzon, et avait poussé
plus en avant la division de cavalerie Margueritte ; le 2ᵉ échelon
de cette colonne (1ᵉʳ corps) se disposait à franchir la rivière à
Rémilly (au nord et en aval de Mouzon). Dans la colonne de
droite, l'échelon qui se trouvait en arrière et campait à Oches
(7ᵉ corps) devait suivre le 1ᵉʳ corps, pour se diriger sur le pont
de Rémilly, sur la Meuse ; l'échelon avancé (5ᵉ corps) s'était rassemblé, en partie dans la nuit, en partie seulement dans la matinée du 30, à Beaumont, pour franchir, aussitôt après, la Meuse
à Mouzon.

Le maréchal Mac-Mahon, qui avait des inquiétudes au sujet des
corps de sa colonne de droite et n'était pas très renseigné sur les
forces avec lesquelles l'ennemi avait déjà pu se rapprocher de ce
côté, s'était rendu, de sa personne, le 30, vers 6 heures du matin,
à Beaumont.

Sur ce point, le maréchal s'adressa, notamment, au général de
Failly, dans les termes suivants :

« Je vous avais écrit de faire une charge de cavalerie, de
« manière à démasquer les Prussiens et à savoir ce que nous
« avons réellement devant nous. »

« J'ai cherché à le faire, mais cela n'a pas bien réussi »,
répondit le général de Failly ; il ajouta également « qu'il ne pou-
« vait pas savoir s'il avait devant lui 10,000 ou 60,000 hommes
« de l'ennemi ». En mentionnant ce dialogue (1), le maréchal
ajoute que « les Prussiens agissaient d'une façon qui n'était pas

---

(1) Bazaine. *Épisodes*, etc., page 141. (Déposition du maréchal Mac-Mahon
cité comme témoin.)

« accoutumée aux Français. Un rideau très épais de cavalerie
« couvrait le gros de leurs forces. Lorsqu'on attaquait la cava-
« lerie qui était en avant, elle se repliait, et, de tous les côtés, la
« cavalerie ennemie sortait en masse des bois, pour repousser
« l'attaque. On ne pouvait distinguer ni l'infanterie ni l'artil-
« lerie, et l'on ne savait ni où elles étaient, ni quel était leur
« nombre, etc. ».

Le maréchal était, à vrai dire, parfaitement dans son droit, en
demandant au général de Failly des renseignements détaillés sur
l'ennemi qui lui était opposé. Toutefois, on se demande involontairement, dans le cas présent, si, au lieu de se contenter de
donner au général de Failly l'ordre de faire une charge de cavalerie, le maréchal Mac-Mahon n'eût pas mieux fait, après tout, en
même temps qu'il lui donnait cet ordre, de lui fournir simplement
« les moyens de le mettre à exécution ». Il ne faut pas oublier
que la division de cavalerie de réserve Bonnemains (16 escadrons,
6 pièces et 6 mitrailleuses) se trouvait toujours arrêtée, sans but
bien déterminé, avec la colonne de gauche de l'armée française,
tandis que le général de Failly n'avait à sa disposition, outre ses
3 divisions d'infanterie, que 16 escadrons, sans artillerie à cheval.
Cette cavalerie du général de Failly n'avait été renforcée, autant
du moins qu'on peut le savoir, que par un régiment de chasseurs
à cheval, appartenant, probablement, à la division de cavalerie
de réserve Margueritte. On peut dire, en général, que la cavalerie
française s'acquittait d'une manière tout à fait satisfaisante de
son service de reconnaissance et de sûreté ; cependant, il faut
avouer que son rôle, dans le cas présent, n'était pas très facile.
Tout d'abord, les deux corps ennemis qui se trouvaient à proximité immédiate du Vᵉ corps français, le XIIᵉ corps et la garde,
disposaient, avec leurs divisions d'infanterie, de 16 escadrons de
cavalerie ; de plus, les Français avaient encore en face d'eux,
sur ce point, la division de cavalerie indépendante saxonne avec
16 escadrons, et une partie de la division de cavalerie de la garde
prussienne.

Dans l'entretien dont nous avons parlé, le maréchal Mac-Mahon
avait fait ressortir au général de Failly « qu'il s'agissait simple-
« ment, pour le moment, de faire franchir, aussi rapidement que
« possible, au 5ᵉ corps, la Meuse à Mouzon », localité qui se

trouvait encore à une distance de 8 à 10 kilomètres des bivouacs du corps d'armée. Mais le général de Failly retarda ce mouvement, en vue de donner un peu de repos à ses troupes, dont une partie (l'arrière-garde laissée en face de Nouart) n'avait atteint Beaumont que le 30, entre 4 et 5 heures du matin.

Sur ces entrefaites, le 7e corps, qui, cependant, avait quitté, dès 4 heures du matin, ses bivouacs, avait été arrêté par les nombreux convois (vides), en grande partie inutiles, qu'il avait rencontrés, au point qu'il ne put continuer qu'à 1 heure de l'après-midi sa marche de Stonne sur La Besace (sur le chemin qui menait au pont de Rémilly).

La conséquence de cette négligence commise par les deux corps français fut une rencontre avec les Allemands, qui eut lieu, le 30 août, sur la ligne, longue de 12 kilomètres, qui s'étend entre Stonne et la Meuse, rencontre qui est désignée sous le nom de bataille de Beaumont. Cette bataille, par suite du manque de toute espèce de mesures de sécurité de la part du corps de Failly, présenta un caractère tout particulier et très caractéristique.

Le terrain sur lequel se livra la bataille du 30 août est limité : à l'est, par la Meuse ; à l'ouest, par la rivière de Bar, qui débouche dans la Meuse, en aval de Sedan. C'est un pays très vallonné, plus ou moins couvert de bois étendus. Une grande forêt qui, à l'exception des routes qui la traversent, est presque impénétrable, se rapproche, par le sud, de Beaumont et enveloppe la ville de trois côtés, à une distance d'environ 3 kilomètres. Cette forêt est traversée par toutes les routes qui, venant du sud, se dirigent sur Beaumont et forment ainsi de longs chemins étroits-et difficiles, sur lesquels s'avançaient, dès les premières heures de la matinée du 30, les fractions de l'armée allemande qui se dirigeaient sur Beaumont, savoir :

A l'aile droite, tout près de la Meuse, le XIIe corps, sous le prince Georges de Saxe ; à sa gauche, le IVe, sous le général d'Alvensleben (1), chaque division de ces deux corps disposant

---

(1) Le général d'Alvensleben I commandait le IVe corps prussien ; le général d'Alvensleben II commandait le IIIe corps prussien.

d'une route spéciale; à gauche du IVe corps, s'avançait le Ier corps bavarois, sous le général von der Tann. Comme le XIIe corps s'était heurté à différents obstacles et que les emplacements de bivouacs du corps bavarois se trouvaient encore beaucoup plus éloignés, le IVe corps, qui marchait au centre, était arrivé à se trouver un peu en avant des deux corps des ailes. (Il sera question plus loin de la marche en avant des autres corps de la troisième armée allemande.)

La 8e division d'infanterie, qui formait la colonne de gauche du IVe corps, rencontra, chemin faisant, le régiment de uhlans saxon n° 17, dont le commandant l'informa « qu'on avait aperçu, d'une « hauteur située au delà de la forêt, des camps français à Beau- « mont » et qu'au dire des habitants, les troupes françaises se trouvaient, sur ce point, dans un état de repos complet. La division continua sa marche en avant, en observant le plus profond silence. Lorsque son avant-garde déboucha de la forêt sur la hauteur qui se trouvait immédiatement en avant d'elle, elle découvrit, à une distance d'à peine 800 pas, un camp français en avant de Beaumont, et un second en arrière de cette ville. Il était visible que les troupes françaises n'avaient pris, sur ce point, aucune mesure de sécurité et qu'elles faisaient preuve de la plus complète insouciance.

Les colonnes allemandes avaient reçu l'ordre de ne pas en venir directement aux mains avec l'ennemi, mais « d'attendre l'entrée « en ligne des colonnes voisines ». Néanmoins, étant données les circonstances, comme l'adversaire pouvait, parfaitement, découvrir, à tout moment, la division, le commandant de la division, général Schoeler prit la résolution d'attendre simplement l'arrivée de son artillerie et de la brigade d'infanterie qui se trouvait en tête de colonne, pour exécuter ensuite, sous sa propre responsabilité, une attaque brusquée; tout d'abord, il porta en avant, sur la hauteur, le bataillon de chasseurs, avec deux batteries. Mais à peine ces troupes avaient-elles occupé la position qui leur était assignée, que les Français, établis dans le camp le plus rapproché, se mirent, tout à coup, vivement en mouvement, évidemment parce qu'ils s'étaient, enfin, rendu compte de la proximité des Allemands. Ces derniers ne pouvaient plus, alors, hésiter davantage, et le général commandant le IVe corps, général d'Alvensleben, qui se trouvait sur les lieux, donna l'ordre d'ouvrir le feu.

Il était à peu près midi 30, lorsqu'on commença à entendre la canonnade exécutée par les pièces prussiennes, qui envoyaient leurs projectiles dans le camp français, organisé, pour ainsi dire, comme en temps de paix. Cependant, malgré le grand désarroi, la panique partielle, et même la fuite qui résultèrent de cette attaque brusquée, la plus grande partie des troupes françaises fit bonne contenance ; leur artillerie ouvrit le feu, en partie directement de ses emplacements de bivouacs, tandis que l'infanterie (d'après la description de l'ouvrage du grand état-major prussien), « pareille « à un essaim d'abeilles effarouchées », s'opposa, sur toute l'étendue du camp, à la marche des subdivisions allemandes les plus rapprochées et les couvrit d'une grêle de projectiles. Les obus français atteignirent même les colonnes prussiennes qui se trouvaient encore en marche dans la forêt. Dans un court espace de temps, les deux batteries prussiennes qui avaient pris position en vinrent à n'avoir plus que deux ou trois hommes pour assurer le service de leurs pièces. Néanmoins, deux attaques consécutives, exécutées par les Français, qui, d'ailleurs, il faut le remarquer, furent engagées sans cohésion et surtout par des chaînes épaisses de tirailleurs, furent repoussées, et les troupes prussiennes se disposèrent alors, elles-mêmes, à passer à l'attaque ; en même temps, elles étaient déjà soutenues, vers leur droite, par des subdivisions de la 7e division d'infanterie (Schwarzhoff).

Dès que cette dernière division eut atteint, avec son avant-garde, le débouché de la forêt, elle commença à se former en bataille sur ce point ; mais, lorsque le feu de l'artillerie se fit entendre, le général de Schwarzhoff se décida à se porter immédiatement en avant et commença à se déployer, pour prendre part au combat. A 1 heure, les deux divisions du IVe corps avaient déjà engagé dans la lutte 6 bataillons 1/2 et 8 batteries. Le général d'Alvensleben mit les corps voisins, le XIIe et le Ier corps bavarois, au courant de la situation, et sollicita leur concours.

Après avoir encore repoussé un assaut des Français, les bataillons prussiens, chassant l'adversaire devant eux, passèrent eux-mêmes à l'attaque et s'emparèrent des deux camps français avancés qui se trouvaient en deçà (au sud) de Beaumont ; vers 2 heures, ils pénétrèrent dans la ville elle-même, s'en emparèrent, et occupèrent enfin, également, le camp ennemi, qui se trouvait situé au delà (au nord) de Beaumont.

A ce moment, l'artillerie française, — à l'exception des pièces qui, au moment de la surprise, étaient entrées en action sans attelages, et étaient tombées, dans les camps en avant de Beaumont, aux mains de l'ennemi, — s'était mise en batterie en arrière de cette ville, sur une hauteur très étendue, formée par les contreforts sud (dont les pentes descendent vers le ruisseau de Beaumont) du grand mouvement de terrain (1) qui occupe tout l'espace compris entre la Meuse et le ruisseau de Yoncq. En arrière de cette nouvelle position, se rassembla l'infanterie française, qui avait pris position dans les camps en avant de Beaumont et avait été repoussée dans un grand désordre. Les bataillons prussiens, inférieurs en nombre, avaient fait halte, et il s'engagea, alors, une lutte d'artillerie, à laquelle participa toute l'artillerie du IVe corps prussien.

Aux deux ailes de cette artillerie, s'étaient déjà engagées, également, à ce moment, au combat les subdivisions avancées du corps saxon et du Ier corps bavarois.

Le XIIe corps (royal-saxon), qui avait été, ainsi que nous l'avons dit, un peu arrêté dans sa marche en avant, avait débouché de la forêt en deux colonnes, par divisions, à droite du IVe corps. Les deux colonnes avaient entendu la canonnade qui annonçait la bataille. La colonne de gauche, formée de la 24e division d'infanterie, après s'être ouvert péniblement un chemin à travers la forêt (2) et, après avoir traversé le ruisseau marécageux de Wamme, entra en ligne en arrière du front de combat du IVe corps, et fut, en conséquence, rassemblée sur ce point, pour servir de réserve. La 23e division d'infanterie, qui formait la colonne de droite, avait trouvé, en avant d'elle, un terrain sans obstacles, de telle sorte que le régiment de tirailleurs qui se trouvait en tête de colonne se porta en avant, au pas gymnastique, et s'engagea dans la lutte, entre la ligne de combat du IVe corps et la Meuse ; en même temps, il repoussa les subdivisions françaises qui occupaient encore la hauteur isolée, située au sud-est de Beaumont, entre le ruisseau du même nom et le ruisseau de

---

(1) Près du bois Givodeau (lisière sud) se trouve le point culminant de la Sartelle.

(2) La division avait trouvé impraticable le chemin sous bois qui lui était assigné, et avait dû, en conséquence, en chercher un autre.

Wamme. L'artillerie saxonne prit position sur cette hauteur, en recevant peu à peu des renforts venant de l'arrière, ce qui porta à 20 le nombre des batteries engagées au combat. Deux régiments d'infanterie saxons se portèrent au delà de la hauteur jusqu'au village de Létanne, situé au pied de cette dernière (entre Beaumont et la Meuse). Le reste du XIIe corps se rassembla plus en arrière, au nord du ruisseau de Wamme.

Je passe maintenant au Ier corps bavarois, sous le général von der Tann, qui n'avait reçu l'ordre du grand quartier général, pour le 30, que dans la matinée de ce jour, à 4 heures (quoique cet ordre lui eût été transmis directement) (1). L'avant-garde du corps d'armée, formée par la 2e division, avait rompu, une heure et demie plus tard, dans la direction indiquée, sur Beaumont; avec elle marchait le général commandant le corps d'armée. Vers midi, les patrouilles envoyées en avant par la cavalerie rendirent compte que, des hauteurs, on apercevait quatre camps ennemis à Beaumont (2). Peu de temps après, on entendit des coups de feu venant de la direction du IVe corps; une batterie d'avant-garde se porta rapidement en avant, avec un régiment de cavalerie, et, dès qu'elle eut achevé de déboucher de la forêt, prit position pour commencer le feu. L'infanterie de l'avant-garde suivit en toute hâte.

Le chef de la 2e division bavaroise, qui se trouvait en tête de colonne, général Schumacher, reçut alors, du général von der Tann, l'ordre « de se porter en avant et de s'engager au combat « à la gauche du IVe corps ». Le général Schumacher, qui s'était

---

(1) Ce n'était pas le cas ; il y a, évidemment, ici une erreur : il s'agit de la journée précédente.

(2) L'historique du Ier corps bavarois (Helvig), *Le Ier corps bavarois* (von der Tann) *dans la guerre de* 1870-1871 (Munich, 1872, page 51), s'exprime, à ce sujet, à peu près de la manière suivante : D'une hauteur située près de Sommauthe, on distinguait clairement quatre camps. Dans l'un d'eux, qui se trouvait découvert, on voyait monter de la fumée, des gens affairés courir de çà et de là ; des hommes en bras de chemise se rendaient à la ville ou en revenaient. Le bivouac ressemblait plutôt à un camp de bohémiens qu'à un camp de guerre. On ne pouvait apercevoir aucune sentinelle ou d'autres groupes de soldats un peu importants, ni, en général, aucun homme revêtu d'un uniforme, de telle sorte que l'état-major du commandant de corps, qui observait ce camp, conçut peu à peu des doutes, et en arriva à se demander si ce camp n'était pas abandonné par l'ennemi et s'il ne se trouvait pas simplement visité par des habitants de Beaumont.

porté en avant auprès de sa batterie, trouva sur ce point un
officier d'état-major (1) de ce corps, qui le renseigna sur la
marche du combat et lui indiqua les peupliers de la ferme de la
Thibaudine, qu'on apercevait au loin, comme un point de direction, qui devait le conduire sur le flanc et les derrières de la
nouvelle position occupée par l'ennemi. Le chef de la 2e division
bavaroise se conforma à cette indication, et il avait déjà fait
prendre cette direction à sa 4e brigade, qui formait la tête, lorsque
cette dernière fut alors attaquée, tout à fait par surprise, sur sa
gauche, par des fractions de la division française Conseil-Dumesnil,
du 7e corps (2). Les Bavarois repoussèrent l'attaque et se portèrent
alors, eux-mêmes, en avant contre l'ennemi, dans la direction de
l'ouest et du nord-ouest, en même temps qu'ils s'éloignaient du
champ de bataille de Beaumont. Ce résultat se produisit en partie,
sous l'influence de l'attaque soudaine de l'ennemi, et en partie par
suite d'un ordre du commandant en chef de la troisième armée,
qui prescrivait au Ier corps bavarois de se rapprocher de cette
armée.

Il résulte de cette dernière particularité, que l'activité ultérieure
déployée par le corps d'armée rentre dans le cadre des événements
qui se passèrent à l'armée opérant à l'ouest, événements dont il
sera question plus tard.

Il y a lieu, d'ailleurs, de remarquer que le général von der
Tann, avait, personnellement, l'intention d'appuyer le IVe corps,
en exécutant une pointe contre le flanc droit de l'adversaire qui
lui était opposé; mais il fut, à ce moment, obligé de renoncer à
ce projet, pour se porter dans une autre direction; toutefois, il
laissa en arrière, à la disposition du général d'Alvensleben, un

----

(1) Le major de Wittich.
(2) Cette surprise désagréable pour les Bavarois fut, probablement, motivée
par ce fait que le Ier corps bavarois, en général, et son avant-garde, en particulier, n'avaient pas fait éclairer le terrain sur leur flanc gauche, qui faisait face à
l'extérieur. Le régiment de cavalerie affecté à l'avant-garde marchait en tête de
la colonne de marche, bien que, cependant, le terrain fût boisé. Il n'y avait rien
d'étonnant à ce que ce régiment utilisât la marche en avant de l'artillerie, pour
déboucher sur un terrain découvert; mais, dans ce cas, au lieu d'employer le
régiment conformément à sa destination réelle, c'est-à-dire à éclairer le terrain,
on voulait également s'en servir pour s'emparer des batteries françaises, et
c'est sur ces entrefaites, qu'on s'était aperçu de l'approche des Français (*Historique du Ier corps bavarois*, page 84).

détachement des troupes, fort de 4 bataillons, 2 escadrons, 2 batteries, sous le colonel Schuch.

Je reviens encore, maintenant, aux événements qui se passaient à Beaumont même. Sur ce point, les Allemands disposaient, en tout, même après qu'on leur eut enlevé les Bavarois, d'un nombre de troupes plus que suffisant pour en finir avec le corps français de Failly, déjà fortement ébranlé, qui ne songeait plus, à ce moment, qu'à assurer son salut, en se repliant derrière la Meuse, et se maintenait avec peine sur sa position d'arrière-garde.

Le terrain sur lequel s'engagèrent les combats ultérieurs se prêtait à une défense opiniâtre, de position en position; il consistait en une éminence très vaste et vallonnée, présentant une faible largeur, qui s'étend de Beaumont dans la direction de Mouzon et se trouve entouré de pentes abruptes, qui tombent, à l'est, vers la Meuse et, à l'ouest, vers le ruisseau de Yoncq. Les bois et les fermes situés sur ce mouvement de terrain favorisaient la défense.

Après avoir évacué leur position, située immédiatement au nord de Beaumont, les Français avaient pris de nouveau position sur la lisière sud du bois de Givodeau et à la ferme de la Sartelle, à cheval sur la hauteur en question, dont la largeur au sommet ne dépasse pas, en ce point, 2 kilomètres.

Le général Lebrun, commandant le 12e corps français, qui se trouvait déjà, depuis le jour précédent, sur la rive droite de la Meuse, à Mouzon, mit de nouveau en marche vers la rive gauche une division d'infanterie et une brigade de cavalerie, pour appuyer le corps de Failly; mais le pont se trouvait encombré par les troupes du 5e corps qui battaient en retraite; il en résulta qu'à l'exception de la cavalerie, seule, une brigade d'infanterie du 12e corps réussit à franchir la rivière; un régiment de cuirassiers fut, plus tard, obligé de se replier de nouveau. En outre, une partie de l'infanterie et de l'artillerie du corps Lebrun fut déployée sur les hauteurs de la rive droite de la Meuse, pour prendre sous son feu, de flanc, les voies d'accès conduisant à la nouvelle position occupée par le corps de Failly sur la crête des hauteurs qui faisait face à la Meuse.

Il s'agissait, évidemment, à ce moment, pour les Allemands, à Beaumont, de compléter la défaite du 5e corps français, au moyen d'une poursuite incessante et énergique, et d'acculer ses troupes à la Meuse. En raison de la force et des difficultés d'accès que présentait l'aile gauche française, appuyée à la Meuse, cette tâche ne pouvait être menée à bonne fin, qu'à la condition de maintenir l'adversaire sur son front, pour envelopper son aile droite et la rejeter dans la direction de la Meuse. Les moyens d'exécution dont disposait, à cet effet, la quatrième armée allemande, bien qu'on lui eût enlevé le Ier corps bavarois, se trouvaient en nombre tout à fait suffisant; ils consistaient en deux corps d'armée entiers, savoir : le IVe et le XIIe, sans compter la garde, qui, marchant derrière le premier de ces deux corps, était en train de se rapprocher, mais n'était pas encore arrivée pour le moment.

La direction suivie, au début, par les troupes allemandes, exactement sur Beaumont (en partant du sud et de l'est), ne favorisait pas, cependant, un mouvement enveloppant de l'aile droite de la nouvelle position française; ce dernier mouvement exigeait une direction plus à l'ouest. Le Ier corps bavarois étant détaché, cette mission (l'enveloppement de l'aile droite ennemie) semblait incomber au IVe corps, qui se trouvait à gauche du XIIe, tandis que ce dernier corps devait attaquer l'ennemi de front. Il semble que les Allemands avaient largement le temps d'envisager ces circonstances, ainsi que les mesures qu'elles nécessitaient, car la nouvelle attaque exécutée par les troupes allemandes ne se produisit qu'à 4 heures de l'après-midi, après une lutte d'artillerie de deux heures, pendant laquelle le IVe corps (dont une partie considérable n'avait pas même encore pris part au combat) avait été rassemblé à Beaumont. Cependant, on ne voit pas bien que les Allemands aient apprécié comme il convenait la situation du combat, et aient assuré l'unité de direction, nécessaire à une action d'ensemble.

Au lieu de s'étendre plus à gauche, particulièrement avec des subdivisions fraîches, le IVe corps, dès le moment où il se mit de nouveau en mouvement, en partant de Beaumont, vers 4 heures de l'après-midi, dissémina la 7° division, qui se trouvait à son aile droite, sur toute la largeur du plateau (entre le ruisseau de Yoncq et la Meuse); il en résulta, d'une part, que les Saxons, qui formaient l'aile droite, arrivèrent à se trouver complètement en arrière de la ligne de combat du IVe corps, et que, d'autre part, la 8° division (qui avait déjà le plus souffert) fut poussée vers la gauche. Comme cette dernière division n'avait pas d'autre champ d'action, elle prit, tant bien que mal, une direction qui lui permettait de mieux envelopper la position française. C'est ainsi que la mission pénible d'envelopper l'ennemi incomba précisément aux troupes qui avaient déjà le plus souffert et se trouvaient les plus fatiguées. L'artillerie de corps du IVe corps ne fut pas amenée vers la gauche (où elle aurait trouvé, au sud-est de Yoncq, de bonnes positions et des objectifs avantageux), mais elle fut, au contraire, dirigée, par Beaumont, contre le front de la position française établie sur la lisière du bois de Givodeau, sur un point où il lui fut absolument impossible de se déployer et d'agir avec efficacité (1).

Du reste, la 8e division, sous le général de Schoeler, suivie du détachement de troupes bavarois du colonel Schuch (du Ier corps), s'acquitta avantageusement du rôle qui lui incombait à l'aile gauche de la quatrième armée allemande. Les Français furent repoussés de la position qu'ils occupaient à la lisière sud du bois de Givodeau et à la Sartelle, ainsi que d'une deuxième position, formée par les hauteurs de Mont-de-Brune et de Villemontry. Après 5 heures de l'après-midi, se trouvaient déjà engagées sur ces hauteurs : 12 batteries prussiennes, et, à leur gauche, les deux batteries bavaroises du colonel Schuch ; ces batteries déployaient leur activité contre la vallée fluviale de la Meuse. L'ennemi fut rejeté, dans un grand désordre, au delà de cette rivière. Toute la rive gauche de la Meuse, y compris le faubourg de Mouzon, situé sur cette rive, tomba entre les mains des Allemands. Ce succès, et, en particulier, également, le mouvement enveloppant, exécuté avec efficacité par la 8e division, furent facilités, essentiellement, par ce fait que les Français, sans tenir compte des exigences du terrain et de la situation du combat, n'opposèrent, à leur aile droite, qu'une faible résistance (2).

---

(1) *L'artillerie allemande dans les batailles et les combats de la guerre de 1870-1871*, cahier 7 (les combats du 29, du 30 et du 31 août), pages 124, etc., et ouvrage du grand état-major prussien, 1re partie, tome II, pages 1036-1042.

(2) Pendant ce combat, un régiment de cuirassiers français (le 5e) exécuta une charge héroïque, mais complétement sans succès, contre trois compagnies prussiennes, dont l'une, seulement, fut culbutée. Les cuirassiers perdirent leur colonel, 10 officiers, et 100 hommes, tandis que la compagnie prussienne, à l'exception de quelques hommes, qui furent renversés légèrement blessés par le choc des chevaux, n'eut à enregistrer aucune perte.

Le XIIe corps avait été placé en réserve derrière la 7e division et n'avait pris qu'une part insignifiante à ces combats. A 6 heures du soir, la garde prussienne commença également à se rassembler à Beaumont.

Mais, avant que ces événements se produisissent, la 2e division bavaroise, après avoir, ainsi que nous l'avons dit, repoussé l'attaque de flanc des Français, était passée, elle-même, à l'attaque, vers 2 heures de l'après-midi, dans la direction de l'ouest, contre Warniforêt, et s'était emparée, à 4 heures, de cette localité. Au même moment, la 1re division bavaroise se déployait également, en débouchant de la forêt, à la gauche de Warniforêt. S'avançant en combattant, et canonnant les colonnes en retraite du 7e corps français, les Bavarois occupèrent, vers le soir, Raucourt (à environ 7 kilomètres du pont de Rémilly) ; en face d'eux, la division française Liébert, qui formait l'arrière-garde, occupait Haraucourt et le Gros-Bois.

De ce côté, le combat prit fin en raison de l'obscurité survenue. Les Bavarois bivouaquèrent, pour la plus grande partie, à Raucourt. Les Français continuèrent à passer la Meuse, en désordre, à Rémilly ; ils firent ensuite sauter le pont, alors que la réserve d'artillerie du 7e corps et une partie de son infanterie se trouvaient encore sur la rive gauche de la Meuse. L'infanterie française battit en retraite pendant la nuit et laissa l'artillerie en arrière, à une distance de quelques kilomètres seulement des Bavarois. Enfin l'artillerie, elle-même, après s'être rendu compte qu'elle était abandonnée, se replia, dans un grand désordre, en longeant la rive gauche de la Meuse, sur Sedan.

Parmi les corps de la troisième armée allemande, seul, le 1er corps bavarois avait pris part aux combats que nous venons de décrire. L'activité des autres corps de cette armée se déploya dans les conditions suivantes :

L'avant-garde du Ve corps était arrivée, vers midi, dans les environs de Saint-Pierremont, et avait ouvert le feu, avec son artillerie, contre les troupes françaises qu'on apercevait à Oches. Ces troupes étaient les subdivisions restées en arrière du 7e corps (Douay), qui avait été arrêté dans sa marche, et dont l'avant-garde, poussée en avant sur Beaumont, eut avec la 2e division bavaroise la rencontre dont nous avons déjà parlé, rencontre qui fut, au début, couronnée par le succès.

Le général Douay, qui avait reçu, du maréchal Mac-Mahon, l'ordre « d'atteindre le pont de Rémilly, sans se laisser « entraîner dans le combat engagé à Beaumont », avait dirigé ses troupes sur ce passage, et occupé, provisoirement, avec son arrière-garde, la position de Stonne, qui présentait un front très fort. Les Allemands avaient cru, au début, que c'était là la position de combat assignée à de grandes masses de troupes françaises, qui avaient l'intention de résister sur ce point. Le prince royal de Prusse prescrivit, en conséquence, au Ve corps de s'arrêter, rapprocha de ce dernier le XIe corps et la division de campagne wurtembergeoise venant de la gauche, et mit en marche le IIe corps bavarois sur La Besace, pour l'intercaler entre Stonne et Beaumont, dans l'intervalle qui séparait le Ve corps et le Ier corps bavarois ; le dernier de ces deux corps continuait à se porter, à ce moment (à 1 h. 30 de l'après-midi), dans la direction de Beaumont. Mais, comme le IIe corps bavarois se trouvait en retard, le Ier corps bavarois reçut l'ordre de se diriger sur La Besace ; ce dernier corps avait déjà été, d'ailleurs, ainsi que nous l'avons remarqué plus haut, entraîné dans cette dernière direction, par suite de l'attaque de flanc que le corps Douay avait exécutée à l'improviste contre la 2e division bavaroise.

Le roi Guillaume, qui observait, à une certaine distance, d'une hauteur située près de Vaux-en-Dieulet (à Sommauthe), le cours de la bataille de Beaumont, donna au prince royal de Prusse, à la suite d'un rapport de ce dernier relatif à cette bataille, l'ordre « de ne pas serrer de trop près l'adversaire à Stonne, car, en le « maintenant pendant un certain temps sur cette position, on ne « pouvait qu'aggraver sa situation ». Entre 2 et 3 heures de l'après-midi, on s'aperçut, néanmoins, que les Français évacuaient leurs positions de Stonne. Par suite de cette circonstance, l'avant-garde du Ve corps se reporta de nouveau en avant, et canonna, avec son artillerie, l'ennemi qui se repliait, en même temps qu'elle le suivait dans la direction du nord. Le général commandant le Ve corps, général de Kirchbach, tenant compte de la canonnade, qui se faisait entendre, avec une violence de plus en plus grande, dans la direction de Beaumont, estima qu'il était urgent de porter également son gros en avant, et le mit, dès lors, en marche, par Stonne, sur La Besace (à l'est de Stonne, sur la route de Rémilly) ; mais, s'étant aperçu que cette localité avait déjà été dépassée par les Bavarois, le général de Kirchbach fit bivouaquer son corps d'armée à La Besace, en arrière du Ier corps bavarois, à proximité duquel campait, également, la 4e division de cavalerie, qui avait été poussée en avant. Le XIe corps campa, pendant la nuit, en partie à Stonne, en partie encore plus en arrière, à La Berlière; les Wurtembergeois campèrent à Verrières. La 2e division de cavalerie bivouaqua un peu en arrière du XIe corps, à Oches; en arrière d'elle, le IIe corps bavarois campa à Sommauthe, où ce corps, qui avait été arrêté dans sa marche par différentes colonnes de trains, n'arriva qu'entre 7 heures et 9 heures du soir (1).

Le VIe corps se porta en avant, conformément à l'ordre qu'il avait reçu, jusqu'à Vouziers. Les 5e et 6e divisions de cavalerie se trouvaient à gauche des positions occupées par les armées allemandes, en partie au Chesne, en partie plus à l'ouest.

Les trois corps de la quatrième armée bivouaquèrent, ainsi que nous l'avons dit, autour de Beaumont et au nord de cette ville.

C'est ainsi que se termina, le 30 août, la bataille de Beaumont, qui coûta aux Allemands environ 3,500 hommes. Les Français évaluent leurs pertes à 1800 morts ou blessés et à environ 3,000 disparus, qui, pour la plus grande partie, furent faits prisonniers; en outre, ils avaient perdu 42 pièces et une grande quantité de matériel de guerre, qu'ils avaient dû laisser en arrière, dans les camps de Beaumont. Mais ce qui présentait une importance incomparablement supérieure à celle qui résultait de ces pertes matérielles, c'est la désorganisation et la déchéance morale qu'éprouvèrent, non seulement le 5e corps (de Failly), engagé au combat de Beaumont, mais encore des fractions du 7e et du 12e corps, bien que ces deux derniers corps n'eussent pris, à proprement parler, qu'une part très insignifiante au combat.

Les troupes de l'armée de Châlons avaient eu, également, déjà auparavant, beaucoup à souffrir, par suite de l'insuffisance de vivres, ainsi qu'en raison des mauvaises dispositions de marche, qui avaient, trop souvent, pour conséquence d'entraîner des modifications apportées aux directions de marche prescrites. Ces

---

(1) Heilmann, *Participation du IIe corps bavarois à la campagne de 1870-1871*, Munich, 1872, page 36.

troupes étaient épuisées, bien qu'en réalité elles n'eussent marché qu'avec lenteur ; leurs forces morales et physiques avaient été soumises à une tension exagérée, sans avoir amené, cependant, un résultat satisfaisant. L'irrésolution dont faisaient preuve les chefs supérieurs était ressentie, à un haut degré, par les soldats français, qui sont très sensibles et très impressionnables. Il suffisait seulement du choc le plus léger, pour ébranler sérieusement le sentiment de la cohésion et de la discipline, qui chancelait déjà à ce moment. Ce choc fut produit par la défaite du 30, à Beaumont.

———

Les circonstances dans lesquelles eut lieu la bataille de Beaumont n'offrirent pas un champ d'action particulièrement vaste à l'initiative des chefs en sous-ordre allemands. D'ailleurs, le commandant en chef de la troisième armée allemande paraissait compter, en cas de nécessité, sur l'entrée en ligne, spontanée et énergique, du Ve corps, qui avait été mis en marche sur Saint-Pierremont et Oches (entre Beaumont et le Chesne). Le corps devait, à partir de ces deux points, « s'engager au combat suivant « les circonstances » ; toutefois, il pouvait prendre part à la lutte, aussi bien à l'extrême gauche du front allemand, qui se trouvait en marche, dans les environs du Chesne, qu'à l'aile opposée, à Beaumont, à environ 25 kilomètres du Chesne, ainsi que cela eut lieu, d'ailleurs, en réalité.

Il convient de mentionner particulièrement les circonstances dans lesquelles le IVe corps prussien s'engagea au combat, à Beaumont. Les quatre colonnes de la quatrième armée avaient, ainsi que l'indique l'ouvrage du grand état-major prussien (1), reçu, du prince royal de Saxe, l'ordre qui prescrivait à chacune d'elles « de s'abstenir d'engager des combats isolés contre un « ennemi supérieur en nombre et préparé à la résistance, d'at- « tendre, après avoir gagné la lisière opposée (nord) de la forêt, « l'entrée en ligne des colonnes voisines, et de se contenter, « jusqu'à nouvel ordre, de préparer l'attaque au moyen de l'artil- « lerie ». Le commandant en chef de la quatrième armée s'était

---

(1) Ouvrage du grand état-major prussien, 1re partie, tome II, pages 991–992.

attendu, évidemment, à voir l'adversaire (pour couvrir le passage de la Meuse) résister sur sa position de Beaumont, et il faut reconnaître que l'ordre donné en conséquence aux colonnes de marche de la quatrième armée répondait pleinement aux nécessités de la situation. On comptait que la colonne qui déboucherait la première de la forêt porterait en avant son artillerie, pendant son déploiement, et occuperait l'adversaire avec cette arme, jusqu'à l'apparition des autres colonnes.

En réalité, l'hypothèse principale adoptée par le commandant en chef de la quatrième armée allemande, qui concluait à la présence de forces françaises considérables à Beaumont, se trouva pleinement confirmée. Néanmoins, le IVe corps, et, en particulier, la 8e division d'infanterie, se trouvèrent, tout à coup, aux prises avec une situation complètement imprévue : l'adversaire, en effet, était, non pas en position, mais simplement au bivouac, et cela à une distance de quelques centaines de pas, au plus, des têtes de colonnes de la 8e division, qui se rapprochaient.

Dans de telles circonstances, les ordres donnés par le commandant en chef de l'armée ne paraissaient plus être applicables : c'est là un exemple qui montre, une fois de plus, combien sont grandes les difficultés auxquelles on se heurte à la guerre, lorsqu'on veut donner aux troupes des instructions détaillées, au lieu de se contenter de leur indiquer le but commun à atteindre et la direction initiale de marche à suivre. Dans le cas présent, il n'était pas possible de retarder l'ouverture du feu; mais, étant données les circonstances, en ouvrant le feu, on donnait le signal immédiat de la bataille, et il ne s'agissait plus, alors, de la préparer simplement par un tir exécuté par l'artillerie. Il est facile de concevoir que la lutte d'artillerie, engagée à une distance très rapprochée de l'ennemi, devait être suivie immédiatement de l'attaque, — soit qu'elle partît des Allemands, soit qu'elle partît des Français. En demeurant inactive, l'avant-garde de la 8e division prussienne risquait de perdre tous les avantages que devait lui procurer l'ouverture du feu exécuté par surprise contre les camps ennemis, et, de plus, elle s'exposait, de son côté, aussitôt qu'elle serait découverte, à être attaquée par toutes les forces de l'adversaire. C'est en raison de ces considérations, que le général commandant l'artillerie donna l'ordre de commencer le feu, et préluda ainsi à la bataille proprement dite. Il avait des raisons de croire que le bruit des pièces aurait pour effet d'amener les colonnes voisines à lui prêter leur concours et servirait à hâter l'entrée en ligne rapide des fractions de l'armée qui se trouvaient en arrière. C'est en procédant ainsi, qu'il était possible de mettre fin, rapidement, à la situation désavantageuse, dans laquelle se trouvaient, momentanément, les faibles subdivisions avancées de la 8e division.

De ce que nous avons dit, il résulte clairement, bien que le cas se présente toujours rarement à la guerre, que le chef supérieur, c'est-à-dire, ici, le commandant en chef de la quatrième armée allemande, vit se réaliser, exactement, les hypothèses de temps et de lieu qu'il avait admises, ainsi que celles qui concernaient la présence de forces ennemies considérables à Beaumont. Néanmoins, dans cette bataille, le chef en sous-ordre se trouva aux prises avec une situation qui l'obligea à s'écarter « de la lettre » de l'ordre qu'il avait reçu et à prendre, de sa propre initiative, des dispositions qui se trouvaient en contradiction complète avec le texte littéral de cet ordre. Il n'est pas nécessaire d'ajouter qu'en se rendant coupable de « désobéissance », par le fait qu'il contrevenait à un ordre isolé, interprété à la lettre, le général commandant le IVe corps prussien ne fit, en réalité, que se conformer, de la manière la plus simple et la plus rigoureuse, « au « contenu essentiel » des instructions générales du commandant en chef, instructions qui avaient pour but « de joindre et de « battre » l'adversaire le 30 août. C'est en partant de ce point de vue, que le général d'Alvensleben prit une mesure qui répondait aux nécessités de la situation, en faisant ouvrir, à l'improviste, le feu d'artillerie, qui devait avoir, tout à la fois, pour résultat d'inquiéter vigoureusement l'adversaire et de hâter l'entrée en ligne des autres colonnes allemandes. Ces dernières n'hésitèrent pas, de leur côté, à fournir à la 8e division l'appui dont elle avait besoin.

Il ressort de la description de la bataille que la deuxième colonne du IVe corps, la 7e division, et le XIIe corps se rapprochèrent, en temps opportun, pour appuyer la 8e division, tandis que le commandant de la 2e division bavaroise, général Schumacher, se basant sur les indications d'un officier d'état-major du IVe corps, se décida à envelopper l'aile droite française. Enfin, lorsque le général von der Tann reçut, du commandant en chef de la troisième armée, l'ordre de se porter, avec son corps, dans une autre direction, il laissa en arrière un détachement de troupes spéciales, à la disposition du général commandant le IVe corps.

Pour conclure, il ne faut pas omettre de remarquer que ce dernier corps opéra d'une manière qui ne répondait pas au but, — lorsqu'en exécutant sa deuxième marche en avant, en partant de Beaumont, il donna à son mouvement une telle extension vers la droite, que le XIIe corps se trouva rejeté en deuxième ligne ; — toutefois, il convient d'ajouter que le IVe corps fut, probablement, amené à agir ainsi, parce qu'il désirait mener, lui-même, à bonne fin la lutte commencée, sans recourir, à cet effet, à l'appui d'autres fractions de troupes. Cette ardeur à aller de l'avant, pour s'engager au combat, sentiment qui est, certes, très louable, était commune à toutes les troupes allemandes, et devait tout particulièrement animer les troupes du IVe corps, qui, après tant de succès remportés par les autres corps, se trouvaient elles-mêmes, en cette circonstance, pour la première fois, dans le cas de livrer une bataille à l'adversaire. C'est ainsi, seulement, qu'on peut expliquer l'ardeur excessive qui poussait ces troupes à s'engager au combat, ardeur que le vrai chef d'armée doit, d'ailleurs, savoir contenir.

En ce qui concerne l'attitude observée par les Français dans la bataille de Beaumont, un fait saute aux yeux, avant tout, c'est que les camps du 5e corps français purent être canonnés par l'ennemi, tout à fait à l'improviste, et à une distance très rapprochée. Le commandant de ce corps d'armée, général de Failly, dans l'opuscule qu'il a rédigé, probablement pour se justifier, dit, notamment en ce qui concerne les circonstances envisagées ici, que « son chef d'état-major, le général Besson, marchait, le « 29 août, en tête des colonnes qui se repliaient sur Beaumont, « et que cet officier général a fixé, lui-même, les emplacements « de bivouacs qu'on devait occuper à Beaumont ».

D'après cela, il semblerait que les dispositions destinées à assurer la sécurité des troupes incombaient également à ce général.

Le chef de l'arrière-garde laissée en arrière, à Nouart, devait (pour peu qu'il eût compris l'importance réelle de sa mission), lors de sa retraite sur Beaumont, conserver le contact de l'adver-

saire, tout au moins au moyen de petits détachements de cavalerie, et établir en arrière de lui, sur les routes, des postes
d'infanterie ; ces postes, placés aux débouchés des défilés, et par-
culièrement sur les points où l'ennemi devait franchir les fonds
marécageux du ruisseau, auraient, non seulement découvert, en
temps opportun, l'approche des Allemands, mais auraient pu
encore les arrêter pendant quelque temps. C'est ainsi que tout
chef allemand, commandant une arrière-garde, aurait certainement agi. Mais le chef français attendait, probablement, des
instructions et des dispositions venant d'en haut, tandis que, de
son côté, le commandant du corps d'armée, non seulement ne
donna aucun ordre, mais ne paraît pas même avoir exprimé le
désir de se renseigner sur les mesures de sécurité qui avaient été
prises.

Il se produisit, de nouveau, en cette circonstance, du côté des
Français, le phénomène que nous avons déjà constaté chez eux,
en général, savoir : que le chef supérieur, sans lequel personne
n'osait ou ne savait donner un ordre quelconque, non seulement
arriva, comme toujours et partout, trop tard, mais encore perdit
de vue les obligations qui lui incombaient journellement.

Le général de Failly s'exprime, notamment, en ce qui concerne
l'activité qu'il déploya le 30 août, de la manière suivante (1) :

« A 9 heures du matin, tous les généraux de division (et les
« chefs de service) se réunirent. Les différents rapports ne signa-
« lèrent aucun fait, aucuns détails particuliers, qui pussent faire
« supposer que la marche du 5e corps eût été suivie par l'adver-
« saire. Les grand'gardes placées n'avaient pas signalé sa pré-
« sence, et les renseignements recueillis donnaient lieu de penser
« qu'il avait continué sa marche sur Stenay. »

Plus loin, le général de Failly déclare qu'en raison de la fatigue
des troupes, le départ de la tête de colonne fut fixé à 11 heures
du matin, et qu'au moment où les premières troupes prenaient
les armes, l'adversaire (l'armée du prince royal de Saxe) attaqua
les avant-postes et ouvrit tout à coup, à une grande distance, un
feu d'artillerie très violent.

On conçoit facilement que le feu des Allemands pût paraître

_____

(1) De Failly, *Opérations et marches du 5e corps*, etc., Bruxelles, pages 45-
46.

violent; mais, en disant qu'il fut ouvert à une grande distance, le général de Failly cherche, évidemment, à masquer simplement sa nonchalance impardonnable. Contrairement à cette assertion, l'histoire de l'artillerie allemande prouve que, sur les deux batteries qui, à midi 30, ouvrirent le feu, à l'improviste, contre les camps français, l'une tira, au début, à une distance de 800 pas, l'autre fit feu, avec quatre pièces, à 900 pas, tandis que, seules, deux pièces de cette dernière batterie, qui se trouvaient dirigées contre le camp français le plus éloigné, qu'on apercevait derrière Beaumont, tirèrent à 2,500 pas (1).

L'artillerie allemande ouvrit donc son feu contre les camps qui se trouvaient à proximité immédiate d'elle, non pas à une « grande » distance, (ainsi que le soutient le général de Failly), mais à portée de fusil. On conçoit donc qu'il est absolument impossible d'ajouter la moindre foi aux déclarations du général de Failly, quand il dit « que des avant-postes avaient été établis »; la 8e division prussienne, tout au moins, n'a trouvé aucune trace de ces avant-postes, dans la direction de marche qu'elle a suivie. Il est évident, également, que le corps de Failly n'avait envoyé en avant aucune patrouille de cavalerie. Quant à la division de cavalerie de ce corps, il est impossible de savoir où elle se trouvait. Il est probable que cette division avait déjà, à ce moment (le 30), commencé, d'elle-même, à se mettre en retraite vers la frontière belge, ce qui lui permit d'échapper, tout à fait par hasard, à la catastrophe générale de Sedan. Dans la description du cours ultérieur de la bataille de Beaumont, il n'est fait, du moins, mention que de la cavalerie du 12e corps français.

Le commandant du 5e corps français n'a pas été, en général, particulièrement heureux dans l'emploi qu'il fit de sa division de cavalerie. C'est ainsi qu'il ressort, notamment, de son opuscule (2), que, le 10 août, lorsqu'il arriva, lui-même, à Lunéville, avec sa 3e brigade d'infanterie (dans l'intention, conformément à l'ordre de l'Empereur, de marcher sur Nancy), sa division de cavalerie se trouvait avec l'autre colonne de marche du corps, à environ 30 kilomètres au sud de Lunéville. C'est, probablement, par suite de cela, que le général de Failly s'était privé des moyens qu'il

---

(1) *L'artillerie allemande*, etc., 1870-1871, cahier 7, page 43.
(2) De Failly, pages 19-23.

avait à sa disposition pour vérifier l'authenticité des faux bruits qui couraient relativement à la proximité de l'ennemi, lancé à la poursuite des Français, et à l'occupation de Nancy par l'adversaire ; au lieu de diriger sa marche sur cette ville, il appuya, en conséquence, vers le sud, et s'éloigna de la place de Metz, dans les environs de laquelle de graves événements étaient en train de se préparer.

Il faut admettre que le 5e corps français, qui, déjà à Lunéville, avait eu à souffrir de l'absence de cavalerie divisionnaire, éprouva, de ce fait, des difficultés analogues, au moment dont nous parlons, à Beaumont. On est, tout au moins, en droit de supposer que si les commandants des divisions d'infanterie avaient eu à leur disposition immédiate de la cavalerie, ils auraient pu, difficilement, négliger de faire éclairer le terrain autour de leurs camps, et que le chef de l'arrière-garde du corps d'armée aurait, également, fort bien employé sa cavalerie (en supposant qu'il pût en avoir à sa disposition), si les rapports entre les chefs de l'infanterie française et la cavalerie avaient été mieux définis et plus constants.

Cette manière de voir est partagée également par l'auteur des *Lettres sur la stratégie*, prince de Hohenlohe, qui attribue, notamment, l'insuccès éprouvé par les Français, au début de la bataille de Beaumont, à une erreur commise dans l'organisation des troupes, erreur qui consistait en ce fait qu'on avait négligé d'affecter de la cavalerie aux divisions d'infanterie.

D'ailleurs, il ne serait pas difficile de prouver que le corps de Failly, même organisé comme il l'était (en 3 divisions d'infanterie et 1 division de cavalerie), pouvait parfaitement prendre les mesures nécessaires pour assurer son service de sécurité et de reconnaissance. Les chefs « coupables » d'avoir négligé de prendre ces mesures de sécurité seraient également faciles à trouver : c'est ou le commandant de corps lui-même, ou son chef d'état-major, le général Besson, ou, enfin, le commandant de la division de cavalerie. Mais il ne s'agit pas « de trouver les coupables », car ce qui est arrivé est irréparable ; il y a lieu plutôt « de chercher à « réparer » les fautes commises, ou d'éviter, à l'avenir, le retour de négligences de cette nature. Pour éviter ces fautes, il faudra adopter une organisation logique. Au lieu d'astreindre le commandant du corps d'armée à se préoccuper d'assurer journellement l'affectation de la cavalerie aux divisions d'infanterie, il est bien préférable d'attribuer à ces dernières, une fois pour toutes, une quantité déterminée de cavalerie, d'autant plus que le commandant de corps, en sa qualité de chef direct, peut également, en cas de nécessité, disposer de la cavalerie divisionnaire, qui reste toujours placée sous son commandement. En revanche, un commandant de division d'infanterie, auquel on n'affecte de la cavalerie que d'une manière passagère, ne deviendra jamais « le « chef réel » de cette arme, et, par suite, ne pourra pas en tirer tout le profit possible. Enfin, en affectant, d'une manière permanente, de la cavalerie aux divisions d'infanterie, le commandant de corps se débarrassera de beaucoup de petits soucis inutiles, et se trouvera en mesure de diriger ses pensées vers des questions plus importantes.

Cependant, il est impossible de nier que le commandant du 5e corps français, non seulement a fait preuve, en cette circonstance, de négligence dans les dispositions de détail qu'il prit, mais encore ne s'est acquitté nullement des obligations plus importantes qui lui incombaient. Dans le cas présent, il s'agissait, avant tout, pour le 5e corps, à Beaumont, d'exécuter sa retraite, le plus vite possible, derrière la Meuse, ainsi qu'il en avait d'ailleurs reçu l'ordre ; il ressort, au contraire, des déclarations du général de Failly, lui-même, que ses têtes de colonnes ne s'étaient pas encore mises en marche (ainsi que cela était prescrit) à 11 heures du matin ; elles ne prirent les armes qu'au moment où les batteries allemandes ouvrirent le feu contre leur camp, c'est-à-dire vers midi 30.

Le général de Failly fit preuve, en cette circonstance, du défaut général inhérent aux chefs français de cette époque, défaut qui consistait à ne pas se rendre compte de l'importance prépondérante du combat, considéré comme moyen d'atteindre le but, qui est de briser la force et la résistance de l'adversaire. En revanche, ce général, ainsi, d'ailleurs, que d'autres chefs français, avait toujours présentes à la pensée certaines manœuvres abstraites, et songeait à l'occupation de points importants, qui avaient, en quelque sorte, une valeur intrinsèque (*per se*) (1), etc. Était-il

---

(1) Certainement, il existe sur le théâtre de la guerre « des points impor-« tants » ; mais leur importance ne réside pas en eux-mêmes ; elle résulte des avantages qu'ils offrent, pour conserver et accroître sa propre force, en vue du combat, lorsqu'il se produit des rencontres avec l'adversaire.

même à supposer que, le 30 août, à un moment où les Allemands allaient, tout simplement, droit à l'ennemi, en vue de « le battre », le général de Failly (d'après ses propres déclarations), sans que l'on puisse savoir pour quel motif, pût conclure « que les Alle- « mands continuaient à marcher sur Stenay ! » Quant à la question de savoir quel but l'adversaire pouvait bien se proposer, en exécutant ce mouvement, et quel profit il comptait pouvoir en tirer, le général de Failly ne s'en était, évidemment, pas préoccupé. Certes, il était d'autant moins en droit de supposer que l'ennemi avait pris ce dernier parti, que la résolution qu'il attribuait à l'adversaire ne pouvait pas du tout être considérée comme une « des plus judicieuses » qu'il pouvait adopter ; et, cependant, on doit, d'habitude, supposer à l'ennemi les projets les plus raisonnables.

CHAPITRE VI

Coup d'œil rétrospectif critique sur les projets et l'activité des deux partis belligérants dans la « campagne de Sedan » jusqu'au 31 août.

SOMMAIRE

L'opinion de l'ouvrage du grand état-major prussien sur les projets et l'activité du commandement suprême de l'armée française. « Le plan » du comte de Palikao est basé sur des considérations politiques ; il n'avait été ni approfondi, ni préparé. Les moyens ne sont pas en rapport avec les missions à remplir. Méconnaissance de l'importance du combat et de la victoire. Inertie apportée dans l'exécution de missions qui exigent une activité énergique. — Les batailles de Metz (du 14 au 18 août) n'avaient pas procuré aux Allemands les résultats qu'ils en attendaient. Les raisons pour lesquelles ils poursuivirent ensuite deux buts à la fois. Pour assurer le succès, il aurait fallu que la concordance entre les opérations de l'armée d'investissement de Metz et les projets du général de Moltke fût garantie de la manière la plus sérieuse ; s'il n'en fut pas ainsi, cela provient de ce qu'on avait trop accentué le principe de l'initiative attribuée aux commandants en chef des armées. La poursuite simultanée de deux buts, par le commandement suprême de l'armée allemande, aurait pu être comparée à « la poursuite de deux lièvres (1) ». Les Allemands ne doivent leur succès final qu'aux fautes de l'adversaire et à leur propre énergie. Les armées allemandes s'acquittèrent d'une manière brillante de la mission qui consistait à obliger l'armée de Châlons à s'arrêter.

La défaite de Beaumont avait préparé la fin de la campagne entreprise par l'armée de Châlons, depuis huit jours, pour délivrer l'armée de Bazaine. A partir de ce moment, le maréchal Mac-Mahon, qui avait en face de lui, et déjà à proximité immédiate, les masses de l'armée allemande, supérieures en nombre, n'avait plus d'autre parti à prendre que de songer à assurer son propre salut.

Involontairement on se pose, en cette circonstance, la question

---

(1) Il y a un proverbe russe qui dit : « Celui qui poursuit deux lièvres à la « fois n'en attrape aucun ».

suivante : quelles furent, à proprement parler, les causes de l'insuccès des Français? Doivent-elles être attribuées à leur soi-disant
« plan d'opérations », lui-même, ou à la manière dont il fut
exécuté ? Un juge tout à fait compétent en cette matière, l'ouvrage du grand état-major prussien, s'exprime à ce sujet, de la
manière suivante (1) :

« Le plan conçu à Paris, dans le but de dégager l'armée du
« Rhin et de reprendre, de concert avec elle, les territoires
« envahis, était hardi et grandiose; mais il manquait, en prin-
« cipe, des conditions fondamentales nécessaires au succès (2).
« Généralement, la nouvelle armée que les Français mettaient
« en campagne ne possédait pas, dans tous ses éléments, le
« degré voulu de qualités militaires, pour se montrer à hauteur
« des exigences qu'elle allait affronter. Des vivres avaient été
« accumulés sur plusieurs points, et, cependant, à maintes
« reprises, les troupes eurent à souffrir sérieusement, au cours de
« ces marches et contremarches imprévues. Le plus souvent
« aussi, le commandant en chef, loin d'agir uniquement d'après
« ses propres inspirations, obéissait bien plutôt à la pression des
« courants politiques et des indications qui lui arrivaient de
« Paris.

« Nonobstant ces conditions défavorables, l'entreprise était
« susceptible d'un succès partiel, au moins au début, car les
« Français avaient alors, pour eux, le précieux avantage de sur-
« prendre leurs antagonistes. En effet, si, dans sa marche de
« Châlons vers Reims, le maréchal était assez exactement ren-
« seigné sur les mouvements des Allemands, ceux-ci, au con-
« traire, lancés en plein pays ennemi, sans contact avec l'adver-
« saire, manquaient de toute notion précise sur les projets des
« Français. On savait, il est vrai, d'une manière certaine, que des
« forces considérables se rassemblaient à Châlons, sous les yeux
« de l'Empereur; on n'ignorait pas, non plus, que les corps
« chassés d'Alsace avaient été acheminés de ce côté; mais tous

---

(1) Ouvrage du grand état-major prussien, 1ᵣₒ partie, tome II, pages 1228 à
1230.

(2) Confiance insuffisante des troupes. — Mauvaise administration de l'armée.
— Les résolutions du commandant en chef subordonnées à des considérations
de politique intérieure.

« les indices, toutes les considérations militaires conduisaient à
« penser que ces troupes étaient destinées à couvrir la capitale
« compromise, et que, dans ce but, elles allaient s'établir dans
« une position parallèle ou latérale, choisie à cet effet, et y
« attendre l'approche des Allemands. Tout d'abord, les premiers
« bruits, les premiers symptômes du nouveau plan de campagne
« élaboré à Paris, et déjà en voie d'exécution, ne rencontraient
« donc, au grand quartier général, que peu ou point de créance.

« Les Français avaient assurément perdu un temps fort pré-
« cieux dans leur mouvement sur Reims et Rethel; cependant,
« dès le 25 août au soir, ils ne s'en trouvaient pas moins, au
« nombre de 150,000 hommes (1), presque dans le flanc droit de
« l'armée allemande, disposée face à l'ouest, tandis que celle-ci
« les supposait toujours entre elle et Paris. Quelques jours encore,
« et l'armée de Châlons allait se trouver en mesure de pénétrer
« du nord dans l'Argonne, de rejeter les unes sur les autres les
« troupes du prince royal de Saxe et de les battre successivement.
« — Mais, dans cette soirée même du 25, les opérations prenaient
« une tournure décisive, qui enlevait d'un seul coup aux Français
« tous les avantages de leur situation (2). Il s'agissait de la
« marche exécutée par l'armée allemande vers le nord, en vue de
« barrer la route à l'armée de Châlons. »

Telles sont les considérations formulées par l'ouvrage du grand
état-major prussien.

Toutes les combinaisons qui entraient dans le plan des Français
devaient, probablement, être basées, en première ligne, sur le
secret complet que ces derniers gardaient relativement à leurs
propres mouvements et sur l'espoir de voir les Allemands persister
dans leur erreur. Il est une vérité généralement reconnue, c'est
qu'à « chaque manœuvre », on peut opposer une « contre-
« manœuvre », mais, bien entendu, seulement dans les limites
de temps et de moyens d'action dont on dispose à cet effet. Les
Allemands avaient à leur disposition des moyens suffisants; il ne
reste donc que la question de temps. Cette dernière dépendait

---

(1) Cette indication, se rapportant à l'effectif des Français, concorde avec
celle de l'ouvrage du grand état-major prussien.

(2) Ouvrage du grand état-major prussien, 1re partie, tome II, pages 1228-
1230.

complètement du moment où ils découvriraient les mouvements de l'armée française, qui, jusque-là, s'étaient exécutés en secret. Les mesures qui avaient pour but de reculer ce moment, ou, ce qui revient au même, de prolonger les illusions de l'adversaire (au moyen de mouvements simulés, de faux bruits et de nouvelles inexactes, etc.) devaient, de toute nécessité, faire partie intégrante du plan d'opérations des Français. Or, à ce point de vue, non seulement les Français n'ont rien fait, mais encore, du moins autant qu'on peut le savoir, ils n'ont pas même eu l'intention de faire quoi que ce soit. C'est pourquoi, aussi, étant données les lacunes si essentielles que présentait le projet du comte de Palikao, il est impossible de le considérer comme un plan; — c'était uniquement une idée jetée sur le papier, qui demandait à être approfondie, comme il convenait, au point de vue des détails, et devait être l'objet d'une préparation rationnelle. Néanmoins, le maréchal Mac-Mahon passa immédiatement à l'exécution. Il ne faut donc pas s'étonner qu'on se soit heurté, dès la première heure, à des difficultés.

Le camp de Châlons avait été complètement évacué par les Français, à une époque où l'infanterie allemande se trouvait encore fort éloignée. De grands feux allumés dans le camp (pour détruire les approvisionnements qui s'y trouvaient) avaient attiré l'attention des patrouilles allemandes. Mais, dès que les Allemands eurent acquis la conviction que les Français avaient quitté les environs de Châlons, ils devaient, naturellement, se demander de quel côté l'armée française s'était dirigée. Cette question une fois posée, il en résultait qu'on s'était déjà rapproché du moment où il faudrait soulever le voile qui masquait les mouvements des Français. C'est précisément pour cela que les Français devaient occuper le camp de Châlons, aussi longtemps que possible, et prendre, en général, les mesures nécessaires, pour continuer à dérober aux regards de l'ennemi les modifications apportées dans le groupement de leurs troupes. Telles étaient les obligations qui leur étaient imposées, en se plaçant au point de vue théorique. Mais, en réalité, il aurait parfaitement suffi aux Français d'arriver à dérober à l'adversaire, ne fût-ce que pour quelques jours, les mouvements exécutés par leur armée (1). Il ne faut pas

(1) Pour occuper le camp de Châlons et exécuter d'autres entreprises simulées,

perdre de vue, également, que chaque journée gagnée par les Français modifiait considérablement la situation à leur avantage. Chaque jour, en effet, les Allemands se portaient à une journée de marche vers l'ouest, les Français à une journée de marche vers l'est. En admettant donc que les fronts des armées ennemies fussent seulement arrivés à se trouver à la même hauteur (ainsi que ce fut le cas, en réalité, le 25 août), chaque jour écoulé aurait augmenté, de deux jours de marche entiers, la distance qui les séparait.

En partant de la position occupée par les deux partis, à la date du 25, on voit que, malgré la grande perte de temps qui avait eu lieu précédemment, les circonstances se présentaient, pourtant, encore, pour les Français, dans des conditions si favorables, que s'ils avaient réussi à garder le secret, encore environ pendant deux jours, la troisième armée allemande se serait trouvée dans l'impossibilité de joindre l'armée de Châlons; d'autre part, si les troupes de la quatrième armée s'étaient opposées, seules, à la

---

qui pouvaient servir à induire en erreur les Allemands, ne fût-ce que pour quelque temps, on aurait pu, par exemple, employer une partie des 18 bataillons de garde mobile, que le général Trochu avait transportés du camp de Châlons à Paris. Dans le même but, on aurait pu transporter de Paris à Châlons le centre où se formait le 13e corps Vinoy. Enfin, on pouvait également laisser, provisoirement, à Châlons, une partie de l'armée de Mac-Mahon, qui aurait rejoint plus tard l'armée, par voie ferrée. Cette solution aurait même été, en partie, avantageuse aux troupes, car un grand nombre d'unités qui devaient faire partie de la nouvelle armée durent être formées, en toute hâte, sans avoir été mises suffisamment en ordre, et sans avoir été pourvues de tout ce qui leur était nécessaire. La cavalerie aurait rendu de grands services, pour entreprendre des opérations simulées ; malheureusement, les Français étaient mal pourvus à ce point de vue ; mais on disposait, cependant, de la cavalerie du corps Vinoy ; de plus, la division Bonnemains, qui erra entre les colonnes de marche des corps français, sans but et sans objectif, pendant toute la période qui s'écoula jusqu'à la bataille de Sedan, aurait pu être employée, plus avantageusement, à des entreprises simulées de cette nature. L'empereur Napoléon, lui-même, qui joua, à l'armée du maréchal Mac-Mahon, un rôle si peu digne d'envie, aurait rendu, incontestablement, un plus grand service à son pays, s'il était resté plus longtemps à Châlons, ou, plus tard, à Reims. Enfin, lorsqu'il n'aurait plus été possible de dissimuler le départ de Châlons de l'armée de Mac-Mahon, on aurait pu, sans difficulté, faire courir le bruit « qu'elle marchait sur « Paris », et, pour confirmer ce bruit, on aurait dû, au besoin, mettre réellement en marche quelques subdivisions de troupes sur les routes qui menaient vers la capitale. Les voies ferrées offraient les moyens d'exécuter un mouvement simulé de cette nature. Les cris qu'auraient poussés et le tapage qu'auraient fait les journaux parisiens auraient pu rendre, en cette circonstance, une fois par hasard, de bons services aux Français.

marche de cette armée, elles risquaient d'être battues isolément, ainsi que l'admet, d'ailleurs, l'ouvrage du grand état-major prussien. En un mot : si les Français avaient réussi à continuer de garder le secret au sujet des mouvements de leur armée, quand même ce n'aurait été que pendant deux jours, les Allemands, en dépit des grands moyens dont ils disposaient, n'auraient pu trouver le temps nécessaire, pour opposer à l'armée ennemie une « contre-manœuvre », destinée à l'arrêter.

On ne peut s'empêcher de convenir que cette éventualité pouvait parfaitement se réaliser, si l'on examine la question, simplement au point de vue scientifico-stratégique. Il faut avouer, en particulier, — qu'étant données les circonstances, — les Français pouvaient se trouver en mesure de remporter une victoire sur une partie des forces ennemies. Il est vrai que des occasions de cette nature s'étaient déjà, également, présentées, auparavant, aux Français, par exemple à Spicheren, et surtout à Mars-la-Tour. Dans ces deux cas, ils avaient toutes les chances de vaincre, et il ne leur était même pas nécessaire, à cet effet, de préparer la victoire par des manœuvres stratégiques. Cependant les journées de Spicheren et de Mars-la-Tour, au lieu de deux victoires, procurèrent aux chefs français deux graves défaites, parfaitement méritées. Sur quoi pourrait-on, d'ailleurs, s'appuyer, pour admettre que les chefs français auraient fait preuve d'une plus grande habileté dans la campagne dirigée par le maréchal Mac-Mahon ?

Le caractère fondamental négatif des chefs français, qui, au lieu de victoires, ne leur avait déjà, auparavant, procuré que des défaites, était resté tout à fait le même. Le maréchal Mac-Mahon, lui-même, ainsi que les autres chefs qui commandaient, à cette époque, l'armée française, n'envisageaient pas « le combat » avec toute la gravité qu'il convient de lui attribuer. Ils ne surent pas comprendre qu'un succès réel ne peut être obtenu, à la guerre, par de simples marches, ni par l'occupation de positions choisies, mais qu'il doit être, au contraire, *le prix d'un triomphe remporté sur l'adversaire, à la suite d'un combat et d'une victoire.*

Le général de Wimpffen, qui était un ami de l'auteur de la *Campagne de Sedan*, s'exprime, à ce sujet, de la manière suivante :

« Le comte de Palikao, d'accord avec le Conseil des ministres « à Paris, jugea que les opérations ultérieures devaient, tout

« d'abord, avoir pour but de mettre le duc de Magenta (maréchal
« de Mac-Mahon) à même de se porter, par une marche rapide et
« intelligente, au secours de Bazaine, et d'opérer sa jonction avec
« les troupes de Metz. Une fois la jonction faite, et Metz débloqué,
« les deux armées françaises réunies, ayant en ligne près de
« 280,000 hommes, pouvaient défier les forces allemandes (1). »

On voit qu'ici, avant tout, il n'est pas même question de combat
et de victoire ; en revanche, on parle de se porter au secours de
Bazaine, de faire sa jonction avec lui, de débloquer Metz, et,
comme conclusion, « de défier l'ennemi ». L'idéal du commandement des Français paraît donc être, dans ce cas, d'assurer, pour
ainsi dire « pacifiquement », la jonction des maréchaux Mac-
Mahon et Bazaine. Mais, en opérant ainsi, pacifiquement, la réunion des forces françaises, on n'aurait, naturellement, causé
aucun préjudice à l'armée du prince Frédéric-Charles. Or, les
autres armées allemandes, la troisième et la quatrième, devaient
s'apercevoir, tôt ou tard (ce n'était qu'une question de quelques
jours), de la faute qu'elles avaient commise et se mettre alors, à
leur tour, à la poursuite de l'armée de Mac-Mahon ; il en serait
résulté simplement, suivant une remarque très juste du général
Leer (2), une concentration des deux armées françaises ; or, ces
deux armées, même réunies, se seraient trouvées considérablement inférieures en nombre aux quatre armées allemandes qui
leur étaient opposées. Il ne peut donc y avoir le moindre doute
que « la réunion pacifique » projetée par les Français pour leurs
armées, en admettant même qu'elle eût été exécutable, aurait été
extrêmement désavantageuse pour eux. Les Français devaient,
au contraire, s'efforcer, en employant, à cet effet, tous les moyens
dont ils disposaient, non pas d'opérer la jonction de leurs armées,
mais, en tout cas, d'arriver à atteindre et à battre le prince Frédéric-Charles, à un moment où son armée, qui se trouvait répartie
autour de Metz, sur les deux rives de la Moselle, n'aurait pu encore
prendre aucune mesure pour s'opposer à leur attaque, et n'aurait

(1) Wimpffen, *Sedan*, page 105.
(2) *Cours publics sur la guerre de* 1870. Édition de 1871, page 209. — En
admettant même que les Français eussent pu mettre en ligne au combat, à Metz,
280,000 hommes, il n'en est pas moins vrai que les Allemands pouvaient, sur
ce point, leur opposer 450,000 hommes.

pas encore pu se dérober au coup que les Français espéraient lui porter.

En vue de se ménager un tel succès, les Français pouvaient, pour ainsi dire en passant, attaquer et vaincre une partie des troupes allemandes qui se trouvaient en marche sur Paris (c'est-à-dire la quatrième armée allemande). Cette opération formait, à proprement parler, la première tâche qui incombait à Mac-Mahon. Elle ne devait être différée qu'autant que la victoire à remporter sur l'armée du prince royal de Saxe aurait trop retardé la marche sur Metz, et aurait eu pour conséquence d'exposer le maréchal à une attaque possible de la troisième armée allemande. Il en résulte donc, en fin de compte, que *les Français devaient s'efforcer d'opérer leur jonction, grâce à une victoire, ou, plus exactement, en même temps qu'ils auraient remporté une victoire, et non pas aspirer à obtenir la victoire seulement après leur jonction;* car, dans ce dernier cas, l'adversaire pouvait, lui aussi, rassembler toutes ses forces pour résister aux Français.

Mais, au lieu de songer à engager la lutte et à vaincre, le maréchal Mac-Mahon se porta sur Metz, non pas avec l'intention « d'attaquer », mais en cherchant, pour ainsi dire, « à se glisser » vers cette place, et cela même encore à un moment où son armée se trouvait déjà démasquée par l'adversaire, et alors que, par conséquent, le moment était arrivé d'agir ouvertement. Bien que le maréchal n'eût pas réussi « à tourner » l'ennemi, en raison du peu d'habileté dont il fit preuve dans l'exécution de ses mouvements, il ne s'en tint pas moins, opiniâtrement, à la pensée d'entreprendre un mouvement tournant autour de sa ligne d'opérations, et continua toujours à se dérober, en vue d'éviter toute rencontre avec l'adversaire. Lorsque, par exemple, les Allemands eurent barré au maréchal la route qui menait au pont de Dun, sur lequel il avait l'intention de se diriger, il se porta dans la direction du pont de Stenay, situé plus au nord; mais, aussitôt après, s'étant rendu compte que ce point de passage n'était pas, non plus, sans présenter des dangers, il appuya encore plus au nord, — sur Mouzon, et, enfin, — sur Rémilly. C'est ainsi que le maréchal se trouva, en définitive, à proximité immédiate de la frontière belge, c'est-à-dire, en réalité, — sur le bord de l'abîme. Tels furent les résultats de « l'offensive passive » de l'armée de Châlons, pendant laquelle les Français, au lieu de faire la loi à l'ennemi, en prenant hardiment et énergiquement l'initiative, subordonnèrent constamment leurs opérations à celles de l'adversaire.

Après avoir reconnu qu'il était découvert par l'ennemi, le maréchal Mac-Mahon n'avait plus, théoriquement parlant, que deux partis à prendre : il pouvait, d'une part, battre les troupes les plus rapprochées de l'adversaire, et continuer ensuite le mouvement commencé, ou, d'autre part, mettre sans retard sa propre armée en sûreté.

En réalité, dès que l'armée de Mac-Mahon eut été découverte par l'adversaire, il lui restait très peu de chances pour continuer à exécuter avec succès sa marche vers Metz, surtout en présence des armées ennemies victorieuses, qui se rapprochaient d'elle, en venant du sud. Cependant, il peut se produire, à la guerre, des cas où les mouvements de l'adversaire, malgré les soins apportés à leur préparation, et même en dépit de la supériorité numérique incontestable dont il peut disposer pour les mener à bonne fin, présentent, néanmoins, pendant la période d'exécution, par suite de difficultés d'engrenage, certaines lacunes, que les chefs d'armée hardis et énergiques savent mettre à profit (1). On peut signaler une lacune de cette nature dans les opérations du général de Moltke : ce fut, par exemple, la marche offensive exécutée, le 29 août, par la quatrième armée allemande (la garde et le XII° corps), au delà de la ligne générale du front stratégique allemand, marche qui eut pour conséquence le combat de Nouart.

Si le maréchal Mac-Mahon, au lieu de se dérober sans cesse devant l'ennemi, s'était jeté hardiment, dans cette journée, avec ses quatre corps réunis, sur la quatrième armée allemande, il aurait eu pour lui toutes les chances de succès, du moins en tant

---

(1) Ainsi, par exemple, le cours de la campagne de Napoléon Ier, dans l'année 1806, campagne qu'on peut citer comme modèle, pouvait être, avant les victoires d'Iéna et d'Auerstædt, interrompu par des défaites partielles sensibles. Le 10 octobre, le premier échelon de la colonne de gauche de l'armée impériale, le corps de Lannes, qui se trouvait séparé des autres corps par la vallée de la Saale, dont l'accès était difficile, pouvait être battu isolément. Le 13 octobre, également, le maréchal Lannes se trouvait dans une situation tout à fait analogue, lorsque l'armée du prince de Hohenlohe se porta à sa rencontre et ne fut arrêtée que par hasard, par suite d'un ordre mal interprété. C'est ce que mentionne, également, l'auteur des *Lettres sur la stratégie*, prince de Hohenlohe, dans le tome II de son ouvrage.

que la victoire dépend de la supériorité numérique, et même ce succès aurait été considérable, car les Allemands, toujours habitués, pendant cette campagne, à remporter la victoire, se seraient défendus, sans aucun doute, jusqu'à la dernière extrémité, et n'auraient évacué le champ de bataille qu'après une défaite complète (1). Une pareille défaite subie par les troupes allemandes, telle que nous l'admettons ici, et en supposant que le IVᵉ corps prussien, qui se trouvait le plus rapproché, l'eût également partagée, aurait, suivant son degré d'importance, influé, alors, sur le développement ultérieur de la situation.

[On ne pouvait pas, certainement, exiger du maréchal Mac-Mahon qu'il connût au juste la situation du 29 au matin; mais il devait, se trouvant en territoire national, connaître suffisamment la situation générale et en conclure qu'il n'avait devant lui que l'extrême droite de l'ennemi. L'écrivain militaire allemand von Scherff convient qu'une initiative vigoureuse des Français avait des chances de réussite (2).]

Remarquons, cependant, ici, en passant, que ce que nous avons dit au sujet de la possibilité d'un succès, qui s'offrait aux Français, ne présente, en réalité, que l'importance qu'il convient d'attribuer à des considérations purement théoriques : ces considérations, il faut, évidemment, le reconnaître, ne sauraient être appliquées à des circonstances concrètes déterminées. L'armée française de Châlons se trouvait inférieure, comme aptitude à la

---

(1) Il ne faut, en cette circonstance, attribuer aucune importance aux paroles adressées par le commandant en chef de la quatrième armée allemande à ses généraux, au commencement de la marche en avant, le 29, au matin (marche exécutée contrairement aux instructions formelles du grand quartier général), en vue de leur faire connaître que « ces mouvements » avaient pour but, simplement, « de se renseigner sur la véritable situation de l'adversaire ». En réalité, la marche en avant de deux corps d'armée se trouvait en contradiction évidente avec ces instructions verbales ; il en est de même de l'ordre ultérieur du commandant en chef de l'armée, qui prescrivait à la garde de ne pas dépasser Buzancy, mais « de se maintenir simplement sur ce point » et « de ne s'engager « au combat, à Nouart, que dans le cas où la lutte prendrait une plus grande « extension ». Il va de soi que les Allemands auraient opposé, dans ce cas, la plus vigoureuse résistance à une attaque des Français. La possibilité d'une défaite des troupes allemandes est parfaitement admise, également, ainsi que nous l'avons déjà dit précédemment, par l'auteur des *Lettres sur la stratégie*, prince de Hohenlohe.

(2) Ce dernier paragraphe, entre crochets [ ], a été ajouté, en français, de la main même de l'auteur, à la 2ᵉ édition allemande (*Annotation du traducteur français*).

guerre et comme nombre, aux armées allemandes. Le désordre qui régnait dans l'administration était une cause de faiblesse pour le rendement physique des troupes françaises, et minait leurs forces morales. Les Français avaient uniquement, de leur côté, le seul avantage de l'initiative, et, par suite, de la possibilité qui s'offrait à eux de prévenir l'adversaire; mais, pour tirer parti de cet unique avantage, il fallait que le commandant en chef de l'armée dirigeât logiquement et énergiquement les opérations, et qu'il fût soutenu, comme il convenait, par ses chefs en sous-ordre. Malheureusement, ni ceux-ci, ni celui-là, ne se trouvaient à hauteur de la tâche difficile qui leur incombait. Ils ne se distinguaient pas de leurs compagnons d'armes, qui, à Spicheren, à Mars-la-Tour et à Noisseville, en dépit de tous les avantages qui résultaient des circonstances, n'avaient pas su enchaîner la victoire à leurs drapeaux (1).

Il résulte donc, en fin de compte, des considérations ci-dessus, que le projet du comte de Palikao (on ne peut pas du tout le considérer comme un plan mûrement élaboré) ne tenait pas le moindre compte des moyens d'exécution dont il disposait, mais se trouvait basé, simplement, sur des faits pour ainsi dire géométriques; il partait, notamment, de l'hypothèse suivante : c'est que les routes du nord allant vers Metz, par lesquelles on pouvait, dans un temps donné, atteindre Metz, se trouvaient encore, momentanément, inoccupées par l'ennemi, et cela parce que ce

---

(1) Le maréchal Mac-Mahon, lui-même, a suffisamment fait connaître ses qualités dans cette courte campagne. En ce qui concerne les autres chefs français, la défaite de Beaumont, par exemple, ne prouve pas simplement que le commandant du 5e corps français commit des fautes. Pour expliquer le fait que les Français, en cette circonstance, ont négligé de prendre les mesures de sécurité les plus élémentaires, il faut admettre que tous les chefs firent preuve d'une nonchalance et d'une étroitesse de vues pour ainsi dire épidémiques. Une image, peu consolante, du commandement supérieur, comme du commandement inférieur, nous est offerte, également, par les événements qui se passèrent du côté du 7e corps français, le 26 août, à Vouziers. On sait que ce corps (par suite de l'apparition de quelques escadrons allemands) se tint, pendant toute la nuit du 26 au 27, prêt au combat, et que, pour avoir négligé d'éclaircir ce malentendu, il fut cause de la manœuvre absurde qu'exécuta toute l'armée de Mac-Mahon, le 27. Avec de pareils chefs en sous-ordre, qui étaient paralysés par un système de centralisation à outrance, le meilleur commandant en chef se trouve dans l'impossibilité de manœuvrer; d'autre part, sans manœuvre, il ne saurait y avoir aucune initiative; or, sans initiative, il est absolument impossible de remporter la victoire.

dernier ne les avait pas utilisées dans sa marche en avant. Telle était la base sur laquelle s'appuyaient, exclusivement, toutes les hypothèses admises par le comte de Palikao; quant à tous les autres éléments de la question, — l'effectif, la valeur et le moral des troupes, d'une part, les qualités de leurs chefs, d'autre part, et, enfin, également, l'état dans lequel se trouvait l'administration, — tous ces éléments, je le répète, n'étaient pas de nature à favoriser le projet du ministre de la guerre français.

Cependant, il faut toujours se souvenir que la guerre, envisagée dans son essence, présente un caractère tout à fait pratique et qu'elle exige une activité qui doit prendre pour base les circonstances telles qu'elles se présentent réellement; à la guerre, il est impossible de séparer les projets d'opérations, ou, ce qui revient au même, « les plans », « des moyens » dont on dispose pour en assurer l'exécution. Les calculs et les plans qui, envisagés au point de vue purement académique, méritent d'être appelés géniaux ne peuvent être considérés comme présentant un caractère suffisamment pratique, qu'à la condition de se trouver d'accord avec les circonstances concrètes, telles qu'elles se présentent, et de satisfaire, d'une manière tout à fait suffisante, aux obligations essentielles qu'elles imposent. Le projet du comte de Palikao ne répondait qu'à l'une de ces exigences; aussi, tout en reconnaissant, avec l'ouvrage du grand état-major prussien, que l'idée fondamentale était « hardie et grandiose », sommes-nous en droit, cependant, de déclarer que le projet, ou (si l'on veut) « le plan « d'opérations », basé sur cette idée, doit être réputé « mort-né », et cela parce qu'il ne répondait pas à la réalité des circonstances.

Que dire, maintenant, de l'exécution?

La mission qui consistait à exécuter pratiquement les projets hardis (ou, pour mieux dire, téméraires) du comte de Palikao ne répondait ni aux capacités, ni au désir du chef qui se trouvait, involontairement, chargé de les mener à bonne fin, c'est-à-dire du maréchal Mac-Mahon. Le maréchal répugnait à obéir aux suggestions du ministre de la guerre; mais il ne possédait pas, cependant, assez de caractère pour persévérer dans sa conviction. En sa qualité de bonapartiste, il exécuta, pour des considérations politiques, un plan qu'en sa qualité de chef d'armée, il avait le devoir de repousser.

Mais, en réalité, Mac-Mahon n'était pas du tout le véritable chef de l'armée ; il ne constituait pas la force chargée de la mettre en mouvement, en agissant d'après sa propre inspiration : loin de diriger, « il subissait l'impulsion d'autrui ». Deux forces cherchaient à l'entraîner, lui et sa malheureuse armée, chacune dans une direction différente. L'impulsion qui venait de Paris entraînait l'armée française vers l'est ; la crainte d'une rencontre avec l'adversaire la poussait vers le nord. La résultante de ces deux forces avait déjà eu pour effet d'amener l'armée, dans la soirée du 30 août, jusqu'à la frontière belge, c'est-à-dire au bord de l'abîme.

En restant dans son rôle de commandant en chef d'une armée opérant isolément, le maréchal Mac-Mahon aurait sûrement préservé son armée de cette entreprise, qui était au-dessus de ses forces, et, par suite, devait lui être fatale ; en cédant, au contraire, à des influences politiques, il a conduit son armée à sa perte et a précipité, tout au moins, la chute de la dynastie ; en n'envisageant que l'intérêt, mal compris, de l'Empire, il a manqué à ses devoirs de chef d'armée et de patriote.

Un trait saillant du commandement des Allemands, dans la période qui suivit le passage de la Moselle, fut la tendance, parfaitement logique, qui les détermina à poursuivre des buts importants : à cet effet, ils engagèrent des opérations à grande envergure et les mirent à exécution, en déployant une virile énergie et en exigeant des troupes la tension, poussée jusqu'à ses dernières limites, de toutes leurs forces physiques et morales. C'est, précisément, à ces qualités fondamentales, qui caractérisaient le commandement suprême, ainsi que les chefs en sous-ordre, que les Allemands, en dépit des fautes graves qu'ils commirent, durent leurs succès remarquables.

Déjà, dans le chapitre précédent, nous avons insisté sur ce fait que ce n'est pas de propos délibéré, mais, pour ainsi dire, par hasard, et presque contre leur volonté, que les Allemands avaient rejeté dans Metz l'armée de Bazaine. Leur véritable intention avait été, en effet, d'acculer à la frontière neutre l'armée du maréchal, après l'avoir battue en rase campagne, et de la détruire ainsi complètement.

La retraite de Bazaine sur la place de Metz, qui suivit la bataille de Gravelotte, avait créé une situation militaire complètement nouvelle, qui n'était ni prévue, ni même désirée, le moins du monde, par le commandement suprême de l'armée allemande. Cette situation promettait, il est vrai, d'être, à l'avenir, avantageuse aux Allemands (par suite de la ruine de l'armée de l'adversaire, qui se trouvait investie), mais elle ne constituait pas, par elle-même, un succès décisif proprement dit.

Ainsi que nous l'avons déjà dit, les Allemands avaient songé, jusque-là, à en finir, de suite, complètement, avec l'armée de Bazaine; maintenant, au contraire, ils ne pouvaient plus atteindre ce but qu'en procédant à un investissement de plus ou moins longue durée. Sans doute, ils possédaient des moyens suffisants pour investir complètement l'armée ennemie et pour protéger sûrement l'investissement contre toute tentative de l'adversaire. Il n'y avait donc pas, en définitive, le moindre doute à avoir au sujet du résultat de l'investissement; mais, pour l'obtenir, il fallait du temps.

Cependant les Allemands ne devaient pas perdre de vue que la France, qui avait été frappée par l'adversaire, alors qu'elle n'avait qu'une organisation militaire complètement insuffisante, disposait encore, en abondance, d'éléments bruts, qui pouvaient servir à un vaste armement populaire. En possession des ressources financières les plus larges, ainsi que de manufactures et d'établissements industriels qui s'étaient développés sous tous les rapports et de la manière la plus complète, entourée, de trois côtés, par la mer, qui lui était largement ouverte, la France pouvait, après avoir, momentanément, abandonné à l'adversaire, en quelque sorte comme amorce, l'armée de Bazaine, se relever bientôt, de nouveau, disposant d'une puissance menaçante, avec ou sans Empire.

L'armée allemande n'aurait certainement pas redouté les nouvelles formations de l'armée française. Mais le réveil des forces de la France et un arrêt imposé aux succès surprenants remportés jusque-là par les Allemands pouvaient entraîner, pour ces derniers, des complications politiques désagréables; il pouvait même arriver que la guerre, en se prolongeant, cessât d'être populaire en Allemagne (1). C'est pourquoi, pour plusieurs raisons, il était

---

(1) On n'ignore pas, par exemple, que, sans parler même de l'Autriche, l'opi-

désavantageux, pour les Allemands, d'échanger la guerre offensive vigoureuse qui ne leur avait procuré, jusque-là, que des jours de victoire, contre un stationnement sous les remparts de Metz, dont la fin dépendait de l'importance des approvisionnements de la place, inconnue des Allemands, et, par suite, n'était pas à prévoir pour le moment.

Pour toutes ces raisons, le commandement suprême de l'armée allemande ne pouvait pas faire choix de Metz, comme but principal, et presque unique, d'opérations. C'est pourquoi, il se proposa, se conformant, en cela, au sens presque littéral de l'expression « sans perdre une minute », d'atteindre deux nouveaux buts importants : d'une part, il résolut de maintenir en position l'armée de Bazaine, et, d'autre part, d'attaquer l'armée qui se trouvait en voie de formation à Châlons. Comme conséquence d'une défaite de cette dernière armée, le commandement suprême de l'armée allemande envisageait, probablement, la possibilité de surprendre Paris (avec sa population d'un million d'âmes efféminées). Cette capitale était, il est vrai, fortifiée ; toutefois, elle pouvait se trouver, peut-être, ébranlée par les défaites de l'armée, ne pas être suffisamment pourvue des approvisionnements qui lui étaient nécessaires, et, en fin de compte, ne pas être, dès lors, en mesure de résister.

Les première et deuxième armées allemandes reçurent, comme but d'opérations, Metz, c'est-à-dire l'armée placée sous les ordres du maréchal Bazaine ; l'objectif des deux autres armées, la troisième et la quatrième, fut Châlons, ou, plus exactement : l'armée ennemie rassemblée en ce point.

Sans aucun doute, ce nouveau plan d'opérations, qui poursuivait deux buts à la fois, n'était pas sans présenter un certain danger. Pour rendre disponibles des forces suffisantes, en vue de la marche sur Châlons et Paris, on était obligé d'affaiblir l'armée d'investissement de Metz ; il en résultait que cette armée, quoique suffisamment forte sur la rive gauche de la Moselle, ne se trouvait, pourtant, pas en mesure, avant l'entrée en ligne des renforts

---

nion publique, en Italie, était très portée à intervenir par les armes en faveur de la France, son alliée de 1859. En Allemagne, même, la Prusse ne manquait pas d'ennemis, qui n'étaient contenus et ne faisaient preuve de conciliation que grâce aux victoires remportées par les Allemands en commun.

venant de l'Allemagne, de procéder, sur la rive droite de la Moselle, à un investissement complet et durable (1). En raison de cette répartition des forces à Metz, les Français investis dans cette place voyaient s'ouvrir devant eux plusieurs chances de succès, même en supposant que les Allemands eussent adopté les projets et les mesures les plus logiques ; toutefois, c'était d'eux-mêmes que dépendait la possibilité de se trouver supérieurs en nombre aux Allemands sur la rive droite de la Moselle. Il faut bien admettre que l'auteur du nouveau plan d'opérations allemand a également envisagé ces éventualités ; mais il faut supposer qu'il comptait, en même temps, probablement, sur l'insuffisance du commandement des Français, qui s'était déjà révélée précédemment, ainsi que sur les dispositions judicieuses du commandant en chef de l'armée d'investissement.

Il est vrai que Bazaine, par son inaction, dépassa les espérances les plus hardies des Allemands ; néanmoins les dispositions prises par le commandant en chef de leur armée d'investissement, quoique dénotant un esprit de résolution et une énergie des plus remarquables, prouvent, cependant, que le prince Frédéric-Charles n'a pas rempli sa mission comme il convenait : il en résulte que le succès final des armes allemandes (la capitulation de l'armée du maréchal Bazaine et la reddition de la place de Metz) dépendait, tout à fait, de la façon dont l'adversaire exercerait son activité, ou, plus exactement, de l'inaction dont il allait faire preuve ; or cette dernière éventualité était une de celles que personne ne pouvait escompter à l'avance, et, en réalité, personne ne comptait qu'elle se produirait.

La première et la plus importante des tâches à remplir par l'armée d'investissement de Metz consistait à barrer à l'armée de Bazaine la route directe menant vers l'ouest. Il fallait, pour la mener à bonne fin, y consacrer le gros des forces dont on disposait, c'est-à-dire six corps d'armée, de telle sorte qu'il ne devait plus rester, pour surveiller la rive droite de la Moselle, qu'un corps d'armée et la division Kummer, forte de 18 bataillons. C'est pour ce motif qu'il était dit, dans les instructions données au comman-

---

(1) On attendait, du reste, l'arrivée prochaine du corps du grand-duc de Mecklembourg et de la division de landwehr Bothmer.

dant en chef de l'armée d'investissement, que les troupes qui occupaient la rive droite de la Moselle « auraient à se replier, en « cas de nécessité, devant une attaque ennemie supérieure en « nombre ». Dans la pensée du général de Moltke on devait donc, au cas où l'ennemi tenterait de se faire jour à travers la ligne d'investissement, lui laisser la liberté de prendre tous les chemins qui menaient sur la rive droite de la Moselle, du moins au début de ses mouvements ; il faut avouer, d'ailleurs, que cette idée du commandement suprême des Allemands était parfaitement judicieuse.

Admettons que Bazaine se fût porté, en partant de Metz, sur la rive droite de la Moselle, pour s'éloigner ensuite de la forteresse : il était, dès lors, obligé, une fois qu'il avait renoncé à la protection de la place, de s'ouvrir des communications avec le pays, soit par de longues marches, pendant lesquelles l'adversaire pouvait l'atteindre, soit encore, directement, par un combat, qu'il était obligé d'engager contre des forces supérieures en nombre, et, en outre, avec un front renversé. Dans ces conditions, il se serait trouvé placé dans une situation dont les avantages ne pouvaient profiter qu'au vainqueur, c'est-à-dire, suivant l'habitude, au plus fort ; or, dans le cas présent, c'étaient les Allemands qui étaient les plus forts. Ces derniers devaient particulièrement souhaiter que l'adversaire, après avoir réussi à se faire jour à travers la ligne d'investissement, continuât sa marche vers le nord, car, dans ce cas, on pouvait l'acculer au territoire neutre. Il faut supposer, bien entendu, que l'armée de Bazaine aurait été laissée libre de sortir, sans engager une lutte trop sérieuse, dans laquelle les Allemands pouvaient être facilement battus, car ils n'avaient, sur la rive droite de la Moselle, que la plus faible partie de leur armée. Les Allemands devaient donc réserver toutes leurs forces, pour poursuivre l'armée française et la détruire en rase campagne. C'est précisément pour cela que les troupes allemandes qui se trouvaient sur la rive droite de la Moselle ne devaient pas s'opposer directement à la marche de Bazaine ; elles auraient dû, au contraire, se contentant de se dérober à son étreinte et de se replier devant lui, arrêter et retarder, par tous les moyens possibles, la marche en avant des Français, (par exemple en détruisant les ponts, en anéantissant tous les approvisionnements existant sur la route, en exécutant d'autres opérations de même nature) ;

elles auraient ainsi donné aux autres fractions de l'armée d'investissement le temps de se concentrer et d'attaquer l'adversaire. C'est, probablement, en partant de ce point de vue, que le général de Moltke voulait qu'on évitât d'engager, sur la rive droite de la Moselle, un combat dont l'issue eût pu être douteuse.

La description que nous avons faite, précédemment, du cours des événements à Metz, prouve que le prince Frédéric-Charles comprenait sa mission d'une tout autre façon. Il était résolu à maintenir, à tout prix, par la force des armes, l'investissement complet sur les deux rives de la Moselle, et à empêcher l'ennemi de sortir de la place, *particulièrement aussi dans la direction du nord*. Il en résulte, ainsi que nous l'avons déjà démontré, d'une manière suffisante, précédemment, que les Français avaient une belle occasion de remporter un succès important, grâce à une victoire décisive obtenue sur la rive droite de la Moselle. Or, un tel succès devait modifier, de fond en comble, la situation à Metz, et aurait permis, du moins, à l'adversaire de battre en retraite librement dans la direction du sud. La route qui menait dans cette direction se trouvait libre pour les Français, et cela par suite des dispositions prises par l'armée allemande d'investissement: cette dernière éventualité est, d'ailleurs, parfaitement admise par l'ouvrage du grand état-major prussien, ainsi que par l'auteur des *Lettres sur la stratégie;* nous avons, du reste, déjà discuté cette question en un autre passage de cette étude.

Si le maréchal Bazaine avait su tirer parti des avantages de sa situation et des fautes qui furent, incontestablement, commises par les Allemands, en portant un coup à la partie de l'armée d'investissement qui se trouvait sur la rive droite de la Moselle, — par exemple, le 26 août, jour où il a eu, réellement, l'intention d'exécuter son premier mouvement offensif, — il aurait pu s'ouvrir, sans grande difficulté et sans danger, une route dans la direction du sud. D'autre part, si le maréchal Mac-Mahon avait été informé, le 27, ou même, simplement, le 28 août, que Bazaine se trouvait en marche vers le sud, il aurait, très probablement, pu suspendre sa marche sur Metz, encore assez à temps pour échapper au danger qu'il courait de subir une défaite complète.

Tel est le résultat que risquait d'amener le nouveau plan d'opérations du commandement de l'armée allemande. Si les choses tournèrent autrement, il ne faut pas l'attribuer au mérite du commandement allemand, mais uniquement à la manière d'opérer des Français.

Après tout, on se demande involontairement ce qu'il serait advenu de tout ce plan d'opérations, élaboré après la bataille de Gravelotte, si Bazaine avait réussi à s'échapper de Metz. N'aurait-il pas eu pour conséquence d'amener une situation tout à fait analogue à celle que le proverbe populaire compare à « la pour-« suite de deux lièvres à la fois » ? Lorsque, dans la matinée du 19 août, le nouveau plan d'opérations des Allemands fut adopté définitivement, on ne pouvait pas encore prévoir que Mac-Mahon se laisserait « prendre, pour ainsi dire vivant », à Sedan. Les Allemands ne pouvaient pas compter sur un événement de cette nature, et ils n'y comptaient pas, non plus, en réalité. Ils admettaient plutôt, ainsi que le déclare l'ouvrage du grand état-major prussien, que l'armée de Châlons, qui venait d'entrer nouvellement en campagne, était « destinée à assurer la protection de la capi-« tale menacée ».

En permettant donc à l'armée de Bazaine de s'échapper, les Allemands ne pouvaient, du moins pendant la période la plus rapprochée, compter sur aucun succès important. Il en résulte qu'il fallait que l'armée d'investissement opérât d'une manière rigousement rationnelle, si l'on voulait que le nouveau plan d'opérations allemand pût être appliqué « intégralement ». C'est pourquoi, également, ce plan lui-même ne peut trouver grâce devant la critique scientifique, que si l'on admet que l'armée d'investissement avait été mise en demeure d'en assurer l'exécution par des opérations répondant au but poursuivi, c'est-à-dire exécutées en prenant pour base l'esprit des instructions qu'elle avait reçues du commandement suprême. En d'autres termes : avant d'élaborer le nouveau plan et de l'adopter définitivement, le haut commandement allemand devait s'assurer, dans tous les cas, de la manière de voir adoptée par le commandant en chef de l'armée d'investissement. Il fallait, avant tout, se procurer les plus sérieuses garanties, pour être sûr que le plan du commandement suprême de l'armée allemande, conçu avec hardiesse et répondant aux nécessités de la situation, plan qui *consistait à poursuivre à la fois deux buts importants*, n'échouerait pas, par suite d'une exécution défectueuse.

Les dispositions prises par le haut commandement se limitèrent, évidemment, aux instructions de Sa Majesté le roi Guillaume, en date du 19 août, à 11 heures du matin, instructions que nous avons déjà rapportées, et que le commandant en chef de l'armée d'investissement interpréta et mit à exécution d'après ses vues tout à fait personnelles, pour ne pas dire à contresens. En opérant d'une manière qui se trouvait tout à fait en contradiction avec les instructions qu'il avait reçues, le prince Frédéric-Charles, en dépit des fautes impardonnables commises par le maréchal Bazaine, fut cause que la ruine de l'armée française investie dans Metz fut retardée de presque deux mois entiers.

On peut donc se poser la question suivante : comment cela est-il arrivé ?

Il n'y a pas à s'y méprendre : la raison en est que les *Allemands poussèrent à l'extrême l'application du principe de l'initiative des chefs en sous-ordre, et, en particulier, des chefs d'armée.* Nous avons déjà fait ressortir, précédemment, que l'application rigoureuse de ce principe, dans la période qui précéda le passage de la Moselle, fut cause que la cavalerie n'exécuta pas de reconnaissances sur les derrières de Metz, ce qui eut pour conséquence d'amener la bataille, si téméraire et si sanglante, de Mars-la-Tour. C'est ainsi, d'ailleurs, que le commandement suprême de l'armée allemande n'avait pas pu se décider, le 17 août, la veille de la bataille de Gravelotte, à prendre lui-même, énergiquement, les mesures qui s'imposaient pour éclaircir la situation ; il en résulta qu'il tâtonna dans l'obscurité, lorsqu'il prit ses dispositions pour le jour suivant, et se trouva entraîné, presque complètement à l'improviste, dans une bataille générale, qui se présentait dans des circonstances telles qu'un insuccès était parfaitement possible (1).

La guerre représente, ainsi que nous l'avons déjà fait remarquer à plusieurs reprises, une activité purement pratique : elle exige que, lorsqu'on poursuit un but, on envisage les circon-

_____

(1) Dans le cas, par exemple, où la réserve française aurait mieux été employée par le maréchal Bazaine, ou bien si le corps de Failly s'était trouvé sur les lieux. On sait que ce corps prit part, sans aucune nécessité, on pourrait même dire par hasard, à la retraite désordonnée du corps de Mac-Mahon, tandis qu'il aurait pu se porter sur Metz.

stances immédiates qui s'y rapportent, telles qu'elles sont en
réalité, sans s'astreindre à observer des principes soi-disant
généraux et des règles absolues. Du moment que la situation
militaire en présence de laquelle les Allemands se trouvaient
placés, par suite de la bataille du 18 août, exigeait que l'armée
d'investissement de Metz opérât ainsi que nous l'avons déjà dit,
et non pas autrement, le commandement suprême de l'armée
allemande devait, avant d'arrêter, d'une manière définitive, le
plan qui se rapportait aux opérations ultérieures, acquérir la certitude absolue que le commandant en chef de l'armée d'investissement partageait ses vues et ses intentions. A défaut de cette
certitude, le nouveau plan d'opérations allemand ne pouvait pas
être considéré comme reposant sur des bases réelles et sûres. Le
succès ne suffit pas, par lui-même, à justifier la conduite adoptée
par les Allemands. Il faut attribuer le résultat qui couronna leurs
entreprises, en première ligne, aux qualités négatives des chefs
français, et, en second lieu, incontestablement, à l'initiative hardie et à l'énergie extrême déployées par les Allemands, ainsi qu'à
leurs dispositions de détail rationnelles, et, enfin, on peut le dire,
à l'exécution irréprochable de l'offensive qu'ils engagèrent contre
l'armée de Mac-Mahon, après le 25 août.

Reproduisons, encore une fois, à grands traits, les conditions
dans lesquelles s'exécuta cette offensive.

On peut désigner le 23 août comme point de départ des opérations de l'armée allemande qui suivirent la bataille de Gravelotte.
Le 23, au matin, toute la troisième armée (à l'exception du
VIe corps) avait franchi la Meuse, et ses détachements de cavalerie, poussés en avant, battaient déjà l'estrade jusqu'à la Marne.
Le front occupé par l'armée était d'à peu près 26 kilomètres; sa
profondeur était de plus de 37 kilomètres.

A la même époque, parmi les fractions de l'armée affectées à la
quatrième armée allemande, nouvellement formée, le XIIe corps
se trouvait à Conflans (à une journée de marche de Metz, sur la
route Metz—Étain—Verdun); à sa gauche, à une distance d'environ 15 kilomètres, la garde était à Woël; ces deux corps se trouvaient à hauteur des échelons formés en arrière de la troisième
armée. Le IVe corps se trouvait à proximité et à 37 kilomètres au
sud (à gauche) de la garde, et se reliait immédiatement à l'aile
droite de la troisième armée.

Le front entier des deux armées allemandes avait ainsi une étendue de près de 90 kilomètres (non compris la cavalerie); en outre, l'aile droite (qui avait, pourtant, à craindre la possibilité d'une rencontre avec l'armée de Châlons, qui exécutait un mouvement enveloppant autour d'elle), était relativement très faible et se trouvait, de plus, à une grande distance des autres fractions de l'armée allemande qui participaient à la marche vers l'ouest. D'ailleurs, les troupes des troisième et quatrième armées devaient, par suite de leur marche concentrique sur Châlons, arriver à se rapprocher peu à peu les unes des autres.

Les Allemands n'avaient pas pu se procurer, jusque-là, des renseignements directs au sujet de l'armée française de Châlons, car ils n'avaient pas encore pris le contact de cette armée. Mais, dès le 23 août, une patrouille de cavalerie allemande, qui s'était portée en avant dans les environs de Châlons, apprenait qu'il n'y avait plus, sur ce point, en tout, que 7 bataillons de garde mobile ennemie, et que, d'après les bruits qui couraient, l'armée française s'était repliée sur Reims. Ce renseignement parvint au commandant en chef de la troisième armée, le 24, à midi, et fut confirmé par un journal parisien, daté du 23 août. La conséquence immédiate de cette nouvelle fut l'ordre donné par la troisième armée d'occuper, dès le 25, les positions que, d'après les instructions antérieures, on ne devait atteindre que le 26. Puis, en vue d'interrompre les communications entre Thionville (Metz) et l'armée du maréchal Mac-Mahon, qui se repliait sur Reims, l'ordre fut donné de détruire la voie ferrée qui réunit ces points.

Dans la même journée, le 24 août, le quartier-maître général de l'armée allemande, général de Podbielski, émit, pour la première fois, l'avis que l'armée de Châlons, en dépit des considérations de premier ordre qui s'y opposaient, pouvait, cependant, pour des raisons politiques, tenter de devancer, par le nord, la marche d'approche des armées allemandes, en vue de débloquer le maréchal Bazaine. Cette idée parut déjà, le jour suivant, si vraisemblable, et cela par suite de renseignements venant de divers côtés, qu'elle fut envisagée, sous toutes réserves, dans les dispositions prises par le grand quartier général pour le 26 août.

La cavalerie allemande reçut, pour cette journée, l'ordre de prendre une direction (sur Vouziers et Buzancy) qui, dans tous les cas, devait lui permettre de barrer la route à l'armée française, dans le cas où elle marcherait de Reims sur Metz. En effet, la cavalerie allemande découvrit à Grand-Pré (dans la direction de Vouziers) une flanc-garde du 12e corps français, sous le général Bordas, qui se trouvait à proximité. Il n'y avait plus, dès lors, le moindre doute que les Français marchaient sur Metz, et l'armée allemande chercha, à partir du 27 août, à barrer, pour ainsi dire en « toute diligence », la route à l'adversaire.

Il était alors de la plus grande importance, pour les Allemands, d'arriver à savoir jusqu'où l'adversaire s'était avancé dans sa marche, et s'ils auraient encore le temps (eu égard à la grande distance à laquelle se trouvait encore la troisième armée) d'exécuter une contre-manœuvre, c'est-à-dire une attaque dirigée, avec des forces supérieures en nombre, contre le flanc de l'armée française engagée dans la marche en avant. D'ailleurs, le commandement suprême des Allemands avait déjà, avant de s'être rendu compte définitivement de la situation, envisagé l'hypothèse la plus défavorable, et, avec sa résolution habituelle, il avait pris sur lui de surseoir même à l'investissement de Metz, sur la rive droite de la Moselle. Le commandement suprême de l'armée allemande partait de l'hypothèse que, même en supposant que l'adversaire eût continué avec succès sa marche en avant dirigée vers l'est, il réussirait, néanmoins, à le devancer à Damvillers, vers le 25 août, et à le battre avec cinq corps allemands (dont deux devaient être prélevés sur l'armée d'investissement de Metz). En admettant même qu'on n'eût réussi qu'à infliger une défaite aux Français à Damvillers, il ne pouvait plus être difficile de leur couper la retraite, grâce au concours des fractions de la troisième armée allemande qui, pendant ce temps-là, se seraient rapprochées. C'est ainsi que le commandement suprême de l'armée allemande estimait qu'il pourrait, grâce à ce succès, qui était à prévoir, et qu'on pouvait à peine mettre en doute, contrebalancer les événements désagréables qui pouvaient se produire à Metz (par suite de la levée partielle de l'investissement).

Depuis ce moment, c'est-à-dire depuis le 28 août, la cavalerie allemande ne perdit plus, en général, de vue l'armée de Mac-Mahon. Le 29, un combat s'engageait déjà à Nouart, entre des fractions du XIIe corps (royal saxon) et le 5e corps français; puis, le 30, fut livrée la bataille de Beaumont, à laquelle prirent part

des fractions de trois corps d'armée français et quatre corps allemands, sur une ligne d'environ 15 kilomètres de longueur.

Dans la journée de Beaumont, les Allemands avaient réussi à
joindre l'armée française de Châlons, et rempli ainsi, d'une
manière brillante, la mission qu'ils s'étaient tout d'abord imposée.

———————

CHAPITRE VII

Le 31 août et la bataille de Sedan, le 1er septembre.

SOMMAIRE

La situation des Français après la bataille de Beaumont et leur attitude dans la journée du 31 août. — Considérations envisagées par le commandement suprême des Allemands ; ses dispositions pour le 31 août, et mouvements de troupes exécutés dans cette journée. Combat de Bazeilles, le 31 août. — Irrésolution du maréchal Mac-Mahon dans cette journée ; il ne prend aucune disposition pour le 1er septembre. — Considérations envisagées et dispositions prises par le commandement suprême des Allemands pour le 1er septembre. — Coup d'œil d'ensemble préparatoire sur la bataille de Sedan et description de l'activité des Allemands au commencement de la bataille. — L'attitude des Français au début de la bataille ; double changement survenu dans le commandement en chef (Ducrot-Wimpffen). — Continuation de la bataille ; les Français investis et rejetés dans Sedan. — Attitude caractéristique des chefs français en présence de la ruine de l'armée. — Négociations entreprises en vue de la capitulation. — Coup d'œil rétrospectif sur l'attitude des chefs allemands ; la bataille de Sedan, le 1er septembre, fut gagnée par les Allemands, sans que le grand quartier général eût pris, dans ce but, aucune disposition spéciale, ni donné aucun ordre général. — Coup d'œil rétrospectif sur l'attitude des chefs français, attitude qui fait ressortir, une fois de plus, les qualités négatives qui leur étaient inhérentes. — Parallèle entre les deux partis belligérants.

Le maréchal Mac-Mahon, qui s'était arrêté, le 30 août, à Mouzon, et se rendit compte, vers le soir, de l'issue de la bataille de Beaumont, avait envoyé au commandant du 1er corps français l'ordre « de protéger la retraite de l'armée, soit sur Douzy, soit sur « Carignan », c'est-à-dire, par conséquent, vers l'est ou vers l'ouest. Cet ordre fut dicté par le maréchal, en personne, à l'aide de camp du général Ducrot ; en outre, le maréchal ajoutait :

« Je ne peux savoir encore ce que je ferai. Dans tous les cas, « que l'Empereur parte au plus vite pour Sedan (1). »

Lorsque le maréchal donna cet ordre, encore avant la tombée

---

(1) Ducrot, *La bataille de Sedan*, Paris, 1883, page 9.

de la nuit, il ignorait, peut-être alors, complètement, qu'il avait
à proximité de lui un ennemi considérablement supérieur en
nombre, et n'avait pas encore jeté un coup d'œil d'ensemble sur
la gravité de la défaite qu'il avait éprouvée ; il était évident, pourtant, qu'à la suite de cette défaite, il ne pouvait plus être question de marcher sur Metz ; il s'agissait uniquement, à ce moment,
d'assurer le salut de l'armée, ou, du moins, d'une partie de l'armée.

En réalité, des subdivisions du 12e et du 7e corps s'étaient,
également, trouvées enveloppées dans la défaite complète du
5e corps français (de Failly). Les troupes françaises, qui se trouvaient épuisées par les marches et contremarches, réellement
insensées, des derniers jours, et qui, en outre, souffraient, dans
leur propre pays, de la faim, avaient perdu toute confiance dans
leurs chefs. L'échec éprouvé le 30, bien que ne constituant pas,
par lui-même, un danger particulier, servit, néanmoins, de signal
ou de prétexte à toutes les unités de l'armée qui avaient perdu
la confiance, pour abandonner, dès lors, leurs rangs. Le mécontentement et le désordre croissaient et commençaient déjà à se
communiquer également au 1er corps français, qui n'avait pas du
tout pris part, lui-même, à la bataille.

Le général français de Wimpffen, qui était arrivé à l'armée,
pour prendre immédiatement le commandement du 5e corps,
s'exprime, à ce sujet, de la manière suivante (1) :

« Je traversai Mairy, et, bientôt après, j'arrivai à Amblimont »
(ces deux localités sont situées sur la route qui va de Douzy à
Mouzon, sur la rive droite de la Meuse). « Il était environ 4 heures »
(le 30, dans l'après-midi), « lorsque j'atteignis ce dernier village,
« d'où je pus assister à une déroute complète de nos malheureux
« soldats. Un nombre considérable de fantassins marchaient
« sans ordre, et comme des tirailleurs en grandes bandes, occu-
« pant une vaste surface. Je me hâtai de descendre dans la
« plaine, pour arrêter ce désordre et interpeller ces fuyards. J'eus
« de la peine à m'en faire comprendre ; en vain je leur criai :
« « Mais, malheureux, regardez donc derrière vous ! le canon de

---

(1) *Sedan*, par le général de Wimpffen. Paris, 1871, pages 137 et 140. —
Le général de Failly fut, en raison de la manière pitoyable dont il avait dirigé
son corps d'armée pendant la retraite sur Châlons, relevé de son commandement.

« l'ennemi est encore loin, vous n'avez rien à en redouter. Ils
« ne m'écoutaient pas dans leur course haletante. Je réussis enfin
« à en arrêter quelques-uns et à les rassurer tant bien que mal ;
« peu à peu cet exemple fut suivi. Ces fuyards étaient des
« hommes appartenant aux 5e, 7e et 12e corps. »

Le général de Wimpffen mentionne plus loin qu'il rencontra
quelques centaines d'hommes de différents régiments du 1er corps,
qui, à son étonnement, obéissaient au commandement d'un officier d'administration : « Tous ces malheureux mouraient de faim,
« étaient à moitié morts, et demandaient à grands cris du pain »,
ajoute le général de Wimpffen.

Je reviens maintenant au 1er corps français.

Lorsque le général Ducrot eut reçu du maréchal l'ordre de protéger la retraite sur Carignan ou Douzy, il envoya à sa 1re et à sa
3e division l'ordre « de rester à Douzy, et, dans le cas où elles
« auraient déjà dépassé ce point, d'y revenir en toute hâte et de s'y
« établir solidement, pour protéger la retraite de l'armée ». Douzy
est situé sur la rive droite de la Meuse, sur la rivière de la Chiers
et sur la route qui va de Mouzon à Sedan et Mézières. Pour se
conformer, en tout cas, à l'ordre du maréchal, le général établit
ses deux autres divisions à Carignan (passage situé sur la Chiers,
à l'est de Douzy).

Après avoir acquis la conviction définitive qu'il ne pouvait plus
être question de se porter dans la direction de l'est, c'est-à-dire
de continuer la marche en avant, le général Ducrot informa le
commandant de la division de cavalerie indépendante Margueritte,
qui se trouvait sur la rive gauche de la Chiers, que la situation
de l'armée, à la suite de la bataille, n'était pas, à son avis, sans
danger, et il lui conseilla de repasser la Chiers pour se porter
sur Carignan, de manière à se mettre en retraite sur Sedan, le
jour suivant, en se reliant au 1er corps. Le général Margueritte
déclara qu'il partageait complètement l'avis du général Ducrot et
se mit à sa disposition.

Une tâche plus délicate, qui incombait à ce général, consistait
à décider l'empereur Napoléon à se rendre à Sedan. L'Empereur
ne voulait pas croire que la bataille de Mouzon et de Beaumont
était perdue ; il insistait sur ce fait que les troupes avaient occupé
« des positions magnifiques ». Enfin, l'Empereur se rendit, cepen-

dant, par voie ferrée, à Sedan, où il arriva à 11 heures du soir (1).

Le maréchal Mac-Mahon s'était, cependant, convaincu de l'impossibilité de continuer sa marche en avant sur Metz, et avait donné, encore dans la soirée, à l'armée l'ordre de se replier sur Sedan. Cette retraite commença dès le 30 août et fut continuée pendant la nuit du 31.

Le 5e corps, qui se trouvait fortement ébranlé, atteignit Sedan, le 31, dès 5 heures du matin, et prit position sous les murs mêmes de la place. Sur ses trois divisions, le nouveau commandant de corps, général de Wimpffen, n'en trouva que deux en assez bon état, ce qui, d'après la déclaration de Mac-Mahon, formait un corps de 16,000 hommes (2).

Le 7e corps (Douay) s'était trouvé disloqué dans la journée de Beaumont; une partie s'était repliée sur Mouzon, tandis que les autres troupes du corps d'armée s'étaient dirigées sur Rémilly, et, à partir de ce point, avaient continué à se replier sur Sedan, par les deux rives de la Meuse. A 3 h. 30 du matin, le général Douay arriva en avant de Sedan, et demanda l'autorisation de passer avec celles des troupes de son corps d'armée qui se trouvaient avec lui; ces troupes, après avoir traversé la place, commencèrent à se rassembler au nord-ouest de Sedan, à Floing, sur la rive montueuse de la vallée de la Meuse, en aval de Sedan.

En ce qui concerne le 12e corps, Lebrun, qui s'était arrêté, le 30 août, à Mouzon, il avait reçu l'ordre de se replier, dans la nuit, sur Douzy et Sedan, mais de faire marcher son artillerie sur Carignan. La marche commença à 9 heures du soir, mais elle subit des retards, par suite de croisements de colonnes. Dans la matinée du 31, une partie du corps avait atteint Douzy, l'autre Bazeilles (cette dernière localité est située près de Sedan, au sudest de cette place, en un point où la rive montueuse commence à s'élever, en partant des bas-fonds de la vallée de la Meuse).

Les deux divisions du 1er corps français, qui s'étaient arrêtées à Douzy, reçurent, directement, du maréchal Mac-Mahon, l'ordre de suivre les autres troupes qui s'étaient repliées sur Sedan. Les

---

(1) Ces indications sont empruntées à l'opuscule du général Ducrot, dont nous avons déjà parlé, *La journée de Sedan*, Paris, 1883, pages 12 à 14.
(2) Bazaine, *Épisodes*, etc., page 144.

instructions expédiées par le maréchal au général Ducrot, instructions qui lui prescrivaient « de se replier également sur Sedan », ne sont pas parvenues à ce dernier. Comme ce général ne reçut aucun ordre dans les premières heures de la matinée du 31, et qu'il ne voyait aucune troupe marcher dans la direction de Carignan, il supposa que la retraite était commencée sur Mézières, et se décida à se replier également dans cette direction; en outre, pour éviter l'encombrement à prévoir sur la grande route, il prit un chemin qui passait par les hauteurs (à une assez grande distance de la vallée de la Meuse). Cette marche fut couverte sur son flanc gauche par la cavalerie. Le général rendit compte de ces dispositions au maréchal.

Comme but de marche, le général Ducrot choisit, tout d'abord, Illy, à 3 kilomètres au nord de Sedan. Il affirme que la marche vers ce point s'exécuta dans un ordre parfait; seulement les troupes du 1er corps, qui battaient en retraite, en partant de Douzy, sur l'ordre direct de Mac-Mahon, ont négligé de détruire le pont sur la Chiers, qui se trouvait en ce point.

Lorsque les colonnes des fractions du corps d'armée du général Ducrot qui marchaient sous ses ordres personnels furent arrivées à hauteur de Villers-Cernay, le général reçut, du maréchal Mac-Mahon, une lettre qui était ainsi conçue :

« Mon cher Général, je vous avais fait donner l'ordre (1) de
« vous rendre de Carignan à Sedan et nullement à Mézières, où je
« n'avais pas l'intention d'aller. Ayant vu ce matin le général
« Wolff (2), je vous croyais à Sedan. A la réception de la pré-
« sente, je vous prie de prendre vos dispositions, pour vous
« rabattre dans la soirée sur Sedan, dans la partie est. Vous
« viendrez vous placer à la gauche du 12e corps, près de Bazeilles,
« entre Balan et Bazeilles. Envoyez-moi d'avance votre chef
« d'état-major, pour reconnaître cette position. »

Cet ordre du maréchal Mac-Mahon ne pouvait être que la conséquence d'une grossière erreur, car il contient une contradiction manifeste. En réalité, il n'y avait que l'aile droite du 12e corps,

---

(1) Ducrot, Paris, 1883, page 16. — L'ordre dont le maréchal fait mention ici n'est pas parvenu au général Ducrot.
(2) Le général Wolff commandait une division du 1er corps français.

dont le front faisait face à l'est, qui pût se trouver à Balan et Bazeilles, deux localités qui sont situées près de la Meuse. En prenant position à proximité de ces deux points, le général Ducrot serait arrivé ainsi à se trouver en arrière de l'aile droite, et non sur le prolongement de l'aile gauche du 12e corps (ainsi que le voulait le maréchal). D'ailleurs, ce malentendu fut dissipé, et le 1er corps se dirigea, en prenant une route terriblement encombrée, sur Givonne, à gauche du 12e corps, où les dernières troupes du général Ducrot n'arrivèrent qu'à 11 heures du soir.

C'est ainsi que l'armée française se trouvait déjà, dans la matinée du 31, rassemblée, pour la plus grande partie, à Sedan, tandis que le reste arriva sur ce point, dans le courant de la journée. Au même moment, les troupes de la division la plus avancée du 13e corps français Vinoy se trouvaient déjà rassemblées à Mézières (à une journée de marche à l'ouest de Sedan); ce corps venait d'être nouvellement formé à Paris et avait été mis en marche par voie ferrée, pour renforcer l'armée de Mac-Mahon. Mais les Allemands, de leur côté, ne se mettaient pas en retard.....; déjà, dans la même journée, le bruit de leurs pièces se faisait entendre à proximité immédiate de Sedan.

Nous avons déjà dit, dans un autre passage de cette étude, que, dès le 26 août, les Saxons avaient occupé une partie du cours de la Meuse, et, en particulier, le pont de Stenay, et avaient ainsi barré à l'armée de Châlons la route de Metz. Le grand quartier général avait été informé de ce fait, le 27, et avait déjà envisagé, à ce moment, la situation dangereuse dans laquelle se trouvait, dès lors, l'adversaire, ainsi que la possibilité de l'acculer à la frontière belge neutre. Les événements qui se déroulèrent les jours suivants accrurent de plus en plus les chances d'exécution de ce projet; il en résulta que le chancelier de la Confédération de l'Allemagne du Nord, le comte de Bismarck, donna, dès le 30 août, à l'ambassadeur allemand à Bruxelles l'ordre de préparer le gouvernement belge à cette dernière éventualité et de lui faire comprendre que, dans le cas où les troupes françaises franchiraient la frontière, le gouvernement allemand s'attendait à ce qu'il les désarmât immédiatement.

Dans la soirée du 30, on n'avait encore reçu, au grand quartier général, à Buzancy, aucun renseignement au sujet des événements de cette journée, et l'on n'était pas fixé sur les emplacements qu'occupaient les corps de la troisième armée, qui, pour la plus grande partie, n'avaient atteint leurs buts de marche qu'au moment où il faisait déjà nuit. Malgré cela, en se basant sur les observations personnelles de Sa Majesté le roi Guillaume, qui se trouvait sur la hauteur de Sommauthe, ainsi que sur différents rapports, arrivés dans le courant de la journée, le commandement suprême des Allemands ne pouvait plus douter de la nécessité qui s'imposait de continuer à exécuter, le jour suivant, l'attaque enveloppante dirigée contre l'ennemi, qui, le 30, avait cédé sur tous les points.

C'est dans ce sens que l'ordre suivant fut adressé aux deux armées (1) :

« Buzancy, le 30 août 1870, 11 heures du soir.

« Ordre de l'armée !

« Les renseignements manquent encore, pour le moment, rela-
« tivement aux points précis où les divers corps ont cessé la lutte ;
« mais il est certain, néanmoins, que, de gré ou de force, l'en-
« nemi a rétrogradé sur toute la ligne.

« La marche en avant reprendra donc, demain, dès l'aube.
« Partout où l'on trouvera l'adversaire de ce côté-ci de la Meuse,
« on l'attaquera vigoureusement, en s'attachant à l'acculer, le
« plus étroitement possible, entre cette rivière et la frontière
« belge.

« L'armée de Son Altesse le prince royal de Saxe est spéciale-
« ment chargée d'empêcher l'aile gauche ennemie de se dérober
« dans la direction de l'est. A cet effet, Son Altesse Royale fera
« en sorte de jeter deux corps sur la rive droite de la Meuse, et
« abordera les Français en flanc et à revers, s'ils venaient à
« prendre position vis-à-vis de Mouzon.

« La troisième armée opérera de même contre le front et la
« droite de l'adversaire. L'artillerie choisira, sur la rive gauche

---

(1) Ouvrage du grand état-major prussien, 1ʳᵉ partie, tome II (supplément XLII), pages 267-268.

« de la Meuse, des positions aussi fortes que possible, desquelles
« elle puisse inquiéter les colonnes ennemies en marche ou
« campées dans la partie de la vallée qui longe la rive droite, en
« aval de Mouzon.

« Dans le cas où l'ennemi passerait sur le territoire belge et ne
« serait pas immédiatement désarmé, on l'y suivrait sans attendre
« de nouveaux ordres.

« Sa Majesté le roi se transportera, à 8 h. 30 du matin, de
« Buzancy à Sommauthe. Jusqu'à ce moment, les dispositions
« prises par les commandants d'armée devront donc lui être com-
« muniquées ici.

« Signé : de Moltke. »

La copie de cet ordre, destiné à la troisième armée, contenait
encore un post-scriptum, relatif au combat livré par la quatrième
armée et aux positions occupées par les corps de cette dernière.
D'ailleurs, le prince royal de Prusse avait déjà, auparavant, reçu,
du commandant en chef de la quatrième armée, une communication, expédiée à 5 heures de l'après-midi, et relative à la défaite
du corps de Failly.

Le prince royal de Prusse n'arriva qu'à la tombée de la nuit,
le 30, au village de Saint-Pierremont, localité qui avait été désignée comme emplacement du quartier général de la troisième
armée. Comme ce village se trouvait situé en dehors de la grande
route, l'officier chargé de porter l'ordre du grand quartier général
chercha longtemps après l'état-major du prince royal, et ne le
trouva qu'à 2 h. 30 du matin. Il en résulta que l'ordre destiné à
la troisième armée ne fut expédié que le 31, à 3 heures du matin ;
il était ainsi conçu (1) :

« Aujourd'hui, dès l'aube, l'armée se remettra en marche, pour
« poursuivre jusqu'à la Meuse les troupes ennemies battues hier,
« les attaquer vigoureusement, partout où elle les trouvera, et les
« resserrer, le plus étroitement possible, entre cette rivière et la
« frontière belge. Pendant que l'armée de Son Altesse le prince
« royal de Saxe poussera sur Mouzon et descendra la rive droite

---

(1) *Opérations de la troisième armée*, page 138. — Ouvrage du grand état-
major prussien, 1re partie, tome II (supplément XLII), pages 269-270.

« de la Meuse, la troisième armée remontera vers le nord. A cet
« effet, les divers corps quitteront leurs bivouacs à 6 heures du
« matin et se mettront en marche ainsi qu'il suit :

« 1° La division wurtembergeoise viendra de Stonne, par La
« Neuville et Vendresse, sur Boutancourt, où elle prendra position
« sur la Meuse, en se couvrant à gauche vers Mézières ;

« 2° Le XIe corps s'avancera de Stonne, par Chémery et Che-
« veuges jusqu'à la Meuse, qu'il bordera à Donchery. Des déta-
« chements seront jetés vers Sedan ;

« 3° Le Ier corps bavarois se dirigera par Raucourt, pour
« gagner Rémilly, où il prendra position.

« Il est recommandé à chacune de ces trois colonnes d'éclairer
« et de dégager le pays à droite et à gauche de la direction suivie,
« de déterminer, sur le bord de la Meuse, des positions d'où l'artil-
« lerie puisse balayer la vallée et les communications opposées,
« et de préparer, après une reconnaissance préalable, l'établisse-
« ment de ponts sur la rivière.

« Si, à la suite du passage de tout ou partie de la troisième
« armée au delà de la Meuse, l'ennemi venait à gagner le terri-
« toire belge et n'était pas désarmé aussitôt, on l'y poursuivrait
« sans attendre de nouveaux ordres.

« Les autres fractions de l'armée exécuteront les mouvements
« suivants :

« 4° Le Ve corps rompra à 8 heures et marchera sur Chémery,
« où il attendra des ordres ultérieurs ;

« 5° Le IIe corps bavarois rompra, à la même heure, sur Rau-
« court ;

« 6° Le VIe corps se portera, aujourd'hui même, sur Attigny
« et Semuy, et cantonnera dans les villages environnants ;

« 7° La 4e division de cavalerie a déjà reçu l'ordre de se mettre
« en marche, à 5 heures du matin, et de poursuivre l'ennemi vers
« le nord, jusqu'à la Meuse ;

« 8° La 6e division de cavalerie poussera, par Bouvellemont,
« dans la direction de Mézières. La 5e demeurera dans ses empla-
« cements actuels et jettera des détachements vers Reims ;

« 9° La 2e division de cavalerie suivra le Ve corps par Ché-
« mery. Les trains ne dépasseront pas la ligne le Chesne—Beau-
« mont.

« Les rapports me trouveront, à partir de 9 heures, soit à Ché-
« mery, soit sur le chemin de ce point à Donchery.

« Signé : Frédéric-Guillaume,

« Prince royal. »

Le commandant en chef de la quatrième armée allemande,
prince royal de Saxe, avait déjà, avant d'avoir reçu l'ordre du
grand quartier général, pris, de sa propre initiative, dans la soirée
du 30, la résolution de franchir la Meuse en amont de Mouzon,
avec deux corps d'armée et deux divisions de cavalerie, et de se
porter en avant, entre la Meuse et la Chiers, contre Mouzon et
Carignan ; le IVe corps devait également, aussitôt après, exécuter
le passage de la Meuse à Mouzon. Sur ces entrefaites, il arriva,
dans la nuit du 31, un rapport faisant connaître que l'adversaire
se repliait de Mouzon dans la direction du nord-ouest et qu'on
remarquait une vive circulation sur la voie ferrée entre Carignan
et Mézières. Le grand quartier général et le Ier corps bavarois
furent informés de ce fait, et ce dernier corps reçut l'ordre de
détruire la voie ferrée, dans la partie qui s'étendait en avant de
son front, sur la rive droite de la Meuse.

C'est en tenant compte de ces circonstances et de l'ordre de
l'armée, reçu du grand quartier général, dont nous avons déjà
parlé, que le prince royal de Saxe expédia l'ordre suivant (1) :

« Quartier général de Beaumont, le 31 août 1870,
« 6 heures du matin.

« L'armée continuera, aujourd'hui, sa marche sur Sedan, par les
« deux rives de la Meuse.

« La division de cavalerie de la garde franchira cette rivière à
« Pouilly, à 8 heures du matin, et se dirigera sur Carignan, par
« Autreville, Malandry et Sailly. La tête des divisions d'infanterie
« de la garde suivra, à partir de 9 heures. Le mouvement s'effec-
« tuera, autant que possible, en deux colonnes, d'une division
« chacune, et suivant les itinéraires ci-après : la colonne de droite,

---

(1) Ouvrage du grand état-major prussien, 1re partie, tome II (supplément
XLII), pages 268-269.

« qui formera échelon en avant, par Pouilly, le long de la Meuse,
« puis au sud d'Autreville et à travers le bois d'Inor, sur Malandry
« et Sailly ; la colonne de gauche par Autreville, puis entre les
« bois de Moulins et de Blanchampagne, sur Vaux.

« La division de cavalerie du XIIe corps traversera la Meuse à
« Létanne, à 8 heures du matin, gagnera les crêtes par Moulins,
« et descendra la vallée de la Meuse, en se maintenant à hauteur
« et en communication avec la division de cavalerie de la garde.
« La tête de l'infanterie saxonne passera la rivière également à
« Létanne, à 10 heures, et ira rejoindre les crêtes par la ferme
« Saint-Remy et Moulins ; elle continuera ensuite sur Douzy, soit
« en tenant les hauteurs, soit en longeant le fond de la vallée, si
« les rapports de la cavalerie indiquent que l'ennemi s'est déjà
« replié.

« Le IVe corps sera formé en position de rendez-vous, à partir
« de 11 heures, à l'ouest de Mouzon, et y attendra de nouveaux
« ordres.

« Je marcherai avec le XIIe corps.

« Si l'ennemi venait à passer sur le territoire belge et n'y était
« pas désarmé aussitôt, on l'y poursuivrait sans attendre d'autres
« instructions. Hormis ce cas, on s'abstiendra rigoureusement de
« violer la frontière belge.

« Signé : Albert,

« Prince royal de Saxe. »

Les ordres du grand quartier général et des commandants en
chef des deux armées pour le 31 août ont posé les bases du
succès brillant remporté par les Allemands dans la victorieuse
journée de Sedan ; c'est pour cela, également, qu'ils méritent
d'être cités ici textuellement. Je me réserve de les discuter plus
loin ; cependant, je ne puis pas omettre de remarquer ici que *les
instructions qui émanaient du grand quartier général pour le 31,
quoique portant le titre « d'ordres », rentrent, au point de vue du
contenu, dans la catégorie dite des directives ;* car ils laissaient
aux commandants en chef des armées, particulièrement à celui
de la troisième armée, ainsi qu'à leurs exécutants, la latitude la
plus complète pour agir d'après leur propre initiative.

L'activité des Allemands, dans la journée du 31, se manifesta
de la manière suivante :

La cavalerie qui précédait la quatrième armée se porta en avant jusqu'à la rivière de la Chiers, en faisant prisonniers un certain nombre d'isolés et de trains, et s'empara des ponts de Carignan, Douzy et Brévilly, qui traversaient cette rivière et n'avaient pas été détruits par l'ennemi.

Dans la soirée, le XII° corps bivouaqua entre la Meuse et la Chiers, occupant, avec son avant-garde, le passage de Douzy. La garde, qui avait franchi la rivière de la Chiers dans les environs de Carignan, occupait, avec ses troupes avancées, Pouru-Saint-Remy et Escombres (au nord-est de Douzy). Il en résultait que la garde se trouvait, à gauche, en contact avec les Saxons, tandis qu'à droite, elle s'étendait immédiatement jusqu'à la frontière belge, en arrière de laquelle on pouvait apercevoir les feux de bivouac des troupes belges.

Le IV° corps se tint, jusqu'à 1 heure de l'après-midi, à Mouzon, prêt à appuyer les autres corps, dans le cas où un combat s'engagerait, et cantonna ensuite dans les environs immédiats de Mouzon, où s'établit également le quartier général de la quatrième armée.

L'armée du prince royal de Saxe avait donc rempli, le 31 août, la mission immédiate dont elle était chargée, mission qui consistait à barrer au maréchal Mac-Mahon la route vers l'est, entre la Meuse et la frontière belge.

En vue d'exécuter les mouvements qui leur étaient prescrits, les fractions de la troisième armée allemande, se portèrent en avant, en trois colonnes, vers la Meuse :

Au centre, le XI° corps marcha sur Donchery (à l'ouest de Sedan); il était précédé par la 4° division de cavalerie, qui longeait la rivière en aval, en partant de Rémilly; il fut suivi du V° corps et de la 2° division de cavalerie. A l'aile gauche, la division wurtembergeoise s'avança jusqu'à Flize (entre Donchery et Mézières); encore plus à gauche, la 6° division de cavalerie fut poussée en avant, dans la direction de Mézières, tandis qu'en arrière des Wurtembergeois, à une distance de 37 kilomètres, le VI° corps se trouvait à Attigny et la 5° division de cavalerie un peu au nord de ce point. A la droite des XI° et V° corps, le I° corps bavarois se porta sur Rémilly, tandis qu'en arrière de lui, le II° corps bavarois atteignit Raucourt.

Les Wurtembergeois occupèrent Flize, sur la Meuse, après une escarmouche insignifiante avec des subdivisions du 13° corps français (Vinoy), qui avait été amené de Paris, et dont la division la plus avancée, ainsi que nous l'avons déjà dit, était arrivée à Mézières.

La voie ferrée Châlons—Mézières avait été détruite à la fois par les divisions de cavalerie allemandes et par un détachement du VIe corps.

Au centre, le XIe corps s'empara du pont de Donchery, sur la Meuse, que les Français n'avaient pas détruit, et poussa son avant-garde jusqu'à cette localité, qui est située sur la rive droite de la Meuse, tandis que le gros du corps bivouaqua à 3 kilomètres plus au sud, à Cheveuges. Aux deux ailes de ce dernier corps, se trouvait la 4e division de cavalerie; en arrière de lui, le Ve corps, avec la 2e division de cavalerie.

La journée ne se passa pas aussi tranquillement pour le Ier corps bavarois, dont une partie se trouva engagée dans un combat assez violent, sur lequel ne comptait pas le commandement suprême des Allemands.

Lorsque l'avant-garde du Ier corps bavarois atteignit Rémilly, on pouvait apercevoir de fortes colonnes de troupes ennemies, qui se trouvaient en marche sur la rive droite de la Meuse, qu'elles longeaient en suivant la route de Douzy à Bazeilles. En même temps, des subdivisions plus importantes apparaissaient également au nord de ce point. C'étaient des colonnes du 12e corps français (Lebrun). L'artillerie bavaroise ouvrit son feu contre les colonnes ennemies; l'adversaire lui riposta, de la rive droite, par un feu d'artillerie et de mousqueterie.

Le général commandant le Ier corps bavarois, von der Tann, renforça son artillerie, de telle sorte que, vers 11 heures du matin, 10 batteries bavaroises se trouvaient déjà engagées au feu. Le tir de cette artillerie obligea les troupes françaises qui se trouvaient en retraite sur Sedan à chercher un chemin moins dangereux, plus éloigné de la Meuse. A 1 heure, l'artillerie bavaroise s'était déjà renforcée, au point d'atteindre le chiffre de 108 pièces. Presque toutes les batteries du Ier corps bavarois et quelques-unes de celles du IIe, qui, sur la demande du général von der Tann, s'étaient portées rapidement en avant, se trouvaient engagées au feu. Grâce à cette grande masse d'artillerie, le général von der Tann avait l'intention de forcer le passage de la Meuse, dans le cas où la quatrième armée aurait encore à se porter, dans cette journée, sur Sedan. C'est dans ce but qu'il fit avancer, également en avant son équipage de ponts.

Sur ces entrefaites, on avait déjà remarqué, vers midi, qu'un détachement ennemi du génie amenait des barils de poudre et faisait des préparatifs pour faire sauter le pont de la voie ferrée, près de Rémilly, pont qui traverse la Meuse au sud du village de Bazeilles. Pour s'opposer à cette tentative, le 4e bataillon de chasseurs bavarois fut envoyé en avant dans la direction du pont; en même temps, une partie du 9e bataillon de chasseurs se portait en avant, de sa propre initiative, sur ce point. Les chasseurs repoussèrent le détachement ennemi et s'emparèrent du pont; mais, non contents de cela, ils se portèrent en avant sur l'autre rive de la Meuse et contre le village de Bazeilles. Le 2e bataillon de chasseurs bavarois franchit également, sans ordres, le pont, lorsqu'il s'aperçut de ce mouvement offensif.

Les Bavarois pénétrèrent dans Bazeilles et arrivèrent jusqu'à l'enceinte nord du village. Les Français firent alors avancer toute une brigade pour rester maîtres de Bazeilles; elle fut suivie d'une deuxième, destinée à l'appuyer. De grandes masses de troupes ennemies parurent sur les hauteurs à l'ouest de Bazeilles, prêtes à envelopper les Bavarois qui s'étaient portés en avant. Si ces derniers avaient été appuyés par d'autres troupes, il en serait inévitablement résulté, sur ce point, un engagement partiel, qui ne pouvait être d'aucune utilité aux Allemands, et qui, en outre, se serait produit dans des conditions très difficiles pour eux.

Le général von der Tann n'approuvait pas du tout cette pointe hardie, mais sans but, exécutée par ses chasseurs; aussi défendit-il de les appuyer, d'une manière quelconque, au delà de la Meuse. Bien qu'une section d'artillerie se fût encore, malgré cette défense, portée en avant, à 4 heures de l'après-midi, au delà de la Meuse, les chasseurs bavarois se virent, néanmoins, enfin obligés de rétrograder jusqu'à la rivière. La lutte d'artillerie cessa vers 5 heures, et c'est ainsi que finit ce combat, qui avait coûté aux Bavarois 143 hommes, dont 9 officiers (1).

_____

(1) *Historique du Ier corps bavarois*, pages 62-69.

Les pionniers bavarois avaient, pendant le combat, jeté sur la Meuse deux ponts militaires, en amont du pont de la voie ferrée.

La défaite de Beaumont avait été, pour ainsi dire, « le dernier « avertissement » qu'avait reçu le maréchal Mac-Mahon. A partir de ce moment, tout au moins, un aveugle lui-même se serait rendu compte des faits et aurait acquis la conviction que le gros des forces allemandes, supérieures en nombre, s'apprêtait à transformer en une catastrophe complète la situation grave dans laquelle se trouvait l'armée française, resserrée sur l'étroite bande de territoire (de 5 à 10 kilomètres de largeur) qui s'étend entre la Meuse et la frontière belge. La journée du 31 août avait donné, dans le même sens, aux Français toute une série de nouvelles indications.

A proximité immédiate, et en amont de Sedan, vis-à-vis de Bazeilles, plus de 100 pièces d'artillerie bavaroises avaient pris part au combat, le 31 août, à midi. Le pont de Donchery, situé également à proximité, à 5 kilomètres en aval de la place, était déjà entre les mains des Allemands. En aval de Donchery (à environ 9 kilomètres), les Bavarois s'étaient emparés, en combattant, du point de passage de Flize (1). Enfin, la cavalerie allemande s'était encore montrée à une distance beaucoup plus éloignée, en aval de la Meuse, en face de Mézières, et avait eu, à proximité de cette dernière localité, une escarmouche avec les troupes du corps Vinoy.

L'ensemble de ces circonstances devait faire comprendre clairement aux Français ou, plus exactement, les convaincre immédiatement que l'adversaire cherchait à couper la retraite à leur armée et à l'étreindre complètement. Il ne restait plus, dès lors, qu'à déterminer la force de l'ennemi, c'est-à-dire les moyens dont il disposait pour exécuter cet enveloppement ; cette question revenait, en réalité, à savoir combien de temps les Allemands avaient eu à leur disposition, pour amener sur les lieux les frac-

---

(1) Le pont qui existait en ce point avait été détruit, auparavant, par un détachement du 13e corps français (Vinoy).

tions de leur armée, qui était incontestablement supérieure à l'armée de Châlons.

Déjà, au commencement de sa marche en avant, le maréchal Mac-Mahon avait été informé que l'armée du prince royal de Prusse se rapprochait de Châlons, et, qu'en outre, une deuxième armée allemande, venant de Metz, s'était portée en avant. Dans l'entretien qu'il avait eu, le 21 août, à Châlons, avec le ministre Rouher, le maréchal avait évalué la force de la première de ces deux armées à 150,000 hommes et celle de la dernière à 80,000 hommes. De plus, l'auteur de la marche en avant sur Metz, le ministre de la guerre français, général Montauban, comte de Palikao, dans son télégramme du 28 août, avait fait ressortir au maréchal qu'il avait une « avance d'environ trente-six heures » sur l'armée du prince royal de Prusse. Mais, depuis ce moment, non seulement les Français avaient perdu beaucoup plus de temps, et, en outre, n'avaient pas fait un pas en avant, mais, au contraire, ils avaient un peu rétrogradé. Il était donc plus que probable que les deux armées allemandes s'étaient déjà rapprochées; leur présence s'était déjà fait sentir, d'une manière très désagréable, aux Français, dans la journée précédente, à Beaumont.

Mais, du moment que les deux armées allemandes se trouvaient à proximité menaçante, toute rencontre sérieuse avec elles, étant données les circonstances, ne pouvait qu'être préjudiciable à l'armée française, qui leur était inférieure en nombre, et dont le moral se trouvait, en outre, déjà fortement ébranlé. La situation qui se présentait alors commandait instamment la retraite, sans même perdre une seule minute. Mais le maréchal hésita, parce qu'il voulait donner à ses troupes, le 31, le temps de se reposer et de se concentrer. Ce désir du maréchal était, par lui-même, tout à fait légitime; mais un séjour quelconque à Sedan ne répondait nullement à la situation militaire : il s'agissait, ici, d'assurer le salut de l'armée, ou, du moins, d'une partie de cette armée, et, pour cela, *il fallait précipiter la retraite.* Il existe diverses preuves que cette nécessité était comprise également dans l'armée française; on peut citer, par exemple, à cet effet, les paroles prononcées par l'empereur Napoléon, le 31 août, en présence de l'officier d'ordonnance du général Vinoy. L'Empereur, qui avait donné, précédemment, par le télégraphe, l'ordre de rassembler le corps

Vinoy à Mézières (et non de le mettre en marche sur Sedan), déclara à l'officier d'ordonnance (et le maréchal Mac-Mahon confirma les paroles de l'Empereur) que toute l'armée française allait se replier sur Mézières. L'Empereur lui-même, ainsi que le maréchal, émirent l'avis que l'ennemi ne pourrait pas s'opposer à ce mouvement, car il ne serait pas, à ce moment, en mesure de transporter à Donchery des forces suffisantes sur la rive droite de la Meuse. L'empereur Napoléon comptait également que la retraite de son armée sur la rive droite de la Meuse pourrait s'exécuter complètement à l'insu des Allemands, car « l'existence « du chemin de Saint-Menges, par Saint-Albert et Vrigne-aux- « Bois, leur était inconnu ». L'Empereur désigna, en présence de l'officier d'ordonnance, ce chemin sur une carte sur laquelle il n'avait pas figuré jusque-là.

En rapportant cet incident, l'ouvrage du grand état-major prussien fait remarquer, non sans un certain orgueil, d'ailleurs justifié, que le chemin en question avait déjà été reporté sur les cartes dont se servaient les troupes allemandes (1).

De plus, le commandant du 7e corps, général Douay, mentionne dans son rapport de service que, se trouvant inquiet pour son flanc droit, qui était commandé par la hauteur d'Illy, il s'est rendu, le 31 août, auprès du maréchal Mac-Mahon, et s'exprime ainsi : « Je me rendis auprès du commandant en chef de l'armée, » pour le mettre, notamment, au courant de cette circonstance, « et je lui rendis compte, en même temps, que des masses enne- « mies importantes s'apprêtaient à passer à Donchery sur la rive « droite de la Meuse ». Mais le maréchal ne parut pas faire attention à cette dernière circonstance et chercha simplement à tranquilliser le général Douay, en lui promettant qu'il le ferait renforcer par une division d'infanterie.

Enfin le maréchal lui-même a observé, personnellement, des remparts de la citadelle de Sedan, la marche d'approche des troupes allemandes.

Il est donc impossible d'admettre que le maréchal n'a eu aucune connaissance du danger évident qu'il courait d'être enveloppé, le 1er septembre, par l'adversaire. Ses dispositions pour le

---

(1) Ouvrage du grand état-major prussien, 1re partie, tome II, page 1058.

1er septembre avaient, au contraire, précisément pour but de résister dans toutes les directions. Il s'attendait donc à être attaqué de tous côtés, ou, du moins, envisageait cette éventualité. Mais, dans de telles circonstances, il était impossible d'attendre des résultats favorables d'une résistance purement passive, qui devait, en définitive, conduire inévitablement à une catastrophe. Le maréchal Mac-Mahon lui-même avait, également, quelque velléité d'attaquer, le 31 (ainsi qu'il l'a déclaré devant la Commission d'enquête parlementaire) ; mais il ne donna nullement à son projet un caractère ferme et attendit, au contraire, jusqu'au lendemain matin pour prendre une décision. En se plaçant au point de vue de la situation dans laquelle il se trouvait à ce moment, situation qui exigeait de lui qu'il agît le plus rapidement et le plus énergiquement possible, on en arrive, forcément, à conclure que le maréchal Mac-Mahon, en différant de prendre une décision, avait adopté déjà, en réalité, ainsi que le dit Clausewitz, la plus mauvaise solution (1).

On conçoit que le maréchal, qui n'avait pas pu encore se rendre compte exactement de la situation, ni prendre une résolution quelconque, ne pouvait pas davantage donner à ses subordonnés des ordres fermes. Il avait même laissé le général Ducrot dans une incertitude complète relativement à ses projets, bien qu'il l'eût désigné comme devant lui succéder dans le commandement en chef, au cas où il serait tué ou blessé. C'est ainsi que l'armée française se trouvait également vouée, prématurément, dans ces minutes fatales qui devaient décider de son sort, à une inertie funeste.

La vieille place de Sedan, dans les environs de laquelle se déroulèrent les événements du 1er et du 2 septembre 1870, si tragiques pour l'armée française, est située dans la vallée, des deux côtés de la Meuse. Sans forts détachés, commandée par les hauteurs voisines, pourvue d'un armement d'artillerie tout à fait insuffisant (les pièces qu'on y avait amenées ne se trouvaient pas en position), la place n'avait, en réalité, à cette époque, aucune

(1) « Le plus mauvais parti, à la guerre, consiste à n'en prendre aucun. »

importance ; néanmoins, elle pouvait offrir, momentanément, à l'armée un certain point d'appui.

La Meuse, qui n'est pas guéable, coule à Sedan dans la direction du nord-ouest ; mais, à environ 1 kilom. 1/2 en aval de la place, elle se dirige, en faisant un très fort coude, directement vers le nord, conserve cette direction sur une étendue de près de 3 kilomètres de longueur et coule alors, également, droit vers le sud ; de plus, elle limite l'espace étroit qui s'étend entre la Meuse et la frontière belge à une longueur de 10 kilomètres.

La position sur laquelle l'armée française fut obligée d'accepter la bataille, le 1er septembre, appuyait ses deux flancs à la Meuse, en formant autour de la place de Sedan, située au sud, presque un demi-cercle, dont le rayon avait 3 à 4 kilomètres. A l'est, elle s'appuyait à la vallée, profondément encaissée, du ruisseau de Givonne, tandis qu'elle était limitée à l'ouest, ou, plus exactement, au nord-ouest, par la vallée du ruisseau de Floing. Le bois de la Garenne, situé au nord de Sedan, assurait, en quelque sorte, la liaison entre les positions qui se trouvaient en arrière des deux cours d'eau dont nous venons de parler. Ce bois était dominé par la hauteur d'Illy, située à proximité, qui commandait toute la contrée environnante, et formait, pour ainsi dire, la clef de la position française. Au nord de cette dernière hauteur, à une distance de 1 à 3 kilomètres au plus, commençait la grande forêt des Ardennes, qui présente un obstacle sérieux aux mouvements des troupes. Immédiatement en arrière de cette forêt, à une distance de 8 kilomètres de Sedan, se trouve la frontière belge.

Les positions françaises offraient un bon champ de tir, aussi bien à l'artillerie qu'à l'infanterie. Leur faiblesse provenait du peu de profondeur qu'elles présentaient, ce qui permit à l'artillerie allemande de balayer toute la surface intérieure de ces positions. La hauteur d'Illy, importante pour les Français, dont nous avons déjà parlé, se trouvait particulièrement exposée au feu concentrique de l'ennemi ; il en était de même du bois de la Garenne. Comme, de plus, l'artillerie allemande était considérablement supérieure à l'artillerie française, au point de vue du nombre aussi bien que de l'efficacité du tir, on pouvait prévoir (eu égard à l'inertie des Français) que la position française tomberait, en réalité, aux mains de l'ennemi, dès que l'artillerie allemande aurait eu le temps de se rapprocher et de se déployer, en vue d'envelopper la hauteur d'Illy, ainsi que pour produire toute son efficacité; ce dernier résultat paraissait, en tout cas, devoir être obtenu dans un délai très court.

La position que nous venons de décrire fut occupée par les Français de la manière suivante :

A l'aile droite se trouvait le 12ᵉ corps Lebrun, qui occupait, avec ses subdivisions avancées, les localités de Balan, Bazeilles (au point de rencontre de la vallée de Givonne avec la vallée de la Meuse), La Moncelle et La Platinerie (ces deux points situés sur le ruisseau de Givonne).

A l'extrême gauche se trouvait le 7ᵉ corps Douay, qui s'étendait depuis Floing (à proximité de la Meuse) jusqu'à Illy.

Le 1ᵉʳ corps, Ducrot, qui formait le centre, assurait, par Daigny et Givonne (ces deux localités situées sur le ruisseau de Givonne), la liaison entre les deux corps des ailes. La division Lartigue de ce corps fut poussée en avant, dans la matinée du 1ᵉʳ septembre, de Givonne au delà du ruisseau du même nom, dans la direction du Bois-Chevalier.

Le 5ᵉ corps, qui était considérablement réduit, et se trouvait, à ce moment, sous les ordres du général de Wimpffen, formait, tout d'abord, la réserve « dans le vieux camp », directement à Sedan même.

Le cours de la Meuse, appuyé à la place de Sedan, limitait en arrière le front de l'armée française, qui présentait la forme d'un demi-cercle, un peu en saillie à Illy ; il formait, en quelque sorte, la corde de l'arc. C'est contre cette position des Français que se dirigeait, à ce moment, l'attaque concentrique des Allemands, venant de l'est et de l'ouest, attaque qui était commencée depuis le 1ᵉʳ septembre au matin.

De l'ensemble de tous les renseignements parvenus au grand quartier général, dans le courant de la journée du 31 août, ce dernier avait conclu que les Français avaient évacué complètement la rive gauche de la Meuse et avaient concentré leur armée dans les environs immédiats de la place de Sedan. Quant à la question de savoir quels pouvaient être les projets ultérieurs de l'adversaire, le commandement suprême de l'armée allemande avait envisagé, à ce sujet, les considérations suivantes :

Les Français devaient, par tous les moyens, tenter de se dérober à l'enveloppement dont ils étaient menacés directement par le gros des forces de l'armée allemande supérieures en nombre. Dans ce but, ils pouvaient, d'après l'avis du général de Moltke (1), soit continuer leur retraite dans la direction de l'ouest par Mézières, soit se faire jour à l'improviste vers l'est, dans la direction de Carignan, ou, enfin, au pis aller, chercher à se sauver, en gagnant le territoire belge. Le cas le plus défavorable pour les Français (cas qui, cependant, se présenta en réalité), c'est-à-dire une attitude passive observée par ces derniers à Sedan, n'avait donc pas du tout été envisagé par les Allemands. On considérait comme beaucoup plus vraisemblable que l'adversaire continuerait, le 1er septembre, sa retraite de Sedan dans la direction de l'ouest. D'autre part, la quatrième armée avait été déjà mise en mouvement dans le but de s'opposer à une tentative, toujours à prévoir, que pouvait faire l'ennemi pour se porter en avant au delà de Carignan (vers l'est). Il s'agissait, dès lors, après avoir laissé un certain nombre de troupes, au centre, sur la rive gauche de la Meuse, (pour parer à un mouvement offensif de l'ennemi vers le sud, bien qu'il fût peu vraisemblable), de jeter en aval de Sedan, sur la rive droite de la Meuse, des forces suffisantes pour barrer complètement à l'adversaire les chemins menant vers l'ouest, ou pour s'accrocher à l'aile gauche de ses colonnes en marche, dans le cas, notamment, où il aurait déjà commencé, auparavant, sa retraite ultérieure.

C'est dans ce sens que le général de Moltke s'exprima, lors de la rencontre personnelle qu'il eut avec le général de Blumenthal, à Chémery, dans l'après-midi du 31 août ; il ajouta également ce qui suit : « Nous les tenons maintenant dans le piège ; demain, de « grand matin, il faut passer la Meuse ». Le grand quartier général ne prit pas de dispositions ultérieures pour le 1er septembre. Il supposait, en effet, que les vues générales et les objectifs indiqués déjà dans l'ordre expédié le 30 à Buzancy, ordre qui, en ce qui concernait la troisième armée, avait encore été l'objet d'éclair-

---

(1) Ouvrage du grand état-major prussien, 1re partie, tome II, page 1081.

cissements complémentaires, lors de la rencontre de Chémery, il supposait, dis-je, que ces vues avaient été exposées d'une manière suffisamment claire (1).

Le prince royal de Prusse fit expédier, pour le 1er septembre, les dispositions suivantes à la troisième armée (2) :

« Quartier général de Chémery, 31 août 1870,
« 9 heures du soir.

« Dans le but d'arrêter l'ennemi, qui pourrait se replier, par
« la rive droite de la Meuse, de Sedan sur Mézières, et afin de le
« mettre dans l'impossibilité de poursuivre sa marche, une partie
« de l'armée passera la Meuse demain matin, 1er septembre, à
« Dom-le-Mesnil et à Donchery. A cet effet, les mouvements sui-
« vants auront lieu :

« 1º Le XIe corps, rompant avant le jour, marchera par Don-
« chery sur Vrigne-aux-Bois et s'y établira, couvert sur son front
« par le ruisseau, de manière à mettre l'adversaire dans l'impos-
« sibilité de gagner Mézières, en passant entre la Meuse et la
« frontière belge.

« 2º Le Ve corps quittera ses bivouacs à 5 heures, suivra le
« XIe corps par Donchery et se reliera à lui, de telle façon que
« l'aile droite déborde Vrigne-aux-Bois. L'artillerie prendra posi-
« tion de manière à battre la route Vrigne—Sedan.

« 3º La division wurtembergeoise construira un pont auprès
« de Dom-le-Mesnil, dans le courant de cette nuit, le franchira
« au point du jour et viendra prendre, sur la route Sedan—
« Mézières, une position telle qu'elle puisse, à la fois, faire face
« à Mézières et servir de réserve au XIe corps. Le pont restera
« gardé.

« 4º Le IIe corps bavarois fera rompre une de ses divisions à
« 5 heures, la portera, par Bulson, sur Frénois, et établira l'ar-
« tillerie de réserve sur les hauteurs de la rive gauche de la
« Meuse, en face de Donchery (3). L'artillerie de réserve se pla-

---

(1) Ouvrage du grand état-major prussien, 1re partie, tome II, page 1082.
(2) *Opérations de la troisième armée*, page 142, et Ouvrage du grand état-major prussien, 1re partie, tome II (supplément XLVI), pages 275-276.
(3) L'artillerie de corps était désignée, à cette époque, dans les corps d'armée bavarois, sous le titre d'artillerie de réserve.

« cera, à cet effet, en tête de la division. L'autre division passera
« par Noyers et se formera devant Sedan, entre Frénois et
« Wadelincourt, afin d'empêcher l'ennemi de déboucher de la
« place.

« 5° Le Iᵉʳ corps bavarois demeurera à Rémilly, si le mouve-
« ment offensif du prince royal de Saxe ne rend pas nécessaire
« l'intervention de ce corps. »

Les dispositions contenaient, de plus, des ordres qui concernaient les divisions de cavalerie : la 6ᵉ devait gagner Flize sur la
Meuse (environ 10 kilomètres à l'ouest de Frénois), la 4ᵉ devait
se masser à Frénois, la 2ᵉ à Boutancourt (à 2 kilomètres au sud
de Flize).

Enfin la 5ᵉ division de cavalerie et le VIᵉ corps devaient rester
dans leurs cantonnements.

Sur ces entrefaites, le lieutenant-colonel de Brandenstein, qui
avait été envoyé en reconnaissance, était revenu au grand quartier général et avait rendu compte que « d'après ce qu'il avait été
« à même d'observer aux environs de Rémilly, l'ennemi, sacri-
« fiant ses bagages, semblait se replier précipitamment sur
« Mézières. » Il y avait lieu d'en conclure qu'une entreprise des
Français dans la direction de l'est, sur Carignan, devenait fort
improbable ; mais on pouvait craindre qu'une notable partie de
leur armée ne parvînt à se soustraire au mouvement par lequel
on cherchait à l'envelopper. Le général de Moltke adressa, en
conséquence, au général de Blumenthal la dépêche suivante (1) :

« Vendresse, 31 août 1870, 7 h. 45 du soir.

« Le lieutenant-colonel de Brandenstein, qui revient à l'instant
« de Rémilly, confirme que les Français, sacrifiant tous leurs
« bagages, battent en retraite vers l'ouest, et que, probablement,
« ils continueront cette marche toute la nuit. Les grands résul-
« tats que nous allions atteindre pourraient ainsi nous échapper.
« Votre Excellence verra s'il ne serait pas possible, cette nuit

---

(1) *Opérations de la troisième armée*, page 143. — Ouvrage du grand état-
major prussien, 1ʳᵉ partie, tome II, pages 1082-1083.

« même, de faire franchir la Meuse au XI⁰ corps et à la division
« wurtembergeoise, afin de pouvoir, demain, dès l'aube, attaquer
« l'ennemi sur un front étendu dans la direction de la route
« Sedan—Mézières. »

Cette lettre fut portée par le lieutenant-colonel de Brandenstein
lui-même et ne fut remise au commandant en chef de la troisième
armée que lorsqu'il avait déjà expédié à son armée les dispositions
qui la concernaient. Il ne restait plus, dès lors, qu'à compléter
ces dispositions dans le sens voulu. C'est pourquoi, ainsi que le
mentionnent, d'ailleurs, les *Opérations de la troisième armée* (1),
« les XI⁰ et V⁰ corps, ainsi que la division wurtembergeoise,
« reçurent l'ordre de jeter des ponts, dans le courant de la nuit, et
« de franchir la Meuse au point du jour ». Le général commandant le I⁰ʳ corps bavarois, général von der Tann, reçut, par l'intermédiaire d'un officier qui lui fut envoyé à Rémilly, l'ordre
« de s'avancer sur Bazeilles de grand matin, d'attaquer l'ennemi,
« et, dans le cas où il battrait en retraite, de le retenir le plus
« longtemps possible ». Un autre officier fut envoyé, à 10 heures
du soir, au prince royal de Saxe, pour lui remettre la dépêche
suivante et lui donner des explications verbales :

              « Quartier général de Chémery (2), 31 août 1870,
                         « 10 heures du soir.

« En donnant ci-joint à Votre Altesse Royale communication
« des dispositions prises par la troisième armée pour le 1⁰ʳ sep-
« tembre, j'ai l'honneur d'ajouter que nous venons de recevoir,
« du grand quartier général, la communication suivante :
« D'après des indices sérieux, il se pourrait que l'ennemi, sacri-
« fiant tous ses bagages, cherchât, pendant cette nuit, à battre
« en retraite par la route Sedan—Mézières. Le général de Gers-
« dorff (XI⁰ corps) et la division wurtembergeoise ont donc été
« avisés d'avoir à passer la Meuse dans le courant de cette nuit et
« à se porter, au point du jour, dans la direction du nord, vers
« cette route. Le général von der Tann a reçu l'ordre de marcher,

_____

(1) *Opérations de la troisième armée*, page 144.
(2) Ouvrage du grand état-major prussien, 1ʳᵉ partie, tome II, pages 1083-
1084.

« dès l'aube, sur Bazeilles, d'attaquer et de retenir le plus long-
« temps possible l'ennemi, ou, du moins, la queue de ses
« colonnes.

« Si Votre Altesse Royale peut opérer dans le même sens, le
« résultat final n'en sera, il faut l'espérer, que plus sûrement
« atteint.

    « Votre très humble,

      « De Blumenthal, lieutenant général. »

Le prince royal de Saxe, avant d'avoir reçu ces renseignements,
supposant que les fractions de la troisième armée restées en
arrière avaient encore besoin d'un certain temps pour se rapprocher, avait l'intention d'accorder à ses troupes, le 1er septembre,
un jour de repos, dont elles avaient un pressant besoin ; toutefois,
comme il admettait que l'armée ennemie pourrait tenter de se
faire jour dans la direction de l'est, il avait pris, au préalable,
toutes les dispositions nécessaires pour rassembler, comme il
convenait, ses troupes, en vue de faire face à cette éventualité.
En conséquence, tenant compte des renseignements qui lui étaient
adressés par la troisième armée, le prince royal modifia ses projets et expédia les instructions suivantes (1) :

   « Quartier général de Mouzon, 1er septembre 1870,
     « 1 h. 15 du matin.

 « Des motifs suffisants permettent de tenir pour certain que
« l'ennemi, abandonnant tous ses bagages, tentera, cette nuit,
« de battre en retraite par la route Sedan—Mézières.

 « Une partie de la troisième armée franchira la Meuse avant le
« jour, à Bazeilles, à Donchery et à Dom-le-Mesnil, pour aborder
« l'adversaire sur la route Sedan—Mézières.

 « En ce qui concerne l'armée de la Meuse, on se conformera à
« ce qui suit :

 « 1º La garde prendra sur-le-champ les armes par alerte et
« portera une division sur Villers-Cernay, par Escombres et

---

(1) *Opérations de la troisième armée*, page 115. — Ouvrage du grand état-
major prussien, supplément XLVI, pages 276–277.

« Pouru-aux-Bois ; l'autre, sur Francheval, par Sachy et Pouru-
« Saint-Remy. L'artillerie de corps marchera avec cette dernière.

« 2º Le XIIe corps prendra aussi immédiatement les armes par
« alerte et se réunira sur la grande route, au sud de Douzy, pour
« agir par Lamécourt contre La Moncelle.

« 3º Le mouvement offensif, au moins pour les avant-gardes,
« devra commencer à 5 heures, de Pouru-aux-Bois, de Pouru-
« Saint-Remy et de Douzy. Les gros suivront le plus tôt et le plus
« près possible. Les trois colonnes d'attaque se maintiendront
« reliées entre elles.

« 4º Le IVe corps portera une division et l'artillerie de corps
« vers Rémilly-sur-Meuse, afin d'y soutenir éventuellement le
« Ier corps bavarois, qui doit marcher sur Bazeilles. L'autre divi-
« sion du IVe corps, traversant la Meuse à Mouzon, poussera sur
« la rive droite jusqu'à Mairy, où elle constituera une réserve
« générale. Ce corps se mettra aussi en mouvement le plus
« promptement possible.

« 5º Tous les trains et les bagages resteront sur leurs empla-
« cements actuels.

« 6º Les rapports me seront adressés sur la hauteur à l'est
« d'Amblimont.

« Signé : Albert,

« Prince royal de Saxe. »

Pour en revenir encore une fois aux dispositions expédiées à la
troisième armée allemande pour le 1er septembre, rappelons que
ces dispositions assignaient, provisoirement, au Ier corps d'armée
bavarois un rôle d'attente. Le corps devait rester à Rémilly, « à
« moins que la marche en avant du prince royal de Saxe ne
« l'obligeât à s'engager au combat ».

Il est assez étrange d'avoir à constater que l'historique du
Ier corps bavarois, en mentionnant les dispositions destinées à la
troisième armée, ne reproduit pas exactement leur contenu (tel
qu'il est indiqué dans l'ouvrage intitulé *les Opérations de la troisième armée*). Bien plus, cet ouvrage contient ce qui suit à ce
sujet : « Le Ier corps restera sur ses positions, à Rémilly, et s'en-
» gagera dans la bataille, au fur et à mesure de la marche en
« avant de l'armée du prince royal de Saxe », et il ajoute ce qui
suit : « Cet ordre écrit fut encore complété par un avertissement

« verbal » (donné, probablement, par un officier d'état-major),
aux termes duquel « le général von der Tann restait libre de s'en-
« gager, même auparavant, s'il pouvait arriver, de cette manière,
« à retenir l'ennemi sur ses positions. Le général von der Tann »,
(s'il faut en croire l'ouvrage en question) « ayant, dès lors, la
« faculté de déterminer le moment où il s'engagerait dans la
« bataille, qui était imminente, résolut d'attaquer immédiate-
« ment ».

En s'en rapportant à la description des faits, telle qu'elle figure
dans l'historique du Ier corps bavarois, il faut admettre que c'est
entièrement de sa propre initiative, et sous sa responsabilité personnelle, que le général von der Tann s'était décidé à surprendre
de nuit le village de Bazeilles. L'historique du Ier corps bavarois
indique même, — on pourrait presque dire d'une manière trop
détaillée, — les raisons qui ont poussé le général von der Tann à
agir ainsi. Considérées dans leur ensemble, elles aboutissent à la
conclusion suivante : c'est que le général craignait que l'ennemi
ne se mît en retraite, et qu'il voulait, en conséquence, l'arrêter (1).
D'autre part, d'après l'ouvrage dont nous avons déjà parlé, on
avait envisagé le cas où l'adversaire exécuterait déjà son mouvement de retraite à minuit; dans ces conditions, les Bavarois, en
entreprenant, vers 4 heures, l'attaque de Bazeilles, n'auraient pu
atteindre que la queue de l'ennemi ou son arrière-garde. Il faut
donc admettre que le général von der Tann était bien moins guidé
par l'idée d'arrêter l'ennemi sur place que d'entreprendre sa
poursuite en première ligne, après avoir pris les devants des
troupes du prince royal de Saxe. Il y a lieu également de s'étonner que les *Opérations de la troisième armée* ne mentionnent
nullement cette particularité, savoir : que le général von der Tann
avait été libre de choisir le moment où il se porterait à l'attaque
de Bazeilles, tandis que cet ouvrage cite un ordre précis, envoyé
plus tard au général von der Tann, qui lui prescrivait « de se
« porter en avant, dès la pointe du jour, contre Bazeilles (2) »,
circonstance que l'historique du Ier corps bavarois passe, de nouveau, complètement sous silence. Il est fort possible que l'exécu-

---

(1) *Historique du Ier corps bavarois*, pages 70-71.
(2) *Opérations de la troisième armée*, page 144.

tion devança également, dans le cas présent, l'ordre dont nous venons de parler, ainsi qu'il arriva assez souvent, dans cette campagne, du côté des Allemands.

Laissons de côté cette question et contentons-nous du fait que la bataille de Sedan débuta par une attaque de nuit, dirigée par le 1er corps bavarois contre Bazeilles.

La bataille de Sedan, qui se termina par la défaite complète et la capitulation de toute l'armée française de Châlons, se déroula, dans ses grandes lignes, de la manière suivante :

Le général von der Tann attaqua, encore dans l'obscurité, avec le 1er corps bavarois, le village de Bazeilles, situé sur la rive droite de la Meuse, en amont de Sedan, le prit d'assaut, vers 11 heures du matin, après un combat très acharné, appuyé à droite par les Saxons, en arrière par des fractions du IVe corps prussien et du IIe corps bavarois, et s'empara également, peu de temps après, du faubourg de Balan, situé immédiatement en avant de Sedan. A droite des Bavarois, les Saxons s'engagèrent dans la bataille ; les régiments de la garde prussienne entrèrent en ligne encore plus à droite. Ces deux corps s'étaient emparés à midi de la vallée de Givonne, et ils ébranlèrent avec leur artillerie les positions françaises situées sur la rive droite du ruisseau du même nom.

Les Français se voyaient donc coupés de tous les chemins menant vers l'est. Une division du IIe corps bavarois, avec l'artillerie de corps, surveillait également, pendant ce temps-là, les routes conduisant de Sedan dans la direction du sud, sur la rive gauche de la Meuse.

Les XIe et Ve corps prussiens, après avoir exécuté, à Donchery, en aval de Sedan, le passage de la Meuse, qu'ils avaient commencé dès les premières heures de la matinée, s'étaient portés, au début, dans la direction du nord, et s'étaient dirigés ensuite vers l'est. Le XIe corps, qui se trouvait à l'aile droite, prit Floing d'assaut (en aval de Sedan, près de la Meuse), et s'empara peu à peu encore d'autres points, dans la direction de la place. A midi, l'artillerie de ces deux corps, qui, en partie, avait devancé rapidement, à une grande distance, leur infanterie, avait achevé de cerner l'armée française, et assuré ainsi sa perte.

Exposés de tous côtés au feu concentrique et bien dirigé des pièces allemandes, les Français, en dépit de la tentative la plus désespérée qu'ils firent pour résister, et malgré leurs contre-attaques héroïques, furent obligés de se replier définitivement sur Sedan, et, ébranlés également, sur ce point, par le feu de l'adversaire, ils déposèrent leurs armes.

Je passe maintenant à une description plus détaillée de la bataille de Sedan, en me maintenant dans les limites de la tâche que je me suis assignée.

Le général von der Tann s'était rendu, dans le courant de la nuit du 31 août au 1er septembre, à Rémilly, et avait donné l'ordre de commencer la marche en avant contre Bazeilles, de telle sorte que la 1re brigade d'infanterie devait passer par les ponts de pontons, et que des fractions de la 2e brigade devaient s'avancer plus à gauche, par le pont situé sur la voie ferrée. Toutes ces troupes avaient reçu l'ordre d'observer le plus profond silence, de ne pas tirer un seul coup de fusil, d'atteindre Bazeilles encore dans l'obscurité, et de s'emparer de cette localité, après s'être lancées à l'assaut à l'improviste.

Le village de Bazeilles fut défendu par une partie de la brigade d'infanterie de marine Martin des Pallières du 12e corps français. Les Français avaient, il est vrai, occupé des bâtiments isolés et organisé, çà et là, des barricades, mais ils n'avaient pris aucune mesure de sécurité.

A 4 heures du matin, les deux colonnes bavaroises (1) commencèrent à passer la Meuse, au milieu du brouillard épais du matin. Comme la colonne de gauche avait à parcourir, à partir du point de passage, un chemin un peu plus court, sa tête atteignit Bazeilles avant la colonne de droite, et elle pénétra, sans être remarquée et sans tirer un seul coup de fusil, dans la partie sud du village. Cependant, elle rencontra bientôt, sur ce point, la plus vigoureuse résistance, que la colonne de droite, qui était arrivée sur ces entrefaites, ne put même pas parvenir à vaincre. L'attaque des Bavarois fut repoussée; de plus, un major bavarois, qui s'était

---

(1) Des deux ponts de pontons, un seul parut être praticable.

établi, avec deux officiers et quelques hommes, dans une maison à la sortie nord du village, fut fait prisonnier.

Le village de Bazeilles, qui est assez étendu, comptait de nombreuses maisons en pierre, d'une construction solide, qui favorisaient beaucoup la défense ; cependant, les Français, autant qu'on peut le savoir, établirent, du moins au début, le centre de gravité de leur défense dans la partie nord du village, et, en particulier, à la villa Beurmann ; il en résulta, également, que les Bavarois, bien que repoussés, purent se maintenir, cependant, dans quelques bâtiments à la sortie sud, et également au château Dorival, situé au saillant sud-est du village ; ils conservèrent ainsi le chemin libre pour les attaques ultérieures (1).

Sur ces entrefaites, les Français avaient fait avancer la brigade Reboul (qui formait une division avec la brigade Martin des Pallières). Les Bavarois avaient également reçu des renforts, de telle sorte qu'entre 8 et 9 heures du matin, trois brigades bavaroises se trouvaient déjà engagées dans la lutte qui se livrait autour de Bazeilles. Leurs subdivisions arrivèrent, à la suite de combats de rues acharnés, à se trouver complètement mélangées, et se dispersèrent en lignes de tirailleurs, en arrière desquelles quelques compagnies, à peine, se trouvaient encore en ordre serré. Pour appuyer les troupes bavaroises engagées au combat à Bazeilles, on fit avancer également, sur ce point, une section d'artillerie, qui prit sous son feu, à une distance de 70 pas, un bâtiment occupé par les Français, et força ainsi l'adversaire à l'évacuer. En revanche, quelques coups de canon tirés par cette section, à une distance de 1000 à 1100 pas, contre la villa Beurmann, n'amenèrent aucun résultat ; les pièces furent obligées de se replier devant le feu de mousqueterie meurtrier de l'ennemi.

Après avoir été informé de l'approche des Saxons, le général von der Tann fit porter en avant sa dernière brigade au delà de la Meuse, et invita également, instamment, la 8° division (du IV° corps), qui était arrivée à Rémilly, à coopérer à l'action ; cette division franchit la Meuse avec son avant-garde, et se plaça en réserve derrière le Ier corps bavarois. L'artillerie de corps (artil-

---

(1) *Historique du Ier corps bavarois*, page 74.

lerie de réserve) de ce corps d'armée, qui, jusque-là, n'avait pu, des hauteurs de la rive gauche de la Meuse, prendre qu'une faible part au combat qui se livrait autour de Bazeilles, fut portée en avant, vers 9 heures du matin, au delà de la Meuse (1).

La brigade bavaroise, qui s'était portée en avant la dernière, arriva juste assez à temps pour repousser une nouvelle contre-attaque en masse, exécutée par les Français entre Bazeilles et La Moncelle. En face de cette dernière localité, se trouvaient alors, également, déjà des forces assez considérables du XIIᵉ corps (royal-saxon), en arrière desquelles d'autres subdivisions se trouvaient encore en marche pour se rapprocher.

Je passe maintenant à la description de l'activité déployée par ce corps d'armée.

Les dispositions expédiées à la quatrième armée pour le 1ᵉʳ septembre contenaient les prescriptions suivantes : « Le XIIᵉ corps « prendra immédiatement les armes par alerte et se réunira sur la « grande route, au sud de Douzy, pour agir, par Lamécourt, contre « La Moncelle. Le mouvement devra commencer à 5 heures ».

Ces instructions arrivèrent à 3 heures du matin à l'état-major du général commandant le corps d'armée. Ce dernier ordonna que le corps d'armée se porterait en avant, en partant de Douzy, vers les passages du ruisseau de Givonne, La Moncelle et Daigny, dans l'ordre suivant : avant-garde, 24ᵉ division, artillerie de corps, 23ᵉ division ; il prescrivit, en outre, que les sacs seraient laissés en arrière à Douzy.

L'avant-garde du corps, comprenant 7 compagnies et 1 escadron, atteignit, entre 6 heures et 6 h. 15 du matin, les environs de La Moncelle, et repoussa les avant-postes français qui se trouvaient sur ce point. Trois compagnies saxonnes se portèrent en avant et traversèrent le village de La Moncelle, qui n'était que très faiblement occupé ; deux d'entre elles franchirent encore le pont sur le ruisseau de Givonne, situé en arrière, et occupèrent deux maisons sur la rive droite de ce ruisseau. Couvrant, dans cette formation, le défilé formé par le pont, ces compagnies se sont maintenues pendant trois heures, dans des circonstances très difficiles, ont contribué essentiellement à repousser les contre-

_____

(1) *Historique du Iᵉʳ corps bavarois*, page 77.

attaques exécutées plus tard par l'ennemi, et assuré ainsi le succès final des leurs sur ce point (1).

Vers la gauche, les Saxons se relièrent avec la 3ᵉ brigade d'infanterie bavaroise. Au moment même où les Allemands s'emparaient du village de La Moncelle, une batterie saxonne prit position, et l'un de ses premiers coups de canon blessa sérieusement le commandant en chef de l'armée française, maréchal Mac-Mahon. Peu de temps après, trois autres batteries saxonnes, qui s'étaient portées en avant au trot, se mettaient également en batterie.

Sur ces entrefaites, la division française Lartigue s'était portée en avant, sur l'ordre du commandant du 1ᵉʳ corps, général Ducrot, au delà du ruisseau de Givonne, dans la direction du Bois-Chevalier, situé à l'est de la ligne La Moncelle—Daigny. La situation des subdivisions de troupes saxonnes qui étaient arrivées à proximité (provisoirement trois bataillons) devint, par suite, très grave, d'autant plus qu'elles commençaient à manquer de cartouches; une partie des munitions était, en effet, restée dans les sacs laissés en arrière à Douzy. Par bonheur pour les Saxons, en cet instant critique, un bataillon de chasseurs saxon (2) exécuta, à l'improviste, une attaque contre le flanc gauche de l'adversaire, qui devenait trop pressant; ce bataillon, qui, au début, était chargé d'assurer la liaison avec la garde, avait pris, en effet, la direction du Bois-Chevalier. Les chasseurs repoussèrent l'ennemi et lui prirent une pièce et deux mitrailleuses. Les Français renouvelèrent leurs attaques; les troupes saxonnes furent, sur ces entrefaites, renforcées de ce côté, en face de Daigny, de 5 bataillons (105ᵉ régiment et 2 bataillons de chasseurs), tandis que le 107ᵉ régiment, qui se trouvait plus à gauche, dispersé sur une seule ligne de tirailleurs étendue, résista pendant trois heures, aux attaques continuelles de l'ennemi (3). Sur ces entrefaites, l'artillerie de corps saxonne s'était également portée en avant au trot, de telle sorte qu'à 8 h. 30 du matin, 10 batteries saxonnes et 2 batteries bavaroises se trouvaient engagées au combat contre

---

(1) Schubert. *La participation du XIIᵉ corps (royal-saxon) à la bataille de Sedan*, Berlin, 1874, pages 10-11.

(2) 2ᵉ bataillon de chasseurs nº 13.

(3) Schubert, page 13.

Daigny et les hauteurs de la rive droite du ruisseau de Givonne.

Le feu de l'adversaire, qui, momentanément, avait presque complètement cessé, reprit de nouveau, vers 9 heures, avec une grande violence ; en même temps, on apercevait des masses françaises qui marchaient sur Bazeilles et La Moncelle. Le mouvement offensif opéré par l'ennemi, qui avait pris spécialement comme direction La Moncelle et le parc de Monvillers (immédiatement au nord de Bazeilles) fut exécuté avec une telle vigueur, que l'artillerie de corps saxonne, qui se trouvait menacée par les lignes de tirailleurs françaises, fut, momentanément, obligée de se replier en arrière (1). Les subdivisions saxonnes, à La Moncelle et aussi à Daigny, où le combat se ranimait de nouveau, se trouvèrent dans une situation critique, jusqu'au moment où, enfin, la 23e division se rapprocha et envoya l'une de ses brigades au secours des troupes engagées au combat à Bazeilles, tandis que l'autre restait, momentanément, en réserve. A ce moment, c'est-à-dire vers 9 heures, 13 batteries saxonnes et 3 batteries bavaroises se trouvaient déjà engagées au feu, à l'est du ruisseau de Givonne.

Sur ces entrefaites, l'avant-garde de la 8e division (du IVe corps Alvensleben) était également arrivée, sur la demande du général von der Tann, de la rive gauche de la Meuse, pour appuyer les Bavarois à Bazeilles. En même temps, la 7e division, du même corps, s'était portée en avant, par ordre de son général commandant, sur la rive droite de la Meuse, vers Lamécourt, localité qui est située à l'est de La Moncelle et de Bazeilles, à une distance de 1 kilom. 1/2 à 2 kilomètres de ces deux points.

Parmi les troupes allemandes, on trouvait donc engagés, à 10 heures du matin, les corps suivants : Ier corps bavarois, en face de Bazeilles et de La Moncelle ; en arrière de lui, le IVe corps (une partie, seulement, de la 8e division se trouvait encore sur la rive gauche de la Meuse, à proximité du passage) ; à sa droite se reliait le XIIe corps, dont la 24e division était engagée au combat, et la 23e se trouvait en arrière de cette dernière ; encore plus à droite, en face du village de Givonne, les têtes de colonnes de la garde prussienne étaient déjà entrées en ligne.

---

(1) Ouvrage du grand état-major prussien, 1re partie, tome II, pages 1107-1108.

Au même moment, les Saxons avaient, après un combat acharné, repoussé au delà du ruisseau de Givonne, sur la partie nord de leur champ de bataille, la division française Lartigue, qui, dans cette circonstance, perdit six pièces, et ils s'étaient, enfin, emparés, également, du village de Daigny, qui avait été défendu avec opiniâtreté. C'est à peu près au même instant, que le combat qui se livrait autour de Bazeilles tourna à l'avantage des Allemands. Les Bavarois, appuyés par la 46ᵉ brigade (saxonne) et l'avant-garde de la 8ᵉ division prussienne, rejetèrent, à la suite d'une attaque enveloppante, l'adversaire hors de Bazeilles, vers le nord. A 11 heures, ce village se trouvait définitivement entre les mains des Bavarois, après une lutte opiniâtre qui avait duré sept heures. Une heure plus tard, tout le village devenait la proie des flammes. Plusieurs habitants, qui avaient pris part à la défense de cette localité, étaient également tombés.

Les troupes françaises qui avaient combattu à Bazeilles se replièrent, en partie sur les hauteurs de la rive droite du ruisseau de Givonne, en partie sur Balan (dans la vallée de la Meuse, entre Bazeilles et Sedan). Le combat prit fin, momentanément, sur cette partie du champ de bataille. Les Français cherchèrent une protection en arrière des hauteurs. Le feu de l'artillerie allemande cessa également, et fut dirigé seulement, par intervalles, contre des buts qui surgissaient accidentellement. Les troupes allemandes, qui, par suite du combat, se trouvaient très mélangées, se remirent en ordre, et complétèrent leurs cartouches, dont le besoin se faisait fortement sentir.

Après l'occupation de Bazeilles, le général von der Tann avait donné à la 5ᵉ brigade, du IIᵉ corps bavarois, nouvellement arrivée de la rive droite de la Meuse, l'ordre de se diriger sur Balan, pour attaquer sur leur flanc droit les Français qui battaient en retraite de Bazeilles, et les repousser encore plus loin. La brigade occupa le village de Balan, qui avait été évacué par l'adversaire. Elle n'éprouva plus de résistance sérieuse qu'au parc du château contigu à Sedan, qui se trouvait situé à la lisière nord-est de cette localité. Mais l'ennemi fut, également, repoussé de ce dernier point, par les Bavarois, vers midi 30, après un combat opiniâtre.

D'une manière générale, les Bavarois engagés au combat sur la rive droite de la Meuse, occupaient, vers midi, les positions suivantes :

Le Ier corps bavarois tenait, avec une division, la ligne La Moncelle—Bazeilles, tandis que les brigades de l'autre division se
trouvaient en arrière de lui, comme réserve ; la cavalerie et l'artillerie de corps (du moins, les fractions de cette dernière qui
n'étaient pas engagées au feu) étaient rassemblées en arrière de
Bazeilles ; la 5e brigade d'infanterie, du IIe corps bavarois, venait
de s'emparer de Balan et des hauteurs à droite de cette localité.

Je passe maintenant à la description des dispositions prises et
de l'activité déployée par la quatrième armée allemande.

Dès les premières heures de la matinée, le prince royal de Saxe
se trouvait sur la hauteur au sud-est de Mairy, sur la rive droite de
la Meuse ; de cet emplacement, on pouvait, après que le brouillard fut tombé, observer, jusqu'à un certain point, la marche du
combat sur la rive opposée de la rivière. Le prince royal acquit
l'impression que le combat prenait une bonne tournure, que les
Français se trouvaient en pleine retraite, et qu'ils n'avaient laissé
sur le ruisseau de Givonne que leur arrière-garde. Il éprouva la
crainte de voir l'ennemi se jeter, avec toutes ses forces, sur les
fractions de la troisième armée qui avaient franchi la Meuse en
aval de Sedan. Le prince royal se rendait compte qu'il était
nécessaire d'appuyer rapidement cette armée et estimait qu'on
pouvait envelopper et investir l'adversaire ; d'autre part, il supposait
que l'aile gauche de la troisième armée se trouvait à Vrigne-aux-
Bois ; il prit, en conséquence, la résolution, une fois maître de la
ligne de la Givonne, de faire remonter la vallée à la garde prussienne, pour la porter sur Fleigneux, et de diriger le XIIe corps
plus à gauche, sur Illy.

Les ordres destinés à assurer l'exécution de ce mouvement
furent expédiés par le prince royal de Saxe, à 8 heures du matin ;
en même temps, le Ier corps bavarois reçut l'ordre « de couvrir la
« marche de flanc des Saxons » (c'est ainsi qu'il faut désigner
cette marche, si l'on tient compte de la place de Sedan) « et, dans
« ce but, d'occuper, au moment opportun, le bois de la Garenne ».
Dans la suite, le prince royal était, il est vrai, arrivé à conclure
du combat, réellement opiniâtre, engagé sur la ligne du ruisseau de Givonne, que les Français se trouvaient, sur ce point,
encore en grandes masses ; cependant, il n'en considéra pas
moins comme indispensable de se relier, aussi vite que possible,
avec la troisième armée, et il laissa, en conséquence, ses disposi-

tions antérieures suivre leur cours. En exécution de ces dernières, le général von der Tann donna à la 8ᵉ division, qui, pendant ce temps-là, avait franchi les ponts situés en face de Bazeilles, l'ordre d'occuper la hauteur à l'ouest de La Moncelle, pour prendre, sur ce point, la place des Saxons.

Sur ces entrefaites, au nord du corps d'armée saxon, et, en partie, pour appuyer directement ce corps, des subdivisions de la garde prussienne s'étaient déjà engagées au combat. Ce dernier corps se trouvait en marche, conformément à l'ordre reçu, depuis les premières heures de la matinée, sur deux colonnes : la colonne de gauche se dirigeant sur Francheval, celle de droite sur Villers-Cernay ; « on accéléra la marche, autant que le permettaient de « mauvais chemins de campagne ; la canonnade, qu'on entendait « déjà depuis 4 h. 30 du matin, avait pour effet de faire accélérer « l'allure (1) ». Le gros de la 1ʳᵉ division d'infanterie de la garde se rapprocha, à 8 heures du matin, de Villers-Cernay, où son avant-garde se trouvait déjà rassemblée.

Sur ces entrefaites, la garde avait reçu, du XIIᵉ corps, une communication relative à la situation du combat à Bazeilles et La Moncelle. Le prince Auguste de Wurtemberg, qui avait fait venir sa 2ᵉ division à Francheval, envisageant les grandes difficultés du terrain, qui s'opposaient à la marche directe en avant, à partir de ce point, fit prendre, également, à cette division, la direction de Villers-Cernay ; en même temps, il donnait à la 1ʳᵉ division, ainsi qu'à l'artillerie de corps, l'ordre de se porter en avant, de Villers-Cernay sur Givonne. Le commandant de cette dernière division, général de Pape, avait déjà devancé cet ordre, et s'était porté plus en avant, dans le but de s'emparer de la ligne de hauteurs qui sépare la vallée du ruisseau de Rulle (qui traverse Villers-Cernay) de la vallée de Givonne.

L'avant-garde de la division Pape n'éprouva, dans sa marche en avant, qu'une faible résistance de la part des flanc-gardes de gauche des fractions de l'armée française qui, à ce moment, se

---

(1) La canonnade pouvait, d'ailleurs, provenir simplement de pièces françaises, qui faisaient, peut-être, feu dans les directions qu'on avait déjà déterminées de bonne heure, dans la soirée précédente. Les premiers coups de canon envoyés par les Bavarois ne furent tirés, en raison du brouillard, que vers 6 heures du matin, lorsque le brouillard s'était déjà dissipé en partie (*L'artillerie allemande*, etc., 1870-1871, cahier 8, pages 18-19).

trouvaient engagées au combat contre les Saxons. Les Prussiens repoussèrent l'adversaire au delà de la Givonne, et s'emparèrent, en même temps, de 2 pièces. Déjà, à 8 h. 30 du matin, 24 pièces de la garde, qui avaient pris position sur la chaîne de hauteurs qu'on venait d'occuper, ouvrirent leur feu contre les batteries françaises qui se trouvaient sur la rive droite du ruisseau de Givonne, à l'ouest des villages de Givonne et de Haybes (au nord de Givonne).

Quatre batteries montées de la garde avaient, sur ces entrefaites, devancé au trot leur infanterie, et atteint Francheval; en ce point, elles avaient été informées que la direction de marche était changée, et elles avaient continué leur route sur Villers-Cernay; sans s'arrêter, elles dépassèrent encore cette dernière localité, et trois batteries prirent position à proximité (au nord) de l'artillerie de la 1re division de la garde (une batterie resta, par suite du manque d'espace, provisoirement, en réserve). Peu de temps après, les batteries de la 2e division de la garde entrèrent en action plus au sud, en face de Daigny. C'est ainsi que les batteries de la 2e division de la garde ouvrirent leur feu, même avant l'apparition du gros de la 1re division, à 9 heures du matin.

Le prince Auguste de Wurtemberg avait, à maintes reprises, reçu, du XIIe corps, des demandes de secours; mais il estimait, avec juste raison, que sa mission principale était de chercher à se relier avec la troisième armée. Aussi, lorsque, peu de temps avant 9 heures, il reçut, du général en chef, l'ordre de se porter, avec la garde, sur Fleigneux, le prince résolut, d'une part, de n'employer qu'une fraction de ses forces à appuyer les Saxons et à parer, le cas échéant, à toute tentative de l'ennemi pour se faire jour sur Daigny, et, d'autre part, il se décida à se porter, avec le reste de ses troupes, au delà du ruisseau de Givonne, pour prendre le contact avec l'aile gauche de la troisième armée; quant à l'artillerie, elle devait, tout d'abord, préparer convenablement, par son feu, le passage de la Givonne. C'est dans ce sens que les ordres suivants furent expédiés aux troupes de la garde :

La 2e division d'infanterie de la garde, qui avait commencé, à 8 h. 30, à se former à Villers-Cernay, devait se rapprocher de Daigny. Le commandant de l'artillerie, général prince de Hohenlohe, reçut l'ordre « de déployer toutes les batteries du corps sur « les hauteurs de la rive gauche du ruisseau de Givonne, pour

« appuyer, d'une part, par son feu, le XIIe corps, et, d'autre part,
« pour préparer l'attaque projetée par l'infanterie de la garde
« contre le bord opposé de la vallée. La division de cavalerie de
« la garde reçut l'ordre de chercher à se relier avec la troisième
« armée, dans la direction d'Illy. »

Sous la protection du feu très efficace de leur artillerie, les
régiments de la garde prussienne s'emparèrent successivement de
toutes les localités situées dans la vallée de Givonne; en même
temps, ils prirent, dans le village de Givonne, dix pièces ennemies; ces pièces, probablement par suite d'un malentendu,
étaient en train de traverser la partie du village, qui, jusque-là,
n'était pas encore occupée par les Prussiens, et elles ne parvinrent
plus à se mettre en batterie. Au même moment, les Français évacuèrent également La Chapelle, localité qui était située sur le flanc
droit de la ligne de marche suivie par les régiments de la garde
prussienne et se trouvait occupée par un bataillon des « francs-
« tireurs de Paris ». On put ainsi porter en avant, à travers la
forêt des Ardennes, un escadron de hussards de la garde, qui
réussit, le premier, à établir la liaison avec la troisième armée.

La division de cavalerie de la garde avait été mise en marche,
vers midi, sur Illy, et elle franchit, sous le feu de l'ennemi, qui
lui fit éprouver quelques pertes, le ruisseau de Givonne, à La
Foulerie (au nord du village de Givonne); mais, comme elle se
trouvait, sur ce point, entre deux feux, — d'une part, la ligne de
combat des Français, qui occupaient la lisière du bois de la
Garenne, et, d'autre part, le front du Ve corps prussien, — elle
se replia en arrière de l'aile gauche de ce dernier corps.

A midi, toutes les localités situées dans la vallée de la Givonne
se trouvaient entre les mains des Allemands; peu à peu, les Français furent, également, repoussés de quelques taillis dans lesquels ils se maintenaient encore.

Le chemin vers l'est fut, ainsi, tout à fait barré aux Français;
il en était de même des routes qui menaient dans cette direction,
vers la Belgique. En même temps, l'armée française fut, également, investie sur les autres faces de sa position. Cette dernière
opération s'exécuta de la manière suivante :

Le roi Guillaume était arrivé, à 7 h. 30 du matin, sur la hauteur au sud de Frénois (sur la rive gauche de la Meuse), hauteur
qui permettait d'embrasser, d'un seul coup d'œil, tout le terrain

situé en face, sur la rive droite de la rivière. Le prince royal de Prusse se trouvait déjà, depuis 6 heures, à 1 kilom. 1/2 au nord-ouest du point d'observation du roi, à Piaux (ou Croix), sur la hauteur au sud de Donchery, qui commande le terrain situé en avant d'elle. Un épais brouillard s'étendait encore sur la région. On percevait le bruit provoqué par un combat violent, dans la direction de Bazeilles, localité située à proximité ; dès que le brouillard eut commencé à tomber, vers 7 heures, il ne fut plus possible, des deux points d'observation dont nous venons de parler, d'apercevoir cette localité elle-même (1). On ne savait pas si l'assaillant était le Ier corps bavarois ou l'ennemi, et l'on admettait que le corps von der Tann aurait bientôt besoin d'être appuyé.

En jetant un coup d'œil plus détaillé sur le terrain situé sur la rive gauche de la Meuse, on se rendit compte que, pour tenir la position très forte de Frénois—Wadelincourt, position qui barrait le débouché de Sedan, une seule division était parfaitement suffisante ; d'autre part, on croyait qu'il fallait appuyer, sans retard, le corps von der Tann, sans même tenir compte des renforts qu'il était sur le point de recevoir, peu à peu, du IVe corps. C'est pour ces raisons, que le prince royal de Prusse donna au IIe corps bavarois l'ordre suivant :

« Le corps Hartmann fera marcher derrière le corps Tann la
« division qui, primitivement, devait opérer contre Sedan.
« .....L'autre division se portera de Frénois sur Wadelincourt,
« et prendra position contre Sedan, pour s'opposer à toute tenta-
« tive d'offensive de l'ennemi pour déboucher de Sedan (2). »

D'après les dispositions initiales, le corps Hartmann devait marcher sur la rive gauche de la Meuse, en descendant le cours de cette rivière (pour se porter de Raucourt vers les environs de Frénois et de Wadelincourt) ; il devait ensuite prendre position, avec une de ses divisions, en face de la place de Sedan, située directement en avant de ces deux localités, de manière à déjouer, le cas échéant, toute tentative des Français pour se faire jour sur la rive gauche de la Meuse, et établir l'autre division, la 4e, avec

---

(1) En raison de sa grande étendue.
(2) *Historique du IIe corps bavarois*, page 39.

l'artillerie de corps, au sud de Donchery ; à partir de cette localité, cette dernière division pouvait, suivant les nécessités du
combat, être employée, soit sur la rive gauche, soit sur la rive
droite de la Meuse (dans ce dernier cas, pour renforcer les fractions de l'armée qui s'étaient portées au delà de la Meuse, en aval
de Sedan, c'est-à-dire à l'ouest de cette place).

Le corps Hartmann s'était mis en marche, à 4 heures du matin,
sur deux colonnes. A peine avait-il commencé son mouvement,
que le feu de l'artillerie, qu'on entendait dans la direction de
Bazeilles, lui annonçait que la bataille était commencée. Dès
lors, le général de Hartmann se porta rapidement en avant, au
trot, avec l'artillerie de corps et un régiment de cavalerie destiné
à lui servir de soutien, sur Frénois, où il arriva à 8 heures du
matin. Le général fut informé, en ce point, des nouvelles dispositions prises par le prince royal. Comme il n'avait, tout d'abord,
sous la main que la 3e division, le général de Hartmann fit porter
immédiatement en avant la 5e brigade d'infanterie, pour la mettre
à la disposition du général von der Tann ; en même temps, il
donna à l'autre brigade (6e), — en attendant qu'elle fût relevée
par la 4e division, — ainsi qu'à l'artillerie de corps, l'ordre de
prendre position vis-à-vis de Sedan.

Les Bavarois se préparèrent donc à opposer la résistance la plus
opiniâtre, sur la position Frénois—Wadelincourt. Leur artillerie,
qui avait pris position, régla, tout d'abord, son tir sur différents
points du terrain et se contenta de tenir sous son feu, çà et là,
des pièces de place isolées (à âme lisse), qui, de temps en temps,
faisaient acte de présence. Plus tard, elle canonna également des
troupes françaises qui firent leur apparition sur la rive droite de
la Meuse, bien que les distances auxquelles elle tirait, dans ce
dernier cas, fussent, en général, très considérables. C'est ainsi
que le temps s'écoula jusqu'à midi.

Les troupes bavaroises qui se trouvaient sur la rive gauche de
la Meuse ne prirent aucune part directe aux événements décisifs
qui se passaient en avant d'elles, sur la rive droite ; mais elles
servirent de corps de liaison solide aux deux ailes de l'armée allemande, qui avait commencé le mouvement destiné à envelopper,
à ce moment, l'adversaire, simultanément par l'est et par l'ouest.

J'arrive maintenant aux fractions de l'armée allemande qui
entrèrent en ligne dans cette dernière direction.

D'après les dispositions expédiées par la troisième armée pour le 1er septembre, le XIe corps devait franchir la Meuse à Donchery ; il devait être suivi immédiatement par le Ve.

Le chef d'état-major du Ve corps, colonel von der Esch, s'était rendu auprès du général de Gersdorff, pour s'entendre avec lui au sujet de ce mouvement. Il fut convenu que le Ve corps jetterait un pont spécial (à côté du pont qui existait déjà et du pont militaire du XIe corps), et qu'aussitôt après, le XIe corps se porterait à droite, par Donchery, sur Tendrécourt, et que le Xe corps se porterait à gauche, par Vrigne-Meuse, sur Vivier-au-Court (à 2 kilomètres à gauche de Tendrécourt).

Ces nouveaux ordres, expédiés un peu tardivement, surprirent le Ve corps, et poussèrent manifestement son général commandant, qui, par suite d'un zèle superflu, avait privé ses troupes de la nourriture et du repos qui leur étaient très nécessaires, à se hâter encore davantage. Il résulte, du moins, de l'ouvrage intitulé : *Le Ve corps dans la guerre de 1870-71 contre la France*, ainsi que de l'histoire de l'artillerie allemande dans cette guerre, que, selon toutes probabilités, toutes les troupes du corps d'armée furent alarmées, déjà au milieu de la nuit, et partirent sans avoir mangé, pour attendre simplement, ensuite, inutilement, sur les bords de la Meuse. Le passage de la tête de l'avant-garde du corps d'armée sur les ponts qu'on venait de jeter sur cette rivière ne commença pas avant 5 h. 30 du matin. Cependant la distance qui séparait les cantonnements des troupes (Chehéry, Omicourt, Connage et Bulson) du pont était d'environ 6 kilomètres, les plus éloignés se trouvaient à une distance d'au plus 8 à 9 kilomètres ; il en résulte que les subdivisions les plus avancées du corps d'armée auraient pu rester dans leurs bivouacs, presque jusqu'à 4 heures du matin, et que les autres fractions de troupes auraient pu y demeurer encore plus longtemps ; il n'y avait donc pas lieu de les priver du repos qui leur était si nécessaire (1).

Pendant cette marche de nuit, il se produisit des croisements de troupes, de telle sorte que le Ve corps, qui utilisa également,

---

(1) Stieler von Heydekampf, *Le Ve corps dans la guerre de 1870-1871 contre la France*, pages 68-70, et *L'artillerie allemande*, etc., 1870-1871, cahier 8, page 72.

autant qu'il le put, les ponts du XI⁰ corps (1), croisa quelques subdivisions de ce dernier corps. Néanmoins, le passage s'exécuta, en général, d'une manière assez rapide et assez heureuse. Les subdivisions de cavalerie qui précédaient les deux corps avaient déjà occupé, vers 7 heures du matin, la route Sedan—Mézières (par Vrigne-aux-Bois).

Le prince royal de Prusse, qui observait la marche en avant de ces troupes, remarqua que les patrouilles de cavalerie qui les précédaient n'essuyaient de feux nulle part. Il en conclut, ou que l'adversaire se trouvait encore à Sedan, ou qu'il s'était porté dans la direction de l'est, contre la quatrième armée allemande. Dans l'un comme dans l'autre cas, il était nécessaire de diriger vers l'est les corps qui, jusque-là, marchaient vers le nord, savoir : le V⁰ et le XI⁰, de manière à tomber sur les derrières de l'armée française. C'est en partant de ce point de vue, que le prince royal envoya, à 7 h. 30, par un officier d'état-major (2), l'ordre suivant : « Le XI⁰ corps marchera sur Saint-Menges, et, à partir de ce « point, s'engagera au combat suivant les circonstances » ; le V⁰ corps suivra le XI⁰, par Vrigne-aux-Bois, et entrera en action à gauche de ce dernier (3).

Cet ordre parvint à ces deux corps pendant qu'ils marchaient dans la direction du nord, formés en quatre colonnes, séparées les unes des autres par des intervalles assez faibles. Toutes les têtes de colonnes exécutèrent alors une conversion vers l'est, et prirent toutes la même direction, pour marcher sur le défilé compris entre Maison-Rouge et Saint-Albert ; ce défilé est formé par la Meuse et les hauteurs de la rive droite, qui tombent à pic sur la rivière. Les subdivisions des deux corps furent, de ce côté, tellement resserrées les unes contre les autres, qu'elles se virent obligées de se former en une seule forte colonne. Mais, comme les intervalles qui séparaient les colonnes étaient de beaucoup inférieurs à leur profondeur, il en résulta, à maintes reprises, des arrêts forcés. Les colonnes du V⁰ corps, qui marchait en arrière, arrivèrent à se mélanger avec les troupes du XI⁰ corps, qui se trouvait en tête,

---

(1) Le V⁰ corps avait jeté son pont à 50 pas en aval du pont militaire du XI⁰ corps.
(2) Major de Hahnke.
(3) *Historique du V⁰ corps*, page 71.

tandis que des fractions de ce dernier, qui se trouvaient séparées de leur corps, s'intercalèrent dans les troupes du Ve corps. Les unités tactiques qui se trouvaient ainsi séparées perdirent toute liaison avec leurs chefs supérieurs; de nombreuses fractions de troupes ne purent même pas rétablir cette liaison, pendant toute la durée du combat qui suivit (1). C'est ainsi, par exemple, qu'un régiment du Ve corps se réunit, par ordre du général de Kirchbach, aux troupes du XIe corps, et participa, à l'extrème droite de ce corps, à l'occupation de Floing, tandis que quelques compagnies du XIe corps entrèrent en ligne à l'extrème gauche du Ve, pour servir de soutien à l'artillerie de ce dernier corps. D'autres subdivisions de troupes du XIe corps combattirent, également, réunies au Ve, tandis que le général commandant le XIe corps tint, de son côté, la 17e brigade prête à servir de réserve au Ve corps.

Tous ces incidents n'arrêtèrent pas, d'ailleurs, la marche en avant des subdivisions du XIe corps qui se trouvaient en tête (3 bataillons, 4 escadrons, 3 batteries); ces subdivisions effectuèrent, sans être beaucoup inquiétées par l'adversaire, leur passage à travers ce défilé difficile, commencèrent à se déployer, dès qu'elles l'eurent franchi, et repoussèrent des fractions de la cavalerie française qui venaient de s'avancer en reconnaissance dans cette direction. Ces troupes occupèrent ensuite la hauteur au sud de Saint-Menges, qui couvrait le long défilé dont nous avons parlé (compris entre Maison-Rouge et Saint-Albert), défilé que le XIe corps était obligé de suivre dans sa marche en avant. Comme le reste de l'infanterie du corps d'armée se trouvait, à ce moment, encore loin en arrière, le général commandant le corps, général de Gersdorff, fit avancer, à 9 heures, l'artillerie de corps, pour renforcer celles de ses troupes qui se trouvaient en avant du défilé. Mais cette artillerie avait déjà devancé ses ordres, s'était portée en avant au trot, et, au moment dont nous parlons, était déjà sur le point de prendre position pour appuyer l'avant-garde.

Canonnées à leur sortie du défilé (c'étaient, vraisemblablement, des coups perdus), les batteries allemandes prirent, probablement

---

(1) *L'artillerie allemande*, etc., 1870-1871, cahier 8, pages 95 et 96.

avec trop de précipitation, et sans s'être renseignées suffisamment sur la situation du combat, une position, d'où elles s'efforcèrent de chercher, le plus rapidement possible, des objectifs sur lesquels elles pussent tirer. Comme, à ce moment, elles avaient, en avant d'elles, les pièces de leur avant-garde, qui faisaient feu, à travers le brouillard alors en train de tomber, les batteries de l'artillerie de corps, croyant que c'étaient des pièces françaises, ouvrirent le feu sur elles.

Cet accident prouve, une fois de plus, combien il est nécessaire que les chefs de l'artillerie se portent rapidement en avant de leur troupe et se renseignent assez tôt sur la situation du combat; il n'eut, d'ailleurs, d'une manière générale, aucune influence sur le déploiement de l'artillerie allemande, qui fut couronné par le succès; bref, dès 10 heures du matin, 12 batteries du XI⁰ corps se trouvaient engagées au feu, sur la ligne de hauteurs qui, commençant au village de Floing, situé dans la vallée de la Meuse, et encore occupé, à ce moment, par les Français, se dirige du sud au nord (1).

Il s'engagea alors une très violente lutte d'artillerie, dans laquelle, au bout d'une heure, les batteries du XI⁰ corps prirent la supériorité du feu. L'artillerie du 7⁰ corps français (Douay), qui leur était opposée, suspendit son tir. Mais bientôt l'artillerie prussienne se vit également réduite au silence, car, pendant ce combat violent, elle avait consommé les munitions de ses coffrets d'avant-train; les premiers échelons des caissons, que l'on comptait voir arriver rapidement, n'avaient pas pu réussir à déboucher du défilé de Saint-Albert, déjà complétement encombré.

Pendant que la ligne d'artillerie prussienne se déployait, ainsi que nous venons de le dire, son aile gauche fut menacée par une charge de cavalerie, que les trois régiments de chasseurs d'Afrique de la brigade Galliffet, appartenant à la division de cavalerie Margueritte, appuyés par deux escadrons de lanciers et quelques pièces d'artillerie, exécutèrent, en partant du calvaire d'Illy. Cette charge fut repoussée, surtout, par le feu des subdivisions d'infanterie du XI⁰ corps qui venaient d'arriver.

---

(1) Les indications relatives aux opérations de l'artillerie allemande sur ce point sont empruntées à l'ouvrage intitulé : *L'artillerie allemande*, etc., 1870-1871, cahier 8, pages 76-78-98-99 et 100.

Sur ces entrefaites, les troupes du Ve corps continuaient leur marche en avant, en partie par Saint-Menges, en partie au nord de cette localité. Le général de Kirchbach se porta à l'avant-garde, qui suivait cette dernière direction, et en arrivant, à 9 h. 30 du matin, à la ferme du Champ-de-la-Grange, il donna à l'artillerie de corps l'ordre de se porter en avant. Cette dernière se mit au trot, à partir de Vrigne-aux-Bois, traversa le défilé à Maison-Rouge, gravit la hauteur, en prenant un chemin creux très escarpé (1), et commença à se déployer à Saint-Menges. Mais, à ce moment, on apprit que l'artillerie du XIe corps se trouvait encore plus en avant; en conséquence, l'artillerie du Ve corps se remit également en marche. Dès qu'une partie des batteries eut surmonté les différents obstacles du terrain, 10 batteries du Ve corps se déployèrent, jusqu'à midi, sur le plateau de Fleigneux, en formant un échelon avancé, par rapport à la ligne d'artillerie du XIe corps, et portant ainsi le nombre des pièces de cette dernière à 144 (2).

L'infanterie du Ve corps n'avait pas pu suivre son artillerie dans sa marche rapide en avant. C'est pourquoi la sécurité du flanc gauche extérieur de cette dernière fut assurée, tout d'abord, par des subdivisions d'infanterie du XIe corps; à cet effet, ces subdivisions occupèrent le bois situé à l'est de Fleigneux, bois qui est adossé directement au ravin du ruisseau de Givonne, dont le cours sud se trouvait déjà, à ce moment, entre les mains des Bavarois et de la quatrième armée allemande.

On ne peut pas soutenir que l'artillerie du Ve corps prussien, au moment où elle exécuta avec hardiesse son déploiement, était couverte d'une manière suffisante. Elle n'eut pour soutien que de faibles subdivisions de la cavalerie divisionnaire du XIe corps, qui opérait de ce côté, et fut, plus tard, renforcée par une partie de la cavalerie du Ve corps. En face de cette ligne d'artillerie, se trouvaient, du côté des Français, depuis le commencement du combat, à proximité immédiate, à Illy, 36 escadrons avec 18 pièces. Ces escadrons avaient, en cette circonstance, de l'aveu

---

(1) Au nord de Saint-Albert.
(2) Il arriva également que, pendant que l'artillerie du Ve corps se formait en bataille, les batteries qui prirent position plus tard canonnèrent leur propre artillerie, déjà engagée au feu.

même de l'ouvrage intitulé *L'artillerie allemande*, etc., 1870-71, une belle occasion d'exécuter une charge, avec des chances de succès plus grandes que celles que présentèrent leurs charges ultérieures, héroïques, mais inutiles, contre l'infanterie prussienne. Cependant, la cavalerie française ne mit pas à profit cette occasion. Elle ne savait pas exactement, suivant son habitude, ce qui se passait en avant de son front. C'est ainsi que le commandant de la division, général Margueritte, avait rendu compte, peu de temps auparavant, au nouveau commandant en chef de l'armée française, général de Wimpffen, qu'on n'apercevait aucun ennemi dans la direction de Fleigneux. C'est, du moins, ce que déclare le général de Wimpffen.

Après le déploiement de l'artillerie du corps Kirchbach, les forces allemandes qui enveloppaient l'adversaire, par l'est et par l'ouest, ne se trouvaient plus séparées les unes des autres, dans la vallée de Givonne, que par un faible intervalle, d'à peine 3 kilomètres, sur lequel se croisaient, à ce moment, les coups tirés des positions formidables qu'occupait leur artillerie.

Presque au même moment, peu de temps après midi, l'aile droite du XIe corps, appuyée par un régiment du Ve corps, prit d'assaut, après un combat acharné, le village de Floing, qui formait le point d'appui de gauche du 7e corps français; c'est dans ce combat que tomba le chef du XIe corps prussien, général de Gersdorff (1). En même temps, en amont de Sedan, le général von der Tann, appuyé par une brigade du IIe corps bavarois, s'empara du village de Balan, situé dans la vallée de la Meuse, à proximité immédiate de Sedan même, et porta en avant, au delà de la Givonne, 10 batteries, dont 4 appartenaient à la 8e division prussienne.

A ce moment, 456 pièces allemandes, en tout, dirigeaient leur

---

(1) Il y a lieu de remarquer que les Français, qui étaient restés sans ordres fermes pour cette journée, et ne savaient pas s'ils devaient accepter le combat de pied ferme, attaquer ou se replier, n'avaient pas occupé Floing en temps opportun ; il en résulta que deux compagnies prussiennes (les 8e et 10e du 87e régiment), après le premier assaut, avaient réussi à pénétrer dans le village et à s'établir dans deux fermes organisées défensivement, dans lesquelles elles se maintinrent ensuite, pendant deux heures entières, jusqu'à ce que des forces considérables vinssent à leur secours. Il se produisit, également, un fait presque tout à fait analogue, dans la même journée, sur une autre partie du champ de bataille, à La Moncelle.

feu concentrique contre l'étroit espace, de 3 kilomètres de rayon à peine, sur lequel se trouvaient resserrées les troupes françaises; ces pièces étaient ainsi réparties : sur le front nord-ouest, 156 pièces (du Ve et du XIe corps prussien); sur le front sud, 78 pièces (du IIe corps bavarois et du IVe corps prussien); au sud-est, entre Balan et le Bois-Chevalier, 132 pièces (appartenant aux corps bavarois, saxon et, en partie, aussi, au IVe corps prussien); enfin, à l'est, 90 pièces de la garde prussienne (1).

C'est ainsi que, peu de temps après midi, le sort tragique de l'armée française se trouvait déjà décidé d'une manière définitive; il ne restait plus, dès lors, aux Allemands, qui avaient le désir, d'ailleurs tout à fait légitime, de terminer rapidement la lutte, qu'à combler le vide qui existait entre leurs deux ailes, sur les derrières de l'adversaire. Ce résultat ne pouvait être obtenu qu'en exécutant un mouvement en avant sur Illy et le bois de la Garenne. C'est pourquoi les batteries de la garde prussienne et du Ve corps exécutèrent, à ce moment, des feux croisés contre ces deux dernières localités.

Le commandant en chef français, maréchal Mac-Mahon, s'était rendu, dès les premières lueurs de la matinée, sur le champ de bataille, auprès du 12e corps, et avait acquis une impression satisfaisante de la marche du combat. Mais, peu de temps avant 6 heures, il avait été blessé sur ce point, et avait remis le commandement de l'armée au commandant du 1er corps, général Ducrot, bien qu'il se trouvât, à l'armée, deux généraux plus anciens que lui, Douay et de Wimpffen (2).

Le général Ducrot, qui se trouvait, à ce moment, à Givonne, n'était pas initié aux pensées et aux projets du maréchal; de plus, ces projets n'avaient pas encore, pour le moment, revêtu une forme définitive. Le général reçut avis de sa nomination au poste de général en chef par un aide de camp du maréchal. Un peu plus

---

(1) *L'artillerie allemande*, etc., 1870-1871, cahier 8, pages 119-120.
(2) Ce qui suit est emprunté à l'opuscule dont nous avons déjà parlé (*La journée de Sedan*, par le général Ducrot, pages 24-42).

tard, le chef d'état-major de l'armée, général Faure, se mit à sa disposition avec son état-major.

Sur ces entrefaites, le général Ducrot avait été avisé que des forces ennemies considérables s'avançaient par Villers-Cernay. Il estimait que le combat engagé à Bazeilles, La Moncelle et Daigny n'était qu'une attaque simulée, et croyait que les Prussiens s'apprêtaient, comme d'habitude, à envelopper l'aile gauche des corps de l'armée française qui faisaient face à l'est (12e et 1er corps).

Pour se dérober à ce mouvement enveloppant, le général Ducrot, immédiatement après avoir pris le commandement en chef, donna au 12e et au 1er corps l'ordre de se replier sur une position située sur le plateau d'Illy (l'aile droite appuyée à Sedan), et tint la main à l'exécution de cet ordre, en dépit des objections de son entourage et du commandant du 12e corps, général Lebrun. Il était environ 7 h. 30 du matin. Le 12e corps effectua sa retraite, par échelons de brigade, en commençant par l'aile droite. La division Vassoigne, de ce corps d'armée, se replia la première. En même temps, les divisions L'Hériller et Pellé, du 1er corps, se mirent également en retraite, pour venir prendre une nouvelle position sur la hauteur du bois de la Garenne. La division Wolff dut se replier, en combattant, à travers ce bois. La division Lartigue (1) resta, pour couvrir la retraite, encore en avant du ruisseau de Givonne.

L'empereur Napoléon, qui se trouvait présent à Balan, fit demander ce que signifiait cette retraite, exécutée à un moment où le combat se présentait sous des auspices favorables. Le général Ducrot répondit à l'aide de camp de l'Empereur (2) : « Vous « direz à Sa Majesté que ce qui se passe à notre droite est insi- « gnifiant; l'ennemi nous amuse là, pendant qu'il manœuvre, « pour envelopper nos ailes, et, c'est derrière nous, vers Illy, que « se livrera la vraie bataille. Dites à l'Empereur que je prends « mes dispositions en conséquence; j'exécute mes mouvements « de retraite et de concentration avec ordre, mais le plus rapide- « ment possible. Rien ne saurait les arrêter ».

---

(1) Les divisions Wolff et Lartigue appartenaient également au 1er corps et en formaient la ligne avancée. Cette dernière division s'était portée au delà de Daigny ; la 1re se trouvait plus au nord.

(2) Ducrot, *Sedan*, pages 29 et 30.

L'Empereur fut satisfait de cette déclaration, ou, du moins, ne voulut entraver, en aucune façon, les projets du nouveau commandant en chef. Par contre, le général de Wimpffen, le nouveau commandant du 5e corps, qui venait de remplacer, seulement depuis le jour précédent, le général de Failly, relevé de son commandement, pensait tout autrement.

Le général de Wimpffen avait entre les mains un ordre du ministre de la guerre, qui lui conférait le commandement en chef, au cas où il arriverait malheur au maréchal Mac-Mahon. Le général, qui était très incomplètement renseigné sur la situation de l'armée, ayant remarqué que le 12e corps, Lebrun, résistait avec succès à l'ennemi, crut pouvoir encore gagner la bataille. Il espérait, ainsi qu'il le déclare dans son ouvrage (1), jeter, tout d'abord, à la Meuse les deux corps bavarois, et se retourner ensuite, avec toutes ses forces, contre l'aile droite des Allemands. Mais, dans ses calculs, le général de Wimpffen avait négligé de tenir compte de toute la quatrième armée allemande, qui se rapprochait, venant de l'est; de son côté, le général Ducrot ignorait, également, que les routes menant sur Mézières étaient déjà occupées par deux corps d'armée et demi allemands; ces derniers corps pouvaient, ainsi, tomber sur les derrières de la nouvelle position qu'il avait l'intention d'occuper sur la ligne Sedan—Illy.

Quoi qu'il en soit, à 8 h. 30 du matin, le général de Wimpffen fit parvenir au général Ducrot la lettre suivante :

« L'ennemi est en retraite sur notre droite. J'envoie à Lebrun
« la division Grandjean. Je pense qu'il ne doit pas être question,
« en ce moment, de mouvement de retraite. J'ai entre les mains
« une lettre du ministre de la guerre, qui me confère le comman-
« dement de l'armée ; mais nous en parlerons après la bataille.
« Vous êtes plus près de l'ennemi que moi; usez de toute votre
« énergie et de tout votre savoir pour remporter la victoire sur
« un ennemi placé dans des conditions désavantageuses. En con-
« séquence, soutenez vigoureusement Lebrun, tout en surveillant
« la ligne que vous étiez chargé de garder (2). »

---

(1) Wimpffen, *Sedan*, page 163.
(2) Ceci et ce qui suit se trouve dans Ducrot, pages 31-32 et 33, ainsi que dans Wimpffen, pages 162 et 163.

En même temps, le général de Wimpffen écrivait au général Lebrun :

« Je vous envoie des troupes en grand nombre, j'espère que si « vous avez perdu des positions, vous pourrez les reprendre. »

Le général Ducrot, qui ne pouvait pas renoncer à sa manière de voir et à ses projets, se rendit auprès du général de Wimpffen, dans le but d'échanger ses vues avec lui, et lui tint, ainsi qu'il le déclare dans son ouvrage, le langage suivant :

« Je ne viens pas vous contester le commandement, quoique « je l'aie reçu du maréchal Mac-Mahon et qu'il m'ait été confirmé « par l'Empereur. Ce n'est pas le moment d'élever de pareils « conflits. Je suis prêt à vous seconder de tous mes efforts. Mais « permettez-moi de vous faire observer que je suis en présence « des Prussiens depuis près de deux mois, que, mieux que vous, « je connais leur manière de faire, que j'ai étudié la situation et le « terrain ; qu'il est évident pour moi que l'ennemi est en train de « manœuvrer pour nous envelopper. Je l'ai vu de mes yeux, et « ce billet, que voici, du maire de Villers-Cernay, annonçant le « passage de troupes ennemies depuis ce matin, ne peut laisser « aucun doute à ce sujet. Au nom du salut de l'armée, je vous « adjure de laisser continuer le mouvement de retraite. Dans « deux heures, il ne sera plus temps. »

Le général de Wimpffen lui répondit :

« Mais pourquoi voulez-vous battre en retraite, quand Lebrun a l'avantage? N'est-il pas vrai, ajouta-t-il, en interpellant le général Lebrun, qui se trouvait là : « N'est-il pas vrai, Lebrun, « que vous avez l'avantage? »

Ce dernier répondit dans le sens du général de Wimpffen, et dit qu'on *pouvait attendre* pour commencer la retraite, si les circonstances en démontraient la nécessité.

Le général Ducrot rapporte ensuite le dialogue suivant :

Général de Wimpffen : « Oui, nous n'avons que de la cavalerie « derrière nous; nous n'avons donc pas à nous en inquiéter. Le « général Douay la maintiendra. Quant à nous, réunissons tous « nos efforts pour écraser ce qui est devant Lebrun ».

Général Ducrot : « Mais où voulez-vous qu'aille cette infanterie »

(ennemie), « qui passe, depuis ce matin, à Francheval et à Vil-
« lers-Cernay, si ce n'est à Illy? »

Général de Wimpffen : « Illy? qu'est-ce que c'est qu'Illy?

Général Ducrot : « Ah! vous ne savez pas ce que c'est qu'Illy!
« Eh bien regardez! » Et, étalant une carte sur l'arçon de sa selle,
il ajouta :

« Voyez-vous ce coude de la Meuse, qui se relève vers le nord,
« et ne laisse qu'un étroit espace entre la rivière et la frontière
« belge? Il n'y a là qu'une unique point de passage, c'est Illy!
« Si l'ennemi s'en empare, nous sommes perdus. »

Le général de Wimpffen jeta à peine un coup d'œil fugitif sur
la carte et répliqua :

« Oui, oui, tout cela est très bien; mais, pour le moment,
« Lebrun a l'avantage, il faut en profiter. Ce n'est pas une retraite
« qu'il nous faut, c'est une victoire! »

« — Ah! il vous faut une victoire? Eh bien, nous serons trop
« heureux si nous avons une retraite ce soir! »

En disant ces mots, le général Ducrot partit au galop.

Le mouvement de retraite, déjà commencé par les Français,
auquel le général de Wimpffen attribue la perte des hauteurs
situées au sud du village de Givonne, hauteurs des plus importantes pour les Français, et aussi celle de Bazeilles, fut suspendu;
en même temps, Wimpffen prenait ses dispositions pour exécuter
de nouvelles contre-attaques.

A ce moment, l'Empereur traversait à cheval le fond de
Givonne, lorsqu'un officier de chasseurs à pied s'approcha vivement de lui et lui dit : « Sire, je suis de ce pays, je le connais
« parfaitement. Si nous nous laissons tourner par Illy, nous
« sommes perdus ».

Peu de temps après, l'Empereur rencontra le général de
Wimpffen, et, se trouvant, évidemment, encore sous l'impression
des paroles qu'il venait d'entendre, il lui fit part de ses inquiétudes. Mais le général lui répondit (1) : « Nous allons d'abord
« nous occuper de jeter les Bavarois à la Meuse, puis, avec
« toutes nos troupes, nous ferons face à notre nouvel ennemi ».
Il entendait par là (ainsi qu'il ressort de son ouvrage) les troupes

_____

(1) Wimpffen, *Sedan*, page 164.

allemandes qui se trouvaient sur ses derrières et enveloppaient Sedan par l'ouest.

D'ailleurs, en s'en rapportant à l'ouvrage de Wimpffen, on ne peut pas préciser avec certitude, par suite de plusieurs contradictions, si ce général, — au moment où il donna ses ordres pour se porter en avant vers l'est, — était réellement informé que sa ligne de retraite était coupée par de fortes masses de troupes ennemies, qui avaient franchi la Meuse en aval de Sedan, ou s'il ignorait cette circonstance. Il faut admettre cette dernière hypothèse. A l'appui de cette dernière supposition, on peut citer également les paroles de Wimpffen, rapportées plus haut, d'après lesquelles il n'y avait « que de la cavalerie ennemie sur les derrières de l'armée « française ».

Bref : par suite du contre-ordre, les troupes de Lebrun, qui se trouvaient déjà en retraite, en partant de Bazeilles, se reportèrent de nouveau en avant, en se dirigeant vers cette localité ; au même moment, d'autres fractions de ce corps, entre autres la division Lacretelle, se portèrent à l'attaque plus au nord.

———

Tandis que le nouveau commandant en chef de l'armée française, général de Wimpffen, envisageait encore la possibilité de se frayer un chemin vers l'est, dans la direction de Carignan, les chefs allemands, soit parce qu'ils se rendaient compte des nécessités de la situation, soit parce qu'ils obéissaient involontairement à l'impulsion venant de différents côtés, qui les portait à aller de l'avant, se préparaient à triompher de la dernière résistance de l'adversaire, qui, d'ailleurs, se trouvait dans une situation tout à fait désespérée.

L'artillerie française, qui avait tenu tête, avec une persévérance héroïque, au feu meurtrier des grandes masses de l'artillerie allemande, se vit forcée, enfin, d'abandonner ses positions, pour réserver ses dernières forces, en vue de résister à l'attaque décisive de l'adversaire. Mais l'infanterie française, qui se trouvait exposée au feu d'artillerie le plus violent, consumait ses forces dans une attente inactive ou dans des contre-attaques désespérées et inutiles, quoique exécutées avec bravoure.

Sur ces entrefaites, l'infanterie allemande s'emparait du village d'Illy, sous la protection de son artillerie, dont l'activité pouvait servir de modèle; des subdivisions d'infanterie se réfugièrent, peu de temps après, vers 2 heures de l'après-midi, sur la hauteur du calvaire d'Illy, à proximité immédiate du saillant nord du bois de la Garenne; c'est dans ce bois, qui constituait leur dernier lieu de refuge (plus apparent que réel), que se concentrèrent, à ce moment, les troupes françaises.

L'armée française, qui se trouvait alors resserrée sur un étroit espace, de 3 kilomètres de rayon à peine, était littéralement enfermée dans un cercle d'acier, formé par les pièces allemandes, qui dirigeaient sur elle, presque tout à fait impunément, leur feu dévastateur. Le bois de la Garenne, qui constituait, pour les Français, le dernier lieu de refuge qui se trouvât être encore, relativement, à l'abri du danger, fut bientôt pris, tout spécialement, sous le feu de l'artillerie de la garde prussienne; en même temps, le bois fut réparti, par secteurs, entre les batteries, qui le canonnèrent en employant, à cet effet, plusieurs hausses (1). L'attaque de l'infanterie de la garde fut ainsi préparée efficacement.

A ce moment, l'attaque des Allemands par l'ouest se trouvait déjà, également, en plein cours d'exécution. De ce côté, les Prussiens avaient, avec leur aile droite, qui s'étendait jusqu'à la rive droite de la Meuse, pris d'assaut, vers midi, ainsi que nous l'avons déjà dit, le village de Floing, situé dans la vallée de la Meuse. Mais, malgré cela, et en dépit du feu meurtrier des batteries prussiennes, la division française Liébert se maintenait, avec une grande ténacité, sur la ligne de hauteurs qui commandait le terrain environnant, et en avant du front de laquelle coule un ruisseau, dans une vallée profondément encaissée, depuis Illy jusqu'à la Meuse, par Floing. Devant la forte position occupée par cet adversaire, les troupes prussiennes, après avoir pris le village de Floing, avaient été obligées de faire halte. Il se produisit, sur ce point, une accalmie momentanée; elle ne fut interrompue que par une nouvelle attaque, exécutée par les Prussiens, qui, sur ces entrefaites, avaient été considérablement renforcés.

---

(1) En vue de répartir le plus possible l'efficacité du tir sur toute la surface du but. Voir : *L'artillerie allemande*, etc., 1870-71, cahier 8, page 17.

Lorsque, notamment, la 22e division prussienne (forte de 8 bataillons) était arrivée, entre midi et 1 heure, à Saint-Albert, son
commandant, le général de Schkopp, avait résolu de se porter en
avant, sur Floing, contre l'aile gauche et les derrières de l'ennemi, et d'arracher ainsi à la division Liébert la ligne de hauteurs sur laquelle elle se maintenait. C'est dans cette intention
que le général de Schkopp déploya ses troupes en vue du combat :
— ayant formé deux lignes, constituées par des demi-bataillons,
et placé en arrière, en troisième ligne, 2 bataillons comme réserve,
— il se porta en avant dans la vallée de la Meuse et commença à
franchir le ruisseau de Floing. Le combat qui, sur ce point, avait
cessé depuis quelque temps, reprit, alors, avec une nouvelle violence. A ce moment, le général de Schkopp reçut, du général
commandant, l'ordre « de détacher une brigade, pour former la
« réserve générale du corps, vers le petit bois situé sur la hau-
« teur 812 » (1).

Comme le général, ainsi que nous l'avons déjà dit, n'avait, en
tout, à sa disposition, que 8 bataillons, il était, évidemment, dans
l'alternative, ou de suspendre l'attaque qui se trouvait déjà en
plein cours d'exécution, ou de contrevenir à l'ordre qu'il avait
reçu. Le général de Schkopp prit ce dernier parti, détacha simplement deux de ses bataillons, en vue de remplir la mission qui lui
était assignée, et continua son mouvement offensif avec les autres ;
car il estimait qu'il était impossible de rompre le combat, qui se
trouvait déjà chaudement engagé, et de renoncer à une attaque
dont dépendait, à son avis, la décision de la lutte entreprise sur
cette partie du champ de bataille.

L'ouvrage du grand état-major prussien indique bien les raisons
qui ont déterminé le général de Schkopp à agir ainsi, mais il
n'entre pas dans plus de détails à ce sujet. Il ne cherche pas à
justifier la résolution spontanée prise par ce chef en sous-ordre,
ainsi qu'il l'a fait, à maintes reprises, dans d'autres occasions,
mais il se contente, simplement, de laisser au général lui-même
la responsabilité des conséquences qu'a entraînées sa décision (2).

---

(1) Cote 260 de la carte au 80,000e. (*Annotation du traducteur français.*)
(2) Ouvrage du grand état-major prussien, 1re partie, tome II, pages 1171-
1172.

Cependant, cet incident se rapporte directement à la question qui fait l'objet des discussions de la présente étude, et doit, en conséquence, être éclairci; du moins autant qu'il est possible de le faire, en tenant compte des renseignements, très superficiels, sur lesquels je puis m'appuyer.

Il faut admettre que le général de Schkopp prit, de sa propre initiative, le parti de porter ses troupes, qui débouchaient du défilé de Saint-Albert, dans la direction de Floing, d'une part, parce que le combat, sur ce point, était encore indécis, et, d'autre part, parce qu'il ne pouvait pas découvrir un autre terrain où il pût exercer son activité; car, vers la gauche, s'étendait la grande ligne d'artillerie du XI⁰ corps. Il est évident que le général agit, dans cette circonstance, où il n'avait reçu aucun ordre, tout à fait dans l'esprit de la tactique offensive des Allemands, qui tend à éviter, avant tout, l'inaction, même lorsqu'elle a pour but d'attendre des ordres. En débouchant du défilé, le général de Schkopp avait cherché un but pour son activité, et choisi, à cet effet, les hauteurs qui se trouvaient au delà de Floing; il n'y avait pas, d'ailleurs, à ce moment, ainsi que nous l'avons dit, d'autre but d'attaque, du moins pas à proximité.

Comme il avait alors commencé son attaque et que ses subdivisions avancées se trouvaient déjà chaudement engagées, le général de Schkopp estima qu'il ne lui était plus possible de suspendre son mouvement offensif et de se replier, aussitôt après, sur une position de réserve. La forme de l'ordre qui lui était parvenu (lui prescrivant de détacher une brigade en réserve générale), justifiait, en apparence, cette résolution. Le général de Schkopp était, par le fait, autorisé à conclure de cet ordre, que le général commandant supposait qu'il avait ses deux brigades avec lui, qu'il approuvait son projet de porter en avant l'une de ces brigades au delà du ruisseau de Floing, et qu'il désirait, simplement, que l'autre fût maintenue en réserve. En d'autres termes : le général commandant voulait voir l'une des brigades employée à l'attaque, l'autre formant la réserve. Le général de Schkopp chercha, autant que possible, à satisfaire à ces deux exigences; à cet effet, il appuya l'attaque commencée, en constituant une réserve, destinée à faire face aux nécessités du combat. En réalité, une réserve ne pouvait, sur cette partie du champ de bataille, avoir pour rôle que de protéger le défilé de Saint-Albert—Maison-Rouge contre un

mouvement offensif, que l'ennemi pouvait exécuter, en partant
des positions occupées par la division Liébert. Cette réserve devenait donc inutile, s'il réussissait à battre cette dernière division ;
or c'était là, précisément, la tâche que s'était imposée le général de Schkopp.

Je passe maintenant à l'attaque elle-même. Les troupes du
général de Schkopp trouvèrent, à gauche, un appui dans les subdivisions qui s'étaient déjà, auparavant, maintenues à Floing, et
se joignirent, alors, aux troupes qui se portaient en avant.

Lorsque les lignes de tirailleurs prussiennes eurent escaladé le
plateau, elles se heurtèrent à une vigoureuse résistance. A maintes
reprises, l'adversaire repoussa, au moyen de contre-attaques
impétueuses, certaines fractions de la ligne d'attaque des Prussiens. La cohésion des troupes prussiennes fut compromise ;
néanmoins, groupées par détachements plus ou moins forts
autour des officiers qui étaient restés encore debout, elles s'élan-
cèrent, d'une manière irrésistible, en avant (1). Lorsque le combat fut arrivé à sa période la plus aiguë, le premier lieutenant de
Bardeleben amena 8 pièces, sous la protection d'une compagnie,
sur les hauteurs que les deux partis se disputaient, et commença
à canonner les Français de flanc.

Enfin, les troupes prussiennes qui se trouvaient engagées au
combat, à Floing, reçurent encore, de Fleigneux, en partie, un
nouveau secours, qui, quoique indirect, n'en était pas moins très
désiré. La 19ᵉ brigade d'infanterie (4 bataillons), rassemblée sur
ce dernier point, avait, à 1 heure de l'après-midi, reçu, du général de Kirchbach, l'ordre de se porter en avant contre la division
Liébert, et elle combla, par sa marche en avant, l'espace vide qui
existait entre les groupes prussiens engagés au combat à Floing
et à Illy.

La division Liébert, ébranlée par le feu dévastateur des batteries prussiennes, serrée de près, de front et de flanc, par l'infanterie ennemie, commença à fléchir. Le commandant du corps
d'armée, général Douay, avait, sur ces entrefaites, déjà engagé
toutes ses réserves, en partie sur sa propre ligne de combat, en

---

(1) Ouvrage du grand état-major prussien, 1ʳᵉ partie, tome II, pages 1172-
1173.

partie pour appuyer les troupes. qui défendaient les hauteurs d'Illy, en partie, enfin, pour renforcer le corps Lebrun.

En cet instant critique, les Français eurent recours, de nouveau, à la cavalerie. A l'appel du général Ducrot, qui se rendait compte du danger, parurent, à la fois, le général Margueritte, avec 5 régiments de cavalerie légère, puis la brigade de lanciers Savaresse, de la division Fénelon, appartenant au 12e corps, et encore quelques escadrons de la division de cuirassiers de Bonnemains.

Le général Margueritte lui-même tomba pendant la reconnaissance qui précéda la charge. Le général de Galliffet le remplaça dans le commandement, et exécuta, avec les escadrons français, une charge héroïque et impétueuse contre l'ennemi. Le premier choc de la cavalerie se heurta à d'épaisses chaînes de tirailleurs prussiennes, qui avaient déjà escaladé le plateau, tandis que les subdivisions à rangs serrés, qui suivaient ces dernières, gravissaient encore les pentes escarpées. Exposés au feu de flanc violent des batteries prussiennes (1), les escadrons français se précipitèrent en avant, dans un certain désordre provenant de différents obstacles du terrain, mais, cependant, d'une manière intrépide, quoique, pour la plus grande partie, isolément, contre l'infanterie prussienne ; cette dernière les reçut généralement derrière des fossés et des haies, qu'elle utilisa comme abris.

La première charge fut encore suivie de plusieurs autres, exécutées avec la même intrépidité. Pendant une demi-heure, la bagarre désordonnée qui en résulta subit des alternatives diverses, sur le plateau que les deux partis se disputaient. Les cavaliers français traversèrent les lignes de tirailleurs ennemies et pénétrèrent même jusqu'à l'intérieur de la batterie de 8 pièces dont nous avons parlé ; mais leur élan vint se briser contre les subdivisions à rangs serrés qu'elles rencontrèrent, et le feu de l'infanterie ennemie, qui se renforçait toujours, de plus en plus, sur le plateau, les abattit en masses.

Après avoir épuisé, dans des efforts surhumains, toutes ses forces et tous ses moyens d'action, la cavalerie française s'enfuit, comme un torrent, définitivement en arrière. Elle avait laissé sur place plus de la moitié de son effectif, dont 4 généraux.

_____

(1) Du XIe corps, sur la ligne de hauteurs à l'est de Saint-Menges.

Sur ces entrefaites, l'infanterie française s'était reforméė, et, à
l'exemple de sa cavalerie héroïque, avait repris bonne contenance,
de telle sorte qu'elle put encore opposer à l'attaque des Prussiens,
qui se portaient de nouveau en avant, une vigoureuse et opiniâtre résistance. La 19e brigade d'infanterie subit, par suite, de
telles pertes, que, dans le régiment n° 6, les bataillons durent
être commandés par des lieutenants. Les contre-attaques qu'exécutèrent avec impétuosité les Français les amenèrent même à
proximité immédiate du cimetière de Floing.

Néanmoins, les Prussiens, quoique ayant leurs subdivisions
fort en désordre et très mélangées entre elles, pressentaient que
la victoire était proche ; aussi se précipitèrent-ils de nouveau,
d'une manière irrésistible, en avant. Les troupes du front français
de l'ouest, qui se trouvaient épuisées, se replièrent, enfin, en
arrière ; l'aile droite dirigea sa retraite sur le bois de la Garenne,
tandis que l'aile gauche, après avoir perdu le village de Cazal, se
replia, en combattant, derrière les glacis de Sedan ; en même
temps, l'infanterie française perdait un nombre considérable de
prisonniers, en défendant encore diverses localités.

C'est ainsi, à proprement parler, que la lutte prit fin sur la
partie ouest du champ de bataille. Il n'était plus possible aux
Français de se faire jour de ce côté ; ils ne l'essayèrent même pas
(abstraction faite de quelques tentatives accidentelles, exécutées
par des subdivisions isolées). Tous leurs efforts se trouvaient, à
ce moment, dirigés vers le côté opposé.

Dans cette direction, la bataille se termina de la manière suivante :

Le nouveau commandant en chef français, général de Wimpffen,
après avoir terminé, à midi, sa tournée à cheval, sur le front
ouest, et au centre de la position française, qui s'appuyait au bois
de la Garenne, avait acquis l'impression la plus fâcheuse de la
situation. L'opinion optimiste qu'il avait encore dans la matinée
avait complètement disparu. Il était convaincu qu'on ne pourrait
même pas se maintenir jusqu'au soir sur les positions occupées,
et il résolut, en conséquence, évidemment plutôt pour sauver
l'honneur, que dans l'espoir d'un succès réel, de se faire jour vers
l'est, dans la direction de Carignan. Il avait choisi, précisément,
cette direction, en raison du succès avec lequel le corps Lebrun
avait repoussé, sur ce point, dans la matinée, les attaques des

Bavarois et des Saxons. Pour effectuer cette percée, le général de Wimpffen voulait employer toutes les troupes encore disponibles, et il avait l'intention de chercher à enflammer leur courage, grâce à la présence personnelle de l'Empereur. Le bruit s'était également répandu, probablement à son instigation, que l'armée de Bazaine, victorieuse, allait tomber sur les derrières des Bavarois.

Dans son ouvrage, le général de Wimpffen déclare qu'il a communiqué, personnellement, au général Lebrun les dispositions qu'il prit à ce moment, mais qu'il a adressé aux généraux Douay et Ducrot des ordres écrits, qui prescrivaient au premier de ces généraux « de couvrir en arrière le mouvement offensif exécuté « contre les corps bavarois », et au dernier « de se porter en « avant, avec toutes ses forces, sur La Moncelle et Bazeilles ». Enfin, la division Lespart, du 5e corps, avait, également, reçu l'ordre de se porter en avant sur La Moncelle et Bazeilles (1).

Au moment où ces ordres étaient expédiés, l'exécution des projets du général de Wimpffen s'était déjà heurtée à des difficultés, résultant de ce qu'il n'avait pas à sa disposition l'état-major de l'armée, qui ne s'était pas réuni au général. Ce dernier se trouvait donc, pour ce motif, mal renseigné sur le cours réel de la bataille et sur l'état des choses.

L'ordre destiné au général Ducrot ne lui parvint pas. Cependant, son chef d'état-major, colonel Robert, rencontra, par hasard (ainsi que l'affirme l'ouvrage du général Ducrot), l'officier chargé de remettre au général Douay l'ordre qui le concernait; cet ordre contenait, « en substance » (ainsi que le déclare le colonel Robert), ce qui suit :

« Je vois que l'adversaire a la supériorité ; je réunis les troupes « qui sont sous ma main, pour tenter de me faire jour dans la « direction de Carignan ; appuyez ce mouvement, autant que vous « le pourrez (2). »

Il y avait presque lieu de conclure du contenu de cette note, ainsi que le colonel Robert l'explique plus loin, que les ordres donnés pour la percée à exécuter sur Carignan concernaient éga-

---

(1) Les indications données ici et plus loin sont empruntées aux ouvrages de Ducrot, page 132, et de Wimpffen, pages 168-172.

(2) Il est probable que l'ordre contenait le mot « couvrez » et non « ap- « puyez ».

lement le 1er corps (Ducrot) ; mais les troupes de ce corps d'armée
ne se trouvaient pas, pour le moment, en mesure de prendre part
aux mouvements offensifs vers l'est, car une partie d'entre elles
se trouvait déjà dans un trop grand désordre, et l'autre partie était
engagée au combat dans une autre direction.

Bientôt, également, le général Douay répondit, d'une manière
péremptoire, « qu'il ne pouvait pas tenir plus longtemps » et se
trouvait dans l'impossibilité d'organiser la retraite, conformément
à l'ordre qui lui avait été donné (par le général de Wimpffen).

Toujours est-il qu'il se produisit encore, en partie par suite
des ordres de Wimpffen, en partie, par suite de nouvelles tentatives d'attaque faites par les deux partis, toute une série de
rencontres acharnées, qui durèrent, sur le front est de la position
française, jusqu'à 5 heures de l'après-midi.

C'est pourquoi je vais m'occuper maintenant des événements
qui se passèrent sur cette partie du champ de bataille.

La 23e division saxonne avait déjà reçu, à 11 heures du matin,
l'ordre suivant : « Le XIIe corps se portera sur Illy, les Bavarois
« occuperont le bois de la Garenne et marcheront contre Sedan ;
« quant à la 23e division, elle ne devra pas dépasser les hauteurs
« de La Moncelle ». Cet ordre était, évidemment, la conséquence
des instructions antérieures du commandant en chef de la quatrième armée, instructions qui prescrivaient au XIIe corps de se
porter sur Illy, pour poursuivre l'ennemi, qui paraissait se
replier, et à la garde de marcher à droite de ce corps, sur Fleigneux.

Mais, en réalité, les circonstances se présentaient, à ce moment,
sous un aspect tout différent. L'adversaire n'avait pas encore
commencé son mouvement de retraite ; il occupait, au contraire,
fortement les hauteurs de la rive droite du ruisseau de Givonne,
qui s'étendaient en avant du bois de la Garenne. Les Bavarois ne
pouvaient pas s'avancer, seuls, contre le bois de la Garenne (pour
couvrir le flanc du mouvement que le XIIe corps avait l'intention
d'exécuter sur Illy) (1) ; mais, comme ils avaient épuisé leurs
munitions dans la lutte opiniâtre qu'ils venaient de soutenir, ils

_____

(1) Voir plus haut ce qui concerne l'activité déployée par la quatrième armée
allemande (chapitre VII).

prièrent, de leur côté, la 23e division de vouloir bien s'arrêter et de ne pas découvrir leur flanc droit. C'était le commandant de la 3e brigade bavaroise, qui, se trouvant la plus rapprochée des Saxons, avait adressé cette demande au commandant de la 23e division, général de Montbé, en lui faisant ressortir que, dans le cas où la division saxonne continuerait son mouvement offensif, tous les avantages qu'on avait achetés si chèrement se trouveraient de nouveau compromis.

En conséquence, le général de Montbé convint avec le commandant de la brigade bavaroise qu'il resterait sur la position qu'il avait occupée jusque-là, avec sa division, jusqu'à midi 30, c'est-à-dire jusqu'au moment où les renforts provenant du IVe corps prussien, qu'attendaient les Bavarois, auraient eu le temps d'arriver. Le général commandant le XIIe corps, prince Georges de Saxe, approuva cette décision, et ajouta que la 23e division se porterait (ultérieurement) jusqu'à Daigny, dans la vallée de Givonne, et, à partir de ce point, sur Illy ; car le chemin qui passait par le village de Givonne était affecté à la garde prussienne (1).

Lorsque la tête de colonne de la 8e division (du IVe corps) fit son apparition, à midi 30, au château de Monvillers, le général de Montbé, après avoir, dans l'intervalle, rassemblé sa division, par brigades, la porta dans la vallée, profondément encaissée, du ruisseau de Givonne, sur le chemin de la rive ouest, au pied des hauteurs, en partie déboisées, qui s'élèvent en amont, et dont les pentes sont très escarpées sur ce point. Il en résulta que les Saxons, qui se trouvaient à l'abri, dans le fond encaissé de la vallée, exécutèrent une marche de flanc en avant du front de la grande ligne d'artillerie allemande, engagée au feu sur les hauteurs de la rive orientale (gauche) du ruisseau de Givonne. Les obus des pièces allemandes et françaises se croisaient au-dessus de leurs têtes. Cette marche, d'un caractère tout particulier, exécutée par la 23e division, s'était, sur ces entrefaites, poursuivie sur une longueur d'à peine 2 kilomètres, lorsqu'on se vit obligé de se porter à l'attaque contre des subdivisions françaises qui parurent inopinément sur les hauteurs situées à gauche, dans le flanc de la ligne de marche.

---

(1) Schubert, page 22.

La 45ᵉ brigade entra en ligne, sur ce point, pour prendre part au combat qui s'était engagé rapidement, par suite du mouvement offensif des régiments de la garde prussienne contre le bois de la Garenne. La 46ᵉ brigade avait, sur ces entrefaites, suspendu sa marche en avant, et reçu l'ordre de se rassembler à Haybes. La 24ᵉ division se trouvait à Daigny.

Passons maintenant à l'activité déployée par la garde prussienne, dont les troupes avaient, depuis midi, forcé l'ennemi à évacuer la vallée de Givonne, et attendaient que leur artillerie eût préparé, par son activité zélée et habile, l'attaque des hauteurs de la rive droite, que l'infanterie devait exécuter ultérieurement.

Les succès obtenus par la troisième armée (Vᵉ corps) à Fleigneux et Illy, qu'on pouvait apercevoir des positions occupées par la garde, indiquaient qu'on approchait du moment où les régiments de la garde allaient exécuter l'attaque décisive contre les hauteurs de la rive droite et le bois de la Garenne.

L'artillerie de la garde avait déjà, auparavant, obligé l'ennemi à évacuer tout le terrain découvert situé en avant et au nord du bois, et contribué beaucoup au succès remporté par les troupes de la troisième armée sur ce point, particulièrement à la prise de possession de la hauteur du calvaire d'Illy, située à proximité immédiate de la lisière nord du bois de la Garenne, qui s'avançait en pointe ; le feu des batteries de la garde fut ensuite dirigé, avec ensemble et avec méthode, contre le bois en question. Le commandant de l'artillerie de la garde, général prince de Hohenlohe, assigna à chaque batterie, comme objectif, un secteur déterminé du bois, et prescrivit, chaque fois, à la première pièce de régler son tir contre la lisière avancée du bois, tandis que chaque pièce suivante devait prendre une hausse plus forte de cent pas.

Les batteries françaises établies en face des batteries allemandes avaient, à ce moment, suspendu presque complètement leur tir, de telle sorte que le feu des pièces prussiennes fut exécuté avec régularité et avec calme, « comme si elles avaient tiré « sur des cibles au polygone ». L'absence de danger était telle, qu'il vint sur la ligne de feu, comme spectateurs, non seulement des officiers, appartenant aux régiments qui se trouvaient plus en arrière, mais encore des personnages qui se trouvaient sur le front, entre autres, même, ainsi que le raconte le prince de Hohenlohe, un aumônier (1).

Le bois de la Garenne fut, en même temps, canonné aussi par les batteries du Ve corps ; d'ailleurs, ce bois servit d'objectif sphérique pour tous ceux des projectiles de l'artillerie allemande qui portaient trop loin ; cette artillerie dirigeait, de tous côtés, son feu contre la position des Français, qui se rétrécissait de plus en plus. Si l'on s'en rapporte aux évaluations qui figurent dans l'histoire de l'artillerie allemande, il y eut environ 200 pièces dont le tir se concentra, avec efficacité, à ce moment, contre le bois en question.

Ce dernier bois, situé sur une hauteur dominante, avait la forme d'un triangle, dont la pointe était tournée vers le nord. La hauteur, ainsi que la base du triangle, avaient, respectivement, plus d'un kilomètre de longueur ; le bois présentait, en outre, de grandes éclaircies, visibles pour les Allemands. C'est sur ce point, que se resserrèrent alors, de tous côtés, les troupes françaises qui battaient en retraite. Leur grand nombre ne constituait pas, sur ce point, une force, mais, au contraire, un élément de faiblesse, car il contribuait à accroître les pertes et le désarroi. De grandes masses de troupes erraient à travers le bois et cherchaient en vain à se préserver du feu dévastateur de l'adversaire. Il résulte du récit de témoins oculaires, que les obus allemands tombaient dans ce bois, venant de toutes les directions. Des groupes de cavaliers en désordre augmentaient encore le désarroi général. Le général Ducrot raconte qu'une de ses brigades (de la division L'Hériller), au moment où elle se portait dans la direction du nord, où elle devait appuyer une contre-attaque sur Illy, fut prise en travers par une avalanche de cavalerie fuyant en désordre, et se trouva dispersée, sans avoir pris part au combat (2).

Enfin, les Français abandonnèrent en masse le champ de bataille, en partie encore avec plus ou moins d'ordre, en partie déjà dans un désordre complet, et ils cherchèrent à atteindre l'abri que leur offrait la place.

---

(1) Hohenlohe, 4e lettre sur l'artillerie, pages 85-86. — Traduction Iœglé.
(2) Ducrot, Sedan, Paris, 1883, page 42.

C'est dans cette situation que se trouvaient les troupes françaises, dans le bois de la Garenne, lorsque la 1re division de la garde prussienne, sous le général de Pape, à la suite d'une dernière salve, exécutée, en guise de signal, par toutes les pièces réunies, se porta à l'assaut, exactement à 2 h. 30 de l'après-midi.

La résistance que l'adversaire opposa sur l'enceinte du bois de la Garenne fut très faible. C'est pendant cette résistance que des troupes ennemies se rendirent, ici et là, presque volontairement (d'après les rapports allemands), tandis que d'autres s'opposaient avec fureur à l'assaut des Prussiens ; les prisonniers français reprirent même, plusieurs fois, les armes, et forcèrent, momentanément, les subdivisions prussiennes à reculer. Cependant, ces essais isolés de résistance ne pouvaient, en aucune façon, modifier l'issue de la bataille. Une heure et demie après le commencement de l'attaque exécutée par les régiments de la garde prussienne, le bois se trouvait complètement évacué par l'ennemi, et, sur ce point, plus de 10,000 prisonniers, non blessés, étaient tombés entre les mains des vainqueurs. Ce grand succès n'avait coûté à la garde que des pertes très faibles (1). Ce résultat était dû, principalement, à ce que l'attaque avait été, cette fois, préparée comme il convenait par l'artillerie. La leçon sanglante de Saint-Privat avait porté ses fruits.

Presque au même moment, le combat prit fin à l'extrême droite de la position française. Jetons maintenant encore un coup d'œil de ce côté, en commençant par les Français.

A 1 heure de l'après-midi, le général de Wimpffen avait donné son ordre d'attaque, pour se faire jour sur Carignan. Immédiatement après, il adressa à l'empereur Napoléon une lettre, dont le contenu est reproduit, dans son ouvrage, de la manière suivante (2) :

« Je me décide à forcer la ligne qui se trouve devant le général

---

(1) Les pertes totales de la 1re division d'infanterie de la garde prussienne, dans la bataille de Sedan, ne s'élevèrent pas, en tout, à 250 hommes.

(2) Wimpffen, page 170. — Le général de Wimpffen a, très probablement, rapporté de mémoire ses paroles dans son ouvrage ; il remarque, de plus, que le sens en est reproduit tout à fait exactement, mais que le texte de l'original, que l'on retrouva, plus tard, à Sedan, était conçu en termes beaucoup plus énergiques.

« Lebrun et le général Ducrot, plutôt que d'être prisonnier dans
« la place de Sedan.

« Que Votre Majesté vienne se mettre au milieu de ses troupes ;
« elles tiendront à honneur de lui ouvrir un passage. »

Après avoir attendu en vain, une heure entière, que l'Empereur
fît son apparition, ou, du moins, lui donnât une réponse, le général
de Wimpffen, qui, ainsi qu'il le mentionne, se trouvait dans le
« vieux camp », près du saillant nord-est de la place, se décida à
commencer l'attaque.

Dans le vieux camp se trouvaient rassemblés, à ce moment, la
division Vassoigne, du 12e corps, composée de régiments de
marine, quelques bataillons de zouaves, et le 47e régiment de
ligne, soit, en tout, 5,000 à 6,000 hommes. Le général de
Wimpffen porta, en personne, ces troupes en avant, par le fond
de Givonne, contre les hauteurs qui commandent les villages de
La Moncelle, Bazeilles et Balan. A gauche, les divisions Goze, du
5e corps, et Grandchamp, du 12e corps, se joignirent à la marche
en avant.

Après avoir ainsi disposé les troupes pour l'attaque, le général
de Wimpffen accourut en arrière vers la place de Sedan, qui se
trouvait déjà remplie de troupes en désordre ; grâce à ses paroles
d'encouragement, il réussit à décider à le suivre une masse d'environ 2,000 hommes, avec 2 pièces, avec lesquels il se dirigea vers
Balan.

La marche en avant des Français, qui se traduisit par plusieurs
tentatives d'attaques impétueuses, fut couronnée par le succès.
Les troupes de la 5e brigade bavaroise, solidement établies dans
le village de Balan et dans le parc contigu à la partie nord-est de
ce village, vinrent à manquer de munitions et furent obligées de
battre en retraite. Bien que cette brigade eût été relevée par la
6e brigade (1) (également du IIe corps bavarois), qui n'avait pas
encore été engagée, ainsi que par des subdivisions du IVe corps
prussien, les Bavarois furent repoussés de Balan. Ils ne se maintinrent qu'avec peine dans quelques bâtiments, situés sur l'enceinte est de cette localité étendue, qui se développe, sur une
longueur de près d'un kilomètre et demi, entre Sedan et Bazeilles.

---

(1) Voir plus haut ce qui concerne le rôle joué par le corps Hartmann dans la
bataille de Sedan.

L'insuccès des Bavarois fut si complet et si apparent, que le général von der Tann prit déjà des mesures de défense, pour pouvoir se maintenir, tout au moins, à Bazeilles et sur la position du ruisseau de Givonne.

Cependant, malgré ce succès partiel, on était encore très loin, du côté des Français, d'avoir exécuté la trouée projetée par le général de Wimpffen. L'attaque, exécutée avec bravoure par l'infanterie française, ne pouvait plus être préparée, ni appuyée par leur artillerie, malgré son dévouement héroïque. L'artillerie française ne pouvait pas tenir tête à l'artillerie allemande, qui lui était supérieure comme nombre et comme efficacité de tir, et qui, en outre, savait parfaitement régler son tir et opérer en grandes masses. A l'appui de cette assertion, on peut citer le fait suivant : c'est que trois batteries françaises, qui cherchèrent à prendre position, l'une après l'autre, en avant du fond de Givonne, furent anéanties par l'efficacité du tir de l'artillerie de la garde prussienne, avant même d'avoir pu se mettre en batterie. Ce feu dévastateur, exécuté par 90 pièces de la garde prussienne, qui s'étaient portées en avant, jusqu'à la crête avancée des hauteurs de la rive gauche de la Givonne, faisait sentir également son action à la division Grandchamp, au moment où elle coopérait, à l'extrême gauche, à la dernière attaque exécutée par les Français ; « les cris horribles poussés par les victimes » que faisaient les obus retentissaient jusqu'aux batteries prussiennes (1).

L'attaque exécutée par les Français, sur le terrain découvert situé au nord de Balan, paraissait être, dans de telles conditions, tout à fait impossible. Les débris de leurs braves bataillons se mirent en retraite. Les Bavarois dirigèrent alors le feu de leur artillerie contre le village de Balan, qui avait été réoccupé par les Français ; cette localité fut, peu à peu, abandonnée par ses défenseurs découragés, et occupée de nouveau, pour la plus grande partie, par les Bavarois.

C'est ainsi que finit la tentative entreprise par Wimpffen pour se faire jour, ou, pour mieux dire, pour sauver l'honneur. C'est également pour la même raison que le major d'Alincourt mourut,

_____

(1) Ces détails sont empruntés à l'ouvrage du prince de Hohenlohe : *Lettres militaires*. Il importe de mentionner que, d'après le dire de Hohenlohe, la division Grandchamp attaqua « en masse ».

de la mort des héros, à la tête du 2e escadron du 1er régiment de cuirassiers, au moment où il tentait de se faire jour, en se dirigeant de Sedan sur Mézières, par le village de Cazal, qui était occupé par l'ennemi.

Pendant que les événements tragiques que nous avons décrits se passaient sur la rive droite de la Meuse, les troupes bavaroises laissées en arrière, sur la rive gauche, pour repousser toute tentative éventuelle de l'ennemi en vue de se faire jour dans cette direction, savoir : — la 4e division, avec l'artillerie de corps du IIe corps bavarois, — n'avaient, au début, aucun combat particulier à soutenir. L'artillerie avait, ainsi que nous l'avons déjà dit, réglé son tir sur différents points du terrain et pris sous son feu, par intervalles, des subdivisions de troupes françaises qu'on apercevait sur la rive droite de la Meuse. L'infanterie avait, sur ces entrefaites, renforcé sa position, et même occupé la gare, située en avant de l'issue principale de la place, ainsi qu'un groupe de maisons qui était directement contigu aux glacis de Sedan.

A 2 h. 30 de l'après-midi, l'artillerie bavaroise, déployée sur la rive gauche de la Meuse, reçut, du général de Moltke, l'ordre d'ouvrir le feu contre la ville, en exécutant, avec une vivacité « convenable », un tir à obus. Pour expliquer cette expression « convenable », l'ouvrage du grand état-major prussien insiste sur la nécessité qui s'imposait de conserver un nombre suffisant de munitions disponibles, pour des moments plus décisifs. A 3 heures, le feu fut de nouveau suspendu, par ordre supérieur, probablement parce qu'un drapeau blanc avait été hissé dans la place.

Du point d'observation qu'occupait le grand quartier général, on avait, sur ces entrefaites, remarqué que, sur la rive droite de la Meuse, de grandes masses ennemies refluaient vers la place, dans un désarroi complet. Des officiers d'état-major, qui avaient été envoyés en avant au delà de la Meuse, pour recueillir des renseignements sur le cours de la bataille, rendirent compte que le mouvement tournant des troupes allemandes était complètement exécuté, et que partout « des réserves, en nombre suffisant, se « trouvaient prêtes à s'opposer aux tentatives que l'ennemi pou- « vait entreprendre pour se faire jour ». Dans ces conditions, le commandement suprême de l'armée allemande estima « qu'un tir

« efficace et vigoureux de l'artillerie contre le dernier refuge de
« l'ennemi était le moyen le plus sûr de convaincre ce dernier
« que sa situation était désespérée et de le décider à mettre bas
« les armes ».

C'est pourquoi, à 4 heures, le roi Guillaume ordonna à toute
l'artillerie disponible sur la rive gauche de la Meuse de recommencer à canonner la place de Sedan, en donnant, à cet effet, au
tir toute l'intensité possible.

A cet effet, les batteries de la division de campagne wurtembergeoise qui se trouvaient à Donchery furent également amenées en ligne, quoique, évidemment, un peu tard. Parmi elles,
celles qui arrivèrent trop tardivement ne prirent plus aucune part
à la lutte, tandis que d'autres, par suite de leur précipitation,
dirigèrent leur feu sur les subdivisions bavaroises qui, au moment
où les négociations allaient s'engager, avaient pris position à la
porte de la place. « Seul, le commandant de la division (qui était
« bavarois) put parvenir, grâce à son intervention, tout à fait
« décisive, auprès de l'artillerie wurtembergeoise, à faire cesser
« le tir de cette dernière, qui s'en tenait toujours aux ordres
« supérieurs qu'elle avait reçus ». Par son tir, l'artillerie wurtembergeoise avait causé quelques pertes aux Français, et deux
officiers bavarois, qui étaient déjà presque entrés dans Sedan,
en vue d'engager des négociations provisoires, eurent à subir
des voies de fait de la part des Français, parmi lesquels la
réouverture soudaine du feu (1) avait produit la plus grande émo-
tion (2).

En tout cas, en canonnant la ville, qui se trouvait en flammes
en dix endroits différents, les Allemands, abstraction faite de
l'impression terrifiante qu'ils avaient produite sur les troupes
ennemies, avaient obtenu l'effet qu'ils désiraient. Vers 6 heures du
soir, les hostilités furent suspendues, à la suite de négociations
définitives, ouvertes entre les deux grands quartiers généraux des

---

(1) Les Bavarois avaient déjà prescrit de suspendre le feu, en vue des négociations engagées, lorsque l'artillerie wurtembergeoise, qui n'était pas au courant
de la situation, ouvrit le feu contre la porte de la place dont nous avons parlé.
(Voir : *Historique du II° corps bavarois*, pages 45-46).

(2) Les indications relatives à l'activité déployée sur la rive gauche de la
Meuse ont été, en partie, complétées d'après l'*Historique du II° corps bavarois*,
pages 44-48.

deux partis ; ces négociations entraînèrent la captivité de l'empereur Napoléon III et de toute son armée.

———

Il semble que cette discussion pourrait clore tout ce qui a trait à la capitulation de l'armée française à Sedan, car elle n'a plus aucune importance, au point de vue des considérations que nous envisageons dans cette étude. Cependant le développement de ce triste événement, ainsi que les particularités qui s'y rapportent, mettent en lumière les conceptions et les relations réciproques des personnages chargés de conduire les négociations, du côté des Français ; ces particularités éclairent, d'autre part, d'un jour très vif, les causes les plus intimes et les plus fondamentales de la défaite des Français. C'est pourquoi il semble avantageux de donner ici une description de ces détails caractéristiques.

L'empereur Napoléon, qui se trouvait à Sedan, après s'être rendu compte, vers 3 heures, que la continuation de la lutte était devenue tout à fait impossible, prescrivit de hisser le drapeau parlementaire, et adressa au général de Wimpffen un ordre écrit, pour l'inviter à entrer en négociations avec l'ennemi. L'officier qui fut envoyé par l'Empereur (Pierron) rencontra ce général, peu de temps avant 4 heures, au moment où il venait, précisément, de conduire au combat la division d'infanterie de marine, et s'était porté vers la ville, pour rassembler d'autres troupes sur ce point et les conduire à l'ennemi.

Le général de Wimpffen, qui attendait toujours que l'Empereur, en réponse à sa proposition, vînt se mettre à la tête des troupes, pour exécuter avec elles une trouée dans la direction de Carignan, fut extrêmement surpris et ému par la communication verbale que lui fit le général Pierron au sujet du projet de capitulation. Il ne reconnaissait pas à l'Empereur (car ce dernier n'exerçait pas, personnellement, le commandement en chef) le droit d'ouvrir des négociations, et il répondit à son messager : « Je ne « prendrai pas connaissance de la lettre et je refuse de négocier » ; et, comme Pierron insistait sur l'ordre dont il était porteur, le général, tenant à la main la lettre de l'Empereur, sans l'ouvrir, se tourna vers les troupes en leur disant : « Il faut me suivre, si vous

« ne voulez pas être obligés de déposer les armes et de vous
« rendre prisonniers (1). »

Sur ces entrefaites, le fanion blanc, qui avait été hissé sur
l'ordre de l'Empereur, même avant le refus de Wimpffen, fut de
nouveau enlevé, à l'instigation du chef d'état-major de l'armée,
général Faure.

En général, l'arbitraire le plus complet se manifestait, à ce
moment, non seulement dans les rangs inférieurs de l'armée,
mais encore en haut lieu. L'Empereur, qui avait évité de prendre
lui-même le commandement de l'armée, fait, ici, le premier pas
vers l'adversaire, en vue de la capitulation. Le commandant en
chef de l'armée et son chef d'état-major, chacun de leur côté,
opposent à leur chef d'armée une désobéissance et une rébellion
manifestes. Les commandants de corps, enfin, et, en première
ligne, le général Ducrot, ne tiennent plus aucun compte des
ordres de leur supérieur direct, le général de Wimpffen.

Je passe maintenant à l'activité déployée, à la dernière heure,
par le général Ducrot.

Après avoir épuisé complètement tous ses moyens et toutes ses
forces, en faisant les efforts les plus extrêmes, pour arrêter l'attaque
des Prussiens, qui continuait à faire des progrès contre le centre
des positions françaises du bois de la Garenne, ce général avait
été entraîné par le flot des fuyards, et était arrivé jusqu'à la citadelle de Sedan. A l'entrée de cette citadelle, il rencontra plusieurs
généraux. Tout à coup l'un de ses officiers d'ordonnance s'écria :
« Le drapeau blanc est hissé. Serait-ce le drapeau parlemen-
« taire ? » « Ce n'est pas possible, dit le général Ducrot, c'est
« plutôt un drapeau d'ambulance, dont la croix rouge a été
« effacée par la pluie (2). »

Un peu plus loin, le général Ducrot rencontra le général Dejean,
fit avec lui le tour des remparts de la citadelle, et s'efforça de
garnir de soldats le parapet et le chemin couvert. Ceux-ci, il est
vrai, obéissaient momentanément, mais ils abandonnaient leur
poste, sitôt qu'on les perdait de vue ; ni les remontrances, ni les
menaces, ne produisaient la moindre impression sur eux.

---

(1) Wimpffen, pages 173-174.
(2) Ces indications, ainsi que les suivantes, sont empruntées à l'ouvrage de
Ducrot : *La journée de Sedan*, pages 48-53.

Vers 3 heures, le général Ducrot se décida (ainsi qu'il le raconte) à traverser la ville, pour se mettre en communication avec le commandant en chef de l'armée. A ce moment, il reçut une lettre écrite par Wimpffen, qui lui prescrivait de concourir à la tentative de trouée sur Carignan et Montmédy.

« Je n'ai plus rien avec moi », répondit Ducrot à l'officier d'ordonnance ; « je vais entrer dans la place, pour voir s'il est « possible de réunir quelques troupes ».

L'intérieur de la place de Sedan présentait, au dire de Ducrot, l'aspect d'un désordre indescriptible. Les places et les rues étaient encombrées de voitures de toute sorte et de canons Des bandes de soldats, sans fusils et sans sacs, accouraient à tou moment et se jetaient dans les maisons et dans les églises. Aux portes de la ville, il se produisit une poussée si terrible, que plusieurs malheureux périrent piétinés. Des cavaliers arrivaient ventre à terre et cherchaient à se frayer un chemin à travers ces masses affolées et ces voitures de toute sorte.

Des soldats qui avaient encore conservé un reste d'énergie ne savaient s'en servir que pour accuser et maudire : « Nous avons « été trahis, criaient-ils, nous avons été vendus à l'ennemi par « des traîtres et des lâches ! »

Convaincu qu'il n'y avait plus rien à faire avec de tels hommes, le général Ducrot se rendit, vers 3 h. 30, à la sous-préfecture, où se tenait l'Empereur.

La figure de Napoléon III, habituellement froide et impénétrable, était empreinte, à ce moment, d'une profonde tristesse. L'Empereur dit au général qu'il avait vivement regretté la nomination, par le ministre de la guerre, du général de Wimpffen au commandement en chef, et lui déclara que s'il ne s'y était pas opposé, c'était uniquement parce qu'il n'avait pas voulu contrecarrer les décisions venant de Paris. Après avoir fait ressortir que, seul, le mouvement de retraite projeté par Ducrot aurait pu sauver l'armée, il s'étendit sur les faits antérieurs à la guerre, et exprima ses regrets de ne pas avoir écouté, en temps opportun, les avertissements de Ducrot ; ce dernier, en sa qualité de commandant de la division militaire de Strasbourg, avait, en effet, pu observer, de très près, les événements qui se passaient de l'autre côté du Rhin, et avait mis l'Empereur au courant des projets menaçants de l'Allemagne, ainsi que des forces considérables et des moyens dont elle disposait. Après ces quelques paroles, l'Empereur se tut. Le profond silence qui régnait autour du souverain rendait plus saisissants encore le bruit et la canonnade qui se faisaient entendre du dehors.

« Je ne comprends pas », dit l'Empereur, « que l'ennemi con« tinue le feu, car j'ai fait arborer le drapeau parlementaire. « J'espère obtenir une entrevue avec le roi de Prusse ; peut-être « aurai-je des conditions avantageuses pour l'armée ».

« Je ne compte pas beaucoup sur la générosité de nos adver« saires », répliqua le général ; « à la nuit, nous pourrions encore « tenter une sortie ».

L'Empereur fit observer, dans sa réponse, que le plus grand désordre régnait dans la ville, qu'elle était entièrement pleine de fuyards, que les troupes étaient démoralisées, et qu'en conséquence toute nouvelle tentative de trouée n'aboutirait qu'à une effusion de sang inutile.

Sur ces entrefaites, le feu des pièces d'artillerie allemandes croissait de plus en plus en intensité. Dans la ville, le feu éclatait en plusieurs endroits ; des soldats et de simples citoyens, des adultes et des enfants, des hommes vigoureux et des blessés, tombaient victimes des projectiles allemands ; deux généraux français trouvaient également ainsi la mort.

« Mais », dit l'Empereur, « il faut absolument faire cesser le « feu. Écrivez là, » dit-il, en se tournant vers le général Ducrot, et en lui indiquant la table près de laquelle il était assis. L'Empereur dicta au général les paroles suivantes :

« Le drapeau parlementaire ayant été arboré, les pourparlers « vont être ouverts avec l'ennemi ; le feu doit cesser sur toute la « ligne. »

Maintenant, « signez », ajouta l'Empereur.

« Oh non, sire, je ne peux pas signer », répondit Ducrot. « A « quel titre pourrais-je le faire ? Je suis simplement commandant « de corps. C'est le général de Wimpffen qui commande l'armée. »

« Vous avez raison », répondit l'Empereur ; « mais je ne sais pas « où est le général de Wimpffen, et il faut que quelqu'un signe ».

« Faites signer par le chef d'état-major ou par le plus ancien « général, c'est-à-dire Douay », dit Ducrot.

« Oui », répondit l'Empereur, « faites signer par le chef d'état« major ».

Le général Ducrot envoya le colonel Robert à la recherche du général Faure. Mais ce dernier se refusa à signer l'ordre de cesser le feu, en disant : « Je viens de faire abattre le drapeau blanc, ce « n'est pas, certes, pour exécuter un ordre pareil ». Le colonel Robert, après avoir fait cette réponse, revint dans la place avec le général Ducrot. Pendant qu'ils parlaient ensemble, le général Lebrun sortit de la chambre de l'Empereur et fit connaître qu'il se rendait auprès de l'adversaire, en qualité de négociateur (1).

A 4 h. 30, le général Lebrun, qui était précédé d'un drapeau blanc, atteignit la porte qui menait à Balan, et rencontra sur ce point le général de Wimpffen, qui était encore passionnément occupé à préparer sa tentative de trouée. L'un des officiers d'ordonnance de Wimpffen jeta le drapeau blanc à terre. Le général lui-même donna l'ordre à Lebrun de coopérer à la nouvelle attaque projetée sur Balan. Ce dernier répliqua, il est vrai, que cette tentative aurait simplement pour résultat de coûter, tout à fait inutilement, 2,000 à 3,000 hommes ; cependant, sans exécuter l'ordre de l'Empereur, il suivit le général de Wimpffen au combat. Mais, bientôt, on reconnut clairement qu'il était impossible de faire encore une tentative quelconque avec succès, et c'est ainsi que les deux généraux revinrent, à 6 heures du soir, à Sedan.

Après avoir reçu la première lettre de l'Empereur (qui contenait l'ordre d'ouvrir des négociations), le général de Wimpffen fut encore prié, deux fois, par l'Empereur, d'engager des pourparlers au quartier général de l'adversaire. Par deux fois le général déclina cette invitation, et, revenu à son quartier général, demanda, par écrit, à être relevé de son commandement, et offrit sa démission (2).

A la suite de cette demande, l'Empereur donna au général Ducrot l'ordre de prendre le commandement en chef. Mais ce dernier déclara « que Wimpffen, ayant réclamé lui-même le « commandement en chef, n'avait pas le droit de l'abandonner,

---

(1) D'après l'ouvrage de Ducrot (Paris, 1883, page 53), « le général Lebrun « fit connaître qu'il se rendait auprès du général de Wimpffen, pour lui « remettre une dépêche dictée par l'Empereur, dans le but d'obtenir la cessation « immédiate du feu et un armistice ». (Annotation du traducteur français.)

(2) Ces détails, ainsi que les suivants, se trouvent dans Wimpffen, pages 175-198-226, etc., 282-296.

« maintenant que les opérations avaient mal abouti; que, du
« reste, Douay était le plus ancien général de l'armée, et que
« c'était à lui, par conséquent, que revenait, après Wimpffen, le
« commandement en chef ». Le général Douay s'était presque
déjà déclaré prêt à prendre le commandement en chef, c'est-à-dire,
en réalité, à diriger les négociations en vue de la capitulation,
quand, sur les observations de son ami Lebrun, il se récusa également, et déclara que le général de Wimpffen devait conserver le
commandement en chef jusqu'au bout (1). L'Empereur écrivit
alors la réponse suivante à ce dernier (2) :

« Général, vous ne pouvez pas donner votre démission, lorsqu'il
« s'agit encore de sauver l'armée par une honorable capitulation.
« Je n'accepte donc pas votre démission. Vous avez fait votre
« devoir toute la journée, faites-le encore. C'est un service que
« vous rendrez au pays.
« Le roi de Prusse a accepté l'armistice et j'attends ses propo-
« sitions. »

Dans son ouvrage, le général de Wimpffen fait remarquer que
l'Empereur a retenu les généraux qui étaient placés immédiatement sous ses ordres (à lui, Wimpffen), dont la place était sur le
champ de bataille, pour tenir conseil avec eux, et qu'il a fait
hisser le drapeau blanc, sans le consentement de Wimpffen. En
agissant ainsi, l'Empereur avait pris, dit-il, le rôle de commandant en chef; c'était donc à lui qu'il appartenait de signer la
capitulation.

Néanmoins, le général de Wimpffen estima (ainsi qu'il le déclare
dans son ouvrage) qu'il ne lui était plus possible de se dérober à
l'ordre de l'Empereur, qui exigeait de lui un service, dans l'intérêt
de l'armée et du pays.

Sur ces entrefaites, l'empereur Napoléon était déjà entré directement en pourparlers avec l'ennemi. Il avait déclaré, personnellement, au lieutenant-colonel de Bronsart, venu, au nom du roi de
Prusse, le sommer de capituler, que ce n'était pas lui, mais le
général de Wimpffen qui commandait en chef; en même temps, il
avait fait parvenir au roi, par son aide de camp, le général Reille,

---

(1) Ducrot, page 84.
(2) Wimpffen, page 227.

une lettre dans laquelle il disait que : « N'ayant pas pu mourir à
« la tête de ses troupes, il ne lui restait qu'à remettre son épée
« entre les mains de Sa Majesté ».

Le roi répondit : « Tout en regrettant les circonstances dans
« lesquelles nous nous rencontrons, j'accepte l'épée de Votre
« Majesté, et je vous prie de donner pleins pouvoirs à un officier,
« pour traiter de la capitulation de l'armée qui s'est si bravement
« battue sous vos ordres. De mon côté, j'ai désigné, à cet effet, le
« général de Moltke ».

L'Empereur envoya alors le général de Wimpffen, comme négociateur, après lui avoir remis la lettre suivante (1) :

« L'empereur Napoléon III ayant donné le commandement en
« chef au général de Wimpffen, à cause de la blessure du maré-
« chal Mac-Mahon, qui l'empêchait de remplir son commande-
« ment, le général de Wimpffen a tous les pouvoirs pour traiter
« des conditions à faire à l'armée, que le roi reconnaît avoir vail-
« lamment combattu. »

« Signé : Napoléon. »

Le général de Wimpffen ne néglige pas, dans son ouvrage, de
faire ressortir, encore une fois, « qu'il n'a pas reçu le commande-
« ment de l'armée, des mains de l'Empereur », mais il ajoute qu'il
n'a voulu élever aucune objection contre le texte même de la
lettre que nous venons de mentionner, et qu'il s'est rendu au
grand quartier général du roi de Prusse, avec l'officier prussien qui
était venu à Sedan, pour sommer l'Empereur de capituler. Le
général était accompagné du général Faure, en sa qualité de chef
d'état-major de l'armée, ainsi que du général Castelnau, qui était
chargé de débattre les intérêts personnels de l'empereur Napoléon,
car ce dernier n'avait songé qu'à sa personne, et avait ainsi séparé
ses intérêts de ceux de l'armée qu'il ne commandait pas.

Du côté des Allemands, le chancelier de la Confédération,
comte de Bismarck, et le quartier-maître général, de Podbielski,

---

(1) Wimpffen, page 230.

assistèrent aux négociations relatives à la capitulation de l'armée, qui eurent lieu entre les généraux de Wimpffen et de Moltke, désignés, par les deux partis, comme plénipotentiaires. De ces négociations, qui furent assez longues, il y a lieu simplement de mentionner ici quelques-uns des passages les plus remarquables, tels qu'ils sont rapportés par le général de Wimpffen, ou tels qu'ils figurent dans l'ouvrage du général Ducrot. Les indications qui se trouvent dans ce dernier ouvrage sont extraites d'une note du capitaine d'Orcet, qui assistait aux négociations (1).

Le général de Moltke déclara, en sa qualité de plénipotentiaire du roi de Prusse, qu'il serait accordé à l'empereur Napoléon, parce qu'il s'était rendu, tous les avantages qu'il pourrait désirer pour lui-même, mais que, quant à l'armée, elle devait se constituer prisonnière de guerre. Le général motiva ses exigences, en faisant ressortir la supériorité numérique des forces allemandes, et la situation désespérée de l'armée française, qui se trouvait rejetée dans Sedan, sans vivres et sans munitions, et il ajouta que cette place pourrait être, le jour suivant, transformée en un amas de ruines par le feu de 500 pièces allemandes, qui, en prenant position, pouvaient rendre complètement impossible toute tentative de trouée exécutée par les Français.

Le général de Wimpffen, de son côté, proposa de permettre à l'armée de se retirer librement en Algérie, en prenant l'engagement de ne plus servir, pendant cette guerre, contre l'Allemagne. Il ajouta que l'armée française ne pouvait pas accepter des conditions aussi dures et aussi incompatibles avec son honneur, et qu'elle préférerait combattre, d'autant plus que les positions allemandes n'étaient pas aussi fortes que le déclarait le général de Moltke.

Ce dernier répliqua alors vivement (2) :

« Vous ne connaissez pas la topographie des environs de Sedan ;
« voici même un détail bizarre, qui peint bien votre nation pré-
« somptueuse et inconséquente. A l'entrée de la campagne, vous
« avez fait distribuer à vos officiers des cartes de l'Allemagne,
« alors que vous n'aviez pas le moyen d'étudier la géographie de

---

(1) Wimpffen, pages 239-245. — Ducrot, pages 58 à 74.
(2) Sedan, par Ducrot, page 73.

« *votre pays, puisque vous n'aviez pas les cartes de votre territoire.*
« Eh bien! moi je vous dis que nos positions sont, non seulement
« très fortes, mais formidables et inexpugnables. »

En outre, le général de Wimpffen exprima l'idée qu'il ne pouvait pas être de l'intérêt des Allemands de blesser l'armée française dans son honneur, en lui imposant des conditions de
capitulation trop rigoureuses, et d'irriter le peuple français, en
exigeant des concessions de territoire. En revanche, disait-il, une
conduite généreuse de la part des Allemands inspirerait aux Français de la reconnaissance, et même des sentiments amicaux,
comme ceux qui existaient, par exemple, en ce moment, entre la
France et l'Angleterre, malgré les combats de la guerre de Cent
ans. Il ajouta que le peuple français était bien changé, qu'il ne
songeait plus à faire des conquêtes et désirait simplement la paix.

Cette fois, le comte de Bismarck prit la parole pour répliquer (1).

« Ici, je suis obligé de vous interrompre, général. Non! votre
« pays n'a pas changé. C'est la France qui a voulu la guerre (2).
« C'est pour flatter cette manie populaire de la gloire, dans un
« intérêt dynastique, que l'empereur Napoléon III est venu nous
« provoquer. Nous savons bien que la partie raisonnable et saine
« du peuple français ne poussait pas à la guerre; néanmoins, elle
« en a accueilli l'idée volontiers. Nous savons bien que ce n'était
« pas l'armée, non plus, qui nous était le plus hostile; mais le
« parti qui poussait à la guerre est le même qui fait et défait les
« gouvernements. Chez vous, c'est la populace que nous voulons
« punir, et aussi les journalistes; il faut, pour cela, que nous
« allions à Paris. »

Dans le cours ultérieur des négociations, le comte de Bismarck
caractérisa, par des mots très justes, la situation militaire et politique de la France, telle qu'elle se présentait à ce moment :

« Qui sait ce qui va se passer? Peut-être se formera-t-il, chez

---

(1) *Sedan*, par Ducrot, pages 69 et 70.
(2) Le prince de Bismarck s'est chargé, lui-même, vingt ans plus tard, de
prouver, d'une manière péremptoire, que « si c'est la France qui a voulu la
« guerre », comme il n'hésitait pas à l'affirmer en 1870, *c'est lui seul qui, en
falsifiant, de propos délibéré, la fameuse dépêche d'Ems, l'a rendue absolument
inévitable* (*Annotation du traducteur français*).

« vous, un de ces gouvernements qui ne respecte rien, qui fait
« des lois à sa guise, qui ne reconnaîtra pas la capitulation que
« vous aurez signée pour l'armée, un gouvernement qui forcera,
« peut-être, vos officiers à violer les promesses qu'ils nous
« auraient faites, car on voudra, sans doute, continuer la défense
« à tout prix. Nous savons bien qu'en France on forme vite des
« soldats ; mais de jeunes troupes ne valent pas des troupes
« aguerries, et, d'ailleurs, ce qu'on ne peut faire sortir de terre,
« c'est un corps de bons officiers et de bons sous-officiers. »

Le comte de Bismarck exprima encore, au cours des négociations, une autre pensée, dans les termes suivants (1) : « Il ne faut
« jamais compter sur la reconnaissance d'un peuple ; on peut bien
« croire à la reconnaissance d'un souverain, à la rigueur à celle
« de sa famille ; on peut même, en quelques circonstances, y
« ajouter une foi entière, mais, je le répète, il n'y a rien à attendre
« de la reconnaissance d'une nation. Si le peuple français était
« un peuple comme les autres, s'il avait des institutions solides,
« si, comme le nôtre, il avait le culte et le respect de ses institu-
« tions, s'il avait un souverain établi sur le trône d'une façon
« stable, nous pourrions croire à la gratitude de l'Empereur et à
« celle de son fils, et attacher un prix à cette gratitude. Mais, en
« France, depuis quatre-vingts ans, les gouvernements ont été si
« peu durables, si multipliés, ils ont changé avec une rapidité si
« étrange, et si en dehors de toute prévision, que l'on ne peut
« compter sur rien dans votre pays. Fonder des espérances sur la
« reconnaissance du souverain français serait, de la part d'une
« nation voisine, un acte de démence ; *ce serait, tout simplement,*
« *vouloir bâtir en l'air* ».

Le général de Wimpffen n'obtint pas, pour son armée, d'autres
concessions, si ce n'est la faveur, pour les officiers, d'échapper,
sur leur demande, à la captivité, à la condition de s'engager,
par écrit, sur l'honneur, à ne plus servir contre l'Allemagne,
jusqu'à la fin de la présente guerre.

Le général Ducrot blâme, non sans raison, cette dernière condition, car, insérée dans le texte de la convention relative à la
capitulation, elle avait pour effet de séparer les officiers de

---

(1) *Sedan,* par Ducrot, pages 66 et 67.

l'armée, dont ils auraient dû partager, à proprement parler, le sort jusqu'à la fin (1).

Le jour suivant, le 2 septembre, fut signée la convention relative à la capitulation.

Les pertes des Allemands, dans la bataille de Sedan, s'élevèrent à près de 9,000 hommes, dont 460 officiers (2). Les pertes des Français s'élevèrent, d'après l'ouvrage du grand état-major prussien, à 17,000 hommes, tués ou blessés, 21,000 hommes faits prisonniers dans la bataille, et 83,000 hommes, qui furent faits prisonniers, en vertu de la capitulation ; en outre, 3,000 hommes furent désarmés sur le territoire belge. De ces nombres il résulte que l'effectif de l'armée française, le jour de la bataille, s'élevait à 124,000 hommes.

Ainsi un nombre relativement assez considérable d'hommes a pu s'échapper ou s'enfuir sur le territoire belge, en partie isolément, en partie par bandes, encore en temps opportun, avant que l'investissement de l'armée fût complètement accompli. C'est ainsi, par exemple, que la division de cavalerie du corps de Failly (à l'exception de son commandant, le général Brahaut, et de son état-major), toute l'artillerie d'une des divisions du 1er corps, une partie d'un régiment de zouaves, etc., purent se sauver. 11,000 hommes, en tout, réussirent à se soustraire à la captivité. En admettant que la force de l'armée de Châlons s'élevât, au début, à 150,000 hommes, et en tenant compte encore des pertes subies à Beaumont et dans les différents autres combats, il resterait encore environ 10,000 hommes, que l'armée doit avoir perdus jusqu'à la bataille de Sedan, en traînards ou hommes de cette nature, qui ont, de leur propre autorité, quitté leurs rangs. D'après les indications du prince de Hohenlohe, les troupes allemandes avaient, à cette époque, presque autant de traînards que l'armée française.

---

(1) Les officiers français pouvaient, chacun pour leur personne, faire usage des faveurs qui leur étaient accordées, par le roi Guillaume, en considération de leur valeureuse conduite, mais la convention relative à la capitulation n'aurait dû stipuler que des faveurs accordées dans l'intérêt de tous les membres de l'armée, ou n'en mentionner aucune.

(2) Les trois divisions bavaroises qui prirent part au combat livré aux abords de Bazeilles (1er corps bavarois et 3e division bavaroise) perdirent, à elles seules, 207 officiers et 3,816 hommes (Von Scherff, *Etudes militaires*, cahier 5, p. 292).

Les mouvements de l'armée allemande, le 31 août et le 1er septembre, qui entraînèrent la ruine complète de l'armée française, eurent lieu en exécution de l'ordre du roi Guillaume, mentionné plus haut (1), qui fut expédié de Buzancy, la veille du jour de la bataille de Beaumont. C'est pourquoi, en nous plaçant au point de vue des questions discutées dans cette étude, il y a lieu de lui accorder une mention spéciale.

Bien que ces instructions, données par le roi, aient reçu le titre « d'ordre », elles présentaient, en réalité, le type idéal d'une directive, qui se contente de faire connaître « les vues directrices » du haut commandement, et s'en remet aux chefs en sous-ordre du soin de prendre des décisions spontanées, basées sur ces vues générales (2).

« L'ordre » commence par faire la déclaration suivante : « Bien « que, pour le moment, on n'ait pas encore reçu de renseigne- « ments, relativement aux points précis où les divers corps ont « cessé la lutte, il est certain, néanmoins, que l'ennemi a rétro- « gradé partout, ou a été battu. »

Il est prescrit, ensuite, pour le jour suivant (le 31 août), de reprendre la marche en avant, et « d'attaquer énergiquement « l'ennemi, partout où on le rencontrera, de ce côté-ci de la « Meuse ».

Les mots suivants contiennent le point capital de ces instruc- tions, c'est-à-dire l'indication du but vers lequel doivent se diriger tous les efforts ; — le but à atteindre ne tend, ni plus ni moins, qu'à anéantir complètement l'armée ennemie ; — ces instructions indiquent, en termes très brefs, qu'il s'agit « d'acculer l'ennemi, « le plus étroitement possible, entre la Meuse et la frontière « belge ».

---

(1) Voir plus haut, chapitre vii, pages 295-296, l'ordre de l'armée, daté de Buzancy, 30 août 1870, 11 heures du soir.

(2) Il n'est pas sans intérêt de reproduire ici la définition de l'expression « directives », telle que nous l'avons déjà donnée dans le tome I de cette étude (page 34), et telle qu'elle figure dans l'ouvrage du grand état-major prussien : « Les directives sont des communications, adressées par l'échelon supérieur à « l'échelon inférieur, qui contiennent moins des ordres formels pour la conduite « à tenir, à un moment donné, que des points de vue qui doivent servir de « guides aux subordonnés. Ces points de vue servent alors de règles pour les « résolutions à prendre, d'ailleurs, en toute indépendance. »

Elles ajoutent encore que, « dans le cas où l'ennemi passerait « sur le territoire belge, et ne serait pas immédiatement désarmé, « on devra l'y poursuivre, sans attendre de nouveaux ordres ».

Enfin, il est encore question de la répartition des rôles assignés aux deux armées allemandes, répartition qui est faite de la manière suivante : la troisième armée doit opérer contre le front et la droite de l'ennemi ; la quatrième est chargée d'envelopper son aile gauche. A cet effet, il est recommandé à cette dernière armée « de jeter, autant que possible, deux corps sur la rive « droite de la Meuse et d'aborder les Français en flanc et à « revers, s'ils venaient à prendre position vis-à-vis de Mouzon ».

L'hypothèse que l'adversaire prendrait une position vis-à-vis de Mouzon ne se réalisa pas. Néanmoins, les deux chefs d'armée remplirent, de la manière la plus avantageuse, leur mission, en se conformant aux circonstances réelles, qui leur étaient déjà bien connues, — car le but commun à atteindre, qui consistait à « acculer l'ennemi, le plus étroitement possible, etc. », leur était indiqué clairement.

Le prince royal de Saxe se porta, le 31 août, avec deux corps d'armée, non seulement au delà de la Meuse, mais encore au delà de la rivière de la Chiers, et barra à l'adversaire, déjà dans cette journée, les chemins qui menaient dans la direction de l'est, entre la Meuse et la frontière belge. D'autre part, le prince royal de Prusse chercha à faire prendre position à une partie de son armée, soit deux corps et demi, sur les routes de retraite de l'ennemi, à l'ouest de Sedan, et prit possession, déjà dans cette même journée, des passages de la Meuse, à Donchery et à Flize. Il y a lieu de remarquer que cette résolution, qui avait la plus grande importance, fut prise tout à fait spontanément par le commandant en chef de la troisième armée. L'ordre du roi ne contient aucune indication relative aux mouvements à exécuter, dès le 31, pour atteindre déjà la région située à l'ouest de Sedan ; le mérite d'avoir pris les mesures nécessaires à cet effet, mesures qui contribuèrent, d'une manière si essentielle, au triomphe des Allemands, le 1er septembre, revient donc, purement et simplement, au prince royal de Prusse.

Mais la part de gloire qui revient au commandement suprême de l'armée allemande n'en est pas moins grande pour cela ; elle réside, essentiellement, dans le fait que le haut commandement, après avoir indiqué, d'une manière générale, une fois pour toutes, le but à atteindre, abandonna complètement à ses deux armées le choix des mesures ultérieures à prendre et des moyens à employer à cet effet. Il en résulta que les détails d'exécution furent prescrits par ceux qui se trouvaient les plus rapprochés de l'adversaire, et, par conséquent, étaient plus à même de régler les questions de détail et de se renseigner, que ne pouvait le faire le commandement suprême de l'armée allemande.

Il y a lieu de remarquer que l'indication du but à atteindre, donnée aux deux armées allemandes, indication qui, à proprement parler, ne se rapportait, pourtant, qu'à la journée du 31 août, non seulement a servi uniquement de base à l'activité qu'elles déployèrent dans cette journée, mais encore a réglé leur conduite, le jour même de la catastrophe de Sedan, le 1er septembre. C'est ainsi, — et cette remarque présente une importance générale, — que la plus brillante victoire fut remportée, non seulement sans que le commandement suprême eût fait sentir son intervention par des dispositions magistrales, données spécialement en vue de cette journée, mais même sans que la direction suprême de l'armée victorieuse eût cherché à régler la préparation de la bataille par des dispositions générales formelles. Son intervention se limita à un entretien personnel entre le général de Moltke et le chef d'état-major de la troisième armée, général de Blumenthal, entretien qui eut lieu, dans la soirée du 31 août, à Chémery (quartier général de cette armée). Cet entretien prouva que, de part et d'autre, il existait un accord parfait entre les vues relatives à la situation militaire et les mesures à prendre en conséquence. Un entretien de cette nature devait conduire plus sûrement au but que les instructions écrites les plus détaillées. On s'en remit, pour toutes les autres questions, aux dispositions du prince royal. En prenant pour base l'entretien de Chémery, et les résolutions qui furent envisagées dans cet entretien, on aurait pu, il est vrai, adopter encore, au grand quartier général, des dispositions spéciales pour le 1er septembre, quoiqu'elles n'eussent eu pour objet que d'assurer le bon ordre; — et, à coup sûr, dans une autre armée, on n'aurait pas manqué de le faire. Mais le commandement suprême de l'armée allemande avait une manière beaucoup trop pratique d'envisager les questions, il n'avait pas l'habitude de s'occuper de travaux qui ne pouvaient lui être d'aucune utilité;

pour assurer le succès de l'ensemble, il laissait même, volontiers, aux autres la part de travail et de gloire qui leur revenait. Le roi Guillaume, lui-même, se trouvait placé beaucoup trop haut, et avait des pensées trop élevées, pour donner libre cours à des sentiments quelconques de jalousie, et, en outre, il était trop avisé, pour ne pas comprendre qu'une victoire était toujours, en fin de compte, remportée grâce aux dispositions « personnelles » qu'il avait prises.

Cette manière de procéder est on ne peut plus intelligente et judicieuse. Il ne reste plus qu'à constater un fait, qui est, tout au moins, très remarquable : c'est que le commandement suprême de l'armée allemande, non seulement n'adressa pas à la quatrième armée des instructions quelconques pour le 1er septembre, mais, d'une manière générale, il n'entra pas même, du tout, en relation avec elle, au sujet des opérations qui précédèrent cette journée (1).

La seule impulsion, si l'on peut s'exprimer ainsi, qui fut donnée aux opérations de la quatrième armée, le 1er septembre, provint de la lettre du général de Blumenthal au prince royal de Saxe (que nous avons reproduite plus haut), lettre à laquelle étaient jointes les dispositions expédiées à la troisième armée. Par cette lettre, on informait le prince royal de Saxe que tous les indices tendaient à faire croire que l'ennemi tenterait, dans la nuit (du 31 août au 1er septembre), de battre en retraite, et que « le XIe corps, ainsi « que la division wurtembergeoise, avaient, en conséquence, été « avisés d'avoir à passer la Meuse, cette nuit même, et à se porter « dans la direction du nord » (pour barrer la route à l'adversaire), et qu'enfin le général von der Tann avait reçu l'ordre « de se « porter, dès la pointe du jour, sur Bazeilles, d'attaquer et de « retenir le plus longtemps possible l'ennemi, ou, du moins, la « queue de ses colonnes ». La lettre concluait ainsi : « Si Votre « Altesse Royale peut opérer dans le même sens, le résultat final « n'en sera, il faut l'espérer, que plus sûrement atteint ».

Cette lettre fut remise au prince royal de Saxe par un officier appartenant à l'état-major du commandant en chef; cet officier était chargé, en même temps, de donner au prince des explications verbales complémentaires.

---

(1) Ce fait ressort de l'ouvrage du grand état-major prussien, 1re partie, tome II, pages 1081-1083.

Ce court échange de vues entre les deux armées, qui étaient, d'ailleurs, indépendantes l'une de l'autre (échange de vues sur lequel comptait, évidemment, de son côté, le général de Moltke), suffit pour amener le prince royal de Saxe à entrer en ligne, de la manière la plus résolue et la plus judicieuse. Un tel résultat n'est possible que là où se trouvent réunis un jugement droit, le sentiment du devoir, et, je pourrais ajouter, une ardeur générale à aller de l'avant. C'est ainsi que les deux instructions expédiées, séparément, à la troisième et à la quatrième armée se complétèrent réciproquement, et remplacèrent absolument l'ordre commun que le grand quartier général aurait, peut-être, pu donner pour le 1er septembre.

Ce dernier, d'ailleurs, sortit immédiatement de son repos, pour ainsi dire contemplatif, dès que les changements survenus dans la situation (ainsi qu'on le croyait) l'exigèrent. Lorsque, notamment, le lieutenant-colonel de Brandenstein, qui avait été envoyé à Rémilly par le grand quartier général, revint rendre compte que l'ennemi paraissait être sur le point de battre en retraite dans le courant de la nuit, le général de Moltke adressa immédiatement au général de Blumenthal une lettre, par laquelle il l'informait qu'il s'en remettait « à son appréciation du soin de décider s'il ne « serait pas possible de faire franchir la Meuse, dans le courant « de la nuit, au XIe corps et à la division wurtembergeoise ». Cette lettre fut remise au général de Blumenthal par le lieutenant-colonel de Brandenstein lui-même, de manière à permettre à ce dernier de donner encore, en personne, au général, les explications nécessaires.

Le mécanisme des ordres donnés par les Allemands, dans la bataille du 1er septembre, est très remarquable. Cette dernière se livra au delà de la Meuse, sur la rive droite, et c'est sur cette rive que fut obtenue la décision. On considéra comme suffisant de maintenir en arrière, en deçà de la Meuse (sur la rive gauche), un peu d'artillerie et une division d'infanterie. Néanmoins, le grand quartier général, ainsi que le commandant en chef de la troisième armée allemande, dirigèrent les mouvements des troupes, en se tenant sur la rive gauche.

Le commandant en chef de la troisième armée put, en réalité, suivre, depuis le point d'observation qu'il occupait, la marche en avant, dirigée, au début, vers le nord, qu'exécutaient son Ve et son

XI⁰ corps au delà de la Meuse, et se trouva, dès lors, en mesure de porter ses deux corps, en temps opportun, vers l'est, pour prendre à revers les positions occupées par l'adversaire à Sedan. De leur côté, ces corps exécutèrent tous leurs mouvements ultérieurs, sans recevoir un ordre quelconque. De plus, ils s'engagèrent au combat avec ensemble et avec cohésion, bien que, par suite du passage de la Meuse, ils fussent quelque peu mélangés, et que, par suite de la conversion simultanée exécutée par leurs quatre colonnes de marche dans la même direction, ils fussent arrivés à s'enchevêtrer considérablement l'un dans l'autre. La blessure mortelle que reçut le chef du XI⁰ corps n'apporta même pas une modification quelconque à l'opération exécutée de concert par ces deux corps.

C'est avec le même accord qu'agirent les fractions de l'armée allemande qui se trouvaient sur la partie opposée du champ de bataille ; cependant, de ce côté, d'une part, le manque d'unité de direction se fit sentir sur plus d'un point, et, d'autre part, les troupes ne reçurent pas, du commandement en chef de la quatrième armée, des ordres tout à fait appropriés aux circonstances, et cela parce que ce dernier ne pouvait pas, du point qu'il occupait, sur l'autre rive de la Chiers, à l'est d'Amblimont, se rendre parfaitement compte de la situation.

Partant de l'hypothèse que les Français se trouvaient déjà en retraite, et redoutant de les voir attaquer les troupes de la troisième armée, qui leur étaient opposées sur la rive droite de la Meuse, le prince royal de Saxe avait dirigé la garde sur Fleigneux et le XII⁰ corps sur Illy. Mais, à ce moment, l'ennemi se trouvait encore, en forces considérables, sur le ruisseau de Givonne, de telle sorte que les ordres du prince royal ne purent pas être mis à exécution. Néanmoins, ces ordres ne passèrent pas sans laisser de traces, mais se traduisirent, dans la suite, par la marche de flanc, tout à fait unique dans son genre, qu'exécuta la 23⁰ division d'infanterie ; cette dernière s'avança entre les lignes de combat des deux partis en train de faire feu, jusqu'au moment où elle se vit forcée de faire front, par suite de l'apparition de l'ennemi à proximité immédiate de sa ligne de marche.

Il est incontestable que c'est sur ce point, également, c'est-à-dire sur la rive droite de la Meuse, qu'aurait dû se tenir le commandant en chef de la troisième armée, et cela d'autant plus que le roi Guillaume resta, avec le grand quartier général, sur la rive gauche, vis-à-vis de Sedan.

Cependant, partout où, du côté des Allemands, la direction supérieure fit défaut, elle fut suppléée par l'intelligence remarquable et l'activité unanime, et empreinte de l'esprit de camaraderie, que déployèrent les chefs en sous-ordre; chacun d'eux, en particulier, non seulement chercha à envisager l'ensemble des opérations, en obéissant aux meilleures inspirations, mais encore dirigea toutes ses forces vers l'unique but, commun et important, qu'il s'agissait d'atteindre.

Nous avons déjà dit que le prince royal de Saxe, sans hésiter une seule minute, remplit la mission assignée à son armée par le commandant en chef de la troisième armée, qui avait le même rang que lui, du moins au point de vue du service; et, cependant, la lettre qui contenait les propositions de ce dernier n'était pas signée par le commandant en chef lui-même, mais simplement par son chef d'état-major. En outre, nous avons déjà fait ressortir que l'ordre du commandant en chef de la quatrième armée allemande, qui prescrivait de marcher sur Illy et Fleigneux, bien que ne répondant pas complètement à la réalité des circonstances, était, cependant, conforme à la tendance logique qui avait pour but de ne pas laisser échapper l'adversaire (supposé en retraite) et de venir au secours des fractions de la troisième armée (qui se trouvaient entre la Meuse et la frontière belge); cette dernière armée, en effet, paraissait être exposée à une attaque exécutée par l'adversaire avec toutes ses forces. C'est en obéissant à des considérations de cette nature, que le général von der Tann prit, de sa propre initiative, la résolution d'entreprendre l'attaque pénible de Bazeilles, qu'il regardait comme indispensable pour assurer le succès complet des opérations allemandes.

Les Saxons appuyèrent, de leur côté, le corps von der Tann, et, après entente réciproque entre le commandant de leur 23e division et le commandant de la brigade bavaroise, qui se trouvait immédiatement à proximité, sans tenir compte de l'ordre déjà reçu, qui leur prescrivait de marcher sur Illy, les Saxons, dis-je, restèrent encore à La Moncelle, pour couvrir le flanc des Bavarois, jusqu'à ce que la tête de colonne de la 8e division prussienne, qu'on attendait pour appuyer les Bavarois, fût arrivée sur le théâtre de l'action. C'est en opérant tout à fait de la même manière, que la garde vint, d'une part, au secours des Saxons, tandis que, d'autre part, elle chercha à prendre le contact du V⁰ corps, et ferma, de concert avec ce dernier, le cercle de fer sous la pression duquel devait succomber l'armée française.

Le mérite d'avoir fermé ce cercle, complètement et en temps opportun, revient au commandement habile de ces deux corps prussiens, c'est-à-dire du V⁰ corps et de la garde, qui enveloppèrent l'ennemi aux ailes extrêmes. Le commandement suprême de l'armée allemande s'était contenté d'exprimer l'idée qu'il fallait rejeter l'armée française contre la frontière neutre belge et assurer ainsi sa ruine. Mais les généraux commandant les deux corps dont nous venons de parler mirent à profit les circonstances favorables qui se présentaient, et se proposèrent comme but d'anéantir directement l'armée ennemie. Ils exécutèrent les mouvements combinés nécessaires à cet effet, sans s'être concertés, au préalable, ni même sans s'être mis simplement en relations entre eux, en prenant uniquement pour base l'appréciation logique qu'ils s'étaient faite de la situation réelle du combat. En vue d'assurer la convergence de leurs efforts, ils s'entendirent déjà de loin, à une distance de 3 à 5 kilomètres, en regardant simplement dans la direction des nuages de fumée qui indiquaient les positions occupées par les deux partis.

En ce qui concerne les opérations de détail, l'initiative dont firent preuve ces deux corps, dans leurs opérations, se traduisit de la manière suivante :

Lorsque le V⁰ et le XI⁰ corps se portèrent en avant, dans la matinée, vers le nord, en partant des ponts de la Meuse, ils reçurent, du commandant en chef de l'armée, l'ordre qui prescrivait au XI⁰ corps « de marcher sur Saint-Menges, et, à partir de « ce point, de s'engager au combat », et au V⁰ corps « de suivre « le XI⁰ et de se former en arrière de ce dernier, en le débor- « dant à gauche (1) ».

Par suite de la position assignée au V⁰ corps (placé en échelon en arrière du XI⁰), on conçoit que le premier de ces deux corps avait plutôt un rôle d'attente, — comme réserve ou comme flanc-garde du XI⁰ corps. — Pour régler les opérations ultérieures du V⁰ corps, il aurait donc fallu de nouveaux ordres, qu'en raison

(1) *Historique du V⁰ corps*, page 71.

de considérations de temps et de lieu, il était impossible d'attendre, en cette circonstance. C'est pourquoi le général de Kirchbach conçut, pour ainsi dire sur place, l'idée de tendre la main à la quatrième armée et d'investir ainsi complètement les Français ; pour mettre à exécution cette résolution, il dirigea son corps d'armée sur Fleigneux, et forma ainsi, non pas échelon en arrière, mais échelon en avant du XIe corps.

La résolution hardie prise par le général de Kirchbach se traduisit par un mouvement non moins audacieux. Comme l'infanterie se trouvait encore à une grande distance en arrière, l'artillerie gagna du terrain au trot, et s'établit, entre 10 et 11 heures, sur une position d'où elle tenait l'adversaire sous ses feux, en les croisant avec ceux de l'artillerie de la garde, que l'on apercevait de l'autre côté de la Givonne.

C'est ainsi que l'investissement de l'armée française était déjà devenu, vers 11 heures du matin, un fait accompli. Cet investissement n'aurait eu lieu que trois heures entières plus tard, si les Prussiens, pour protéger la mise en batterie de l'artillerie, n'avaient fait porter en avant que l'infanterie du Ve corps. Il suffit de faire remarquer, à l'appui de cette assertion, que les dispositions relatives à la marche en avant de l'infanterie de ce corps d'armée sur Fleigneux n'ont été prises que vers 1 heure.

C'est avec le même esprit d'initiative et de résolution qu'agit le chef allemand qui dirigeait les opérations sur la partie est du champ de bataille.

Le général commandant la garde, qui s'était porté rapidement en avant de sa colonne de gauche, avait acquis la conviction que la direction de marche, par Francheval, sur La Moncelle, qui avait été assignée à ce corps par la quatrième armée, n'était pas favorable ; cette direction de marche avait, en effet, pour résultat de séparer les deux colonnes de la garde par un bois impénétrable, et de les amener, en partie, sur les derrières des troupes de leur propre armée, ce qui eût obligé la colonne qui marchait à gauche à chercher, plus à droite, l'espace nécessaire à son déploiement. C'est pourquoi le général commandant prescrivit également à cette colonne, c'est-à-dire à la 2e division de la garde, ainsi qu'à l'artillerie de corps, de se diriger sur Villers-Cernay (point sur lequel marchait également la 1re division de la garde) ; à cet effet, l'artillerie de corps devançait au trot son infanterie.

Si le prince de Wurtemberg avait laissé sa colonne de gauche continuer, conformément à l'ordre de l'armée, sa marche, par Francheval, sur La Moncelle, elle aurait trouvé, en ce point, les troupes saxonnes déjà engagées au combat, et aurait été forcée d'appuyer vers la droite, en exécutant une marche de flanc sous le feu de l'adversaire. Dans ces conditions, elle ne serait arrivée que beaucoup plus tard à l'aile droite ; c'était là un inconvénient qui avait, également, une importance particulière pour l'artillerie de corps de la garde, qui, ainsi qu'on le sait, acheva l'investissement de l'ennemi.

C'est en procédant de cette manière, que les chefs des deux corps allemands des ailes poursuivirent, en parfaite connaissance de cause et avec énergie, l'exécution de la résolution qu'ils avaient adoptée.

Pour conclure, répétons, encore une fois, que l'enveloppement de l'adversaire, opération que cherchait à réaliser le grand quartier général, était déjà complètement préparé, au point de vue des détails, par les commandants en chef des deux armées ; grâce aux chefs en sous-ordre, chargés de mettre à exécution les ordres reçus, cet enveloppement fut ensuite poussé jusqu'à l'investissement complet de l'adversaire, et exécuté jusqu'à ce que ce dernier eût été anéanti. *C'est là une preuve frappante que le principe de l'initiative des chefs en sous-ordre, appliqué avec intelligence, non seulement n'a pas pour effet d'affaiblir les manifestations de l'intelligence et de la volonté du chef supérieur, mais, au contraire, contribue à donner un surcroît de force à l'expression de ces deux qualités.*

Parmi les opérations spontanées des commandants de division, il faut citer : en premier lieu, la résolution, mentionnée plus haut, que prit le commandant de la 23e division, de différer, en faveur des Bavarois, la marche qui lui était prescrite ; en second lieu, la marche en avant du général de Pape, avec la 1re division de la garde, de Villers-Cernay sur Givonne, marche par laquelle il devança l'ordre du général commandant ; et, enfin, l'attaque que le général de Schkopp exécuta contre la position ennemie de Floing, après avoir détaché deux bataillons seulement, pour former la réserve, au lieu de prélever sur ses forces la brigade que lui demandait le général commandant. Ce dernier incident a déjà été discuté à fond, précédemment.

Nous avons déjà eu, à maintes reprises, l'occasion de faire remarquer que l'esprit de résolution et d'initiative, qui, dans la présente étude, ne saurait être envisagé qu'autant qu'il a produit des résultats efficaces, se manifesta, toujours et en tous lieux, chez tous les chefs allemands, depuis le plus élevé jusqu'au moins élevé en grade. Dans la bataille de Sedan, nous voyons, par exemple, ces qualités s'affirmer, d'une manière concordante, en deux endroits distincts, dans diverses fractions de l'armée allemande, et sur des parties opposées du champ de bataille. Sur la partie est, à La Moncelle, nous voyons deux compagnies saxonnes (1) s'établir, après avoir franchi le pont de la Givonne, dans deux bâtiments, sur la rive droite du ruisseau, et se maintenir, trois heures durant, sur ce point, pour couvrir le passage, et contribuer ainsi à repousser, dans la mesure de leurs forces, les contre-attaques dangereuses de l'ennemi. Presque au même moment, sur le front ouest de la ligne de bataille, deux compagnies du XIe corps (2) réussirent à se maintenir dans deux fermes du village de Floing, qu'elles avaient occupées, jusqu'au moment où le village tout entier fut pris par les Allemands, à la suite d'une attaque exécutée plus tard par des troupes fraîches.

Ces petites subdivisions, elles-mêmes, surent apprécier la situation générale, et, pour atteindre des buts élevés, quoique se trouvant abandonnées, pendant un temps assez long, exclusivement à leurs propres forces, elles n'hésitèrent pas à s'enfermer, sans espoir de secours, sur certains points déterminés.

———

Avant de passer maintenant à l'activité déployée par les Français, remarquons, au préalable, que leur retraite après la bataille de Beaumont, qui était dirigée généralement vers l'ouest, répondait complètement aux nécessités de la situation. Mais le séjour à Sedan, le 31 août, qui fut, sans aucun doute, nécessité, en partie, par les circonstances, paraît moins logique. Enfin la résolution prise par le maréchal Mac-Mahon d'accepter, en général, une

(1) 11e et 12e du 107e régiment.
(2) Voir l'annotation (1), page 334.

bataille à Sedan, et, en outre, une bataille purement défensive, est complètement inexplicable.

Cependant c'est à cette conclusion qu'était arrivé le maréchal. Il cherche même à la justifier, notamment par les déclarations suivantes (1) :

« Les premières troupes arrivèrent » (à Sedan) « le 31 au
« matin, les autres dans le courant de la journée. Nous ne devions
« pas rester longtemps dans cette position de Sedan, d'autant plus
« qu'il n'y avait que peu de munitions, et qu'il n'était pas facile
« de les renouveler. Il y avait là 200,000 rations, qui furent dis-
« tribuées immédiatement ». De plus, le maréchal fait ressortir
qu'un convoi de 800,000 rations se rapprochait, par voie ferrée,
de la place de Sedan, et qu'il fut obligé, à la suite de quelques
coups de canon tirés par l'artillerie allemande, de rétrograder sur
Mézières. Le maréchal continue ainsi : « On prit position à Sedan.
« Cette position était assez bonne pour la défensive ; elle dominait
« toutes les positions environnantes, mais nous n'étions pas des-
« tinés à rester là.

« Ordinairement, on donne la veille les ordres pour le lende-
« main. Les corps étaient arrivés tard. Je ne donnai pas d'ordres
« pour le lendemain, et voici pourquoi : en me transportant sur la
« citadelle, d'où l'on découvrait assez bien ce qui se passait, je
« vis que des troupes ennemies de différentes armes se diri-
« geaient sur la rive gauche de la Meuse, pour nous tourner, de
« manière à se mettre entre nous et Mézières, — notre retraite
« naturelle. — On apercevait distinctement de l'artillerie et
« quelques troupes d'infanterie, mais on ne voyait pas très bien,
« et l'on pouvait supposer qu'il y avait, de ce côté, des corps
« ennemis assez importants.

« Ce que je voulais, c'était, en cas de revers, reprendre notre
« marche du côté de Carignan. »

Le maréchal parle ensuite des craintes qu'il avait pour le centre dégarni de sa position d'Illy, point sur lequel il dirigea, en con-séquence, également, le général de Wimpffen, avec le 5e corps.

« Le général de Wimpffen me quitta ; j'étais tranquille »,
continue-t-il. « Si nous étions attaqués sur un point ou sur un

---

(1) Bazaine, *Épisodes*, etc., page 143-144.

« autre, nous pouvions nous défendre. Mais nous ne pouvions
« pas rester là longtemps, parce que nous n'avions pas de vivres.
« La veille du jour de la bataille, je ne savais pas si nous devions
« nous en aller par la route de Mézières, — qui était notre ligne
« de retraite naturelle, mais que je craignais de voir occupée par
« les troupes que j'avais vues se diriger du côté de Donchery, —
« ou bien s'il ne valait pas mieux culbuter les troupes qui étaient
« dans l'est, et se diriger du côté de Carignan.

« Le matin, de très bonne heure » (le 1er septembre) « j'en-
« voyai deux officiers du côté du général Douay, c'est-à-dire du
« côté de Mézières, pour savoir ce qui s'y passait. Après qu'ils
« m'eurent rendu compte » (le maréchal garde le silence sur le
contenu du rapport) « de ce qui se passait du coté de Mézières,
« je pensai m'en aller du côté des positions occupées par les
« généraux Ducrot et Lebrun, qui se trouvaient à l'aile droite. A
« 5 h. 1/2, je reçus une dépêche du général Lebrun, qui avait
« devant lui des Bavarois et des Saxons. Il me rendit compte qu'il
« était attaqué, qu'il avait quelque inquiétude pour sa gauche.
« Cela m'étonnait, parce que le général Ducrot était là avec
« quatre divisions très fortes. En même temps, je recevais une
« dépêche du général Margueritte, qui était en avant, du côté de
« l'est, avec sa cavalerie. Il me disait qu'un corps de troupes assez
« nombreux » (c'était la garde prussienne) « s'avançait, et que
« ces troupes montaient sur le grand plateau, en face de la posi-
« tion qu'occupait le général Ducrot. Cela me prouvait qu'en
« définitive, il n'y avait pas beaucoup de troupes ennemies dans
« l'est, du côté de Carignan (1) ».

On ne peut pas dire que cette description, faite devant la commission d'enquête de l'Assemblée nationale, brille par une clarté
remarquable. Le maréchal avait, à vrai dire, au moment qu'il décrit,
des vues peu claires et peu appropriées au but à atteindre : cette
hypothèse s'appuie, particulièrement, sur ce fait, que le maréchal
Mac-Mahon, lui-même, si longtemps après les événements, lorsque
toutes les circonstances étaient déjà connues en détail, ne put
donner, au sujet des vues et des projets qu'il avait au moment de

---

(1) Les paroles du maréchal Mac-Mahon, qui sont citées ici, se trouvent dans
l'ouvrage de Bazaine (*Episodes*, etc., pages 143 et 144), auquel nous laissons la
responsabilité du contenu de cet extrait, tiré des pièces du procès.

la bataille, aucun éclaircissement tant soit peu précis, ni même quelque peu fondé.

Pour que cette opinion ne paraisse pas être émise à la légère, il est nécessaire de jeter un coup d'œil critique sur les déclarations du maréchal.

Tout d'abord, un fait saute aux yeux, c'est que le maréchal passe sous silence le point capital, c'est-à-dire la question de savoir ce qu'il pensait, lui-même, positivement, au sujet de la marche en avant des forces ennemies contre sa position. Si ces forces étaient faibles, le maréchal pouvait tout simplement les battre. De plus, il pouvait espérer remporter une victoire partielle sur les fractions de l'armée de l'adversaire séparées par la rivière, à la condition que ce dernier ne fût pas trop supérieur en nombre à sa propre armée. Enfin, du moment que le maréchal estimait que les Allemands disposaient d'une supériorité numérique très importante, ainsi que c'était le cas en réalité, il ne lui restait d'autre parti à prendre que de songer très sérieusement à assurer le salut de son armée, ou, du moins, d'une partie de cette armée. Il saute aux yeux que toutes les considérations et tous les projets ultérieurs étaient subordonnés à la solution de cette unique question fondamentale, qui consistait à savoir quelles étaient « les « forces respectives des deux partis ». Or, le maréchal Mac-Mahon n'aborde pas du tout cette question capitale, il se borne à l'effleurer, en tâtonnant, pour ainsi dire, et, lorsqu'il envisage toutes les considérations ultérieures, qui se présentent à son esprit, considérations qui ne reposent sur aucune base solide, il arrive, en fin de compte, à errer à l'aventure. C'est ainsi que le maréchal déclare, par exemple, qu'il a simplement voulu faire halte à Sedan, et que « dans le cas d'un insuccès », il comptait reprendre sa marche dans la direction de Carignan. La marche de ce côté, dans la direction de Metz, était bien le but que se proposait d'atteindre le maréchal, dans tout le cours de sa malheureuse expédition militaire, depuis le départ du camp de Châlons. Mais c'est précisément ce résultat que les Allemands cherchaient aussi à entraver, et qu'ils avaient même déjà entravé, en réalité, par suite de la bataille de Beaumont. Les Français ne pouvaient reconquérir leur liberté d'opérations, et, par cela même, en général, la faculté de pouvoir marcher dans la direction de l'est, c'est-à-dire sur Metz, ou, du moins, sur Carignan, qu'à la condition de remporter une *victoire décisive* sur l'adversaire. Mac-Mahon, au contraire, veut chercher une issue dans cette direction, précisément dans le cas défavorable d'un « insuccès », ou, en d'autres termes, après une défaite. Il semble, cependant, qu'après un insuccès, chacun doit se rapprocher de ses communications naturelles (qui, dans ce cas, menaient vers l'ouest), au lieu de s'en éloigner.

En admettant même que les Allemands eussent laissé, tout d'abord, l'armée du maréchal défiler dans la direction de l'est, cela n'aurait pu avoir lieu que parce que cette armée, en raison de la situation militaire du moment, était condamnée à subir, dans un laps de temps déterminé, une catastrophe complète.

Les autres conclusions de Mac-Mahon sont aussi peu fondées et aussi peu claires : après avoir parlé de la dépêche de Lebrun, qui annonçait l'attaque des Bavarois et des Saxons, ainsi que du rapport du général Margueritte, qui signalait qu'un corps de troupes assez fort marchait contre la position occupée par le corps Ducrot, il en tire tout à coup la conclusion, tout à fait inattendue, tellement elle est absurde, qu'il n'y avait pas, dans l'est, de forces ennemies considérables!

Le maréchal reconnaît, entre autres choses, qu'on donne habituellement ses ordres la veille; mais il avait, en cette circonstance, négligé de le faire, parce que, du haut de la citadelle, il avait aperçu « des troupes ennemies sur la rive gauche de la Meuse », dans les environs de Donchery, et qu'il avait conçu des craintes pour sa ligne de retraite. La possibilité de perdre sa ligne de retraite ne pouvait, cependant, justifier, en aucun cas, l'inaction complète dont fit preuve Mac-Mahon (par le fait qu'il ne donna pas d'ordres); cette éventualité devait, au contraire, déterminer le maréchal à prendre les résolutions et les mesures les *plus énergiques*, pour parer au danger dont il était menacé, et l'amener, tout d'abord, à se rendre, du moins, parfaitement compte de la situation.

La distance de Donchery jusqu'aux positions du 7° corps, à Floing, par le chemin de détour qui longeait la rive droite de la Meuse, était de 8 à 10 kilomètres; la distance totale de Sedan jusqu'au sud de Donchery, sur la rive gauche, n'était, en tout, que de 3 à 4 kilomètres. Près du 7° corps et sur le même front que lui, bivouaquaient deux divisions de cavalerie de réserve (36 esca-

drons, avec 18 pièces et mitrailleuses), sans parler des 13 escadrons qui appartenaient au 7e corps lui-même. Néanmoins, les
Français ne firent pas même une tentative quelconque pour se
renseigner sur la situation dans cette direction.

Pour conclure, le maréchal Mac-Mahon répète qu'il estimait
que le meilleur parti à prendre était de battre en retraite sur
Mézières ; mais, par crainte des troupes de l'adversaire, qui
s'étaient mises en marche dans la direction de Donchery, il
n'était pas encore fixé, le 31 août au soir, sur la question de savoir
« s'il devait se replier sur Mézières », ou bien « s'il ne valait pas
« mieux bousculer les troupes ennemies qui se trouvaient dans
« l'est, et marcher sur Carignan ».

Quant au but proprement dit qu'il cherchait à atteindre, en
marchant sur Carignan, Mac-Mahon ne l'a pas fait connaître, et il
faut avouer également qu'il est difficile de l'indiquer. Du moment
que le maréchal avait formé le projet de bousculer l'un de ses
adversaires, il semble évident qu'il aurait été plus logique de
chercher à y parvenir, en se jetant sur celui dont les troupes barraient sa ligne de retraite. Quant à la direction où il devait rencontrer la plus grande résistance, — c'était là une question sur
laquelle il ne pouvait pas être fixé à l'avance, car il n'avait rien
fait pour se renseigner sur la situation réelle qui se présentait à
ce moment.

En admettant que le maréchal se fût décidé, effectivement, à
ouvrir ses opérations ultérieures par la marche sur Carignan, en
abandonnant toutes ses communications en arrière, il lui aurait
fallu, pour pouvoir exécuter un tel mouvement, remporter une victoire sur toutes les forces allemandes qui lui étaient opposées
(ou, tout au moins, une victoire partielle); d'ailleurs, tôt ou tard,
une catastrophe complète était inévitable. Il n'y avait pas de
moyen terme. Avec les Allemands (ainsi que nous l'avons déjà
remarqué, une fois, à l'occasion de la bataille de Spicheren) on
ne pouvait pas en finir, en prenant des demi-mesures, ni en faisant des efforts inachevés. C'est ainsi que, pour ne pas avoir pris
une résolution en temps opportun, le maréchal abandonna à
l'adversaire le bénéfice de l'initiative (1); d'autre part, en opérant

---

(1) C'est, avant tout, en prenant une telle initiative, que le corps allemand

de cette manière, il condamna sa propre armée à une attente inactive, et, par le fait, étant données les circonstances, il la voua déjà, d'avance, à une ruine inévitable.

La situation dans laquelle se trouvait réellement l'armée française était la suivante :

Rassemblée sur la rive droite de la Meuse, à Sedan, cette armée trouvait un certain appui dans cette vieille place ; la rivière la protégeait contre la partie de l'armée allemande qui se trouvait sur la rive gauche. Pour envelopper l'armée française, conformément au plan arrêté, l'armée de l'adversaire était obligée de se diviser en trois parties, séparées par l'armée française et la Meuse. Les troupes allemandes, au moment de l'exécution de leur double mouvement enveloppant, étroitement lié avec le passage du cours assez important de la Meuse, en amont et en aval de Sedan, ne pouvaient pas compter partout sur des circonstances tactiques également favorables. De plus, les mouvements des Allemands exigeaient, pour leur exécution, un certain temps. En outre, il n'était pas possible d'admettre que leurs diverses opérations partielles marcheraient, à ce moment, à la même allure.

L'armée française, grâce à sa concentration étroite, occupait une position centrale, en face des corps allemands, qui se trouvaient séparés entre eux, par la nature même de leurs opérations. C'est en cela qu'elle avait l'avantage. Mais, pour en tirer parti, il fallait absolument *prendre l'offensive.* Une attente paisible devait devenir funeste aux Français, car elle procurait à l'adversaire la possibilité complète de terminer ses mouvements et de choisir le lieu et le temps d'engager la lutte suivant ses désirs.

En ce qui concerne la position elle-même que les Français occupaient autour de Sedan, si on la détaille par secteurs, on reconnaît qu'elle était, à la vérité, assez forte, au point de vue tactique ; cependant, dans l'ensemble, elle n'était pas favorable, car elle se trouvait exposée, de tous côtés, au feu efficace concentrique de l'adversaire. Or, il faut bien le dire, cette dernière particularité avait une importance toute spéciale, eu égard, surtout, au peu de profondeur qu'offrait la position, et au nombre, ainsi qu'à l'efficacité remarquable de l'artillerie allemande, qui était en

---

von der Tann entreprit, encore pendant l'obscurité, l'attaque de Bazeilles, qui retint l'attention et les forces de l'adversaire.

mesure de commander, par son feu, tout l'espace qui s'étendait au centre de la position française.

Si, maintenant, l'on admet que les Français ne devaient pas attendre de pied ferme l'attaque de l'adversaire, il y a lieu de se poser la question suivante : qu'auraient-ils pu faire?

En envisageant la question au point de vue théorique, le maréchal Mac-Mahon avait à choisir entre trois solutions.

En premier lieu, il pouvait tirer parti de sa position centrale et du fractionnement inévitable de l'adversaire, pour battre ce dernier, séparément, le 1er septembre, et ensuite agir, ultérieurement, suivant les circonstances En second lieu, il pouvait chercher à se frayer, par la force des armes, un chemin de retraite, provisoirement jusqu'à Mézières. Enfin il pouvait encore tenter de se dérober avec son armée, sans combattre, en utilisant, à cet effet, le temps qui s'écoula avant l'achèvement de la conversion exécutée par l'aile gauche allemande, c'est-à-dire en se mettant en retraite, dès le 31 août au soir, ou dans la nuit du 1er septembre.

Si l'on considère maintenant que les Français se trouvaient de beaucoup les plus faibles, et avaient été déjà, en partie, ébranlés par la bataille de Beaumont, on voit qu'il devait leur être très difficile, à ce moment, de remporter une victoire; il en résulte que la troisième solution, c'est-à-dire la retraite, dans la nuit du 31 août au 1er septembre, aurait été réellement le parti le plus judicieux à prendre. Pour préparer ce mouvement, on pouvait pousser en avant le 7e corps, dans le courant de la journée du 31 (1), en vue d'occuper le point de passage de Donchery, c'est-à-dire en vue de masquer le mouvement exécuté dans cette direction ; d'autre part, une marche en avant de ce corps (quand même on se serait borné à opérer avec de la cavalerie), exécutée en descendant le cours de la Meuse, pouvait également servir à couvrir les chemins qui conduisaient à Mézières, entre la Meuse et la frontière belge. Ainsi qu'on se le rappelle, les Allemands craignaient, précisément, de voir les Français battre en retraite pendant la nuit.

Il est certain, en tout cas, qu'une retraite exécutée pendant la nuit présentait également des dangers, et qu'il était difficilement

_____

(1) Ce corps était arrivé avant tous les autres à Sedan, dès les premières heures de la matinée du 31 août.

possible d'assurer le salut de *toute l'armée française*, en employant ce moyen. Aujourd'hui, il est vrai, après les événements, on est arrivé à reconnaître qu'il était préférable, pour l'armée française, de se dérober, même dans l'état de désorganisation où elle se trouvait, plutôt que de subir la catastrophe qu'elle éprouva en réalité ; néanmoins, on conçoit que le commandement suprême des Français, à cette époque, c'est-à-dire jusque dans la matinée du 1er septembre, ait considéré comme impossible de hasarder une marche de nuit avec des troupes qui se trouvaient déjà, en partie, ébranlées et qui, en partie, étaient arrivées assez tard.

Il ne restait donc qu'à entreprendre la retraite dans la journée du 1er septembre, alors qu'il était difficile d'éviter un combat ; et, à vrai dire, ce combat aurait dû être dirigé, du côté des Français, dans un sens absolument offensif.

Il est évident que les efforts principaux des Français devaient être dirigés vers l'ouest, car c'est dans cette direction que se trouvait leur ligne de retraite. Il fallait, avant tout, prescrire d'occuper, autant que possible assez à temps, le cours de la Meuse entre Sedan et Mézières, pour empêcher l'ennemi de franchir la rivière, ou pour repousser celles de ses subdivisions qui l'avaient déjà franchie. Dans la direction de l'est, on pouvait laisser, provisoirement, des arrière-gardes, pour couvrir les derrières de l'armée.

Il est très probable que l'armée française, en adoptant le premier parti indiqué ci-dessus (c'est-à-dire en faisant exécuter une marche de nuit à une partie de ses troupes), aurait atteint Mézières dans le courant de la journée du 1er septembre ; mais aussi les masses de l'armée allemande auraient pu suivre cette armée, en s'accrochant, en partie, à ses derrières, et en exécutant, en partie, une marche parallèle sur la rive gauche de la Meuse ; dès lors, la situation se serait, peut-être, présentée, à Mézières, dans la nuit du 1er au 2 septembre, exactement dans les mêmes conditions qu'à Sedan, le jour précédent. On ne sait pas si le maréchal Mac-Mahon a envisagé ou non des considérations de cette nature ; mais quelles qu'aient pu être, à vrai dire, les vues du commandement suprême de l'armée française, un fait reste bien établi : c'est que, du moment que l'on avait, en général, l'intention d'attaquer (d'un côté ou de l'autre, soit dans la direction de l'est, soit dans la direction de l'ouest), il fallait, en tout cas, prendre, en temps opportun, une résolution à cet effet, et se maintenir dans les limites de temps qu'imposaient la préparation convenable et l'exécution, aussi prompte que possible, de l'attaque projetée. C'est ainsi, seulement, qu'il était possible de se procurer le bénéfice de l'initiative.

C'est à peu près dans cette direction que devaient se mouvoir les considérations préparatoires à envisager par le commandement suprême de l'armée française. Examinons, maintenant, quels résultats ces considérations auraient permis d'obtenir, étant données les circonstances qui se présentaient réellement, le jour suivant, le 1er septembre.

Les Français, en se mettant en marche vers l'ouest, dès les premières heures de la matinée du 1er septembre, n'auraient, peut-être, pas réussi à arrêter l'adversaire aux ponts de la Meuse, à Donchery; cependant, en s'avançant sur un large front, ils couraient, sans aucun doute, la chance d'attaquer deux corps de la troisième armée allemande, le Ve et le XIe, en les enveloppant, et (en cas de réussite) de les repousser, avant qu'ils eussent pu arriver à terminer leur déploiement. Telle aurait été, en tout cas, la meilleure solution à adopter par les Français, car elle leur aurait permis de battre en retraite, non seulement jusqu'à Mézières, mais, probablement aussi, encore plus loin.

Une attaque résolue, entreprise, le 1er septembre au matin, dans la direction de l'est, aurait permis, sans aucun doute, aux Français de remporter un succès, du moins au début. Cette éventualité est, d'ailleurs, parfaitement admise dans l'*Histoire de l'artillerie allemande;* cet ouvrage fait ressortir que les Français, en se portant à l'attaque, le matin à la première heure, pouvaient facilement repousser les troupes du XIIe corps, et se trouver, ainsi, en mesure de s'opposer, dans des conditions favorables pour eux, à la marche de la garde prussienne. Il faut ajouter, en outre, que, dans le cas d'une défaite de la division saxonne, qui couvrait le flanc droit du Ier corps bavarois, ce dernier corps, établi dans la vallée découverte de la Meuse, entre la rivière et l'ennemi, serait arrivé à se trouver dans une situation très critique.

D'autre part, l'ouvrage en question (1) fait ressortir qu'au bout

---

(1) *L'artillerie allemande,* etc., 1870-1871, cahier 8, pages 173-174.

d'un certain temps, malgré les succès qu'ils avaient remportés au
début, les Français auraient vu se déployer sur leurs derrières le
V^e et le XIe corps, auxquels le maréchal Mac-Mahon ne pouvait
opposer que des forces insuffisantes; « il en serait résulté », ajoute
cet ouvrage, « que si le gros de l'armée de Châlons n'avait pas
« remporté jusque-là, à l'est de la Givonne, des succès tactiques
« décisifs », la défaite complète de cette armée aurait été certaine,
« après comme avant l'issue finale de la bataille ». Il faut avouer,
en réalité, que la question de la protection des derrières, pendant
que l'armée française aurait exécuté une telle attaque (d'un côté
ou de l'autre, soit dans la direction de l'est, soit dans la direction
de l'ouest), présentait une importance prépondérante. Mais cette
dernière question est intimement liée à la question générale qu'il
y avait lieu de se poser, savoir quelle était la proportion respective des forces des deux partis, question que Mac-Mahon, ainsi
que nous l'avons dit, laissa complètement de côté.

A toute manœuvre on peut opposer une contre-manœuvre, si
l'on dispose du temps et des moyens nécessaires à cet effet; mais
ces derniers étaient insuffisants du côté des Français (1). C'est
pourquoi le fractionnement des forces allemandes (réglé dans le
but d'envelopper, de deux côtés à la fois, la position de l'ennemi),
qui aurait pu procurer aux Français la victoire, s'ils avaient

---

(1) On peut admettre que l'effectif de l'armée française, le jour de Sedan,
s'élevait, ainsi que nous l'avons déjà dit, en tout, à 124,000 hommes (y compris les fractions qui ne se trouvaient pas sur la ligne de bataille). Le général de
Moltke, dans les négociations engagées avec le général de Wimpffen, estimait
que l'effectif des troupes allemandes qui assuraient l'investissement de Sedan,
après la fin de la bataille, s'élevait à 220,000 hommes.

L'ouvrage du grand état-major prussien (tome II, page 223 des suppléments)
évalue les forces combattantes de la troisième et de la quatrième armée, à la date
du 22 août, à 188,000 fusils et 36,000 chevaux, soit, en tout, 224,000 hommes.
Si l'on défalque de ce dernier nombre l'effectif du VIe corps, qui ne se trouvait
pas sur les lieux, et les détachements de troupes bavaroises laissés en arrière,
à Nancy et devant Toul, il reste 191,000 hommes, non compris les officiers,
l'artillerie et tous les hommes qui ne se trouvaient pas sur la ligne de bataille.
Jusqu'à Sedan, il faut encore retrancher de cet effectif un certain nombre de
pertes subies au combat, de malades et de traînards.

(Dans le cahier 12 des monographies publiées par le grand état major prussien, l'effectif des combattants des corps allemands qui prirent part à la bataille
de Sedan, le 1er septembre au matin, est évalué, en tout, à 133,500 fusils.
21,350 sabres, 701 pièces; l'effectif des combattants de l'armée française, à ce
moment de l'action, est estimé à 90,000 fusils et sabres réunis, et à 408 pièces.)

disposé de forces plus considérables, eut, dès lors, pour résultat d'amener la ruine de l'armée de Mac-Mahon : car ce n'est pas sans raison qu'un vieux proverbe affirme que : « *Dieu est pour les gros* « *bataillons* ».

Quoi qu'il en soit, le commandant en chef français ne put se résoudre à prendre aucun des partis dont nous avons parlé. Or, du moment que le commandement suprême de l'armée française avait négligé définitivement de prendre une résolution, pendant qu'il en était encore temps, et avait accepté une bataille, avec l'idée arrêtée de se tenir absolument sur la défensive, toutes les mesures ultérieures, plus ou moins heureuses, qu'il aurait pu adopter pour diriger cette bataille, n'auraient pu préserver l'armée de la ruine complète dont elle était menacée. C'est pourquoi toute la querelle engagée, à coup de documents, entre les deux généraux (Ducrot et Wimpffen), qui remplacèrent, l'un après l'autre, et cela dans un court espace de temps, le maréchal dans le commandement en chef de l'armée, ne présente, en réalité, au point de vue de la science, aucune espèce d'intérêt ; on peut en dire tout autant de la manière plus ou moins juste (et, en tout cas, entièrement opposée) dont chacun d'eux envisageait la situation, ainsi que des mesures d'exécution, plus ou moins judicieuses, qu'ils prirent, ou qu'ils avaient l'intention de prendre (1).

Nous ignorons comment le maréchal Mac-Mahon aurait opéré, en réalité, s'il n'avait pas été blessé au début de la bataille ; ce qui est certain, c'est qu'après avoir été informé, dès les premières heures de la matinée du 1er septembre, des événements qui se passaient sur son front ouest, et après s'être convaincu, personnellement, de l'état des choses sur le front est, il n'a pris, cependant, aucune résolution ferme, et n'a transmis au général Ducrot ni instructions, ni conseils, ou ne lui a, tout au moins, pas fait connaître son avis personnel.

Les projets complètement opposés des généraux Ducrot et Wimpffen, que chacun d'eux considérait, peut-être, à ce moment, comme l'unique moyen de salut, étaient également inexécutables.

---

(1) Cette querelle n'a servi simplement qu'à faire connaître des détails intéressants et à amener la publication de certains ouvrages partiels.

C'est là un fait que ces deux généraux ont, en principe, reconnu plus tard.

En définitive, ce qui ressort de leurs ouvrages, au milieu d'un déluge de phrases, c'est l'unique fait essentiel suivant : en réalité, aucun d'eux, au moment où il commença à exercer son activité, ne put prouver qu'il se rendait un compte exact de la situation militaire réelle qui se présentait à ce moment. De plus, il ressort, en fin de compte, des paroles du général de Wimpffen lui-même, que sa tentative désespérée, ayant pour but de se faire jour vers l'est, pouvait simplement procurer à l'empereur Napoléon III l'occasion de trouver la mort, à la tête de ses troupes, sur le champ de bataille; d'autre part, on peut conclure des détails donnés par le général Ducrot, qu'à son avis, la retraite sur une position marquée par les hauteurs d'Illy et de Fleigneux aurait permis, du moins, à une partie de l'armée française, en franchissant la frontière belge, d'échapper à la captivité. Mais, dès que les Français auraient franchi la frontière, ils auraient sûrement été désarmés sur ce point et internés en Belgique. Dans l'un comme dans l'autre cas, l'armée de Châlons aurait cessé d'exister.

Si nous passons maintenant à l'examen critique de l'activité des chefs français, il nous faut reconnaître, tout d'abord, que les généraux Ducrot et Margueritte agirent de concert, le 31 août (quoique simplement dans le but d'exécuter en commun la retraite). Le jour de la bataille de Sedan, le général Ducrot prit, de sa propre initiative, une résolution tout à fait judicieuse, en poussant la division Lartigue au delà du ruisseau de Givonne. De plus le général Ducrot, ainsi que le général Douay, ont fait preuve d'un coup d'œil juste et d'une appréciation logique des nécessités de la situation générale, en faisant ressortir que les hauteurs d'Illy constituaient la clef de la position française et se trouvaient inoccupées. Cependant aucun d'eux ne se décida à donner spontanément l'ordre d'occuper et de fortifier Illy. De même le général Douay, qui, cependant, avait déjà informé, le 31 août, le maréchal Mac-Mahon de l'apparition de troupes allemandes à Donchery, ne put pas se résoudre à devancer sur ce point l'adversaire, ou, du moins, à défendre le défilé de Saint-Albert—Maison-Rouge, qui se trouvait en avant de son front.

Le général Ducrot voulait, il est vrai, s'étendre davantage vers la gauche, pour occuper la position d'Illy, qu'il considérait

comme importante, mais le maréchal Mac-Mahon n'approuva pas
ses propositions. On reconnaît, pour ainsi dire, dans cette inter-
diction, « la note centralisatrice de Bazaine (1). » « Bazaine » se
trahit également dans la manière dont Mac-Mahon conçut, le jour
qui précéda la bataille, des projets d'offensive, mais ne leur donna
ensuite aucune sanction pratique, et abandonna ainsi complètement à l'adversaire le bénéfice de l'initiative.

En général, ces idées d'offensive de Mac-Mahon, dont nous
avons déjà parlé précédemment, rappellent, d'une manière frappante, par leur stérilité, les paroles que le maréchal Bazaine
adressa à l'intendant général Wolff, dans la nuit qui précéda la
bataille de Mars-la-Tour. Ce maréchal répondit, ainsi qu'on le sait,
de la manière suivante, à l'intendant général, qui, par ordre de
l'Empereur, venait lui demander quelle direction de marche il
comptait donner aux troupes pour le 16 : « La direction de marche
« de l'armée ne sera fixée définitivement que ce matin, quand
« nous saurons les intentions de l'ennemi, que l'on signale sur
« notre flanc gauche. Si j'avais tout mon monde réuni, je serais
« disposé à me jeter sur lui, pour le refouler sur Pont-à-Mous-
« son (2) ».

De même, le maréchal Mac-Mahon, en mentionnant les considérations qu'il envisagea la veille de la bataille de Sedan, déclare
qu'il était prêt « à bousculer les troupes ennemies et à marcher
« sur Carignan », et, cependant, il n'a pas même donné un seul
ordre se rapportant aux troupes de l'adversaire, qu'il avait obser-
vées lui-même « dans la direction de Donchery » (troupes dont il
ignorait la force). Il en résulta, également, en fin de compte, que
lui non plus n'a pu prendre aucune résolution.

Nous avons vu comment les maréchaux Bazaine et Mac-Mahon,
placés dans une situation également critique, où il s'agissait
d'agir de la manière la plus énergique, subirent complètement
l'initiative de l'adversaire. Dans la conduite des chefs français, lors
de la catastrophe de Sedan, nous retrouvons, ainsi, de nouveau, les
mêmes qualités fondamentales négatives, qui s'étaient également

---

(1) Le maréchal avait, d'ailleurs, prescrit au 5° corps d'occuper le centre de
toute la position, et, par le fait, également la position d'Illy ; mais ce corps,
autant qu'on peut le savoir, n'a pu arriver à temps sur ce point.

(2) Bazaine, *Épisodes*, etc., page 77.

déjà fait jour au moment des défaites précédentes qu'éprouvèrent
les Français. Ces qualités négatives sont les suivantes : l'inertie
et la centralisation excessive du commandement ; les entraves
apportées à l'esprit d'initiative des chefs en sous-ordre ; l'activité
insignifiante de ces derniers ; le manque de renseignements sur
la situation et les tàtonnements, ainsi que les incertitudes qui en
résultèrent.

En général, dans la période de la campagne que nous avons
décrite, il n'y a que les circonstances, et, en partie, les personnages agissants qui changent ; mais les défauts et les erreurs
enracinés chez les chefs français restent toujours les mêmes. C'est
là une nouvelle preuve que *la responsabilité des fautes commises
ne doit pas être attribuée aux personnalités isolées, mais à l'influence de l'ensemble du système sous l'empire duquel furent
élevés et agirent les chefs français.*

« La bataille principale est, en quelque sorte, la guerre con-
« centrée ; elle constitue, pour ainsi dire, le centre de gravité de
« toute la guerre ou de toute la campagne. » Cette bataille per-
met, non seulement de mettre à l'épreuve les forces intimes des
deux armées belligérantes, mais encore d'apprécier les qualités
fondamentales respectives des États et des peuples ennemis.

Si cette opinion du grand penseur (1) est exacte, un parallèle
entre la conduite des Allemands et des Français, dans la bataille
de Sedan, amène à constater, malheureusement, un résultat peu
flatteur pour ces derniers.

Du côté des Allemands, nous voyons différents États se lever
en masse pour défendre leur territoire ; et, cependant, ces peuples,
quoique issus, à l'origine, d'une même race, étaient loin d'être
unis par le cœur et par les traditions. Bien plus, le spectre sanglant de la guerre fratricide qui venait de prendre fin tout récemment planait encore au-dessus de leurs têtes. Il se personnifiait
dans les marques d'honneur conquises dans la guerre de 1866 et
dans les cicatrices ineffaçables des blessures reçues dans la lutte

---

(1) Les pensées que nous citons ici se trouvent dans l'ouvrage si renommé du
général de Clausewitz, intitulé : *De la guerre.*

engagée de part et d'autre. Mais, en dépit de tout, cette armée, formée d'hier, et composée d'éléments ennemis, se battit, par suite de la conscience qu'elle avait de son devoir militaire et civique, *comme un seul homme*, pour l'intérêt commun de l'Allemagne.

Les Bavarois, les Saxons et les Wurtembergeois, qui, quelques années à peine auparavant, avaient subi une humiliation de la part de la Prusse aspirant avec orgueil à la suprématie, aidèrent, à ce moment, le roi Guillaume à acheter, au prix de leur sang, la couronne impériale future, qui devait être le gage de l'unité et de la grandeur de leur commune patrie, l'Allemagne.

Que voyons-nous, au contraire, du côté des Français ?

L'armée de Châlons entreprend une opération qui dépassait ses forces, et cela par crainte d'une révolution dans Paris, c'est-à-dire par suite de la peur qu'on avait de provoquer des bouleversements intérieurs. Avec l'armée se trouve l'empereur Napoléon III, qui, même sans influence sur le commandement, ne peut être utile à personne, et ne sert, au contraire, qu'à entraver toutes les opérations.

Le maréchal Mac-Mahon, nommé par l'Empereur au commandement en chef de l'armée de Châlons, désigne son successeur, en violant les droits de généraux plus anciens de services, à l'insu de l'Empereur et sans son consentement. Mais, en même temps, le général de Wimpffen est également porteur d'un ordre secret du ministre de la guerre, et, se basant sur cet ordre, au lieu de s'en rapporter, à ce sujet, à la décision du chef suprême de l'armée, présent sur les lieux, il prend, de sa propre autorité, le commandement en chef de l'armée. Enfin, ce même Wimpffen conteste, de la manière la plus formelle, dans son ouvrage, à l'Empereur, le droit qu'il avait de désigner le successeur du maréchal Mac-Mahon, bien que ce dernier n'eût reçu, lui-même, le commandement en chef de l'armée, des mains de personne d'autre que de l'empereur Napoléon III.

Il faut, malheureusement, convenir que cette discorde, qui se produisit à jour ouvert, et eut pour conséquence d'amener une situation anarchique, ne se manifesta pas isolément et accidentellement chez les Français ; elle est simplement le signe extérieur des dissensions intérieures qui, depuis longtemps, divisaient le peuple français. Dans chaque crise, que la France est appelée à traverser, on voit se faire jour, infailliblement, le mal essentiel dont elle souffre, depuis qu'elle a détrôné, pendant la révolution sanglante de l'année 1793, sa dynastie légitime et héréditaire.

Les défaites terribles des Français dans la guerre de 1870, envisagées au point de vue général, auraient pu être évitées, ou, du moins, restreintes, s'il avait existé chez eux une meilleure organisation en vue de la guerre, et si le commandement avait opéré d'une manière plus judicieuse dans le cours de la campagne ; à cet effet, il y avait lieu, tout simplement, de reconnaître et de mettre en pratique les principes de l'art de la guerre, dont les Français s'étaient tant rapprochés, lors des grandes actions accomplies par leur chef d'armée génial, l'empereur Napoléon Ier. Mais le mal historique dont souffre la France continuera encore, à l'avenir, à se faire sentir dans les temps d'épreuves difficiles. Il fut une cause de faiblesse pour la France, et cette faiblesse durera, également, à l'avenir, jusqu'à ce que les vagues tumultueuses, que la Révolution sanglante a si profondément remuées, se soient apaisées ; c'est seulement alors, et non pas avant, que le peuple français, si bien doué et si sympathique, redeviendra, pour ainsi dire, une arme dans les mains de la Providence, et sera, en quelque sorte, le combattant chargé d'exécuter les décrets insondables de Dieu. C'est alors que les peuples étonnés reconnaîtront de nouveau, dans les exploits des Français :

« Gesta Dei — per Francos. »

CHAPITRE VIII

L'importance comparative du commandement suprême et de l'activité des chefs en sous-ordre dans les victoires de l'armée allemande.

SOMMAIRE

Le principe de « l'initiative ». — Spicheren. — Wissembourg. — Wœrth. — Colombey-Nouilly. — Mars-la-Tour. — Gravelotte. — Nouart. — Beaumont et Sedan. — Rôle joué par le commandement suprême.

Maintenant que nous avons terminé la description de la dernière guerre franco-allemande, en restant dans les limites que nous nous sommes imposées, il s'agit d'aborder la solution de la question capitale que nous avons soulevée dans l'avant-propos (1) de notre étude.

« Quel rôle le commandement suprême a-t-il joué dans les vic-
« toires et dans les défaites de la guerre franco-allemande, et
« quelle part convient-il d'attribuer, à ce point de vue, aux chefs
« en sous-ordre? »

Nous nous occuperons, tout d'abord, du commandement des Allemands, dont l'activité présente une base tout à fait suffisante, pour répondre à cette question, en ce qui concerne l'armée allemande (2).

Les Allemands étaient, à l'ouverture de la campagne, incontestablement supérieurs en nombre à l'adversaire. A la conscience qu'ils avaient de cette supériorité numérique s'ajoutait encore, chez les Prussiens, le sentiment justifié de leur propre valeur, sentiment que les chefs, ainsi que la troupe, avaient rapporté de la victorieuse campagne de 1866.

---

(1) Voir tome I.
(2) Dans le chapitre suivant, cette question sera discutée, en ce qui concerne le commandement français.

Le sentiment de la supériorité sur l'adversaire, qui animait, en général, les troupes allemandes, se traduisit, dans la pratique, « par l'ardeur constante qui les portait à aller de l'avant et à « s'engager au combat ». Les troupes dépassèrent souvent les buts de marche qui leur étaient assignés, et même accoururent, sans hésiter, au combat, alors qu'il était déjà terminé.

Cette ardeur à s'engager au combat a été considérée, par l'un de nos écrivains russes les plus compétents, « comme une habileté « étonnante à marcher au canon »; en revanche, un autre écrivain estime que la forme sous laquelle se manifesta l'activité des troupes allemandes « est dépourvue de toute espèce d'art et pré- « sente un caractère brutal ». Le dernier de ces écrivains avait, il est vrai, dans ce cas, plutôt en vue la manière dont se manifesta l'entrée en ligne des Allemands au combat, telle qu'elle se présente au premier coup d'œil; le premier, au contraire, envisageait les succès brillants qui en avaient été la conséquence.

En ce qui me concerne, je pourrais compléter ces deux opinions, en faisant ressortir que la guerre, en général, n'est pas autre chose que la manifestation d'une force brutale, et *qu'à la guerre, ce sont les manœuvres simples, et non les manœuvres compliquées, qui conduisent le plus sûrement au but.* On peut ranger également, parmi les procédés simples de cette nature, la marche au canon.

Cependant, quelque brutal que soit un procédé dans son exécution, il faut néanmoins qu'il soit toujours basé sur l'appréciation la plus judicieuse des circonstances, c'est-à-dire sur un travail intellectuel préparatoire, parfaitement conscient du but qu'il poursuit.

Il n'est pas rare de voir les divers accidents qui se présentent à la guerre aboutir à des combats qui ne sont pas justifiés au point de vue stratégique, et sont, au contraire, complètement sans but, ou même désavantageux, du moins pour l'un des partis belligérants; c'est à cette catégorie qu'appartient, en se plaçant au point de vue des Français, la bataille de Metz, livrée le 14 août (Colombey—Nouilly), et, en se plaçant au point de vue des Allemands, le combat de Nouart. Le fait d'engager des troupes fraîches dans un combat de cette nature équivaut simplement à l'augmentation de la mise en jeu, sans avoir l'espoir de gagner. Mais, d'autre part, en renonçant à tout combat une fois commencé, quand même il s'engagerait à l'improviste, ne renoncerait-on pas aussi, prématurément, au succès, et ne perdrait-on pas la possibilité de remporter un avantage sur l'adversaire, au lieu de lui abandonner, volontairement, tous les bénéfices de la situation? Il en résulte *qu'il faut, précisément, savoir quand il y a lieu d'accepter un combat, et quand il convient de l'éviter.* En un mot : on doit être maître dans sa spécialité, ou, ainsi que le dit, quelque part, Rustow : « De tous les arts, l'art de la guerre est celui qui convient le moins aux dilettanti ».

Pour en revenir aux Allemands, il est impossible de nier que cette ardeur involontaire, et même parfois dangereuse, « qui les « portait à aller de l'avant et à s'engager au combat », considérée dans son ensemble, se justifie cependant parfaitement, car c'est uniquement parce qu'ils n'hésitèrent pas à en venir aux mains avec l'ennemi, et qu'ils consommèrent ainsi sa ruine, qu'ils ont pu recueillir les fruits de leur supériorité numérique. C'était aux chefs supérieurs qu'il appartenait de maintenir cette ardeur dans les limites imposées par la nature même des opérations, qui devaient être à la fois avantageuses et conformes aux exigences de la situation, envisagée au point de vue stratégique. En d'autres termes, on peut dire que si l'initiative des chefs en sous-ordre allemands, dans les périodes de la guerre que nous avons décrites ici, se manifesta, de préférence, par l'ardeur qui les poussait à s'engager au combat, ce fut là une conséquence directe de la nature particulière des opérations exécutées par les Allemands, à cette époque (la surprise stratégique avec une supériorité importante de forces) ; ce genre d'opérations, envisagé dans l'ensemble, comme dans le détail, leur commandait, en effet, de prendre l'offensive.

Telles sont les raisons pour lesquelles, dans leurs opérations de guerre, les Allemands semblèrent (ils n'en eurent que « l'appa-« rence »), au premier coup d'œil, se borner exclusivement à appliquer, en général, ou même par hasard, le principe qui prescrit « de marcher au canon ».

Cependant, en examinant avec soin leurs opérations, on se convaincra sans peine que les procédés employés par les chefs allemands n'étaient pas du tout exclusifs, mais tendaient simplement, *d'une manière uniforme,* à atteindre le but commun et également stratégique, qui consistait à rechercher le gros des forces

de l'adversaire et à le battre, ou, pour mieux dire, à l'anéantir.
Envisagée isolément, la marche des chefs allemands « au canon »
fut, dans la grande majorité des cas, tout simplement le résultat
d'une appréciation mûrement réfléchie et intelligente des circonstances, et fut accompagnée de toute une série de conclusions
intellectuelles, bien motivées, qui la précédèrent et la suivirent,
ainsi que des mesures qui furent la conséquence de cette appréciation. Ce n'est qu'en se maintenant dans cette voie, qu'il a été
possible aux chefs allemands de s'engager, en temps opportun, au
combat, et d'agir, pendant la lutte, d'une manière parfaitement
conforme aux circonstances.

D'ailleurs, il faut avouer que le principe de « l'initiative des
« chefs en sous-ordre », — ce fils le plus jeune de la science
militaire de notre époque, — était, dans son genre, le « ben-
« jamin » du commandement suprême de l'armée allemande. Il ne
faut donc pas s'étonner de voir traiter ce favori avec une certaine
partialité, et même, parfois, mieux qu'il ne le méritait. Cela
ressort, notamment, de l'ouvrage du grand état-major prussien,
qui, en plus d'un passage, couvre de son autorité, c'est-à-dire,
en réalité, de l'autorité de son commandant en chef suprême,
certaines manifestations du principe de l'initiative, bien qu'envisagées en elles-mêmes, elles ne méritent pas du tout d'être
approuvées.

D'autre part, on attendait du nouveau principe des résultats
qu'il ne pouvait pas donner. Le commandement suprême de
l'armée allemande, qui comptait, évidemment, que ses chefs en
sous-ordre prendraient les mesures exigées par les nécessités de
la situation, a, plus d'une fois, négligé d'assurer la cohésion qui
devait exister entre ses armées, et de les tenir avec fermeté en
main. Il est arrivé qu'il s'enveloppa dans le silence, alors qu'il
aurait dû donner des instructions claires, ou qu'il se borna à des
avertissements, alors qu'il y avait lieu de donner les ordres les
plus précis.

En général, on peut dire que le principe de l'initiative des
chefs en sous-ordre, qui, au fond, est très juste, et fut appliqué,
dans la plupart des cas, d'une manière judicieuse, par les Allemands, n'avait pas encore été, à cette époque, de leur part,
l'objet d'une étude assez approfondie, du moins pas au début de
la guerre. Il ressort de tout ce que nous avons dit, qu'on n'avait

encore prévu, ni rendu obligatoire aucune réglementation précise des particularités se rapportant aux ordres; cependant, cette réglementation était une conséquence naturelle de l'adoption du nouveau principe, qui était généralement considéré par les Allemands comme étant d'un usage courant. On avait également négligé, à cette époque, d'élaborer un procédé, pour ainsi dire mécanique, qui pût permettre d'assurer facilement la liaison entre les grandes unités isolées. Enfin tous les chefs allemands de cette époque n'étaient pas non plus, en réalité, à hauteur des exigences qui résultaient de l'introduction dans l'armée du principe « de l'initiative ». Les désavantages et les dangers provenant de ces circonstances accessoires, qui résultaient, précisément, du développement et de l'application incomplète du principe de l'initiative, pouvaient facilement être considérés comme des défectuosités imputables à l'essence même du nouveau principe.

Au lieu de développer plus longuement les raisons qui militent en faveur de cette hypothèse, il nous paraît préférable d'aborder l'étude même des événements de guerre, dont le langage a pour nous la valeur prépondérante de faits irrévocables.

Lors de la discussion relative aux causes de la rencontre inopportune de Spicheren, qui ne fut pas sans causer des difficultés aux Allemands, nous sommes arrivés, en substance, aux résultats suivants (1) :

Le commandement suprême de l'armée allemande, évidemment par suite d'une trop grande confiance dans les dispositions que devaient prendre, de leur propre initiative, ses chefs d'armée, ne s'était pas préoccupé, en temps opportun, de délimiter les zones de marche des première et deuxième armées, qui s'avançaient l'une à côté de l'autre. Il en résulta que leurs colonnes de marche se croisèrent à Ottweiler, le 4 août.

D'autre part, la direction suprême de l'armée allemande (c'est-à-dire le roi Guillaume, qui continuait à séjourner, avec le grand quartier général, à Mayence, à une grande distance en arrière du

---

(1) Voir tome I, pages 30-64.

théâtre des opérations), avait négligé d'initier le commandant en chef de la première armée, général de Steinmetz, à ses vues et à ses projets. Ce dernier n'avait aucune connaissance du projet qu'avait conçu le général de Moltke, et qui consistait à se porter jusqu'à la Sarre avec toutes ses forces réunies, et à exécuter, le 9 août, seulement, le passage de la rivière, au besoin par la force.

Comme il ne reçut, même pour les jours suivants, aucune directive, le général de Steinmetz envisagea la situation militaire à sa manière : il admit que son armée était destinée à former un flanc offensif, par rapport au front général stratégique de l'armée allemande. En conséquence, lorsqu'il reçut, le 5 août, l'ordre de laisser libre, pour la deuxième armée, la route Saint-Wendel—Ottweiler—Neunkirchen, le général, convaincu que son armée avait un rôle offensif, et cédant aussi, sans doute, « à l'ar-« deur qui le poussait à aller de l'avant », prit la résolution de pousser, le 6, ses troupes un peu vers le sud, et, en même temps, de porter en avant deux avant-gardes sur la rivière de la Sarre, qui servait de frontière. Ainsi que nous l'avons dit, cette résolution eut pour conséquence, le 6 août, une bataille tout à fait sans but pour les Allemands, bataille qu'ils ne gagnèrent que grâce aux fautes impardonnables de l'adversaire.

La cause immédiate qui amena la bataille provint, à proprement parler, du commandant de la 14e division d'infanterie prussienne, général de Kameke. Au lieu de se contenter de faire occuper par son avant-garde les passages de la Sarre à Sarrebruck, le général de Kameke avait, également, cédé, évidemment, à l'ardeur générale qui le poussait à aller de l'avant, et s'était décidé encore à occuper les hauteurs de Spicheren, situées à quelques kilomètres au sud de Sarrebruck ; il supposait, en effet, que ces hauteurs n'étaient que faiblement occupées par l'adversaire, simplement pour couvrir l'embarquement de ses troupes à Forbach.

L'attaque eut lieu avec le consentement du général commandant, de Zastrow, qui avait laissé le général de Kameke libre « d'agir d'après ses propres inspirations », et après une entente des plus complètes avec le général de Steinmetz, qui, dans sa réponse au général de Zastrow, avait exprimé l'idée « que l'en-« nemi devait être puni de sa négligence ».

Il est donc impossible de soutenir que le général de Kameke a engagé ce combat dangereux, seul, sous sa propre responsabilité, — en vertu du principe « de l'initiative »; — il en partagea, au contraire, la responsabilité avec ses supérieurs. Mais il reste personnellement responsable d'avoir apprécié inexactement la force de l'adversaire qui lui était opposé. Il est vrai que chacun de ses supérieurs, se trouvant à sa place, aurait pu commettre une pareille erreur. « L'initiative des chefs en sous-ordre » n'est donc pas ici en question.

Il est bien plus important de remarquer que la bataille livrée à Sarrebruck, le 6 août, envisagée au point de vue des Allemands, ne répondait nullement aux nécessités de la situation, puisqu'on n'avait l'intention de franchir la Sarre que dans la journée du 9 août. Il est vrai que cette dernière circonstance n'était connue, ni du général de Steinmetz, ni de ses chefs en sous-ordre. Par conséquent, comme il est impossible de trouver d'autres raisons pour expliquer leur manière d'agir, tout ce que l'on peut dire, c'est que les chefs allemands dont il est question ici, tout d'abord, ont cédé, avec joie, à l'ardeur générale qui les poussait à aller de l'avant.

La lutte commencée était d'autant plus téméraire, que les troupes qui s'étaient trop avancées, le 6 août, ne pouvaient nullement compter recevoir, dans le courant de cette journée, les renforts dont elles allaient avoir besoin, — dans le cas, notamment, où l'adversaire engagerait contre elles toutes celles de ses forces qui se trouvaient à proximité. Ajoutons que les Allemands allaient se trouver dans l'impossibilité d'assurer l'unité de direction, au cours du combat, en raison de cette particularité que la direction de la route de Sarrebruck, dont le prolongement menait sur Metz, formait, précisément, la ligne de démarcation entre les zones de marche de deux armées indépendantes l'une de l'autre. L'ouvrage du grand état-major prussien, en expliquant les raisons pour lesquelles il ne fut pas adressé de directives au commandant en chef de la première armée, — fait remarquer, il est vrai, qu'au moment où allaient se produire des événements décisifs, il pouvait être nécessaire « de diriger les « mouvements des grandes unités de l'armée au moyen d'ordres « fermes expédiés par le haut commandement ». — Sans vouloir contester cette assertion, nous croyons, cependant, que c'est, précisément, en se plaçant à ce point de vue, que le grand quartier général n'aurait pas dû rester si longtemps à Mayence, à une grande distance en arrière des armées qui se portaient en avant; car il se mettait ainsi dans l'impossibilité absolue de diriger lui-même ses armées, pendant la période critique où l'on se rapprochait de l'adversaire.

C'est aux négligences commises par le commandement suprême de l'armée allemande, négligences que nous avons mentionnées plus haut (1), qu'il faut attribuer, pour ainsi dire, la cause fondamentale de la bataille de Spicheren, ainsi que les raisons pour lesquelles cette bataille fut dirigée sans ensemble par les Allemands. Toutefois, ces fautes (abstraction faite des erreurs grossières commises par le commandement français) furent réparées, grâce à l'initiative des chefs en sous-ordre allemands.

On sait que, non seulement le général commandant le VIII⁰ corps, général de Goeben, qui se trouvait encore à une journée de marche complète plus en arrière, mais encore un commandant de brigade (du IIIᵉ corps de la deuxième armée), le général de Dœring, ont fait, en personne, le 6 août, à la première heure, la reconnaissance des environs de Sarrebruck. Ils se mirent ainsi au courant des circonstances qui se présentaient sur ce point, et furent mis, notamment, au courant de l'intention qu'avait le général de Kameke de s'emparer des hauteurs de Spicheren.

Le général de Dœring avait déjà, trois heures avant le commencement de la bataille, envoyé à sa brigade, dont le nouveau but de marche se trouvait encore éloigné, de presque 7 kilomètres, de Sarrebruck, l'ordre de se porter, en toute hâte, au secours de la 14ᵉ division. C'est dans le même sens qu'agit le général de Goeben, dès qu'au retour de sa reconnaissance, il entendit un violent feu d'artillerie dans la direction de Sarrebruck. Il faut absolument reconnaître, dans cette manière d'opérer des deux généraux, non seulement une simple marche « machinale » au canon, mais *bien plutôt une initiative prise en connaissance de cause, initiative qui, se produisant dans l'intérêt de l'ensemble et se maintenant dans l'esprit des instructions du haut commande-*

---

(1) Voir pages 399-400.

ment, dépassa le cadre étroit de la tâche journalière qui leur était assignée. C'est animés du même esprit qu'agirent, également, les généraux de Zastrow, d'Alvensleben, de Stülpnagel, de Glümer et von der Goltz, dont la conduite a fait, précédemment, l'objet d'une discussion détaillée.

Qu'on nous permette encore ici de faire une remarque.

On rencontre souvent l'opinion suivante : c'est que le vainqueur est au-dessus de la critique. En se plaçant à ce point de vue, comme, par le fait, les Allemands ont gagné la bataille de Spicheren, qui présentait pour eux un caractère si téméraire, il pourrait sembler que tout est dit; d'après ce raisonnement, toutes les mesures prises en vue de remporter la victoire devraient être considérées comme judicieuses, et il faudrait admettre que plus la lutte est dangereuse, plus grand est l'honneur qui revient au vainqueur.

Cependant, la science, qui cherche à tirer des conclusions pour l'avenir, ne peut pas se contenter d'une pareille manière de voir. La critique a le droit de dire que les Prussiens n'ont dû, en fin de compte, leur victoire qu'à l'inaction de l'adversaire. Elle a le devoir de soulever la question suivante : que serait-il advenu de tous les détachements de troupes prussiennes, qui accoururent sur le lieu du combat, si les chefs français s'étaient simplement montrés, tant soit peu, à hauteur de leur mission? Et la critique établit que, dans ce cas, une défaite complète des Prussiens aurait été inévitable.

Involontairement, on se demande, à cette occasion, si, en se plaçant au point de vue des Prussiens, il n'eût pas été préférable de restreindre le plus possible ce combat sans but, c'est-à-dire de ne pas continuer à engager dans la lutte les troupes qui venaient d'arriver, mais, au contraire, d'abandonner à son sort la division Kameke, qui s'était engagée si précipitamment dans un combat au-dessus de ses forces.

Il est vrai qu'on peut objecter à cette manière de voir qu'à la guerre il est rarement possible de se rendre un compte tout à fait exact et sûr des circonstances. Si l'on renonce déjà, d'avance, à mener à bonne fin un combat une fois commencé, il est certain qu'on ne remportera jamais un succès. Dans le cas présent, comme dans tous les cas analogues, le chef en sous-ordre qui n'est retenu par aucune autre mission importante a le devoir de chercher à dégager les camarades engagés au combat. Par contre, il appartient au commandement supérieur d'affecter à chacun la zone d'action qui lui revient et de prendre ses dispositions, de manière à empêcher les conflits qu'il désire éviter, de se produire, ou, tout au moins, de les limiter le plus possible.

On voit, par ces détails, combien, dans le cas présent, le commandement suprême de l'armée allemande a manqué à ses obligations. C'est pourquoi il faut chercher les causes de la bataille de Spicheren, qui, au fond, était sans but, tout au moins autant dans la manière d'opérer, ou plutôt dans l'absence d'intervention du commandement suprême de l'armée allemande, que dans l'ardeur qui poussait les troupes à se porter en avant.

Pour être juste, il faut répéter, encore une fois, comme conclusion, que ce sont les chefs en sous-ordre allemands qui, en entrant en ligne, en connaissance de cause et énergiquement, ou, en d'autres termes, en faisant usage, dans la plus large mesure, de leur « initiative », ont transformé la bataille de Spicheren, au fond sans but, et, eu égard aux circonstances, sans espoir, en une victoire importante pour les Allemands.

Le combat de Wissembourg fut livré, le 4 août, par les Allemands, avec une supériorité numérique telle, qu'il était, d'avance, complètement impossible, soit qu'ils éprouvassent un insuccès, soit même qu'ils fussent arrêtés dans leur marche en avant. Malgré cela, les chefs allemands en sous-ordre réussirent également, dans ce combat, à faire preuve d'une initiative prise en connaissance de cause.

Il résulte du cours de ce combat, que, dès que le général commandant le V⁰ corps, général de Kirchbach, eut entendu la canonnade à Wissembourg, il fit porter en avant le gros de son corps d'armée sur ce point. Mais, non content d'avoir prescrit cette marche au canon, le général de Kirchbach envoya en avant un officier d'état-major, pour se rendre compte de la situation, et pour demander au général de Bothmer, qui se trouvait engagé au combat, directement en avant de Wissembourg, avec la 4⁰ division bavaroise, « dans quelle direction il désirait voir entrer en ligne

« le V⁰ corps » ; en outre, le général de Kirchbach se porta lui-
même, peu de temps après, en avant, il observa la marche du
combat, et enflamma les Bavarois, en leur promettant de venir
rapidement à leur secours. Ici encore, rien n'autorise, évidemment, à supposer que le général de Kirchbach n'a fait, en agissant ainsi, que marcher au canon, et cela « sans avoir plus
« longuement réfléchi » ; on se trouve, au contraire, en cette
circonstance, en présence de mesures adoptées en connaissance
de cause et logiques, dont le but était d'engager les troupes au
combat, de la manière la plus avantageuse et la plus judicieuse.

C'est tout à fait dans le même sens qu'agirent les généraux
de Bose (général commandant le XI⁰ corps prussien), et de San-
drart (commandant l'avant-garde du V⁰ corps), lorsqu'ils convin-
rent, d'un commun accord, que ce dernier se porterait en avant,
directement (par l'est) sur Wissembourg, et que, d'autre part, le
premier appuierait plus à gauche, avec les troupes qu'il avait sous
la main, de manière à envelopper ainsi, plus sûrement, le flanc
droit de l'ennemi.

Les Allemands remportèrent leur victoire de Wœrth dans les
circonstances suivantes :

Après le combat de Wissembourg, la troisième armée allemande
avait continué, le 5 août, sa marche en avant dans la direction du
sud, et avait constaté la présence de l'armée du maréchal Mac-
Mahon sur son flanc droit, à Wœrth.

Le commandant en chef de la troisième armée avait l'intention,
d'après le témoignage des historiens allemands, de n'attaquer
l'adversaire que le 7 août, et d'employer la journée du 6 à concentrer davantage son armée. Nous ne voulons pas reproduire ici les
arguments probants, du moins à notre avis (que nous avons
exposés précédemment), arguments qui confirment l'assertion
émise par nous, savoir : que le commandant en chef de l'armée,
au moment où il arrêta ses dispositions pour le 6, n'avait encore,
à proprement parler, pris aucune résolution définitive (1). Il suffit
de faire ressortir que le commandant en chef de la troisième

---

(1) Voir tome I, pages 172-178.

armée n'avait pas fait part à ses généraux commandants de l'intention qu'il avait de n'entreprendre l'attaque que le 7 août, et d'éviter toute rencontre pendant la journée du 6. Mais, sur ces entrefaites, le V⁰ corps prussien et le II⁰ corps bavarois étaient déjà arrivés, le 5 au soir, à se trouver si rapprochés des Français, que, dans la nuit du 6, des tiraillleries continuelles s'engagèrent entre les avant-postes des deux partis. Étant donnée une pareille proximité, la bataille pouvait facilement s'engager par suite d'un accident.

En outre, le général commandant le II⁰ corps bavarois, général de Hartmann, avait reçu une instruction particulière, qui n'avait pas été communiquée aux autres corps ; cette instruction devait avoir, infailliblement, pour conséquence d'amener, dès le 6 août, soit une défaite partielle de la division Bothmer, soit — une bataille générale. Cette instruction contenait, notamment, la prescription suivante : « Dans le cas où le corps entendrait, le 6 au matin, la « canonnade dans la direction de Wœrth, il devra attaquer, avec « une division, par Langensoultzbach, le flanc gauche de l'en- « nemi (1) ».

Or, le 6 août, à la première heure, la canonnade se fit entendre à proximité de Wœrth, non seulement sur un point, mais en deux endroits à la fois. Cette canonnade provenait d'une reconnaissance offensive, entreprise directement, à Wœrth, par le commandant de l'avant-garde du V⁰ corps, général de Walther, ainsi que d'une reconnaissance exécutée par l'ennemi contre le village de Guns-tett, situé plus au sud. La division bavaroise Bothmer, se basant sur la canonnade qu'elle entendait, se porta en avant à l'attaque, fut repoussée, et se replia dans un assez grand désordre. Tel fut le prélude de la bataille de Wœrth. Il faut, en ce qui concerne le développement ultérieur de cette bataille, se reporter au premier volume de cette étude. On y trouve exposées les raisons qui déter-minèrent le général de Kirchbach, et, même avant lui, les chefs placés sous ses ordres, savoir : le colonel von der Esch et le général de Schmidt, à occuper de front les Français, en raison du

---

(1) Rappelons que l'auteur de cette instruction, le chef d'état-major de la troisième armée allemande, général de Blumenthal, avait eu en vue, dans ce cas, « la canonnade provenant d'une attaque de l'ennemi » ; mais cette idée n'était pas exprimée avec une clarté suffisante.

combat violent dont l'écho se répercutait jusqu'au IIe corps bavarois. Dans ce volume, nous avons également exposé, en détail, comment l'avant-garde du XIe corps prussien fut entraînée au combat, en appuyant un détachement insignifiant du Ve corps, qui était à Gunstett et se trouvait menacé par l'adversaire.

La bataille fut ainsi livrée contre la volonté et le désir du commandant en chef de la troisième armée allemande. Mais, comme ce sont les projets et la volonté du chef supérieur qui doivent être mis, bien ou mal, à exécution par les chefs en sous-ordre, il n'est pas sans utilité de rappeler à qui incombe, à proprement parler, la responsabilité d'avoir engagé prématurément la bataille (contrairement aux intentions du prince royal de Prusse).

Nous avons vu que le général de Hartmann avait reçu l'ordre d'attaquer, « si, le 6 au matin, il entendait la canonnade dans la « direction de Wœrth », et que les généraux commandant les autres corps, en particulier, également, le général commandant le Ve corps, qui se trouvait à proximité du IIe corps bavarois, n'avaient été nullement informés de cet ordre. De même, les généraux commandants n'avaient pas été formellement avisés des intentions du prince royal, et, en particulier, du désir qu'il avait d'éviter un combat, le 6 août. Cela avait une importance toute particulière, en raison de la proximité immédiate de l'ennemi et de l'initiative accordée aux chefs allemands, initiative qu'ils réclamaient, d'ailleurs, eux-mêmes, formellement.

Les deux adversaires se trouvaient, dès le 5 au soir, en face l'un de l'autre, pour ainsi dire à portée de fusil. Un accident quelconque pouvait amener une lutte d'artillerie ; cette lutte une fois entamée, la bataille devenait également inévitable. Toutefois, s'il en résulta, en réalité, une bataille, il faut l'attribuer principalement aux fautes commises par le commandant en chef de l'armée, et non au mauvais usage que firent les chefs en sous-ordre du droit d'initiative, qui leur avait été accordé, et encore moins « au principe même de l'initiative ». En ce qui concerne ce dernier point, nous avons démontré, au contraire, en un autre passage de cette étude, que si ce principe avait déjà été appliqué dans la plus large mesure, la faute que commit le général de Hartmann, en interprétant à sa manière l'instruction du général de Blumenthal, aurait été, sans aucun doute, réparée.

De plus, on ne peut s'empêcher de remarquer, que si les Allemands ne s'étaient pas contentés d'admettre et d'introduire dans leur armée le principe de l'initiative des chefs en sous-ordre, mais s'ils avaient encore, en même temps, su mettre en œuvre les conséquences « matérielles » qui résultaient de son application, ceux de leurs chefs qui opéraient l'un à côté de l'autre à Wœrth, — les généraux de Bothmer et de Walther, d'une part, et les généraux commandants, de Hartmann et de Kirchbach, d'autre part, — n'auraient certainement pas négligé d'entrer directement en relation l'un avec l'autre. Ils auraient, probablement, détaché, chacun de leur côté, des officiers, chargés spécialement d'informer le corps voisin de tous les événements survenus. De cette manière, d'une part, le Vᵉ corps aurait eu, sans aucun doute, connaissance de l'instruction spéciale adressée au IIᵉ corps bavarois, et, d'autre part, le général de Bothmer se serait difficilement laissé entraîner au combat, sans même attendre des renseignements sur l'importance réelle de la canonnade qu'on entendait dans la direction du Vᵉ corps.

Si le général de Kirchbach s'en était tenu simplement, comme le général de Hartmann, à la lettre de l'ordre du prince royal de Prusse, qui lui fut adressé pendant la bataille, et s'il avait, conformément à cet ordre, rompu le combat, la journée du 6 août se serait terminée par un insuccès, plus ou moins sensible, des trois corps, qui, à ce moment, se trouvaient avoir engagé des forces assez importantes dans un combat dont l'issue ne paraissait pas, jusqu'alors, devoir tourner à leur avantage. Si la journée du 6 août s'était passée ainsi, l'insuccès qu'ils auraient éprouvé pouvait produire facilement du mécontentement dans l'armée, composée, d'ailleurs, d'éléments très divers, dont la plus grande partie avait encore combattu la Prusse dans la guerre de 1866. D'autre part, pendant la nuit, le maréchal Mac-Mahon aurait appris la défaite de Frossard à Spicheren, et aurait également reçu des renseignements suffisants sur la force considérable de l'adversaire qui lui était opposé; il lui était donc possible de se dérober, au moyen d'une retraite, au coup dont il était menacé. De plus, il faut remarquer que le corps allemand qui, par sa position, se trouvait être le plus dangereux pour les Français, le IIᵉ bavarois, venait d'être battu, en partie (division Bothmer), et pouvait être arrêté, en partie, par les troupes du corps de Failly, qui se trouvaient en marche pour se rapprocher de ce côté. C'est ainsi que, grâce à l'esprit de résolution du général de Kirchbach, les Allemands remportèrent une victoire qui menaçait déjà de leur échapper.

Sans doute, ce général ne pouvait, par sa manière d'opérer, obtenir le résultat désiré par les Allemands, qu'à la condition d'être secondé énergiquement, et en connaissance de cause, par tous les autres chefs, ce qui eut lieu en réalité. Nous avons déjà discuté, précédemment, en détail, toutes ces particularités. Rappelons simplement que le commandant de la 1re division du Ier corps bavarois, général de Stéphan, se décida spontanément à se porter, en toute hâte, au secours du Ve corps, et choisit sa direction de marche de telle sorte, qu'il put attaquer de flanc l'ennemi qui était opposé à ce dernier corps. Le général commandant, von der Tann, approuva le projet du général de Stéphan, et se porta rapidement en avant, pour se renseigner personnellement sur la situation du combat, et s'entendre avec le général de Kirchbach.

Le général commandant le XIe corps, général de Bose, qui, de sa propre initiative, entra en ligne à l'aile gauche de la ligne de bataille allemande, non seulement engagea au combat toutes ses troupes, pour faciliter l'attaque du Ve corps, mais attaqua également, en même temps, l'aile droite française, en l'enveloppant.

Le chef du corps mixte (formé de troupes badoises et wurtembergeoises), général de Werder, qui avait reçu pour mission spéciale d'observer les routes menant vers Haguenau (où l'on avait tout lieu de supposer que se trouvaient des forces considérables de l'adversaire), appréciant judicieusement la situation, estima qu'il pouvait, sans contrevenir à sa mission, mettre la moitié de son corps à la disposition du général de Bose, et crut pouvoir rapprocher également tout le reste de ses troupes du champ de bataille.

La victoire des Allemands aurait été, sans doute, beaucoup plus complète, si le combat, au lieu d'être mené à bonne fin, grâce aux efforts des chefs en sous-ordre, qui manquèrent de la cohésion nécessaire, avait été réglé par le commandement supérieur commun, auquel incombait le devoir de prendre ses dispositions pour assurer l'unité de direction. On peut se poser, maintenant, la question suivante : par la faute de qui cette unité de direction ne fut-elle pas assurée ? La responsabilité n'en revient

pas, en tout cas, au principe « de l'initiative des chefs en sous-
« ordre ». C'est ce dernier principe, au contraire, qui, le 6 août,
à Wœrth, a préservé les Allemands d'une défaite partielle,
d'ailleurs inévitable, et leur a procuré une victoire tout à fait
inespérée, victoire qui aurait pu facilement leur échapper, si
les Français, par exemple, avaient battu en retraite en temps
opportun.

Il faut encore ajouter que la manière d'opérer des chefs allemands en sous-ordre, qui, grâce à leurs efforts réunis, ont gagné
la bataille de Wœrth, n'a rien de commun avec une marche au
canon, « exécutée pour ainsi dire sans réflexion ultérieure ». Nous
voyons, au contraire, ici, toute une série d'opérations, exécutées
par ces chefs en sous-ordre, en parfaite connaissance de cause, et
appropriées, au plus haut degré, au but poursuivi, parce qu'elles
reposent sur une appréciation judicieuse des circonstances. Il
ne pouvait pas même, d'ailleurs, en être autrement. Pour se
décider à continuer la bataille, *contrairement* à la lettre même de
l'ordre reçu, comme le firent le général de Kirchbach et ses compagnons d'armes, il fallait pouvoir opposer à ce texte littéral un
jugement *ayant conscience du but, et indépendant, avoir confiance
dans son propre jugement, et, enfin, posséder une volonté et un
caractère assez fermes, pour agir conformément à ce jugement,
sous sa propre responsabilité. La réunion de toutes ces qualités
constitue, précisément, ce que l'on désigne d'un seul mot : « l'ini-
« tiative »*.

L'exemple le plus intéressant à citer, à l'appui de la question
qui est discutée dans cette étude, nous est fourni par la bataille
de Metz, en date du 14 août, que les Allemands désignent sous le
nom de bataille de Colombey-Nouilly, et qui fut préparée et
livrée par les chefs en sous-ordre de la première armée allemande
contre la volonté du commandant en chef de cette armée, général
de Steinmetz.

La bataille se déroula dans les conditions suivantes :

La principale armée française s'était concentrée à Metz, avec
l'intention de franchir, sur ce point, la Moselle, pour continuer la
retraite vers l'intérieur du pays.

A l'est de Metz, à une faible distance des Français, se trouvait la première armée allemande, qui les avait suivis, tandis que l'armée plus considérable du prince Frédéric-Charles se trouvait engagée dans une marche de flanc, qui avait pour but d'envelopper la place de Metz par le sud. Quelques passages de la Moselle se trouvaient déjà entre les mains des Allemands.

L'ordre du grand quartier général allemand pour le 14 août prescrivait à la première armée d'observer, « par des avant-« gardes poussées en avant, si l'ennemi se repliait » (il s'agit, ici, bien entendu, d'un mouvement ayant pour but de se replier derrière la Moselle), « ou s'il se portait à l'attaque ». Des instructions particulières étaient jointes à cet ordre, en prévision du cas où l'ennemi exécuterait un mouvement offensif vers l'est, c'est-à-dire contre la première armée, ou vers le sud, c'est-à-dire contre les colonnes les plus rapprochées de l'armée du prince Frédéric-Charles, qui étaient chargées d'opérer le mouvement tournant.

Ces dispositions envisageaient tous les cas possibles ; mais, en réalité, on admettait simplement, du côté des Allemands, comme vraisemblable, que l'adversaire continuerait sa retraite, provisoirement jusqu'à Verdun. Toutefois, les Allemands ignoraient si l'opération du passage de la Moselle, à Metz, était déjà commencée, et jusqu'à quel point elle était avancée. On n'avait reçu qu'un seul renseignement, c'est que des forces ennemies considérables s'étaient trouvées, encore le 13 août, de ce côté-ci (rive droite), c'est-à-dire à l'est de Metz. C'était donc à l'armée du général de Steinmetz qu'incombait, spécialement, la mission d'observer attentivement tous les changements qui pouvaient se produire en avant d'elle, du côté de l'ennemi.

A dire vrai, les Allemands ne croyaient pas encore, à ce moment, qu'il leur fût possible de couper la retraite, même simplement à une partie, et encore moins à la totalité de l'armée de l'adversaire, ainsi que cela eut lieu dans la suite. On s'en tenait, momentanément, à des considérations ayant un caractère défensif, considérations qui avaient pour but de protéger la marche de flanc contre des attaques éventuelles de l'ennemi.

La pensée qu'il était possible de couper la retraite, tout au moins à une partie des forces ennemies rassemblées à Metz, ne pouvait être qu'une conséquence des renseignements complémentaires fournis par la première armée. Mais, étant donné que cette idée venait de surgir, par suite du cours même des événements ultérieurs, il devait être, évidemment, de la plus grande importance, pour les Allemands, d'arrêter l'adversaire en avant (à l'est) de Metz, en exécutant même, au besoin, une attaque directe, en vue de retarder la retraite de l'ennemi au delà de la Moselle et de donner aux colonnes de la deuxième armée, chargées de tourner la place, le temps de terminer leur mouvement. Cette mission offensive incombait aussi, naturellement, le cas échéant, à la première armée et à son commandant en chef, le général de Steinmetz. Mais l'exécution, envisagée dans l'ensemble comme dans le détail, dépendait tout à fait des circonstances : il s'agissait, dans ce cas, de saisir le moment opportun ; c'est pourquoi l'attaque ne pouvait pas être *ordonnée* par le haut commandement ; elle ne pouvait résulter que de la décision spontanée du commandant en chef de la première armée. Or, en réalité, il arriva que la bataille fut commencée et livrée, à l'insu de ce dernier, par ses chefs en sous-ordre.

Involontairement, on se demande encore ici : comment cela fut-il possible? A qui incombe la responsabilité d'avoir agi contrairement aux vues et aux projets du chef supérieur? Pour mieux comprendre la question, rappelons que le général de Steinmetz, au moment où il donna à ses chefs en sous-ordre, à Sarrebruck, le 10 août, des instructions relatives aux opérations ultérieures, leur avait recommandé d'observer une attitude défensive. Cette recommandation ne pouvait pas être, il est vrai, considérée comme ayant un caractère absolument restrictif pour l'avenir, surtout dans une guerre offensive ; toutefois, comme le général de Steinmetz estimait qu'il allait se produire devant Metz un temps d'arrêt, facile à prévoir, déjà à cette époque, il pouvait avoir eu l'intention, en s'adressant à ses chefs en sous-ordre, de leur donner, précisément pour cette période, un ordre suffisamment explicite ; car, au moment dont nous parlons, la première armée avait à remplir un rôle passif, qui consistait à couvrir la marche de flanc de la deuxième armée.

Mais une mission, qui, par sa nature même, présente un caractère absolument passif, peut, également, et même doit, parfois, à la guerre, être remplie d'une manière active, c'est-à-dire, en prenant l'offensive, et non pas en restant sur la défensive. Pour ne pas chercher bien loin, il suffit de se reporter, notamment, à l'ordre expédié aux deux armées allemandes, pour le 14, ordre qui était, précisément, ainsi conçu : « La première armée se « trouve à même d'empêcher, au moyen d'une attaque de flanc, « tout mouvement offensif de l'ennemi vers le sud ». Il s'agissait, ici, d'une attaque que les Français pouvaient tenter contre les troupes de la deuxième armée, qui, à ce moment, se rapprochaient de la Moselle.

Lorsque, le 14 août, les avant-postes allemands commencèrent à signaler la marche en retraite de l'ennemi, le général commandant le Ier corps, général de Manteuffel, et le commandant de l'avant-garde du VIIe corps, général von der Goltz, « sentirent » qu'il était de leur devoir d'entraver cette retraite. Le dernier de ces généraux, ayant appris que le Ier corps se tenait prêt au combat, interpréta ce renseignement comme signifiant que ce corps était déjà engagé au combat, et chercha à s'accrocher, avec ses troupes, aux Français qui battaient en retraite ; d'autre part, le général de Manteuffel attaqua l'ennemi, pour donner de l'air au général von der Goltz, qu'il croyait être aux prises avec l'adversaire.

La bataille résulta donc, ici encore, de l'ardeur qui poussait les troupes à aller de l'avant, ardeur qui, cette fois, se trouvait parfaitement justifiée : on ne peut nier, en outre, que si les généraux de Manteuffel et von der Goltz ont obéi à cette impulsion, ils n'ont fait, en cela, qu'appliquer « le principe même de l'initiative ». Quant à ceux qui seraient tentés de blâmer, comme inopportune, la manière d'opérer des chefs allemands, dont nous venons de parler, sous prétexte qu'elle n'était pas conforme aux vues émises par le commandant en chef, ils se convaincront, sans difficulté, que s'il fut fait, en cette circonstance, un usage « abusif » du principe de l'initiative, il faut l'attribuer à ce fait que ce dernier principe n'était pas encore appliqué d'une manière courante.

Déjà, à maintes reprises, nous avons fait ressortir que *le droit d'initiative attribué aux chefs en sous-ordre leur impose l'obligation préalable de se renseigner, aussi complètement que possible, sur la situation, et d'observer, d'une manière continue, les changements qui viennent à se produire, sous leurs yeux, dans les circonstances au milieu desquelles ils se meuvent.* Si, se plaçant à ce dernier point de vue, les avant-gardes des corps d'armée prussiens s'étaient tenues, le 14 août, en relation constante entre elles, le général von der Goltz aurait été informé que le Ier corps se tenait simplement prêt au combat, dans l'attente d'un ordre pour attaquer, mais que, provisoirement, il ne s'était pas encore engagé au combat. D'autre part, le général de Manteuffel n'aurait pas eu, non plus, de doutes au sujet de l'importance réelle que présentait la canonnade qu'on entendait dans la direction de la brigade Goltz. Il aurait su, notamment, que l'adversaire ne songeait pas à attaquer, mais se tenait simplement sur la défensive, et que, par suite, le général von der Goltz ne se trouvait exposé à aucun danger particulier.

Il est bien possible que, dans de telles conditions, les deux généraux, qui, en réalité, n'agirent que dans le but de porter secours à leurs camarades, tout en ayant « l'impression », fort juste, que la nécessité s'imposait d'entraver la retraite de l'adversaire, se seraient abstenus d'attaquer l'ennemi. En renonçant ainsi à l'attaque, ils auraient fait passer « la subordination mili- « taire » avant le principe de « l'initiative », car ils savaient que le commandant en chef de l'armée avait l'intention de rester sur la défensive. Mais, en agissant ainsi, les Prussiens auraient dû, également, renoncer à tous les avantages que présentait le combat du 14, d'ailleurs parfaitement justifié, et cela essentiellement par la faute du général de Steinmetz, qui avait conçu l'idée, évidemment trop exclusive, d'observer une attitude passive, et n'avait pas, selon toute apparence, envisagé la possibilité d'engager une action offensive.

Supposons que le général de Steinmetz, — se plaçant déjà au point de vue du rôle d'observation assigné à son armée, rôle qui, d'ailleurs, dans le cas prévu par l'ordre du grand quartier général pour le 14, pouvait se transformer en un rôle offensif, — se fût trouvé plus à proximité de ses troupes, ou bien qu'il eût eu, sur ce point, un officier de son état-major; dans ces conditions, il ne lui aurait pas été difficile d'empêcher ses chefs en sous-ordre d'attaquer, dans le cas, notamment, où l'attaque lui aurait paru désavantageuse. En supposant, d'autre part, qu'il eût pris, lui-même, la résolution d'attaquer l'ennemi en retraite, le général aurait été, dès lors, en mesure de donner, sur place, les ordres nécessaires à toute son armée, et, tout d'abord, d'engager au combat de l'infanterie en forces suffisantes, en la faisant appuyer par le tir efficace de près de 200 pièces. En un mot : *l'activité des Prussiens aurait ainsi acquis l'unité et la force, que les efforts séparés des chefs en sous-ordre, si judicieux qu'ils fussent par eux-mêmes, ne pouvaient, en aucun cas, lui donner.*

Nous avons ainsi rappelé, en traits généraux, comment les chefs allemands entrèrent en ligne et opérèrent le jour de Colombey-Nouilly ; nous allons, maintenant, prouver également, par des exemples, que, là où les circonstances l'exigèrent, ils surent se replier tout aussi judicieusement, et différer leurs opérations.

Le général de Goeben se trouvait, le 14 août, avec son corps d'armée, en arrière des deux autres corps de la première armée, dont il formait la réserve. C'est pourquoi, en apprenant que le combat était engagé, il ne se crut pas autorisé à agir, sans avoir reçu un ordre du commandant en chef de l'armée ; d'ailleurs, il avait acquis la conviction que l'adversaire, qu'il considérait comme l'agresseur lui-même, par suite des renseignements inexacts qui lui étaient parvenus, ne pourrait plus, en raison de l'heure, déjà avancée, entreprendre aucune opération sérieuse dans cette journée. Comme, d'autre part, il avait reçu, alors qu'il faisait déjà nuit, l'ordre tardif du commandant en chef de l'armée, qui lui prescrivait de se rapprocher du champ de bataille, pour former une réserve de combat, le général de Goeben (pour les raisons que nous avons exposées, précédemment, en détail) maintint ses troupes sur leurs positions et les préserva ainsi de la fatigue inutile qui serait résultée, pour elles, d'une marche de nuit (1).

C'est également tout à fait de la même manière qu'opéra le général commandant le VIIᵉ corps, général de Zastrow. Le général de Steinmetz craignait que les troupes de ce général, qui, dans le cours du combat, s'étaient portées assez loin en avant, presque sous les canons de Metz, fussent attaquées par l'adversaire, pendant la nuit, ou dans la matinée du lendemain. Or, le général de Zastrow n'avait reçu qu'en pleine obscurité l'ordre de battre en retraite, qui lui avait été donné sur ces entrefaites. Dans ces conditions, envisageant les raisons que nous avons déjà exposées, et se proposant, en particulier, d'épargner une marche de nuit à ses troupes, qui se trouvaient en désordre, à la suite du

---

(1) Voir tome I, pages 253-254.

combat violent qu'elles venaient de soutenir, le général de Zastrow estima qu'il était préférable de maintenir ses troupes sur place et de ne se mettre en retraite qu'à la pointe du jour. Il est inutile de faire, encore une fois, ressortir que le général de Steinmetz approuva les dispositions prises par ses deux chefs en sous-ordre, bien qu'elles s'écartassent de l'ordre donné : *la raison en est qu'on a, précisément, dans l'armée allemande, l'habitude d'exiger que les ordres soient exécutés, en se conformant « à leur sens et à leur « esprit », et non simplement, « à la lettre même » de ces ordres, et que, de plus, on est habitué, dans cette armée, à voir cette exigence réalisée.*

Si, dans l'armée allemande, et, particulièrement, dans l'armée prussienne, on avait voulu tenir en lisière les chefs en sous-ordre, le général de Steinmetz, pour arriver à faire rompre le combat, aurait dû faire suivre son premier ordre, prescrivant au VIIIe corps « de se porter en avant de Bionville à Varize », d'un second ordre, lui prescrivant de rester à Bionville. Si ces deux ordres avaient été exécutés à la lettre, il aurait pu arriver ainsi, facilement, que les troupes du VIIIe corps auraient exécuté, pendant toute la nuit, des marches et des contremarches sans but, entre les deux localités en question, et auraient été ainsi privées de sommeil et de repos, peut-être même de la nourriture qui leur était nécessaire. Il serait résulté directement de cette manière de faire, que ces troupes n'auraient pas été en mesure d'exécuter, le 15 août, la marche, d'une durée de onze heures, qui permit à une partie d'entre elles (la brigade Rex) d'intervenir encore, en temps opportun, dans la bataille du 16, à Mars-la-Tour, et de préserver le corps Alvensleben d'une défaite qui, sans cela, eût été inévitable. Cet exemple prouve, d'une manière frappante, qu'une résolution spontanée, en apparence indépendante, comme celle que prit une partie du VIIIe corps, en marchant au canon, le 16, peut, cependant, dépendre directement d'une décision antérieure spontanée, d'une nature toute différente, pour ne pas dire — absolument opposée (nous voulons parler ici de la résolution que prit le général de Goeben, le 14 août).

La situation critique dans laquelle les Allemands se trouvèrent, pendant la bataille de Mars-la-Tour, le 16 août, avait été amenée par une série de fautes commises par le commandement allemand.

Nous avons consacré tout un chapitre de cette étude (1) à examiner la cause positive et essentielle de cette situation. Il ressort de ce chapitre que les Allemands, qui, cependant, disposaient de tous les moyens nécessaires à cet effet, ont négligé de faire exécuter, en temps opportun, des reconnaissances par la cavalerie, pour déterminer si l'armée française se trouvait encore au delà de Metz (rive gauche). Les dispositions qui furent prises dans ce but, par le grand quartier général, furent trop tardives et n'eurent pas un caractère assez impératif; car c'étaient plutôt « des indica-« tions » que « des ordres fermes ».

Le grand quartier général, en s'abstenant de donner des ordres fermes et décisifs, avait, certainement, l'intention de ne pas restreindre l'initiative des commandants en chef d'armée. Mais, en agissant ainsi, il négligeait, précisément, de remplir ses propres obligations, puisqu'il s'en remettait, en ce qui concernait le soin de sauvegarder les intérêts importants et communs de l'armée allemande, aux commandants en chef des deux armées, qui étaient indépendantes l'une de l'autre et se trouvaient séparées par l'espace.

En effet, nous constatons ici une exagération, pour ne pas dire un abus, du principe de l'initiative des chefs en sous-ordre; mais cet abus n'est pas, ainsi qu'on devait bien, d'ailleurs, s'y attendre, imputable aux chefs en sous-ordre, — mais, au contraire, au commandement suprême de l'armée allemande.

Les commandants en chef d'armée, de leur côté, ne furent pas, cette fois, à la hauteur de leur mission; ils ne surent, ni l'un ni l'autre, se rendre parfaitement compte de l'importance que présentait une reconnaissance exécutée au delà de Metz (sur la rive gauche), dans la direction des routes de retraite de l'adversaire, en vue de déterminer si, réellement, ce dernier se trouvait déjà en retraite, et jusqu'où il s'était déjà replié. Sous ce rapport, la première armée ne fit à peu près rien; quant à la deuxième armée, elle ne mit sa cavalerie en mouvement que le 15, dans la

_____

(1) Voir tome I, chapitre IX, pages 261-273.

direction décisive (vers les communications de Metz à Verdun) ;
encore faut-il ajouter qu'elle ne consacra à cette reconnaissance
que des forces insuffisantes et négligea de renseigner, comme il
convenait, la cavalerie sur le but du mouvement qu'elle avait à
exécuter. Quant à la cavalerie elle-même (division Rheinbaben),
elle ne fut pas capable de combler spontanément les lacunes que
présentaient les dispositions du commandant en chef.

Telles sont les raisons pour lesquelles le commandement
suprème de l'armée allemande fut obligé de prendre ses dispositions pour le 16 août, dans une incertitude complète au sujet des
emplacements qu'occupait l'armée ennemie. Sans se soucier
d'éclairer la véritable situation, même au dernier moment, le
commandant en chef de la deuxième armée adopta tout à fait
l'opinion préconçue, qui tendait à admettre que l'ennemi avait
déjà gagné une certaine avance, dans sa retraite de Metz. C'est en
partant de ce point de vue, que le prince Frédéric-Charles avait
résolu de se porter, le 16, sur la Meuse, dans l'espoir de devancer
l'ennemi par une marche parallèle ; il se contenta de porter dans
la région située immédiatement en arrière de Metz le IIIe corps,
sous le général d'Alvensleben ; il en résulta que ce dernier corps
se trouva, tout à coup, dans la matinée du 16, seul, en présence
de la plus grande partie de l'armée de Bazaine. Mais, dans ce
cas, également, les fautes commises par le haut commandement,
— fautes qui eurent pour conséquence de mettre brusquement le
général d'Alvensleben dans la situation la plus grave, — furent
réparées, encore une fois, grâce au zèle, à l'initiative et à l'esprit
de résolution dont firent preuve les chefs en sous-ordre.

En ce qui concerne l'activité déployée par ces derniers, activité
que nous avons déjà discutée, en détail, en temps opportun, rappelons simplement les faits essentiels suivants :

Le général de Voigts-Rhetz, général commandant le Xe corps
prussien, qui devait se porter, le 16, à gauche du IIIe corps, dans
une direction qui l'éloignait de ce dernier corps, se rendit, évidemment, compte que la situation était des plus obscures, et, en outre,
que la base sur laquelle s'appuyaient les mouvements projetés par
la deuxième armée, pour le 16 août, n'offrait pas plus de sécurité.
C'est pourquoi, bien que le corps qui marchait le plus à proximité
de Metz fût le IIIe, le général de Voigts-Rhetz résolut, néanmoins,
d'entreprendre, dès les premières heures de la matinée du 16, une

reconnaissance offensive dans la direction de Metz (de l'ouest à l'est), en y consacrant toute la division de cavalerie Rheinbaben (36 escadrons, 12 pièces), renforcée par deux batteries à cheval de l'artillerie de corps. En vue d'appuyer la cavalerie, les détachements des colonels Lehmann et Lyncker (comprenant, en tout, une brigade d'infanterie, avec de la cavalerie et de l'artillerie) devaient encore se rapprocher. L'importance que le général de Voigts-Rhetz attachait, avec juste raison, à cette reconnaissance, ressort déjà de ce fait, qu'il fit accompagner la division de cavalerie par son chef d'état-major, et se porta en avant, de sa personne, le 16 au matin, dans la même direction. Il se trouva, de cette manière, à proximité du champ de bataille du 16, et assista au développement du combat, de telle sorte qu'il put prendre, sans retard, ses mesures ultérieures, dans le but d'appuyer et de renforcer le IIIᵉ corps.

On sait que la division de cavalerie française Forton fut tout à fait surprise par la marche en avant de la 5ᵉ division de cavalerie prussienne, et que les batteries à cheval de cette dernière division entamèrent la bataille, en canonnant directement, non seulement les bivouacs de la cavalerie, mais encore ceux de l'infanterie de l'adversaire. L'entrée en ligne de l'artillerie allemande, qui eut lieu par surprise, assura aux Allemands le bénéfice de l'initiative, et ne fut pas sans influence sur le moral des troupes françaises, ainsi que sur les sentiments de leurs chefs; ces derniers, en effet, ne sont pas parvenus, dans la suite, pendant toute la journée de la bataille, à se rendre compte de la supériorité numérique imposante qu'ils possédaient sur les Allemands.

Il n'est pas nécessaire de rappeler comment il arriva que les troupes du corps Alvensleben, qui s'épuisaient dans une lutte inégale, reçurent les premiers secours, dont le besoin se faisait impérieusement sentir, précisément des détachements Lehmann et Lyncker, qui avaient modifié, de leur propre initiative, leur direction de marche, et s'étaient portés dans la direction de la canonnade. Qu'il me suffise de remarquer, simplement, que l'entrée en ligne, si avantageuse, du général de Rheinbaben et des colonels Lehmann et Lyncker ne constitue pas une improvisation accidentelle, résultant de la nécessité du moment; elle fut, au contraire, la conséquence directe de l'esprit de résolution du général de Voigts-Rhetz, qui se manifesta d'une manière tout à

fait spontanée et en temps opportun, ainsi que de ses dispositions
habiles. Il répara la faute commise par le haut commandement,
ou combla, si je puis m'exprimer ainsi, la lacune que présentaient les dispositions du commandement suprême, en se décidant
à résoudre la question de savoir où s'était portée, à proprement
parler, l'armée ennemie, qui, tout récemment encore, avait
séjourné à Metz; — on sait que la solution était que cette armée
se trouvait encore tout près de son point de départ, c'est-à-dire
sous les murs de la place. C'est ainsi, également, que, dans cette
circonstance, toute une série de conclusions judicieuses et de mesures prises en conséquence avait précédé « la marche au canon ».

C'est dans le même sens qu'agit le commandant de la 20e division d'infanterie du Xe corps, général de Kraatz. Il avait été
informé, à Thiaucourt (localité qui lui avait été assignée, comme
cantonnement, pour la nuit du 16 au 17 août), qu'un combat des
plus sérieux se trouvait engagé, et avait résolu, en conséquence,
de se porter rapidement dans cette direction, pour appuyer, avec
sa division, les troupes engagées; il envoya, en outre, immédiatement, en avant, sur le théâtre de l'action, un officier d'état-
major. Il prit, également, lui-même, les devants de sa division,
qui, venant de la direction du sud, marchait sur Tronville, se
renseigna sur la situation du combat, et fit, aussitôt après, porter
en avant, de sa propre initiative, une partie de ses troupes, pour
appuyer le centre du IIIe corps; quant au reste de sa division, il
la dirigea, en personne, vers l'aile gauche de la ligne de bataille
allemande, qui, à ce moment, se trouvait fortement menacée.
C'est dans la même direction, seulement en venant de l'ouest, que
l'avant-garde du Xe corps, sous le général de Schwartzkoppen, qui
arrivait de Saint-Hilaire, entra en ligne, en se portant vers le point
le plus faible de l'adversaire, c'est-à-dire contre son flanc droit.

C'est ainsi que, par suite des efforts entrepris de tous côtés,
grâce à la coopération énergique de la cavalerie, le combat
se trouva de nouveau rétabli à l'aile gauche allemande et se
termina définitivement, sur ce point, de la manière la plus
favorable pour les Allemands. On peut hardiment affirmer que,
de ce côté, chacun fit tout ce qu'il était humainement possible de
faire. Mais il n'en fut pas ainsi, à beaucoup près, à l'aile droite
allemande opposée.

Rappelons que le général de Moltke ne partageait pas la con-

viction et la tranquillité du prince Frédéric-Charles. Il craignait
que les fractions de la deuxième armée, qui se trouvaient à proximité immédiate de Metz, ne pussent pas être assez fortes, et il
résolut, en conséquence, de faire accélérer le passage de la
Moselle par le IXᵉ corps. C'est dans cette intention que le général
de Moltke avait, par l'intermédiaire d'un officier d'état-major,
adressé, dès les premières heures de la matinée du 16, sous pli
ouvert, au IXᵉ corps, l'ordre de franchir la Moselle, autant que
possible dans le courant de la journée du 16 (on sait que ce dernier corps ne devait, d'après les dispositions du commandant en
chef de la deuxième armée, se porter que jusqu'aux environs de
Sillegny sur la Seille, et, par conséquent, ne devait pas même
atteindre la Moselle); il lui était prescrit, en outre, dans le cas où
il viendrait à se croiser avec des troupes de la première armée, de
prendre le pas sur elles.

La (demi-) division Barnekow, du VIIIᵉ corps, qui se trouvait
en tête de la première armée, s'était déjà, sur ces entrefaites,
portée en avant, et avait atteint, vers midi, Arry, sur la Moselle ;
le reste du VIIIᵉ corps fut complètement séparé de cette division,
car il dut d'abord laisser passer devant lui le IXᵉ corps.

Ainsi qu'on le sait, le général de Barnekow porta en avant,
avec le consentement de son général commandant, la brigade
disponible (1) de sa division, pour renforcer l'aile droite du
IIIᵉ corps, qui épuisait ses forces dans un combat inégal. Son
exemple fut suivi, également, par le régiment le plus avancé du
IXᵉ corps, sous le colonel de Schœning.

En revanche, les autres troupes du IXᵉ corps ne vinrent que
faiblement en aide à leurs camarades, et encore ne le firent-elles
pas en temps opportun. Il faut en chercher la raison dans l'ordre
donné, sous la forme la plus impérative, par le général commandant, de Manstein, le 16 août, qui prescrivait « de n'entreprendre
« aucun mouvement de troupes sans son ordre. » Après avoir
ainsi paralysé l'initiative de ses chefs en sous-ordre, le général de
Manstein commit également la faute de ne pas se rapprocher suffisamment, de sa personne, du théâtre éventuel des événements
de guerre (c'est-à-dire de ne pas se porter plus en avant et plus

---

(1) Voir tome I, page 325.

près de Metz) ; bien plus, il ne se trouvait pas même, à ce moment, ainsi qu'on le sait, avec l'une de ses divisions. Il en résulta que l'ordre tardif qu'il donna, pour porter ses troupes en avant, ne fut plus d'aucune utilité essentielle ; seuls, quatre bataillons de son corps d'armée prirent, encore assez tard dans la soirée, une part insignifiante au combat. C'est ainsi que les troupes du IXe corps, qui marchaient directement en arrière de la division Barnekow, n'avaient pas (abstraction faite du régiment Schœning) procuré à leurs camarades le secours qui leur était impérieusement nécessaire (1).

Tel fut le résultat qu'obtint le général de Manstein, en limitant l'initiative de ses chefs en sous-ordre. Sans m'attarder plus longuement sur cette circonstance, qui a déjà fait, précédemment, l'objet d'une discussion détaillée (2), je remarquerai, simplement, que le manque d'initiative dont fit preuve le IXe corps pouvait entraîner les conséquences les plus funestes pour les Allemands, dans le cas, notamment, où l'adversaire aurait entrepris une attaque sérieuse, en partant de Gravelotte.

Il y a lieu de remarquer, en particulier, que, par suite de la défense qu'avait faite le général commandant le IXe corps de n'entreprendre, le 16, aucun mouvement de troupes sans son ordre, l'intervention du général de Moltke, qui, par elle-même, était très judicieuse, fut désavantageuse aux Allemands. Si ce dernier n'était pas intervenu, notamment, pour accélérer la marche en avant du IXe corps, tout le VIIIe corps serait resté en avant du IXe, et aurait pu, sans doute, engager les trois brigades d'infanterie dont il disposait, ainsi que l'artillerie de corps, pour appuyer le IIIe corps. En revanche, si l'intention du général de Moltke avait été complètement mise à exécution, toutes les troupes du VIIIe corps auraient dû rester en arrière du IXe. Dans ce cas, le général d'Alvensleben aurait donc été ainsi, forcément, privé de l'appui de la division Barnekow et du 11e régiment (Schœning), qui avait été entraîné par l'exemple de cette dernière ; l'aile droite allemande, qui ne comprenait, à ce moment, que la brigade Dœring, aurait été, dans ces conditions, plus faible de 10 bataillons et de plusieurs batteries ; il en serait résulté, par conséquent,

(1) Voir tome I, page 326.
(2) Voir tome I, pages 326-328 et 351-354.

que, sur ce point, les Français auraient pu, qu'ils le voulussent ou non, simplement par le fait de leur supériorité numérique, écraser les faibles forces de l'adversaire. Le front de combat des Allemands ne comprenait, littéralement, dans toute son étendue, qu'une « ligne » fortement décousue, formée, en partie, d'une infanterie déjà battue (par exemple, la brigade Wedel), et d'une artillerie qui souffrait du manque de munitions et qui commençait, en outre, à souffrir déjà, beaucoup, du manque de chevaux. Si cette mince ligne de combat des Allemands arrivait à chanceler en un point quelconque (par exemple, à l'aile droite), la défaite complète des deux corps prussiens, le IIIe et le Xe, devenait inévitable.

Ce sont de telles éventualités, qu'à la guerre, le général « Hasard » peut préparer ou écarter, selon, notamment, qu'il est servi par le manque de coup d'œil ou appuyé par l'esprit de camaraderie.

Mentionnons encore un dernier point : il s'agit de l'exemple que le général de Schwartzkoppen et le prince Auguste de Wurtemberg, qui se trouvèrent dans la même situation, le jour de Mars-la-Tour, donnèrent, en opérant complètement de concert entre eux.

On se rappelle que, le matin du jour de la bataille, le général de Schwartzkoppen marchait, avec l'une de ses brigades d'infanterie et la brigade de dragons de la garde, vers Saint-Hilaire (Fresnes), formant ainsi l'avant-garde du Xe corps, qui avait reçu l'ordre de se porter à gauche et à une assez grande distance du IIIe corps, vers la ligne de communication Metz—Verdun. Plus au sud, marchait la garde, sous le prince Auguste de Wurtemberg, avec mission de barrer la retraite à l'adversaire, quoique seulement de l'autre côté de la Meuse (rive gauche). Ces deux chefs entendirent la canonnade, — le premier, pendant qu'il était en marche, le dernier, après avoir atteint le but de marche qui lui était assigné pour le 16 ; — mais ils ne se laissèrent pas entraîner, simplement pour se conformer à la règle courante, à marcher au canon. Tous les deux se rendaient compte qu'une marche immédiate dans la direction de la canonnade devait avoir pour résultat de les détourner du but qui leur avait été assigné ; — on sait que ce but consistait à couper la retraite à l'ennemi en train de rétrograder (du moins c'est ce que l'on supposait).

A ce moment, en effet, ni le général de Schwartzkoppen, ni le prince de Wurtemberg ne pouvaient savoir sur quel point leur présence serait le plus nécessaire; ils se contentèrent donc de prendre des dispositions préparatoires. Le premier détacha sa cavalerie vers le théâtre de l'action; le dernier, en raison de la grande distance qui le séparait de ce point, se contenta d'y envoyer deux officiers, pour se renseigner sur la situation; considérant, en outre, qu'il pourrait se voir obligé de marcher vers la droite le jour suivant, il concentra son corps d'armée dans la direction du nord. A ce moment, il est vrai (le 16), c'est sur le champ de bataille de Mars-la-Tour, seulement, qu'on se rendait bien compte de la nécessité d'y faire parvenir des troupes fraîches; néanmoins, la manière d'opérer, tout à fait logique, des deux chefs en question mérite d'être approuvée complètement. On discerne, en effet, dans l'accord parfait dont ils firent preuve pour résoudre la question identique qui se posait devant eux, une intelligence également profonde des devoirs qui leur incombaient; on y découvre également les caractères de la « *véritable initia-* « *tive* », qui s'appuie sur le jugement, cette initiative, *qui, après avoir apprécié sainement la situation, va énergiquement d* l'avant, le cas échéant, mais, en revanche, sait, au moment voulu, se tenir sur la réserve.*

La sanglante journée de Mars-la-Tour n'avait pas encore permis aux Allemands de se rendre compte de la situation réelle qui se présentait à ce moment. Elle ne leur avait pas même encore procuré les renseignements qu'une simple reconnaissance, exécutée, en temps opportun et avec intelligence, sur les derrières de Metz, aurait pu leur fournir. Le 17 août au matin, ils ne savaient pas encore qu'ils avaient eu en face d'eux, le jour précédent, jusqu'à la tombée de la nuit, toute l'armée du maréchal Bazaine; ils n'avaient compté que trois corps français (1); quant à la présence des sept autres divisions d'infanterie françaises (des corps Ladmirault et Le Bœuf), ils l'ignoraient encore.

Il était donc du devoir le plus absolu du commandement allemand d'employer la journée du 17 août, qui se passa tranquillement, à éclairer, au moyen de reconnaissances étendues, la

---

(1) Voir pages 12-13.

situation du côté de l'adversaire. Cependant les masses de troupes françaises que le roi Guillaume et son état-major avaient, le matin encore, sous les yeux disparurent tout à coup aux regards des Allemands, et l'on ne put pas arriver, dans le cours de cette journée, à déterminer leurs emplacements. Le matin même de la bataille de Gravelotte—Saint-Privat, les Allemands n'étaient pas encore sortis de leur incertitude; et, cependant, ils avaient passé la plus grande partie de la journée précédente et la nuit qui la suivit, pour ainsi dire en contact immédiat avec l'armée de Bazaine, qui, résolue, cette fois, à opposer à l'ennemi une résistance énergique, occupait une forte position.

Nous avons déjà discuté, en un autre passage de cette étude (1), les causes essentielles de ces faits, qui, tout en paraissant absolument invraisemblables, n'en sont pas moins parfaitement dignes de foi; nous avons alors prouvé que, dans ce cas également, le commandement suprême de l'armée allemande négligea de veiller aux intérêts de l'ensemble, qui étaient, à proprement parler, de son ressort, et cela à un moment où le commandant en chef de la deuxième armée, prince Frédéric-Charles, encore sous l'impression de la journée sanglante de la veille, était, plus que jamais, absorbé par les dispositions de détail qu'il avait à dicter aux troupes placées immédiatement sous ses ordres. Le roi Guillaume et le prince Frédéric-Charles étaient rassemblés, avec leurs états-majors, depuis les premières heures de la matinée du 17 août, sur la hauteur de Flavigny; le commandement suprême de l'armée ne pouvait donc pas ignorer quelles étaient les dispositions qu'avait prises le commandant en chef de la deuxième armée et quelles étaient celles qu'il avait omis d'adopter. D'autre part, le haut commandement allemand avait dans la main, non seulement la deuxième armée, mais encore la première; dans ces conditions, il semble qu'il aurait dû prendre, lui-même, avec vigueur, les mesures nécessaires, pour faire exécuter une reconnaissance générale et en règle, en vue de déterminer la force et la position de l'adversaire; au lieu de cela, il ne fit absolument rien, sous ce rapport, bien qu'il possédât tous les moyens nécessaires pour faire exécuter une vaste reconnaissance par la cavalerie (2).

_____

(1) Voir pages 80-87.
(2) Si l'on ne tient pas compte des détachements de cavalerie qui avaient

Les Allemands n'ayant pas réussi, dans la journée du 17 et dans la nuit du 18, à discerner la situation de l'ennemi, leurs mouvements furent commencés dans la nuit du 18, et poursuivis, pour ainsi dire en tâtonnant, en partie sous l'influence d'idées préconçues, mais nullement justifiées. Ce n'est que tout à fait graduellement qu'on parvint à se rendre compte de la situation réelle. C'est à des moments complètement différents, que les fractions isolées de l'armée s'engagèrent avec l'adversaire, sans subordonner leurs efforts (et, par suite, également, les victimes à offrir en sacrifice) aux exigences de la situation générale. Il s'ouvrit, en cette circonstance, un vaste champ à l'initiative des chefs en sous-ordre; cette initiative se manifesta, cependant, cette fois, non seulement par des actes judicieux, résultant de « l'ardeur à « aller de l'avant », mais aussi, à maintes reprises, par des actes qui n'eurent pas leur raison d'être et ne furent pas toujours justifiés par les circonstances. Je commence par les exemples qui se rapportent aux actes judicieux, résultant de l'ardeur à aller de l'avant.

Le général commandant le VIII corps, général de Goeben, s'était déjà décidé, le 16 août, à porter en avant, au delà de la Moselle, les troupes disponibles de son corps d'armée. Le général de Steinmetz approuva ce projet et se préoccupa, de son côté, de faire avancer jusqu'à la rivière les équipages de ponts, et d'établir des ponts pour assurer également le passage rapide de son VII corps. C'est ainsi qu'on devança les ordres donnés dans ce sens par le grand quartier général, et que les deux corps d'armée, ainsi que la 1re division de cavalerie, purent terminer leur passage assez tôt, pour se trouver déjà, dans la matinée du 17 août, sur la rive gauche de la Moselle.

Le général de Voigts-Rhetz expédia, par lettre ouverte, dans la

---

pris part à la bataille du jour précédent, ainsi que de la division de cavalerie saxonne, qui avait été envoyée plus à l'ouest, on voit que les Allemands disposaient, à midi, d'une cavalerie complètement intacte; c'étaient : la 1re division de cavalerie et 10 régiments de cavalerie divisionnaire, provenant des cinq corps nouvellement arrivés. Par conséquent, sans priver complètement de cavalerie les divisions d'infanterie, on pouvait facilement mettre en mouvement, pour exécuter une reconnaissance, 40 à 50 escadrons, complètement frais, avec 10 à 12 batteries à cheval ; à ces dernières troupes pouvaient encore se joindre, à ce moment, celles des fractions de la cavalerie qui, ayant pris part au combat du 16, avaient le moins souffert.

soirée du 16, un ordre prescrivant que, dès la pointe du jour, tout
ce qui était disponible devait faire son apparition à Tronville, au
cas où le prince Frédéric-Charles ne prendrait pas d'autres dispositions.

Le prince Georges de Saxe, qui, entre tous, se trouvait le plus
rapproché, avec sa division, à Thiaucourt, répondit sur-le-champ,
dans le courant de la nuit, à l'appel du général de Voigts-Rhetz, et
fit parvenir également la note de ce dernier au corps voisin, c'est-
à-dire à la garde, bien que ce corps fût assez éloigné.

La garde, ainsi que nous l'avons déjà dit, avait été, en prévision d'une marche vers le nord, rassemblée, dès le 16, dans cette
dernière direction.

Enfin le grand quartier général disposa également, directement, sans passer par le commandant en chef de la deuxième
armée, du IIᵉ, du IXᵉ et du XIIᵉ corps (saxon), qui étaient placés
sous les ordres du commandant en chef de cette armée, et accéléra
ainsi leur entrée en ligne, en vue d'appuyer les troupes qui étaient
épuisées par la lutte qu'elles venaient de soutenir. Il faut convenir
que le général de Moltke, contrairement à l'avis du prince Frédéric-
Charles (qui s'en tenait toujours à l'opinion préconçue que l'adversaire se trouvait en pleine retraite vers la Meuse), a toujours fait
entrer en ligne de compte, dans le cercle de ses calculs, le cas possible où des forces ennemies considérables se trouveraient encore
à Metz. Une preuve à l'appui de cette assertion nous est fournie
également par la formation en échelons, l'aile gauche en avant
(c'est-à-dire l'aile la plus éloignée de Metz), que prit l'armée allemande, pour se porter en avant le 18 août. La ligne avancée des
corps d'armée allemands, qui marchaient dans cet ordre, était
formée des VIIIᵉ, IXᵉ corps, de la garde et du XIIᵉ corps (le VIIᵉ
formait le pivot fixe); elle exécuta peu à peu, à mesure que la
situation parvint à s'éclaircir, une conversion et un déploiement
vers le flanc droit, et termina son mouvement, en enveloppant
l'aile droite ennemie, bien que cette dernière eût une bien plus
grande extension qu'on ne l'avait supposé au début, lorsqu'on
avait établi que l'adversaire occupait une position à Gravelotte.

En cette occasion, les généraux qui commandaient les deux
corps de l'aile gauche, c'est-à-dire la garde et le XIIᵉ corps, firent
preuve, avec le plus grand à propos, d'initiative et d'esprit de résolution, en devançant les ordres supérieurs. Cette « tendance à

« devancer les ordres » eut ici, en particulier, une très grande importance et exerça son influence sur le résultat final de la bataille, qui fut favorable aux Allemands. Le mouvement enveloppant et l'attaque des Saxons n'auraient pu, sans cela, être exécutés que tardivement dans la soirée, de telle sorte que, dans le cas où il se serait produit des retards, le mouvement enveloppant, qui, seul, décida du sort de toute la bataille, n'aurait pas pu du tout avoir lieu. Dans ces conditions, la journée du 18 août se serait terminée par l'échec de l'attaque exécutée par les Allemands sur toute la ligne.

En ce qui concerne, en particulier, la garde prussienne, si elle fit, en temps opportun, son apparition, précisément à l'endroit le plus favorable, si, en outre, tenant compte des circonstances, elle n'engagea, tout d'abord, qu'un combat traînant, le mérite en revient aux dispositions spontanées et parfaitement judicieuses, prises par son chef. Il est vrai qu'on ne peut pas en dire autant de l'attaque de Saint-Privat, qui fut résolue avec précipitation, et exécutée sans le calme nécessaire et sans une préparation convenable.

Rappelons, à ce propos, qu'avant l'attaque de la garde, son artillerie se trouvait, en général, engagée au feu contre les batteries françaises et la position de Saint-Privat, tandis qu'à sa gauche (au nord), l'artillerie saxonne préparait l'entrée en ligne de ses colonnes, chargées du mouvement tournant. Jusque-là, on n'avait pas encore canonné du tout le village de Saint-Privat lui-même, comme il l'eût fallu pour préparer l'attaque de cette localité. Le général commandant la garde, prince Auguste de Wurtemberg, se trouvait, à ce moment, à l'extrême droite, ou, ce qui est peut-être encore plus exact, tout à fait en dehors de la position occupée par son corps d'armée, — auprès du prince Frédéric-Charles. Vers 5 heures, il sembla au prince de Wurtemberg que l'efficacité du mouvement tournant du XII⁰ corps se faisait trop longtemps attendre ; c'est pourquoi le prince porta en avant, sans retard, à l'attaque de Saint-Privat, avec le consentement du commandant en chef de l'armée, toute l'infanterie dont il disposait (trois brigades, car une brigade avait été affectée comme réserve au IX⁰ corps). Ainsi qu'on le sait, la garde prussienne éprouva, en cette circonstance, des pertes terribles, sans réussir, cette fois, à s'emparer de Saint-Privat.

Il s'agit maintenant de savoir si, par le fait qu'il approuva l'attaque de Saint-Privat, le commandant en chef de l'armée a dégagé la responsabilité qui incombe au général commandant la garde, en sa qualité de chef en sous-ordre, pour avoir échoué dans cette attaque. Bien certainement non ! Il appartient, sans doute, au commandant en chef, seul, de décider si, en tenant compte du cours général de la bataille, l'attaque peut se produire en temps opportun ; mais, quant à la question de savoir si cette attaque est exécutable, et si, notamment, les choses sont suffisamment avancées, sur le point considéré, pour qu'une attaque puisse avoir lieu, en général, avec quelques chances de succès, c'est au chef en sous-ordre qu'il appartient, dans ce cas, de la résoudre, car il doit mieux connaître les circonstances qui se présentent, puisqu'il en est plus rapproché, et qu'en particulier, il peut surveiller sur place la marche du combat. Il y a lieu de faire observer, précisément, ici, que le général commandant la garde ne se trouvait pas à la place qu'il aurait dû occuper. Il n'avait donc pas pu se rendre compte exactement si l'attaque directe de la localité de Saint-Privat avait été préparée par le feu de l'artillerie ; il ne se tenait pas, non plus, en relation, comme il l'eût fallu, avec le corps saxon voisin, et ne savait pas jusqu'à quel point le mouvement tournant exécuté par ce dernier était avancé.

On ne peut certainement pas dire que l'attaque prématurée de la garde contre Saint-Privat constitue, à proprement parler, par elle-même, une application mal comprise du principe de l'initiative (car elle a eu lieu à la connaissance et avec l'approbation du chef supérieur), surtout si l'on envisage simplement la question au point de vue de la forme ; mais, néanmoins, le prince Frédéric-Charles avait le droit d'espérer qu'un chef élevé à l'école de ce principe s'acquitterait des obligations qui lui incombaient directement, c'est-à-dire n'entreprendrait pas une attaque sans préparation, et, par suite, presque sans espoir de succès. Or, ici, c'est exactement le contraire qui arriva : le général commandant la garde, non seulement ne remplit pas ses propres obligations, mais encore refusa absolument d'écouter les objections du commandant de la 1ʳᵉ division de la garde, général de Pape, qui s'était trouvé constamment sur les lieux et insistait sur l'insuffisance complète de préparation de l'attaque. L'échec de cette attaque confirma, dans la plus large mesure, l'opinion émise par le général de Pape, et prouva quelles conséquences funestes peut entraîner l'inobservation du principe de l'initiative, c'est-à-dire, dans le cas présent, le fait de ne pas avoir tenu compte du jugement spontané, formulé par le général de Pape, jugement qui s'appuyait sur l'observation qu'il avait faite des circonstances qui se présentaient en réalité.

C'est ici l'occasion de rappeler que la force de la position française (notamment en raison du champ de tir avantageux qu'elle offrait) sautait tellement aux yeux, qu'un officier de l'état-major saxon (1), qui avait examiné vers midi, mais de loin seulement, la nature des lieux,. put rendre compte que la position ennemie de Saint-Privat et de Roncourt s'élevait, en forme de glacis, sur la hauteur, et qu'une attaque de front coûterait de très grands sacrifices.

L'attaque prématurée de la garde prussienne ne constitua pas du tout, le 18 août, un fait isolé. Déjà, avant qu'elle se produisît, le IXe corps, sous le général de Manstein, avait entrepris une attaque de cette nature dans les environs de Vernéville. Cette attaque, ou, pour parler plus exactement, cette surprise, exécutée par l'artillerie contre les Français « insouciants » (du moins à ce que croyait de Manstein), se termina, tout au moins au début, par une défaite complète de l'artillerie du IXe corps, ainsi que nous l'avons déjà fait connaître, en un autre passage (2), d'une manière suffisamment détaillée. Remarquons simplement que cette attaque était en contradiction avec l'esprit de l'ordre reçu, et fut entreprise, malgré les avertissements du commandant en chef de l'armée, sans avoir été précédée de la reconnaissance de la position française, et, en général, sans que la situation eût été suffisamment éclairée dans cette direction, au moment où le corps était au repos à la ferme de Caulre.

Il y a lieu de faire remarquer que ce même IXe corps n'avait pas, dans la bataille sanglante de Mars-la-Tour, fourni aux siens le secours qui leur était si impérieusement nécessaire. On voit donc que, dans l'un des cas, il fit preuve d'hésitation, et que, dans l'autre, au contraire, il s'engagea avec précipitation, de telle sorte que, chaque fois, il agit à contre-temps. Nous constatons donc, ici,

---

(1) Capitaine von der Planitz.
(2) Voir pages 39-41 et 89-91.

une activité, qui obéit simplement à l'inspiration du moment, et n'a rien de commun avec le principe de « l'initiative », qui doit s'appuyer sur une intelligence complète, et, en tout cas, sur une appréciation judicieuse de la situation.

L'attaque précipitée du corps Manstein eut également pour conséquence l'attaque prématurée exécutée par le VIIᵉ corps, et cela de la manière suivante :

Le chef d'état-major de la première armée, général de Sperling, s'était rendu, de sa personne, dans la matinée du 18 août, auprès du roi, et s'était renseigné sur les vues et les intentions qui dominaient au grand quartier général. Il résultait de ces projets, du moins autant que les circonstances, qui n'étaient pas encore complètement éclaircies, permettaient de s'en rendre compte, que, parmi les corps de la deuxième armée, le IXᵉ devait se porter dans la direction de Vernéville et le bois des Genivaux, et que, d'autre part, la garde et le XIIᵉ corps devaient se porter encore plus à gauche ; ces deux derniers corps avaient pour mission de barrer à l'adversaire la route de retraite, située le plus au nord, qui passait par Briey, ou, en cas de nécessité (si l'adversaire prenait position, en appuyant ses derrières à Metz, en vue de livrer bataille), d'envelopper l'aile droite ennemie. En ce qui concernait la première armée, il était prescrit que cette dernière « ne devait pas entrer « en ligne, avant que la deuxième armée ne se fût engagée au « combat à sa gauche ».

On sait que cet ordre fut transmis au général de Goeben, sous une forme telle, que le VIIIᵉ corps, à cheval sur la route de Gravelotte, devait se porter à l'attaque de la position située à l'est de cette localité, « dès que le IXᵉ corps, qui se dirigeait sur Ver- « néville, s'engagerait au combat ». Le général de Goeben, de son côté, simplifia encore la solution de la tâche qui lui était confiée, en donnant l'ordre de commencer le mouvement en avant, c'est-à-dire d'attaquer, lorsqu'il entendit, vers midi, « le bruit « d'un feu d'artillerie, et bientôt, également, d'un feu de mous- « queterie », venant de la direction de Vernéville.

Cette manière de procéder du général de Goeben présente une analogie frappante avec l'attaque malencontreuse exécutée par la division Bothmer, pendant la bataille de Wœrth, attaque qui fut provoquée « par la canonnade de Wœrth ». Ici, tout comme à Wœrth, c'est une canonnade accidentelle, éclatant dans des

conditions tout'à fait contraires aux vues du haut commandement, qui servit, en quelque sorte, de « commandement d'exé-
« tion » pour cet engagement, aussi prématuré et aussi infructueux
que celui de Wœrth.

Mais laissons de côté ce parallèle entre l'engagement de Gravelotte et celui de Wœrth, et examinons plus en détail la cause
positive pour laquelle le corps Goeben se porta prématurément à l'attaque. Il semble que toutes les autorités chargées de
donner des ordres ont agi comme il convenait. Et, par le fait, que
voulait-on exiger de plus du commandement suprême de l'armée
allemande, du moment qu'il s'était entendu, d'une manière suffisamment précise, avec le chef d'état-major de la première armée,
et qu'il lui avait donné les ordres les plus judicieux? On savait
que la première armée ne devait pas entrer en ligne, avant que
la deuxième armée ne se fût rapprochée et engagée au combat.
Le général de Steinmetz considéra donc l'entrée en ligne du
IXᵉ corps, qui se trouvait le plus à proximité du VIIIᵉ, comme la
meilleure preuve que la deuxième armée se trouvait prête au
combat. Et, enfin, le général de Goeben conclut que « les coups
« de feu » qui se faisaient entendre du côté du IXᵉ corps avaient
une importance assez grande, pour qu'on pût supposer que ce
corps était engagé au combat, ou venait d'entrer en ligne.

En raisonnant ainsi, on arriverait, en fin de compte, au résultat
suivant : c'est que toutes les conclusions, et, par suite, également, les dispositions qui y ramènent, ainsi que l'activité des
différents chefs allemands, ont été absolument judicieuses et
appropriées à la situation. Mais, malgré tout, personne n'a encore
soutenu, ni même pu soutenir cette affirmation, et cela, en premier lieu, parce que ce mouvement offensif, qui fut exécuté avec
toute l'énergie possible, contre le front ennemi, à Gravelotte, ne
répondit nullement au résultat que le grand quartier général
avait en vue, et qu'il était en droit d'attendre. Il en résulte que
toutes les raisons données par les chefs allemands, en vue de se
justifier, raisons que nous avons reproduites, présentent, au fond,
de quelque manière qu'on les envisage, soit un sophisme, soit une
erreur. Et, en effet, on reconnaîtra, sans difficulté, que les conclusions admises par les chefs allemands, conclusions que nous
avons rapportées, envisagées aussi bien dans l'ensemble que dans
le détail, reposent sur une base très faible, notamment sur la

supposition que tout se passerait d'une manière aussi tranquille et aussi régulière qu'on se l'était imaginé. C'est en se
basant sur de telles hypothèses que furent et seront encore, à
l'avenir, élaborés tous les projets et toutes les manœuvres, qui, à
l'instar des projets de Mélas et d'Alvinzy, s'affaissent sur eux-
mêmes. L'art de la guerre, qui est toujours dirigé vers des buts
pratiques, consiste, précisément, au contraire, à ne pas compter
que tout ira suivant nos désirs, *mais à savoir prévoir tous les
frottements et tous les obstacles qui peuvent se présenter, le cas
échéant, pour les aplanir ensuite, ou les tourner.* Cette tâche
incombe, en première ligne, au généralissime. Examinons donc
comment le commandement suprême de l'armée allemande s'acquitta de son devoir à ce point de vue.

Même en admettant qu'on applique, dans la plus large mesure,
le principe de « l'initiative des chefs en sous-ordre », nous
sommes autorisés à espérer et à exiger que le chef supérieur
indique, en premier lieu, le but général des opérations ; qu'en
second lieu, — il répartisse les rôles et délimite la zone d'action
respective des chefs en sous-ordre, qui entrent en action, d'une
manière indépendante, les uns à côté des autres, et, enfin, —
qu'il veille, à tout moment, à ce que l'activité des chefs en sous-
ordre reste en concordance avec le but à atteindre.

Dès que, dans la matinée du 18 août, la situation se fut, en
quelque sorte, éclaircie, par le fait qu'on avait constaté que des
forces ennemies importantes occupaient une position dans les
environs de Gravelotte, il fut prescrit aux armées allemandes,
comme but général à atteindre, d'attaquer l'adversaire, en enveloppant son flanc droit, et de le battre. La marche en avant, par
échelons, prescrite déjà, le jour précédent, par le général de
Moltke, pour le 18, marche qui était, certainement, une inspiration de l'esprit à longue portée du véritable chef d'armée, permettait parfaitement d'exécuter un mouvement enveloppant de
cette envergure. Les zones d'action étaient également délimitées
très nettement : on avait affecté à l'armée du général de Steinmetz la région qui s'étendait aux abords de Gravelotte et à droite
de ce point, et, au prince Frédéric-Charles, la région qui se trouvait plus à gauche. Les rôles étaient également répartis entre les
deux armées : la deuxième armée devait, après avoir, au préalable, opéré une conversion à droite, exécuter l'attaque princi-

pale, en enveloppant le flanc droit de l'ennemi ; quant à la première armée, elle devait avoir, tout d'abord, un rôle d'attente, et exécuter ensuite l'attaque secondaire.

Certes, il n'y a aucune objection à faire à ces dispositions ; mais quelles mesures avait-on prises, pour assurer *la concordance entre les opérations* des deux armées ? A cet effet, on aurait dû, évidemment, avant tout, déterminer exactement le moment où, en tenant compte des progrès des mouvements de la deuxième armée, les troupes de la première armée devaient commencer le combat. Le degré d'intensité, si je puis m'exprimer ainsi, qu'il convenait de donner à l'attaque de la première armée devait même être subordonné au cours des événements qui se passaient à la deuxième armée, et aurait dû être réglé par des ordres ou des instructions du grand quartier général. Cependant, ce dernier s'en était remis, du soin de remplir toutes ces obligations, au général de Steinmetz, ou, pour parler plus exactement, au hasard.

En effet, comment le général de Steinmetz pouvait-il savoir que la deuxième armée avait suffisamment progressé dans sa marche en avant, et se trouvait prête à agir, puisqu'au même moment il ne savait pas même encore, exactement, où se trouvait le gros des forces de l'ennemi, et sur quel point il ne fallait pas s'attendre à le rencontrer ? Comment le général de Steinmetz pouvait-il faire concorder le degré de vigueur de ses attaques avec la situation générale et les progrès du prince Frédéric-Charles, puisque ces deux facteurs lui étaient inconnus ? Sans doute, le général de Steinmetz pouvait déjà, au préalable, se mettre en relation avec le prince Frédéric-Charles ; de son côté, le général de Goeben pouvait, également, se relier avec le général commandant le IX° corps, général de Manstein ; or, à vrai dire, ces généraux, du moins autant qu'on peut le savoir, ont complètement négligé de se mettre ainsi en relation les uns avec les autres ; et, cependant, on doit, entre troupes voisines, établir, toujours et en tout lieu, un service de liaison de cette nature. Néanmoins, cette circonstance, pour ainsi dire accessoire, ne dégage nullement la responsabilité qui incombait au haut commandement allemand, dont le devoir le plus essentiel consistait, notamment, à faire converger, comme il convenait, vers le but commun, les opérations engagées par les différents chefs, indépendants les uns des autres. Il est un fait suffisamment prouvé, c'est que deux chefs indépendants l'un de l'autre ont beau se relier entre eux, et même faire converger leurs efforts, dans les meilleures conditions possibles, leur action concordante ne peut pas, néanmoins, remplacer l'*unité de direction*, qui doit être assurée par un *seul chef.*

Le haut commandement allemand parut bientôt reconnaître sa faute, quoiqu'il fût un peu tard pour la réparer. Une demi-heure, à peine, après avoir détaché le général de Sperling, le général de Moltke envoya, vers midi, de la hauteur de Flavigny, les instructions suivantes à la première armée : « Le combat « isolé qu'on entend, en ce moment, en avant de Vernéville « n'exige pas que la première armée engage l'offensive sur toute « la ligne. Elle devra éviter de montrer de fortes masses de « troupes, et se contentera, pour le moment, d'engager l'artillerie, « en vue de préparer l'attaque ultérieure. »

Mais, à ce moment, les dés de fer roulaient déjà, et la bataille, chaudement engagée, continuait toujours à engloutir de nouvelles victimes inutiles.

On ne peut s'empêcher également de reconnaître, une fois de plus, dans le cas présent, que si le grand quartier général évita de faire sentir son action, c'est, ainsi que nous l'avons déjà dit plusieurs fois, parce qu'il avait une confiance exagérée dans la valeur du principe de l'initiative des chefs en sous-ordre. On exigeait, ou l'on attendait de ce principe des résultats que, par sa nature même, il ne pouvait pas procurer. D'autre part, nous remarquons, en même temps, ici, qu'on négligea de se conformer, ou, plus exactement, qu'on porta atteinte à un autre principe, savoir : *l'unité de pensée et de volonté dans l'exécution des opérations de guerre.* Cependant, il est bien permis d'appliquer aux différentes règles fondamentales le principe admis en jurisprudence, relativement au droit que possède toute personnalité isolée : c'est que la liberté d'une personne finit là où commence la liberté (ou, s'il l'on veut, simplement, la zone d'action) d'une autre personne.

Mais, si le commandement suprême de l'armée allemande commit la faute de se laisser entraîner trop loin par le « nouveau » principe, qu'il avait adopté personnellement, il n'y a pas lieu, le moins du monde, d'en rendre responsable le principe lui-même.

La faute en revient, au contraire, à ceux qui l'appliquèrent d'une manière inexacte, ou, pour mieux dire, qui ne surent pas encore conformer complètement leur conduite à ce principe.

C'est ainsi, par exemple, que l'auteur de l'ordre adressé au général de Fransecky, ordre aux termes duquel son corps d'armée était destiné à former la réserve de « l'aile droite », — tandis qu'il voulait parler de la première armée, — compta trop sur l'intelligence du destinataire, car, en réalité, on n'avait nullement prévu la répartition de l'armée en ailes. C'est sur cette raison que s'appuya le général de Fransecky, pour décliner la demande de secours qui lui fut adressée par le commandant en chef de la première armée. Mais, admettons même que le général de Fransecky fût, dans ce cas, relativement dans son droit : il aurait dû, néanmoins, en se plaçant au point de vue du principe de l'initiative, profiter de ce qu'il était présent, personnellement, depuis trois heures, sur le champ de bataille, pour se renseigner complètement sur les circonstances qui se présentaient alors, avant même d'avoir reçu la demande de secours du général de Steinmetz. S'il avait agi ainsi, il aurait pu difficilement refuser à ce dernier général son appui, en invoquant comme prétexte, ou même comme raison, que son corps d'armée était désigné pour servir de réserve à l'aile droite, puisqu'en réalité, la répartition de l'armée en ailes n'était pas prévue. Le général de Fransecky, après avoir reçu l'ordre du roi, nécessaire à cet effet, aurait été, également, amené à exécuter son attaque, à Gravelotte, avec moins de précipitation, et non en engageant des masses aussi compactes, s'il s'était renseigné, en temps opportun, sur la situation, et s'il avait pris, en conséquence, les mesures préparatoires nécessaires. Il aurait ainsi évité beaucoup de pertes inutiles.

C'est d'une manière tout à fait opposée, c'est-à-dire en restant complètement dans l'esprit du principe de l'initiative des chefs en sous-ordre, qu'opéra le prince Frédéric-Charles, lorsqu'il donna, vers la fin de la journée, au Xe et au IIe corps, qui se trouvaient en réserve, l'ordre (qui, d'ailleurs, parvint trop tard à ce dernier corps) de s'engager au combat, en s'en rapportant « à leur propre « coup d'œil ». En outre, comme le prince était mieux renseigné sur la situation qui se présentait dans le secteur gauche du champ de bataille, il indiqua également au Xe corps comment il devait,

à son avis, engager ses divisions, tandis qu'il laissa une liberté
complète au IIe corps, qui se trouvait plus éloigné.

Lors de la discussion des projets des Allemands, après la victoire
de Gravelotte, ainsi que de la manière d'opérer de l'armée d'investissement devant Metz, nous sommes arrivés, en principe, aux
conclusions suivantes :

Du côté des Allemands, on s'était décidé à investir l'armée du
maréchal Bazaine avec une partie des forces (de la première et de
la deuxième armée, défalcation faite de trois corps de cette dernière), et, en même temps, à s'engager à fond, avec le reste des
troupes, sur le territoire ennemi, dans la direction de Châlons (où
une nouvelle armée française se trouvait en voie de concentration)
et de Paris, capitale de la France.

Les fractions de l'armée allemande laissées en arrière devant
Metz ne suffisaient pas à assurer un investissement complet et
uniformément fort de l'adversaire. Si l'on considère qu'il était très
important, surtout au début, d'empêcher l'armée investie dans
Metz de se faire jour vers l'ouest, on voit que les Allemands ne
pouvaient, au cas où ils y seraient obligés, entrer en ligne sur la
rive droite, c'est-à-dire sur la rive est, qu'avec des forces inférieures en nombre. L'ordre du roi en date du 19 août (qui fixait
la nouvelle répartition des forces allemandes et les nouveaux buts
qu'elles avaient à atteindre), envisageant la possibilité d'une
attaque exécutée par toute l'armée de Bazaine contre les troupes
d'investissement de la rive droite, qui étaient relativement faibles,
et se trouvaient séparées des autres par la Moselle, — prescrivait que ces dernières troupes auraient « à se replier, s'il
« était nécessaire, devant une attaque ennemie supérieure en
« nombre ». Il était évident qu'on préférait permettre à l'armée
ennemie de franchir la ligne d'investissement, sur la rive droite
de la Moselle, de manière à l'écraser ensuite, en rase campagne,
dans des circonstances stratégiques défavorables pour elle (car,
dans ce dernier cas, elle était obligée de livrer bataille à front
renversé).

Cependant le prince Frédéric-Charles, qui avait reçu le commandement en chef de l'armée d'investissement, comprit sa mis-

sion d'une manière toute différente, — pour ne pas dire entièrement opposée. Il opposa, ainsi qu'on le sait, une vigoureuse résistance aux tentatives de percée des Français sur la rive droite de la Moselle (vers le nord), et offrit ainsi au maréchal Bazaine une occasion avantageuse pour remporter une victoire complète sur une partie des forces allemandes. C'est ainsi que le prince se priva de la possibilité d'en finir en quelques jours, en ne permettant pas à l'armée de Bazaine d'abandonner son lieu de refuge (Metz), qui lui offrait toute sécurité, et de se placer ainsi, elle-même, dans la situation la plus défavorable, — entre la frontière neutre et le gros de l'armée ennemie, bien supérieure en nombre. — Il en résulta que les Allemands, malgré la victoire qu'ils remportèrent à la bataille de Noisseville, furent, pour ainsi dire, cause, eux-mêmes, que l'adversaire réussit à se maintenir à Metz, pendant deux mois entiers (1). Le maréchal Bazaine, grâce aux dispositions prises par l'armée allemande d'investissement, avait la possibilité de s'échapper, notamment dans la direction du sud ; cette éventualité est admise, également, par les autorités allemandes les plus compétentes en matière d'histoire militaire (2).

Si le maréchal Bazaine avait su tirer parti des fautes des Allemands, et, avait, sans plus tarder, franchi la ligne d'investissement, le maréchal Mac-Mahon, de son côté, n'aurait plus eu aucun motif de persévérer dans son expédition vers l'est (pour débloquer Bazaine), mais il aurait pu, au contraire, se dérober, encore en temps opportun, aux attaques qui étaient dirigées contre lui. Dans ces conditions, on n'en serait pas arrivé, ni à Sedan ni à Metz, à se voir obligé de déposer les armes, et les Allemands, en poursuivant le double but qu'ils s'étaient proposé d'atteindre après la victoire de Gravelotte, seraient, peut-être, arrivés (pour reproduire une comparaison déjà employée) à un résultat que le dicton populaire compare à la poursuite « de deux lièvres à la fois ».

Telles sont les conséquences que pouvaient entraîner les dispositions que prit, « en toute initiative », le commandant en chef de l'armée allemande d'investissement devant Metz. Involontaire-

_____

(1) Voir pages 170-178.
(2) Consulter l'ouvrage du grand état-major prussien. — Prince de Hohenlohe et Hoffbauer, l'auteur de l'ouvrage intitulé : *L'artillerie allemande dans les batailles livrées sous Metz.*

ment, on se demande si, dans ce cas, il n'y eut pas désobéissance de sa part, ou, du moins, abus de l'initiative qui lui avait été attribuée. Le prince ne commit aucune de ces deux fautes. Il fit, tout simplement, usage de l'initiative qui lui avait été conférée, et prit avec énergie les mesures qui, à son avis, étaient les plus judicieuses, bien que, cette fois, elles ne répondissent pas, il faut l'avouer, aux nécessités de la situation. Il serait difficilement possible de justifier ces mesures; néanmoins, avant de rejeter la faute sur le chef en sous-ordre, qui, en tout cas, agit d'après ses meilleures inspirations, il faut, tout d'abord, se demander, encore une fois, si le commandement suprême de l'armée allemande a bien rempli, dans ce cas, toutes les obligations qui lui incombaient.

Il est vrai que le texte littéral de l'ordre donné, le 19 août, par le roi Guillaume, ordre que nous avons reproduit, insistait, d'une manière suffisamment claire, sur tout un système d'opérations approprié à la situation. Mais ce n'était, ainsi que je suis obligé de le répéter, à proprement parler, qu'une simple indication, donnée avec insistance, et rien de plus. Or, cette indication n'était pas du tout suffisante, eu égard, précisément, au droit d'initiative attribué, par le haut commandement, aux chefs en sous-ordre de l'armée allemande, en général, et, à plus forte raison, aux commandants en chef d'armée. Il y a lieu, en outre, de faire ici une remarque, pour ainsi dire juridique; elle a trait, notamment, à la question suivante : d'une manière générale, l'indication contenue dans l'ordre du roi en date du 19 août, relative à la conduite à tenir par le commandant en chef de l'armée qui opérait, d'une manière indépendante, devant Metz, pouvait-elle être considérée comme lui liant les mains à l'avenir ? Pour répondre à cette question, il suffit de remarquer que l'ordre en question ne visait, en principe, qu'une période bien déterminée : aussi était-il difficile d'admettre qu'il pût s'appliquer aux éventualités de l'avenir, que nul, à ce moment, ne pouvait prévoir.

Mais laissons cette question en suspens, et occupons-nous du commandement suprême de l'armée allemande. Admettons que le plan ultérieur d'opérations, élaboré par le haut commandement (plan qui tendait à investir l'armée de Bazaine et à attaquer l'armée de Mac-Mahon), exigeât, d'une manière pour ainsi dire absolue, que l'armée d'investissement devant Metz opérât comme le désirait le haut commandement, et non pas autrement; — dans ces conditions, il n'y a pas le moindre doute que la direction suprême de l'armée aurait dû donner, dans ce sens, « les ordres » les plus précis et les plus énergiques, ou, tout au moins, se procurer de sérieuses garanties à cet effet. Le commandement suprême avait l'obligation de s'assurer, notamment, que le commandant en chef de l'armée d'investissement avait bien compris le sens de « l'indication » contenue dans l'ordre du roi, qu'il en appréciait l'importance, et qu'il ne s'en écarterait pas dans les dispositions qu'il avait à prendre. Au lieu de cela, nous voyons, dans ce cas, ainsi que cela s'était déjà produit quelques fois auparavant, le commandement suprême de l'armée allemande pousser jusqu'à l'extrême le respect du droit d'initiative attribué aux chefs d'armée, au point que ses rapports avec eux frisent, parfois, pour ainsi dire, la timidité.

Maintenant que nous avons discuté les dispositions prises par le haut commandement, il nous reste à examiner, au point de vue des détails, l'activité que les Allemands déployèrent à Metz, et surtout pendant la bataille de Noisseville; sous ce rapport, il nous faut insister, encore une fois, sur la manière d'opérer, excessivement judicieuse, des généraux de Mémerty et de Woyna, ainsi que des chefs qui participèrent à la réoccupation, pendant la nuit, du village de Servigny. Il y a lieu de signaler particulièrement les décisions prises par le commandant de la 2e division d'infanterie prussienne, général de Pritzelwitz, qui avait à couvrir, à Laquenexy, les magasins situés plus en arrière, à Rémilly. Bien que ce général, ainsi qu'on le sait, se trouvât à une distance de 7 kilomètres de la position principale de combat des Allemands, et se vit lui-même exposé à l'attaque des troupes ennemies, il contribua, cependant, à protéger et à renforcer l'aile gauche de la position principale, qui était menacée; à cet effet, il dirigea sur ce point, le premier jour de la bataille, l'une de ses brigades (1), et, le jour suivant, la brigade Woyna, du VIIe corps, qui était accourue à son secours. Pour atteindre le but commun, qui était des plus importants, le général de Pritzelwitz n'hésita pas, également, à diminuer, dans une forte proportion, l'effectif de son

_____

(1) Voir l'annotation (1), page 147.

propre détachement. Sa résolution était basée sur une appréciation parfaitement exacte de la situation générale, c'est-à-dire, tout simplement, sur l'intelligence complète des devoirs qui lui incombaient directement ; *une telle intelligence doit, d'ailleurs, servir de base à toute initiative bien comprise.*

Le combat insignifiant de Nouart, qui eut lieu le 29 août, ou plus exactement, les circonstances qui le produisirent, sont particulièrement remarquables, au point de vue des questions discutées dans cette étude.

Après avoir laissé en arrière, à la suite de la bataille de Gravelotte, une partie de ses forces, en vue d'investir Metz, le commandement suprême de l'armée allemande se dirigea, avec le reste des troupes, vers l'ouest. L'objectif qu'il se proposait d'atteindre, avec ces dernières, était, tout d'abord, l'armée française commandée par le maréchal Mac-Mahon, qui venait d'être formée récemment à Châlons. On avait l'intention d'envelopper l'aile droite de cette armée et de la couper de ses communications avec Paris. Au début, la marche en avant des Allemands eut lieu sur un vaste front : à droite la quatrième armée, de nouvelle formation, sous le prince royal de Saxe (3 corps d'armée) ; à gauche, échelonnée en avant, la troisième armée, sous le prince royal de Prusse (5 corps d'armée 1/2).

Apprenant que l'adversaire s'était mis en marche de Châlons, dans la direction du nord-ouest, sur Reims, les armées allemandes se concentrèrent également davantage, pendant la marche, vers leur aile droite. Lorsqu'on eut acquis ensuite la certitude que l'adversaire, dans l'intention de débloquer l'armée de Bazaine à Metz, cherchait à tourner les fractions de l'armée allemande qui suivaient les routes plus au nord, les deux armées conversèrent vers le nord, et, à partir du 27 août, elles se trouvaient, pour ainsi dire, complètement en mesure de barrer le passage à l'armée du maréchal Mac-Mahon.

Déjà, dans la soirée du 28, les choses en étaient arrivées à un point tel, que le commandement suprême de l'armée allemande envisagea sérieusement la possibilité de joindre l'adversaire pendant qu'il exécutait sa marche de flanc, de le battre et de le rejeter

contre la frontière belge neutre. Pour arriver à mener à bonne fin
ce dernier projet, deux conditions étaient indispensables : en premier lieu, il fallait donner aux corps de la troisième armée le
temps nécessaire pour se rapprocher ; on sait que (par suite de la
conversion vers le nord opérée par tout le front des armées allemandes, primitivement en marche vers l'ouest), les corps de la
troisième armée suivaient, échelonnés en arrière et à gauche,
ceux de la quatrième armée ; en second lieu, la quatrième armée
devait éviter, provisoirement, d'engager des affaires partielles
avec l'ennemi, car, dans ce cas, l'adversaire pouvait facilement
opposer des forces supérieures en nombre aux troupes du prince
royal de Saxe.

C'est en se plaçant à ce point de vue, que l'ordre du grand
quartier général pour le 29 août contenait, en ce qui concernait
la quatrième armée, les prescriptions suivantes : « Pour ne pas
« provoquer l'adversaire à attaquer, avant qu'on ait pu réunir des
« forces allemandes en nombre suffisant, le prince royal de Saxe
« est libre d'apprécier s'il y a lieu de rassembler, jusqu'à nouvel
« ordre, ses trois corps d'armée sur une position défensive, à
« peu près entre Aincreville et Landres » ; l'ordre ajoutait que :
« la continuation de l'offensive » (c'est-à-dire les dispositions qui
s'y rapportaient) « contre la route Vouziers—Buzancy—Stenay
« demeurait réservée, mais que cela n'empêchait pas de faire
« occuper, aussitôt que possible, cette route par l'armée de la
« Meuse, dans le cas où cette dernière n'aurait en face d'elle que
« des forces ennemies inférieures en nombre ».

Malheureusement la cavalerie allemande perdit, précisément
en avant du front de la quatrième armée, le 28 août, tout contact
avec l'ennemi. Néanmoins, le commandant en chef de cette dernière armée, après avoir prescrit à la cavalerie d'exécuter, dans la
matinée du 29, de vastes reconnaissances, la fit suivre immédiatement de deux corps d'armée entiers (le XII° et la garde), qu'il
porta, précisément, sur la ligne dont l'occupation n'était prévue
que dans le cas où l'adversaire se trouverait, sur ce point, « avec
« des forces inférieures en nombre ». En réalité, il y avait, à
proximité, deux corps français entiers (6 divisions d'infanterie),
et, en arrière d'eux, encore deux autres corps (7 divisions d'infanterie). Si les Français avaient attaqué résolument, il est très probable que les deux corps allemands qui avaient été poussés au

delà du front général auraient éprouvé une défaite, dans laquelle
pouvait, également, être entraîné le IVᵉ corps, du moins dans
les limites où il porta secours aux siens. Cette éventualité est,
d'ailleurs, admise par l'auteur des *Lettres sur la stratégie*, prince
de Hohenlohe.

Sans examiner, d'une manière plus approfondie, ce dernier
point, qui a été déjà discuté, en un autre passage, d'une manière
suffisamment détaillée, on ne peut, toutefois, s'empêcher de
remarquer que la manière d'opérer de la quatrième armée allemande, le 29 août (qui, par bonheur pour les Allemands, n'eut
pour conséquence que le combat insignifiant de Nouart), constitue, au fond, un exemple frappant de l'emploi abusif du principe de l'initiative ; cet abus résultait du fait que l'ordre, parfaitement judicieux, donné par le haut commandement fut,
malheureusement, transgressé, sans aucune raison valable. De
plus, il n'est pas sans intérêt de se rappeler qu'étant donnée la
situation militaire du moment, dans le cas où une victoire eût
été remportée par la quatrième armée sur l'adversaire, cette victoire devait être désavantageuse aux Allemands, car l'ennemi
aurait été obligé, enfin, à ce moment, de reconnaître le danger
de sa situation, et, grâce à la grande distance qui le séparait
encore des troupes de la troisième armée, il aurait pu, en exécutant une retraite rapide, échapper à la catastrophe dont il était
menacé.

Si nous voulons nous limiter à la tâche que nous nous sommes
imposée, nous ne pouvons, ni en ce passage, ni, en général, dans
la présente étude, développer le principe de l'initiative des chefs
en sous-ordre, envisagée au point de vue théorique. Néanmoins,
il y a lieu de faire ressortir, mais seulement incidemment, il est
vrai, le principe suivant : *le chef en sous-ordre est, non seulement
autorisé, mais positivement astreint à apporter des modifications
dans l'exécution d'un ordre reçu, mais seulement dans les limites
imposées par les changements survenus dans les circonstances,
comparées avec celles qui ont été supposées, au moment de l'émis-
sion de l'ordre;* une modification de cette nature ne s'était pas
produite dans les circonstances qui se rapportent au cas que nous
venons de discuter; c'est pourquoi, également, la manière d'opérer
de la quatrième armée ne peut, en aucune façon, se justifier. Cette
conclusion ne saurait, également, être ébranlée par l'ouvrage du

grand état-major prussien, qui, suivant son habitude, intervient
dans des cas de cette nature (actes malencontreux d'initiative),
et cherche, en vain, dans le cas présent, à invoquer des raisons
qui soient de nature à justifier la manière de procéder, arbitraire,
de la quatrième armée, le 29 août. Cette intervention prouve simplement (ainsi que nous l'avons déjà fait remarquer, à maintes
reprises) quelle haute valeur on accorde, dans l'armée allemande,
au principe de l'initiative, et quels nombreux avantages on est en
droit d'attendre de ce principe, pourvu qu'on soit prêt à supporter,
également, les inconvénients qui en résultent par ci par là.

Depuis le combat de Wissembourg, la rencontre de Beaumont
était la première que le haut commandement de l'armée allemande eût prévue et fait entrer en ligne de compte dans ses
dispositions, comme un cas ayant toutes les apparences de la
probabilité (1). L'ordre du grand quartier général pour le 30 août
était ainsi conçu : « Tous les renseignements parvenus aujourd'hui
« s'accordent à constater que l'armée ennemie se trouvera, de-
« main, dans la matinée, avec le gros de ses forces, entre Beau-
« mont et le Chesne, éventuellement au sud de cette ligne. Sa
« Majesté le roi ordonne d'attaquer l'ennemi ».

Bien que cette indication, relative aux emplacements occupés
par le but mobile que l'on poursuivait (c'est-à-dire, dans ce cas,
l'armée française), fût, en général, exacte, néanmoins, en examinant la question, d'une manière plus approfondie, au point de vue
des détails, nous rencontrons, ici encore, une inexactitude, et cela
en dépit des grands moyens mis en œuvre, c'est-à-dire des reconnaissances exécutées par une cavalerie nombreuse et qui ne fut
nullement inquiétée. L'armée française se trouvait, le 30 août,
vers midi, avec le gros de ses forces, non pas au sud, mais, précisément, sur la route le Chesne—Beaumont et au nord de cette
route, et, en partie, déjà au delà (rive droite) de la Meuse. C'est

---

(1) Les batailles de Spicheren, Wœrth, Colombey–Nouilly et Mars-la-Tour
s'engagèrent à l'improviste, et l'ordre du grand quartier général, lui-même,
pour le 18 août (jour de la bataille de Gravelotte) prescrivait, simplement, qu'au
début on se porterait en avant par échelons, tandis qu'il n'envisageait nullement
la possibilité d'une rencontre sérieuse avec l'ennemi.

là, tout simplement, une preuve qu'à la guerre, la possibilité de
prévoir exactement les circonstances, jusque dans les détails, est
limitée seulement à quelques cas isolés. *Plus sont inexacts les
renseignements qui servent de base aux vues et aux projets
du haut commandement, plus ses dispositions doivent, naturellement, revêtir un caractère général, et plus grande, aussi,
doit être la liberté d'action qu'il convient de laisser aux chefs
en sous-ordre.* C'est dans cet esprit, également, qu'était rédigé
l'ordre du grand quartier général pour le 30, car il se bornait,
essentiellement, à indiquer le but commun à atteindre, et à déterminer la ligne de démarcation des zones de marche des deux
armées.

Un exemple encore plus frappant, à l'appui de ce principe,
nous est fourni par les événements qui se passèrent à la quatrième
armée allemande, dans cette même journée du 30 août.

Le prince royal de Saxe avait, à la suite de différents indices et
de divers renseignements, acquis la conviction que l'adversaire
se repliait dans la direction du nord, pour franchir la Meuse, et
qu'il chercherait, probablement, au moins provisoirement, à se
maintenir sur une position située près de Beaumont, en vue de
couvrir le passage de la rivière par ses troupes. En conséquence,
comme il prévoyait une rencontre sur ce point, le prince royal avait
complété ses dispositions, en prescrivant que les colonnes isolées,
qui, dans leur marche en avant, avaient à traverser un terrain
boisé ne leur permettant pas de se relier entre elles, après avoir
atteint la lisière opposée de la forêt, ne dépasseraient pas, tout
d'abord , ce point, et se contenteraient « d'attendre l'entrée en
« ligne des colonnes voisines et de préparer, provisoirement,
« l'attaque, au moyen de leur artillerie ».

Comme l'ennemi fut atteint, en réalité, à Beaumont, il était
donc permis de penser que les Allemands avaient prévu, dans ce
cas, tout ce qui était nécessaire, et que le développement ultérieur du combat allait être assuré par les chefs en sous-ordre,
sans même qu'il fût nécessaire de modifier les ordres, au point de
vue de l'exécution, conformément au courant d'idées et à la
volonté du haut commandement. Malgré tout, même en cette
circonstance, les chefs en sous-ordre se virent obligés de prendre
des résolutions tout à fait spontanées, car ils ne purent s'en tenir,
exclusivement, à la lettre des ordres reçus, mais durent, au con-

traire, se conformer simplement au sens et à l'esprit des dispositions prises pour le 30 août.

Rappelons que la tête de colonne de la 8ᵉ division d'infanterie
(Schœler), en débouchant de la forêt, se heurta, tout à coup, à
une distance d'à peine 800 pas, à l'ennemi, qui se trouvait, non
pas en position, conformément à l'hypothèse, tout à fait logique,
du prince royal de Saxe, mais simplement campé, sans avoir pris
toutes les mesures de sécurité nécessaires. Dans de telles conditions, il ne fallait pas songer à préparer, provisoirement, l'attaque, au moyen de l'artillerie, et à attendre l'entrée en ligne, non
seulement des colonnes voisines, mais encore des troupes de la
division elle-même : les fractions les plus avancées de la 8ᵉ division n'avaient d'autre parti à prendre que de s'engager au combat,
de pied ferme ; il en résulta, dès lors, que l'action fut entamée,
tout d'abord, uniquement, par un bataillon de chasseurs et deux
batteries.

Le développement de ce combat, et les raisons qui ont servi de
base aux opérations des chefs allemands, ont déjà fait l'objet de
nos considérations ; remarquons, simplement, qu'ici encore, nous
trouvons une *nouvelle preuve de l'obligation absolue, qui s'impose,
à la guerre, aux chefs en sous-ordre, de faire acte d'initiative, en
connaissance de cause* (1).

Si nous jetons, maintenant, un coup d'œil rétrospectif sur la
bataille de Sedan, nous remarquerons que le commandement
suprême de l'armée allemande s'effaça complètement, par suite de
la confiance exagérée qu'il avait dans le « principe de l'initia-
« tive », et ne limita ,en aucune façon, l'initiative de ses chefs en
sous-ordre. Ses dispositions, qui procurèrent à l'armée allemande
la brillante victoire de Sedan, peuvent, sous ce rapport, être
citées comme exemple, ou, si je puis m'exprimer ainsi, comme
modèle, en tenant compte, bien entendu, du fait qu'il fut secondé
par des chefs élevés à la même école, et par le zèle dont était
animée, en général, l'armée allemande. La victoire remportée le
1ᵉʳ septembre doit être attribuée, en principe, à l'ordre de l'armée
que le roi Guillaume fit expédier le 30 août, à 11 heures du soir,
à Buzancy, pour le 31.

---

(1) Voir pages **243-246** et **255-257**.

Cet « ordre » (1), qui, en réalité, était un modèle « de directive », indiquait, d'une manière claire et précise, que le but d'opérations à atteindre consistait « à acculer l'adversaire, sur l'espace le plus « étroit possible, entre la Meuse et la frontière belge ». En outre, les rôles furent répartis entre les deux armées de telle sorte, que la quatrième armée eut pour mission spéciale « d'empêcher l'aile « gauche ennemie de se dérober dans la direction de l'est » ; de plus, il était ordonné à cette armée de jeter, autant que possible, deux corps sur la rive droite de la Meuse, de manière à pouvoir attaquer l'ennemi de flanc et à revers, au cas où il aurait pris position vis-à-vis de Mouzon. En ce qui concernait la troisième armée, il était dit simplement qu'elle aurait, également, « à se « diriger contre le front et le flanc droit de l'ennemi ».

Ces quelques mots, si simples, furent transformés, grâce à la coopération de nombreux chefs en sous-ordre allemands, en un mouvement stratégique enveloppant, qui procura au roi Guillaume la victoire la plus décisive. En vérité : peu de mots perdus, mais beaucoup de besogne accomplie ! S'il se produisit de si grandes choses, c'est grâce à la liberté qui était accordée aux chefs en sous-ordre d'entrer en ligne spontanément ; on estimait que ces derniers, se trouvant présents sur le théâtre des événements, étaient en situation de voir de très près les détails, et, par suite, d'assurer, sans interruption, l'exécution de mouvements qui ne pouvaient pas être connus du grand quartier général.

On voit, par la description de l'activité déployée par les armées allemandes, pendant la journée du 31 août, que, malgré l'hypothèse, tout à fait inexacte, prévue dans l'ordre de l'armée, hypothèse qui envisageait le cas possible où l'ennemi aurait pris une formation en face de Mouzon, tout se passa, en général, du côté des Allemands, dans des conditions tout à fait normales et régulières. D'autre part, le prince royal de Prusse commença à envelopper, avec ses troupes, dès le 31, la position de Sedan, et s'empara du pont de Donchery sur la Meuse, en aval (à l'ouest) de la place. L'ordre du roi ne contenait pas, sous ce rapport, la plus légère indication ; bien plus (par suite de l'hypothèse envisageant le cas possible où l'ennemi aurait pris position en face de Mouzon), il

---

(1) Voir pages 295-296.

paraissait plutôt inviter la troisième armée à se rassembler sur
sa droite, qu'à étendre son front vers la gauche. Mais la désignation bien nette du but général à atteindre remplaça, dans
ce cas, toute espèce d'indication plus précise, ou, pour ainsi
dire, topographique. Le grand quartier général ne pouvait pas
savoir exactement, à l'avance, dans quelle direction il y avait
lieu, à proprement parler, de chercher l'adversaire, et il ne parut,
d'ailleurs, attacher aucune importance à cette question. Il se contenta de répartir les rôles et d'indiquer aux armées les buts à
atteindre ; quand à la question de rechercher l'adversaire et de
découvrir ses emplacements, il en abandonna la solution aux commandants en chef d'armée, qui avaient déjà pris le contact de
l'ennemi. En réalité, les choses se trouvaient déjà si avancées,
dans la soirée du 31 août, que, d'une part, la quatrième armée
avait barré aux Français les chemins qui menaient vers l'est,
entre la Meuse et la frontière belge, tandis que, d'autre part, la
troisième armée s'était étendue vers l'ouest, et s'était emparée
des ponts de la Meuse, à l'ouest de Sedan, à Donchery et Flize.
Le double enveloppement qu'on avait en vue se trouvait donc,
d'une part, déjà terminé, et, d'autre part, préparé.

Comme le but d'opérations indiqué pour le 1er septembre
demeurait le même que pour le 31 août, il n'était pas nécessaire
d'apporter des modifications aux missions assignées aux deux
armées. C'est pourquoi le général de Moltke expédia, pour cette
fois, la plus courte de ses instructions, si renommées pour leur
brièveté, c'est-à-dire qu'il n'en expédia « absolument aucune ».
Le commandement suprême de l'armée allemande donna, en agissant ainsi, la plus grande preuve de la confiance qu'il avait dans
l'esprit de résolution de ses chefs en sous-ordre ; mais, en même
temps, il s'affranchit aussi des formalités et des habitudes tradi-
tionnelles, là où la nature des choses les rendait superflues.

Toute l'intervention du grand quartier général, relative à l'activité déployée le 1er septembre, se borna à un entretien personnel
entre les généraux de Moltke et de Blumenthal (le 31, dans
l'après midi, à Chémery, quartier général de la troisième armée) ;
c'est dans cet entretien que fut établie la concordance réciproque
des vues relatives à la situation militaire et aux mesures qu'il y
avait lieu de prendre en conséquence. Le général de Moltke
n'entra pas du tout en relation, le 31 août, avec l'armée du prince

royal de Saxe. Son intervention se produisit sur la demande du général de Blumenthal, et elle ne fit que confirmer les dispositions qui avaient été communiquées à ce dernier pour la troisième armée.

Certainement l'activité déployée, ou, plus exactement, la réserve observée par le commandement suprême de l'armée allemande, la veille de la victoire de Sedan, est, dans son genre, un chef-d'œuvre, — je pourrais dire : un essai de « haute école » de la direction des armées ; cet essai était facilité par la situation qui se présentait à ce moment, et il faut ajouter, par la valeur de chefs en sous-ordre, tels que ceux que possédait l'armée allemande. Il ne s'agit pas du tout, ici, de proposer cette manière d'opérer comme un modèle à imiter sans réserve. Mais cet exemple d'un commandement qui s'abstenait, d'une manière presque « ascétique », de diriger directement et formellement les troupes, et qui fut couronné par le succès, peut être opposé à la tendance fréquente que l'on a de mettre en tutelle, d'une manière chronique, les chefs en sous-ordre, tendance qui se traduit par des dispositions diffuses, des instructions, des ordres, etc. Si l'on a à choisir entre ces deux méthodes, on se rapprochera, de préférence, de la première, plutôt que de la dernière, en se souvenant d'un dicton ainsi conçu : « Le salut ne réside pas dans les discours. »

Nous n'avions pas du tout l'intention de donner, encore une fois, dans le présent chapitre (d'ailleurs déjà, peut-être, trop étendu), un aperçu comparatif de toutes les dispositions prises par le haut commandement et les chefs en sous-ordre allemands, ainsi que de l'activité qu'ils déployèrent. Les déductions qui ont fait l'objet de ce chapitre ont eu, principalement et exclusivement, pour but de nous permettre de caractériser, par des exemples pris sur le vif, le commandement des Allemands, et d'envisager le principe de l'initiative, tel qu'il a été compris et mis en pratique par eux. La journée de Sedan offrit de nouveau un vaste champ d'action pour l'application de ce principe, et l'on peut dire que cette application, envisagée dans l'ensemble comme dans le détail, a été, cette fois, particulièrement heureuse. Pour ne pas trop répéter ce que nous avons déjà dit, contentons-nous de reproduire les conclusions que nous avons formulées en un autre passage de cette étude (1) :

---

(1) Voir pages 368-378.

..... Le double enveloppement de l'adversaire, qu'avait en vue le grand quartier général, se trouvait déjà complètement préparé, au point de vue des détails, par les commandants en chef des deux armées ; grâce aux ordres complémentaires donnés par les généraux commandants (particulièrement les généraux commandant la garde et le Ve corps), cet enveloppement fut même étendu jusqu'à l'investissement complet de l'adversaire, et mis à exécution jusqu'à ce que ce dernier fût anéanti : c'est là une preuve frappante que le principe de l'initiative des chefs en sous-ordre, appliqué avec intelligence, non seulement n'affaiblit pas les manifestations de l'esprit et de la volonté du chef supérieur, mais, au contraire, leur procure une force considérable.

Toutes les discussions précédentes nous amènent à conclure que, dans les victoires des Allemands, la part du lion doit être attribuée à l'activité de leurs chefs en sous-ordre, et qu'en revanche, le haut commandement n'a pris qu'une part relativement faible à ces victoires. Mais il serait tout à fait absurde d'envisager le degré proportionnel d'activité, telle qu'elle se manifeste, précisément, sur les champs de bataille, comme mesurant la part et le mérite respectifs qu'il convient d'attribuer au commandement supérieur et inférieur, dans le succès général remporté par les Allemands sur les Français. Les combats et les batailles ne constituent nullement, par eux-mêmes, un fait isolé ; ils doivent, au contraire, être envisagés simplement au point de vue des rapports qu'ils offrent avec le cours général de la guerre. Or la conduite de la guerre, considérée au point de vue de l'ensemble, c'est-à-dire la direction des opérations, incombe absolument au commandement suprême ; il en est de même de la préparation des forces militaires et de la situation politique avant l'ouverture des hostilités. Tout cela est l'affaire du haut commandement. Mais, dès que les forces combattantes sont arrivées sur le théâtre de la guerre, dès qu'elles ont exécuté leur déploiement, et ont pris, plus ou moins, le contact de l'adversaire, les chefs en sous-ordre entrent alors en ligne avec leurs droits, ou, pour mieux dire, leurs devoirs, qui les obligent à prendre les dispositions de détail nécessaires. C'est pourquoi l'activité des chefs en sous-ordre passe, précisément, au premier plan, les jours de combat, c'est-à-dire lorsqu'on se trouve arrivé au contact le plus étroit et le plus intensif avec l'adversaire.

Pour comprendre réellement et apprécier à sa juste valeur le mérite qui revient au commandement suprême de l'armée allemande, ou, plus exactement de l'armée prussienne (l'idée de « commandement suprême » étant prise dans son sens le plus large), dans la série des victoires de l'année 1870, il faudrait, d'une part, entreprendre un examen de l'organisation de l'armée prussienne, et, d'autre part, suivre le travail politico-diplomatique grâce auquel la Prusse s'est aplani le terrain en vue de la guerre avec la France. De plus, pour porter un jugement exact sur l'organisation de l'armée prussienne, il faudrait remonter à l'époque de Stein et de Scharnhorst, et, à partir de cette époque, suivre le développement complet de cet organisme compliqué, très bien articulé, mais, en même temps, vivace, et obéissant à une direction unique. Or cela exigerait un travail personnel très vaste. C'est pourquoi je me bornerai, ici, à reproduire la conclusion finale du général Leer, dans le parallèle magistral qu'il établit entre l'organisation militaire des forces prussiennes et françaises avant la guerre de 1870 (1).

« Les grands succès remportés par la Prusse dans cette guerre, « qui ont eu pour résultat de créer un puissant empire au cœur « de l'Europe, et, chose encore plus significative, de transporter, « dans la suite, le centre de gravité de la politique à Berlin : tous « ces résultats, la Prusse les doit à son organisation militaire « remarquable, qui, dès l'ouverture des opérations, lui procura « une supériorité numérique écrasante sur l'adversaire (2). »

Qu'on nous permette seulement d'ajouter encore que la Prusse fut redevable de sa supériorité, en tant que forces disponibles au début de la campagne, à la fois à son organisation militaire et à sa politique prudente.

La connexité qui existe entre l'organisation militaire et la politique pourrait, peut-être, paraître étrange ; mais, en réalité, ces

---

(1) Cours publics sur la guerre de 1870.
(2) Un aperçu très détaillé sur l'organisation militaire des forces et de l'armée de la France et de l'Allemagne se trouve au début de l'ouvrage du grand état-major prussien sur la guerre de 1870-71.

deux facteurs sont très étroitement liés entre eux, je pourrais presque dire qu'ils sont parents. L'organisation militaire d'un État lui fournit une certaine somme de forces disponibles. Ces forces, sans même qu'il soit nécessaire de les employer, contribuent, néanmoins, à donner un plus grand poids à la politique étrangère. Cette dernière ne doit se proposer aucun but qu'elle ne puisse atteindre avec les forces militaires de l'État ; mais une politique habile peut accroître ses forces par des alliances (1). C'est dans ce sens que la politique apparaît comme complément et presque comme développement ultérieur de l'organisation militaire de l'État intéressé. Une politique intelligente sait se ménager des alliés, tandis qu'une politique inhabile se crée souvent des ennemis. Et, de même que la politique forme, par elle-même, le complément de l'organisation militaire, de même la guerre paraît être la continuation de l'activité politique de l'État ; seulement elle emploie des moyens différents, c'est-à-dire violents.

L'auteur si renommé de la *Stratégie*, le général Blume, commence son ouvrage par ces mots : « La guerre est l'action violente « des peuples, pour atteindre ou conserver des buts politiques ». Envisagée à ce point de vue, la guerre n'est autre chose que la continuation de la politique extérieure de l'État. C'est également pour cela, ainsi que le dit le prince de Hohenlohe, dans ses *Lettres sur la Stratégie*, que la politique doit marcher de concert avec la stratégie.

Le feld-maréchal comte Berg, qui fut un homme très distingué et un soldat brillant dans sa jeunesse, mais qui, toutefois, était, au fond du cœur, un diplomate, fut invité, un jour, à exprimer son opinion sur la question de l'organisation militaire de l'État. Après avoir exposé ses vues à ce sujet et indiqué les mesures qui,

---

(1) Supposons deux États A et B, dont le premier, par suite de son organisation militaire, est en mesure de mettre en ligne une armée de 500,000 hommes, et le dernier une armée de 600,000 hommes. Si, maintenant, entre ces deux États, se trouve un troisième État, C, plus petit, qui peut mettre en campagne une armée de 100,000 hommes, ce dernier État, allié avec A, établira l'équilibre entre la puissance de l'État A et celle de l'État B ; en revanche, l'État B l'emportera de 200,000 hommes sur l'État B, si l'État C passe de son côté. On comprendra facilement quels grands sacrifices il en coûterait à l'État, pour arriver, grâce à l'augmentation de sa propre armée, à se trouver dans la même situation que celle que peut lui procurer, à un moment donné, une politique habile.

à son avis, lui paraissaient nécessaires, le comte termina sa lettre par la conclusion suivante : « ..... et surtout une bonne poli-« tique ! »

Et, en effet, la guerre éclate sur le terrain de la politique. Cette dernière est la magicienne qui, abstraction faite, également, de la valeur de la puissance militaire de l'État, décide souvent du sort d'une guerre, au moment même où elle éclate. L'histoire nous donne, plus d'une fois, l'exemple de « victoires à la Pyrrhus » et de triomphes guerriers inutiles, qui, en fin de compte, ont nui aux vainqueurs. Pour ne pas citer d'autres exemples à l'appui de cette assertion, rappelons simplement que les victoires remportées au Mexique, peu de temps avant la guerre de 1870, avaient affaibli la France matériellement, et lui avait nui moralement, par suite de la fin déplorable de l'empire mexicain, créé par elle, et qui fut de si courte durée.

La Prusse, au contraire, sut magistralement préparer la guerre et contribuer à assurer son succès par une activité diplomatique habile.

Lorsque, dans l'année 1864, elle s'arma, en vue de la guerre contre la faible puissance du Danemark, elle s'était cependant assuré dans l'Autriche un puissant allié. Grâce à cette alliance, la Prusse rendit, par le fait, impossible une intervention étrangère, qui aurait pu se produire en faveur du Danemark ; le corps auxiliaire autrichien, dont elle n'aurait pas eu besoin, le moins du monde, pour la guerre, lui servit, alors, encore plus de caution politique que d'allié militaire. Il en résulta que la Prusse, avec le secours de son rival autrichien, acquit deux nouvelles provinces, c'est-à-dire la moitié du royaume danois.

Deux ans plus tard, la guerre éclata, précisément, entre les deux puissances qui, jusqu'alors, avaient été alliées. Presque tous les États allemands prirent parti pour l'Autriche. La Prusse était à peine en mesure de protéger toutes les parties de son territoire, qui se trouvaient dispersées. Mais elle se renforça, grâce à l'alliance qu'elle conclut avec le jeune royaume d'Italie, et, pour se défendre, elle prit l'offensive avec la plus extrême énergie. Il est vrai que l'armée italienne éprouva une défaite, mais elle avait, cependant, attiré sur elle la meilleure armée de l'Autriche et son meilleur général en chef, et elle avait ainsi permis aux Prussiens d'en finir, dans une campagne de huit jours en Bohème, avec le

reste des forces autrichiennes. Il n'y a rien d'étonnant à ce que
la Prusse victorieuse obtînt, aussitôt après, ce qu'elle avait am-
bitionné; mais l'Italie elle-même, qui était battue, acquit également
ment un accroissement de territoire dans la Vénétie, qui lui avait
échappé sept ans auparavant, par suite de l'opposition de la
Prusse, en dépit de l'alliance qu'elle avait contractée, à cette
époque, avec l'empereur Napoléon, le vainqueur de Magenta et
de Solférino.

Lorsqu'elle se disposa à faire la guerre à la France, la Prusse
sut couvrir ses derrières, en s'assurant la neutralité bienveillante
de la Russie. S'appuyant sur l'opinion publique en Allemagne,
elle obligea également les autres États allemands à armer contre
la France; de plus, ces petites puissances apparurent moins
comme alliés autorisés de la Prusse que comme des États qui
fournissaient leur contingent à la puissance prépondérante de
l'Allemagne.

C'est avec une habileté non moins grande, que l'Allemagne
employa, également, les grandes masses qu'elle mit sur pied.
Déjà le mémoire composé par le général de Moltke, dans l'hiver
1868-1869, estimait que les Français seraient obligés (1) de se
rassembler en deux groupes principaux, à Metz et à Strasbourg,
et il émettait alors l'avis qu'il n'y avait pas lieu de défendre directement la frontière de l'Allemagne du sud, et qu'il était indispensable de concentrer toutes les forces belligérantes entre Luxembourg et le Rhin, face au Sud. La préparation et l'exécution de
cette concentration se fit avec la ponctualité d'une montre. Le
mémoire du général de Moltke estimait que, le dix-huitième jour
de la mobilisation, dix corps d'armée, environ, pouvaient être
rassemblés sur la frontière, et que, le vingtième jour, ces corps
pouvaient être pourvus de presque tous leurs trains. L'invasion
des Allemands dans la basse Alsace, invasion à laquelle préluda
la victoire de Wissembourg, eut lieu effectivement le vingtième
jour de la mobilisation.

La supériorité numérique des forces allemandes (qui était une
conséquence de l'organisation militaire avantageuse et de la politique habile de la Prusse) ne leur garantissait pas seulement, par

---

(1) Pour pouvoir utiliser complètement leur réseau de voies ferrées.

elle-même, des succès futurs, mais la certitude intime qu'avaient les troupes de remporter des succès doubla leur hardiesse et leur esprit d'entreprise, et leur procura, également, ainsi la victoire, là où elles se trouvèrent, vis-à-vis des Français, dans des conditions d'infériorité numérique.

L'habileté du haut commandement joua même son rôle, là où ce commandement fit absolument défaut, et, à première vue, parut être supplanté complètement par l'initiative des chefs en sous-ordre. Tel fut le cas à Wœrth. En cette circonstance, ce sont, il est vrai, les chefs en sous-ordre allemands qui ont gagné la bataille, et cela, en réalité, sans que la direction supérieure eût été assurée par le commandant en chef de la troisième armée ; toutefois, il ne faut pas oublier que c'est grâce au groupement logique et habile des corps de cette armée (faisant face à la fois au sud et à l'ouest), qu'on put, tout d'abord, engager, avec succès, une attaque contre la position qu'occupaient les troupes de Mac-Mahon, à Wœrth, le 6 août ; ce groupement était, d'ailleurs, la conséquence directe des dispositions adressées à la troisième armée par le prince royal de Prusse, dès le 4 août, sur le champ de bataille de Wissembourg.

Tel fut donc l'un des mérites du commandant en chef de l'armée. D'autre part, ce n'est que sur les instances les plus énergiques du grand quartier général, que le prince royal fut, ainsi qu'on le sait, amené à commencer sa marche en avant dans la basse Alsace, dès le 4 août, c'est-à-dire, précisément à une époque où l'adversaire n'était pas encore rassemblé dans cette région, et, par suite, n'était pas préparé à s'opposer à une irruption si prématurée des Allemands. Par conséquent, si la *victoire proprement dite de Wœrth fut remportée exclusivement par les chefs en sous-ordre, il n'en est pas moins vrai que c'est le haut commandement qui leur a procuré les moyens et l'occasion nécessaires à cet effet.*

En ce qui concerne l'activité déployée par le grand quartier général au début de la campagne, rappelons que le mémoire du général de Moltke avait envisagé, également, le cas possible où les Français se rassembleraient prématurément en avant de Metz, même avant d'avoir terminé leur mobilisation, et que, lorsque ce cas se présenta, les mesures nécessaires pour y parer, mesures qui avaient été prévues et calculées à l'avance, furent prises immédiatement. Si les Français avaient continué leur mouvement offensif, ils se seraient heurtés déjà, bientôt, à des forces considérablement supérieures en nombre.

Malgré ses vues et ses dispositions parfaitement judicieuses, le grand quartier général (en partie, par suite de ses propres fautes) n'avait pas réussi, il est vrai, à mettre un frein à l'ardeur qui poussait les troupes à se porter en avant, et il n'avait pu éviter la bataille téméraire et sans but de Spicheren; cependant, il sut au moins utiliser cette victoire, en vue de l'offensive ultérieure. Pendant cette dernière phase des opérations, le grand quartier général, tout en s'abstenant de limiter l'initiative des commandants en chef d'armée, sut, cependant, diriger leurs mouvements, et, au moment critique du mouvement tournant exécuté autour de Metz, fut toujours prêt à s'opposer à une attaque possible de l'ennemi.

De plus, s'il est impossible de nier que ce sont, précisément, les chefs en sous-ordre allemands, les généraux de Manteuffel et von der Goltz, qui ont rendu à leurs camarades un grand service, en attaquant, de leur propre initiative, l'adversaire en retraite, le 14 août, il est juste, cependant, de ne pas oublier que s'ils purent agir ainsi, c'est uniquement grâce à la répartition judicieuse des rôles, ordonnée par le grand quartier général, entre la première et la deuxième armée; cette répartition assignait, notamment, pour mission, à la première armée, d'observer l'armée française, qui s'était repliée sur Metz. D'autre part, si les chefs en sous-ordre prussiens purent se porter à l'attaque, le 14 août, sans hésitation, et arrêter, sur tout son front, l'ennemi qui se préparait à battre en retraite au delà de la Moselle, ils le durent uniquement aux dispositions prises par le commandant en chef de l'armée, général de Steinmetz, qui avait poussé en avant, en temps opportun, vers Metz, trois avant-gardes suffisamment fortes. On voit donc que le haut commandement a également une part prépondérante, quoique seulement indirecte, dans cette victoire « stratégique » remportée par les Allemands.

Dans le cours ultérieur des opérations, le grand quartier général se rendit parfaitement compte, le 16 août, de la situation dangereuse que courait le corps Alvensleben, séparé par la Moselle des troupes qui se trouvaient en arrière, et il s'efforça de rapprocher le IX⁰ corps, en vue d'appuyer le III⁰. C'est ainsi qu'il répara, autant que possible, la négligence qu'il avait commise, en n'envoyant pas, en temps opportun, au delà de la Moselle, des déta-

chements de cavalerie, avec mission d'envelopper la place de
Metz, ainsi que la faute que commit le commandant en chef de
la deuxième armée, en persistant à vouloir toujours se porter vers
la Meuse, sans se préoccuper d'éclairer, comme il convenait, la
situation près de Metz.

Bien que le prince Frédéric-Charles n'eût pris, on peut le dire,
presque aucune part à la direction de la bataille pénible de Mars-
la-Tour, cependant la volonté de fer et l'esprit hardi de ce chef
d'armée s'étaient, également, communiqués aux troupes, et se
manifestèrent par les efforts héroïques qu'elles firent, particulièrement en ce qui concerne le IIIᵉ corps prussien, que le prince
avait, lui-même, commandé avant la guerre.

Nous avons déjà insisté, dans ce chapitre, sur les dispositions
judicieuses qui se rapportent au mouvement prescrit à l'armée
par le roi Guillaume, pour le 18. C'est grâce à ces dispositions,
que les fractions de l'armée allemande purent entreprendre,
tranquillement et dans un ordre parfait, un changement de front,
et combattre avec succès l'adversaire, qui, contre toute attente,
observa une attitude passive sur le flanc droit de la forte position
défensive qu'il occupait.

*Il faut encore citer, comme étant des plus remarquables, la
manière d'opérer, très énergique, du commandement suprême de
l'armée allemande après la bataille de Gravelotte; ses décisions,
qui furent prises instantanément, avec la rapidité de l'éclair, et
exécutées avec la plus grande énergie, ne peuvent être comparées
qu'aux résolutions des chefs de cavalerie les plus célèbres.* Le
plan d'opérations adopté par les Allemands, après la bataille de
Gravelotte, peut être considéré comme étant le travail d'un seul
jour. Envisagé dans ses grands traits, il se fit remarquer, particulièrement, par sa simplicité (investissement de Metz et attaque
de l'armée de Mac-Mahon).

Les faiseurs de plans, dans les grands états-majors (quand on
les y tolère), ont l'habitude d'avoir toujours, tout prêts, « des
« plans », tous plus séduisants les uns que les autres, avec
lesquels ils jouent, comme le jongleur avec ses boules; *mais
le général en chef, ayant à choisir entre toutes les façons d'opérer
possibles, qui s'offrent à lui, est absolument obligé de se décider
pour l'une d'entre elles et de jeter toutes les autres, sans exception, par-dessus bord, quelque séduisantes qu'elles puissent être,*

envisagées en détail. Plus l'esprit, les connaissances et la puissance d'imagination du général en chef sont vastes, plus nombreux sont les moyens d'action qui se présentent à la fois devant ses yeux, et plus aussi il lui est difficile de se décider pour l'un d'entre eux. La répartition des forces allemandes après la bataille de Gravelotte, ou la résolution de franchir les Balkans pendant l'hiver (après la prise de Plewna), dans l'année 1877, peuvent paraître très simples; mais, pour s'en tenir, précisément, à ces résolutions, et prendre sur soi toute la responsabilité des conséquences qu'elles entraînent, il faut posséder la volonté de fer et le caractère, qui constituent le véritable chef d'armée, le caractère qui, dans un général en chef, a une valeur tout au moins aussi prépondérante que ses connaissances (1).

Il n'est pas nécessaire de faire ressortir avec quel art les mouvements ultérieurs de l'armée furent dirigés, avec quelle résolution, rapide comme l'éclair, le changement de front fut exécuté, et comment l'armée allemande se trouva amenée à marcher contre l'armée de Mac-Mahon, qui se portait dans la direction de Metz. *L'exécution de cette marche, en général, et les mouvements de l'armée, à Sedan, en particulier, peuvent servir de modèle à tout commandement suprême, qui, tout en dirigeant les opérations avec la plus grande sécurité et la plus extrême énergie, entend*

---

(1) Il y a lieu de faire ressortir que la résolution prise par le commandement suprême de l'armée allemande, qui, maintenant, paraît si simple, n'avait pas même été, cependant, prévue, en son temps, dans l'armée allemande. Le prince de Hohenlohe, l'une des personnalités qui s'est fait particulièrement remarquer par son activité dans la campagne de 1870, et qui est connu par ses ouvrages militaires, qui dénotent une grande connaissance des faits, rapporte que plusieurs chefs allemands, même des plus éminents, avaient acquis la conviction qu'après la bataille de Gravelotte, les opérations se borneraient, tout d'abord, à investir la place de Metz et à couvrir directement cet investissement Cependant le général de Moltke voulait assurer la protection de l'investissement, en continuant l'offensive.

Il n'est, certes, pas nécessaire d'insister sur ce fait, que si le commandement suprême de l'armée allemande s'était borné à investir Metz et à prendre les mesures défensives nécessaires pour couvrir cet investissement, les Français auraient gagné un temps précieux pour approvisionner Paris et procéder à de nouvelles levées; on sait, d'ailleurs, que ces dernières en dépit de la catastrophe de Sedan, devinrent bientôt si menaçantes pour les Allemands, que le prince Frédéric-Charles fut obligé, immédiatement après la reddition de Metz, de se porter, à marches forcées, au secours des forces allemandes qui étaient en avant d'Orléans et se trouvaient serrées de près par l'ennemi.

laisser à ses chefs en sous-ordre la latitude nécessaire pour faire acte d'initiative, le cas échéant.

Je terminerai en reproduisant l'opinion que j'ai déjà exprimée dans l'avant-propos de cette étude, sur le mérite, réellement grand, du commandement suprême de l'armée allemande : « Ce « mérite résida, essentiellement, dans ce fait, qu'il sut se rendre « compte, exactement, de l'essence même de la guerre, et se « préparer systématiquement, dans l'ensemble comme dans le « détail, à la lutte qui était imminente. Pendant la guerre elle- « même, le commandement suprême de l'armée allemande se « signala, en choisissant des buts élevés, clairement désignés, et « en cherchant à les atteindre au moyen d'opérations extrême- « ment énergiques, et dirigées en connaissance de cause... »

La capitulation de deux armées ennemies — était, certes, un résultat de la nature de ceux que le commandement suprême de l'armée allemande, secondé par l'esprit de résolution de ses chefs en sous-ordre, méritait d'obtenir.

———————

CHAPITRE IX

L'importance comparative du commandement suprême et de l'activité des chefs en sous-ordre dans les défaites de l'armée française.

SOMMAIRE

Les préparatifs de guerre. — Spicheren. — Wœrth. — Le général de Failly, le jour de Wœrth et plus tard. — Le maréchal Bazaine et ses compagnons d'armes à Metz. — Beaumont et Sedan. — Parallèle entre la manière dont le commandement français et le commandement allemand donnaient leurs ordres.

La France avait déclaré la guerre à la Prusse, sans s'y être préparée, ni par ses armements, ni par sa politique. Bien que la France dépassât, par le nombre de ses habitants, toute l'Allemagne, et qu'elle disposât de ressources financières beaucoup plus considérables que celles de cette dernière puissance, elle ne put pas, cependant, mettre sur pied des forces militaires en rapport avec ses projets. En outre, elle n'avait pas su s'assurer, en temps opportun, des alliances militaires sûres, et n'avait pas réussi à susciter des ennemis à son adversaire, la Prusse.

La politique extérieure de l'empereur Napoléon fut dominée, au fond, par sa politique intérieure, purement dynastique. Les entreprises tentées à l'extérieur avaient pour but de servir de diversion à l'opinion publique, qui, en France, était impatiente, et tendaient à satisfaire l'amour-propre du peuple français. Il fallait assurer à une telle politique l'unité de vues et la diriger, très sérieusement, vers un but élevé à atteindre; il fallait, en outre, lui sacrifier avec empressement les intérêts de moindre importance, ainsi que les considérations accessoires.

L'Empereur persista à maintenir la puissance temporelle de la papauté, et ne permit pas au nouveau royaume d'Italie, qu'il avait lui-même appelé à la vie, de prendre possession de Rome, qui était désignée pour être sa capitale, aussi bien par l'histoire que par sa situation naturelle. En défendant ainsi une institution qui, depuis longtemps, avait survécu à elle-même, il se priva, à un moment où l'inclination des Italiens pour la France était très prononcée (1), de la possibilité d'acquérir dans l'Italie un allié important.

L'empereur Napoléon comptait, au début de la guerre, qu'il réussirait à mettre de son côté l'Autriche, l'Italie, et même les États de l'Allemagne. Mais il oubliait ainsi qu'on n'acquiert des amis et des alliés que par des victoires. C'est d'une manière toute différente, que son grand oncle comprenait cette question, lui qui répondit à l'ambassadeur prussien, comte Haugwitz, qui lui présentait ses félicitations : « Grâce à mes victoires, votre compli- « ment a changé d'adresse ». Mais, c'est, précisément, pour obtenir des succès, au début, que la France avait besoin d'avoir, au préalable, des alliés sûrs, car sa puissance militaire n'était pas à hauteur de celle de l'adversaire, en ne comprenant même pas dans cette dernière les forces des États du sud de l'Allemagne (de la Bavière, du Wurtemberg, du grand-duché de Bade).

Il est vrai que l'Empereur comptait compenser l'inégalité de ses forces par une offensive rapide au delà du Rhin, mais des considérations de cette nature dénotaient, tout simplement, l'ignorance complète dans laquelle il se trouvait, relativement au rendement de ses institutions militaires et de ses moyens de transport, comparés à ceux de l'ennemi. Cela est d'autant plus surprenant, que, si l'on s'en rapporte à Derrécagaix, le général Frossard, dans un mémoire qu'il avait composé, par ordre de l'Empereur, déjà plusieurs années avant la guerre, avait admis l'hypothèse suivante, c'est que l'armée prussienne, qu'il supposait, fort justement, devoir se concentrer entre Luxembourg et le Rhin, serait plus tôt prête au combat que l'armée française, et se trouverait concentrée avec des forces supérieures en nombre à celles de cette dernière ; ces considérations avaient même amené le général à proposer d'engager, le cas échéant, une guerre défensive.

Lorsque les Allemands, au commencement d'août, se dispo-

---

(1) Cette assertion est prouvée, également, par la part tardive que prit un corps de volontaires italiens à la défense du territoire français, sous le commandement de Garibaldi, le premier patriote italien, et l'un des auteurs les plus éminents de son unité.

sèrent à franchir la frontière avec une force de près de
400,000 hommes (non compris les troupes qui se rapprochèrent
plus tard), ils avaient, en face d'eux, du côté des Français, en
réalité, un peu moins de 200,000 hommes, en y comprenant
même les troupes qui furent rassemblées plus en arrière, à Châlons. Les Français, qui s'étaient imaginés pouvoir devancer les
Prussiens, non seulement n'avaient pas réussi à terminer leur
concentration au moment où l'armée ennemie fit irruption sur le
territoire, mais encore n'avaient pas même porté leurs troupes
à l'effectif de guerre complet (1). Une telle inégalité de forces ne
pouvait manquer, dès qu'elle fut reconnue par les chefs français,
d'exercer son influence sur leurs dispositions morales.

Les dispositions optimistes dans lesquelles se trouvaient les
Français, au début, dispositions qui, d'ailleurs, n'étaient nullement motivées, ainsi que leur esprit d'entreprise, qui existait,
tout au moins dans leur imagination, et ne tenait compte ni du
nombre ni de l'espace, dégénérèrent bientôt en une prudence
extrême, qui les amena à faire preuve d'une passivité complète,
ou, plus exactement, d'une inaction absolue, et leur fit perdre de
vue les meilleures chances de succès qu'ils pouvaient avoir. Ce
phénomène se manifesta particulièrement après les premières
défaites des Français.

C'est ainsi que, par suite de leur organisation militaire mal
comprise, jointe à la lenteur de leur mobilisation, les Français se
trouvaient déjà avoir, dans la première période de la guerre, une
infériorité numérique considérable par rapport aux forces de
l'adversaire.

Les effectifs de guerre de l'armée française, envisagés en général, ne dépendaient pas seulement du bon vouloir du gouvernement. L'histoire de l'organisation de l'armée en France, après la
chute de Napoléon Ier, présente une suite ininterrompue d'essais,
pour ne pas dire d'intrigues. Ces essais avaient pour but, d'une

---

(1) A l'appui de cette assertion, il suffit de faire remarquer, notamment, que
le chef d'une troupe française de complément, qui n'avait pas pu encore rejoindre
son corps, prit part, le 6 août, à la défense de Forbach, et que les Allemands,
dans le combat de Wissembourg, le 4 août, trouvèrent aussi, parmi les prisonniers, un certain nombre d'hommes de complément, appartenant à des régiments
qui n'avaient pas pris part du tout à ce combat.

part, de soutenir extérieurement le principe du service militaire personnel général, qui avait préservé la France, au moment de la Révolution, de l'invasion des troupes étrangères, et, d'autre part, de ménager l'antipathie contre le service militaire personnel, dont les classes possédantes du peuple français étaient pénétrées. Il est facile de concevoir que c'était cette dernière tendance qui l'emportait habituellement, car c'étaient les classes possédantes qui instituaient les gouvernements et faisaient les lois. L'emploi d'un pareil procédé devait avoir pour conséquence de limiter le contingent fourni par le recrutement annuel; il avait également pour effet de diminuer le nombre des hommes de la réserve, propres à la guerre, qui avaient passé par les rangs de l'armée, et, enfin, de réduire, également, le nombre total des forces que la France pouvait mettre sur pied. Il en résulta que les nombres portés sur les contrôles relatifs à toutes les troupes à mettre sur pied, en cas de guerre (qui, d'ailleurs, ne furent pas, en réalité, atteints dans l'année 1870), ne s'élevaient, en tout et pour tout, qu'au total de 567,000 hommes, combattants et non-combattants, tandis que les calculs établis par les Allemands, pour le mois d'août, s'appliquent à un effectif réellement existant de 1,183,000 rationnaires allemands. L'Allemagne, qui, comparée à la France, présentait un chiffre total de population inférieure à celui de cette dernière puissance, mit donc en campagne un nombre de forces qui était le double de celui des forces françaises (1).

Il faut admettre que la culpabilité générale du peuple français,

---

(1) Il y a lieu de tirer une conclusion très fertile en enseignements de la comparaison que l'on peut faire entre la manière de procéder, tout à fait opposée, des deux États, manière de procéder qui se fit jour dans des circonstances tout à fait semblables de part et d'autre. En Prusse, la population, qui, cependant, fit preuve, en général, d'une bien plus grande condescendance relativement à la question de la préparation à la guerre, n'était pas, toutefois, du tout favorable à plusieurs innovations projetées par le gouvernement en matière militaire. La représentation nationale de ce pays en vint même jusqu'à refuser complètement de voter le budget; mais le gouvernement prussien ne céda pas: il chercha, au contraire, à mettre à exécution, d'une manière ou de l'autre, les améliorations qu'il avait projetées. La Prusse traversa une ère de « conflits », c'est-à-dire de luttes entre la direction du gouvernement et la représentation nationale, jusqu'à ce que la victoire remportée sur l'Autriche réconciliât le gouvernement avec la représentation nationale, qui, jusque-là, lui était hostile. L'élu du peuple français, au contraire, l'empereur Napoléon III, n'osa pas faire ce que Guillaume, roi de Prusse, « par la grâce de Dieu », avait résolu d'entreprendre pour le salut de son peuple et de l'État.

dans cette circonstance, atténue la responsabilité de son gouvernement, en général, et de l'administration militaire, en particulier. Mais, néanmoins, l'administration de l'armée française aurait pu faire aussi beaucoup plus, dans les limites qui lui étaient assignées, en ce qui concerne le nombre total de ses forces combattantes, et elle aurait pu, du moins, commencer par se livrer à un examen plus approfondi de la véritable situation. Cependant, elle ne s'était nullement rendu compte que, pour pouvoir prendre brusquement l'offensive, comme on avait l'intention de le faire au début de la guerre, il fallait, au préalable, que la mobilisation fût aussi rapide que possible, et s'effectuât, toutefois, en même temps, avec ordre, et qu'en outre, le déploiement stratégique de l'armée fût exécuté en temps opportun. En réalité, au moment où les Allemands envahirent le territoire, les corps de troupes français n'avaient pas encore été complétés par des hommes provenant de la réserve, et, dans le cas présent, la responsabilité complète en revient au ministère de la guerre français. Ce dernier n'avait pu renoncer à la centralisation qui écrasait tout, centralisation dont l'influence était telle, qu'il ne fallait pas songer à procéder avec ordre à la mobilisation, car cette opération exige, avant tout, qu'on répartisse le travail, en entrant dans les plus grands détails, et qu'en outre on procède avec la plus grande simplicité, en évitant toutes les mesures compliquées.

Les Français éprouvèrent des inconvénients encore plus grands, provenant de leurs idées sur la nécessité d'une centralisation absolue, lorsqu'ils transportèrent cette centralisation, du domaine de la bureaucratie et des pratiques de l'administration du temps de paix, sur le théâtre de la guerre lui-même. Nous avons vu que cette idée d'une centralisation complète étouffa toute espèce d'initiative de la part des chefs français en sous-ordre, de telle sorte que ces derniers ne surent pas tirer parti des chances de succès les plus favorables qui s'offrirent à eux, et éprouvèrent même des défaites, là où la victoire aurait dû, pour ainsi dire, leur appartenir de droit.

Si nous tenons compte encore de l'irrésolution dont fit preuve le haut commandement des Français, qui se sentait limité, en partie, par l'Empereur, et se trouvait, en partie, sous l'influence des premières défaites, ainsi que de l'infériorité de son organisation militaire, nous trouverons le contraste le plus complet avec tout ce que nous avons constaté du côté des Allemands.

Jetons maintenant un coup d'œil sur l'activité déployée par les chefs français, ou, plus exactement, sur les cas dans lesquels un champ d'action s'offrit à leur activité.

Il résulte de la discussion approfondie à laquelle nous nous sommes déjà livrés, précédemment, que le jour de la bataille de Spicheren, quatre divisions d'infanterie françaises du corps Bazaine se trouvaient à une distance de quelques heures seulement du champ de bataille ; néanmoins, le corps Frossard demeura sans appui et dut supporter seul tout le poids de la lutte. Pour ne pas revenir trop souvent sur le même sujet, rappelons simplement que, parmi les trois commandants de division dont les troupes furent mises en marche pour appuyer Frossard, il n'y en eut pas un seul qui lui procura cet appui, ou même simplement entra en relation avec son corps d'armée. Tous ces commandants de division, de même que la brigade de dragons qui fut envoyée au secours du corps Frossard, opérant, en cette circonstance, d'une manière qui était en contradiction absolue avec les exigences de la situation stratégique, abandonnèrent, pendant la nuit, la direction de marche qui leur avait été assignée (direction qui couvrait les routes menant vers Metz), et, sous prétexte de faire leur jonction avec le général Frossard qui était battu, ou se considérait comme tel, ils faillirent à leur mission, en exécutant une retraite latérale sur Sarreguemines. En agissant ainsi, les chefs français exécutèrent « à la lettre » l'ordre reçu, sans se soucier, le moins du monde, « du sens et de l'importance » qu'il présentait.

Il n'est nullement nécessaire de faire ressortir que les marches et les contremarches sans but exécutées pendant la nuit par les troupes françaises les épuisèrent et leur firent perdre toute confiance dans leurs chefs. On peut tirer, de la manière d'agir de ces derniers, des conclusions très instructives, surtout si on la compare à celle des chefs allemands, et cela non pas seulement dans les cas où ces derniers entrèrent en ligne, en temps opportun, mais encore dans les circonstances où ils surent se tenir sur la réserve, au moment voulu. Sous ce rapport, il y a lieu de se reporter à la manière de procéder des généraux de Goeben et de Zastrow, le 14 août, sous Metz; on sait que ces deux généraux, contrairement aux ordres du général de Steinmetz, qui leur étaient arrivés trop tard (ces ordres prescrivaient au premier d'entre eux de se porter en avant, avec son corps, pour servir de réserve aux fractions de l'armée engagées au combat, et au dernier de quitter le champ de bataille, pour regagner ses bivouacs antérieurs), demeurèrent tous deux sur place, et préservèrent ainsi leurs troupes des fatigues inutiles que leur aurait causées une marche de nuit. Pour être juste, il faut aussi remarquer que le commandant en chef de l'armée, général de Steinmetz, approuva ces résolutions prises par ses deux chefs en sous-ordre, tandis qu'au contraire, le maréchal Bazaine, par exemple, n'avait pas encore pu oublier, treize ans après la guerre, que le général Ladmirault, en sa qualité de commandant du 4e corps, avait osé modifier l'emplacement de bivouac de l'une de ses divisions, sans avoir, au préalable, sollicité, de sa part, l'autorisation nécessaire à cet effet. Il est facile de comprendre combien il devait être difficile aux chefs en sous-ordre d'un homme tel que Bazaine de faire acte d'initiative. D'ailleurs, les autres chefs supérieurs français étaient animés du même esprit.

Le maréchal Mac-Mahon voulait venir exprès de Strasbourg à Wissembourg, pour décider sur place la question de savoir si la division Abel Douay « devait laisser ou non un bataillon à Wis-« sembourg ». Le maréchal n'était pas encore arrivé (sur la hauteur du Pigeonnier), que, déjà, le bataillon dont il s'agissait avait été fait prisonnier par les Bavarois, tandis que le général Douay lui-même était tombé sur le champ de bataille, et se trouvait ainsi débarrassé, une fois pour toutes, de toute espèce de tutelle ultérieure, tutelle qui n'émanait pas seulement du maréchal Mac-Mahon.

On sait qu'en vue d'assurer l'unité de direction des troupes avancées, on avait placé le général Douay sous les ordres du général Ducrot. Cette disposition était, en elle-même, parfaitement judicieuse; en revanche, il y a lieu de s'étonner de l'ordre donné à ce sujet, ordre qui contenait notamment ce qui suit :
« ..... Le général Ducrot, qui connaît la localité de Wissembourg

« et ses environs, désignera, personnellement, les positions que
« doivent occuper les différentes fractions de la division Douay ».
Cet ordre prouve, en premier lieu, qu'on paraissait considérer
comme impossible d'opérer dans un pays que l'on ne connaît pas
personnellement ; il semble, en second lieu, indiquer que le
général Douay n'était pas en mesure de se tirer d'affaire sans le
secours d'autrui.

Quoi qu'il en soit, il suffit de savoir que le général Ducrot
exerça son droit de commandement dans la plus large mesure et
prit, relativement aux troupes du général Douay, des dispositions
qui firent l'objet d'une « instruction » adressée à ce général
(instruction qui fut expédiée, bien entendu, de Reischshoffen) ; il
en résulta que le général Douay n'eut plus qu'à rester sur place
et à attendre l'attaque, à la suite de laquelle il fut battu, sur une
position qu'il n'avait pas choisie lui-même, et à la suite d'une
répartition de ses troupes qui lui était prescrite par son chef
direct (1).

Mais, tandis que le maréchal Mac-Mahon s'occupait de minuties
et tenait ses subordonnés en lisière, il négligeait de remplir ses
obligations personnelles. En poussant en avant le général Douay,
avec sa division, sur Wissembourg, il ne le renseigna même pas
sur le but qu'il avait en vue, en prenant cette mesure. Le maréchal fit preuve d'une insouciance à peu près aussi grande, en
négligeant de se renseigner, comme il convenait, sur la situation,
et en livrant la bataille de Wœrth, bien que, si l'on s'en rapporte
aux indications de Derrécagaix, il eût des raisons tout à fait suffisantes de croire que les Allemands l'attaqueraient avec des
forces très considérables. D'ailleurs, l'irrésolution qu'on peut
constater dans cette manière d'opérer était bien plutôt une conséquence directe de la « passivité », qui s'en tient volontiers à
l'opinion toute faite des autres, simplement dans le but d'échapper
à la nécessité de prendre une décision spontanée, sous sa propre
responsabilité. Ainsi que nous l'avons dit précédemment, le
mémoire que le général Frossard avait composé, peu de temps
avant la guerre, par ordre de l'empereur Napoléon, insistait déjà
sur les positions de Wissembourg et de Wœrth (envisagées au

(1) Voir tome I, pages 192-193.

point de vue d'une défense de la basse Alsace). C'est ainsi, également, que le maréchal Mac-Mahon se laissa battre sur ces deux positions (1).

L'activité que déploya le général de Failly, pendant et après la bataille de Wœrth, présente deux périodes parfaitement distinctes :

Dans la première, où il s'agissait d'appuyer le maréchal Mac-Mahon, le général fit preuve d'une certaine initiative, qui, malheureusement, n'eut pour conséquence que de le décider à rester inactif, ou, du moins, à entrer en ligne d'une manière si hésitante, que son intervention équivalut, en réalité, à une inaction complète.

Dans la deuxième période (après avoir reçu la nouvelle de la défaite de Wœrth), le général de Failly fit preuve d'une activité fébrile et d'une grande mobilité ; mais cette activité équivalut seulement à l'attitude d'un corps mort, qui obéit à la loi d'attraction. C'est à cette force qu'obéit le général lorsqu'il reçut l'ordre de se réunir au maréchal, ordre qu'il ne chercha, d'ailleurs, à mettre à exécution qu'au moment où une révolution complète s'était déjà opérée dans la situation. En effet, du moment que le général de Failly avait négligé de porter secours, en temps opportun, à Mac-Mahon, et que ce dernier, par suite des défaites qu'il avait subies, se trouvait déjà en retraite au delà de Saverne, on avait lieu de croire que le général de Failly se préoccuperait, tout au moins, d'envisager, d'une manière approfondie, la question de savoir s'il ne devait pas employer, de préférence, ses troupes fraîches dans une autre direction, par exemple pour renforcer les corps Frossard et Bazaine (qui, ainsi que le général de Failly en avait été informé par un télégramme du maréchal Le Bœuf, étaient également attaqués par l'ennemi), ou bien s'il devait se replier sur l'armée de Metz.

Mais le général de Failly ne se livra pas à des considérations de cette nature ; il s'attacha, évidemment, à la lettre des ordres qu'il avait reçus, et voulut ainsi, absolument, porter secours aux troupes du maréchal Mac-Mahon. Cependant, le général ne fut

_____

(1) Voir tome I, pages 189-190.

pas même capable de mettre à exécution cette « résolution », sous
sa propre responsabilité, et il convoqua un conseil de guerre. Les
questions qui furent soumises à ce conseil (1) étaient rédigées de
telle sorte, qu'il ne lui restait d'autre parti à prendre qu'à se
décider à faire sa jonction avec les troupes du maréchal Mac-
Mahon, et qu'en même temps, les trains et aussi, « par mégarde »,
une partie des voitures de l'artillerie furent laissés en arrière à
Bitche. C'est ainsi que le général de Failly, qui, en se repliant
dans une autre direction, aurait pu rendre des services à l'ensemble de l'armée, se contenta de signaler son activité, en
prenant part à la retraite de Mac-Mahon. Un ordre réitéré de
l'Empereur, qui parvint au général le 9 et le 10 août, par voie
télégraphique, n'eut pas la puissance de le détourner de sa
retraite, ou, pour parler plus exactement, de sa fuite précipitée.
L'ordre avait pour but de déterminer le général à se porter sur
Nancy, point à partir duquel on comptait pouvoir le faire venir à
Metz ou à Châlons (ainsi que le mentionnait l'ordre).

Il ressort des indications qui figurent dans l'ouvrage du général
de Failly, qu'il pouvait atteindre Nancy, le 11 août, avec le gros de
son corps ; le reste aurait atteint ce point le 12. Le général, en
continuant sa marche dans la direction de Metz, était donc
parfaitement en mesure de devancer l'adversaire au pont très
important de Pont-à-Mousson, sur la Moselle (localité située à
une journée de marche de Nancy et à la même distance de Metz),
ou de battre isolément et de rejeter au delà de la rivière la
19e division prussienne, qui atteignit, dans l'après-midi du
13 août, le point de passage dont nous venons de parler, et
détacha deux bataillons au pont de Dieulouard, sur la Moselle
(localité plus rapprochée de Nancy).

---

(1) Ces questions, d'après l'opuscule du général de Failly (*Opérations et marche
du 5e corps*, etc.) étaient les suivantes :

1° Le corps doit-il accepter une bataille sous les murs de Bitche ?

2° Doit-il se joindre au mouvement de retraite du maréchal Mac-Mahon ?

La proposition contenue dans la première question n'avait, évidemment, pas
la moindre importance ; cela ressort déjà de ce fait, que le but d'une bataille
à Bitche n'était pas même indiqué. Le conseil de guerre décida alors, également,
« après un examen approfondi », que la première question devait être résolue
par la négative.

Les particularités relatives aux opérations du général de Failly sont empruntées à son ouvrage (pages 16-23).

Malheureusement, le maréchal Le Bœuf, dans le deuxième ordre qu'il adressa au général de Failly, avait cru nécessaire d'ajouter qu'il laissait le général libre, au cas où l'adversaire viendrait à le devancer à Nancy, de prendre également une direction de marche plus au sud, de manière à éviter une rencontre avec des forces supérieures en nombre. Quoique le général se trouvât, à ce moment, à Lunéville, localité qui n'est qu'à une journée de marche de Nancy, et sût, d'une manière précise, que l'adversaire ne s'était pas montré dans cette direction, il choisit, cependant, sous prétexte d'inquiétudes qui n'existaient que dans son imagination, la direction du sud, qui était sans danger, car, en opérant autrement, il se serait trouvé dans l'obligation (ainsi qu'il l'avoue lui-même) de prendre une résolution, et « d'endosser « une responsabilité des plus sérieuses ». Nous rencontrons ici *la peur de la responsabilité :* cette peur, jointe à la crainte qu'il avait d'un adversaire qu'il s'imaginait avoir devant lui, presque dans chaque direction, poussa le général à s'éloigner encore davantage.

Tout en cherchant à justifier sa résolution par différentes considérations stratégiques, le général de Failly, dans sa réponse au maréchal Le Bœuf, fit ressortir qu'il ne « dirigeait » sa marche par Charmes (au sud-ouest de Lunéville) que « pour pouvoir atteindre, « à partir de ce point, par Vézelize, la place de Toul » (à une journée de marche à l'ouest de Nancy, sur la route de Châlons et Paris). Après avoir indiqué qu'il avait l'intention de rassembler son corps d'armée à Toul, de Failly envisageait tous les « cas » possibles : il voulait occuper la vallée de la Moselle, couvrir la route de Châlons et de Paris, se porter sur Nancy, pour repousser l'ennemi de ce point, marcher sur Metz, etc. En adoptant même le cas le plus favorable, on ne peut attribuer aux projets du général que le caractère de « pieux désirs » (comme on dit en Allemagne). Mais, en réalité, l'auteur de ces projets pouvait prendre difficilement lui-même au sérieux tout ce qu'il disait dans cette lettre.

De ce qui vient d'être dit, il ressort le fait suivant, c'est que le général de Failly, qui, à Lunéville (à une journée de marche de Nancy et de Toul), était encore hanté par la crainte d'être surpris par des forces ennemies supérieures en nombre, s'engageait, tout à coup, à gagner Toul, en faisant un détour par

Charmes, opération qui ne nécessitait pas moins de quatre jours de marche. La preuve que le général n'a pas du tout songé à tenir sa promesse nous est fournie également par la circonstance suivante : Lorsque l'Empereur, le 12 août, insista sur l'exécution réelle des projets indiqués par le général de Failly, c'est-à-dire au sujet de la marche sur Toul, il apparut clairement que les troupes de ce dernier se trouvaient au sud des colonnes de Mac-Mahon (et non, ainsi qu'on devait s'y attendre, au nord), de telle sorte que, pour atteindre Toul, ces troupes auraient été obligées de croiser les colonnes de marche de l'autre corps.

Si nous nous sommes arrêtés si longtemps sur les opérations et sur les vues du général de Failly, c'est parce qu'elles nous fournissent un spécimen, extraordinairement caractéristique, de la manière de penser et des vues de presque tous les chefs français qui jouèrent un rôle à cette époque. Elles dénotent une grande incertitude dans la manière de remplir les devoirs qui leur incombaient et un manque d'intelligence pour apprécier, comme il convenait, la situation générale ; il en résultait qu'ils avaient peur d'endosser une responsabilité, et, par suite, également, d'en venir à une rencontre avec l'adversaire.

Il est très instructif d'opposer à la manière d'opérer du général de Failly celle du général commandant le X⁰ corps prussien. Au moment même où le premier de ces généraux, par suite de la crainte qu'il avait d'un ennemi imaginaire, s'éloignait de Nancy, et contrevenait ainsi au sens de l'ordre qui lui avait été donné, le général de Voigts-Rhetz devançait déjà les ordres venus d'en haut, en poussant en avant sur la Moselle, le 12 août, grâce à une marche forcée, une division d'infanterie, qui occupa, dès le 13, les points de passage importants de Pont-à-Mousson et de Dieulouard.

————————

Nous avons exposé, précédemment, en détail, comment toute la période du commandement de l'armée du Rhin par l'empereur Napoléon III fut caractérisée par une série continue de subterfuges, qui avaient pour but de lui attribuer, personnellement, les succès que l'armée pouvait remporter, et, en revanche, de pouvoir rejeter les insuccès sur un autre, notamment sur le maréchal Bazaine. Ce dernier est tiraillé constamment dans un sens ou dans l'autre, appelé à remplir tantôt un rôle, tantôt l'autre, et reçoit toujours de nouvelles destinations et de nouvelles désignations. Mais, en réalité, jusqu'à l'instant où l'Empereur quitte l'armée, c'est-à-dire jusqu'au moment où la canonnade de Mars-la-Tour commence à se faire entendre, Bazaine n'a aucune liberté, soit pour ordonner, soit pour agir (1).

Il est complètement inutile de répéter ce que nous avons dit, précédemment, au sujet de cette question (2). Rappelons simplement que, tant que l'Empereur commanda, en personne, l'armée du Rhin, il disposa, presque nominalement, des divisions isolées, et continua même, plus tard, à donner directement des ordres aux chefs placés sous le commandement du maréchal Bazaine. Les choses en étaient arrivées, dans l'armée française, à un point tel, que personne ne savait plus à qui on devait obéir, ni quels ordres on pouvait donner soi-même. Même après que le commandement de l'armée du Rhin eut été transmis au maréchal Bazaine, l'Empereur continua à tenir ses généraux en tutelle, en exigeant que le maréchal ramenât l'armée au delà de la Moselle, tandis que ce dernier (c'est, du moins, ce qu'il affirme) avait l'intention d'attaquer l'adversaire. La nomination d'un chef d'état-major qui ne convenait pas au maréchal était, elle-même, au fond, une nouvelle preuve de ce système, qu'on appliquait « au commandant « en chef » de l'armée du Rhin.

Si le maréchal Bazaine était resté abandonné à lui-même, il aurait, peut-être, pu remporter, au moins, un succès tactique en avant de Metz (l'attaque des généraux de Manteuffel et von der Goltz lui fournissait, le 14 août, une occasion remarquable à cet effet). Mais, comme le maréchal vit sa liberté d'action paralysée par l'Empereur, il négligea, d'une part, de punir l'adversaire de sa témérité, tandis que, d'autre part, sa retraite au delà de la

---

(1) Depuis le commencement de la mobilisation jusqu'à l'arrivée du maréchal Le Bœuf, c'est-à-dire jusqu'au 26 juillet, tous les corps de l'armée du Rhin étaient placés, nominalement, sous les ordres du maréchal Bazaine. Le 30, il reçut le commandement des troupes qui devaient prendre part au combat de reconnaissance de Sarrebruck, en date du 2 août, combat qui mit fin à l'offensive projetée au delà de la Sarre. Le 5 août, le 2ᵉ et le 4ᵉ corps furent placés sous les ordres du maréchal ; le 9, il fut nommé commandant en chef des 2ᵉ, 3ᵉ et 4ᵉ corps ; et, enfin, le 12, il reçut sa nomination de commandant en chef de l'armée du Rhin, c'est-à-dire de toutes les troupes françaises qui se trouvaient en campagne.

(2) Voir tome I, pages 65-76 et 362-376.

Moselle subit un retard (en réalité par la faute de l'état-major qui lui avait été imposé).

La bataille du 14 nous fournit encore un exemple de l'application inexacte du principe « de la marche au canon ». Dès les débuts de l'attaque des Prussiens, le passage de l'armée française au delà de la Moselle se trouvait déjà en plein cours d'exécution. Deux divisions d'infanterie du 4e corps avaient également déjà passé la rivière ; c'est alors qu'en raison du combat qui venait de s'engager, le commandant du 4e corps suspendit l'opération commencée, ramena ses deux divisions au delà de la Moselle, et les dirigea contre l'ennemi. Nous avons déjà fait suffisamment ressortir, en un autre endroit de cette étude, qu'une fois le passage commencé, tout retard devait être préjudiciable aux Français. Nous voyons donc, dans la manière d'opérer du commandant du 4e corps, une application défectueuse du principe de l'initiative, ou, plus exactement (parce que les chefs français n'étaient pas du tout familiarisés avec ce principe), de la règle qui prescrit de marcher au canon.

Le fait d'avoir réussi à obliger deux divisions françaises à revenir sur leurs pas constitue l'un des avantages les plus palpables que les Prussiens aient obtenus, grâce à leur attaque hardie, le 14 août. Épuisées par les marches et les contremarches inutiles qu'elles avaient exécutées et par une nuit passée sans nourriture et sans feu, les troupes du 4e corps français ne firent, également, le 15, que très peu de chemin en avant, de telle sorte qu'elles avaient encore à exécuter, le 16, une marche assez considérable, avant de pouvoir prendre part à la bataille. Cette circonstance fut invoquée, par la suite, pour excuser l'attitude peu énergique du 4e corps dans la bataille de Mars-la-Tour, — bataille qui aurait pu être transformée, facilement, par ce dernier corps, en une victoire des plus décisives pour les Français, ainsi que nous l'avons, précédemment, exposé en détail.

Les généraux Forton et Frossard, qui, la veille de la bataille, se trouvaient sur la rive gauche de la Moselle, n'avaient pas pu se renseigner suffisamment sur la situation du côté de l'adversaire. Le premier de ces généraux non seulement négligea, le 16, de protéger le corps Frossard contre des attaques par surprise, mais laissa même l'adversaire faire feu sur les bivouacs de l'infanterie française, sans avoir, auparavant, annoncé l'approche de l'ennemi.

C'est ainsi que, d'une part, les chefs allemands en sous-ordre, grâce au jugement indépendant qu'ils possédaient, et à l'habitude qu'ils avaient d'agir après avoir réfléchi, développaient et complétaient les dispositions du commandement suprême, les devançaient souvent, et même réparaient les fautes qu'il avait commises, tandis qu'au contraire, les chefs français en sous-ordre, partout où la liberté leur en fut laissée par le haut commandement, agirent, d'une manière préjudiciable à l'intérêt commun, les uns par suite de leur inaction, les autres par suite de leur intervention.

Nous trouvons, notamment, dans la bataille de Gravelotte, un exemple très clair, qui caractérise les vues, tout à fait opposées, qui dominaient dans les deux armées ennemies. D'une part, nous voyons, en particulier, le maréchal Bazaine faire, au maréchal Canrobert, treize ans encore après l'événement, un reproche d'avoir occupé le point avancé de Sainte-Marie (soit dit en passant, avec juste raison), et, le jour de la bataille, au moment où il détachait le général Bourbaki pour appuyer l'aile droite, nous voyons le même Bazaine paralyser l'activité de ce dernier, en lui imposant l'obligation « de se mettre en relation avec les « généraux Ladmirault et Canrobert » ; d'autre part, le prince Frédéric-Charles envoie aux corps qui formaient la réserve de son armée, le IIe et le Xe, simplement l'ordre « de se porter en avant « en s'en rapportant à leur propre coup d'œil ».

Abstraction faite des circonstances isolées que nous avons déjà rapportées, il ne faut pas oublier que le commandant en chef de l'armée française, maréchal Bazaine, ne se rendit pas parfaitement compte de la situation stratégique réelle au milieu de laquelle se déroulèrent les rencontres qui se produisirent autour de Metz ; au lieu de déployer la plus extrême énergie, le maréchal fit preuve d'une attitude inerte et irrésolue. Le 16 août, à Mars-la-Tour, il ne sut pas reconnaître qu'il pouvait battre absolument l'adversaire. Au lieu d'attaquer, avec la plus grande énergie, les troupes allemandes qui lui barraient le chemin, — ce qui était le seul moyen d'amener la retraite ultérieure de l'armée française derrière la Meuse, — il observa une attitude purement défensive.

Bazaine s'en tint, également, à une défensive tout aussi passive, le jour de la bataille de Gravelotte (Saint-Privat), où, d'avance, déjà avant le commencement de la bataille, il s'était fait à l'idée de céder le terrain à l'adversaire. Par suite des craintes qu'il avait conçues pour son aile gauche, qui se trouvait, en réalité, complètement à l'abri du danger, il négligea de renforcer, en temps opportun, l'aile droite, qui menaçait d'être enveloppée, et laissa ainsi échapper l'occasion (qui, tout au moins, s'offrait à lui, dans cette journée) de repousser toutes les attaques de l'adversaire.

· Les mêmes traits caractéristiques négatifs se retrouvèrent, également, par la suite, dans le commandement de Bazaine, pendant la période où il fut investi dans Metz, aussi bien dans ses tentatives de percée, en général, que pendant la bataille de Noisseville, en particulier, et cela abstraction faite, complètement, des fautes grossières qu'il commit; — parmi ces fautes, il faut citer, notamment, le désordre qui se produisit au moment du passage de la Moselle, qui précéda la bataille, et la répartition inexacte de ses forces dans cette bataille. L'irrésolution qui régnait en haut lieu se transmit, également, ici, aux chefs en sous-ordre. Il ressort, en effet, du cours de la bataille, que les troupes de l'aile droite française battirent en retraite, dès qu'elles virent entrer en ligne quatre bataillons prussiens, sous le général de Woyna, bataillons qui n'avaient, cependant, à proprement parler, qu'un rôle démonstratif; on sait que ces bataillons furent envoyés au secours de leurs camarades, grâce à la résolution spontanée prise par le général de Pritzelwitz; en revanche, ce dernier général, bien qu'il eût l'ennemi en avant de lui, ne recula pas, cependant, devant l'idée de défendre, avec une seule brigade, son poste important de Laquenexy. Il comprit parfaitement qu'il ne pourrait sauver les magasins de Rémilly, dont il était chargé d'assurer la protection, si le gros des troupes allemandes venait à essuyer une défaite, et que, par conséquent, la meilleure manière de protéger ces magasins consistait à renforcer les fractions de troupes qui se trouvaient les plus rapprochées de lui, et à leur permettre ainsi de passer, elles-mêmes, à l'attaque. Il est impossible de constater, du côté des Français, une entrée en ligne de cette nature, c'est-à-dire basée sur des conclusions logiques.

Ainsi que nous l'avons vu, lors de la discussion de la bataille de Noisseville, au moment où les fractions du 2ᵉ corps qui avaient été portées en avant, vers l'aile droite de la ligne de bataille française, se mirent définitivement en retraite (entraînant à leur suite la retraite générale de l'armée), le général commandant ce corps, général Frossard, se trouvait, avec sa réserve encore forte, en arrière de la ligne de bataille, sans s'être mis au courant de la situation du combat, de telle sorte qu'il fut même obligé de demander à des officiers d'un autre corps, qui passaient à cheval à sa portée, pour quels motifs le 2e corps battait en retraite. Il ne faut pas non plus oublier qu'à une faible distance de ce point se trouvait, encore, complètement inoccupée en réalité la division d'infanterie Castagny, qui avait pour mission de couvrir le flanc droit de la ligne de bataille française. Mais les chefs français, qui se trouvaient opposés au général de Pritzelwitz, n'avaient pas, à beaucoup près, la même valeur que leur adversaire. D'une part, le général Frossard ne se soucie pas (peut-être sous prétexte qu'il était placé sous les ordres du maréchal Le Bœuf) de la ligne de combat avancée de ses troupes, et admet qu'elles battent en retraite, au lieu d'engager au combat les forces fraîches de son corps, dont l'effectif était encore assez considérable. D'autre part, le général Castagny ne paraît pas se rendre compte qu'il a le devoir de penser et d'agir sous sa propre responsabilité ; il ne comprend pas, évidemment, que si, en portant secours aux siens (comme le fit le général de Pritzelwitz) il contribue à la victoire finale, il satisfait, en même temps, à toutes les exigences que lui impose sa mission spéciale, entièrement subordonnée à ce but capital à atteindre. Cependant, avant de condamner les chefs français, il y a lieu, au préalable, de se demander si ces derniers, soumis à l'étreinte de la centralisation de Bazaine, pouvaient, en réalité, agir autrement.

Pour arriver à résoudre cette question, et pour prouver jusqu'à quel point le système de centralisation, ou — ce qui, au point de vue de la pratique, — revient absolument au même, l'habitude de renoncer complètement à toute activité, dès que l'impulsion d'en haut vient à manquer, avait pénétré dans la chair et dans le sang de l'armée française, il suffit d'insister, encore une fois, sur les particularités suivantes, empruntées à la bataille de Noisseville.

Le commandant des troupes du génie du 3e corps français, qui avait le grade de général de division, se refusa, ainsi que nous l'avons déjà dit (1), à détacher une compagnie du génie à Noisse-

(1) Voir page 184.

ville, où sa présence était impérieusement nécessaire, pour organiser défensivement ce village, qui venait d'être enlevé à l'adversaire, et cela sous prétexte « qu'il ne pouvait pas disposer de la
« compagnie, sans le consentement du maréchal Le Bœuf », qui,
à ce moment déjà, s'était livré au repos. C'est en invoquant une
raison de cette nature, que le commandant d'un groupe d'artillerie
rejeta la demande que lui avait adressée un de ses chefs de batterie, en vue d'être autorisé à ramener des pièces prussiennes
abandonnées à Servigny (1), et cela sous prétexte que son chef
direct ne se trouvait pas sur les lieux. Faut-il encore, notamment,
opposer à l'activité, ou, pour parler plus exactement, à l'inaction
de ces chefs français, la conduite des chefs de colonnes de munitions de la garde prussienne, par exemple (conduite que nous
connaissons, grâce au prince de Hohenlohe). On sait que ces chefs
de colonnes, sans avoir reçu aucun ordre, sans avoir reçu une
impulsion quelconque venant d'en haut, en dépit de toutes les
difficultés et de tous les obstacles possibles, surent toujours se
présenter en temps opportun et au point voulu (2).

Nous avons déjà suffisamment discuté la campagne de Sedan,
qui eut une issue si malheureuse pour les Français. On y découvre
le rare mélange de deux éléments opposés : d'une part, en ce qui
concerne la conception du plan d'opération, une hardiesse qui
confine presque à la témérité, et, d'autre part, dans l'exécution,
une prudence extrême, qui dégénère, par le fait, en une passivité
complète.

Le prélude de la catastrophe de Sedan, c'est-à-dire la défaite
du 5° corps français, qui fut attaqué, tout à fait à l'improviste, à
Beaumont, fait ressortir une apathie presque générale et un
manque complet de préparation dans ce corps d'armée, ainsi que
la culpabilité complète de tous les chefs en cette occasion.

Sans doute, on pouvait admettre que si le chef supérieur n'avait
pas pu, ou n'avait pas su prendre, en temps opportun, les mesures de sécurité nécessaires, les chefs en sous-ordre auraient dû
pourvoir à cette lacune, à sa place, chacun pour la fraction de

---

(1) Voir l'annotation (1), page 181.
(2) Voir pages 97-99.

troupes qu'il commandait ; mais, si les Allemands avaient l'habitude de procéder ainsi, il n'en était pas de même chez les Français. Les chefs en sous-ordre allemands avaient le droit, et, par
suite, également, *le devoir*, de prendre, en toute initiative, leurs
dispositions, en s'en rapportant à leurs meilleures inspirations ;
mais des droits de cette nature n'étaient pas accordés aux chefs
en sous-ordre français, et c'est pourquoi il ne pouvait être nullement question, pour eux, d'une « obligation quelconque », à ce
point de vue. Cette obligation ne pouvait se concevoir dans une
armée où personne n'osait agir, sans avoir reçu, au préalable,
un ordre, une autorisation, ou une impulsion analogue, venant
d'en haut.

La catastrophe de Sedan fait ressortir tous les traits fondamen-
taux caractéristiques, et, il faut ajouter, négatifs, du commandement des Français. En ce qui concerne le commandant en chef de
l'armée, maréchal Mac-Mahon, nous trouvons, il est vrai, avant
la bataille, certains projets d'attaque indéterminés, et même,
ainsi qu'il résulte d'une communication verbale du maréchal, tout
à fait vagues, ou, pour mieux dire, chimériques, projets qui sont
basés sur des considérations « stratégiques » encore plus con-
fuses ; mais, lorsqu'il s'agit de passer à l'action, on ne rencontre
qu'une passivité, qui dégénère en une inaction typique.

Il faut remarquer que les quartiers généraux des deux armées
ennemies n'ont pris aucune disposition générale pour le jour de la
bataille de Sedan. Mais ces circonstances, qui, extérieurement,
paraissent être les mêmes, résultent de causes tout à fait différentes, et même tout simplement opposées. Le maréchal français
ne donna aucun ordre, parce qu'il n'était pas fixé, lui-même, sur
la situation, et qu'il n'avait pris aucune résolution précise. Le généralissime allemand, au contraire, s'était assigné un but bien net, et
savait que ce but avait été, également, bien saisi par les commandants en chef des armées allemandes. Le maréchal Mac-Mahon
perdit toute confiance, parce qu'il ne savait pas où et comment il
devait résoudre la question qui se dressait devant lui, tandis que
le commandement suprême de l'armée allemande attendit tranquillement les résultats du fonctionnement de la machine qu'il avait
mise en mouvement, en temps opportun, et dont il avait organisé et réglé les rouages avec un art parfait, machine qui, sem-
blable au mouvement perpétuel « perpetuum mobile », impossible

à réaliser (dans le monde de la mécanique), trouve continuelle-
ment, dans son propre travail, la force de traction qui lui est
nécessaire. *Cette force de traction continue était l'aptitude des
chefs en sous-ordre allemands à prendre spontanément leurs dispositions.* Le commandement suprême de l'armée allemande crut
à l'efficacité de cette force, et mit complètement sa confiance en
elle, tandis que le maréchal Mac-Mahon ne se servit de l'unique
éclair, qui caractérisa sa volonté, le jour de Sedan, que pour
interdire au général Ducrot d'occuper, en temps opportun, et de
couvrir Illy, qui constituait la clef de la position française. Il n'est
donc pas étonnant que le général Douay, soumis à l'influence de
cet esprit exclusif de centralisation qui régnait en haut lieu, n'ait
pas pu, quand même il l'aurait voulu, occuper, en temps opportun, le passage de la Meuse à Donchery, et préserver ainsi l'armée
française d'un investissement complet à Sedan.

Le résultat final qui se dégage des deux derniers chapitres de
cette étude, et les conclusions définitives à tirer d'un parallèle
entre l'organisation et le fonctionnement du commandement, tel
qu'il était compris dans les deux armées ennemies, envisagés au
point de vue de l'ensemble, peuvent se résumer ainsi qu'il suit :

Du côté des Allemands, le mécanisme formidable, que représente la direction d'une armée moderne, fut mis en mouvement
uniquement par l'esprit et la volonté du chef suprême ; cette
volonté, laissant de côté toutes les considérations accessoires et
les restrictions de toutes sortes, était dirigée, pleinement et
complètement, vers le but, purement militaire, qu'il s'agissait
d'atteindre.

Du côté des Français, au contraire, les considérations militaires
furent subordonnées aux convenances de la politique intérieure,
mesquinement dynastique, des Bonaparte.

Dans l'armée allemande, les projets et les résolutions du commandement suprême ne furent pas seulement mis, simplement,
à exécution par les chefs en sous-ordre, ils furent encore développés et complétés par ces derniers : dans cette armée, il se
manifesta une activité qui, parfois, produisit des résultats favorables, auxquels les Allemands étaient tout à fait loin de s'attendre. Les chefs en sous-ordre surent, également, réparer les

fautes qui furent assez souvent commises par le haut commandement, fautes qui, d'ailleurs, étaient plus ou moins inévitables.

Dans l'armée française il régnait une centralisation élevée à la
hauteur d'un système, centralisation qui écrasait tout et cherchait
à réserver au haut commandement le droit de prendre, partout
et toujours, toutes les dispositions nécessaires. Il en résulta que
souvent ce dernier ne prit pas ces mesures, en temps opportun, et
laissa alors, d'une part, sans instructions les chefs en sous-ordre,
tandis que, d'autre part, il refusait de leur attribuer le droit de
prendre l'initiative. Mais, du moment qu'on déniait absolument
aux chefs en sous-ordre le droit de faire, intelligemment, acte
d'initiative, en vue de l'intérêt général, on était mal fondé, en se
plaçant simplement au point de vue du droit général humain, à
venir leur reprocher les fautes et les erreurs qu'ils avaient pu
commettre. Il faut avouer, d'ailleurs, que les chefs français en
sous-ordre ont presque toujours fait un usage utile de ce droit,
quand, par suite du cours naturel des choses, ils se sont vus placés
dans une situation telle, qu'ils se trouvaient sans aucun ordre
ferme en vue d'un cas donné.

Il résulte, en fin de compte, des considérations ci-dessus, que,
du côté des Allemands, l'activité des chefs en sous-ordre joua le
rôle d'un « multiplicateur », qui, si je puis m'exprimer ainsi,
augmenta la force de traction du haut commandement, et qu'au
contraire l'activité, ou, plutôt, l'inaction des chefs français joua
le rôle d'un « diviseur », qui affaiblit les efforts, d'ailleurs insignifiants, que fit leur commandement suprême.

ÉPILOGUE

Seule, la guerre apprend la guerre; cependant,
il n'est pas absolument nécessaire, à cet effet, d'y
prendre part personnellement. On peut, au contraire, se rendre compte de l'essence la plus intime
de la guerre, en l'étudiant, avec une réflexion
des plus sérieuses, à l'aide des livres et des plans.
Même celui qui prend part à la guerre n'apprend
à la « connaître » que si, en même temps, « il
« en fait l'objet de ses méditations ». Quant à
l'étincelle que, seul, le vrai chef d'armée reçoit
du « créateur », et que la science est impuissante
à lui donner, le général en chef ne l'acquiert pas
non plus à la guerre : car la guerre ne fait que
mettre en relief les qualités qu'il possède et qui
lui sont déjà inhérentes.

D'après WILISEN.

Mon travail est terminé.

J'ai essayé de remplir la tâche que je m'étais assignée, en prenant pour base les ouvrages que j'avais à ma disposition et en
ayant recours à mes propres réflexions.

Sans me soucier des opinions et des vues généralement admises, j'ai suivi le chemin direct que je m'étais tracé, en essayant
d'aller au fond des choses et d'établir les faits, tels qu'ils sont en
réalité.

J'ose espérer que j'ai réussi à mettre en lumière, complètement
et clairement, bien des points de détail que les écrivains militaires allemands n'ont pas voulu, précisément, faire ressortir, et
que d'autres, également, ont laissés encore en dehors de toute
discussion.

Cherchant uniquement à découvrir la vérité, et ne courant pas
après les nouveautés, je ne crois pas avoir fait preuve d'une pré-
dilection spéciale, exagérée, en faveur du principe de « l'initia-
« tive ». Mais je ne pouvais pas, pourtant, négliger d'attirer
l'attention sur ce principe et d'en faire ressortir l'importance, car

il a pénétré tout le système de commandement d'une armée, qui, en très peu de temps, a remporté des succès surprenants.

En établissant les faits, je n'ai pas cherché à les adapter à mes idées, en vue d'obtenir les éléments et la base nécessaires pour en déduire une morale quelconque, soi-disant scientifique. La guerre poursuit et accomplit son cours dans un monde entièrement réel ; c'est pourquoi, également, la science de la guerre, ou l'histoire militaire, en tant qu'elle poursuit des buts scientifiques, n'a pas le droit de s'écarter de la vérité absolue. En agissant autrement, la science de la guerre entre dans le domaine du roman, et produit déjà, pour ce motif, des résultats nuisibles, parce qu'en s'efforçant, avec zèle, de mettre en lumière quelques vérités (principes) scientifiques, elle en laisse, inévitablement, dans l'ombre d'autres qui se trouvent, précisément, confirmées par les faits réels, et non dénaturés « dans une intention bien- « veillante. »

Dans le principe de l'initiative nous voyons simplement la cause première, immédiate, des succès militaires remportés par les Allemands ; mais, au nombre des causes fondamentales des victoires qu'ils remportèrent dans la guerre contre les Français, nous devons mettre les suivantes : leur politique habile, la direction intelligente de leur armée pendant la guerre, et, ce qui est le point capital, l'organisation supérieure de cette armée.

Il y a lieu de se poser la question suivante : quelle est l'origine de cette organisation militaire ? Comment a-t-elle fait brusquement son apparition aux yeux du monde étonné, pour faire ses preuves au milieu des coups de tonnerre de la campagne contre l'Autriche et contre la France ? A vrai dire, ces résultats ne sont pas dus directement à l'expérience militaire de la Prusse, qui est de date toute récente.

La Prusse était l'unique puissance européenne qui, dans le cours d'un demi-siècle, depuis l'époque du grand Napoléon, n'avait entrepris aucune guerre, car on ne peut donner ce nom aux opérations militaires insignifiantes qu'elle engagea contre les insurgés, dans les années 1848 et 1849.

Le premier adversaire de la Prusse, — l'Autriche, — envisageait avec orgueil deux campagnes qui, à l'époque la plus récente, en 1848 et en 1849, avaient été couronnées par le succès en Italie. Elle avait, de plus, fait la guerre en Hongrie, et, enfin, entrepris encore une campagne en Italie, dans l'année 1859, contre la Sardaigne et la France. Les avantages que procure l'expérience de la guerre se trouvaient donc, complètement, du côté de l'Autriche. Cependant, les faits prouvèrent que la Prusse, « malgré son inexpérience », avait devancé, en tout, cette puissance, qui avait été, jusque-là, sa rivale. Ce phénomène se reproduisit également, ainsi que nous l'avons vu, en 1870, dans la guerre de la Prusse contre la France, bien que cette dernière puissance se fût beaucoup perfectionnée « à l'école de ses cam- « pagnes d'Afrique », en faisant les guerres de Crimée et d'Italie, et, enfin, grâce à une série d'entreprises d'outre-mer, de plus ou moins grande importance, particulièrement grâce à la dernière campagne du Mexique.

Ces considérations nous amènent à nous demander comment la Prusse de nos jours a pu, à proprement parler, suppléer à l'expérience de la guerre, qui lui faisait défaut, et où elle a puisé l'esprit pratique qui lui a permis de devancer ses anciens rivaux.

La source à laquelle la Prusse, et, avec elle, toute l'Allemagne, puisa, fut, tout simplement, — la science. Prenant comme base les grands enseignements de Napoléon, qu'ils méditèrent d'une manière approfondie et complétèrent par une observation vigilante des événements de guerre ultérieurs, les Allemands avaient reçu, de la main heureuse de l'homme de génie qu'était Clausewitz, une science de la guerre entièrement nouvelle ; ils l'avaient développée ultérieurement, et l'avaient mise en pratique, en restant dans les limites que leur imposait le service du temps de paix.

A un moment où d'autres États, en dépit des expériences qu'ils avaient faites à la guerre, ne surent produire que des empiriques, tels que Bazaine et Mac-Mahon, ou consolider la réputation éphémère d'un Benedeck, l'Allemagne sut se créer, par sa science, tout un corps d'hommes éclairés, et ne craignit pas, en leur conférant le droit « d'initiative », de leur donner toute liberté pour agir. C'est sur cette science que l'Allemagne, ou, plus exactement, la Prusse édifia, également, toute son organisation militaire.

De nombreux imitateurs et admirateurs des Prussiens, qui sont prêts à leur emprunter, sans réflexion, tantôt une chose, tantôt l'autre, ne reconnaissent, cependant, pas tous, à beaucoup près, la raison positive qui a assuré la prééminence à leur idéal, et quelques-uns d'entre eux vont même jusqu'à dénier à cette puissance toute espèce de science militaire. Cependant, c'est précisément grâce à cette science, et uniquement grâce à elle, que se développa, dans l'espace d'une période de paix d'un demi-siècle, l'organisation militaire unique, gigantesque, qui procura à la Prusse sa nombreuse armée, créée en vue de la guerre; c'est uniquement grâce à la science militaire allemande que cette armée apparut, tout à coup, pleine de vigueur, avec un armement formidable : telle Pallas, sortant victorieuse de la tête de Jupiter tonnant.

CHAPITRE X

RÉSUMÉ ET CONCLUSIONS

Le général russe de Woyde, qui a, dans le présent ouvrage, analysé, de main de maître, les causes essentielles des succès et des revers dans la guerre de 1870, paraît avoir eu surtout en vue de faire ressortir l'importance prépondérante que présente l'initiative des chefs en sous-ordre à la guerre.

Il a même publié une petite brochure qui porte ce titre, et a été traduite en français par le commandant Richert, professeur d'allemand à l'École supérieure de guerre (1).

C'est cette dernière étude qui m'a donné l'idée d'entreprendre la traduction, d'après la version allemande, de son remarquable ouvrage sur la guerre de 1870. Je vais donner ci-dessous un résumé (2) de cette brochure, qui pourra servir de conclusion au travail que j'ai entrepris.

I. — Comment il faut interpréter le principe de l'initiative.

Après avoir envisagé le principe de l'initiative dans le présent et le passé, le général de Woyde se demande comment il faut interpréter ce principe.

On peut, dit-il, poser en fait que, dans la guerre moderne, il est nécessaire de faire descendre le principe de l'initiative à la guerre des hautes régions de la science, c'est-à-dire de la théorie, pour entrer dans la pratique journalière de toute armée bien

---

(1) *De l'initiative des chefs en sous-ordre à la guerre*, par le général russe de Woyde. (Beaudoin, Chapelot et Cᵒ, successeurs, 1895.)

(2) Ce résumé, que j'ai soumis à l'approbation de M. le général de Woyde, a été reconnu par lui comme étant « conforme à son étude de l'initiative ». — Voir lettre du 1ᵉʳ août 1898 en tête de la préface du tome I. (*Annotation du traducteur français.*)

instruite. En un mot, ce principe doit recevoir, pour ainsi dire, une sanction officielle, comme dans l'armée allemande, qui a admis que, pour être obligatoire, il devait être réglementé. Une fois admis, il devient, pour les subordonnés, un devoir professionnel, tandis que, jadis, il était seulement considéré comme la caractéristique de capacités exceptionnelles, ou le fait d'une heureuse inspiration isolée. L'initiative, dont notre art militaire a investi les subordonnés, n'est pas uniquement pour eux un droit. Elle n'est point un privilège, encore moins la prérogative du laisser-faire, mais tout simplement un grave devoir entraînant les plus lourdes responsabilités. Ce devoir est au-dessus des forces de tous ceux qui sont cependant prêts à agir par ordre pour le compte d'autrui, mais sans vouloir endosser de responsabilité.

L'initiative audacieuse, exercée en vue de l'intérêt général, constitue donc aujourd'hui un devoir bien défini pour tout subordonné qui agit hors du rayon d'action de son supérieur. Le temps où le subordonné pouvait, à la guerre, se retrancher exclusivement derrière son obéissance absolue ne reviendra plus jamais. Cette conviction fait de jour en jour plus de progrès, mais il s'en faut, de beaucoup, qu'elle soit universellement répandue. Si les uns ont poussé de l'avant, pour emboîter le pas à l'art de la guerre moderne, les autres, sans toutefois renier ce principe, n'ont pas encore su l'interpréter convenablement. Cela a été le cas de l'armée française en 1870, et elle l'a payé cher, tandis que l'initiative, interprétée judicieusement dans l'armée allemande, lui a assuré la victoire, même dans des circonstances où les chances étaient incontestablement du côté des Français.

Ma conviction est surtout basée sur cette particularité que, chez les Allemands, le principe de l'initiative était reconnu par tout le monde. C'est pourquoi leurs chefs avaient toujours l'œil ouvert et agissaient essentiellement en vue de l'intérêt général, ce qui, certainement, n'aurait pas eu lieu si l'application de ce principe n'avait pas été obligatoire, si l'on avait laissé, pour ainsi dire, au gré de chacun le soin de montrer de l'initiative ou non. En effet, tous les chefs n'interprètent pas le principe de l'initiative de la même façon, et ceux-là mêmes qui le comprennent ne se résoudront point à l'appliquer, s'il n'est pas sanctionné officiellement. Mais le mécanisme gigantesque d'une armée moderne ne pourra fonctionner avec succès qu'à condition que tous les chefs soient imbus de l'esprit de sacrifice et mettent en œuvre tout leur savoir, tout leur pouvoir. Des différences dans la façon de penser et de sentir entraînent des modes d'action différents ; c'est là un grave inconvénient, qui se répercute ensuite sur tout le fonctionnement du mécanisme compliqué d'une grande armée.

Toute armée bien organisée doit être, en général, régie par des principes consacrés officiellement, ayant un caractère obligatoire. Or, si l'initiative est déclarée indispensable à la guerre, il ne reste plus qu'à savoir comment il faut la pratiquer, et à fixer les limites dans lesquelles elle doit s'exercer.

II. — Caractères essentiels de l'initiative.

L'initiative est souvent confondue avec la manie d'attaquer à tout bout de champ, sans tenir compte des circonstances, ou avec la marche au canon, érigée en principe, bien qu'il n'y ait aucun rapport entre la véritable initiative et de pareils actes arbitraires. Cette erreur s'explique, en partie, par ce fait, que, dans leurs dernières guerres, les Allemands, ou plutôt les Prussiens, qui ont admis officiellement le principe de l'initiative, ont presque toujours pris l'offensive, au point de vue tactique comme au point de vue stratégique. Leurs troupes cherchaient l'ennemi et prenaient l'offensive en toute occasion. Cependant, ce n'est pas en cela que consistait l'initiative de leurs chefs. Selon le mot très juste d'un écrivain militaire, toute attaque spontanée n'est pas toujours due à l'initiative, mais, parfois, au contraire, à certaines tendances diamétralement opposées, comme la passivité et l'irrésolution. C'est ainsi que le commandant d'une avant-garde en marche peut, presque inconsciemment, en obéissant à la force d'inertie, s'engager dans une attaque absolument inutile, ou même insensée, qu'on est en droit d'attribuer, chez lui, à l'absence complète de la faculté de raisonner en temps opportun, et de se décider librement en connaissance de cause.

La véritable initiative n'a pas toujours le caractère du mouvement à outrance ; il se peut même qu'elle prenne la forme de l'inaction, mais de l'inaction consciente.

Il suffit, pour s'en convaincre, de se reporter à la bataille de Borny (attitude du VIIIe corps, Goeben).

Dans le même ordre d'idées, il n'y a pas plus de rapports entre l'initiative et la marche au canon érigée en principe (erreur commise par le général de Ladmirault en ramenant au combat, le 14, deux de ses divisions qui avaient déjà franchi la Moselle). La marche au canon et l'initiative à outrance ne sauraient être confondues avec la véritable initiative, qui, en tout et partout, consiste à tout peser d'abord et à se décider promptement ensuite.

Comment peut-on donc définir la véritable initiative?

L'initiative militaire est la qualité ou plutôt l'ensemble des qualités qui permettent de saisir avec justesse toute situation qui se présente à la guerre, de prendre une résolution conforme et de l'exécuter sous sa propre responsabilité, en se renfermant dans la limite des ordres reçus ou de la tâche que s'est tracée le supérieur.

III. — Reconnaissance et interprétation de l'initiative.

Partant de la définition de l'initiative, le général de Woyde insiste sur la nécessité, pour les chefs de tous grades, de reconnaître, aussi exactement que possible, la situation qui se présente à un moment donné, et aussi sur l'obligation qu'a le général en chef de communiquer à ses subordonnés les renseignements qu'il possède, et la situation telle qu'il la comprend, éléments qui servent de base à ses dispositions. C'est seulement ainsi qu'il aura l'assurance que ses ordres seront exécutés en connaissance de cause et d'une manière réfléchie. De plus, la nécessité s'impose, plus que jamais, dans la guerre moderne, d'assurer une liaison constante et réciproque entre les grandes unités comme entre les petites, au moyen d'un échange continuel de nouvelles et d'aperçus.

Naturellement, cette liaison ne peut exister que si, des deux côtés, on est animé du désir de servir la cause commune, à laquelle il faut sacrifier les velléités égoïstes, dussent-elles même viser un succès partiel, facile à obtenir. A cet égard, la liaison matérielle doit être précédée de l'union morale, qui repose sur le dévouement absolu à la cause commune, l'esprit de camaraderie et de solidarité, le vif désir de se soutenir mutuellement.

A la guerre, et principalement au combat, où l'homme est en butte à tant d'impressions diverses, capables de nuire à son coup d'œil et d'émousser sa perspicacité, le succès général n'est assuré que si les tâches particulières sont aussi simples que possible, et, en tout cas, appropriées aux aptitudes de chacun. Il semble que, pour établir, à ce sujet, l'entente nécessaire entre troupes collatérales, un officier de confiance pourrait rendre les plus grands services. C'est, dit le général de Woyde, le seul moyen d'ériger la liaison en système, et d'en faire un service permanent, et fonctionnant d'une manière active et intelligente.

IV. — Action spontanée, à défaut d'ordres. — Poursuite ininterrompue du but commun.

Les généraux allemands en sous-ordre ont montré dans la dernière guerre qu'ils savaient devancer les ordres attendus, parce qu'une appréciation judicieuse de la situation les avait incités à agir immédiatement en conséquence.

Il suffit de citer, à cet égard, l'initiative de la garde et du corps saxon dans la journée du 18 août.

Dans la matinée, les Allemands faisaient face au nord, et ignoraient encore que toute l'armée française tournait le dos à Metz, après avoir occupé une forte position défensive. S'ils avaient continué à marcher vers le nord, ils auraient eu les Français sur leur flanc droit. Les généraux allemands, et, en particulier, le commandant de la deuxième armée, croyaient les Français en pleine retraite vers l'ouest. Afin de les atteindre, le gros des forces allemandes marcha d'abord vers le nord. Il devait conserver cette direction jusqu'à éclaircissement complet de la situation. Enfin celle-ci devint nette, mais seulement peu à peu et non d'un seul coup. On ne reconnut, en effet, qu'une moitié de la position des Français, et elle fut prise pour le tout. Cette erreur fit naître la résolution d'envelopper Amanvillers, où l'on supposait l'aile droite des Français, tandis que ce point était au centre de leur position. L'ordre donné à midi par le commandant de la deuxième armée partait donc d'une fausse hypothèse. Il était ainsi conçu :

« Le corps de la garde s'avancera par Vernéville sur Habonville, « et attaquera vigoureusement l'aile droite des Français à Aman- « villers. » Au corps saxon il envoya l'ordre de se porter sur Sainte-Marie-aux-Chênes, pour couper à l'ennemi la route allant sur Briey.

Toutefois les commandants des deux corps avaient, dans l'inter-

valle, pris l'initiative de s'éclairer. Ils étaient ainsi arrivés
plus vite à déterminer exactement la situation et avaient pris
leurs dispositions en conséquence. Le prince Frédéric Charles,
croyant à tort que l'aile droite des Français ne dépassait pas
Amanvillers, venait à peine d'adresser ses ordres au commandant
du corps de la garde, que celui-ci lui rendit compte qu'il y avait
de l'infanterie française à Sainte-Marie-aux-Chênes, que de fortes
fractions ennemies occupaient Saint-Privat-la-Montagne, au nord
d'Amanvillers, et que, par conséquent, la garde ne passerait pas
par Vernéville, comme il avait été prescrit à 10 heures du matin,
mais prendrait plus à gauche, par Habonville.

De son côté, le prince royal de Saxe avait déjà appris que les
Français ne se trouvaient pas dans la direction du nord, comme
l'avait supposé le prince Frédéric-Charles, mais avaient été
aperçus au nord-est. Il avait donc résolu de s'engager dans cette
nouvelle direction et de prendre Sainte-Marie-aux-Chênes comme
objectif. Ce mouvement était déjà en voie d'exécution, quand
il fut ordonné par le commandant de la deuxième armée.

Pour apprécier à leur juste valeur les dispositions prises par
les deux commandants de corps d'armée, il ne faut pas oublier
que, malgré leur supériorité numérique, les Allemands avaient été
repoussés, jusqu'au soir, sur toute la ligne ; que le corps de la
garde, après avoir subi un grave échec à la suite d'une attaque
prématurée, était immobilisé sur les pentes qui conduisaient sur
la position française, et se trouvait dans la situation la plus précaire. Il aurait suffi, sur ce point, d'une contre-attaque énergique
des Français, pour se débarrasser complètement des Allemands
et remporter, ce jour-là, un grand succès.

On se rappelle, en outre, que les Saxons ne se bornèrent pas à
devancer les ordres du commandant en chef de la deuxième armée,
en se portant spontanément sur Sainte-Marie-aux-Chênes, mais
qu'ils partirent encore de ce point, pour opérer, de leur propre initiative, le mouvement tournant par Roncourt, en même temps que
la garde exécutait sa dernière attaque sur Saint-Privat, de sorte que,
vers 8 heures du soir, après le coucher du soleil, la balance finit
par pencher du côté des Allemands. A cette heure-là, il faisait encore
relativement jour ; mais, deux heures plus tard, il était trop tard
pour obtenir ce résultat. A cet égard, il convient de se rappeler
que la nombreuse artillerie allemande, qui a pris une part consi-

dérable au succès final de la bataille, aurait été obligée de cesser son feu meurtrier, pendant que la garde pouvait à peine se maintenir en position, et n'attendait, probablement, que la tombée de la nuit pour se retirer sans danger. Si le prince royal de Saxe avait attendu des ordres, il eût facilement pu arriver, par suite d'un de ces hasards si fréquents à la guerre, que son mouvement fût encore retardé ultérieurement; en ce cas, son opération n'était plus exécutable.

Il n'est donc pas douteux, un seul instant, que les victoires de Wœrth et de Saint-Privat, comme le démontre l'étude de ces deux batailles, sont dues aux chefs en sous-ordre, qui ont pris l'initiative d'agir et ont devancé des ordres qui tardaient à arriver.

Quand le commandement est bien constitué, cette initiative, qui n'attend pas d'ordres, se montre ailleurs même que sur le champ de bataille. La courte période qui a précédé la bataille de Saint-Privat contient, à cet égard, quelques enseignements très remarquables.

C'est ainsi que le commandant du Xe corps, en prescrivant à la 19e division de s'emparer, le 13, des ponts de la Moselle, et le commandant de la garde, en rassemblant son corps au nord de sa route de marche, le jour de la bataille de Rezonville, sont allés au-devant des ordres qu'ils ont reçus ultérieurement de leur commandant d'armée. Le prince Georges de Saxe a agi de même, en partant pour Mars-la-Tour, dans la nuit du 16 au 17, après avoir été avisé par le Xe corps qu'on avait besoin de troupes fraîches de ce côté.

Les opérations des Allemands pourraient encore nous fournir d'autres exemples, car l'initiative qui sait devancer les ordres, après une saine appréciation de la situation, s'est manifestée presque tous les jours chez eux, dans cette campagne.

Il est inutile de chercher à démontrer davantage la supériorité écrasante que procure à une armée une initiative ainsi comprise, dans une lutte contre des troupes habituées à n'agir que sur des ordres du commandement. Du reste ces ordres, qui n'arrivent pas toujours à destination, sont souvent inexécutables, par suite du manque de temps. C'est le cas qui s'est produit à Spicheren pour les trois divisions françaises, qui n'ont pas cessé d'attendre des ordres, et ont fini par arriver, à la nuit, sur le champ de bataille, tandis que si elles avaient marché spontanément, elles auraient été parfaitement en mesure d'arriver à temps et de changer la défaite en victoire.

Le droit d'aller au-devant des ordres a sa source, en principe, dans la façon uniforme dont le commandement, aux divers degrés de la hiérarchie, apprécie des circonstances déterminées et poursuit le but commun, ce qui est l'essentiel. La poursuite du même but, chez le supérieur comme chez l'inférieur, est la première condition du succès. Voilà la véritable source de l'unité, chaque fois que les ordres donnés ou reçus sont reconnus insuffisants, ou qu'ils ne répondent pas aux changements intervenus dans la situation. C'est pourquoi il est du devoir du commandant en chef de communiquer, dans n'importe quelle opération, ses desseins à ses subordonnés immédiats. Toute négligence commise à cet égard aura son contre-coup dans l'exécution de l'ordre ou dans la suite.

Une fois le but général indiqué par le commandant en chef et la tâche particulière assignée aux subordonnés, les moyens d'exécution sont laissés au choix de ces derniers; ils doivent savoir ce qu'ils ont à faire, et il n'y a pas lieu de leur dire comment ils doivent s'y prendre.

Le champ d'action de l'initiative d'un subordonné peut être plus ou moins grand. Il varie, depuis l'exécution pure et simple d'un ordre, pour laquelle l'initiative se borne à prendre des mesures de détail, jusqu'au choix d'une nouvelle tâche particulière, lorsque celle donnée par le général en chef devient inutile ou inexécutable. Naturellement cette nouvelle tâche devra répondre aux desseins du haut commandement, être en harmonie avec le but général, ce qui ne serait pas bien compliqué, si le supérieur était toujours à même de montrer à ses inférieurs le but à atteindre, et si ces derniers n'étaient pas obligés, à cet égard, de trouver eux-mêmes la bonne solution.

V. — Exécution des ordres à la lettre ou d'après leur esprit. Obéissance réelle; obéissance apparente, arbitraire.

Il arrive fréquemment, dit le général de Woyde, que les subordonnés sont obligés de prendre sur eux d'abandonner leur tâche pour se charger d'une autre.

Cet échange ne peut se faire qu'au prix d'une renonciation, qui a toute l'apparence de l'insubordination. Il a pour motif un changement survenu dans la situation qui a servi de base à un ordre reçu antérieurement. Ce changement réclame à son tour de nouvelles dispositions. Cette sorte de désobéissance ne s'insurge, pourtant, que contre la lettre de l'ordre, et non contre son fond même, qui est rationnel. Faut-il donc s'exposer à commettre une insanité monstrueuse en fait, afin de rester fidèle à la lettre d'un ordre, au lieu de se conformer à son esprit ?

Or, si l'on admet qu'il est possible, voire même très probable, qu'un changement intervenu dans la situation réclame de nouvelles dispositions, il est facile de reconnaître que des mesures d'exécution en rapport avec la situation peuvent prendre tout juste le contre-pied de celles qui avaient été prévues. Au lieu de se trouver en présence d'une simple renonciation aux dispositions arrêtées précédemment, on rencontre alors la désobéissance flagrante, toujours à la lettre, mais non au fond même des ordres reçus.

La dernière guerre franco-allemande nous fournit quelques enseignements à cet égard.

On sait que le commandant du Ve corps prussien, général de Kirchbach, à Wœrth, ayant apprécié exactement la situation, avait pris la résolution de continuer la lutte et d'y entraîner toutes les autres troupes de la troisième armée, malgré l'ordre formel « de cesser le combat et d'éviter tout ce qui pourrait lui donner « plus d'extension ».

S'il a pris une détermination diamétralement opposée au texte de l'ordre qu'il avait reçu, c'est parce qu'il était certain que le commandant en chef, qui se trouvait encore fort loin, ignorait la véritable situation, et que l'ordre en question voulait simplement dire qu'il fallait arrêter l'insignifiante tiraillerie des fractions les plus avancées. Le commandant en chef ne pouvait pas, en effet, supposer qu'il s'agissait d'une véritable bataille.

Du reste, cette résolution concordait parfaitement avec les instructions générales du haut commandement, qui avaient pour but de chercher l'adversaire, qu'on savait ne pas être prêt, et de le battre, bien que l'attaque eût été remise à plus tard. La meilleure preuve en est que le commandant en chef donna l'ordre de continuer la bataille, en lui donnant une impulsion des plus énergiques, dès qu'il put se rendre compte, lui-même, de la véritable situation.

VI. — Conclusions finales.

Les exemples cités dans l'étude du général de Woyde suffisent à établir que l'initiative des chefs en sous-ordre à la guerre est indiscutablement nécessaire. La guerre demande, à notre époque, de vastes espaces. Les grandes difficultés que rencontrera le haut commandement, pour remporter la victoire, ne pourront être surmontées que grâce à une initiative intelligente, qui cherche à étendre son champ d'action. Cette initiative des inférieurs suppléera aux lacunes des ordres, en augmentera la portée, ou en tiendra lieu, s'ils font défaut. Le haut commandement ne peut pas tout prévoir et pourvoir à tout. Il se trouve souvent en présence d'une situation absolument imprévue. Toute une série de batailles ont été gagnées en 1870 par les Allemands, sans le classique ordre de mouvement, même sans qu'il y ait eu un semblant de préparation. L'unité de direction, même purement nominale, est loin d'avoir toujours été assurée par le commandement dans la bataille.

Les batailles de Spicheren, Borny, Wœrth et Rezonville n'avaient certainement pas été prévues. Dans les deux premières, les commandants d'armée n'ont pas paru sur le terrain. A Wœrth et Rezonville, ils arrivèrent, il est vrai, à la fin de la bataille, mais leur présence n'eut aucune influence tangible sur l'issue de l'action, attendu que leurs subordonnés avaient déjà, en partie, devancé leurs ordres, ou que ceux-ci n'étaient plus exécutables, quand ils parvinrent à leur adresse. Pour la bataille de Sedan, qui était pourtant prévue, il n'y a pas eu d'ordre de mouvement général comme pour celle de Saint-Privat, dont les diverses phases ont été, cependant, amenées par l'initiative des subordonnés.

Les batailles de rencontre, qui seront imprévues pour l'un des partis au moins, décideront également, dans l'avenir, du sort des campagnes. En raison de la difficulté d'attaquer un ennemi installé sur une position préparée à l'avance, on devra avoir recours à l'enveloppement partiel ou total. En ce cas, l'ennemi ne pourra pas rester en position ; du moment qu'il bougera, une rencontre se produira pendant la manœuvre, ou, du moins, dans une situation imprévue. Il est hors de doute qu'en pareil cas, un ordre de mouvement général n'aura pas de sens, pour le combat du moins. Cela concerne en particulier l'assaillant ; mais le défenseur, abstraction faite de la répartition de ses troupes au début, ne pourra adopter aucune disposition *à priori*, attendu que l'initiative appartient, en ce cas, à l'offensive. L'expérience nous montre, en outre, que, dans les cas mêmes où tout se passe comme on l'avait prévu, le subordonné peut être obligé, pour le plus petit motif, de prendre des dispositions autres que celles qu'on lui avait commandées.

Après avoir cité quelques exemples à l'appui de cette dernière assertion, le général de Woyde en arrive à montrer, sous forme de conclusions tirées de l'étude qu'il a entreprise, les devoirs des différents chefs et la nature des rapports qui doivent exister entre eux; mais, auparavant, il tient à établir ce qui suit :

« Aujourd'hui, dit-il, le droit à l'initiative est non seulement « proclamé par la science, mais encore confirmé par les règle- « ments militaires. Les vieilles tendances à tout centraliser n'ont « cependant pas encore entièrement disparu. Le progrès réalisé « dans cet ordre d'idées consiste surtout dans la reconnaissance « platonique du droit à l'initiative; mais il s'en faut de beaucoup « qu'elle soit pratiquée partout et appréciée à sa juste valeur. La « bonne volonté ne fait pas défaut, mais on ne comprend pas « assez que l'application du nouveau principe demande une « métamorphose complète des pratiques du commandement, et « exige une plus grande somme de travail intellectuel chez les « supérieurs comme chez les inférieurs.

« D'une part, le supérieur n'a plus le droit d'exiger qu'on exé- « cute aujourd'hui ses ordres sans la moindre réflexion, et de nous « rappeler demain au devoir de l'initiative. D'autre part, les « inférieurs ne devront pas craindre d'agir spontanément, dans « certaines limites et sous leur propre responsabilité.

« En montrant l'initiative sous toutes ses formes, dit le général « de Woyde, nous n'avons pas seulement voulu démontrer qu'elle « est actuellement un élément indispensable de tout système de « commandement qui a la prétention d'être rationnel, mais les « exemples cités ont encore pour but de stimuler à l'étude et à la « réflexion; c'est là un moyen de refaire l'éducation des esprits, « comme dirait Clausewitz. »

Les travaux d'étude faits dans le silence du cabinet sont, d'après ce philosophe militaire, une sorte de gymnastique intellectuelle, qui prépare notre intelligence à résoudre, rapidement et spontanément, des questions analogues, dont l'avenir peut nous demander la solution. Quand il s'agit d'un chef appelé à opérer isolément, c'est parfaitement exact ; mais il en est tout autrement quand plusieurs chefs sont obligés de combiner leurs actes d'initiative et de les concilier.

En ce cas, l'unité de vues et de doctrine est absolument nécessaire. Elle n'est possible que si tous pensent de la même façon, et reconnaissent telles ou telles vérités qui doivent les guider. C'est à dessein, dit-il, que je m'abstiens d'employer le mot règles, parce que ce mot désigne quelque chose d'étroit, de limité, de comprimant et d'abstrait, tandis que la lumière de la vérité répand sur toutes choses la même clarté, distincte pour tous.

Les règles présentent des dangers, par le seul fait qu'elles sont traduites en aphorismes et souvent appliquées de travers, sans qu'on tienne compte des circonstances du moment. De plus, il s'est propagé une idée absolument fausse, d'après laquelle un chef a toujours raison, s'il peut justifier sa conduite par la citation de telle ou telle règle, qui tiendrait ainsi lieu de jugement et d'initiative. Cependant, les règles sont nombreuses ; chacune d'elles peut être juste en elle-même ; mais il y en a bien peu qui s'appliquent à tel ou tel cas déterminé ; en tout cas, les exécutants sont responsables de toute erreur dans leur application. Mais si l'on veut être bien sûr d'appliquer toujours la bonne, il n'y a qu'une chose à faire, c'est de laisser les règles pour ce qu'elles sont, et de faire œuvre d'initiative et de jugement. C'est pourquoi, dit le général de Woyde, nous ne donnerons pas le nom de règles à nos déductions. Ce seront plutôt des indications, des points de repère, pour servir à nous décider en connaissance de cause, après avoir aiguisé notre esprit par une gymnastique intellectuelle, et arriver ainsi à trancher, d'une manière judicieuse, les questions que soulève l'application constante du principe de l'initiative chez les subordonnés.

Examinons de plus près les vérités qui doivent nous guider.

Comme nous l'avons déjà dit, l'introduction du principe de l'initiative dans les rapports réciproques des chefs, s'ils vivent encore sur le pied fragile de la centralisation, amènera des changements radicaux. Ces rapports consistent dans un certain nombre de devoirs, parmi lesquels il faut distinguer :

I. Ceux du commandant en chef et ses rapports avec ses subordonnés immédiats ;

II. Ceux des subordonnés, en général, et leurs rapports avec leurs chefs directs ;

III. Les devoirs réciproques des subordonnés.

I. — DEVOIRS DU COMMANDANT EN CHEF ET DE TOUT SUPÉRIEUR.

Il est du devoir d'un commandant en chef et de tout supérieur, en général :

1o De ne jamais perdre de vue l'ensemble et de ne pas s'égarer dans les détails ;

2o De conserver intact le principe de l'unité d'action, de diriger les efforts des subordonnés vers le but commun ;

3o De communiquer à ses subordonnés ses conceptions, en esquissant la situation qui leur sert de point de départ, ainsi que ses desseins, c'est-à-dire la tâche commune à tous ;

4o D'assigner à chacun son rôle particulier et sa zone d'action ;

5o D'abandonner à ses subordonnés tous les détails d'exécution ;

6o De maintenir l'unité d'action, au cours de l'opération, au moyen d'instructions complémentaires adressées aux subordonnés, afin que le but général ne soit jamais perdu de vue ;

7o De rétablir, d'une main sûre, l'unité d'action, si elle vient à manquer ;

8o De ne pas craindre d'intervenir, personnellement, pour assurer le succès et redresser les erreurs provenant d'une initiative mal comprise.

II. — DEVOIRS DES SUBORDONNÉS ET LEURS RAPPORTS AVEC LEURS CHEFS.

L'inférieur qui prétend remplir sa tâche, comme la comprend le général de Woyde, devra :

1o Être prêt et préparé à penser par lui-même, à agir, sous sa propre responsabilité, dans l'intérêt général, sans se laisser guider par des motifs personnels ;

2o S'efforcer constamment de comprendre, non seulement sa situation particulière, mais encore la situation générale ;

3° Aller toujours au-devant des événements;

4° Préparer spontanément l'exécution des ordres auxquels il peut s'attendre, d'après la tournure que prend la situation;

5° Ne pas interpréter les ordres à la lettre, mais en saisir l'esprit;

6° Combler les lacunes des ordres, comme il l'entend;

7° Ne jamais demander à son supérieur comment il faut faire; régler soi-même tous les détails et en assumer la responsabilité;

8° Ne jamais perdre de vue le but général, en remplissant sa mission particulière;

9° Dans une circonstance imprévue, qui l'empêche de remplir son rôle ou le rend inutile, prendre l'initiative de se tracer une nouvelle tâche, en vue d'apporter son concours à la réalisation du but général;

10° Remplir la nouvelle tâche avec la même énergie, le même esprit de suite que si elle lui avait été assignée directement par le commandement;

11° Se garder de rester inactif, et avoir l'esprit constamment en éveil.

III. — DEVOIRS RÉCIPROQUES DES SUBORDONNÉS.

Quant aux devoirs réciproques des subordonnés, c'est-à-dire ceux que tout chef doit remplir envers les troupes voisines, ils peuvent se résumer ainsi :

1° Bonnes relations de camaraderie;

2° Assistance en cas de nécessité;

3° Liaison constante, au moyen d'un échange de vues et de renseignements.

En ce qui concerne la liaison constante, au moyen d'un échange de vues et de renseignements, le général de Woyde estime qu'elle doit être assurée, en principe, toutes les fois que la chose est possible, par des officiers de confiance, accompagnés, au besoin, par des cavaliers.

La chose, dit-il, rencontrera quelquefois des difficultés dans la pratique.

Les états-majors de corps d'armée comptent un certain nombre d'officiers et peuvent en détacher un pour assurer la liaison avec le corps voisin. Par contre, une division d'infanterie, dont l'état-major est composé d'un officier supérieur et de deux adjoints, ne pourra pas en détacher. Un régiment serait encore moins dans le cas de pouvoir le faire ; car le petit nombre d'officiers montés disponibles qu'il possède suffit à peine pour assurer les besoins du service.

Quant aux estafettes nécessaires à cet effet, il semble, dit le général de Woyde, qu'il y aurait avantage à faire instruire, dès le temps de paix, en vue de ce service spécial, des cavaliers intelligents, destinés à renforcer, au moment de la guerre, les états-majors.

Ce procédé, qui a été réglementé en Allemagne par l'ordonnance du 20 juillet 1894 sur le service en campagne, semble devoir offrir toute espèce d'avantages.

VII. — De l'initiative dans l'armée russe.

L'étude du général de Woyde se termine par un aperçu relatif à la place que tient l'initiative dans les règlements russes.

Voici les dispositions qui concernent le commandant de corps d'armée et le général de division, à ce dernier point de vue (1).

Article 763. — Le commandant de corps d'armée est directement subordonné au commandant de l'armée. Pour tout ce qui regarde les opérations, il est placé sous la direction du commandant d'armée, qui lui adresse des instructions générales (directives). Il reçoit également, de lui, des ordres particuliers, des ordres de mouvement ou autres dispositions, qui peuvent lui parvenir par l'intermédiaire du chef d'état-major de l'armée.

Pour remplir une mission donnée ou exécuter les ordres qu'il a reçus, le commandant de corps d'armée choisit, sous sa responsabilité, les moyens qu'il juge convenables ; si la situation change, ou s'il se produit des événements imprévus, le commandant de corps d'armée sera libre de s'écarter des instructions qu'il a reçues, mais il est tenu de rendre immédiatement compte au commandant de l'armée des dispositions nouvelles qu'il aura adoptées.

---

(1) Instruction de 1890 sur la conduite des troupes en campagne.

Les droits du général commandant une division sont établis par l'article 913.

Pour tout ce qui concerne les opérations, il se laissera guider par les instructions générales de son commandant de corps d'armée. Pour remplir une mission donnée ou exécuter les ordres qu'il a reçus, le commandant de la division choisit, etc. (mêmes dispositions que pour le commandant de corps d'armée).

Ainsi, le droit à l'initiative est concédé, dans les mêmes termes, au commandant de corps d'armée et au divisionnaire.

Il ne pouvait en être autrement, attendu que l'initiative n'admet pas de tempéraments. Seul, le rayon d'action dans lequel elle s'exerce varie.

L'instruction russe de 1890 prévoit donc l'exercice du droit d'initiative dans deux sens différents :

1° Elle accorde le choix des moyens, et, 2° elle admet, en outre, ce choix, lorsque la situation se modifie ou qu'il se produit des événements imprévus.

Ce que nous venons de dire suffit à montrer que l'initiative est aussi en honneur dans l'armée russe que dans l'armée allemande.

Tout supérieur, dit le général de Woyde, doit se rappeler ce dicton russe : « En campagne, on n'est soldat qu'en compagnie ».
« Il est de son devoir, en temps de paix, de s'occuper de ses
« subordonnés, de développer leur caractère et de le fortifier,
« d'exercer leur coup d'œil et de les habituer à agir spontané-
« ment, dans le cadre qui leur est tracé par le règlement.

« C'est par ces moyens, seulement, que le chef formera de bons
« collaborateurs. Une entente complète doit exister entre le supé-
« rieur et les inférieurs. *Le supérieur doit toujours sentir qu'il*
« *est parfaitement compris ; les inférieurs doivent être convaincus*
« *que leur initiative sera bien appréciée et qu'on ne leur en fera*
« *pas un crime. Si le supérieur lie les mains à ses inférieurs et les*
« *traite comme des pions aux échecs, qu'il ne s'étonne pas, si, à*
« *l'heure décisive, il a devant lui des bûches et non des hommes.* »

Il est nécessaire, dans la discussion des divers exercices tac-
tiques, de montrer un tact tout à fait spécial, empreint d'une grande finesse. De nos jours, le directeur d'une manœuvre doit comprendre son rôle comme un défenseur qui discute d'abord le pour et le contre de la cause à plaider. Il doit profiter de son sujet pour fournir des éclaircissements et en faire sortir des ensei-

gnements. S'il y a matière à critique, il faut qu'elle soit faite pour ainsi dire à petite dose. Il est, en effet, plus que douteux que les observations aient le don d'augmenter l'intelligence et les connaissances de l'auditoire. Tout reproche, même le plus bénin, blesse l'amour-propre des subordonnés et abaisse leur caractère, leur force de volonté et leur esprit de résolution. Si, cependant, on ne peut se passer de faire des observations, il faut qu'elles soient exprimées sur le simple ton de la conversation. Les enseignements qu'on voudra donner devront, en général, ne pas être nombreux et se borner à l'essentiel ; en tout cas, ils ne devront pas s'adresser spécialement à tel ou tel officier, mais s'imposer à tous, comme l'expression même de la vérité, sans quoi ils feront plus de mal que de bien.

Pour terminer, dit le général de Woyde, laissons encore la parole au représentant de la stratégie en Allemagne.

« *Il est facile de bannir l'initiative d'une armée, mais extrême-*
« *ment difficile de l'y faire renaître dans la suite* ».

« Partout où l'initiative fera défaut chez les subordonnés, ce
« sera, en général, la faute du commandement ».

« Le plus grand génie même ne suffit pas, à la guerre, à com-
« penser le manque d'initiative chez les subordonnés ».

C'est, en partie, parce que le principe de l'initiative des subordonnés à la guerre rentrait intégralement dans le système de commandement en vigueur dans l'armée allemande, que cette armée a pu, indépendamment d'autres facteurs plus importants, remporter ses victoires en 1870.

C'est, dit le général de Woyde, parce que les Français ignoraient, au moment de la dernière guerre, l'importance prépondérante de ce principe, qu'il a produit sur eux les effets d'une arme nouvelle et perfectionnée, qui les a troublés et affaiblis, comme l'ont été, en 1866, les Autrichiens par le fusil prussien à tir rapide.

« *C'est ainsi, en fin de compte, que l'initiative allemande fut*
« *un coefficient qui multiplia, pour ainsi dire, l'impulsion du*
« *commandement, tandis que l'inertie des généraux français ne*
« *peut être comparée qu'à un coefficient de réduction, qui ne fit*
« *que diminuer encore les résultats dérisoires que pouvait obtenir*
« *leur commandement précaire* ».

ÉPILOGUE

L'étude si intéressante du général de Woyde sur l'initiative est terminée. Ce qui en constitue la valeur, pour nous autres Français, c'est qu'elle est l'œuvre d'un juge impartial.

Certes, dans l'examen des causes de nos revers en 1870, il ne nous a pas ménagés. Mais il vaut mieux, pour nous, entendre la vérité, si dure qu'elle soit, de la bouche de nos amis, que de nous voir flattés par nos ennemis.

C'est parce qu'à la suite de campagnes comme celle de 1859, notamment, il nous a manqué un homme de guerre autorisé pour nous crier : gare ! que nous avons marché, confiants dans la gloire de nos armes, malgré de graves fautes commises, jusqu'au réveil terrible de 1870-1871.

La leçon a été dure, elle nous a coûté une amputation bien douloureuse, dont la France souffre toujours.

Depuis lors, nous avons travaillé, et c'est avec une véritable joie patriotique que nous avons pu enregistrer l'éloge si sincère et si autorisé, qu'un général éminent de la vaillante armée russe, le général Dragomirow, a fait de l'armée française, qu'il a vue de près, aux grandes manœuvres de 1895. « *Le haut commandement* « *français, dit-il, est en bonnes mains ; la France possède des* « *généraux éminents, et le petit soldat français de la troisième* « *République ne le cède en rien, pour la discipline, pour la vail-* « *lance et l'endurance à la fatigue, aux meilleurs soldats de la* « *Révolution et de l'Empire.* »

Ayons donc foi dans l'avenir, travaillons sans relâche pour la utte suprême, inévitable, où se joueront les destinées de la patrie, et vienne le jour où le pays fera appel au dévouement de tous ses enfants, faisons tous nos efforts pour que, dans nos exploits, on reconnaisse :

Gesta Dei — per Francos.

TABLE DES MATIÈRES

Pages.

Avant-propos du traducteur français...................... v

CHAPITRE I. Le 17 août et la bataille de Gravelotte-Saint-Privat, le
    18 août.................................... 1

— II. La situation militaire à Metz après la bataille de Grave-
    lotte-Saint-Privat, et les projets ultérieurs du com-
    mandement suprême des Allemands.............. 107

— III. L'investissement de la place de Metz par les Allemands
    et la bataille de Noisseville, le 31 août et le 1er sep-
    tembre.................................... 121

— IV. La marche en avant de la troisième et de la quatrième
    armée allemandes contre l'armée de Châlons, et le
    combat de Nouart, le 29 août.................. 189

— V. Les dispositions prises par les deux partis pour le 30 et
    la bataille de Beaumont le 30 août.............. 235

— VI. Coup d'œil rétrospectif sur les projets et l'activité des
    deux partis belligérants dans la « campagne de Sedan »
    jusqu'au 31 août............................ 265

— VII. Le 31 août et la bataille de Sedan le 1er septembre 289

— VIII. L'importance comparative du commandement suprême
    et de l'activité des chefs en sous-ordre dans les vic-
    toires de l'armée allemande.................... 395

— IX. L'importance comparative du commandement suprême
    et de l'activité des chefs en sous-ordre dans les
    défaites de l'armée française. — Épilogue......... 483

— X. Résumé et conclusions...................... 487

Épilogue.................................... 503

Paris. — Imprimerie R. CHAPELOT et Cᵒ, 2, rue Christine.

A LA MÊME LIBRAIRIE

Paris. — Imprimerie R. Chapelot et Ce, 2, rue Christine.

www.ingramcontent.com/pod-product-compliance
Lightning Source LLC
Chambersburg PA
CBHW070629270326
41926CB00011B/1863